# 인공지능 기반 자연어 처리

송민

*Artificial intelligence-based natural language processing*

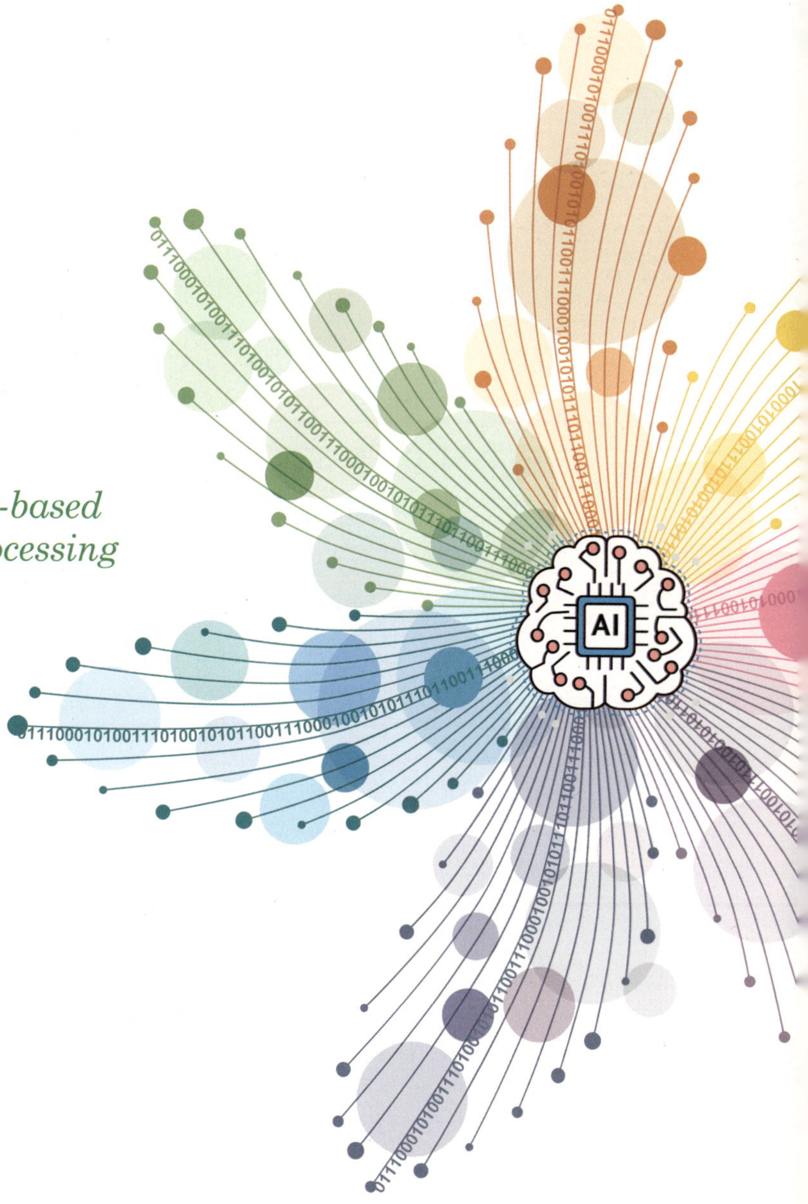


도서출판
청람

# | 머리말 |

자연어 처리(NLP: Natural Language Processing)는 앞으로 인공지능(AI)이 인간의 언어와 행동을 이해하는 방식에 영향을 주는 방향으로 발전해 갈 것이며, 이 자연어 처리의 비약적인 발전에는 딥러닝이 핵심 역할을 하고 있다. 언어란 고도로 구체적이고 단어 자체의 의미 외에도 문맥이라는 상황정의 안에서 작동한다. 즉, 특정 언어를 사용한 창작자와 그 언어를 소비한 독자는 어휘, 단어의 선택, 구문, 철자 및 구두법에서 서로 다른 의미로 이해하고 해석할 수 있다. 언어는 시간이 지나면서 진화하고, 격식을 갖춘 문서에서 쓰는 언어와 온라인에서 사용하는 언어가 다르기 때문에 확장성이 떨어진다. NLP 영역에서의 이런 문제를 인공지능 기술이 해결할 수 있다. 인공지능을 통해 단어나 구문이 문단 내에서 어떻게 사용되고 있는지 직접 관찰하는 방식으로 그 의미를 학습할 수 있다. 그 결과, 미리 확인된 문맥을 입력하거나 사람이 개입하여 의미를 밝히고 관계를 정의하는 대신, 인공지능이 단어 또는 구문의 의미와 관계를 원문을 통해서 바로 학습할 수 있게 됐다.

이처럼 NLP를 통해 누릴 수 있는 이점이 많은 것은 분명하지만, 아직 보완해야 할 부분도 있다. 특히 설명 생성과 같은 기능이 미흡하다고 할 수 있다. 그럼에도 불구하고 향후 개발될 딥러닝 기반 NLP는 인간의 개입을 점점 덜 필요한 방향으로 개선될 것으로 예측된다.

본 책은 빠르게 발전하는 자연어 처리 기술들에 대한 기본적인 원리를 설명하고 파이썬 코드로 구현된 예제들을 통해 현실의 문제에 직접 적용할 수 있도록 설계되었다. 최근까지 한국어 자연어 처리 기법은 활발히 연구되어오지 못했었다. 아마, 한국어는 교착어가 가진 독특함 때문에 어간에 접사가 붙어 단어의 의미와 문법적 기능이 구체화되고, 어순의 중요성이 상대적으로 낮은 특징을 가지고 있기 때문에 영어와 같은 고립어에 비해 한국어 자연어 처리 기법 개발이 더 어려웠을 것이라고 스스로 위안을 가져본다. 다행히도 인공지능 시대에 언어 모델에 대한 관심이 많아졌고 다양한 한국어 자연어 처리 기법들이 개발되고 있다. 바라건대, 저자는 본 책이 이런 시대적 요구에 부응하고 한국어 자연어 처리 생태계의 발전에 이바지할 수 있다면 더할 나위 없이 기쁠 것이다.

2023년 10월

저자 씀

# | 차례 |

인공지능 기반 자연어 처리
Artificial intelligence-based natural language processing

# CHAPTER 01

# 서론

- Microsoft Visual Studio 설치
- 파이썬 설치
- 파이참 설치

# 서론

이 책에서는 자연어 처리에 필요한 전처리 방법(preprocessing) 및 텍스트 표상화 작업, 딥러닝 이전에 주류로 사용되었던 통계 기반의 언어 모델, 그리고 자연어 처리의 비약적인 성능을 이루어낸 딥러닝을 이용한 자연어 처리에 대한 전반적인 지식을 다룬다.

자연어 처리(NLP: Natural Language Processing)는 인간 언어의 자동 분석 및 표현을 위한 전산학적 기술들이 주된 구성요소인 학문 영역이다(Chowdhury, 2005). NLP는 1950년대 인공지능과 언어학의 다학제적 연구영역으로 출발하였고 궁극적 목표는 인간과 컴퓨터의 자연적 소통에 있다. 과거에는 NLP가 확장성이 뛰어난 통계 기반 기술을 사용하여 대량의 텍스트를 효율적으로 색인화하고 검색하는 텍스트 정보검색(IR)과 구별되었다. IR은 Manning et al.(2008)의 저서에서 자세히 소개되어 있다. 최근 들어 이런 정보검색과 NLP의 구별은 희미해지고 있으며 NLP와 IR은 융합되고 있는 추세이다. 현재 NLP는 매우 다양한 분야에서 적용되고 있으며 4차 산업혁명 시대의 핵심적 기술 영역으로 간주되고 있다. 또한 다양한 분야에서 기술 및 알고리즘들이 NLP에 유입되고 있기 때문에 NLP를 연구하는 학자나 개발자들에게 포괄적인 지식 및 전문성이 요구되고 있다.

자연어 처리는 일반적인 비정형 텍스트 처리의 문제점에 대해서 주로 다룬다. 그렇다면 자연어 처리는 왜 할까? 텍스트는 언어를 반영한다. 내가 살고 있는 특정한 지역, 아니면 문화를 표현해주는 하나의 분명한 방법이 언어이므로 언어를 통해서 그 나라 혹은 공동체의 특징과 문화를 이해할 수 있을 것이다. 하버드대학의 한 교수는 이것을 culturomics(culture+omics)[1]라고 정의하였는데,[2] 문화와 빅데이터를 합한 뜻이다. 문화적 배경을 가지고 이야기를 할 때 언어에는 뚜렷한 특징이 있을 것이라는 것을 배경으로 한다. 해당 논문에서는 Google Ngram Analyzer을 이용하여 구글의 3백만 책들을 파싱(parsing)[3]한 뒤 시계열적 분석을 수행하였다. 이는 Google Ngram[4]

1) Geneomics는 gene+omics로 유전자와 관련된 빅데이터를 말한다.

2) Jean-Baptiste Michel and Erez Lieberman Aiden(2011). Quantitative Analysis of Culture Using Millions of Digitized Books.

3) 구문 분석, 즉 문장을 그것을 이루고 있는 구성 성분으로 분해하고 그들 사이의 위계관계를 분석하여 문장의

Viewer을 통해 볼 수 있다.

다시 본론으로 돌아가면, 인간은 글을 읽으면 어떤 내용인지를 알 수 있다. 사람은 인지구조가 있고, 지금까지 배워온 여러 가지 지식이 있고, 경험이 있기에 장기 기억이든지, 단기 기억이든지 메모리 구조 안에 들어가 있기 때문에 글의 행간, 문맥, 맥락을 읽을 수 있다. 숨은 뜻이 무엇인지를 파악할 수 있는 것이다. 그러나 컴퓨터는 자연어를 이해할 수 없기에 어떻게 인간이 텍스트를 이해하듯이 컴퓨터가 이런 수많은 데이터를 이해할 수 있게 할까에 대한 고민이 생겼다. 이 문제점을 해결하는 것이 궁극적인 텍스트 마이닝의 목표이다. AI는 텍스트와 많은 관련은 없지만 가장 비정형적인 요소는 텍스트의 sequence이다. 말과 행동도 글로 표현할 수 있다면 텍스트로 만들 수 있다. 예를 들어, 비디오에 이 이야기를 적용해보자. 기계가 비디오를 틀별로 분석하고, 행동을 이해하고 이것을 글로 표현한다면 자동자막이 생성될 것이다. 사람이 말하는 것으로 만드는 것이 아니라 행동을 보고 자막을 만드는 것이다. 혹은 이미지를 보고 텍스트를 추출해낼 수 있을 것이다. 이것을 어떻게 가능하게 할까? Pixel by pixel로 적용하고 개체명을 인식시켜서 키워드를 볼 수 있을 것이다. 이것이 바로 AI를 접목시킨 텍스트 마이닝의 자연어 처리 방법이다. NLP(자연어 처리)와 딥러닝을 결합시키는 것이 텍스트 마이닝의 궁극적인 목적인 것이다.

텍스트 마이닝은 1998년 Marti Hearst(버클리대학의 교수)의 언급에서 시작되었다. 텍스트 마이닝은 다음 3개의 기본적인 요소로 정의할 수 있다.

① Large scaled unstructured data 대용량 비정형 데이터
② Previous unknown 이전에는 알려지지 않은
③ Potentially useful(interesting) 잠재적으로 유용한

Marti Hearst는 ③번과 관련하여 흥미로운 패턴을 찾고자 하였다. 가령 A라는 단어가 매일 10번씩 나타난다면 내일도 10번씩 나타날거라고 예측이 가능하고 패턴 역시 볼 수 있을 것이다. 그럼에도 텍스트 마이닝은 쉽지 않다. 가장 큰 이유는 텍스트에 semantic(의미)이 들어 있기 때문이다. 텍스트는 syntactic(구문적)하고 이러한 문법적인 요소는 직관적이어서 stemming, lemmatization을 이용하여 불규칙성을 줄여서 정형화할 수 있다. 그러나 semantic, 즉 의미론적인 부분이 어렵다. 문맥과 의미를 이해하는 것이 중요한데, 동음이의어의 경우가 어려운 예시 중 하나이다. 예를 들어, cold라는 단어가 있으면 '춥다'의 형용사인지 '감기'라는 뜻인지를 파악하기 어렵다. 이 경

구조를 결정하는 것. 일련의 문자열을 의미 있는 token(어휘 분석의 단위)으로 분해하고 그것들로 이루어진 parse tree를 만드는 과정으로 이해 가능하다.

**4)** n개의 연속된 단어열; ngram의 빈도수가 정해지면 n, 즉 빈도수가 높을수록 관용어구처럼 사람들이 많이 사용하는 것으로 볼 수 있다. n이 1일 때보다 2,3일 때 성능이 더 좋다.

우에는 품사와 근접한 어떤 단어가 출현하였는지와 같은 문맥을 보고 뜻을 파악할 수 있다. 다만, 문맥을 찾을 때 근접한 단어를 어느 정도까지로 정할 것인지[5] 보는 것이 어렵다. 이 근접한 단어 정도를 의미하는 윈도우 사이즈(window size)는 워드 임베딩(Word Embedding)에서 많이 나오는 것으로, co-occuerence를 기반한 문맥을 추적하는 데 사용된다. UFO와 같은 축약어의 경우도 동일하다. 축약어(short form)를 보고 이에 맞는 long form을 매칭해서 축약어를 추출하는 것은 어렵다. 유사어, 반대어, parent-child 관계를 추출하는 것도 어렵다. 하지만 이러한 과정들을 잘 처리해야 taxonomy 기반의 지식 그래프를 만들 수 있고 테스크(task)에 맞는 정답을 찾기에 유리해진다.

자연어 처리는 정형화된 데이터베이스에 수록된 정보들을 마이닝하는 데이터 마이닝에서 비롯되었다. 데이터 마이닝은 데이터 웨어하우징(warehousing)에서 시작된 개념이다. 데이터베이스가 1980~1990년대에 구축이 되었고 정형화된 데이터를 모아놓으면 은행 계좌 등이 데이터베이스[6]로 저장되었다. 이 데이터들을 다양하게 쌓고 이용하는 데이터베이스는 각광받았고, 이를 분석하기 위해서 비즈니스 분석(business analytics)이 등장하였다. 데이터베이스에 쌓여있는 데이터들을 따로 만들고 분석할 수 있도록 기법을 만든 것이 데이터 웨어하우징인데, 이것만으로는 충분한 분석이 이루어지기 어려워 데이터 마이닝이 등장하였다.

정형화된 데이터에서 데이터를 분석하는 기법 중에 Association rule mining(관계 룰 마이닝)은 가장 인기 있는 기법이다. 예를 들어, 마트에서 카트를 가지고 돌아다닌다고 생각해보자. Association rule mining 기법이란 카트에 담긴 제품들을 보고 소비자가 하나의 제품을 사면 그 다음으로 어떤 제품을 구매할지를 예측하는 것이다. 가장 유명한 예시로, 남편에게 기저귀를 사오라고 하면 맥주를 같이 구매해 온다는 것이다. 아이를 위해서는 기저귀를 구입하고 자신과 아내를 위해서는 맥주를 구입하는 것이다. 결국, 이러한 상황의 데이터를 활용하여 판매자들은 기저귀 옆에 맥주를 쌓아 놓게 되고 이는 곧 판매량 증가로 이어진다. 이러한 Association rule mining은 데이터베이스에 있는 아이템(item)의 co-occurrence를 이용하는 기법이다. 데이터베이스에 많이 쌓인 데이터는 이를 잘 분석하기 위한 데이터 마이닝을 촉진시켰다. 1970년대는 AI가 인류의 문제를 해결할 수 있다고 생각하여 논리 기반의 알고리즘이 많이 발전하였으나 1980년대 말에는 컴퓨터의 비싼 비용으로 인해 하드웨어와 소프트웨어를 기반으로 한 AI에 대해서 기대가 많이 줄었다. 이때 AI의 대체로 떠오른 것이 데이터 마이닝이다. 이러한 흐름은 한동안 지속되었으나 인터넷이 폭발적으로 증가하고 UGD(User Generate Data)인 페이스북, 트위터 등의 비정형 데이터가 쏟아지면

5) Window size, 왼쪽으로 근접한 단어, 오른쪽으로 근접한 단어의 정도를 정한다.

6) 오라클, DB2, 오픈소스인 MySQL(Structural Query Language): 정형화된 데이터를 검색하고 소장하도록 하는 언어

서 더 이상 정형화된 데이터를 데이터베이스에 넣는 것이 어려웠다. 비정형 데이터 역시 활용이 필요하나 적절한 형태로 유지하기가 어려웠으므로 2000년대 후반이 되어서야 데이터 마이닝과 텍스트 마이닝의 활용이 활발해졌다. 전산언어학(computational linguistics) 분야에서도 텍스트 마이닝을 하는 인원이 많아졌으며, 대표적인 연구 기관으로 미국 콜로라도 대학교의 인지과학과가 있다.

자연어 처리에 대해서 본 책은 아래와 같이 소개한다.

1장의 서론을 제하고, 2장은 텍스트 표상 모듈들에 대해 논의한다. 해당 장은 문장 분리, 토크나이징, 품사 태깅, 문장 자동 띄어쓰기로 시작하여 텍스트 표상 모듈의 내용을 이어받아 단어 원형 복원 및 어근 추출 방법을 소개하고, ngram 추출 및 불용어 제거방법을 다룬다. 3장에서는 나무 구조에 대해 논의하고, 4장에서는 TextRank와 WordRank를 이용한 핵심어 추출을 다룬다. 5장에서는 공기어 추출 및 분석 방법, 6장에서는 클러스터링에 대해 다룬다.

이후에는 자연어 처리와 딥러닝이라는 부분에 초점을 맞추어 딥러닝 기법들도 소개한다. 7장은 토픽 모델링(Genism 기반 LDA 및 Tomotopy를 기반으로 한 다양한 토픽 모델링(Topic Modeling) 기법들)을 다루고, 8장에서는 자동 분류에 대해 설명한다. 9장은 감성 분석(다양한 머신러닝(Machine Learning) 기법 및 딥러닝(Deep Learning) 기법들을 활용), 10장은 워드 임베딩(Word2Vec, GloVe, FastText의 알고리즘)을 다루고, 11장은 문헌 임베딩(Genism Doc2Vec 및 SKlearn PCA 기반 Phrase2Vec)을 소개한다. 12장에서는 Transformer를 설명하며, 13장에서는 NER(개체명 인식), 14장에서는 기계 번역, 15장에서는 Question Answering, 그리고 마지막으로 16장에서는 Conversational AI에 대해 논의한다.

우선 본 책에서 활용하는 프로그램과 패키지들을 설치하도록 하자.

Yonlu 사용을 위해 필요한 프로그램들은 MS Visual Studio, Python(파이썬), Pycharm(파이참)이다. 해당 프로그램들의 설치 방법은 다음과 같다.

# 1 Microsoft Visual Studio 설치

Yonlu가 C 기반의 파일을 포함하고 있기 때문에 Visual Studio를 설치하는 과정이 필요하다.

01 MS Visual Studio 검색

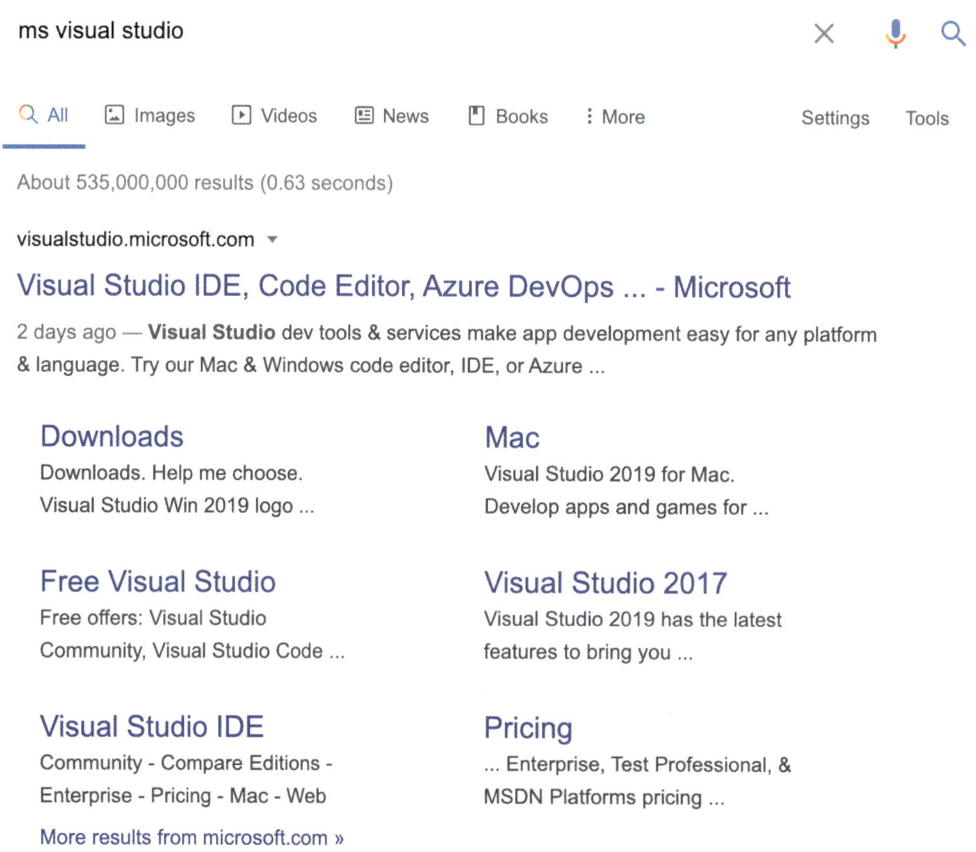

## 02 클릭 후 팝업 화면

# 지원되는 최신 Visual C++ 다운로드

적용 대상: Visual Studio 2010, Visual Studio 2012, Visual Studio 2013, **자세히**

**알림**

이 문서에 설명된 일부 다운로드는 현재 My.VisualStudio.com에서 다운로드 가능합니다. 다운로드 링크에 액세스 할 수 있도록 Visual Studio 구독 계정을 사용하여 로그인하십시오.

자격 증명을 입력하라는 창이 나타날 경우 기존 Visual Studio 구독 계정을 사용하거나 "새 Microsoft 계정 만들기"를 선택하여 무료 계정을 만듭니다.

### 요약

이 문서에는 최신 버전 Microsoft Visual C++의 다운로드 링크가 나와 있습니다.

### Visual Studio 2015, 2017 및 2019

Visual Studio 2015, 2017 및 2019용 Microsoft Visual C++ 재배포 가능 패키지를 다운로드합니다. 다음 업데이트는 Visual Studio 2015, 2017 및 2019용으로 지원되는 최신 Visual C++ 재배포 가능 패키지입니다. Universal C Runtime의 기본 버전이 포함되어 있습니다. 자세한 내용은 MSDN을 참조하세요.

- x86: vc_redist.x86.exe
- x64: vc_redist.x64.exe
- ARM64: vc_redist.arm64.exe

**참고** Visual C++ 2015, 2017 및 2019 모두 동일한 재배포 가능 파일을 공유합니다.

예를 들어, Visual C++ 2019 재배포 가능 패키지를 설치하면 Visual C++ 2015 및 2017로 구축된 프로그램에도 영향을 줍니다. 그러나 Visual C++ 2015 재배포 가능 패키지를 설치하면 Visual C++ 2017 및 2019 재배포 가능 패키지로 인해 설치된 더 최신 버전 파일로 교체되지 않습니다.

각 버전마다 다른 버전과 공유되지 않는 고유한 런타임 파일이 있기 때문에 이전의 모든 Visual C++ 버전과 다릅니다.

## 03 다운로드 클릭

# 다운로드

선택 안내

**Visual Studio 2019**
버전 16.7
릴리스 정보 >

Android, iOS, Windows, 웹 및 클라우드에 대해 모든 기능을 갖춘 IDE(통합 개발 환경)

버전 비교 >
오프라인 설치 방법 >

**커뮤니티**
강력한 IDE, 학생, 오픈 소스 제공자 및 개인을 위해 무료로 제공
무료 다운로드

**Professional**
소규모 팀에 적합한 Professional IDE
평가판

**Enterprise**
모든 규모의 팀을 위한 확장성 뛰어난 통합형 솔루션
평가판

Visual Studio Preview
릴리스 정보 >

주 릴리스에서는 아직 제공되지 않는 최신 기능에 미리 액세스
자세히 알아보기 >

## 04 다운로드 후 개발 설정 및 테마 설정 화면

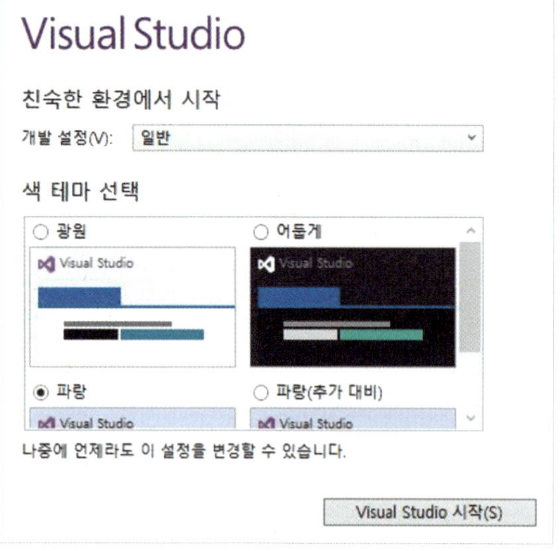


## 05 설정 완료 후 실행 화면

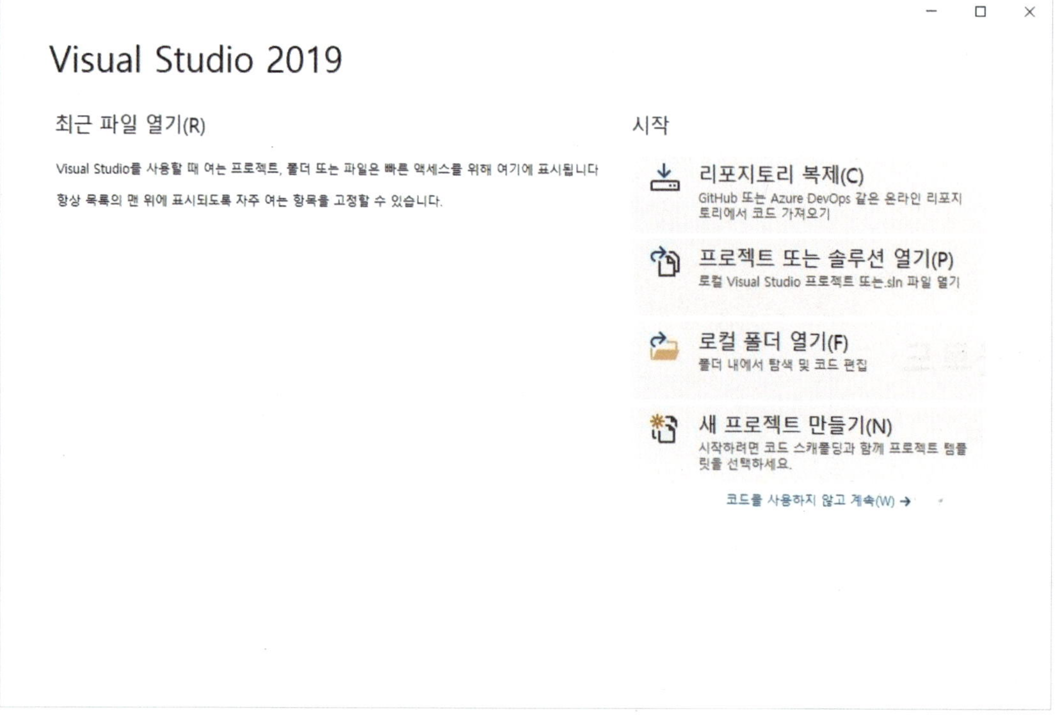

# 2 파이썬 설치

## 01 파이썬 웹사이트 방문

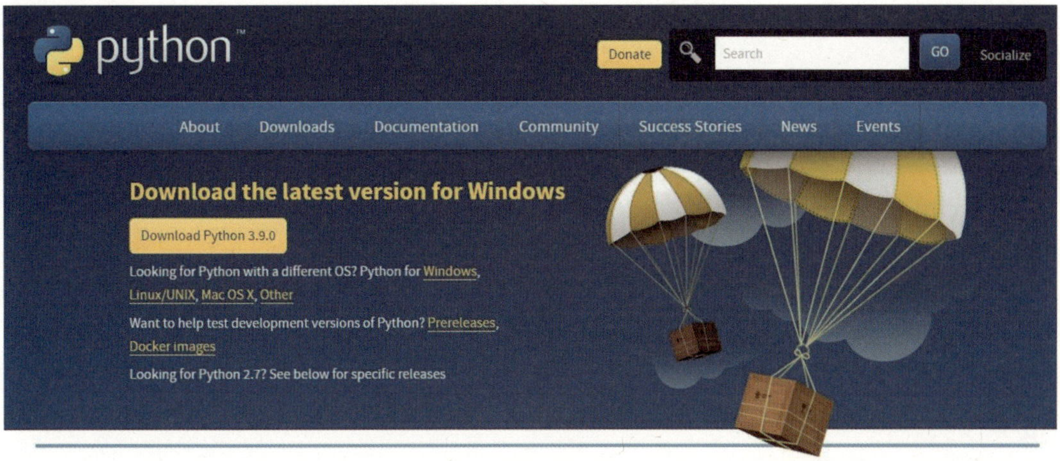


## 02 Downloads 클릭 후 버전 선택(Python 3.7.X)

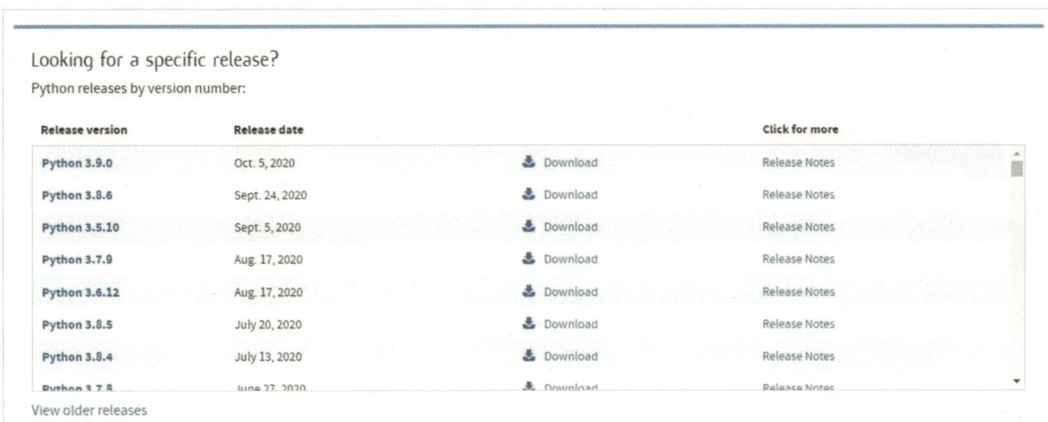

## 03 PC 환경에 맞는 Installer 실행

### Files

| Version | Operating System | Description | MD5 Sum | File Size | GPG |
|---|---|---|---|---|---|
| Gzipped source tarball | Source release | | bcd9f22cf531efc6f06ca6b9b2919bd4 | 23277790 | SIG |
| XZ compressed source tarball | Source release | | 389d3ed26b4d97c741d9e5423da1f43b | 17389636 | SIG |
| macOS 64-bit installer | Mac OS X | for OS X 10.9 and later | 4b544fc0ac8c3cffdb67dede23ddb79e | 29305353 | SIG |
| Windows help file | Windows | | 1094c8d9438ad1adc263ca57ceb3b927 | 8186795 | SIG |
| Windows x86-64 embeddable zip file | Windows | for AMD64/EM64T/x64 | 60f77740b30030b22699dbd14883a4a3 | 7502379 | SIG |
| Windows x86-64 executable installer | Windows | for AMD64/EM64T/x64 | 7083fed513c3c9a4ea655211df9ade27 | 26940592 | SIG |
| Windows x86-64 web-based installer | Windows | for AMD64/EM64T/x64 | da0b17ae84d6579f8df3eb24927fd825 | 1348904 | SIG |
| Windows x86 embeddable zip file | Windows | | 97c6558d479dc53bf448580b66ad7c1e | 6659999 | SIG |
| Windows x86 executable installer | Windows | | 1e6d31c98c68c723541f0821b3c15d52 | 25875560 | SIG |
| Windows x86 web-based installer | Windows | | 22f68f09e533c4940fc006e035f08aa2 | 1319904 | SIG |

## 04 클릭 후 팝업 화면

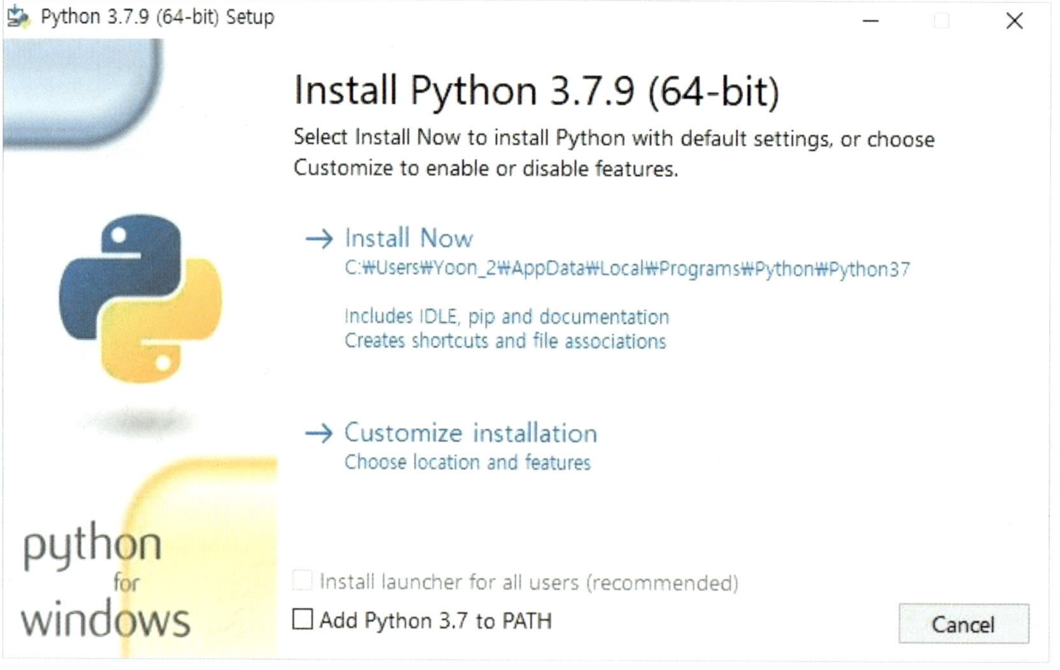


## 05 설치 후 프로그램 목록에 파이썬이 설치된 것을 확인

## 3 파이참 설치

파이참은 파이썬 개발 환경의 하나로, 파이참을 사용하면 파이썬 코드 작성과 라이브러리 설치 등 파이썬 사용이 더 용이해진다는 장점이 있다.

**01** 파이참을 검색하고 Jetbrains 사이트에 접속

**02** Community 다운로드

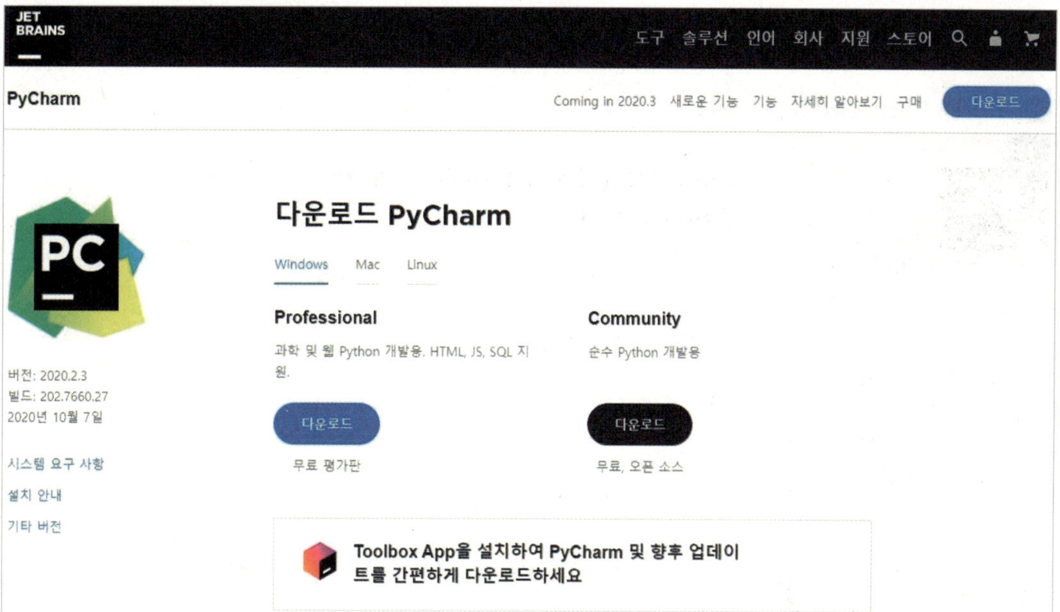

## 03 다운로드 실행 팝업

## 04 다운로드 완료 팝업

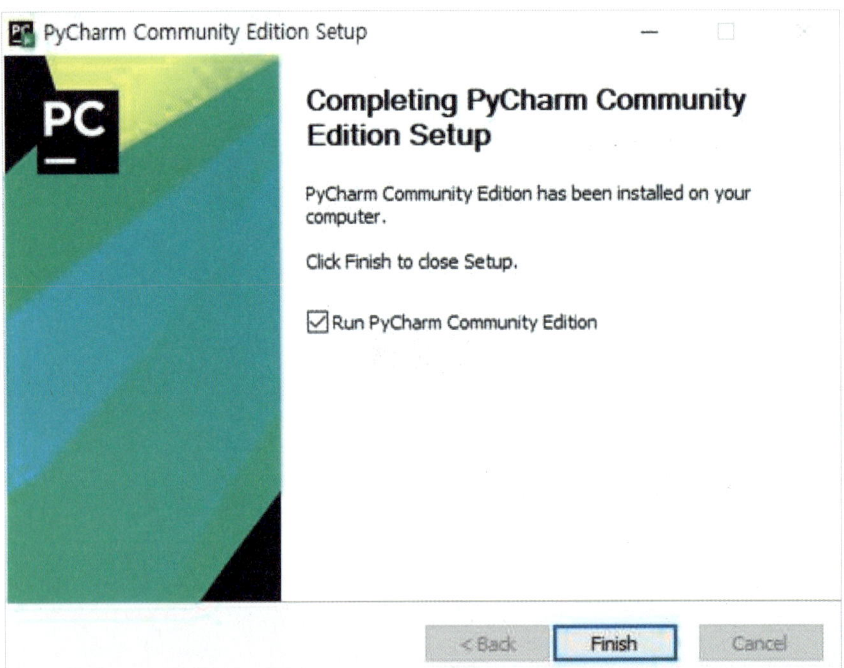

## 05 팝업에서 New Project 선택

## 06 실행 화면

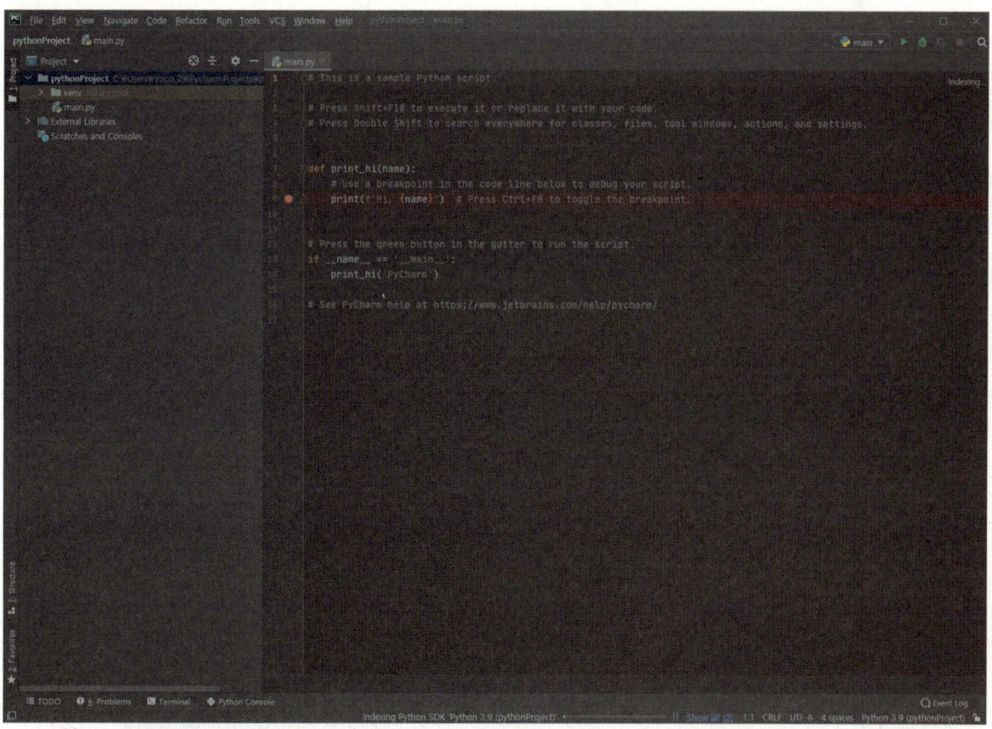

## 07 파일에서 Settings 선택

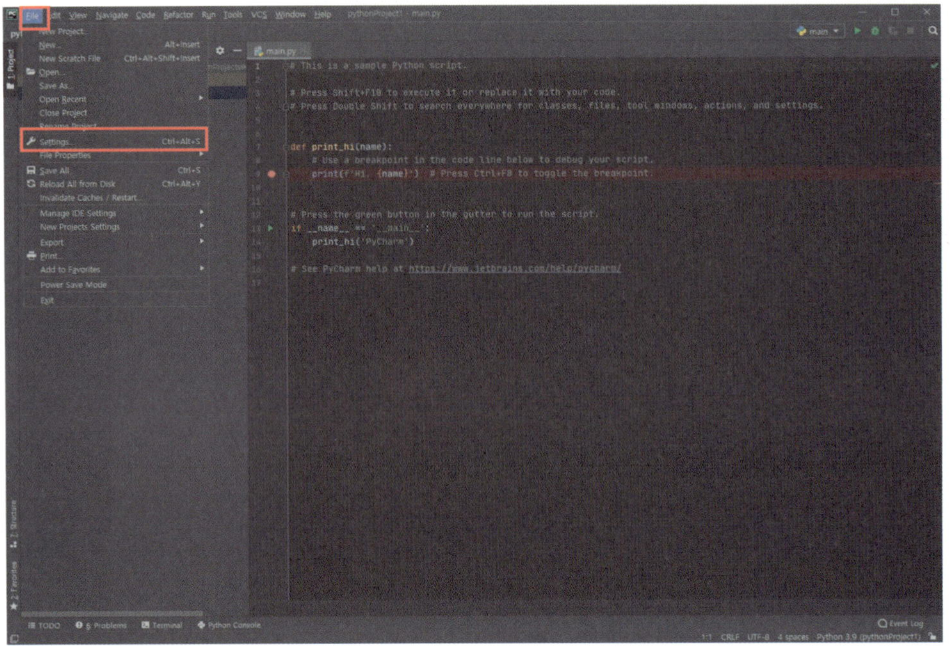

## 08 Project: 선택

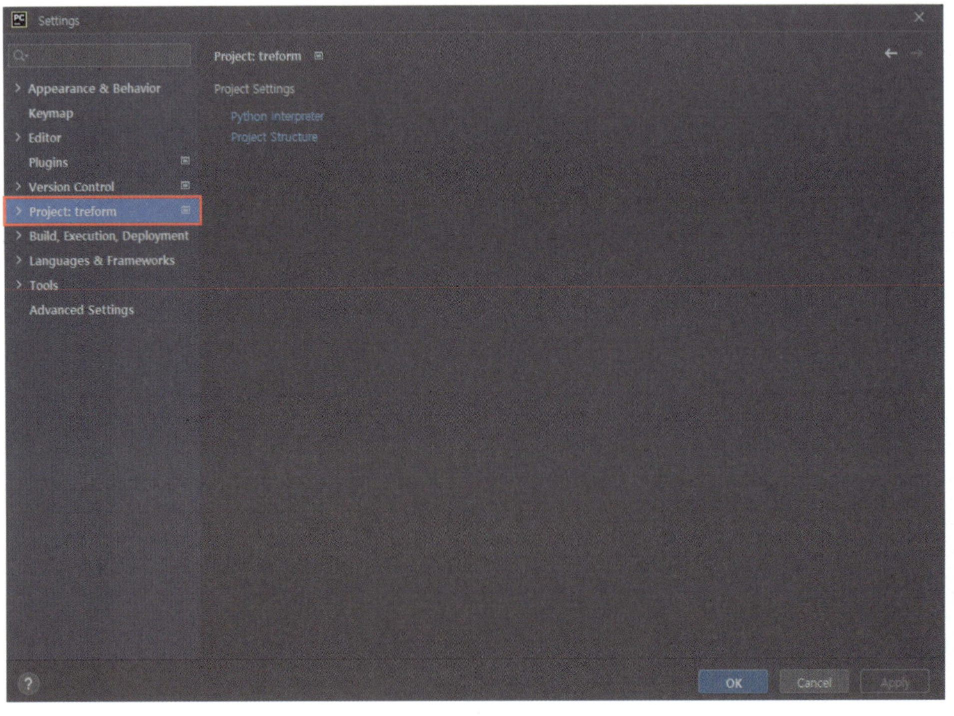

## 09 Project Interpreter 선택

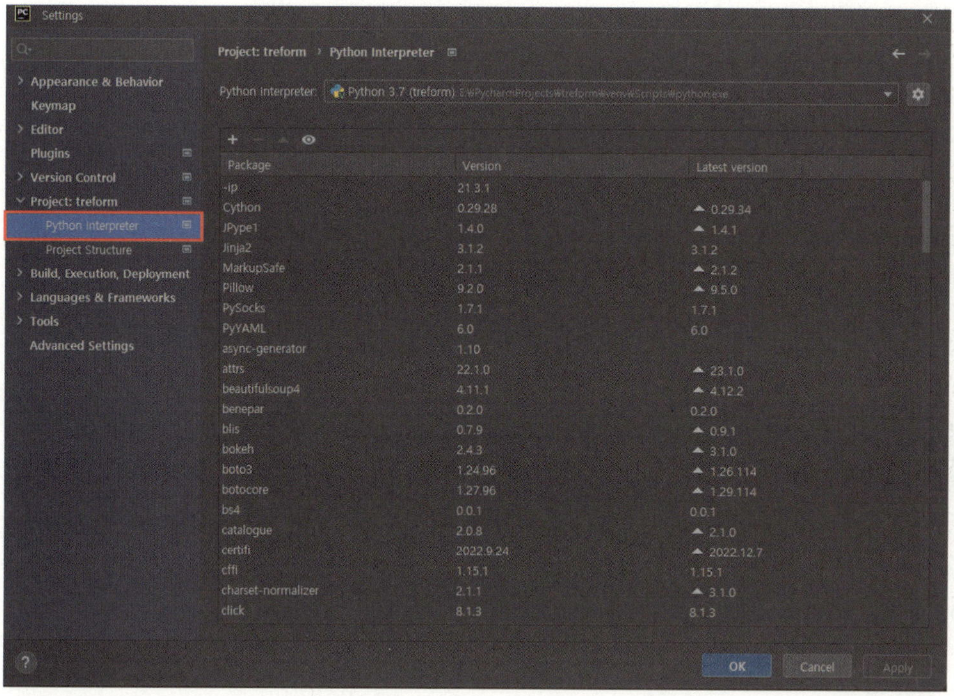

## 10 파이썬 설치 디렉토리 선택 후, + 아이콘 선택

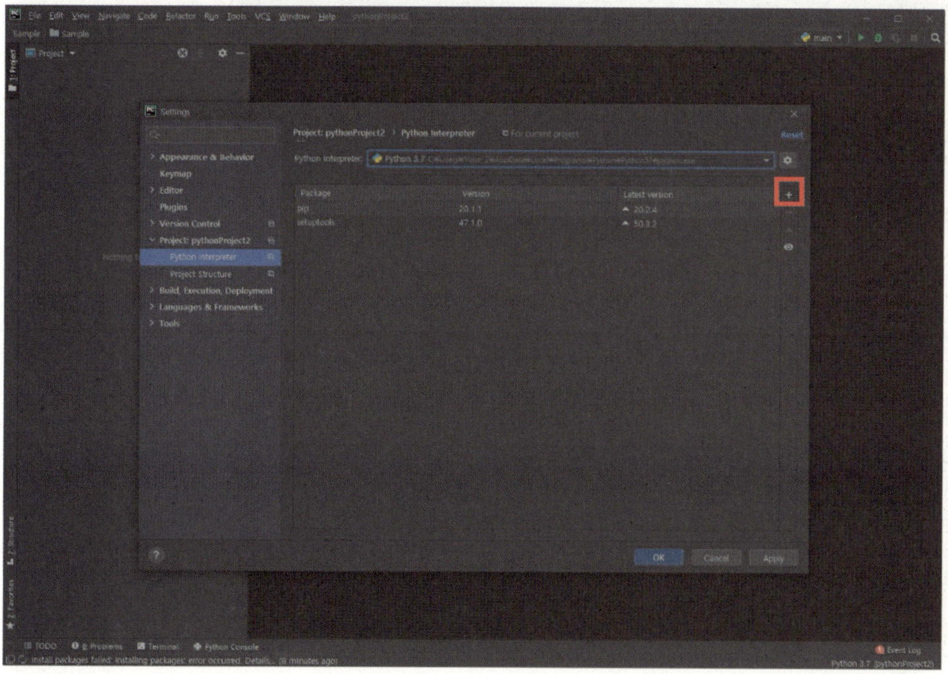

## 11 Yonlu 검색

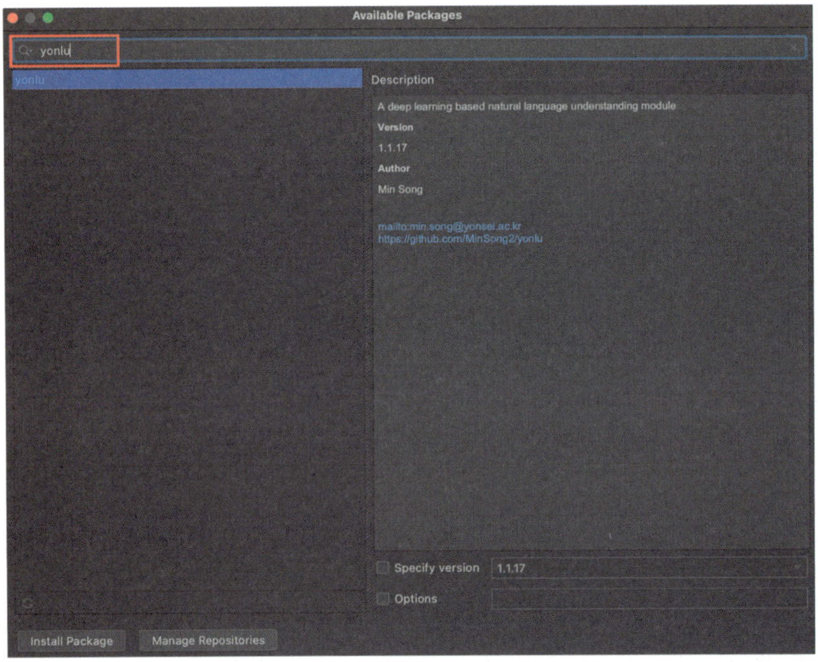


## 12 Install Packages 선택

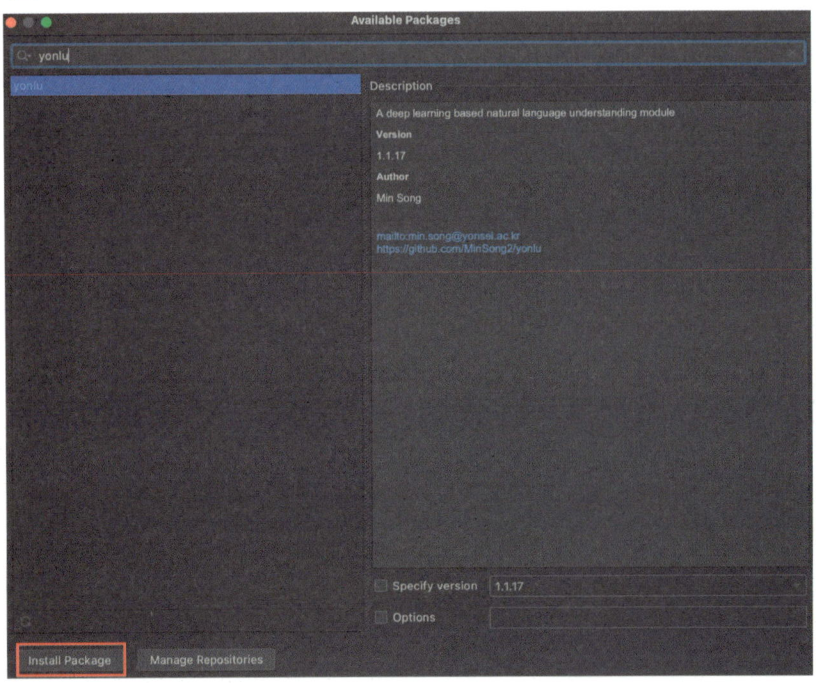

## 13 설치 완료 확인

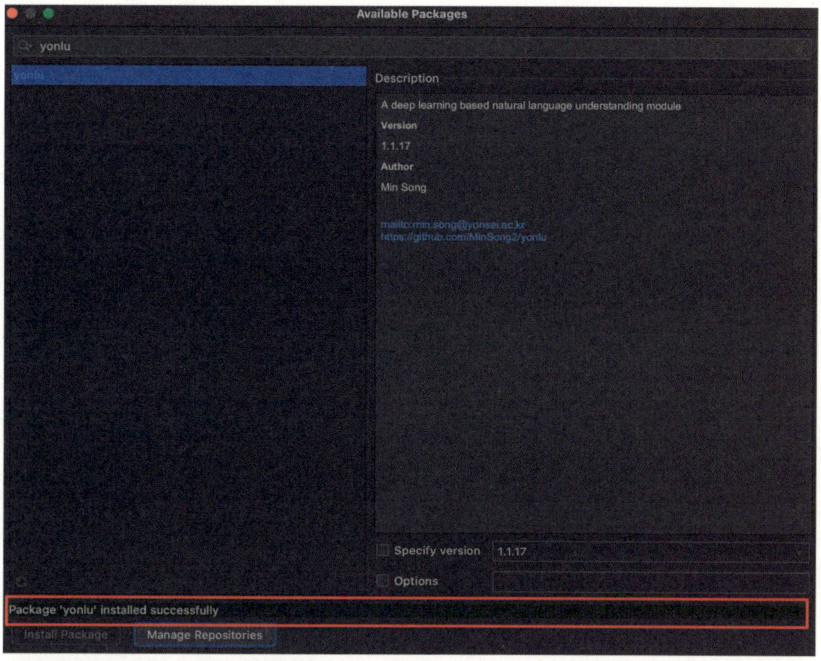


### ※ 파이참을 사용하는 방법

파이썬 버전에 맞게 파이참을 설치하면 된다. community(일반적), professional 등의 종류가 있다. Yonlu를 다운로드하면 Doc2Vec, Word2Vec, Yonlu 등이 들어 있는 폴더가 나타난다. 이를 파이참의 New Project로 다운로드한 폴더 위치와 연결하면 된다. 모든 폴더들을 복사해서 붙여넣는 방법 역시 사용 가능하다. 설치한 파일 중 일부를 실행하기 위해서는 모듈이 필요하다. 설치 방법은 다음과 같다. 파이썬 하단에 있는 Terminal, Python Console 등이 있는데 Terminal의 (venv)는 가상이라는 뜻으로 이 곳에서 Pip Install+모듈명(예를 들면 konlpy)이 되면 설치가 가능하다. 혹은 File 메뉴의 Settings에 가면 Project Interpreter를 볼 수 있다. 그러면 오른쪽에 인터프리터가 나오는데, 각각의 프로젝트마다 다른 설치를 할 수 있다. 어떤 인터프리터도 없다면 오른쪽의 Add 버튼을 눌러서 가지고 있는 파이썬 버전을 연결하면 된다. 혹은 +버튼을 누르면 뜨는 창이 있다. 여기서 돋보기 버튼에 Konlpy(원하는 모듈명)을 검색한 뒤 아래에 Install Package 버튼을 누르면 된다. 딥러닝을 위한 Tensorflow 같은 경우에는 Install Package를 누르면 가장 최신 버전이 연결되는데, 각 버전에 맞춰야 하는 경우가 있으므로 아래의 Specify Version으로 본인에 맞게 연결하는 것이 필요하다. 파이썬이 동작하지 않는 경우에는 Microsoft Visual Studio, Visual C++ 등의 다운로드가 추가로 필요하다.

인공지능 기반 자연어 처리
Artificial intelligence-based natural language processing

CHAPTER

02

# 텍스트 표상 모듈

CHAPTER 02

# 텍스트 표상 모듈

신문기사 모음이나 블로그 데이터 모음과 같은 특정 비정형 텍스트 집단이 있을 때 다양한 목적으로 이 텍스트 집단을 분석하고자 한다면 먼저 전처리 작업을 수행해야 한다. 한글 텍스트 처리에 있어서 일률적인 방법이 존재하는 것은 아니지만 다음의 기법들이 필요하게 된다. 먼저 ① 문헌을 NLTK를 사용하여 문장 단위로 분리하고 ② 각 문장별로 어절 단위로 토크나이징을 하거나(영어의 경우에는 Twitter tokenization과 NLTK에서 제공하는 WhitespaceTokenizer를 사용할 수 있고, 한글의 경우에는 MaxScorer, LTokenizer, RegexTokenizer을 사용할 수 있다), Cohesion과 같은 통계기법을 사용해서 토크나이징을 할 수 있다. 또 다른 방법으로는 Komoran, TwitterKorean, KKMA, MeCab 같은 한글 형태소 분석기를 사용해서 토크나이징을 수행하는 일반적인 방법이 있다. 소셜미디어 텍스트는 형식에 구애받지 않는 자유로운 형식의 텍스트가 대부분이어서 띄어쓰기가 제대로 되어 있지 않다. 이를 해결하기 위해서 자동 철자오류 수정방식인 CRF, LSTM과 같은 기계학습이나 딥러닝을 사용해서 자동 띄어쓰기 오류를 수정할 수 있다.

## 1 텍스트 전처리 개요

텍스트, 즉 전처리(text pre-processing)는 텍스트 마이닝 과정 중에서 과소평가되는 경향이 있지만 실은 아주 중요하다. 최근에는 딥러닝 알고리즘에 집중하는 경향이 있어 전처리를 사소한 문제로 생각할 수 있지만 어떻게 전처리를 하느냐에 따라 자연어 처리 영역에서의 성능이 크게 달라진다는 점을 염두에 두자. 전처리의 예를 들면 과거에는 데이터 전처리 임베딩을 Word2Vec,[1] GloVe,[2] FastText[3]를 많이 사용했지만 최근에는 고성능을 내는 BERT[4]를 사용한다. 예를 들어, 하나의 문장이 있다면 과거에는 Tokenization을 수행해 단어로 나타내서 형태소 분석을 하고 어절에서 어미를 끊어내 어근만 남겨놓은 뒤, 중요한 단어를 찾아내 벡터화시키는 과정을 거쳐 벡터끼리의 유사도를 구해내는 식으로 이루어졌다. 그렇지만 이때 간과한 것이 문맥이다. 어떤 문

1) 인공신경망을 사용한 자연어 처리 기법으로 구글의 Tomas Mikolov 리서치팀이 2013년에 발표했다.
2) 단어 사이의 관계를 벡터화하기 위한 비지도 학습 알고리즘으로 Jeffrey Pennington, Richard Socher 그리고 Christopher D. Manning이 2014년에 발표했다.
3) 워드 임베딩과 텍스트 분류를 위한 라이브러리로 페이스북 인공지능 연구소에서 2015년에 발표했다.
4) Bidirectional Encoder Representations from Transformers. 구글의 딥러닝 모델 트랜스포머를 기반으로 하며 구글의 Jacob Devlin가 2018년에 발표했다.

맥에서 순서대로 되어 있는 문자열 데이터를 잘라 bag of words(단어의 집합)으로 변환시키면 대부분의 텍스트 문맥은 사라지게 된다. 이와 다르게 BERT 모델은 데이터의 시퀀스(sequential)를 임베딩(embedding)하여 성능을 올렸다. 이러한 Transformer 기반 모델을 이용한 자동응답이나 자동번역, 대화 주고받기, 자동으로 노래 만들기 등은 자연어 처리의 영역에서 좋은 성능을 보이고 있다. 그만큼 텍스트의 전처리가 중요한 것이다.

텍스트 전처리의 방법으로는 Text chunking, Co-occurrence calculation, Word count, Graphml file creation, Keyword extraction, Lemmatization, Ngram, Noun extraction, Point-wise Mutual Information(PMI) calculation, Word spacing correction, Sentence splitting, Stemming, POS Tagging, Tokenization 등이 있다. 각 기업의 일반적인 개념은 어떠한지 간단히 소개해보겠다.

Text chunking은 태그끼리, 즉 명사구, 동사구, 전치사구, 형용사구별로 뭉쳐주는 역할을 한다. 이 작업은 단어보다는 단어의 합으로 된 텍스트 자체를 잘 이해하도록 도와준다. 결과적으로 문맥을 더 잘 이해할 수 있게 도와준다. 전산언어학에서는 text shallow parsing이라고 한다.

Co-occurrence calculation은 단어 동시 출현을 구하는 것이다. 이를 구하면 co-word map과 같이 시각화를 통해 단어를 노드로 하는 네트워크를 나타낼 수 있다. 동시 출현 단어를 문헌 단위에서 구하면 첫 번째 단어와 마지막 단어 간의 유사도를 찾기가 어려울 것이다. 따라서 입력(input)을 문장으로 넣어 문장 단위로 분석하는 것이 효과적이다.

Word count는 텍스트 마이닝 분야 초기 단계에서 워드클라우드(word cloud)에 활용되었다. 워드클라우드는 빈도수가 높은 단어의 글자다 크게 보이는 특징이 있다.

GraphML은 XML(eXtensible Markup Language)의 일종이다. GraphML에는 노드(node)와 엣지(edge)라는 태그가 있다. 노드는 단어를 뜻하며 엣지는 단어와 단어 사이의 관계를 말해준다. 엣지는 두 단어의 동시 출현 횟수가 되며, 연결 강도가 높으면 두 단어가 한 문장에서 여러 번 반복해서 나타났다는 의미이므로 두 단어가 높은 빈도로 같이 쓰였다고 볼 수 있다.

Keyword extraction은 핵심어 추출이다. 어떤 문헌이나 문헌집단의 핵심어를 추출하는 것인데 텍스트 마이닝과 딥러닝에서는 자동요약으로도 발전한다. 자동요약은 abstractive 요약과 extractive 요약이 있는데, 전자는 문헌에 없는 내용을 초록과 같은 형식으로 요약하는 것이고, 후자는 문헌에 있는 중요한 문장이나 단어를 조합해서 요약을 하는 것이다. Keyword extraction은 extractive 요약을 사용한다. 텍스트 마이닝은 주로 지도 학습 방법과 비지도 학습 방법으로 구분할 수 있다. 비지도 학습 방법인 TextRank는 문헌을 그래프화해서 중요한 노드를 찾아 핵심어(단어보다는 구일 확률이 높다)를 찾아주는 방법으로 활용한다.

Lemmatization은 원형 복원을 뜻한다. 어근 뒤에 다양한 형태의 어미가 있다면 원형으로 바꿔주는 것으로, 예를 들어 영어 단어인 is, are를 be동사로 바꿔주는 것과 같다. 어미를 제거하는 stemming은 비슷한 기법이긴 하지만 lemmatization이 원형을 남긴다는 점에서 stemming과는 차이가 있다.

Ngram은 n개의 연속된 단어들을 뜻한다. unigram이 1개의 단어라면 bigram은 2개의 연속된 단어, trigram은 3개의 연속된 단어이다. Ngram은 문맥을 이해하기에 유용하여 많이 사용된다.

Noun extraction은 한글 복합명사에서 명사를 추출하는 것이다.

PMI(Point-wise Mutual Information)는 한 단어가 부정 클래스에 있는 단어들과 많이 연결되어 있는지, 긍정 클래스에 있는 단어들과 많이 연결되어 있는지를 보고 두 단어의 연결성을 계산해주는 것을 의미한다. Word-embedding과 유사하지만 PMI는 쿼리를 통해 의미적으로 유사한 단어들을 다시 되돌려주는 것이다. 전산언어학에서는 이를 semantic relatedness라고 한다.

Word spacing correction은 단어 띄어쓰기이다. 한글 소셜미디어 자원에서는 띄어쓰기가 잘 되어 있지 않은 경우가 많은데, word spacing correction은 자동으로 띄어쓰기를 도와준다. 한글의 경우에는 규칙 기반, CRF(조건적 임의 필드(Conditional Random Filed)) 기반, LSTM(Long Short Term Memory) 기반의 방법으로 이를 수행한다. 물론 성능은 세 가지 중 어느 기반의 기법을 쓰느냐에 따라 다르다.

Sentence splitting은 NLTK에서 제공해주는 방법론으로 지도 학습 기반이다.

POS tagging은 NLTK 기반 영어 POS tagging이다.

Tokenization은 스페이스를 기준으로 수행할 수 있는 영어와는 달리 한글은 단어 단위로 잘리지 않기 때문에 Komoran, TwitterKorean, KKMA(꼬꼬마)를 사용하거나 MaxScorer, LTokenizer, RegexTokenizer 기반 한글 tokenization을 사용한다.

텍스트 마이닝 업무와 목적에 따라서 다양한 텍스트 전처리 및 표상화 기법들을 사용하는데 텍스트 마이닝의 각 업무당 하나의 파이프라인을 구성한다. 구성한 파이프라인에 필요한 전처리 기법들을 포함시켜서 텍스트를 이 파이프라인에 통과시키면 각 전처리 기법들이 적용된다. 파이프라인을 통과한 결과는 그 다음에 위치한 파이프라인의 입력값으로 전달되는 구조의 아키텍처이다.

아래 그림은 파이프라인 기반 한글 전처리 아키텍처이다.

**그림 2-1 | 파이프라인 기반 한글 전처리 아키텍처**

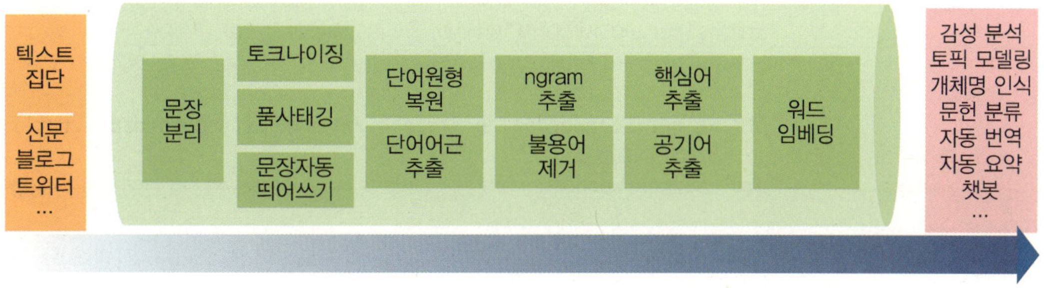


파이프라인 구조를 보면 왼쪽으로 원데이터(raw data)가 들어가면 전처리 기법을 통과하여 맨 오른쪽 끝에서 정제된 데이터가 나온다. 예를 들어, Big kinds와 같은 신문기사 텍스트집단이 들어가면 이 문헌을 문장의 합으로 구성한다. 자료구조에서는 array of array와 같은 의미이며 splitter에 들어갈 때는 문헌이고 처리한 후에는 문장의 합이 된다. splitter를 부른 뒤에 tokenizer를 부르면 문장의 합으로 구성된 문장들 중 하나의 문장이 입력으로 들어와서 전체 문장이 처리될 때까지 실행되어 분리된다. 즉, tokenizer는 각 문장에서 단어를 분류해주는 역할을 한다.

문장 분리는 NLTK라는 파이썬 라이브러리를 사용한다(모듈의 범주는 tokenization, stemming과 같은 언어 전처리 모듈부터 구문 분석과 같은 언어 분석, 클러스터링, 감성 분석, 태깅과 같은 분석 모듈도 제공한다).

필자가 개발한 trefrom을 사용해서 문장 분리의 예시를 활용해보자(pip install treform을 하면 필요한 sample 파일 등이 받아질 것이다). 아래 코드가 예시이다.

```
import treform as ptm

pipeline = ptm.Pipeline(ptm.splitter.NLTK())
corpus = ptm.CorpusFromFile('./data/sampleKor.txt')

result=pipeline.processCorpus(corpus)
print('== Splitting Sentence ==')
print(result)
print()
```

코드의 결과물을 확인하기 전에 먼저 파이프라인에 대해서 좀 더 설명하겠다. 파이프라인은 왼쪽으로 원데이터가 들어가면 오른쪽으로 정제된 데이터가 나오는 구조이다. 위 파이프라인에서 활용된 모듈들보다 좀 더 다양한 아래의 파이프라인 구조 예시를 살펴보겠다.

```
pipeline = ptm.Pipeline(ptm.splitter.NLTK(), #텍스트를 문장으로 split
                        ptm.tokenizer.Komoran(), #Komoran으로 형태소 분석, 문장에서 단어를 토큰화하
고 품사 붙임
                        ptm.helper.POSFilter('NN*'), #NN으로 시작하는 품사만 뽑음
                        ptm.helper.SelectWordOnly(), #품사는 제외하고 단어만 뽑음, 여기까지 명사 단
어만 남을 것
                        ptm.helper.StopwordFilter(file='./stopwords/stopwordsKor.txt'),
#stopwordsKor에 포함된 단어가 있다면 그것도 제외함
                        ptm.counter.WordCounter()) #WordCounter를 실행해 문헌 내 단어 빈도수 카운트
```

NLTK는 규칙 기반으로 sentence splitting을 한다. 이 외에도 머신러닝을 기반으로 한 sentence boundary detection이 있고, ko-splitter[5])도 splitter의 일종으로 활용 가능하다. Komoran은 문장에서 단어를 토큰화하고 품사를 붙이는데 활용되는 tokenizer의 일종이며 한국어에서 활용한다. POSFilter는 특정 품사만 추출해준다. 코드에서는 NN*이므로, NN으로 시작하는 품사(단수 및 복수명사, 고유명사 등)만 나타날 것이다. SelectWordOnly로 단어만 뽑아낸 다음 StopwordFilter로 조사, 접속사와 같은 사용자가 지정하는 불용어들(stopwordsKor.txt 파일을 활용하고 원하는 불용어가 있으면 지정 역시 가능하다)을 제외할 수 있다. 그리고 WordCounter를 실행해 문헌 내 단어 빈도수를 확인한다.

파이프라인을 잘 활용하면 advanced된 텍스트 마이닝 공부가 가능하다. Input의 타입과 output의 타입을 잘 알면 되는데, WordPos 예시를 살펴보자.

```
class WordPos(BaseTokenizer):
    def __init__(self):
        import nltk
        self.inst = nltk #nltk를 활용한다
        self.OUT_TYPE = [list, tuple] #output이 단어와 품사이다
                                      #광역함수로 받아 nltk class를 두 개의 함수 태깅
    def __call__(self, *args, **kwargs):
        tokens=self.inst.word_tokenize(*args) #nltk에서 문장이나 문헌이 들어오면 tokenize시키기
        return self.inst.pos_tag(tokens) #pos_tag의 input으로 넣으면 output이 단어와 단어의 품사가 된다
```

예를 들어, 'I went to school.'이 input으로 들어오면 tokenize해서 array로 바뀌 I는 0번째 array, went는 1번째 array, to는 2번째 array, school은 3번째 array로 들어가 결과값이 나온다.

또 다른 test 코드를 살펴보겠다.

5) Ko-splitter는 카카오에서 만든 것으로, 한국어에 적합한 NLTK와 같은 기능을 한다.

```
import treform as ptm

pipeline = ptm.Pipeline(ptm.splitter.NLTK(),
                        ptm.tokenizer.WordPos(), #WordPos로 토크나이저
                        ptm.helper.POSFilter('NN*'), #품사가 NN*인 것만
                        ptm.helper.SelectWordOnly(), #단어만 뽑아라
                        ptm.ngram.NGramTokenizer(2,3))

corpus = ptm.CorpusFromFile('../../data/sampleEng.txt')

result = pipeline.processCorpus(corpus)
print('==Splitting Sentence==')
print(result)
print()
```

이를 실행하면 명사만 추출되고, 어떤 문장은 명사도 없어 [ ]의 형태만 남을 것이다. stemming 처리를 더해보기 위해 stemming 알고리즘을 보자. 가장 유명하고 많이 활용되는 stemming 알고리즘은 Porter 알고리즘인데, 이를 test에 적용해보자. Stemmer에 들어가는 입력은 단어인 것이다. 문장이 단어 array로 되었을 때 단어만 남긴 후에 아래 코드를 삽입해야 한다.

```
ptm.stemmer.Porter()
```

Porter 알고리즘을 어디에 사용할 것인지가 중요한데, stemming 단계에서는 단어만 필요하고 품사가 필요 없기 때문에 이 경우에는 SelectWordOnly 뒤에 삽입해야 할 것이다.

파이프라인에 대해 간단한 설명을 하였으니 본론의 코드로 돌아가서 결과를 알아보자. [['DNA의 모식도.', '유전학(遺傳學, 영어: genetics)은 생물의 유전과 유전자 다양성 등을 연구하는 생물학의 한 분야이다.', '선사 시대부터 인간은 생물의 형식이 나온다. … ]]의 형식이 나온다. [문헌집단[문헌]]/ ,앞에 있는 것은 문장으로 형식을 볼 수 있다. 이 입력은 하나의 [ ]로 되어 있을 것이라고 유추할 수 있다.

## 2 텍스트 전처리 기법

NLTK에서 활용하는 splitting은 모두 문장으로 구분하는데, 입력의 기본적인 분석 유닛이 문장이기 때문에 이런 방식으로 이루어진 것이다. 다음 단계인 tokenizing은 말 그대로 토큰화시키는 것이다. 영어의 경우에는 대부분 스페이스를 통하여 깨끗하게 토큰화할 수 있다. Token은 스페이스로 자른 문장, 문헌, 문헌집단이 되는 것이다. Array of token은 sentence, array of sentence는 document, array of document은 collection이 된다. 이때, token은 single word, 혹은 phrase로 볼 수 있다.

한글 tokenization을 보자. 한국어는 L어근과 R어미로 구별할 수 있으며 비교적 어근이 어미보다 중요하게 여겨져 분석의 대상이 된다. 예를 들어, '발표를 하면서'가 있으면 발표/명사+를/조사, 하/동사어근+면서/어미로 L이 더 중요한 것을 볼 수 있다. 이에 기반한 형태소 분석이 tokenizer의 __init__.py에 있는 LTokenizer이며 어절의 왼쪽인 어근 중심의 토크나이저이다. MaxScoreTokenizer은 띄어쓰기 오류가 포함되는 경우에 적합하다.

텍스트 표현에 대해 더 알아보고 이와 관련된 나무 구조를 알아보자. 텍스트 표현은 어휘(lexical) 표현, 구문(syntactic) 표현, 의미론적(semantic) 표현으로 나눌 수 있다. 텍스트를 어떻게 가공하고 분석할 것인가를 정하고, 어떤 요소에서 텍스트 분석을 할지에 대한 표현 방법론에 대한 것이다.

어휘 표현은 문법적인 형태소 분석을 하지 않아도 되고 텍스트가 가지고 있는 언어적인 특질만으로 분석할 수 있다. 이는 문자 단위가 분석의 대상이 되며 문자는 ngram과 같은 순서열을 의미한다. 구문 표현은 문장을 sentence parsing하고 나무 구조로 문장을 바꿔주는 방법이다. 나무 구조로 문장을 바꾸면 그 문장에서 주어, 목적어, 동사와 같이 품사 파악을 할 수 있고 각각의 단어가 명시구/형용사구/동사구와 같이 어떤 구에 속하는지를 나무 구조를 통해 파악할 수 있다.

의미론적 표현은 행간을 읽는 것으로 생각할 수 있으며 텍스트가 무슨 뜻이냐에 대한 것이다. A라고 썼지만 문맥에 따라 A라는 뜻이 아닐 수도 있다. 앞에서 설명한 어휘 표현 및 구문 표현과는 다르게 의미론적 표현 방법은 자연어 이해를 가능하게 해준다. 의미론적 해석을 하기 위해 예전에는 온톨로지(존재론, 텍스트 마이닝에서의 온톨로지는 시소러스, 텍소노미와 비슷한 의미이다, 상위개념, 하위개념, 유사어 등 관계성을 준다, e.g. WordNet)를 이용한 방법을 사용하였으나 최근에는 집단지성(Collective Intelligence)에 기반한 방법을 사용한다.

품사 태깅은 구문 표현 방법론과 관련이 있다. 이는 자연어 처리 중 문장 단위로 한 sentence parsing을 사용한 것인데 나무 구조에 기반을 둔다. 나무 구조로 문장을 바꾸면 그 문장에서 주어, 목적어, 동사가 무엇이고 품사 이외의 각각의 단어가 어떤 구에 속하는지(명사구, 형용사구, 동사구 등)를 표현할 수 있다. Sentence parsing은 구 구조 파싱(Phrase structure Parsing)과 의존 파싱(Dependency Parsing)으로 나눌 수 있는데, 의존 파싱의 예시를 보자.

**그림 2-2 | 나무 구조로 바꾼 문장 구조**

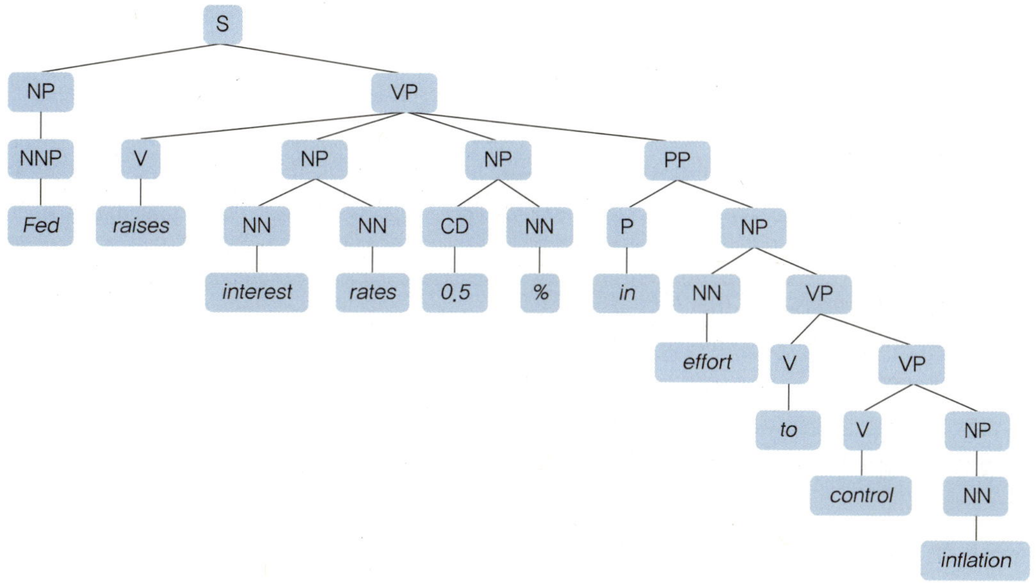


S는 subject를 뜻하며 Yonlu에서 보면 text chunking이라는 모듈이 있는데 NP는 Noun phrase, VP는 Verb phrase를 말한다. 동사구 밑에는 동사가 있고 그 밑에 동사를 수식하는 명사구 식으로 있는데 바로 나무 구조로 되어 있는 것이다. NP 밑의 NNP는 복수명사를 뜻하며 tree bank를 찾으면 자세한 품사 리스트를 확인할 수 있다. 주로 영어 품사는 tree bank를 이용하며, 한글 품사는 세종말뭉치 품사 리스트를 사용하여 품사 태깅을 한다.

영어 품사 태깅은 대부분의 경우 정확률이 98%가량을 웃도는 반면, 한글 품사 태깅은 대부분의 경우 90% 이하의 정확률을 나타낸다. NLTK는 영어 텍스트 처리의 기본적인 툴이다. 영어 전처리시에는 NLTK와 Spacy를 사용하는 경향이 있다(* 이 모듈을 사용하기 위해서는 pip install이나 메뉴 옵션에서 모듈을 불러와서 사용 가능하다).

한글 품사 태깅 모듈로는 Kkmoran, KKMA,[6] TwitterKorean,[7] Mecab 등이 있다. 이 중 Mecab[8]에 대해 좀 더 알아보자. Mecab은 한글 형태소 분석기이며, C++로 만들어졌기에 C++ 기반 환경 설정을 하고 형태소 분석을 하는 것이 필요하다.

Mecab의 설치 방법은 다음을 참고해볼 수 있고, 다른 방법을 참고해도 무관하다.

---

6) KKMA(꼬꼬마); 서울대에서 만든 형태소 분석기

7) 자바 위에 스칼라를 활용한 형태소 분석기

8) CRF를 기반으로 하고, sequential supervised learning algorithm의 대표적인 예시

## 윈도우

### 1 mecab-ko-msvc 설치하기

'C 기반으로 만들어진 mecab'이 윈도우에서 실행될 수 있도록 하는 역할

1-1 링크 클릭 https://github.com/Pusnow/mecab-ko-msvc/releases/tag/release-0.9.2-msvc-3

1-2 윈도우 버전에 따라 32bit / 64bit 선택하여 다운로드

1-3 'C 드라이브'에 mecab 폴더 만들기 → "C:/mecab"

1-4 '1-2'에서 다운로드받은 'mecab-ko-msvc-x64.zip' 또는 'mecab-ko-msvc-x84.zip' 압축풀기

### 2 mecab-ko-dic-msvc.zip 기본 사전 설치하기

2-1 링크 클릭 https://github.com/Pusnow/mecab-ko-dic-msvc/releases/tag/mecab-ko-dic-2.1.1-20180720-msv

2-2 사전 다운로드 'mecab-ko-dic-msvc.zip'

2-3 앞서 '1-3'에서 만들었던 "C:/mecab"에 압축해제

* mecab 폴더에 파일들이 존재해야 함

### 3 python wheel 설치하기

3-1 링크 클릭 https://github.com/Pusnow/mecab-python-msvc/releases/tag/mecab_python-0.996_ko_0.9.2_msvc-2

3-2 파이썬 및 윈도우 버전에 맞는 whl 다운로드

윈도우 64bit에 파이썬 3.7이라면 'mecab_python-0.996_ko_0.9.2_msvc-cp37-cp37m-win_amd64.whl' 다운로드

3-3 다운로드 받은 파일을 site-package 폴더에 옮겨놓기

3-4 python 사용자의 경우 cmd 창에서 site-package 폴더로 이동하여

'pip install mecab_python-0.996_ko_0.9.2_msvc-cp37-cp37m-win_amd64.whl'

pip install 다운로드받은파일명.whl

입력하여 설치 완료

### 4 mecab 실행해보기

4-1 기본 소스 코드 넣어서 사용하기

```
import MeCab
m = MeCab.Tagger()
out = m.parse("미캅이 잘 설치되었는지 확인중입니다.")
print(out)
#이는 Yonlu에서 tokenizer내 __init__.py의 line 90-100의 주석과 같다.
class MeCab(BaseTokenizer):
    def __init__(self, path=None):
        #import MeCab
        #self.inst = MeCab.Tagger()
```

```
        from konlpy.tag import Mecab   #konlpy에서 제공하는 Mecab
        self.inst = Mecab(path)   #path는 user difine한 dictionary

        self.OUT_TYPE = [list, tuple]

    def __call__(self, *args, **kwargs):   #global variable
    return self.inst.pos(args[0])  #args[0]은 문장
```

이 부분을 주석처리한 이유는 일관성을 위해서이다.

4-2 결과 확인하기

```
미        NNP,인명,F,미,*,*,*,*
캅        NNP,인명,T,캅,*,*,*,*
이        JKS,*,F,이,*,*,*,*
잘        MAG,*,T,잘,*,*,*,*
설치      NNG,행위,F,설치,*,*,*,*
되        XSV,*,F,되,*,*,*,*
었        EP,*,T,었,*,*,*,*
는지      EC,*,F,는지,*,*,*,*
확인      NNG,행위,T,확인,*,*,*,*
중        NNB,*,T,중,*,*,*,*
입니다    VCP+EF,*,F,입니다,Inflect,VCP,EF,이/VCP/*+ㅂ니다/EF/*
.         SF,*,*,*,*,*,*,*
```

## 맥/리눅스

https://bitbucket.org/eunjeon/mecab-ko/downloads/

우선 위의 링크의 최신 버전의 mecab-ko을 다운로드하여 설치(혹은 mecab-0.996-ko-0.9.2.tar.gz).

tar xzvf mecab-0.996-ko-0.9.2.tar.gz

cd mecab-0.996-ko-0.9.2

./configure

make

sudo make install

다음에는 mecab 사전을 설치해줍니다.

https://bitbucket.org/eunjeon/mecab-ko-dic/downloads/

위의 링크로 가서 최신 사전을 다운로드하여 설치합니다(혹은 mecab-ko-dic-2.1.1-20180720.tar.gz).

tar xvfz mecab-ko-dic-2.1.1-20180720.tar.gz

cd mecab-ko-dic-2.1.1-20180720

./configure

make

sudo make install

여기까지 하면 우선 mecab이 MacOS에 설치가 됨. 그리고 mecab-python을 설치하는 과정을 설명.

아래의 코드대로 git를 통해 소스코드를 내려받아 파이썬 환경에서 혹은 virtualenv 같은 가상 환경에서 설치를 해주면 됨.

git clone https://bitbucket.org/eunjeon/mecab-python-0.996.git

cd mecab-python-0.996

python setup.py build

python setup.py install

그런데 python setup.py을 통해 설치가 안될 때가 있음.

c++ 라이브러리 관련해서 문제가 있을 때. 이 경우에는

MACOSX_DEPLOYMENT_TARGET=10.9 python3 setup.py build

MACOSX_DEPLOYMENT_TARGET=10.9 python3 setup.py install

이 명령어를 통해 설치를 해주게 되면 우회 설치하여 설치가 완료.

Komoran, Kkma, TwitterKorean, Mecab에 대하여 KoreanTokenizer.py를 이용하여 속도와 성능이 어떻게 나타나는지를 다음 예시를 통해 살펴보자.

```
dictionary_path='./dict/user_dic.txt' #user_dict, 즉 글자와 품사를 저장해준다

pipeline = ptm.Pipeline(ptm.splitter.NLTK(),
                        ptm.tokenizer.Komoran(userdic=dictionary_path),
                        ptm.helper.POSFilter('NN*'))
```

#|은 or 표시로 POSFilter에 활용하면 다양한 형태소만 뽑을 수 있다. POSFilter에 ('NN*|E*')를 넣으면 명사 NN*를 남기고 조사 E*에 대해서도 남긴다. '|' 표시는 or를 의미하는 것으로 이를 POSFilter에 활용하면 다양한 형태소를 뽑을 수 있다.

이때는 Treebank 품사 태깅 리스트를 활용해야 한다. Dictionary_path를 특정 경로로 바꿔주면 원하는 것을 사용할 수 있다. 그 경로 안의 user_dict.txt 파일에는 이름과 품사를 지정해줘야 한다. 이를 더 잘 이해하기 위해 tokenizer의 __init__ 파일을 살펴보자.

```
''' str => list(str) '''

class BaseTokenizer: #basetokenizer에는 input type이 string, output은 list와 string이다.
    IN_TYPE = [str]
    OUT_TYPE = [list, str]

# [English]
class Tweet(BaseTokenizer): #Tweet은 basetokenizer를 상속받는다
    def __init__(self):
        import nltk.tokenize
        self.inst = nltk.tokenize.TweetTokenizer() #객체self지향(global variable; java의 this와 같은
기능)#global variable은 local과 다르게 클래스 전체에서 사용 가능
```

```
    def __call__(self, *args, **kwargs):
        return self.inst.tokenize(*args) #return은 최종적 결과이므로 바로 밑에 써도 __call__에 반영되
진 않는다

class Whitespace(BaseTokenizer): #Whitespace 역시 basetokenizer을 상속받는다
    def __init__(self):
        import nltk.tokenize #global하게 이용될 수 있음
        self.inst = nltk.tokenize.WhitespaceTokenizer()

    def __call__(self, *args, **kwargs):
        return self.inst.tokenize(*args)

class Word(BaseTokenizer):
  def __init__(self):
        import nltk.tokenize
        self.inst = nltk.tokenize.word_tokenize

    def __call__(self, *args, **kwargs):
        return self.inst(*args)

class WordPos(BaseTokenizer):
    def __init__(self):
        import nltk
        self.inst = nltk
        self.OUT_TYPE = [list, tuple]

    def __call__(self, *args, **kwargs):
        tokens=self.inst.word_tokenize(*args)
        return self.inst.pos_tag(tokens)

# [Korean]
class Komoran(BaseTokenizer):
    def __init__(self,userdic=None):
        from konlpy.tag import Komoran
        import os
        if userdic is not None: #userdic이 있는 경우
            print("user dict " + str(os.path.abspath(userdic)))
            self.inst = Komoran(userdic=os.path.abspath(userdic))
        else: #userdic이 없는 경우
            self.inst = Komoran()
        self.OUT_TYPE = [list, tuple]

    def __call__(self, *args, **kwargs):
        return self.inst.pos(args[0])

class TwitterKorean(BaseTokenizer):
    def __init__(self):
        from konlpy.tag import Twitter
        self.inst = Twitter()
```

```
        self.OUT_TYPE = [list, tuple]

    def __call__(self, *args, **kwargs):
        return self.inst.pos(args[0])

class KokomaKorean(BaseTokenizer):
    def __init__(self):
        from konlpy.tag import Kkma #꼬꼬마 기반에서부터의 형태소 분석
        self.inst = Kkma()

        self.OUT_TYPE = [list, tuple]

    def __call__(self, *args, **kwargs):
        return self.inst.pos(args[0])

class SpecialTokenizer: #soyNLP에서 제공하는 한글에 특화된 tokenizer
    IN_TYPE = [str]
    OUT_TYPE = [str]

class MaxScoreTokenizerKorean(SpecialTokenizer):
    def __init__(self, scores=None):
     from soynlp.tokenizer import MaxScoreTokenizer
        self.inst=MaxScoreTokenizer(scores=scores)
        self.OUT_TYPE = [list, str]

  def __call__(self, *args, **kwargs):
        tokens = self.inst.tokenize(args[0])
        return tokens

class MeCab(BaseTokenizer):
    def __init__(self, path=None):
        #import MeCab
        #self.inst = MeCab.Tagger()
        from konlpy.tag import Mecab
        self.inst = Mecab(path)

        self.OUT_TYPE = [list, tuple]

    def __call__(self, *args, **kwargs):
        return self.inst.pos(args[0])


class LTokenizerKorean(SpecialTokenizer):
    def __init__(self, scores=None):
        from soynlp.tokenizer import LTokenizer
        self.inst=LTokenizer(scores=scores)

        self.OUT_TYPE = [list, str]
```

```
    def __call__(self, *args, **kwargs):
        tokens = self.inst.tokenize(args[0])
        return tokens

class RegexTokenizerKorean(SpecialTokenizer):
    def __init__(self):
        from soynlp.tokenizer import RegexTokenizer
        self.inst=RegexTokenizer()
        self.OUT_TYPE = [list, str]

    def __call__(self, *args, **kwargs):
        tokens=self.inst.tokenize(args[0])
        return tokens
```

지금까지 배운 전처리를 활용한 예시를 살펴보자.

첫 번째로 Bigkinds_sample_news라는 천 개가 넘는 신문기사의 문헌집단을 활용하여 전처리를 거치고 단어를 tokenize해서 뽑아낸 후, 몇 번이나 출현했는지 단어의 빈도에 대해 빈도수를 정렬하여 그래프를 만드는 Zipf의 법칙을 살펴보자. 아래는 zipfsManager.py의 코드이다.

```
# -*- encoding:utf8 -*-
import treform as ptm

pipeline = ptm.Pipeline(ptm.splitter.NLTK(),#텍스트를 문장으로 split
                        ptm.tokenizer.Komoran(), #Komoran으로 형태소 분석, 문장에서 단어를 토큰화
하고 품사 붙임
                        ptm.helper.POSFilter('NN*'), #NN으로 시작하는 품사만 뽑음
                        ptm.helper.SelectWordOnly(), #품사는 제외하고 단어만 뽑음, 여기까지 명사
단어만 남을 것
                        ptm.helper.StopwordFilter(file='./stopwords/stopwordsKor.txt'),
#stopwordsKor에 포함된 단어가 있다면 그것도 제외함
                        ptm.counter.WordCounter()) #WordCounter를 실행해 문헌 내 단어 빈도수 토큰
#위 단계들은 필요에 따라 수정되어질 수 있음

corpus = ptm.CorpusFromFile('./data/bigkinds_sample_news.txt')

result = pipeline.processCorpus(corpus)

print(result)
print()

doc_collection ='' #문헌집단에서 단어의 빈도수를 구하기 위해서 사용, 문헌집단으로 합해줌
term_counts = {}
for doc in result: #문헌집단에 대해
    for sent in doc: #문헌에 대해
        for _str in sent: #문장에 대해
            term_counts[_str[0]] = term_counts.get(_str[0], 0) + int(_str[1]) #_str[0]은
```

```
단어, _str[1]은 단어 빈도수를 문헌집단 수준에서 구함
                freq = range(int(_str[1]))
                co = ''
                for n in freq:
                    co +=  ' ' + _str[0]

                doc_collection += ' ' + co

word_freq = []
for key, value in term_counts.items():
    word_freq.append((value,key))

word_freq.sort(reverse=True) #내림차순으로 빈도수 많은 것부터 정렬
print(word_freq)

f=open("demo_result.txt", "w", encoding='utf8') #아까 구한 문헌집단 수준에서 단어의 빈도수를 저장함
for pair in word_freq:
    f.write(pair[1] + '\t' + str(pair[0]) + '\n')
f.close()

from wordcloud import WordCloud #pip install WordCloud가 전제됨

# Read the whole text.

#Generateawordcloudimage
wordcloud = WordCloud().generate(doc_collection) #Wordcloud가 array가 아니라 작은 문헌만 받음

# Display the generated image:
#thematplotlibway:
import matplotlib.pyplot as plt

# Window의 경우 폰트 경로 # font_path = 'C:/Windows/Fonts/malgun.ttf'

#for Mac
#font_path='/Library/Fonts/AppleGothic.ttf'

#lowermax_font_size
wordcloud = WordCloud(max_font_size=40,
                      background_color='white',
                      collocations= False, #단어반복을 없애라
                      font_path = 'C:/Windows/Fonts/malgun.ttf').generate(doc_collection)
plt.figure()
plt.imshow(wordcloud,interpolation="bilinear")
plt.axis("off")
plt.show()
```

이를 실행하면 단어의 빈도수를 계산한 것을 보여주는 WordCloud가 나온다. 또한 결과가 나온 빈도수를 이용하면 Zipf의 법칙[9])이 실제로 이루어짐을 볼 수 있을 것이다.

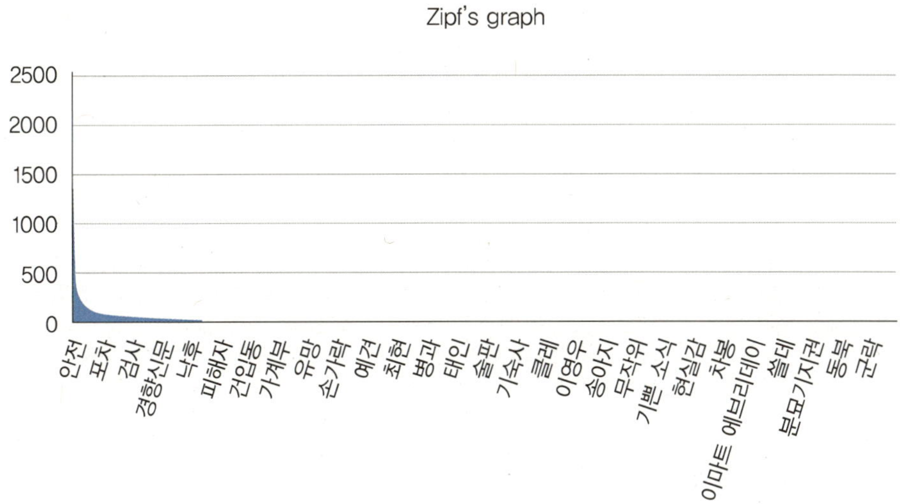


이제는 KoreanTokenizerTest.py 파일을 살펴보자. 이는 파이프라인을 활용하지 않고 unit test로 활용한 파일이다. 큰 텍스트를 처리할 때는 텍스트 처리 속도가 중요하기에 속도에 관한 테스트와 명사가 몇 가지가 있는지, tokenizer에 어떠한 품사가 존재하는지를 테스트하였다. 이는 형태소 분석기의 성능을 살펴보는 데 큰 도움이 될 것이다.

```
import treform as ptm
import time
from collections import Counter

mecab_path ='C:/mecab/mecab-ko-dic'
komoran = ptm.tokenizer.Komoran()
kkma = ptm.tokenizer.KokomaKorean()
twitter = ptm.tokenizer.TwitterKorean()
mecab = ptm.tokenizer.MeCab(mecab_path)

sent = '물론 두 기업과 최순실 씨와 연결고리가 나온 건 아니지만, 정 전 비서관 녹취파일 속 최 씨는 외촉법에 상당히 집착을 하는 걸로 보이긴 합니다.'
taggers = [komoran, kkma, twitter, mecab]
names = 'komoran kkma twitter mecab'.split()
for tagger in taggers:
      pos = tagger.inst.pos(sent)
      print(str(pos))

#performance (speed) measure
sents = ['최순실 씨가 외국인투자촉진법 개정안 통과와 예산안 반영까지 꼼꼼이 챙긴 건데, 이른바 외촉법, 어떤
```

9) 단어의 사용 빈도가 단어들의 빈도 순위 테이블에서의 순위에 반비례하는 법칙
Zipf, G. K. (1949). "Human behavior and the principle of least effort."

```
법이길래 최 씨가 열심히 챙긴 걸까요. 자신의 이해관계와 맞아 떨어지는 부분이 없었는지 취재기자와 한걸음 더 들여다보겠습니다. 이서준 기자, 우선 외국인투자촉진법 개정안, 어떤 내용입니까?',
        '한마디로 대기업이 외국 투자를 받아 계열사를 설립할 때 규제를 완화시켜 주는 법안입니다. 대기업 지주사의 손자 회사가 이른바 증손회사를 만들 때 지분 100%를 출자해야 합니다. 대기업의 문어발식 계열사 확장을 막기 위한 조치인데요. 외촉법 개정안은 손자회사가 외국 투자를 받아서 증손회사를 만들 땐 예외적으로 50% 지분만 투자해도 되게끔 해주는 내용입니다.',
        '그만큼 쉽게 완화해주는 거잖아요. 그때 기억을 더듬어보면 야당의 반발이 매우 심했습니다. 그 이유가 뭐였죠?',
        '대기업 특혜 법안이라는 취지였는데요. (당연히 그랬겠죠.) 당시 박영선 의원의 국회 발언을 들어보시겠습니다. [박영선 의원/더불어민주당 (2013년 12월 31일) : 경제의 근간을 흔드는 법을 무원칙적으로 이렇게 특정 재벌 회사에게 특혜를 주기 위해 간청하는 민원법을 우리가 새해부터 왜 통과시켜야 합니까.]',
        '최순실 씨 사건을 쫓아가다 보면 본의 아니게 이번 정부의 과거로 올라가면서 복기하는 듯한 느낌이 드는데 이것도 바로 그중 하나입니다. 생생하게 기억합니다. 이때 장면들은. 특정 재벌 회사를 위한 특혜라고 말하는데, 어떤 기업을 말하는 건가요?',
        'SK와 GS 입니다. 개정안이 통과되는 걸 전제로 두 회사는 외국 투자를 받아 증손회사 설립을 진행중이었기 때문인데요. 당시 개정안이 통과되지 않으면 두 기업이 수조원의 손실이 생길 수 있는 것으로 알려져 있었습니다. 허창수 GS 회장과 김창근 SK회장은 2013년 8월 박 대통령과 청와대에서 대기업 회장단 오찬자리에서 외촉법 통과를 요청한 바도 있습니다.',
        '물론 두 기업과 최순실 씨와 연결고리가 나온 건 아니지만, 정 전 비서관 녹취파일 속 최 씨는 외촉법에 상당히 집착을 하는 걸로 보이긴 합니다.',
        '네 그렇습니다. 통화 내용을 다시 짚어보면요. 최 씨는 외촉법 관련 예산이 12월 2일, 반드시 되어야 한다, 작년 예산으로 돼서는 안 된다고 얘기하고 있는데요. 다시 말해서 외촉법 관련 예산안이 내년에 반영되어야 한다고 압박을 하고 있는 겁니다. 그러면서 "국민을 볼모로 잡고 있다"며 "국회와 정치권에 책임을 묻겠다"고 으름장까지 놓고 있는데요. 매우 집착하는 모습인데요. 이에 대해서 정 전 비서관이 "예산이 그렇게 빨리 통과된 적 없습니다"고 말하자 말을 끊으면서 매우 흥분한 듯, "그렇더라도, 그렇더라도" 하면서 "야당이 공약 지키라고 하면서 협조는 안 한다", "대통령으로 할 수 있는 일이 없다", "불공정 사태와 난맥상이 나온다"며 굉장한 압박까지 하고 있습니다.',
        '이 얘기들만 들여다봐도 마치 본인이 대통령처럼 얘기하고 있습니다. 내용들 보면 그렇지 않습니까? 혹시 최 씨가 이 외촉법 통과로 이득을 본 경우도 있습니까.',
        '최 씨가 입김을 넣어 차은택 씨가 주도를 한 걸로 알려진 K컬처밸리 사업이 그렇다는 얘기가 나오고 있습니다. 외촉법을 편법으로 활용해 1% 금리를 적용받았다는 지적이 나오고 있습니다. 본격 사업이 추진되기 전 최순실 국정개입 사건이 터지기는 했지만, 이외에도 다른 혜택을 받았는지는 조사가 필요해 보입니다.',
        '그런데 녹취파일을 보면 "남자1"이 등장합니다. 이 사람은 누구입니까?',
        '정 전 비서관을 "정 과장님"으로 부르며 반말을 하는 남자인데요. 최순실 씨처럼 정 전 비서관을 하대하고 있습니다. 또 청와대 내부 정보를 알고 있는 듯하고 또 인사에까지 개입하려고 하고 있습니다. 그렇기 때문에 정윤회 씨로 추정은 됩니다만 확인은 되지 않습니다.'
]

tokens = []

for name, tagger in zip(names, taggers):
    t = time.time()
    tokens.append(
        [pos for sent in sents for pos in tagger.inst.pos(sent)]
    )
    t = time.time() - t

    print('{:8}:{:.3f} secs'.format(name, t))
```

```
#print first 15 words in the first sentence —〉 example of out of vocabulary problem
print(tokens[0][:15])
print('\n\n')

#word frequency calculation
counter = Counter(tokens[0])
counter = {
     word:freq for word, freq in counter.items()
     if (freq >= 4) and (word[1][:2] == 'NN')
}
print(sorted(counter.items(), key=lambda x:-x[1]))

print('\n\n')
```

이때 Komoran, Kkma, Twitter, Mecab의 순으로 아래와 같은 결과가 나온다.

[('물론', 'MAG'), ('두', 'MM'), ('기업', 'NNG'), ('과', 'JC'), ('최순', 'NNP'), ('실', 'NNP'), ('씨', 'NNB'), ('와', 'JKB'), ('연결고리', 'NNP'), ...]

[('물론', 'MAG'), ('두', 'MDN'), ('기업', 'NNG'), ('과', 'JKM'), ('최', 'NNP'), ('순', 'NNG'), ('실', 'NNG'), ('씨', 'NNB'), ('와', 'JKM'), ('연결', 'NNG'), ('고리', 'NNG')...]

[('물론', 'Adverb'), ('두', 'Noun'), ('기업', 'Noun'), ('과', 'Josa'), ('최', 'Noun'), ('순', 'Modifier'), ('실', 'Noun'), ('씨', 'Noun'), ('와', 'Josa'), ('연결고리', 'Noun')..]

[('물론', 'MAG'), ('두', 'MM'), ('기업', 'NNG'), ('과', 'JC'), ('최순', 'NNP'), ('실', 'NNP'), ('씨', 'NNB'), ('와', 'JKB'), ('연결', 'NNG'), ('고리', 'NNG')...]

이를 통해 어떠한 형태소 분석 차이가 있는지를 알아볼 수 있으며, 각 형태소 분석기 시행에 걸리는 시간을 알아볼 수 있다.

komoran : 0.200 secs

kkma : 4.177 secs

twitter : 0.554 secs

mecab : 2.217 secs

또한, 아래와 같이 형태소 분석기별 분석 형태소와 개수를 볼 수 있다.

Tagger name = komoran

[(('씨', 'NNB'), 11), (('법', 'NNB'), 7), (('통과', 'NNG'), 7), (('법', 'NNG'), 6), (('회사', 'NNG'), 6), (('정', 'NNP'), 6), (('최순', 'NNP'), 5), (('실', 'NNP'), 5), (('개정안', 'NNG'), 5), (('최', 'NNP'), 5), (('대기업', 'NNP'), 5), (('외', 'NNB'), 5), (('촉', 'NNB'), 5), (('말', 'NNG'), 5), (('내용', 'NNG'), 4), (('투자', 'NNG'), 4), (('때', 'NNG'), 4), (('비서관', 'NNG'), 4), (('얘기', 'NNG'), 4)]

Tagger name = kkma

[(('씨', 'NNB'), 11), (('법', 'NNG'), 11), (('최', 'NNP'), 10), (('외촉', 'NNG'), 8), (('회사', 'NNG'), 8), (('통과', 'NNG'), 7), (('것', 'NNB'), 7), (('투자', 'NNG'), 6), (('정', 'NNG'), 6), (('순', 'NNG'), 5), (('실', 'NNG'), 5), (('

개정안', 'NNG'), 5), (('대기업', 'NNG'), 5), (('전', 'NNG'), 5), (('내용', 'NNG'), 4), (('비서관', 'NNG'), 4), ((' 얘기', 'NNG'), 4)]

Tagger name = twitter

[(('씨', 'Noun'), 11), (('최', 'Noun'), 10), (('외촉법', 'Noun'), 8), (('회사', 'Noun'), 8), (('통과', 'Noun'), 7), (('이', 'Noun'), 6), (('실', 'Noun'), 5), (('개정안', 'Noun'), 5), (('대기업', 'Noun'), 5), (('말', 'Noun'), 5), (('정', 'Noun'), 5), (('전', 'Noun'), 5), (('요', 'Noun'), 4), (('내용', 'Noun'), 4), (('투자', 'Noun'), 4), (('비서', 'Noun'), 4), (('관', 'Noun'), 4), (('얘기', 'Noun'), 4)]

Tagger name = mecab

[(('법', 'NNG'), 12), (('씨', 'NNB'), 11), (('외촉', 'NNG'), 8), (('기업', 'NNG'), 8), (('회사', 'NNG'), 8), (('통과', 'NNG'), 7), (('투자', 'NNG'), 6), (('최순', 'NNP'), 5), (('개정안', 'NNG'), 5), (('최', 'NNP'), 5), (('말', 'NNG'), 5), (('실', 'NNP'), 4), (('내용', 'NNG'), 4), (('비서관', 'NNG'), 4), (('얘기', 'NNG'), 4)]

Process finished with exit code 0

앞에서 살펴본 품사 태깅 모듈을 사용하여 text chunking을 한다. Text chunking(형태소, POS tagging)이란, 명사구, 동사구, 전치사구, 형용사구, 전치사구 등 구끼리 뭉쳐주는 작업을 의미한다. 이 작업은 단어보다는 단어의 합으로 된 텍스트 자체를 잘 이해하도록 도와준다. 문맥 이해를 도와주는 것으로 전산언어학적으로는 text shallow parsing이라고 말한다.

문장 자동 띄어쓰기(word spacing correction)는 Yonlu의 segmentation 폴더를 활용할 수 있다. 한글은 규칙 기반 LSTM(long-short term memory; 딥러닝 방법으로 tensorflow 0.14.0 버전을 사용) 기반으로 사용이 가능하다. Yonlu에는 LSTM을 사용하였지만 CRF-조건적 임의 필드(Conditional Random Field) 기반으로도 가능하고, 성능도 규칙 기반인지, CRF 기반인지, LSTM 기반인지에 따라 다르게 나타난다.

토크나이징을 수행한 후에는 한글 단어의 원형 복원 기법을 적용할 수 있다. 특히 동사와 형용사로 구성된 용언은 문법적으로 다양한 형태를 가지기 때문에 원형 복원을 통해 문장을 더 명료하게 만들 수 있다. 동사와 형용사는 중심 의미를 지니는 어간(stem)과 시제와 같은 문법적 기능을 하는 어미(ending)가 결합하여 표현형(surfacial form)을 이룬다. 사전 기반 감성 분석에서 표현형의 어간과 어미를 분리하거나, 원형(canonical form, lemma)으로 복원하고 분석한다면 분석이 더 정확하게 될 수 있다. 따라서 텍스트 표상 모듈 중 단어를 어떻게 원형 복원시키고 어근을 추출하는지, 세종말뭉치를 이용하여 단어를 활용하거나 원형을 복원하는 방법을 살펴보자.

영어 전처리에 대해서도 알아보자. 불용어 제거는 한글과 영어 모두 불용어 리스트를 만들어서 제거하는 방식이다.

단어 원형 복원인 lemmatization에 대해 알아보자.

Lemmatization은 원형 복원이다. 어근 뒤에 다양한 형태의 어미가 있다면 원형을 남겨주는 것으로 am, are, is를 be동사로 변형시켜주는 것과 같다. 영어 텍스트 분석을 할 때는 어근을 추출하고 원형 복원을 하는 것이 유용하다.

이와 함께 전처리에 사용되는 것이 stemming이다.

Stemming은 한글보다는 영어에서 많이 사용되고, 정보검색 이론에서 비롯되었다. 정보검색시스템의 색인 과정에서 stemming 처리를 하였다. 한 단어가 단어의 prefix인 어미의 다양성으로부터 방해받지 않고 색인과 쿼리의 확률을 높이고자 한 것이다. Term variation을 잡기 위해 가장 많이 사용하는 stemming 방법은 Porter 알고리즘이다. 예를 들어, automate, automatic, automation과 같은 단어가 나올 경우에 automat으로 같은 어근만 추출하는 것이다. 관련된 규칙을 기반으로 어근을 잘라주는 방식으로, 예시에서는 t가 나오면 잘라주는 알고리즘이 쓰인 것이다. 이렇게 포터 어간 추출 알고리즘은 영어 전처리에서 쓰이는 대표적인 알고리즘이다.

위에서 살펴본 stemming과 lemmatization 모두 차원축소의 측면에서는 term variation 때문에 다양하게 잡히는 단어를 하나로 잡을 수 있다는 이점이 있을 것이다. 다만, 어근만 남기면 automat과 같이 어떤 단어인지 추측은 가능하지만 어떤 경우에는 뜻을 구분하기 어려울 만큼의 어근만 남길 수도 있기에 문제가 될 수 있고 품사 역시 알기 힘들 것이다. Stemming은 영어에 더 잘 적용되며 stemming을 사용할지 lemmatization을 사용할지에 대해서는 장·단점을 생각하여 적절히 활용해야 할 것이다. 어떤 종류의 언어에 어느 정도로 사용할 것인가는 중요하기에 어떤 언어의 형태를 가지고 있는지를 확률 기반으로 language detection하여 텍스트를 분류하고, 영어 모듈, 한글 모듈 등에 맞는 분석 방법을 사용하는 것이 이 과정에서 필요하다.

Yonlu에서는 Soylemma를 이용하여 세종말뭉치 기반의 원형 복원을 실시하였다.

텍스트 전처리의 마지막 방법으로 ngram 추출에 대해 알아보자.

Ngram은 n개의 연속된 단어열을 의미하며 n이 1인 unigram, 2인 bigram, 3인 trigram이 있다. n의 개수가 늘어날수록 처리해야 하는 단어의 개수는 많아진다. 또한, ngram의 빈도수가 높을수록 관용어구처럼 사용하는 것을 알 수 있다. 예를 들어, 문재인 대통령처럼 문재인이라는 사람의 이름 뒤에 칭호가 자주 붙는다면 이것이 관용어구처럼 쓰이는 것이다. 다만, single word로는 관용어구를 알아낼 수 없는 경우가 많으므로 bigram, trigram을 활용하는 것이 유용하다.

앞에서 설명한 ngram의 개념을 좀 더 상세하게 살펴보자. 예를 들어, '라라랜드는 재미있는 영화입니다'를 ngram으로 활용한다고 하자. Token의 측면에서 단어를 인식해주는 tokenization을 할 때 단어의 최소 단위를 unigram이라고 한다(독립된 하나의 단어). Tokenization을 어떤 단위로 하느냐에 따라 unigram의 수가 달라진다. 앞에서 말한 예시 문장을 스페이스로 자르면 '라라랜드는, 재미있는, 영화입니다'가 될 것이고 tokenizer에 따라서 어떤 경우에는 '라라랜드, 는, 재미, 있는, 영화, 입니다'로 이루어질 것이다. Unigram은 독립된 하나의 단어로 영어의 경우에는 unigram이 분명하게 드러나는 반면, 한글은 어느 품사의 단어까지 토큰화하느냐에 따라 unigram이 다르게 나타날 수 있다. Bigram은 연결 부분을 표현하기 위하여 '_'를 이용한다. 재미_있는과 같이 두 개의 연속된 단어 조합으로 이루어질 수 있고, 재미_영화처럼 반드시 연속되지 않은 두 개의 단어 조합으로 이루어질 수 도 있다. 단어들이 같은 문장에서 나왔다면 연속된 두 단어를 하나의 단어처럼 토큰화시켜주는 것이 bigram인데 모든 문헌집단에서 토큰을 bigram으로 만든다면 unigram보다 단어가 가지고 있는 뜻의 전달이 용이해진다. 그러므로 bigram은 문맥을 표현하기에 적합하다. '재미'라는 단어만으로는 긍/부정을 알기 어렵지만 '재미_있는'은 긍정적인 문맥을 표현시켜주기 때문이다. 감성 분석에서 명사만 남기고 문맥을 살피는 것은 어렵다. 그러나 재미_영화가 아니라 재미_있는, 재미_없는처럼 명사 이외의 품사까지 포함한다면 문맥을 잘 나타내 줄 것이다.

Bigram을 활용하는 예시로는 document classification의 feature가 있다. 충분히 많은 문헌의 개수를 bigram으로 잘라서 빈도수를 계산해보면 이상하게 조합된 낮은 빈도수는 제외되고 대부분 높은 빈도수를 차지하는 관용어구를 볼 수 있을 것이다. 이때, 모든 품사를 bigram으로 나타내면 너무 많은 bigram을 포함하고 있어서 연산 작용이 지나치게 많아지게 되어 시간이 오래 걸릴 것이다. 적절한 품사만으로 bigram을 나타내는 것이 필요하다. Trigram은 '라라랜드_는_재미', '재미_있는_영화'와 같이 세 개 이상의 단어 조합이 하나의 단어로 되는 경우이다. 경우에 따라서 trigram을 쓰면 자연스럽게 단어를 잡을 수도 있고, 어색해질 수도 있다. 그러므로 unigram과 bigram에 비해 활용도가 떨어진다.

Ngram을 활용할 때는 빈도수 계산을 하는 방법과 Point Mutual Information(PMI)를 쓰는 방법 등이 있다. 가장 간단한 방법은 빈도수를 계산하는 것이다. Bigram, trigram등을 활용할 때 Zipf의 법칙처럼 낮은 빈도수의 단어는 제거하고 높은 빈도수의 단어만을 계산한다. 그러면 문헌의 개수가 많아질수록 관용어구처럼 쓰이는 단어가 상위에 존재하는 것을 확인할 수 있다. 또 자주 사용되는 방법은 Point Mutual Information(PMI)인데 어떤 단어의 조건부 확률에 기반하여 그 범주 안에 다른 단어가 나타날 확률을 보는 것이다. 이는 Yonlu의 모듈로 활용 가능하다.

Yonlu에서 NGramTokenizer을 사용하는 것에 대해서 살펴보자. Yonlu 내 ngram의 __init__.py를 가져와보았다.

```
from itertools import chain

class BaseNgram:
      IN_TYPE = [list, str]
      OUT_TYPE = [list, str]

class NGramTokenizer(BaseNgram):
      def __init__(self, min=1, ngramCount=3, concat='_'):  #self=this object / lower과 upper뿐 아
니라 _가 아닌 다른 구분자로 인접한 단어들을 묶어주고 싶을 때 concat으로 사용 가능
           self.ngramCount = ngramCount   #default는 uni-gram, upper는 ngramCount
           self.min = min
           self.converted = []
           self.concat = concat

      def __call__(self, *args, **kwargs):
           converted = []
           from nltk.util import ngrams  #nltk의 util에서 ngrams를 import
           for i in range(self.min, self.ngramCount+1):  #minimum부터 maximum까지
                 output = list(ngrams((args[0]), i))
                         for x in output:
                               if (len(x) > 0):
                                     converted.append(self.concat.join(x))

           #print("NGRAM " + str(converted))
           self.converted = converted

           return converted
```

이제 이를 활용하여 test 코드를 만들어서 ngram의 활용을 직접 볼 수 있을 것이다. 아래는 예시이다.

```
import treform as ptm

pipeline=ptm.Pipeline(ptm.splitter.NLTK(),
                            ptm.tokenizer.WordPos(),
                            ptm.helper.POSFilter('NN*'),
                            ptm.helper.SelectWordOnly(),
                            ptm.stemmer.Porter(),
                            ptm.ngram.NGramTokenizer(1,3),   #trigram으로 사용, uni,bi,tri모두 뽑음
                            ptm.counter.WordCounter())

corpus = ptm.CorpusFromFile('./data/SampleEng.txt')

result=pipeline.processCorpus(corpus)
print('==Splitting Sentences==')
print(result)
```

sampleEng의 파일의 일부에는 Shorwell helmet에 대한 내용이 있다.

```
Shorwell helmet. Colour photograph of the Shorwell helmet. The Shorwell helmet. Material. Iron. Created.
500-550 AD. Discovered. 2004. Shorwell, Isle of Wight.
```

위 실행코드에서 도출되는 결과는 아래와 같다.

```
==Splitting Sentences==

[[[('shorwel', 1), ('helmet', 1), ('shorwel_helmet', 1)], [('colour', 1), ('photograph', 1), ('shorwel', 1), ('helmet', 1), ('colour_photograph', 1), ('photograph_shorwel', 1), ('shorwel_helmet', 1), ('colour_photograph_shorwel', 1), ('photograph_shorwel_helmet', 1)], [('shorwel', 1), ('helmet', 1), ('shorwel_helmet', 1)], [('materi', 1)], [('iron', 1)], [], [('AD', 1)], [('discov', 1)], [], [('shorwel', 1), ('isl', 1), ('wight', 1), ('shorwel_isl', 1), ('isl_wight', 1), ('shorwel_isl_wight', 1)], [('locat', 1)], [('museum', 1), ('london', 1), ('museum_london', 1)], [('registr', 1)], [], [('shorwel', 2), ('helmet', 2), ('centuri', 1), ('AD', 1),...]]
```

Shorwel의 unigram부터, shorwel_helmet의 bigram, photograph_shorwel_helmet의 trigram까지 도출되는 것을 볼 수 있다.

CHAPTER 03

# 나무 구조

1. 구문 분석 개요
2. 구문 분석기
3. 한국어 구문 분석

CHAPTER 03

# 나무 구조

구문 분석은 자연어 처리 과정에서 매우 중요한 영역 중의 하나이다. 자연어 처리 단계를 먼저 간단히 살펴보자. 자연어 처리에서 가장 기초적인 부분은 형태소 분석이다. 이는 각 단위 요소에서 의미를 갖고 있는 최소 단위 요소로 명사인지 동사인지 형용사인지 등에 대한 단어의 품사를 확인하고 그 품사에 맞는 pos 태그를 부착하는 단계이다. Morphological analysis라고 하기도 하고 morpheme analysis라고도 한다. 이 형태소 분석이 가장 기본적인 단계이다. 두 번째 단계는 syntax analysis 또는 syntactic analysis라고도 하는 단계이다. 이 단계는 구문 분석 단계이다. 문장을 구성하는 구를 기반으로 문장의 구조를 파악하는 것이 바로 syntactic analysis이다. 그 다음은 의미 분석이다. 의미 분석은 semantic analysis이고 이것에 해당되는 것이 단어의 중의성 해소, 즉 word sense disambiguation이다. 그 다음 단계는 pragmatic analysis이다. 화용 분석이라고 하기도 하는데, coreference resolution와 같이 단어가 갖고 있는 정보를 추출하는 단계이다. 이와 같이 구문 분석은 과거부터 자연어를 이해하는 데 있어 핵심적인 역할을 수행해 왔다.

## 1 구문 분석 개요

구문 분석은 어절 단위로 구문 태그를 부여하고 이를 통해서 문장 구조를 파악하는 과정이다. 한국에서는 통사론이라고 해서 단어가 문장을 이루는 방법을 연구하는 언어학의 하위 분야로 정의되고 있다. 문장 구조를 표현하기 위해서는 구 문장 구조를 표현하고 대표할 수 있는 문법을 알아야 한다. 그러기 위해서 문법들이 필요하며 문법 모형은 크게 문장 구조적 측면에서 계층적 구조가 강조되는 문법 모형과 계층적 관계를 최소화하려는 문법 모형으로 나뉜다. 계층적 구조를 강조한 방법은 구 구조 문법(phrase structure grammar)이며 constituency 접근 방법이라고도 한다. 계층적 관계를 최소화하는 방법은 의존 문법(dependency grammar) 방법이다. 이 두 개의 접근 방법이 구문 분석을 연구하는 기본적인 두 개의 방법론이다. 이와 같은 방법론은 한국어뿐만 아니라 다른 언어들에도 적용될 수 있다.

구 구조 문법은 구를 구성하는 구조를 중심으로 살펴보는 방법으로 [그림 3-1]에서 왼쪽과 같은 방법이다. 예시와 같이 'They killed the men with a gun'과 같은 문장이 들어오면, 가장 하위 단어가 a gun이라는 관사와 명사로 이루어진 단어이고, D와 N은 NP(명사)라고 해서 noun

**그림 3-1 | 구문 분석 표현 방식**

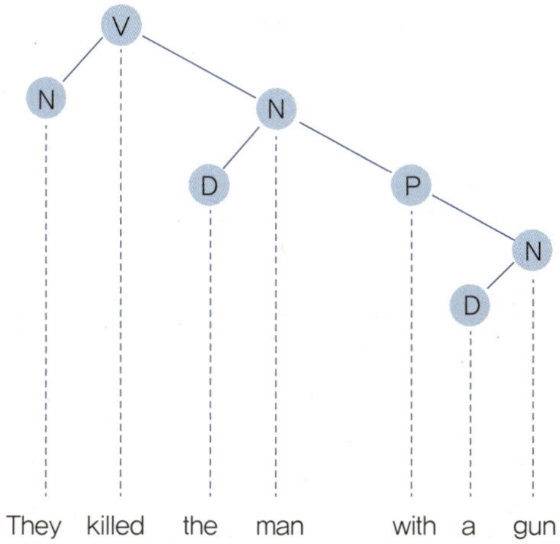


트리 방식

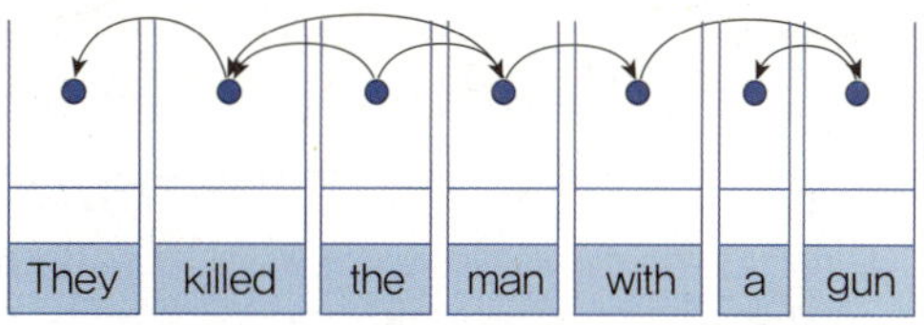


문장 자체에 굽은 화살표로 표현하는 방식

phrase이다. 이 noun phrase는 또 위에 with라는 P(전치사)에 걸린다. 전치사가 있기 때문에 N과 NP를 합쳐 PP(전치사구)가 된다. 전치사구가 올라가면 왼쪽에 있는 man은 명사이고 the는 관사이기 때문에 D와 N과 PP가 합쳐진 NP로 나타낼 수 있다. 왼쪽의 killed는 동사이기 때문에 V+NP=VP가 된다. Killed의 왼쪽에 they는 대명사이기 때문에 명사가 된다. 이제 N+VP의 형식이 되고 이제 더 왼쪽으로 갈 데가 없기 때문에 S인 문장의 루트가 된다.

의존 문법(dependency grammar)은 의존 관계에 의해서 구조를 정의하게 된다. 다시 'They killed a man with a gun'이라는 문장을 보자. 의존 문법에서는 품사적 관계가 존재하고 의존 관계는 따로 존재하지 않는다. 의존 관계인 dependency는 사후에 결정된다. 이 과정에서 사용하는 스탠포드 NLP 그룹에서 제안한 대표적인 룰이 있다. 룰을 기반으로 품사들끼리 어떤 관계가 있는지, 그 문장에서 어떤 문법적 위치에 있을 때 어떤 관계가 형성되는지와 같은 사항을 약 20개의 dependency 규칙을 통해 각각의 단어에 부여하였다. 전산언어학자들이 dependency relation을 규정한 것이다. 문법이 정해지면 그 문법에 맞게 주어진 문장들을 parsing하게 된다. 문법이 존재하면 패턴이 존재하게 되고, 존재하는 패턴을 기반으로 자연어 문장을 처리하게 되는 것이다. 앞서 언급한 것처럼 문장의 구조적 성질을 규칙으로 표현하는 것이 grammar가 된다. 이와 같이 문장의 구조를 문법을 이용해서 자동으로 찾아내는 과정이 구문 분석기이다.

# 2 구문 분석기

Context free grammar는 구 구조 문법을 발전시킨 방법으로 일종의 언어 규칙으로 구문 분석기를 생성하는 것이다. 규칙에 기반하여 만들어진 파일은 확장명이 lex 혹은 Jlex이다. Lex 파일을 통해 자동으로 c 프로그램이 만들어지며 이는 곧 구문 분석기가 된다. 이러한 구문 분석기로 주어진 문장을 분석하는 방법이 context free grammar에 기반한 방법인 것이다. Jlex 같은 경우는 자바 프로그램을 만들어주고 자동으로 구문 분석기가 생성이 된다. 문법을 통해 분석기가 만들어지는 방법이 과거에는 많이 있었지만 요즘은 딥러닝 기반의 다양한 분석기들이 있다. 그 중의 하나가 NLTK이며 구 구문 문법을 기반으로 한다.

본 저서에서는 구 구조 문법인 Benepar라는 버클리 neural parser를 사용할 것이다. 이 분석기는 구 구조 문법 중에서 constituency parsing 방법으로 만들어졌다. Treform에서 constituency parsing을 구현하는 코드가 있다. 기본적으로 구 구조 문법을 기반으로 하고 있으므로 문장의 구문 구조를 계층적인 tree 구조로 만들어 놓았다.

Leaf라고 하는 가장 밑에 있는 노드가 윗단계로 올라가며 형태소를 기반으로 한 단어들이 되고, 이 단어들이 그 위의 단계로 올라가면 구를 이룬다. 이렇게 구문 요소들 간의 결합 구조를 tree 형태로 만들게 되는 것이 기본적인 분석기의 형태이다. 이는 constituency parsing에서 많이 사용하고 있는 방법이다.

트리에서 사용하는 용어 및 표기(Notation)를 살펴보자. 루트는 s라고 표현하고 문장에서 하나밖에 없는 모든 클래스가 하나의 노드가 된다. Leaf는 터미널 노드라고 하며 노드는 부모 노드(Parent node), 자식 노드(Child node)와 같이 계층적인 관계를 이룬다. 이와 같은 notation을 기반으로 한 룰의 집합이 문법이다. 앞서 언급한 context free grammar는 문장 요소로 이루어진 문법 규칙이며 이 문법을 통해 문장을 생성할 수 있다. 생성된 문장은 룰을 이용해서 분석을 할 수 있다. 구문 분석은 Natural Human Language Understanding 이전 단계부터 중요한 연구 영역 중의 하나이며 인공지능 분야와도 연결이 된다는 점에서 중요하다.

문장 트리 구조에서 단어는 터미널 노드이며 품사 태그를 갖는다. 문장을 이루는 각각의 단어는 품사 기준에 따라 품사 기호가 할당된다. 이 요소가 단말 노드에서의 구성 요소가 되고, phrase symbol은 leaf term 위에 존재한다. 문법적 측면에서 phrase는 NP(Noun Phrase)가 되거나 NG(Noun Group)가 될 수 있다. Phrase를 구분하는 것을 전산 언어학적 용어로 text chunking이라고 한다. 이는 context free와 연결되는 개념이며 문장이 되는 단어와 문장이 되지 못하는 단어를 구분하는 문법이다.

Context free grammar는 Context sensitive grammar와 구별되는 개념으로 문장을 이루는 단어들을 계층적으로 이해한다면 context free grammar이고, 계층적이기보다는 서로의 관계성에 의존한다면 context sensitive grammar이다.

이제 sentence generation에 대해 이야기해보자. 'John'이라는 사람 이름 다음에는 사람이 할 수 있는 일인 동사(V)가 온다. 그 다음으로 동사를 수식하는 목적어가 온다. 이러한 구분을 기준으로 단어를 예측할 수 있고 문장을 구성할 수 있다. Sentence parsing은 bottom up 방식과 top down 방식이이 있다. Bottom up 방식은 입력 문장의 단어부터 시작해서 rewrite 규칙을 back으로 적용해서 문장의 루트인 S까지 올라가는 방식이다. Top down 방식은 S로부터 문장이 형성될 때까지 적용하는 것이다. 만약 문장이 제대로 형성되지 않는다면 parsing fail이 된다.

의존 문법은 구 구문 분석의 복잡도를 줄이고 효율적인 분석을 위해 제시된 문법 모형이다. 문장 내의 구성 요소들 간 지배 의존 관계에서 지배소(governor)는 지배하는 쪽, 의존소(dependent)는 의존하는 쪽이다. 의존 문법은 지배소와 의존소의 관계를 파악하는 구문 분석 모형이라고 볼 수 있다. 계층은 최소화하고 문장 요소들 간의 지배 의존 관계를 파악해서 구문 분석을 하는 방법이다.

**▌표 3-1▐ 구 구조 문법과 의존 문법**

| 구 구조 문법 | 의존 문법 |
|---|---|
| (S (NP_SBJ 경심이 /NNP + 는<br>/JP) (S (NP_AJT 금<br>년/NNG)<br>(S (NP_SBJ 나이/NN<br>G) (VNP (N<br>P 스물/NR)<br>(VNP 다섯/NR + 이/VCP +<br>다/EF + ./SF))))) | 1 5 경심/NNP+SMS/JX<br>2 3 금년/NNG<br>3 4 나이/NNG<br>4 5 스물/NR<br>5 5 다섯/NR+이/VCP+다/EF+./SF |

[표 3-1]과 같이 의존 문법은 flat하게 문법 표시를 하기 때문에 구 구조 문법보다 보기가 더 편리하다. 지배소는 의미의 중심이 되는 요소이다. 의존소(dependent)는 지배소가 갖고 있는 의미를 보완해주는 문장 요소이다. 이런 지배소와 의존소의 관계를 찾아내는 것이 의존 문법의 핵심이다. [표 3-1]의 예제를 의존 문법적으로 해석해보자. 의존 문법 2 3을 보면 '금년'이 지배소이고 3인 '나이'가 의존소가 된다. '금년'이 의미적으로 핵심이고, '나이'가 이를 보조해주는 역할을 수행한다.

## 3 한국어 구문 분석

구문 분석이 한국어의 경우에는 어떻게 사용되는지에 대한 기본적인 규칙을 알아보자. 첫째, 한국어는 지배소 후위 언어이다. 다시 말하자면 지배소는 피지배소보다 항상 뒤쪽에 오는 것이 일반적인 규칙이다. 둘째, 교차 의존 구조는 없다. [그림 3-2]와 같이 교차는 되지 않으며 화살표는 지배소에서 피지배소로 향한다. 셋째, 각 어절은 유일하며 이는 각 어절의 지배소가 하나라는 것을 의미한다. [그림 3-2]는 TextAE 어플리케이션을 사용한 시각화 결과이다. 시각화에 많이 사용하는 어플리케이션에는 TextAE와 Brat이 있다. 두 가지 모두 온라인 시각화 툴이며 미리 태깅해 둔 의존 구조가 있으면 그 의존 구조를 시각화해주는 도구이다.

그림 3-2 | 한국어 구문 분석 규칙 예시

Younlu에서 사용하는 context free grammar의 대표적인 버클리 neural parser(Benepar)에 대해서 알아보자. 그 다음에는 context sensitive/dependency grammar라는 고려대학교에서 만든 한국어 dependency parsing 방법을 소개하도록 하겠다. 버클리 neural parser는 구문 구조를 하위 구문으로 분해해서 문장에 주석을 추가하는 방법이다. 구 구조 구문 분석의 일종이며 최신 버전은 0.2 버전이다. 이 버전은 영어와 중국어를 포함하며 여러 종류의 언어에 대한 실행 버전을 구비하고 있다. 이는 pre-trained 모델을 만들었다는 것을 의미한다. 이와 관련된 논문으로는 "A Minimal Span-Based Neural Constituency Parser"와 같은 논문이 있다. 논문에서 나온 개념을 바탕으로 셀프 어텐션(self-attention) 메커니즘을 constituency parsing에 적용한 방법론이 제시되었고 이를 self-attentive parser라고 할 수 있다. 이 버전이 2018년도에 나왔고 이는 초기 버전이어서 한글 적용이 안 된다. 2019년도에 "Multilingual Constituency Parsing with Self-Attention and Pre-Training"이라는 논문에서 BERT를 기반한 방법이 제시되었다. BERT를 기반으로 해서 사전 훈련된 모델을 셀프 어텐션 모듈에 연결했고, 이것을 BERT 위에서 학습을 하게 하는 구조가 현재 최신 버전 Benepar이다. 한글이 적용되기 위해서는 깃허브(github)에서 2019년도 모델을 다운로드받아야 된다는 것을 유의하자.

셀프 어텐션이나 BERT 같은 개념은 딥러닝 후반에 나올 내용이어서 지금은 우선 constituency parsing에 이런 방법들이 활용될 수 있다는 정도로만 알아두자.

Github Benepar 설치 방법은 아래와 같다.

- **Installation**
- To install the parser, run the command:
  $ pip install benepar
- Note: benepar 0.2.0 is a major upgrade over the previous version, and comes with entirely new and higher-quality parser models. If you are not ready to upgrade, you can pin your benepar version to the previous release (0.1.3).
- The recommended way of using benepar is through integration with spaCy. If using spaCy, you should install a spaCy model for your language. For English, the installation command is:
  $ python -m spacy download en_core_web_md
- The recommended way of using benepar is through its integration with spaCy:

```
>>> import benepar, spacy
>>> nlp = spacy.load('en_core_web_md')
>>> if spacy.__version__.startswith('2'):
        nlp.add_pipe(benepar.BeneparComponent("benepar_en3"))
    else:
        nlp.add_pipe("benepar", config={"model": "benepar_en3"})
>>> doc = nlp("The time for action is now. It's never too late to do something.")
>>> sent = list(doc.sents)[0]
>>> print(sent._.parse_string)
(S (NP (NP (DT The) (NN time)) (PP (IN for) (NP (NN action)))) (VP (VBZ is) (ADVP (RB now))) (. .))
>>> sent._.labels
('S',)
>>> list(sent._.children)[0]
The time for action
```

어텐션(attention)에 대해서 이야기해보자. 어텐션과 셀프 어텐션은 차이가 있다. Constituency parsing에 셀프 어텐션이 어떻게 사용되었느냐를 이해하는 것이 중요하기 때문에 어텐션과 셀프 어텐션에 대해 간단히 설명하겠다. 어텐션의 등장 배경은 딥러닝에서 시퀀스 모델을 이해하면 어텐션이 왜 나왔는지 이해하는 데 도움이 된다. 초기에 Recurrent Neural Network(RNN) 모델이 나왔고 좀 더 성능을 향상시킨 모델이 LSTM(Long Short-Term Memory)이다.

LSTM은 레이어가 깊어질수록 gradient vanishing problem이 생긴다. 이는 이전에 학습했던 내용들이 다음 단계로 가면서 계속 가중치가 부여되는데, 이전 것은 기억하지 못하는 문제가 발생한다는 것을 의미한다. 이러한 문제를 해결하기 위해서 어텐션 메커니즘이 등장했다. 여기서 오토 인코더라는 것은 인코더가 있고 인코더를 통해서 학습된 내용이 디코더를 통해서 변환되는 과정을 거치는 것을 말한다. 인풋이 들어오고, 인코딩을 하고 그 후 디코딩을 하고 그 다음 변환된 아웃풋이 나가는 이런 오토 인코딩 모델에서는 입력 시퀀스를 context vector라고 하는 하나의 고정된 크기의 벡터로 압축해서 표현한다.

언급한 vanishing gradient 문제에 더해 또 하나의 문제는 이런 고정된 크기의 벡터에 모든 정보를 압축하면 정보 손실이 생기는 것이다. 이런 두 개의 문제를 해결하기 위해서 어텐션 메커니즘이 나왔다. Context vector에 어텐션을 줘야 하는(집중해야 하는) 단어를 지정해주면 디코딩 과정에서 가중치를 주고 이로 인해 성능이 좋아질 것이다. 이는 모든 것을 다 균등하게 취급하지 않기 때문이다. 어텐션 메커니즘을 통해 기존 방식보다 많은 데이터를 디코더에 전달할 수 있게 된다. 이제 셀프 어텐션에 대해서 이야기해보자. 'Attention is all you need'[1)]의 트렌스포머(transformer)는 셀프 어텐션을 기반으로 한다. 어텐션은 인코더와 디코더를 연결할 때 어텐션 메커니즘이 들어가는 것이다. 한글이 들어왔는데 한글을 영어로 내보내는 상황을 생각해보자. 한글을 입력하고 인코딩과 디코딩할 때는 영어가 나가는데, 그냥 어텐션은 한글 단어 자체를 집중하고 이해하여 어텐션을 줘야 하는데 그 중간 단계에서 이와 같은 일을 수행할 수 없다. 그렇지만 셀프 어텐션(self-attention)은 이게 가능하다. 그렇기 때문에 트랜스포머는 자연어 처리(NLP) 분야에서 혁신적인 업그레이드라고 볼 수 있다.

Attention is all you need에서 제시한 트렌스포머 모델 구조를 재구성한 [그림 3-3]을 살펴보자. 인코더는 왼쪽, 디코더는 오른쪽의 구조를 갖는다. 포지셔널(positional) 인코딩과 멀티 헤드 어텐션(multi-head attention)이 있고 층이 12개로 이루어져 있다. 구조는 인코더와 디코더로 이루어져 있다. 셀프 어텐션은 쿼리(query), 키(key) 그리고 값(value)을 받는 구조이다. 셀프 어텐션은 어텐션을 자기 자신에게 수행하는 것으로 학습 속도와 작업 수행 능력에서 높은 성능을 보인다. 그리고 멀티 헤드 어텐션은 문장 하나를 여러 개의 헤드(head)로 셀프 어텐션시킨다는 것이다. 예를 들어, 아주 큰 문장이 있다고 하자. 이 문장을 a란 관점으로 볼 것이냐 b라는 관점으로 볼 것이냐, c라는 관점으로 볼 것이냐와 같이 각각의 관점이 싱글 헤드가 된다. 멀티 헤드(multi-head)라는 건 문장이 들어오면 여러 각도로 다양한 분석을 수행하는 것을 의미한다. 셀프 어텐션 헤드가 여러 개가 있다는 점을 활용한 것이다. 그리고 디코더에서는 거대 멀티 헤드 어텐션을 사용한다. 이때 마스크(mask)를 쓰는 이유는 셀프 어텐션 시 자신이 자신을 학습하는 것을 방지하기 위함이다.

---

1) Vaswani, Ashish et al. "Attention is all you need." *arXiv preprint arXiv:1706.03762*(2017).

그림 3-3 | Transformer의 구조

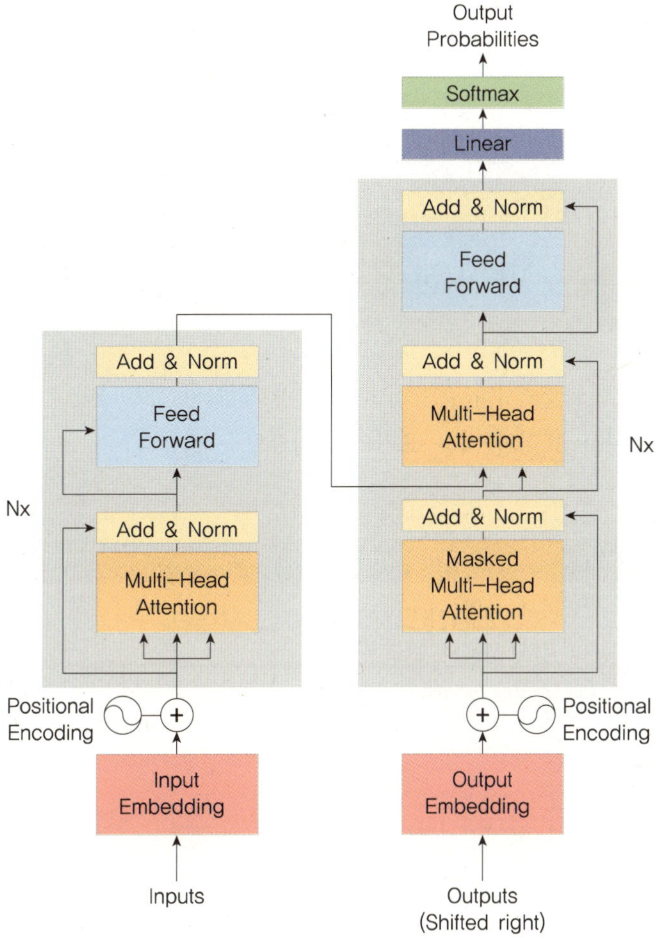


스텍-포인터 네트워크(Stack-Pointer Network)를 이용한 한국어 의존 분석은 의존 분석 방식으로 이루어진다. 스텍-포인터 네트워크를 이용한 한국어 의존 분석을 위해 다음 링크를 사용해보자. http://nlplab.iptime.org:32281/kr-stack-pointer/index.py에서 입력 텍스트를 주면 의존 구조를 출력으로 내는 웹 데모가 있다. 입력된 한국어 문장에 대한 의존 분석을 수행하며 문장 전체에 대한 의존 분석 트리를 구축한다. 의존 분석 결과는 세종 구문 분석 코퍼스(corpus) 형식에 따라 나타나기도 하고 의존 분석 트리로 나타나기도 한다. 세종 구문 분석 코퍼스 형식의 의존 결과는 의존소, 지배소, 의존 유형, 어절로 나온다. 의존 유형은 SBJ나 AJT와 같이 지배소와 의존소의 의존 관계를 규정한다. 각각의 의존 유형이 어떤 의미인지는 세종 구 구조 코퍼스 매뉴얼을 보면 알 수 있다.

아래의 의존 분석 트리를 보면 이는 의존 관계를 보여주는데, 왼쪽에서 오른쪽으로 주어와 동사의 관계, 그리고 명사와 동사의 관계를 보여준다. SBJ와 AJT의 의미는 메뉴얼을 읽어보면 어떤 관계를 의미하는지 설명이 나와 있으니 참고하도록 하자.

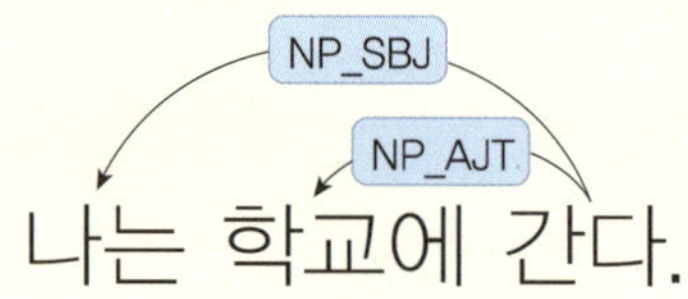


세종 구문 분석 코퍼스는 [표 3-2], [표 3-3]과 같이 구문 표지와 기능 표지로 나타나 있다. 의존 분석 결과에서의 의존 유형은 구문 표지와 기능 표지의 결합으로 구성된다.

**표 3-2 구문 표지**

| | 범주 | 사례 |
|---|---|---|
| NP | 체언구 | 체언(명사, 대명사, 수사) |
| VP | 용언구 | 용어(동사, 형용사, 보조용언) |
| VNP | 긍정 지정사구 | 긍정 지정사 '이다'와 결합한 구 |
| AP | 부사구 | 부사 |
| DP | 관형사구 | 관형사 |
| IP | 감탄사구 | 감탄사 |
| X | 의사구<br>(pseudo phrase) | 인용부호와 괄호를 제외한 나머지 부호나, 조사, 어미가 단독으로 어절을 이룰 때 그 구문 표지 위치에 표시 |
| L, R | 부호 | 인용 부호나 괄호의 구문 표지에 표시<br>왼쪽 부호에는 L을, 오른쪽 부호에는 R을 표시 |

**표 3-3 기능 표지**

| | 범주 | 사례 |
|---|---|---|
| SBJ | 주어 | 주격 체언구, 명사 전성 용언구, 명사절<br>(NP_SBJ, VP_SBJ, VNP_SBJ, X_SBJ) |
| OBJ | 목적어 | 목적격 체언구, 명사 전성 용언구, 명사절<br>(NP_OBJ, VP_OBJ, VNP_OBJ, X_OBJ) |
| CMP | 보어 | 보격 체언구, 명사 전성 용언구, 인용절<br>(NP_CMP, VP_CMP, VNP_CMP, X_CMP) |
| MOD | 체언수식어 | 관형적 체언구, 관형형 용언구, 관형절<br>(NP_MOD, VP_MOD, VNP_MOD, X_MOD) |

| AJT | 용어수식어 | 부사격 체언구, 문말어미+부사격조사<br>(NP_AJT, VP_AJT, VNP_AJT, X_AJT) |
|---|---|---|
| CNJ | 접속어 | 접속격 체언<br>(NP_CNJ, VNP_CNJ, X_CNJ) |
| INT | 독립어 | 체언<br>(NP_INT) |

스택-포인터 네트워크(Stack-Pointer Network) 기반의 의존 구문 분석기가 의존 분석의 최신 연구이다. 이전에는 카이스트 한나눔이 있었다. 최신의 연구들이 안 이루어지다가 스택-포인터 네트워크 기반의 의존 구문 분석기가 2020년에 나왔다.

의존 분석은 카이스트 한나눔 의존 구문 분석기가 있었고 2018년도에 나온 스택-포인터 네트워크(Stack-Pointer Network) 기반의 의존 구문 분석기가 활용되어 최근까지 연구되고 있다. 또한, BERT를 기반으로 한 구 구조 문법 유형의 Benepar도 많이 활용되고 있다. 이러한 구문 분석기들을 통해 한글 분석도 활발하게 이루어질 것으로 본다. [그림 3-4]는 스택-포인터 네트워크 기반의 의존 구문 분석기이다. 스택-포인터 네트워크 기반 의존 구문 분석기는 각 형태소에 대한 인코딩 수행 결과물을 기반으로 표상 스택을 얻게 된다. 디코딩 단계에서 time step을 기반으로 이 스택에 대한 hidden state를 활용하여 의존 분석을 수행하게 된다. Ma et al.(2018)은 이 과정을 [그림 3-4]와 같이 시각적으로 표현하였다.2)

**그림 3-4 | 스택-포인터 네트워크 기반 의존 구문 분석기**(Ma et al., 2018 재구성)

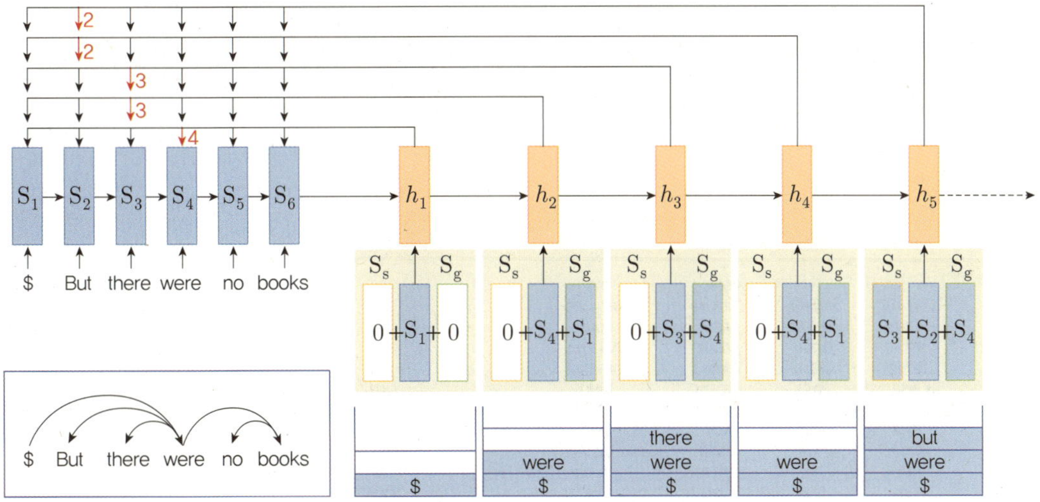


2) Ma, Xuezhe et al. "Stack-Pointer Networks for dependency parsing." *arXiv preprint arXiv:1805.01087*(2018).

한국어 어절 표현은 [그림 3-5]와 같다.

**그림 3-5 | 한국어 어절 표현**

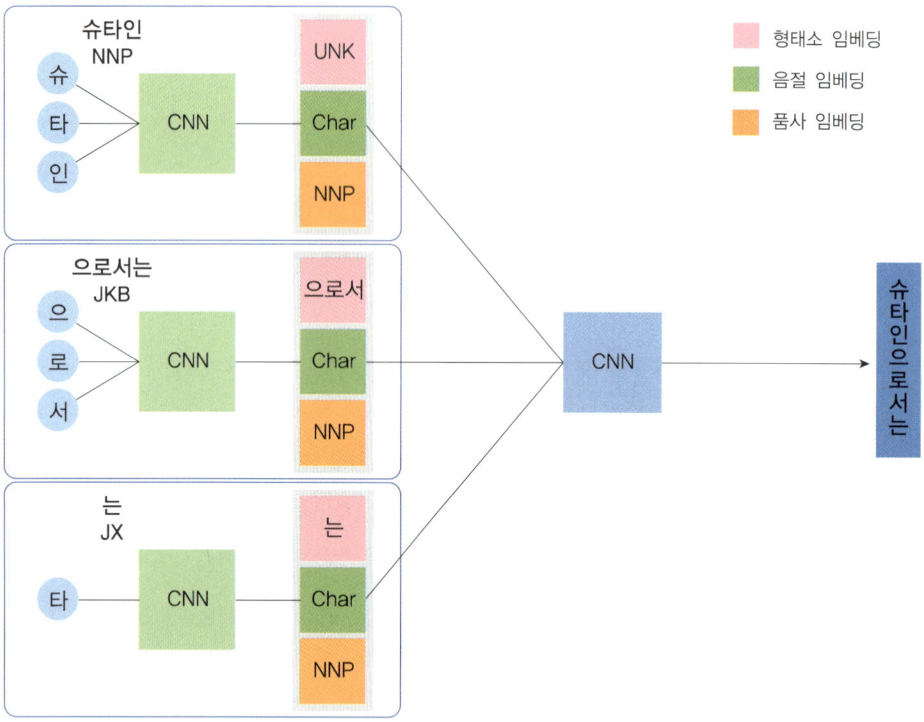


학습 코퍼스는 세종 구문 분석 코퍼스를 CoNLL-U 형식으로 변환한 것이다. CoNLL의 변환 방식은 set a(Rigid Head-Final)과 set b(Non-Rigid Head-Final)의 두 방식을 통해서 했다. 학습 데이터는 약 5만 5천 건이었고, 검증과 평가 데이터는 약 1천 건이었다. 아래는 CoNLL-U의 구문 분석기를 출력한 결과이다.

**그림 3-6 | CoNLL-U 구문 분석기 출력 예시**

| | | | | | | | | | |
|---|---|---|---|---|---|---|---|---|---|
| 1 | 웃을 | 웃을 | NOUN | NNG+JKO | - | 2 | obj | - | - |
| | | | | ... | | | | | |
| 11 | , | , | PUNCT | SS | - | 16 | punct | - | SpaceAfter = No |
| 12 | 상상력을 | 상상력을 | NOUN | NNG+JKO | - | 14 | obj | - | - |
| 13 | 마음껏 | 마음껏 | ADV | MAG | - | 14 | advmod | - | - |
| 14 | 펼치는 | 펼치는 | VERB | VV+ETM | - | 16 | aci | - | - |
| 15 | 즐거운 | 즐겁ㄴ | ADJ | VA+ETM | - | 16 | aci | - | - |
| 16 | 놀이 | 놀이 | NOUN | NNG | - | 19 | ccomp | - | SpaceAfter = No |
| 17 | , | , | PUNCT | SS | - | 16 | punct | - | SpaceAfter = No |
| 18 | 라고 | 라고 | ADP | JKQ | - | 16 | case | - | - |
| 19 | 말하는 | 말하는 | VERB | NNG+XSV+ETM | - | 20 | aci | | - |
| 20 | 그는 | 그는 | PRON | NP+JX | - | 29 | nsubj | - | - |
| 21 | 다른 | 다른 | ADG | MM | - | 22 | amod | - | - |
| | | | | ... | | | | | |
| 27 | 활동 | 활동 | NOUN | NNG | - | 28 | nmod | - | - |
| 28 | 폭을 | 폭을 | NOUN | NNG+JKO | - | 29 | obj | - | - |
| 29 | 넓혀갈 | 넓히어가ㄹ | VERB | VV+EC+VX+ETM | - | 30 | aci | - | - |
| 30 | 계획이다. | 계획이다. | ADJ | NNG+VCP+EF+SF | - | 0 | root | - | - |

그림 3-7 | TextAE 활용 예시

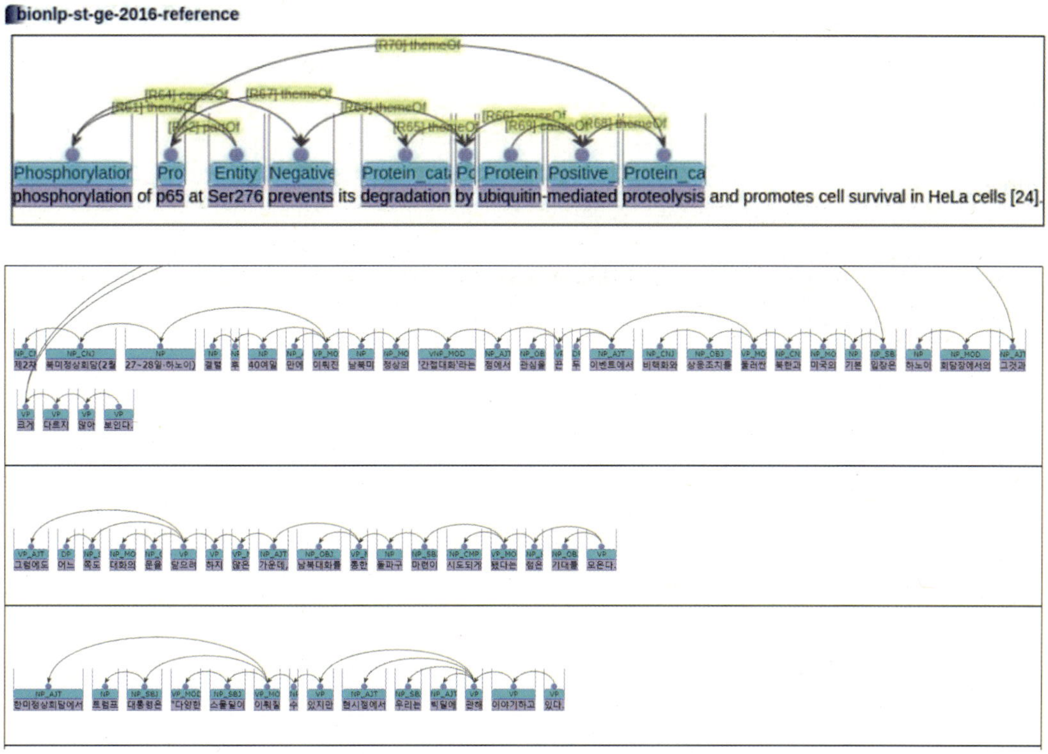

세종 구문 분석 코퍼스를 CoNLL 형식으로 변환하면 [그림 3-6]과 같은 구조가 생긴다. 변환 코드가 있기 때문에 세종 구문 분석 코퍼스가 있으면 자동으로 그림과 같은 구조로 변환할 수 있다. 의존 분석 구현 과정은 세 가지 기본 사항이 있다.3)(오진영, 2013) ① 말뭉치를 선정하고, ② 의존 구조를 학습하고, ③ 분석기로 구현한다. 의존 구문 분석기 구현과 시각화는 [그림 3-7]과 같다. TextAE(http://textae.pubannotation.org/)를 사용하였고 이 툴은 문장에서 태그와 태그 간의 관계를 부착할 수 있도록 지원해준다.

스택-포인터 네트워크와 관련된 코드(test_sentence_parsing.py)는 아래와 같다. 아래 코드를 활용해 parser_sample.txt 파일에 대한 나무 구조 분석을 수행하였다.

```
시사회에서 보고왔습니다동화와 재즈뮤지컬의 만남 지루하지않고 재밌습니다 9
사랑과 꿈 그 흐름의 아름다움을 음악과 영상으로 최대한 담아놓았다 배우들 연기는 두말할것없고 10
```

```
import nltk
import treform as ptm
```

3) 오진영. "지배소 후위 언어를 위한 효율적 구문 분석." 국내박사학위논문 昌原大學校, 2013. 경상남도.

```
from nltk.draw.tree import draw_trees
from nltk import tree, treetransforms
from copy import deepcopy

mecab_path='C:\\mecab\\mecab-ko-dic'

pipeline = ptm.Pipeline(ptm.splitter.NLTK(),
                        ptm.tokenizer.MeCab(mecab_path),
                        ptm.syntactic_parser.BeneparSyntacticParser()
                        )
corpus=ptm.CorpusByDataFrame('../sample_data/parser_sample.txt', '\t', 0, header=False)
#corpus = ptm.CorpusFromFieldDelimitedFile('../sample_data/parser_sample.txt', 0)
print(corpus.docs)

trees=pipeline.processCorpus(corpus)

for tree in trees:
    print(tree[0])
    t = nltk.Tree.fromstring(tree[0])
    draw_trees(t)
```

인공지능 기반 자연어 처리
Artificial intelligence-based natural language processing

CHAPTER

# 04

# 핵심어 추출

1. 핵심어 추출 개요
2. 비지도 학습 핵심어 추출 기법
3. 지도 학습 핵심어 추출 기법

CHAPTER 04

# 핵심어 추출

핵심어 추출은 텍스트 요약, 텍스트 분류, 문서 인덱싱 등 다양한 분야에 활용될 수 있다.

## 1 핵심어 추출 개요

Turney는 핵심어 추출을 문서에서 중요한 주제가 담긴 어구를 자동 추출하는 것이라고 정의하였다.[1] 핵심어 추출은 지도 학습과 비지도 학습으로 나눌 수 있다. 지도 학습의 경우 추출 기준을 미리 정한 후 분석을 진행하게 되는데, KEA[2]와 GenEx[3]가 대표적인 기법이다. 이때 GenEx는 특정 형태의 입력 데이터를 필요로 한다. 비지도 학습의 경우 ① 각 문헌을 텍스트 그래프로 변환하여 중심성 값을 가지고 랭크를 정해 중요단어를 추출하거나, ② 자질 추출과 선택을 통해 자질군을 구성한 후 이를 학습해 중요단어를 추출할 수 있다. 이때 그래프의 노드는 단어이다. 비지도 학습에는 사전 기반, 온톨로지 활용, 그래프 기반 등 다양한 방법이 있지만, 가장 잘 활용되고 있는 것은 그래프 기반 핵심어 추출이다. Mihalcea and Tarau에 의해 제안된 TextRank[4]가 대표적인 그래프 기반 핵심어 추출 방법이다. 이 외에도 띄어쓰기가 없는 중국어와 일본어에서 graph ranking 알고리즘을 이용하여 단어를 추출하기 위해 제안된 방법인 WordRank[5]와 단어 간 엣지 가중치를 활용한 SingleRank[6] 등 TextRank의 알고리즘을 토대로 한 새로운 핵심어 추출 방법들이 활발히 제시되고 있다. 최근에는 LSTM[7] 신경망 분석을 활용하는 등 딥러닝을 사

1) Turney, P. D. (2000). Learning algorithms for keyphrase extraction. *Information Retrieval, Information Retrieval,* 2, 303-336.

2) Frank, Eibe et al. (1999). Domain-specific keyphrase extraction.

3) Peter, D. Turney. (2000). Learning algorithms for keyphrase extraction.

4) Michalcea, Rada et al. (2004). TextRank: Brining Order into Text.

5) Ji, Shihao et al. (2016). WordRank: Learning Word Embeddings via Robust Ranking.

6) Xiaojun Wan and Jianguo Xiao. (2008). Single document keyphrase extraction using neighborhood knowledge.

7) Recurrent Neural Networks(RNN)의 일종으로, 1995년에 Sepp Hochreiter와 Jrgen Schmidhuber가 제안하였다. Hochreiter, Sepp et al. (1995). Long Short Term Memory.

용한 핵심어 추출 방법도 다양하게 제안되고 있다. 본 챕터에서는 다양한 방법들을 한국어에 맞게 적용하는 방안을 제시할 것이다.

TexTrank 기법은 2014년대 초반 등장했으며 비지도 학습 기반의 핵심어 추출 및 자동요약에 활용된다. TextRank는 문헌에 있는 단어들 중 중요하다고 생각되는 단어들을 추려내어 요약하는 방법으로 extractive summarization을 수행한다. 본 저서에서는 KR-Wordrank8)가 아닌 TextRank를 사용해서 신문기사와 같이 영어로 된 텍스트를 한국어로 이식(porting)했다. 이를 활용하면 문헌 그래프와 노드를 단어로부터 생성할 수 있다. PageRank나 ranking algorithm을 사용하면 중요한 단어를 순위별로 선정하고 순위가 높은 순서로 보여줄 수 있다. 이에 대해서는 뒷장에서 자세히 다루도록 하겠다.

한글 단어 추출 및 tokenization에 대해 알아보자. 어절 단위로 나눠지기 때문에 단어의 형태(현재 진행형, 과거형)를 보고 형태소 분석을 하는 것과 관련이 있다. Treform에서는 SoyNLP를 설치한 후, 이를 사용해 비지도 학습 단어 추출을 활용한 한글 tokenization을 해보았다. 비지도 학습인 확률 기반 soyNLP를 통한 형태소 분석으로 단어 분석을 진행할 수 있다. 한국어는 L 어근과 R 어미로 구분해 비교적 중요한 부분과 덜 중요한 부분으로 나눌 수 있다. '발표를 하면서'가 있으면 발표/명사 +를/조사, 하/동사어근 +면서/어미로 L이 더 중요한 것을 볼 수 있다. 이것을 착안하여 형태소 분석을 하는 것이 tokenizer의 __init__.py에 LTokenizer이다.

한국어의 또 다른 특성은 어절의 다양성이 문법 기능을 하는 단어에 의하여 일어나는 것이다. 따라서 문법 기능을 하는 단어를 어절에서 분리하면 단어의 종류는 적어진다. 예를 들어, '발표'라는 단어를 보면 발표+를, 발표+에서, 발표+도와 같이 발표가 중요한 단어임을 알 수 있다. Zipf's의 법칙에서는 단어를 출현 빈도로 정렬했을 때 기능어가 대부분의 고빈도 단어로 나타나지만, 한국어에서는 어절 단위를 L어근과 R어미로 나누었을 때 L이 더 자주 나타나는 것을 볼 수 있다. Zipf's의 법칙은 한글보다는 영어권 데이터에서 더 일리가 있다. 그러므로 한국어 어절의 형태는 L+[R]로 보는 것이 더 적합하다. [R]이 괄호로 묶인 것은 중요도가 낮기 때문이다. 복합형태소를 하나의 R로 생각하면 어절 구조가 단순해진다. 한글 tokenization 과정은 어절에서 L 파트를 인식하는 것이고, 어절을 L+[R]로 나누는 것으로도 간주할 수 있다.

단어 추출에 대해 cohesion이라는 방법이 있다. 이는 character ngram으로도 불린다. 짜장면/명사+을/조사, 먹/동사+었어/어미의 형태로 되었을 때 어절 왼쪽이 중요 기능을 수행하는 것을

---

8) Kim, H. J. et al. (2014). KR-WordRank: An Unsupervised Korean Word Extraction Method Based on WordRank.
토크나이저를 이용하지 않는 한국어 키워드 추출기이다.

볼 수 있다. 만약 맥락이 충분히 주어지지 않는다면 다음에 등장할 글자의 확률에 대한 정확성은 낮아진다. 한 글자 '아'가 오면 다음에 무슨 글자가 나올지 예측할 확률이 매우 떨어지고 불확실성인 엔트로피가 높아질 것이다. '아' 뒤에 '이'가 올지 '니'가 올지 '시'가 올지를 예측하기 어려운 것이다. '아이' 까지 나오면 '아이*'로 무엇이 나올지 알기 힘들지만 '아이오아*'까지 오면 subword 다음에 등장할 글자를 쉽게 예상할 수 있고 아직 단어가 끝나지는 않았다는 것을 알 수 있다. '아이오아*'의 경우에는 문맥이 명확해져 다음 글자의 등장 확률이 높아지기에 '아이오아이'의 확률이 100%로 나온다. BERT의 경우에도 subword로 학습을 하며 눈에 보이는 단어의 형태와 형태소만으로 학습하지는 않는다. 한글의 비지도 학습에서도 마찬가지로 단어의 완벽한 형태만이 feature가 되지 않고, subword도 좋은 학습 후보가 될 수 있다는 점을 유념하자.

'아이오아이' 뒤에 한 글자를 더해보자. '아이오아이는'이라는 단어가 나왔다면 단어의 경계를 넘었기 때문에 다음 글자에 대한 정확도가 다시 낮아질 것이다. 새로운 단어인 '는'이 나왔다면 다시 다음에 등장할 글자를 예측하는 확률이 낮아져 R 파트의 시작으로 간주될 것이다. '아이오아이'는 '아이오아이'가 '아이오아이를' 등과 같이 다양하게 나온다면 p라는 확률에 따라 각 가능성에 대한 점수를 정의할 수 있다.

$$cohesion(c_{1:n}) = \sqrt[n-1]{{}_{f=1}^{n-a} P(c_{1:f+1} | c_{1:f'})}$$

$$P(c_{1:2} | c_1) = \frac{\# c_{1:2}}{\# c_1}$$

'아이오아이'의 확률을 구하면 cohesion score이 나오고 cohesion score가 높은 글자를 선택한다. '아이', '아이오', '아이오아' 각각이 subword라고 하면 '아이오아이'는 앞에 언급된 단어들에 비해 빈도수가 높지 않다. 그러나 cohesion score은 높다. SoyNLP의 LTokenizer에서 활용하면 이러한 점을 확실히 알 수 있다. Treform에서는 LTokenizer, MaxscoreTokenizer, RegexscoreTokenizer 세 가지를 다룰 것이며, soyNLP를 통한 실험 결과에 띄어쓰기 오류가 포함되는 경우에는 Maxscore, 띄어쓰기 오류가 없는 경우에는 L, 이모티콘 등이 포함될 때에는 Regexscore를 활용하는 것이 적합하다.

SoyNLP의 시작과 끝에서 cohesion score를 함께 출력하는 것을 볼 수 있다. Maxscore에서 띄어쓰기가 잘 되어 있지 않다면 아는 단어부터 자르게 되는데 cohesion 값이 다음과 같을 때 {파스:0.3, 파스타:0.7, 좋아요:0.2, 좋아:0.5}라면 파스타 좋아가 될 것이다. 나머지 단어 '가'와 '요'는 R 파트이다. 모두 똑같은 cohesion 알고리즘을 사용하지만 적재적소에 사용해야 유용하다.

## 2 비지도 학습 핵심어 추출 기법

비지도 학습 방법의 대표적인 핵심어 추출 기법인 TexTrank 코드를 살펴보자. 먼저, treform 내 keyword의 __init__.py와 textrank.py를 살펴보자.

__init__.py 코드는 다음과 같다.

```
from krwordrank.word import KRWordRank

class BaseKeywordExtraction:
    IN_TYPE = [str]
    OUT_TYPE = [str]

class TextRankExtractor(BaseKeywordExtraction):
    def __init__(self, pos_tagger_name=None, mecab_path=None,
                 lang='ko', max=10,
                 stopwords=[], combined_keywords=False):
        import yonlu.keyword.textrank as tr
        self.inst =
tr.TextRank(pos_tagger_name=pos_tagger_name,mecab_path=mecab_path,lang=lang,stopwords=
stopwords)
        self.max=max
        self.combined_keywords = combined_keywords
    def __call__(self, *args, **kwargs):
        import nltk.tokenize
        sents = nltk.tokenize.sent_tokenize(*args)
        for sent in sents:
            self.inst.build_keywords(sent)
        return self.inst.get_keywords(self.max,self.combined_keywords)

class TextRankSummarizer(BaseKeywordExtraction):
    def __init__(self,pos_tagger_name=None,mecab_path=None,max=3):
        import yonlu.keyword.textrank as tr
        self.inst=tr.TextRank(pos_tagger_name=pos_tagger_name,mecab_path=mecab_path)
        self.max=max

    def __call__(self, *args, **kwargs):
        return self.inst.summarize(args[0],self.max)

class KeywordExtractionKorean(BaseKeywordExtraction):
    def __init__(self, min_count=2, max_length=10,
                 beta=0.85, max_iter=10, verbose=True, num_words=20):
        self.min_count=min_count
        self.max_length=max_length
        self.beta=beta
        self.max_iter=max_iter
```

```
        self.verbose=verbose
        self.num_words=num_words

        self.inst=KRWordRank(min_count, max_length,self.verbose)

    def __call__(self, *args, **kwargs):
        _num_keywords=10
        #print(str(args[0]) + "₩n")
        keywords, rank, graph = self.inst.extract(args[0], self.beta, self.max_iter, self.num_words)

        return keywords
```

TextRank는 다음과 같다.

```
import nltk
from nltk.tokenize import sent_tokenize
from konlpy.tag import Mecab
import networkx as nx
import math
import matplotlib.pyplot as plt
import numpy as np
import re

WINDOW_SIZE=10
STOP_POS = {
    'ko': ['IC', 'JKS', 'JKC', 'JKG', 'JKO', 'JKB', 'JKV', 'JKQ', 'JC', 'JX', 'XR', 'SF',
           'SE', 'SSO', 'SSC', 'SC', 'SY', 'EC', 'EF', 'ETN', 'ETM', 'XSV', 'XSA', 'XSN',
           'XPN', 'NP'],
    'en': ['CC', 'CD', 'DT', 'EX', 'FW', 'IN', 'JJ', 'JJR', 'JJS', 'LS', 'MD', 'PDT', 'POS',
           'PRP', 'PRP', 'RB', 'RBR', 'RBS', 'RP', 'TO', 'UH', 'WDT', 'WP', 'WP', 'WRB',
           'SL', 'SY', 'SN', 'VB', 'VBD', 'VBG', 'VBN', 'VBP', 'VBZ']} # 'NN','NNS','NNP','NNPS',


class TextRank:
    def __init__(self, pos_tagger_name='mecab', mecab_path='',
                 exceptional_stop_pos=[], lang='ko', stopwords=[]):
        self.stop_pos = STOP_POS[lang]
        # print(self.stop_pos)

        if pos_tagger_name == 'mecab':
            from konlpy.tag import Mecab
            self.pos_tagger = Mecab(mecab_path)
        elif pos_tagger_name == 'komoran':
            from konlpy.tag import Komoran
            self.pos_tagger = Komoran()
        elif pos_tagger_name == 'nltk':
            self.pos_tagger = None
        else:
            from konlpy.tag import Okt
```

```
            self.pos_tagger = Okt()

        if not exceptional_stop_pos:
            self.stop_pos = [x for x in self.stop_pos if x not in exceptional_stop_pos]

        self.stopwords = []
        if stopwords:
            self.stopwords = stopwords

        self.graph = nx.diamond_graph()
        self.graph.clear()  # 처음 생성시 graph에 garbage node가 남아있어 삭제

        self.tokens = []
    def keywords(self, text, n=10, window_size=WINDOW_SIZE):
        if self.pos_tagger is None:
            import nltk
            _tokens = nltk.word_tokenize(text)
            tokenized = nltk.pos_tag(_tokens)
        else:
            tokenized = self.pos_tagger.pos(text)
        # print(tokenized)

        nodes = []
        tokens = []
        for token in tokenized:
            if (len(token[0]) > 1) & (str(token[0]) not in self.stopwords) & (token[1][:3]
not in self.stop_pos) & (
                    token[0] != token[1]):  # nltk는 특수문자는 품사가 태깅이 안되고 토큰이 그대로 품사에 나옴
                nodes.append(token)
            tokens.append(token)

        def connect(nodes, tokens):
            edges = []
            for window_start in range(0, (len(tokens) - window_size + 1)):
                window = tokens[window_start:window_start + window_size]

                for i in range(window_size):
                    for j in range(window_size):
                        if (i > j) & (window[i] in nodes) & (window[j] in nodes):
                            edges.append((window[i], window[j]))
            return edges

        graph = nx.diamond_graph()
        graph.clear()  # 처음 생성시 graph에 garbage node가 남아있어 삭제
        graph.add_nodes_from(list(set(nodes)))  # node 등록
        graph.add_edges_from(connect(nodes, tokens))  # edge 연결
        scores = nx.pagerank(graph)  # pagerank 계산
        rank = sorted(scores.items(), key=lambda x: x[1], reverse=True)  # score 역순 정렬
        return rank[:n]
```

```
    def build_keywords(self, text, window_size=WINDOW_SIZE):
        if self.pos_tagger is None:
            import nltk
            _tokens = nltk.word_tokenize(text)
            tokenized = nltk.pos_tag(_tokens)
        else:
            tokenized = self.pos_tagger.pos(text)

        # print(tokenized)
        nodes = []
        tokens = []
        for token in tokenized:
            if (len(token[0]) > 1) & (str(token[0]) not in self.stopwords) & (token[1][:3]
not in self.stop_pos) & (
                    token[0] != token[1]):  # nltk는 특수문자는 품사가 태깅이 안되고 토큰이 그대로 품사에 나옴
                nodes.append(token)
            tokens.append(token)
            self.tokens.append(token[0])

        def connect(nodes, tokens):
            edges = []
            for window_start in range(0, (len(tokens) - window_size + 1)):
                window = tokens[window_start:window_start + window_size]

                for i in range(window_size):
                    for j in range(window_size):
                        if (i > j) & (window[i] in nodes) & (window[j] in nodes):
                            edges.append((window[i], window[j]))
            return edges

        self.graph.add_nodes_from(list(set(nodes)))  # node 등록
        self.graph.add_edges_from(connect(nodes, tokens))  # edge 연결

    def get_keywords(self, limit=10, combined_keywords=False):
        scores = nx.pagerank(self.graph)  # pagerank 계산
        rank = sorted(scores.items(), key=lambda x: x[1], reverse=True)  # score 역순 정렬

        _keywords = {}
        result = []
        for k in rank[:limit]:
            tuple = ()
            tuple = k[0][0],k[1],
            result.append(tuple)
            _keywords[k[0][0]] = k[1]

        keyphrases=self.get_combined_keywords(_keywords, self.tokens)
        #print('keyphrases ' + str(keyphrases))

        #we need to clear graph before a new document comes in
```

```
        self.graph.clear()

        if combined_keywords == True:
            return keyphrases

        return result

    def get_combined_keywords(self, _keywords, split_text):
        """
        :param keywords:dict of keywords:scores
        :param split_text: list of strings
        :return: combined_keywords:list
        """
        result = []
        _keywords = _keywords.copy()

        len_text = len(split_text)
        for i in range(len_text):
            word = self.strip_word(split_text[i])
            if word in _keywords:
                score = _keywords[word]
                combined_word = [word]
                if i + 1 == len_text:
                    result.append((word,score))  # appends last word if keyword and doesn't iterate
                for j in range(i + 1, len_text):
                    other_word = self.strip_word(split_text[j])
                    if other_word in _keywords and other_word == split_text[j] \
                            and other_word not in combined_word:
                        combined_word.append(other_word)
                    else:
                        for keyword in combined_word:
                            _keywords.pop(keyword)

                        result.append((" ".join(combined_word),score))
                        break

        return result

    def strip_word(self, word):
        stripped_word_list = list(self.tokenize(word))
        return stripped_word_list[0] if stripped_word_list else ""

    def tokenize(self, text, lowercase=False):
        PAT_ALPHABETIC = re.compile('(((?![\d])\w)+)', re.UNICODE)

        if lowercase:
            text = text.lower()
        for match in PAT_ALPHABETIC.finditer(text):
            yield match.group()
```

```
    def print_keywords(self, text, n=10, window_size=WINDOW_SIZE):
        print("Keyword : ")
        for k in self.keywords(text, n, window_size):
            print("{} - {}".format(k[0], k[1]))

    def summarize(self, text, max=3):
        # 자카드 유사도 계산
        def jaccard_similarity(query, document):
            intersection = set(query).intersection(set(document))
            union = set(query).union(set(document))
            return len(intersection) / len(union)

        # 문장간 유사도 측정 (BoW를 활용 코사인 유사도 측정)
        def sentence_similarity(sentence1, sentence2):
            sentence1 = [t[0] for t in self.pos_tagger.pos(sentence1) if t[1][:3] not in
self.stop_pos]  # 개선 필요
            sentence2 = [t[0] for t in self.pos_tagger.pos(sentence2) if t[1][:3] not in
self.stop_pos]  # 개선 필요
            # print(sentence1)
            return jaccard_similarity(sentence1, sentence2)

        def sentences(doc):
            return sent_tokenize(doc)  # [s[0].strip() for s in doc]

        def connect(doc):
            return [(start, end, sentence_similarity(start, end))
                    for start in doc for end in doc if start is not end]

        # tokens = self.pos_tagger(text)
        sentence_li = sentences(text)
        graph = nx.diamond_graph()
        graph.clear()  # 처음 생성시 graph에 garbage node가 남아있어 삭제
        graph.add_nodes_from(sentence_li)  # node 등록
        graph.add_weighted_edges_from(connect(sentence_li))  # edge 연결
        scores = nx.pagerank(graph)  # pagerank 계산

        rank = sorted(scores.items(), key=lambda x: x[1], reverse=True)  # score 역순 정렬
        return rank[:max]

    def print_summarize(self, text, n=3):
        print("Summarize : ")
        for s in self.summarize(text, n):
            print("{} - {}".format(s[0], s[1]))

    def get_keywords_list(self, text, keyword_length):
        keywords = self.keywords(text, keyword_length)
        keywords = [keyword[0][0] for keyword in keywords]
        return ' '.join(keywords)
```

```
def get_summarization_list(self, text, summarization_length):
    return ' '.join([s[0] for s in self.summarize(text, summarization_length)])
```

TextRank란 무엇인지 알아보기 위해서 논문을 살펴보자.[9] 논문 제목은 "TextRank: Brining Order into Text"이며 이 논문을 읽어보면 TextRank를 아는데 도움이 될 것이다. 이 논문을 간략하게 정리하면 TextRank는 단방향 그래프를 기반으로 하여 데이터 구조 측면에서 그래프의 주요 노드를 추출하고 그 결과값을 출력하는 것으로 볼 수 있다. 주요 노드는 단어이고 그래프는 노드와 그 노드를 연결하는 엣지로 이루어진다. 노드를 텍스트에서 추출한 중요한 단어라고 본다면 엣지는 단어 간의 동시 출현을 의미한다.

TextRank의 공기어 분석을 동시 출현 기반으로 살펴보자. 이는 그래프를 그린 후 중요한 노드들을 발견하는 그래프 순위 알고리즘으로 볼 수 있고 두 단어의 동시 출현을 중심으로 하기에 A→B, B→A, A↔B와 같은 방향성은 없다(친구 맺기, retweet, 인용 등은 방향성이 있을 것이다). 왼쪽에서 오른쪽으로 의미전달이 됐는지 오른쪽에서 왼쪽으로 의미전달이 됐는지를 살펴보거나 주어와 동사와 같이 서술 관계가 있는지를 보아야 방향성을 파악할 수 있다. 문장의 능·수동 관계도 능동이면 왼쪽에서 오른쪽으로, 수동이면 오른쪽에서 왼쪽으로의 방향성을 볼 수 있을 것이다. **TextRank는 핵심어 추출과 요약 등에서 사용**되지만 이 책에서는 키워드 추출의 기능에 중점을 두어 설명하겠다. **그래프에 기반한 순위화알고리즘으로 PageRank가 있다.** 이는 어떤 웹페이지가 중요한지를 알려주는 구글의 기본 알고리즘이다. 이 웹사이트가 얼마나 다른 중요한 웹사이트로부터 링크가 걸려있는지를 통해 중요도를 평가한다. 나의 웹페이지가 CNN이나 Microsoft에 링크가 걸려있고 나 역시 중요한 페이지에 링크를 걸었다면 방향 그래프가 높은 중요도를 보여줄 것이다. 텍스트를 그래프로 표현할 수 있고 이 그래프는 문장이나 문헌과 같은 텍스트가 들어오면 단어들을 추출해서 노드로 만든다. 이 단어와 다른 단어가 같은 문장에 나타난다면 엣지가 성립되어 동시 출현 횟수로 측정된다. 두 단어가 얼마나 많은 문헌에서 동시 출현했느냐를 보여주는 척도가 증가할 것이다. 엣지의 연결 강도 또한 텍스트의 그래프화를 통해 살펴볼 수 있다. 이때 노드는 어떤 것이 될지를 생각해보면 노드는 핵심어 추출에 필요한 개념을 추출한다. 따라서 명사 위주의 개념이 될 확률이 높기에 품사에 제한을 두어야 한다. 참고로 노드는 vertex라 부르기도 하며 엣지는 링크라고 하기도 한다.

Scoring Vertex에 대해서도 살펴보자.

---

**9)** Mihalcea, R., & Tarau, P. (2004, July). TextRank: Bringing order into text. In *Proceedings of the 2004 conference on empirical methods in natural language processing* (pp. 404-411).

$$S(V_i) = (1-d) + d \times \sum_{j \in In(V_i)} \frac{1}{|Out(V_i)|} S(V_i)$$

$S(V_i)$: Score of the vertex

$V_i$: Vertex

$In(V_i)$: the set of vertices that point to it(predecessors)

$Out(V_i)$: the set of vertices that vertex points to(successors)

$d$: damping factor
the probability of jumping from a given vertex to another vertex
Random surfer model
0.85(PageRank)

Scoring은 i번째 Vertex를 scoring하는 것이고 다시 말해 vertex를 point하는 것이다. D는 damping factor라고 하는 상수값으로 한 노드와 다른 노드의 연결이 어디까지 되는지를 평가하는 PageRank에서 나온 개념이다.

Vertex는 arbitrary value를 주고 반복적인 연산작용을 convergence가 일어나는 지점까지 반복한다. 이런 vertex importance는 다른 노드들의 vertex 연결 정도를 보고 특정 노드와의 연결 강도를 보여준다. 방향성이 없는 경우에는 얼마나 많이 연결되었느냐의 지표를 사용할 수 있고 이는 사회 연결망 분석에도 사용된다. 노드는 단어 대신 사람이 대상이 된다는 것과 중심성 값을 구한다는 것에서 차이점을 갖는다. 중심성 값은 PageRank, betweenness, weight degree 등이 있고 PageRank는 이러한 중심성 값을 나타내는 방법 중 하나라고 볼 수 있다. 네트워크 분석 및 시각화 툴인 Gephi는 이러한 노드의 중요도를 알려주는 다양한 순위를 제공하기도 한다.

**PageRank는 구글에서 나온 것이고 unweighted graph**인 반면 **TextRank는 weighted graph라는 특징이 있다.** 어느 정도의 연결강도를 적용하였는지와 얼마나 많은 동시 출현 횟수가 있었는지를 edge weighted를 통해 보여준다. 예를 들어, Bigkinds로 1,300개의 문헌을 수집해서 그 중에 A와 B 두 단어가 150번의 동시 출현 횟수를 보인다고 하면 이 동시 출현 빈도뿐 아니라 다른 유형의 동시 출현 빈도수를 sorting해서 볼 수 있다.

새로운 측정 치수는 동시 출현 빈도의 강도를 포함한 것이다.

$$WS(V_i) = (1-d) + d \times \sum_{V_j \in In(V_i)} \frac{w_{ji}}{\sum_{V_k \in Out(V_j)} w_{jk}} WS(V_j)$$

그래프를 그리는 것은 텍스트를 표현하는 일이다. 즉, 'A graph is A full text'라고 생각할 수 있다. 이 그래프는 **지식 그래프**라고 부르기도 한다. 이때 노드를 어떻게 정의하느냐는 다양할 수 있다. 단순 텍스트라면 노드가 단어이고 단어가 아니라면 다른 개체명이나 개념이 노드가 될 수 있을 것이다. 지식 그래프가 풍부하게 생성되면 원하는 답을 그래프에 기반해서 찾을 수 있다. 텍스트를 그래프로 만든다는 것은 굉장히 훌륭한 아이디어이다. 이를 통해 중요한 단어 사이의 연결성을 정의할 수 있다. 텍스트는 초록이나 전문과 같이 다양한 사이즈로 표현될 수 있고 이는 정규화할 수 있다. 각각의 행이 문헌일 때 열의 크기는 상이해서 짧은 글일수록 긴 문헌에 대한 패널티를 받을 것이다. 이 문제를 해결하기 위해 차원을 정규화하는 것이 필요하다. 이에 비해 그래프는 텍스트별로 만들어질 수 있어 훨씬 다양한 구성이 가능하다. 자료구조로 보면 그래프는 정방형 매트릭스이다. Document*term martix는 직사각형이고 두 가지의 속성이 다르다. 그러나 그래프는 x축, y축이 모두 같은 속성을 지닌다. 가로가 단어라면 세로도 단어다 되어서 정사각형이 된다. 이러한 정방형 매트릭스는 다양한 사이즈의 텍스트 유닛을 소화할 수 있도록 해준다. 관계(relation) 타입을 semantic 타입으로 정할지 혹은 두 개의 타입을 예측할지를 정하는 일도 중요하다. A와 B가 'IS A'의 관계라는 관계 타입을 가질 수 있다. 동시 출현이지만 다른 관계 타입을 가질 수도 있다. 텍스트를 변환하려면 다음의 단계가 필요하다. 첫째, 텍스트 유닛을 찾고 관계를 설정해야 한다. 둘째, 순위화알고리즘을 convergence가 이루어질 때까지 반복한다. 마지막으로 노드의 순위를 점수로 매기고 이를 높은 순서대로 몇 개를 선정할지를 정하면 그것이 곧 핵심어가 된다.

TextRank는 토큰화가 실행되어야 하고 이 과정에서 품사 태그가 필요하다. 주로 명사를 사용하기에 품사 태깅이 필요한데 영어의 경우는 NLTK와 Mecab 등이 활용된다. 오직, single word가 그래프의 후보로 될 수 있다는 의견도 있는데, 키워드 및 핵심어는 single word보다는 bigram이나 trigram이 좋을 수도 있기에 그런 의견이 반드시 옳다고 볼 수는 없다. 또한 Syntactic filtering과 불필요한 단어 제거도 필요하다. Ranking algorithm(PageRank를 이용하여)과 sorting, post processing 역시 이루어져야 한다.

TextRank를 그래프로 만들 때 시각화는 어렵지만 [그림 4-1]과 같이 Keywords assigned by TextRank와 Keywords assigned by human annotators로 비교하여 볼 수 있다.

Textrank와 같은 핵심어 추출 기법의 성능을 평가하기 위해 precision, recall, F-measure이 사용된다. 즉, 정확률(정답 중에 몇 개를 맞추는지), 재현율(몇 개나 출력하는지) 및 두 가지를 혼합한 F-measure로 평가가 가능하다.

이제 코드를 살펴보자. Yonlu의 keyword를 다운로드해 살펴보자. __init__.py을 보면 TextRankExtractor와 textranksumarizer이 있다. 본 저서에서는 기본적으로 TextRank를

그림 4-1 | Keywords by TextRank & human annotators

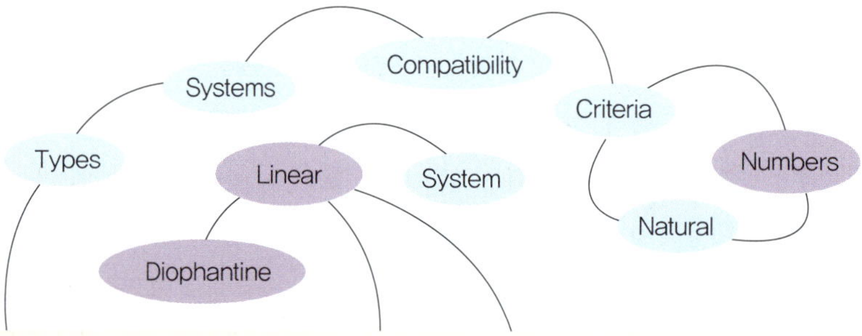


**Keywords assigned by TextRank:**
Linear constraints; linear Diophantine equations; natural numbers; nonstrict Inequations; strict inequations; upper bounds

**Keywords assigned by human annotators:**
Linear constraints; linear Diophantine equations; minimal generating sets; non-strict inequations; set of natural numbers; strict inequations; upper bounds

사용하지만, 다양한 기법 간의 성능을 비교해보는 것도 좋을 것이다.

```
class TextRankExtractor(BaseKeywordExtraction):
    def __init__(self, pos_tagger_name=None, mecab_path=None,
                 lang='ko', max=10,
                 stopwords=[], combined_keywords=False):
        import Yonlu.keyword.textrank as tr
        self.inst =
tr.TextRank(pos_tagger_name=pos_tagger_name,mecab_path=mecab_path,lang=lang,stopwords=stopwo
rds)  #mecab_path에는 dictionary path를 지정해줌
        self.max=max  #max를 global variation으로
        self.combined_keywords = combined_keywords
    def __call__(self, *args, **kwargs):
        import nltk.tokenize
        sents = nltk.tokenize.sent_tokenize(*args)
        for sent in sents:
            self.inst.build_keywords(sent)
        return self.inst.get_keywords(self.max,self.combined_keywords)

class TextRankSummarizer(BaseKeywordExtraction):  #전문에서 주요문장을 추출
    def __init__(self,pos_tagger_name=None,mecab_path=None,max=3):
        import Youlu.keyword.textrank as tr
        self.inst=tr.TextRank(pos_tagger_name=pos_tagger_name,mecab_path=mecab_path)
        self.max=max

    def __call__(self, *args, **kwargs):
        return self.inst.summarize(args[0],self.max)
```

데이터의 양이 많고 텍스트가 많을수록 의미 있는 그래프가 그려진다. 따라서 입력으로 전문이 들어오는 것이 바람직한데, 이 과정에서 형태소 분석기에 따라 품사 태깅을 하려고 sentence를 분리하기도 한다. 예를 들어, TextRank의 buildkeywords에 문장을 받고 단어들을 추출해 그래프에 채워 넣는 것이다. 이때, 그래프는 광역함수를 활용해 문장별로 생성하는 것과 같다. Mecab[10)]을 활용하여 품사 태깅을 하고 그래프에 계속 추가를 하고 중요단어를 찾는 방법을 볼 수 있다. 마지막 단계에서는 핵심어를 추출해서 표현하는 것이다. Pos-tagger name은 Mecab 등으로 바뀔 수 있고 language도 설정이 가능하며 NLTK에 있는 형태소 분석기도 사용할 수 있다. Networkx는 그래프를 만들고 graphml이라는 파일을 만드는 것을 도와준다. 키워드는 전문이 한번에 들어갈 때 활용 가능하다. Pos 함수를 통해 토크나이저되었을 때 단어와 품사쌍 역시 볼 수 있고 노드와 엣지의 관계도 나타낼 수 있다. 광역변수로 그래프를 만들어서 넣을 수도 있다. 모든 문장에 대해 키워드 추출이 가능하다. Sorting을 오름차순으로 할지 내림차순으로 할지를 정할 수 있다. test 파일을 만들어서 이를 살펴보자.

```
import treform as ptm

corpus=ptm.CorpusFromFile('./data/sampleKor.txt')
print(str(corpus))
path='C:\mecab\mecab-ko-dic'
pipeline =
ptm.Pipeline(ptm.keyword.TextRankExtractor(pos_tagger_name='mecab',mecab_path=path,max=5)
)
result=pipeline.processCorpus(corpus)
print('== TextRank keyword extraction ==')
print(result)
print()
```

다음의 testdriver를 만들고 설명을 살펴보자. 여기에서 불용어 제거 리스트를 받아 TextRank에서 활용하였다.

```
from selenium import webdriver
import treform as ptm

_stopwords=[]
with open("./stopwords/stopwordsKor.txt", encoding='utf-8') as file:
    for line in file:
        line = line.strip() #or some other preprocessing
        _stopwords.append(line) #storing everything in memory!

path='C:\\mecab\\mecab-ko-dic'
```

10) Kudou, Taku. (2018). "Mecab: Yet Another Part-of-Speech and Morphological Analyzer."

```
#pos_tagger_name - either mecab, komoran, okt, nltk
#lang=kooren
pipeline = ptm.Pipeline(ptm.keyword.TextRankExtractor(pos_tagger_name='nltk',  #영어 처리
                                                      mecab_path=path,
                                                      max=5,
                                                      lang='en',  #영어도 처리 가능하게
                                                      stopwords=_stopwords,
                                                      combined_keywords=True))
#Keyphrase 추출

corpus = ptm.CorpusFromFile('./data/sampleKor.txt')
result=pipeline.processCorpus(corpus)
print('== Splitting Sentence ==')
print(result)
print()
```

pipeline을 보자. Keyword의 TextRankExtractor은 middleware로 argument를 textrank.py 파일에 보내준다. drive에서 argument를 보내 텍스트 파일로 보내는 것을 볼 수 있다. Keyword의 __init__.py는 passing인데 이 중 TextRankExtractor를 보면 argument passing이 바뀐 것을 볼 수 있다.

Textrank.py를 보자(코드는 앞에서 참조할 수 있다). 불용어 제거는 위 파일에서 확인할 수 있는데, build_keywords가 있는 line에서 str(tokem[0]) not in self. Stopwords를 볼 수 있다. 이 코드의 기능은 해당 단어가 passing한 stopwords 리스트에 있다면 제거하고, 없다면 그대로 keep하는 것이다. Keywords와 keyphrase의 관계도 살펴볼 수 있다. Combined_keywords의 True, False에 따라 keyphrases나 results가 출력될 것이다. TextRank에서 pos_tagger_name을 Mecab으로 하고, self.pos_tagger = None으로 하면 해당 단어와 array의 튜플을 볼 수 있다. 또한 NLTK를 불러서 pos 함수로 얻을 수 있다.

## 3 지도 학습 핵심어 추출 기법

핵심어 추출은 추천, 정보검색, 문서분류 등 다양한 업무에서 사용될 수 있다. 핵심어 추출 방법은 다양하여서 C++를 쓴 지도 학습(KEA: Keyphrase Extracion Algorithm) 알고리즘을 활용할 수도 있고, WEKA(뉴질랜드에서 딥러닝 나오기 전 자바로 만든 데이터 마이닝 패키지) 등의 지도 학습을 사용할 수도 있다. 지도 학습 방법은 단어의 품사가 무엇이고 문장의 어느 부분에 위치하고 있는지와 같은 특징을 추출하여 만드는 것이다. Turney가 1999년에 만들었고 Frank가 Naïve Bayes Learning

을 활용하였다.

핵심어 추출 방법인 KEA: Practical Automatic Keyphrase(Ian H. Witten et al, 2005)에 대해 살펴보자.[11] Keyphrase는 문서를 요약하고 특성화하는 의미론적 메타 데이터이다. 이는 정보 검색이나 색인 등에 사용된다. Keyphrase를 자동으로 추출하는 알고리즘이 KEA인데 식별 어휘 방법을 사용하여 각 후보 keyphrase들에 대한 특성값을 계산하고 어떤 후보가 좋은 핵심어일지를 머신러닝을 통해 예측한다(머신러닝은 먼저 알려진 학습 문서를 통해 예측 모델을 구축한다). KEA는 Turney(2000)에 의해 개발되었다. 이는 지도 학습의 문제를 처음으로 풀었으며 과거에는 heuristic, neural network, mutual information heuristic을 사용하였다. KEA는 keyphrase를 저자에 의해 지정하거나 논문 전문으로부터 자동으로 지정한다. 전자와 후자가 거의 비슷하지만 어느 구가 저자에 의한 것인지 추측을 하는 것이 쉽다. KEA는 좋은 keyphrase를 고르기도 하고 저자들이 사용하지 않을 것 같은 keyphrase도 고른다. 즉 저자의 keyphrase가 알려진 학습된 문서를 활용하여 keyphrase를 정의하는 모델을 만들고 추출 단계에서는 새로운 문서로부터 keyphrase를 추출하여 위 모델을 활용한다. 이때 이 모델은 각 후보가 keyphrase일 전반적인 가능성을 결정하고 keyphrase의 가장 좋은 set를 선정한다. KEA는 후보 phrase를 선정하기 위해 입력 텍스트를 정제하고 후보 텍스트를 정의한 뒤 phrase를 stemming해 대소문자를 구분한다.

얼마나 저자가 할당한 keyphrase에 적절하게 매칭되었는지를 평가하기 위해서 New Zealand Digital Library의 대량 테스트 코퍼스를 사용하였다. 이를 통해 KEA의 효율성을 조사하고 추출 과정에서의 파라미터를 다양하게 조사하는 것이다. 이때, 성능은 KEA의 출력과 저자에 의해 선택된 keyphrase 사이의 매칭 수를 측정한다.

KEA는 자동적으로 keyphrase를 추출하는 알고리즘을 설명하고 평가하며 평균적으로 5개 중 1~2개 정도로 저자가 고른 keyphrase와 일치하는 성능을 보인다. 일반적인 사람이 고르는 것에 비해서 성능이 좋고 summarizing, browsing, searching, clustering에 활용될 수 있어서 방대한 문헌을 업무로 하는 이용자를 도울 수 있다.

KPSpotter도 핵심어 추출 방법에 기반한 유연한 정보 획득 시스템이다.[12] 정보 과부하 문제를

---

11) Witten, I. H., Paynter, G. W., Frank, E., Gutwin, C., & Nevill-Manning, C. G. (2005). Kea: Practical automated keyphrase extraction. In *Design and Usability of Digital Libraries: Case Studies in the Asia Pacific* (pp. 129-152). IGI global.

12) Min Song, Il-Yeol Song, and Xiaohua Hu. (2003). KPSpotter: a flexible information gain-based keyphrase extraction system. In Proceedings of the 5th ACM international workshop on Web information and data management (WIDM '03). *Association for Computing*

해결하기 위해서 KPSpotter 시스템이 사용되는데, 웹 데이터를 포함한 다양한 입력 데이터에 사용될 수 있다. 훈련과 keyphrase 추출을 위해서는 다음의 두 가지 자질을 사용한다.

① TF*IDF

② Distance from first occurrence(*first occurrence: phrase의 최초 출현 위치 앞에 있는 단어들의 수를 문서의 단어 수로 나누어 계산)

KPSpotter 시스템을 도식화하면 [그림 4-2]와 같다(Min Song et al, 2003).

**그림 4-2 | KPSpotter 시스템**

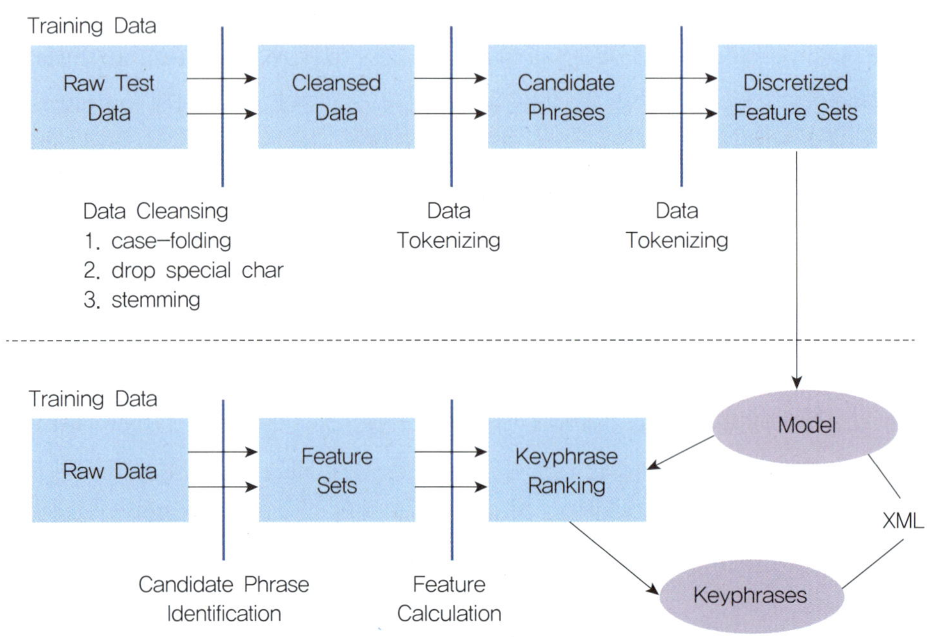


자동화된 building extraction model과 extracting keyphrase 두 단계로 구성된다.

KPSpotter는 잠재적 keyphrase 저장과 검색을 위해 persistent data techinique를 적용한 첫 번째 시스템이다. KPSpotter는 KEA가 제공하는 학습 데이터와 테스트 데이터로 평가된다. 이때 학습 데이터와 테스트 데이터는 각각 New Zealand Digital Library project에서 제공하는 computer science technical report의 80개 논문 초록으로 구성되었다.

후보 phrase 선택 과정은 다음과 같다. Raw 텍스트 데이터가 필터링 및 정규화 이후 initial

*Machinery*, New York, NY, USA, 50-53.

phrase boundary detection 과정을 거친다. 그리고 input stream이 토큰화되어 sequences of letters, digits, internal period 형태로 이루어진다. 그 후 문헌의 모든 subsequence를 고려한 뒤 어떤 잠재 phrase들이 적합한지 평가한다. Witten et al.[13]은 잠재 phrase들을 선정하는 규칙을 아래와 같이 활용하였다.

① Candidate phrases는 특정 수준의 길이로 제한한다(N개의 연속된 단어).

② Candidate phrases들은 고유명사가 될 수 없다.

③ Candidate phrases는 stopword로 시작되거나 끝날 수 없다.

이때 KPSpotter는 150개 단어로 구성된 stopword 사전을 활용한다. KPSpotter는 문헌 전체에서 잠재 phrase를 선택한다는 점에서 input line에서만 phrase를 고려하는 KEA와 차이가 있다.

시스템 성능을 측정하기 위해 KPSpotter에 의해 추출된 keyphrase들은 저자가 할당한 것과 비교하였다. 성능은 KEA와 비슷하게 평가되었지만 ① 정보 획득 데이터를 결합하여 새로운 keyphrase 추출 기술을 사용한다는 점, ② XML, HTML, 비구조화된 텍스트 데이터를 input data로 다양하게 적용할 수 있다는 점, ③ 사용자가 인터넷을 통해 KPSpotter를 점검하고 input data를 공급하는 점, ④ 임베딩된 데이터베이스 관리 시스템으로부터 빈도 등을 통해 keyphrase 후보를 지정한다는 점이 등이 효율성과 성능면에서 차별점을 지닌다.

13) Witten I. H., Paynter G. W., Frank E., Gutwin C. and Nevill-Manning C. G. (1999). KEA: Practical automatic keyphrase extraction. In: Proc. DL '99, 254-256.

인공지능 기반 자연어 처리
Artificial intelligence-based natural language processing

CHAPTER

05

# 동시 출현 단어(co-word) 분석

1. 동시 출현 단어 분석 개요
2. 동시 출현 단어 계산법
3. Gephi 이용 가이드

CHAPTER 05

# 동시 출현 단어(co-word) 분석

동시 출현 단어 분석은 단어들의 동시 출현 횟수를 구해서 단어들의 쌍과 단어들의 동시 출현 횟수를 이용해서 단어 네트워크를 만들고 네트워크 클러스터링 등의 방법으로 수행할 수 있다. 또한 SKlearn의 CountVectorizer[1]에 기반한 동시 출현 계산 및 최적화된 동시 출현 계산법이 분석에 활용될 수 있다. 공기어 추출과 co-word 분석은 계량정보학에도 활용될 수 있다. 이러한 연구의 예시로 저널의 지적 구조 분석이 있다.[2]

## 1 동시 출현 단어 분석 개요

동시 출현 단어 분석은 공기어 분석과 동일한 의미이다. 두 개의 단어가 주어진 문헌 혹은 텍스트 단위 안에서 함께 출현하는 횟수를 기반으로 단어의 연관성과 문헌집단의 특성을 파악하는 것이다. 이론적으로 문헌은 초록일 수도 있고 전문일 수도 있다. 어느 문헌 분석 단위에서 구하는지를 알 수 없는 경우에는 전처리를 어떤 식으로 해서 활용할지가 중요하다.

공기어 분석은 같은 문맥 내에 나타나는 밀접한 의미 관계를 가지는 단어를 뜻한다. 의미적으로 같은 문맥 안에서 나타난 밀접한 관계를 어떻게 발견할 수 있을까? 전처리 과정에서 어떻게 의미

1) 텍스트 문서를 토큰의 집합으로 변환하는 작업을 수행한다.

2) Song, M., Kim, S. Y. (2012). Detecting the Knowledge Structure of Bioinformatics by Mining Full-text Collections. Scientometrics. (SSCI)
Song, M., Yang, C., Tang, X. (2013). Detecting Evolution of Bioinformatics with a Content and Co-authorship Analysis. SpringerPlus. (SSCI)
Kim, M. C., Jung, Y. K., and Song, M. (2014). Investigating the Integrated Landscape of the Intellectual Topology in the Domain of Bioinformatics, Scientometrics. (SSCI)
Song, M., Heo, G. E., and Lee, D. H. (2014). Identifying the Landscape of Alzheimer's Disease Research with Network and Content Analysis, Scientometrics. (SSCI)
Kim, H. J., & Song, M. (2014). A study on the research trends in domestic/International information science articles by Co-word analysis. Journal of the Korean Society for information Management.
Jeong, Y. K., Heo, G. E., Kang, K. Y., Yoon, D. S., Song, M. (2016). Trajectory Analysis of the Recent Drug Research Trend in Pancreatic Cancer, Journal of Informetrics.

있는 단어들이 잘 나타날 수 있을까? 공기어를 묶을 때 분석 대상이 전체 문헌이 아닌 보다 소규모의 window size라면 좀 더 밀접한 단어들을 공기어로 묶을 수 있다.

빈번하게 사용하는 고빈도 어휘를 선정하고 그 단어의 동시 출현을 구하는 것도 주요 방법론 중 하나이다. 주요 주제를 반영하여 동시 출현 분석을 하는 것도 있을 수 있다. 다만 고빈도 단어가 반드시 중요 단어는 아닐 수도 있다는 점을 주의해야 하며 기능어가 이러한 예시 중에 하나이다. 고빈도나 저빈도 단어들은 제외하고 중간에 있는 단어들을 남겨두고 동시 출현 분석을 할 수 있다. 또한, 명사들만 뽑아 동시 출현을 시각화하여 살펴보는 것도 개념 분석의 좋은 예가 될 것이다. 주제 분석은 명사 위주의 단어로 진행하는 것을 떠올리기 쉽지만, 분석 대상으로는 품사도 활용될 수 있다. Ngram으로 unigram은 버리고 bigram의 동시 출현을 구할 수도 있다. 다만 ngram은 인접한 sequence로 되어 있는 단어를 대상으로 하는데 동시 출현 단어는 바로 옆의 인접한 단어가 아니어도 계산이 된다. 전체 문헌에서 동시 출현 단어를 구한다면 동시에 출현하는 두 단어 쌍이 문헌집단을 잘 표현하는 단어 쌍이라고 보고, 이를 수집하며 네트워크를 만드는 형식으로 주제 분석이 가능하다. 공기어 간의 관계는 동시 출현을 기반으로 하며 이를 위한 관계 척도 방법에 대해 살펴보자.

## 2 동시 출현 단어 계산법

동시 출현 단어 척도로 가장 쉬운 방법은 단어 쌍의 빈도수를 구하는 것으로 A, B의 쌍이 여러 문장에 나타난다면 그 횟수를 세서 관계 척도로 나타내는 것이다. 공기어 분석의 출현 빈도는 단일 단어의 출현 빈도와 달리 유용하게 사용될 수 있다. 공기어 분석에서 빈도는 얼마나 단어가 잘 연결되었는지의 정도인 공기어 간의 빈도를 보여줄 수 있다. 또 다른 방법은 동시 출현으로 빈도를 구하지 않고, 서로 의미적으로 얼마나 유사한지 유사도를 통해 알아보는 것이다. 그렇다면 단어의 유사도는 어떻게 구할 수 있을까? 단어의 유사도를 구하는 방법은 A라는 단어와 B라는 단어의 string similarity를 구하는 것이다. 하지만 의미적으로 유사한 두 단어를 벡터화한다면 element가 하나인 벡터가 형성되기 때문에 string similarity 외에는 유사도를 구하는 것에 어려움이 있다. 유사도는 두 단어가 형태적으로 유사한 정도를 의미하고 관계성은 두 단어가 연결되어 있는 정도(동시 출현이나 의미적 관계에서)를 의미한다. 의미적인 관계성(semantic relatedness score)을 구하는 방법론은 컴퓨터 언어학에서 많이 활용된다. 자연어 처리 연구에서 가장 핵심적이고 기초적인 방법이기 때문에 개체명 인식, 질의어 확장, 클러스터링 등 많은 영역에서 활용한다. 이러한 점은 동시 출현의 개념과 활용 방법에 대해 더 많은 고민이 필요한 이유이다.

의미적 관계성을 측정하는 방법 중에서는 topological similarity를 이용하는 것이 있으며 온톨로지가 있으면 단어가 어떤 관계로 이루어졌는지(유사, 반대, 상하, 같은 뜻 혹은 다른 뜻의 두 개의 서로 다른 단어 등)의 관계성을 살펴볼 수 있다. 구조적으로 분석하여 의미적 관계성을 구할 수 있는 것이다. 이는 노드를 기준으로 할 수도(단어를 기준으로) 있고 엣지를 기준으로(단어와 단어 사이의 관계를 기준으로) 할 수도 있다.

주어진 대상 간의 의미적 관계성을 측정하는 LCS(Least Common Subsumer)[3]를 활용하여 실행된 연구들이 있다. Dekang Lin은 온톨로지의 단어들이 갖는 유사성과 온톨로지 내 노드들을 활용해 semantic relativeness score를 측정하는 방법을 제시하였다.[4] 온톨로지와 토폴로지 기반으로 단어의 유사도를 구하는 것이다. 코퍼스에 기반한 의미적 유사성도 구할 수 있는데, 이는 확률 기반으로 유사도를 구하는 것이다. 지식 구조 그래프를 그리고 상호 개체명 인식이나 자연어 처리에 활용될 수 있고 자바의 s/space라는 semantic relatedness space를 구하는 모듈로 추출이 가능하다. 통계적 유사성은 Latent Semantic Analysis(LSA)[5]가 활용된다. 이는 정보검색론으로 활용되는 방법론으로 이어지는데, Singular Value Decomposition(SVD)를 기본 모델로 한다. Document*Term 행렬을 입력으로 하고, 이를 Term*Term, Document*Document로 분리한다. 가로 세로가 다른 것을 중간에서 연결시켜주는 Intermediate가 필요한데, 단어를 쪼개서 분석하는 것이 SVD 방법이다. SVD를 그림으로 보면 다음과 같다.

그림 5-1 | SVD

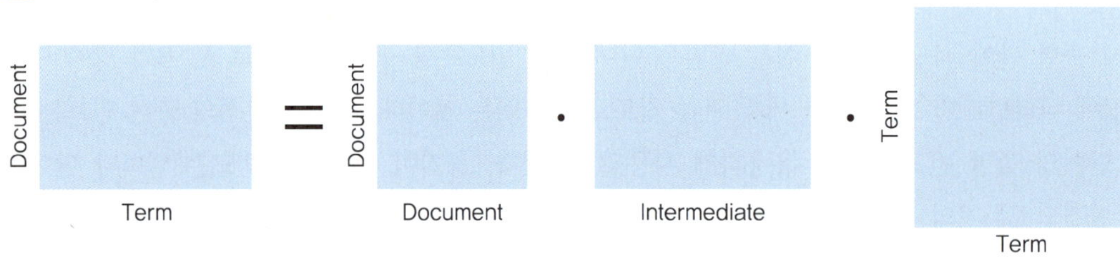


이 세 개의 행렬 중에 우리는 Term*Term 행렬을 필요로 한다. 가로, 세로가 Term인 정방향 행렬은 동시 출현으로 이루어진 것은 아니고 분류를 통한 행렬로 만들어진다.

이제 두 개의 단어를 텍스트에서 추출하여 동시 출현 빈도나 연결 강도, 밀접한 관계성 등을 계산

3) Cohen, William et al. (1992). "Computing Least Common Subsumers in Description Logics."
4) Lin, D. (1998). "An information-theoretic definition of similarity."
5) Susan T. Dumais (2005). "Latent Semantic Analysis."
문서들과 문서들에 포함된 용어들의 관계를 분석하는 기법이다.

하고 이것으로 딕셔너리를 만들어보자. 키는 단어가 되고 값은 연관성이나 동시 출현 횟수가 될 것이다. 키와 값을 데이터 값으로 만드는 것이다.

단어가 특정 단어와 동시 출현했다는 것은 문맥을 잡아주는 주요 단서가 될 수 있으며 알고리즘에 들어가는 기본적인 개념이다. 다만 co-occurrence의 __init__.py 코드를 보면 2개의 클래스가 있다. Test driver 코드는 이 중 첫 번째 클래스인 SKlearn의 countvectorize를 사용하였다. Countvectorize는 문헌집단이 주어졌을 때 unique한 값을 전체 문헌집단에서의 쌍으로 반환한다. SKlearn의 TF*IDF(Term Frequency*Inverse Document Frequency)에서는 Term Frequency 전체 문헌집단에서 총 등장한 특정 단어의 빈도수를 나타내며, Inverse Document Drequency는 어떤 단어가 얼마나 많은 문헌에서 등장했는지(이로 단어의 가중치를 계산한다)를 제공한다. Countvectorize가 어떤 단어가 얼마나 많은 문헌에서 등장했는지를 본다면 TF*IDF는 단어의 가중치를 계산하는 방법이다. 즉, 얼마나 특정 문헌을 잘 변별할 수 있는지의 능력을 본다. 일반적인 단어라면 단어의 변별력이 적을 것이다. 특정 문헌에 집중적으로 나타나야 구분이 될 것이다. 텍스트 마이닝에서 단순 빈도가 아닌 TF*IDF의 이용은 값을 매기는 문헌 자동 분류(어느 범주에 속하는지 예측)에 활용된다. 특정 문헌에 나타나는 단어들이 일정하다면 문헌 자동 분류의 성능이 좋아질 것이다. 이때 TF*IDF vectorize를 활용하면 계산이 훨씬 편리해진다.

Co-occurrence의 __init__.py를 보면 첫 번째에 countvectorize를 활용하였다. Co-occurrence의 worker에서 __init__의 count vectorize가 있다. 같은 모듈에 있는 co-occurrence 클래스를 불렀고 co-occurrence로 들어가면 count vectorize를 상속한 것을 볼 수 있다. Super은 counter vectorize를 써서 계산하는 것인데 전체 문헌집단의 빈도수를 계산하는 것으로 볼 수 있다. 여기서 fit_transform 함수가 일반적이며 이를 오버라이딩하여 counter vectorize의 함수를 그대로 쓰거나 바꿀 수 있다. 행렬을 사용하여 단어의 빈도수를 계산한 것이다. 동시 출현 횟수를 구해 정방향 매트릭스를 만들어 두 개의 단어의 쌍의 출현 횟수를 구하는 것을 볼 수 있는데, 후자는 매트릭스를 만들기보다는 단어의 쌍과 동시 출현을 구하는 방법이다. Co-occurrence의 __init__.py에서 Vectorize를 써서 Document*Term matrix를 갖고, 1,300개의 가로와 count vectorize를 써서 unique한 term의 각각의 칸들을 가지는 것이다. 텍스트를 벡터화하고 Document*Term matrix에서 동시 출현을 구하기 위해서는 행렬을 Term*Term으로 바꿔야 한다. 이렇게 변형하는 방법 중 하나가 SVD(Singular Value Decomposition)이다. SVD의 결과값은 Document*Document, Term*Term, 이 두 개를 연결해주는 중간 매트릭스로 이루어진다. Term*Term matrix를 가지고 있으면 단어의 동시 출현 쌍을 구할 수 있다. Fit_transform를 보면 co-occurrence.py에서 countervectorize의 X값, 단어와 단어의 빈도, dictionary list를 갖는 것을 볼 수 있다. Transform은 실질적인 값보다는 근사값이 나온다.

```
import numpy as np
import scipy.sparse as sp
from sklearn.feature_extraction.text import CountVectorizer

class Cooccurrence(CountVectorizer):
    """Co-ocurrence matrix
    Convert collection of raw documents to word-word co-ocurrence matrix

    Parameters
    ----------
    encoding : string, 'utf-8' by default.
        If bytes or files are given to analyze, this encoding is used to
        decode.

    ngram_range : tuple (min_n, max_n)
        The lower and upper boundary of the range of n-values for different
        n-grams to be extracted. All values of n such that min_n <= n <= max_n
        will be used.

    max_df: float in range [0, 1] or int, default=1.0

    min_df: float in range [0, 1] or int, default=1

    Example
    -------

    >> import Cooccurrence
    >> docs = ['this book is good',
               'this cat is good',
               'cat is good shit']
    >> model = Cooccurrence()
    >> Xc = model.fit_transform(docs)

    Check vocabulary by printing
    >> model.vocabulary_

    """

    def __init__(self, encoding='utf-8', ngram_range=(1, 1),
                 max_df=1.0, min_df=1, max_features=None,
                 stop_words=None, normalize=True, vocabulary=None):

        super(Cooccurrence, self).__init__(
            ngram_range=ngram_range,
            max_df=max_df,
            min_df=min_df,
            max_features=max_features,
```

```
            stop_words=stop_words,
            vocabulary=vocabulary
        )

        self.X = None

        self.normalize = normalize

    def fit_transform(self, raw_documents, y=None):
        """Fit cooccurrence matrix

        Parameters
        ----------
        raw_documents : iterable
            an iterable which yields either str, unicode or file objects

        Returns
        -------
        Xc : Cooccurrence matrix

        """
        X = super(Cooccurrence, self).fit_transform(raw_documents)
        self.X = X

        n_samples, n_features = X.shape

        Xc = (X.T * X)
        if self.normalize:
            g = sp.diags(1./Xc.diagonal())
            Xc = g * Xc
        else:
            Xc.setdiag(0)

        return Xc

    def vocab(self):
        tuples = super(Cooccurrence, self).get_feature_names()
        vocabulary=[]
        for e_tuple in tuples:
            tokens = e_tuple.split()
            for t in tokens:
                if t not in vocabulary:
                    vocabulary.append(t)

        return vocabulary

    def word_histgram(self):
        word_list = super(Cooccurrence, self).get_feature_names()
        count_list = self.X.toarray().sum(axis=0)
```

```
        return dict(zip(word_list,count_list))
```

Test 코드(testcooccurrence.py)를 보고 __init__.py가 cooccurrenceWorker와 cooccurrenceManager를 어떻게 활용하는지 보자.

Cooccurrence.py에서 어떻게 vectorize가 이루어지는지를 보기 위해 vocab 함수(unique한 단어 리스트)와 word_histgram 함수(즉 unique한 단어 리스트와 그 개수를 세는 것을 return하는 것)를 보자. 왜 다른 것을 return하는지를 보기 위해서는 __init__.py이 필요하다. Cooccurrence_Worker에서 transform으로 Term*Term이 되는 것을 볼 수 있다. Sparse한 Document*Term matrix는 문헌에서 unique한 단어들이 다 나타나지 않기에 나머지는 0의 값을 가질 것이다. Term*Term은 이보다는 dense할 것이고 이를 위해 코드는 todense()를 활용한다. countvectorize에서 상속받아 dense와 set으로 변환시킨 다음 list로 변환시켜서 return한다. 이를 부르는 caller가 testcooccurrence.py이다.

이 argument가 문헌집단이며 이는 곧 문헌의 array이다. Call이라는 함수의 문헌 array를 주면 co_result와 vocab이 return될 것이다. Term*Term matrix가 문장 단위의 document로 나오는 것을 볼 수 있다. Sentence*Term matrix를 Term*Term matrix로 바꾼 것이다. Document =[]로 해서 for문의 result는 파이프라인과 같다.

```
pipeline = ptm.Pipeline(ptm.splitter.NLTK(),
                        ptm.tokenizer.Komoran(),
                        ptm.helper.POSFilter('NN*'),
                        ptm.helper.SelectWordOnly(),
                        ptm.helper.StopwordFilter(file='./stopwords/stopwordsKor.txt'))
```

들어온 문헌집단을 문장으로 바꾸고 형태소를 분석해서 단어와 품사 쌍으로 나온 것을 확인한 뒤 명사만 남기고, SelectWordOnly에서 stopword로 필터링을 하는 과정이다. 두 개 단어의 동시 출현을 구해서 vectorization을 하고 tuple을 통해 두 개의 단어의 연결 강도를 보는 것이다. 이로 co-word map을 만들어 Gephi[6]로 시각화하는 것을 가정하였을 때 노드는 unigram일 것이다. 노드는 하나의 특정 단어이기 때문이다. 얼마나 빈번하게 동시 출현을 했는가가 network가 되는 것이고, 노드와 노드 사이의 연결성인 엣지는 두 개 노드의 동시 출현 횟수가 되는 것이다. 이를 동시 출현 기반으로 하여 얼마나 빈번하게 나타났는지를 보지만, 두 개의 연속된 단어인

6) Gephi는 자바를 기반으로 한 오픈소스 네트워크 분석/시각화 소프트웨어 패키지이다.
Gephi를 활용하면 네트워크의 노드 수, 엣지 수 그리고 네트워크 방향성에 대한 정보를 얻을 수 있다. 또한, 데이터의 통계 정보를 손쉽게 얻을 수 있고, 네트워크 시각화 과정에서 다양한 레이아웃을 설정할 수 있다는 편의성이 있다.

bigram의 경우에는 충분히 많은 문헌을 수집하고, tokenizing하고, 빈도수를 계산하면 빈도수가 높을수록 관용어구(collocation)로 나타나는 것을 확인할 수 있을 것이다. 두 개의 단어가 인접해서 나타나거나 세 개의 단어가 인접해서 나타나도 collocation이 될 수 있고 이와는 달리 동시 출현은 두 개의 단어가 떨어져서 나타난다는 점에서 차이가 있다. Unigram으로 노드를 표현하지 않고 phrase로 표현하고 싶을 때는 주로 ngram을 사용한다. 다만 계산하는 시간이 많이 소요될 것이다. Ngram을 활용하고 싶으면 파이프라인에 ptm.ngram.NGramTokenizer(1,2)를 활용하자. 이때 SelectWordOnly() 뒤에 활용하면 불용어 제거가 가능하고, StopwordFilter()의 뒤에 활용하면 불용어 제거가 되지 않을 것이다. Stopword.txt에 들어가면 단독_보조금 등이 있을 텐데 bigram의 데이터를 수집하고, 모든 문헌에서 나타나기에 이를 stopword로 만든 것으로 생각할 수 있다. Ngram도 넣지만 argument를 passing해서 vocabulary와 co_result가 나오는 것도 볼 수 있다. 이는 GraphMLCreator()에서 사용될 것이다. If mode is without_threshold는 100만 개가 넘는 문헌에서 동시 출현 단어를 구할 때 적합하고, graph로 만들 때는 with_threshold로 최적화해야 한다. 임계치가 100이 되든 1,000이 되든 가지고 있는 데이터의 임계점에 맞추어서 활용해야 한다. 이때 새로 만드는 것이 create이다. 코드는 아래와 같다.

```
import treform as ptm
import networkx as nx
from matplotlib import pyplot as plt
import numpy as np
from sklearn.feature_extraction.text import CountVectorizer
import matplotlib as mpl

if __name__ == '__main__':
    # pipeline = ptm.Pipeline(ptm.splitter.NLTK(), ptm.chunker.KoreanChunker())

    # 다음은 분석에 사용할 corpus를 불러오는 일입니다. sampleEng.txt 파일을 준비해두었으니, 이를 읽어와봅시다.
    # ptm의 CorpusFromFile이라는 클래스를 통해 문헌집합을 가져올 수 있습니다. 이 경우 파일 내의 한 라인이 문헌 하나
가 됩니다.
    corpus = ptm.CorpusFromFieldDelimitedFile('./data/donald.txt',2)

    #import nltk
    #nltk.download()
    # 단어 단위로 분리했으니 이제 stopwords를 제거하는게 가능합니다. ptm.helper.StopwordFilter를 사용하여 불필요한
단어들을 지워보도록 하겠습니다.
    # 그리고 파이프라인 뒤에 ptm.stemmer.Porter()를 추가하여 어근 추출을 해보겠습니다.
    # 한번 코드를 고쳐서 ptm.stemmer.Lancaster()도 사용해보세요. Lancaster stemmer가 Porter stemmer와 어떻게 다
른지 비교하면 재미있을 겁니다.
    pipeline = ptm.Pipeline(ptm.splitter.NLTK(),
                            ptm.tokenizer.Komoran(),
                            ptm.helper.POSFilter('NN*'),
```

```
                                     ptm.helper.SelectWordOnly(),
                                     ptm.helper.StopwordFilter(file='./stopwords/stopwordsKor.txt'))

    result = pipeline.processCorpus(corpus)
    print('== 형태소 분석 + 명사만 추출 + 단어만 보여주기 + 빈도 분석 ==')
    print(result)
    print()

    print('==  ==')

    documents = []
    for doc in result:
        document = ''
        for sent in doc:
            document = " ".join(sent)
        documents.append(document)
    co = ptm.cooccurrence.CooccurrenceWorker()
    co_result, vocab = co.__call__(documents)

    graph_builder = ptm.graphml.GraphMLCreator()

    #mode is either with_threshold or without_threshod
    mode='with_threshold'

    if mode is 'without_threshold':
        print(str(co_result))
        print(str(vocab))
        graph_builder.createGraphML(co_result, vocab, "test1.graphml")

    elif mode is 'with_threshold':
        cv = CountVectorizer()
        cv_fit = cv.fit_transform(documents)
        word_list = cv.get_feature_names()
        count_list = cv_fit.toarray().sum(axis=0)
        word_hist = dict(zip(word_list, count_list))

        print(str(co_result))
        print(str(word_hist))

        graph_builder.createGraphMLWithThreshold(co_result, word_hist, vocab,
"test.graphml",threshold=35.0)
        display_limit=50
        graph_builder.summarize_centrality(limit=display_limit)
        title = '동시 출현 기반 그래프'
        file_name='test.png'
        graph_builder.plot_graph(title,file=file_name)
```

Test.graphml을 하면 undirected가 있고, 타입과 숫자값이 있다. 노드는 id가 있고, 엣지는

source와 target이 있다. 이는 networkx 모듈을 활용한 것으로 topic modeling의 tomotopy 노드와 엣지의 동시 출현 횟수인 근사값을 볼 수 있다. 즉, graphml은 2개의 태그인 노드와 엣지로 만들어져 있다는 사실을 기억하자. __init__.py를 보면 노드를 만들고 엣지를 만드는 것을 활용할 수 있다. Creategraphml은 노드의 빈도수를 넣지 않았기에 노드의 크기를 표현할 수 없지만 단어의 count값을 삽입하면 노드의 크기를 볼 수 있다. Test 코드를 실행하면 이미지 파일이 만들어지며 시각화 툴인 gephi를 사용한 분석도 진행할 수 있다. Co-occurrence에서 Test.graphml을 만들 때 threshold를 어떤 범위로 정할 지는 개별 데이터에 따라 다르다. 데이터가 클 때 엣지를 35로 하면 사이즈가 몇 백 MB가 되고 노드가 몇 십만 개 이상이 되어 스크린에 활용이 어렵다. 다음은 graphml을 돌리고 overlapping으로 인해 이해가 어려운 상황의 그림이다.

그림 5-2 | 정제되지 않은 graphml

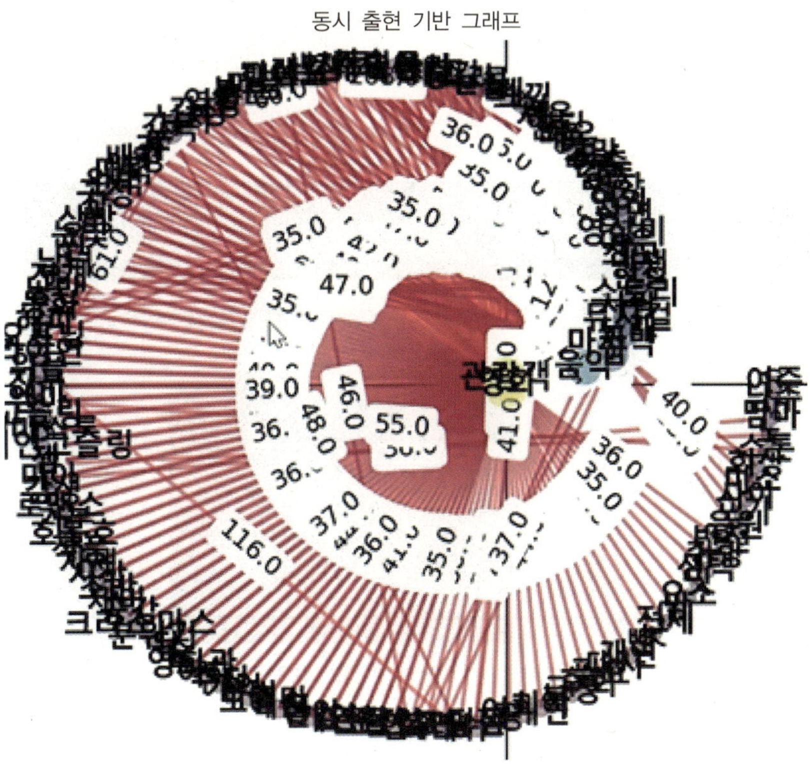


이를 펼쳐주고 어떤 단어가 무엇과 연결되어 있는지와 얼마만큼 연결되어 있는지를 알아보는 것이 중요하며 이 과정에서 두 단어의 weight가 얼마나 짧고 긴지를 볼 수 있다. 값에 따라 거리가 길거나 좁으며 이를 표현하기는 실질적으로 어렵기에 2차 평면에서 중요한 것은 거리보다는 엣지

의 굵기를 통해 표현한다. 표현의 용이성을 위해 중심성 값을 구하고 엣지의 weight로 중요한 값을 파악한 후 순위를 매겨보자. 노드가 얼마나 중요한지를 중심성 값으로 판별하여(page rank,[7] betweennesscentrality,[8] degreecentrality,[9] eigenvectorcentrality[10]) 파악할 수 있다. Graphml의 __init__.py의 코드에서도 eigen vector centrality를 이용하는 것을 볼 수 있다. 연결된 점을 plot_graph로 만들고 실행해보자. 코드가 제공되지는 않았지만 많은 데이터를 처리할 경우 시간이 오래 소요되는 문제를 없애기 위해서 동시 출현 단어를 hadoop 등을 통해 분산 병렬하여 구하거나, 혹은 multithreading으로 동시 출현 단어를 구하는 방법이 있다. 이때 외부의 코드를 불러 동시 출현 단어를 구하고 GraphML에 넣을 수 있을 것이다.

## 3 Gephi 이용 가이드

### ※ Gephi 설치 및 이용 방법

#### 01 What is Gephi & 설치 방법

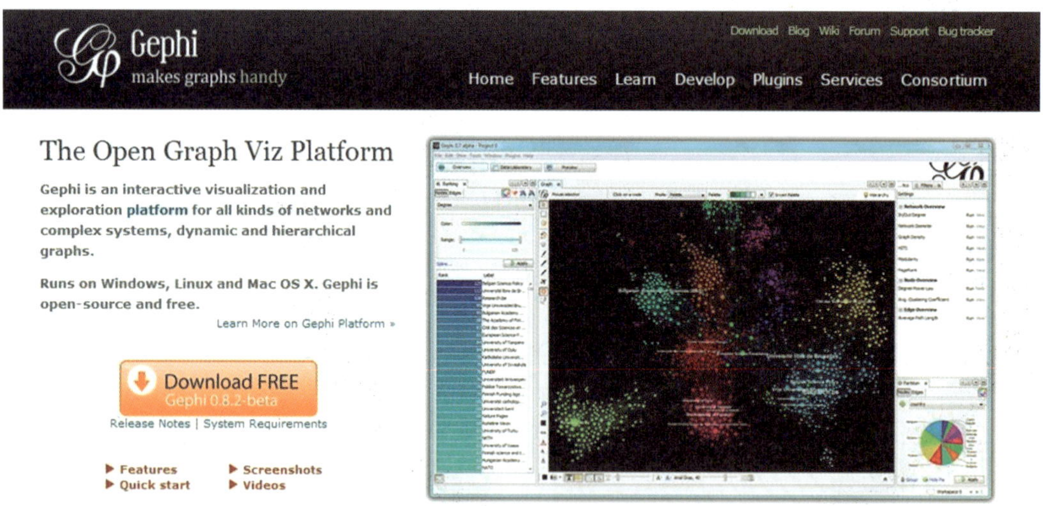


---

7) Brin, S., Page, L. (1998). "The anatomy of a large-scale hypertextual Web search engine". 연결 관계의 가중치를 활용한 연결 관계 분석 알고리즘이다.
8) 매개 중심성: 최단 연결 관계를 활용한 중심성 척도
9) 연결 중심성: 연결 관계의 개수를 활용한 중심성 척도
10) 아이겐 벡터 중심성: 연결 관계의 수와 연결된 벡터의 중요성을 활용하는 중심성 척도로 Phillip Bonacich이 1987년 제시했다.

Gephi는 그래프를 탐색하고 이해하기 위한 툴이다. 사용자는 포토샵을 사용하듯이 시각화 과정에 개입할 수 있고, 그래프의 구조를 조정할 수 있고, 원하는 특성을 보여주기 위해 그래프의 색상과 모양을 설정할 수 있다. Gephi는 https://gephi.org에서 다운받을 수 있다.

## 02 Gephi에서 파일 열기

https://github.com/gephi/gephi/wiki/Datasets에 접속한 후, Gephi 메뉴바에서 파일 메뉴를 선택, 그리고 오픈 파일을 선택한다.

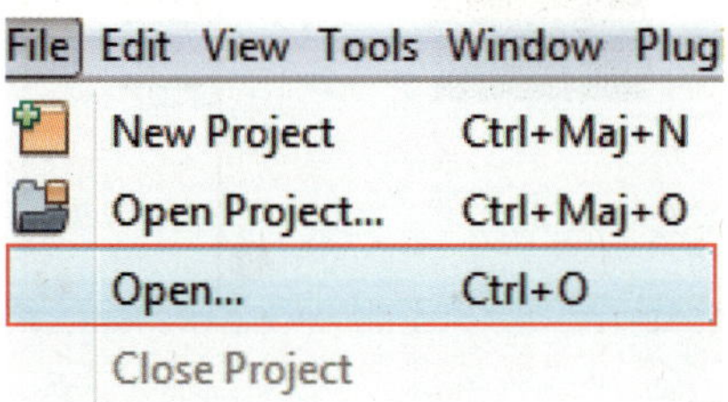


## 03 Gephi 사용 방법

파일이 열린 후, 리포트 창은 노드 수와 엣지 수를 포함한 데이터 정보를 보여준다. OK를 클릭한다.

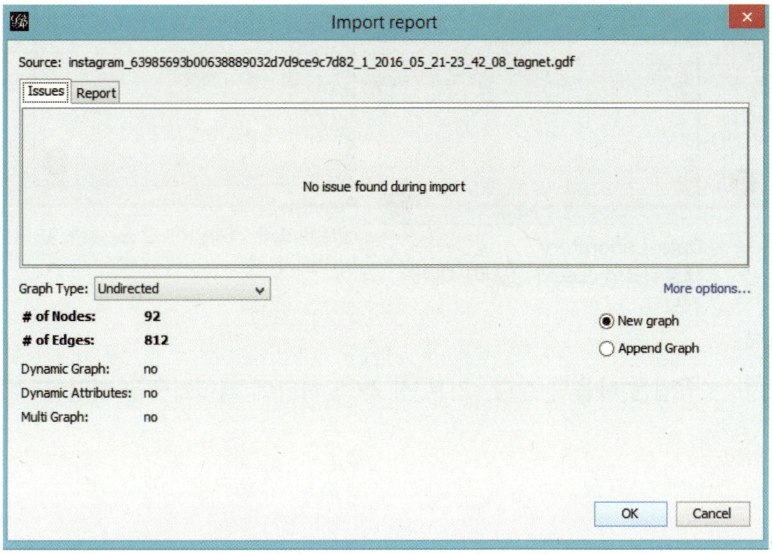

기본적인 시각화는 왼쪽 그림과 같이 나타나지만, 오른쪽 그림과 같이 Gephi에서 제공하는 기능들을 활용해 다양한 시각화가 가능하다. 오른쪽 그림을 이하 기본 창이라고 칭하겠다.

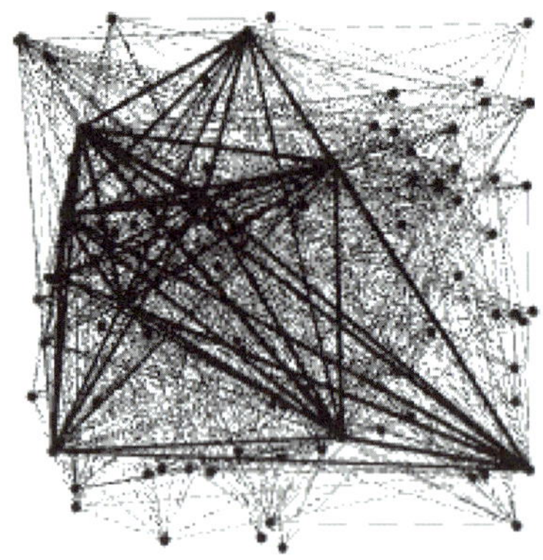

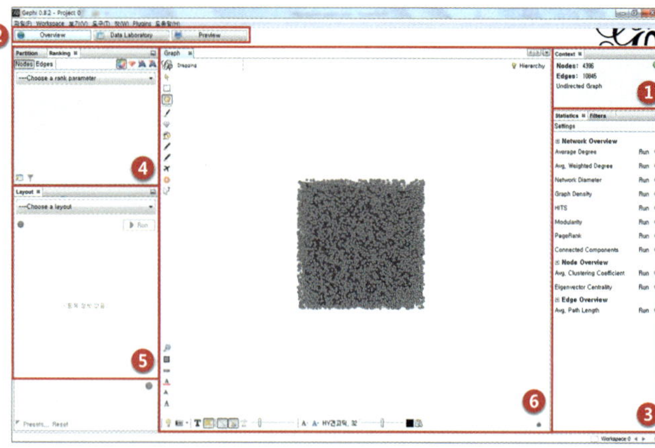

Gephi 기본 창 상단의 Overview, Data Laboratory, 그리고 Preview의 기능은 다음과 같다.

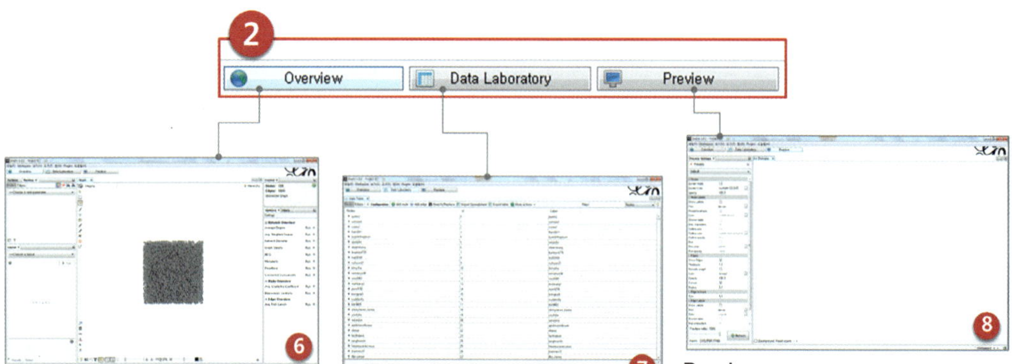


Overview
네트워크의 속성 설정

Data Laboratory
네트워크의 노드와 엣지에 대한 정보

Preview
네트워크의 디자인적 요소 설정 및 미리보기

Gephi에서 레이아웃을 설정하는 방법은 다음과 같다. 기본 창 좌측 하단에 레이아웃을 변경할 수 있다.

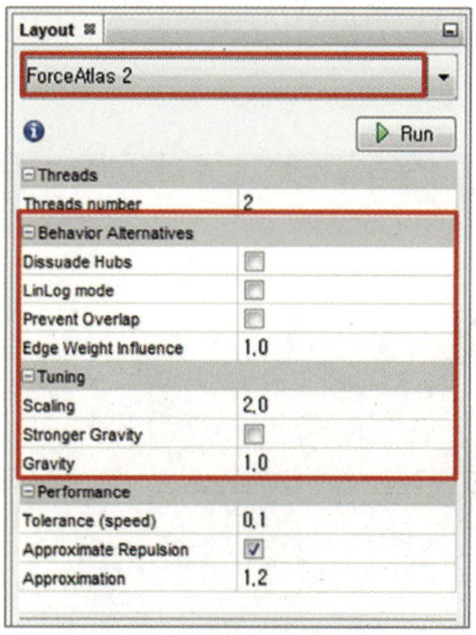


**ForceAtlas2**
포스 알고리즘을 사용

**Label Adjust**
텍스트가 겹치지 않도록 재조정

**Expansion**
알고리즘 텍스트가 겹치지 않도록 재조정

Gephi에서 사용할 수 있는 레이아웃의 예시는 다음과 같다. 다양한 레이아웃이 있기 때문에 분석 목적에 적합한 레이아웃을 설정하도록 한다.

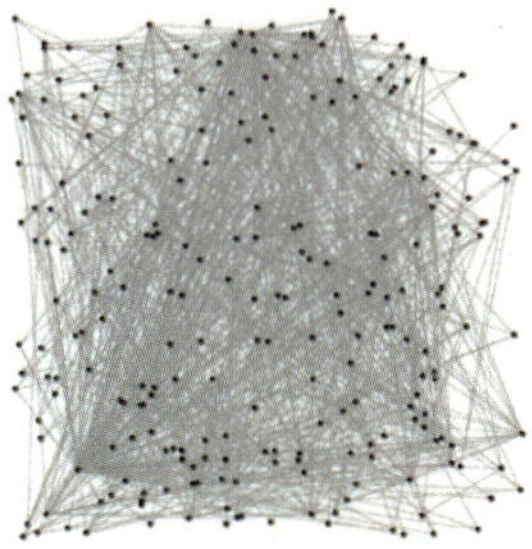

Random Layout

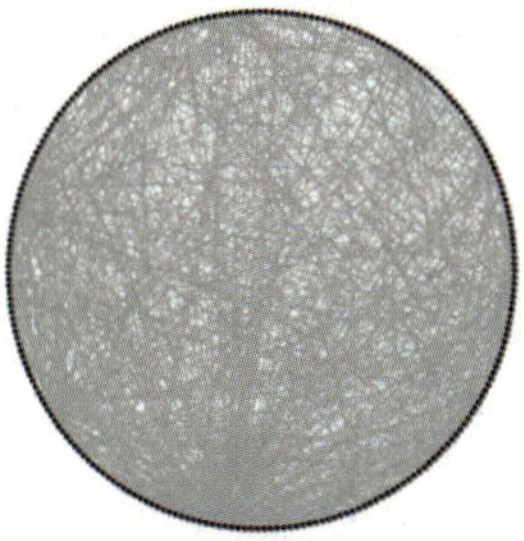

Circular Layout

Geospatial Layout

기본 창의 우측 하단에서 input 데이터의 통계 정보를 확인할 수 있다. 네트워크와 관련된 자세한 수치는 Data Laboratory Tab에서 확인할 수 있다.

이 외에 Appearance 탭에서 노드 크기/색깔 그리고 레이블의 크기/색깔을 설정할 수 있다. 좌측 하단의 SVF, PDF, PNG를 선택해 파일을 그림으로 저장할 수 있다.

실제 예시를 통해 Gephi의 활용 방법을 살펴보자. 샘플 데이터는 뉴스 데이터를 웹 스크레이핑하여 수집한 후 동시 출현 분석을 수행한 graphml 파일이다.

데이터를 불러오면 초기 화면은 다음과 같다.

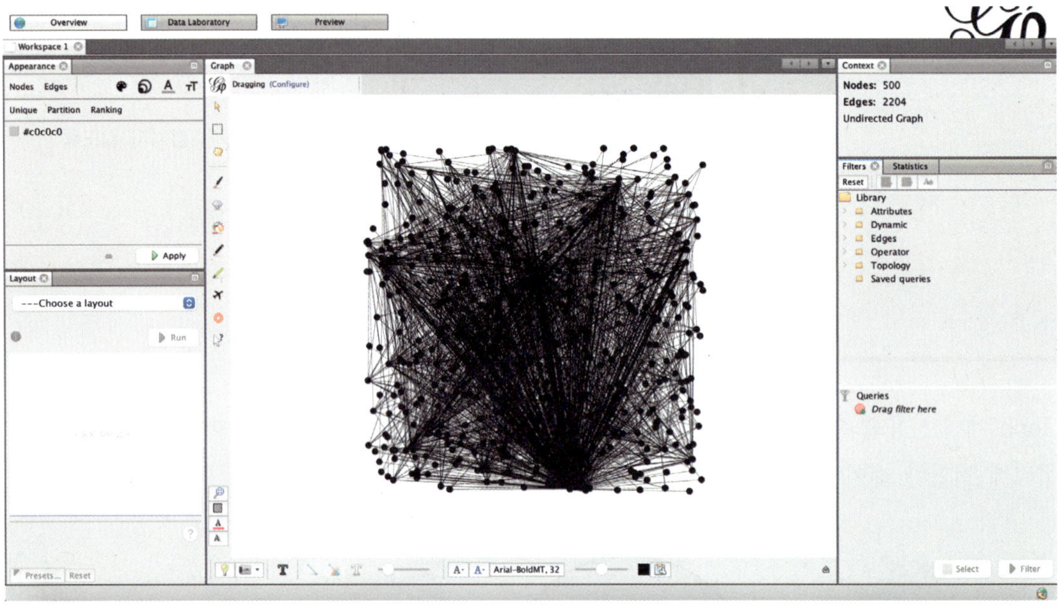


이 원본 그래프를 통해서는 인사이트를 얻는 것이 용이하지 않다. 가독성을 높이기 위해 Gephi의 기능을 활용하도록 한다. 우선 네트워크에 포함된 노드의 수를 중요 노드들만 볼 수 있도록 조금 줄인다. 이를 위해 우측의 필터 기능을 사용한다.

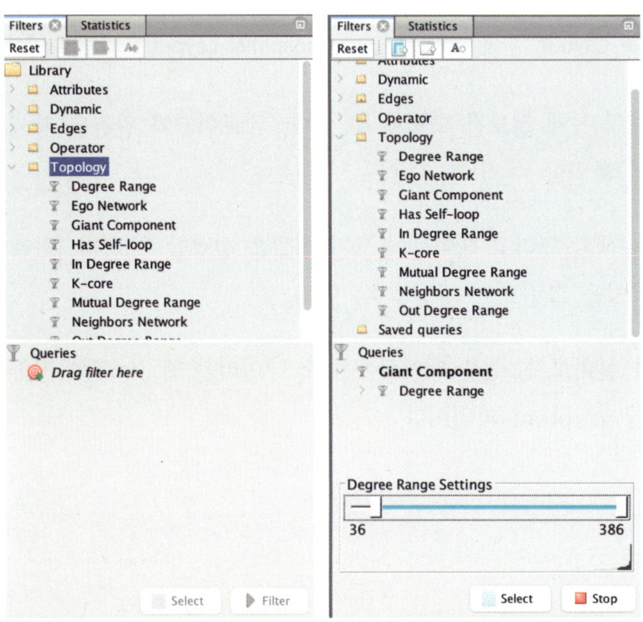

Topology의 Giant Component를 Queries로 드래그한 후, Degree Range를 Giant Component의 sub filter로 드래그한 뒤, Degree Range Settings를 조정하여 중심성이 높은 노드들만 남긴 시각화 결과를 얻을 수 있다. 시각화 결과는 다음과 같다.

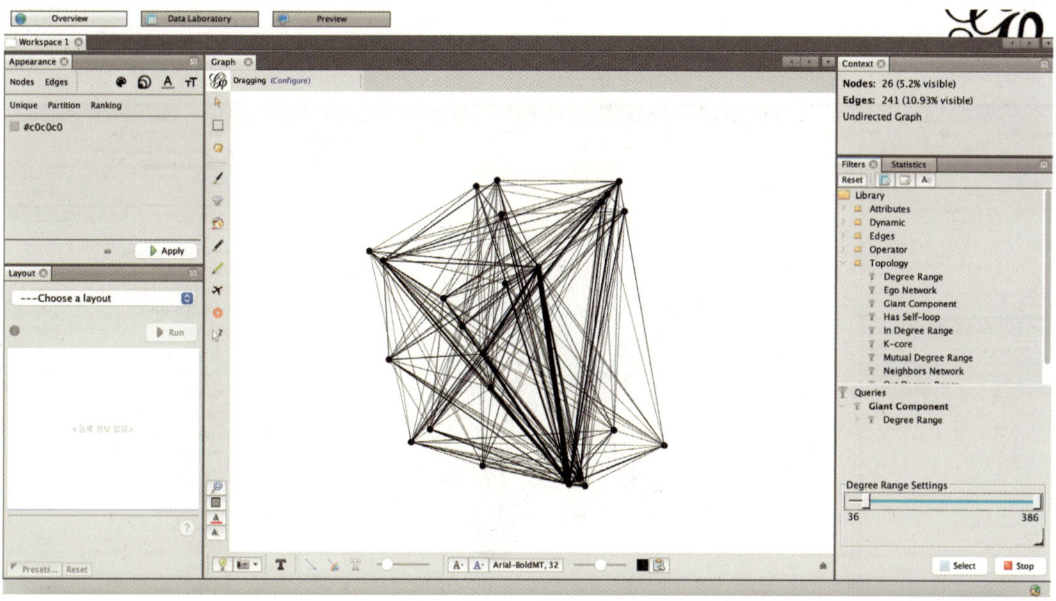


처음보다 노드의 수가 훨씬 줄어들었지만, 여전히 이 자체로 얻을 수 있는 정보는 제한적이다. 단어의 발생 빈도를 노드에 반영시키고, 노드끼리 겹치지 않도록 조정을 해보겠다.

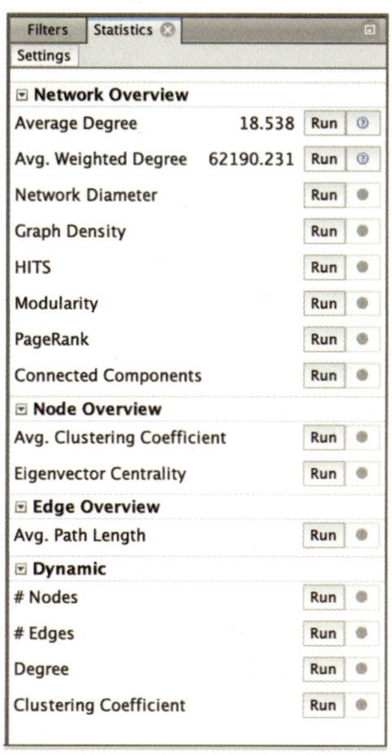


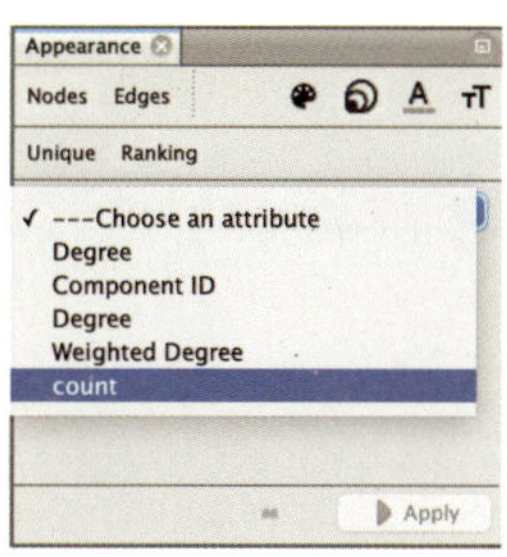

노드의 크기에 반영하길 원하는 통계 정보를 분석하기 위해 우측의 Statistics tab을 활용한다. 해당 네트워크에 Degree centrality 분석을 수행한 결과는 위와 같다. 또한, 우측 상단의 Appearance 탭에서 노드를 선택하고, 우측 상단 아이콘 중 팔레트 옆에 있는 원형 아이콘을 선택해 노드 크기를 조정할 수 있다. 본 예시에서는 노드의 크기에 count를 통한 발생 빈도를 반영하자.

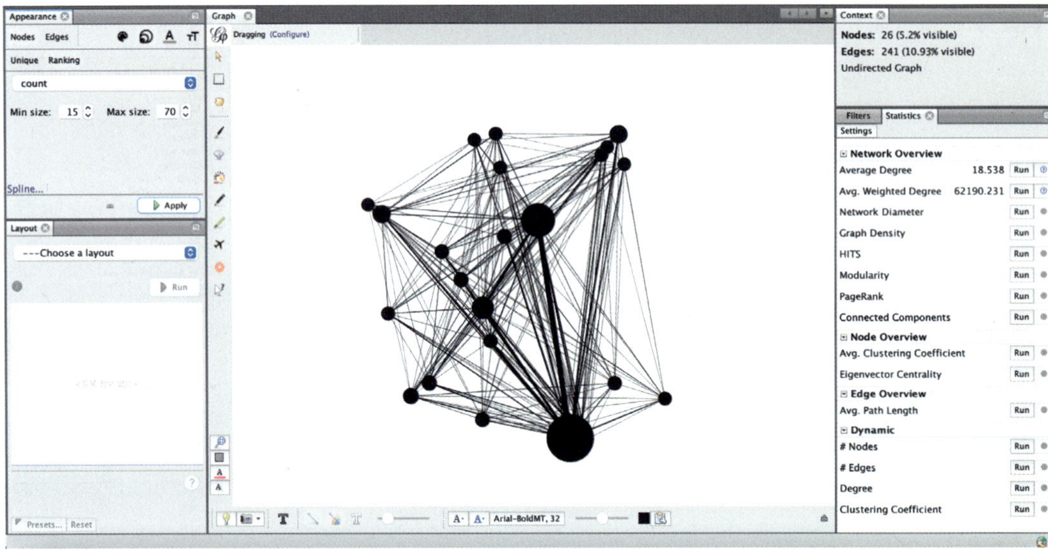

발생 빈도를 반영한 네트워크 시각화 결과는 다음과 같다. 이제 노드에 중심성 정보를 반영해 색을 부여하자.

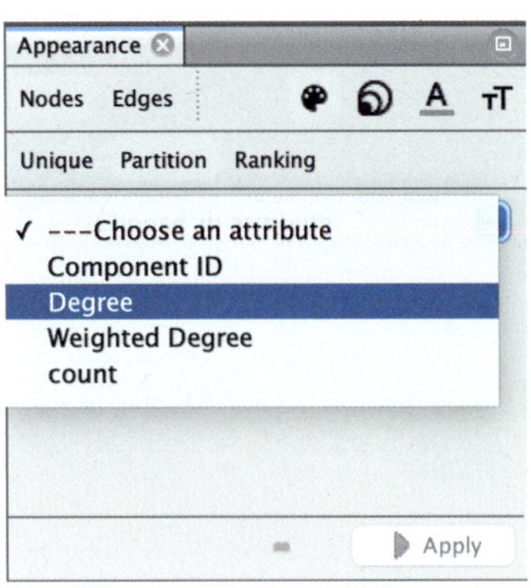

우측 상단의 Appearance에서 노드를 선택한 후, 팔레트 아이콘을 선택한 후, Partition을 선택해 Degree 정보를 Apply하면 다음과 같다.

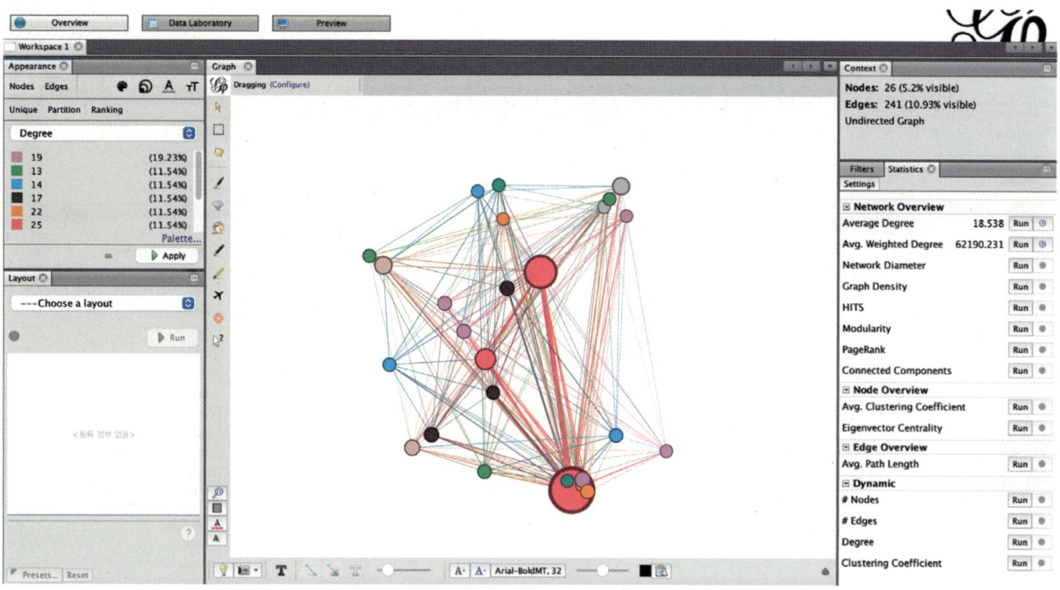


노드가 겹치지 않도록 하기 위해 좌측 하단의 레이아웃 탭을 활용한다.

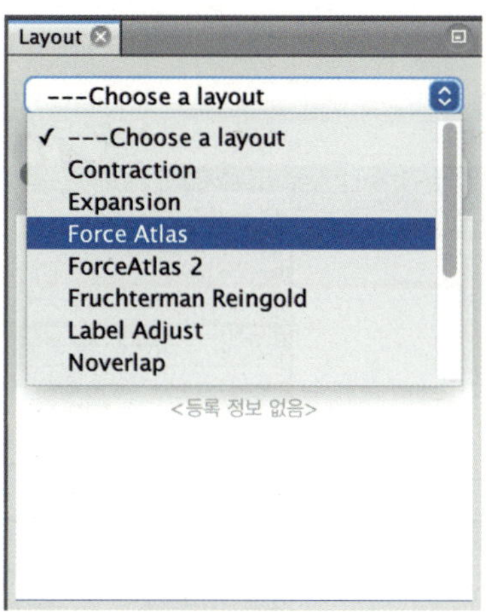


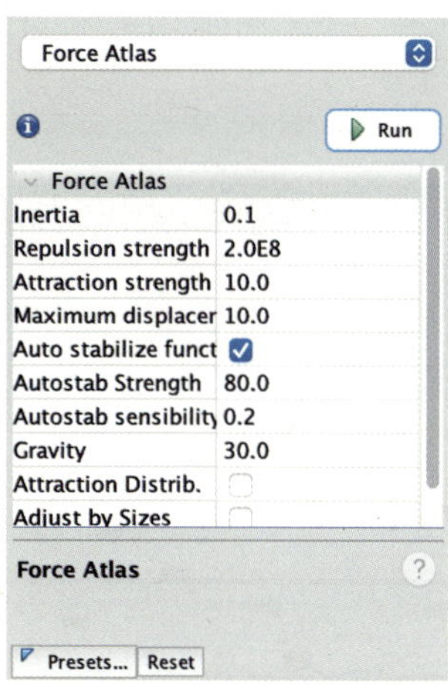

데이터 유형에 따라 Repulsion strength를 조절하도록 한다. 레이아웃 적용 후에도 겹치는 부분이 있다면 Nonoverlap 레이아웃을 추가적으로 조절하거나 개별 노드를 이동시키는 방법을 고려할 수 있다. 레이아웃 적용 후 네트워크 모습은 다음과 같다.

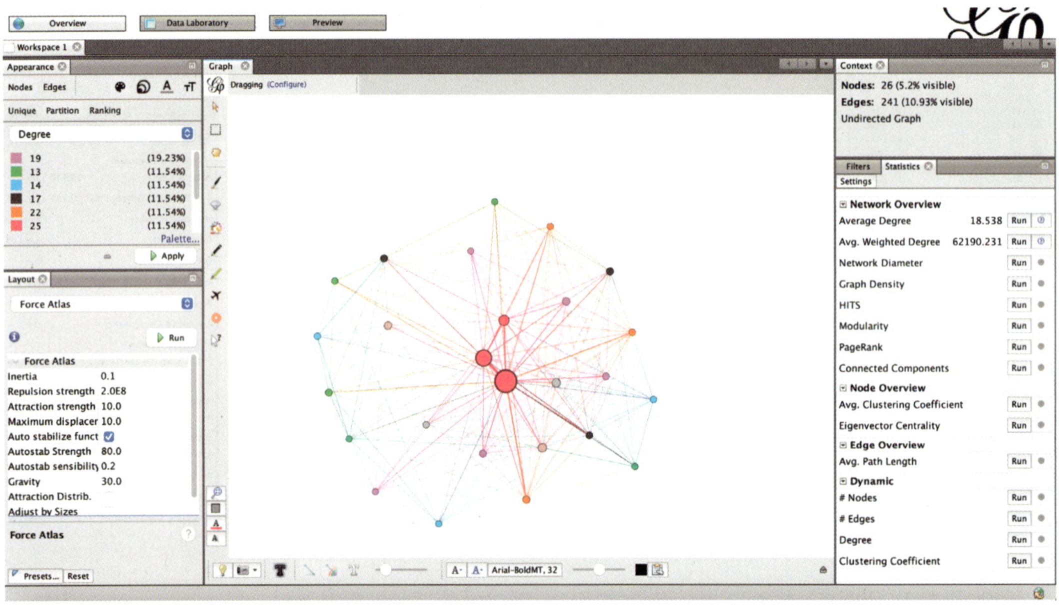


이제 각 노드의 id가 보이도록 해보자. 이를 위해 가운데 하단의 T 아이콘을 클릭한다.

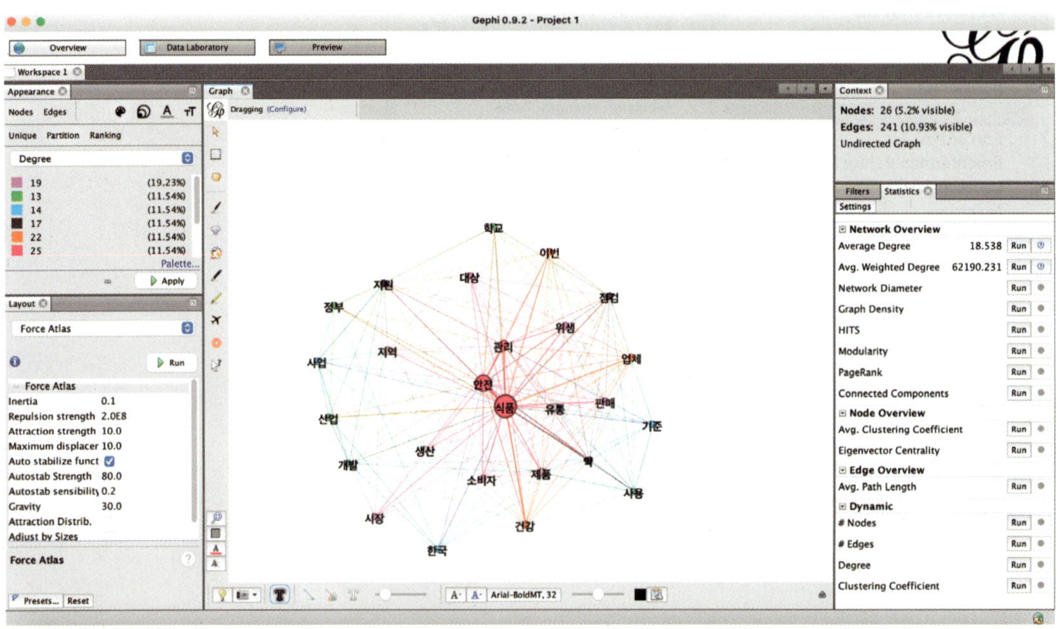

T 아이콘을 클릭한 후, 폰트 종류와 크기 또한 조절할 수 있다. 시각화는 위와 같이 완성이 되었지만, 시각화 파일을 저장하기 위해서는 좌측 상단의 Preview로 가야 한다.

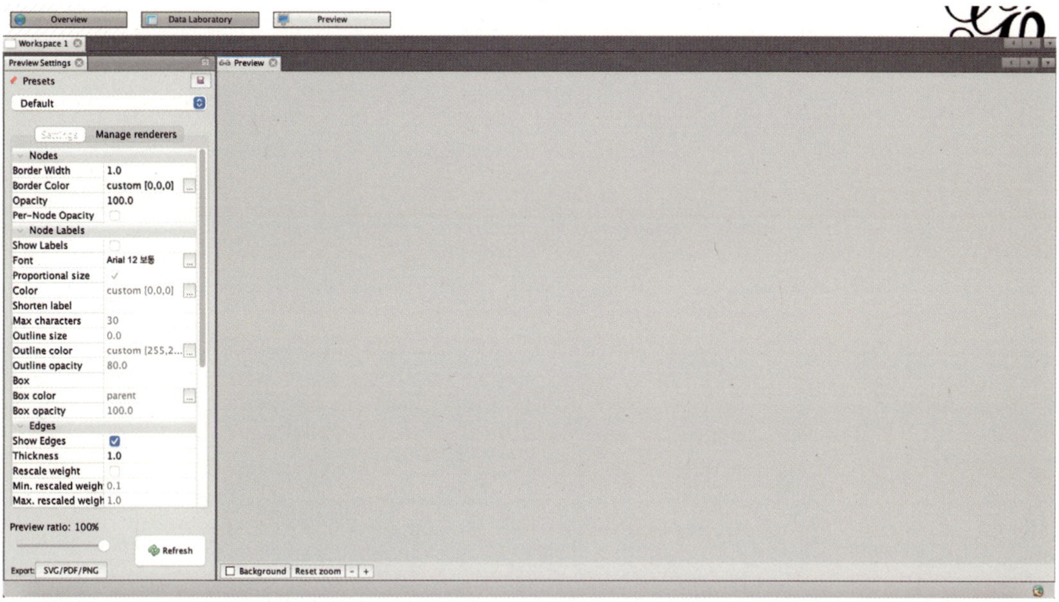


프리뷰 탭을 클릭한 첫 화면은 다음과 같다. 여기서 좌측 Settings를 통해 원하는 시각화 방식을 설정하고 Refresh를 클릭하면 Export될 시각화 파일을 확인할 수 있다.

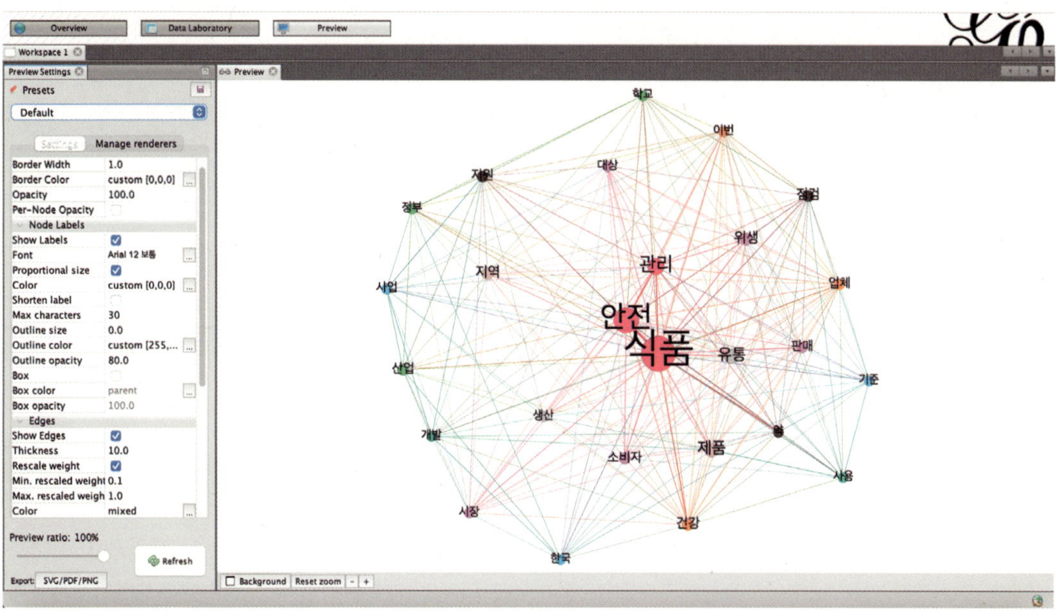

Preview를 통해 확인했을 때 수정하고 싶은 부분이 있다면 다시 Overview로 가서 수정한 후, Preview에서 Refresh를 적용해야 한다는 사실에 주의하자. 시각화가 원하는 대로 진행이 되었다면 좌측 하단의 Export를 통해 원하는 파일 형식으로 해당 시각화 결과를 저장할 수 있다.

인공지능 기반 자연어 처리
Artificial intelligence-based natural language processing

CHAPTER

06

# 클러스터링

1. 벡터 공간 모델
2. 유사도 계산 방법론
3. 군집 분석 방법: K-Means

CHAPTER 06

# 클러스터링

벡터 공간 모델은 텍스트 문서와 색인어와 같은 식별자들을 벡터로 나타내는 대수적인 모델이다. 문서는 벡터로 표현되며, 각각의 차원은 개별 단어에 대응된다. 만약 문서 내에 특정 단어가 포함되어 있다면 벡터 내에서 해당 차원은 0이 아닌 값을 가지게 된다.

## 1 벡터 공간 모델

벡터 공간 모델을 표현하는 방법 중 하나는 one-hot representation이다. (row, column)이 (문서, 단어)로, 이에 해당하는 값은 단어의 중요도 혹은 빈도수를 의미한다. 아래의 예시 표를 보자.

**표 6-1** Doc 1, 2, 3 …에서 0, 1, 2 … 단어가 등장한 빈도

| | 0 | 1 | 2 | 3 | 4 | 5 |
|---|---|---|---|---|---|---|
| Doc 1 | 3 | 2 | 5 | 0 | 0 | 0 |
| Doc 2 | 0 | 0 | 0 | 3 | 5 | 5 |
| … | … | … | … | … | … | … |

Column 개수 M은 문서 전체에서 등장한 단어 종류로 매우 크다. 반면, 한 문서에 등장하는 단어의 개수는 적기 때문에 대부분의 값이 0이다. 문서에 등장한 단어를 쉽게 확인할 수 있어 해석이 쉽지만, 모든 단어가 다른 단어로 취급되기에 단어 간 유사성을 표현하기가 어렵다.

벡터 공간 모델을 응용한 예로 문서 벡터를 들 수 있다. 검색의 대상이 되는 문서 $D_1, D_2, D_3, \cdots$ 등에 대해 문서 집합 전체 m개의 색인어인 $w_1, w_2, w_3, \cdots$가 있을 때 $d_{ij}$는 $w_i$의 문서 $d_j$에서의 가중치로 표현될 수 있고 문서 집합 전체는 m*n 행렬 D로 표현할 수 있다.

단어/문서를 d차원의 벡터로 표현하는 대표적인 기법은 Word2Vec이다. 각 차원이 특별한 의미를 지니지는 않으며 벡터 공간은 단어의 의미적 유사성을 반영한다. 벡터가 비슷한 단어/문서는 의미가 비슷하고 비슷함의 정의는 알고리즘마다 다르다. 각 벡터는 '의미 공간'에서의 좌표 값 역

할을 한다.

아래 그림은 단어 의미 공간의 예시이다.

**그림 6-1 | 단어 의미 공간**

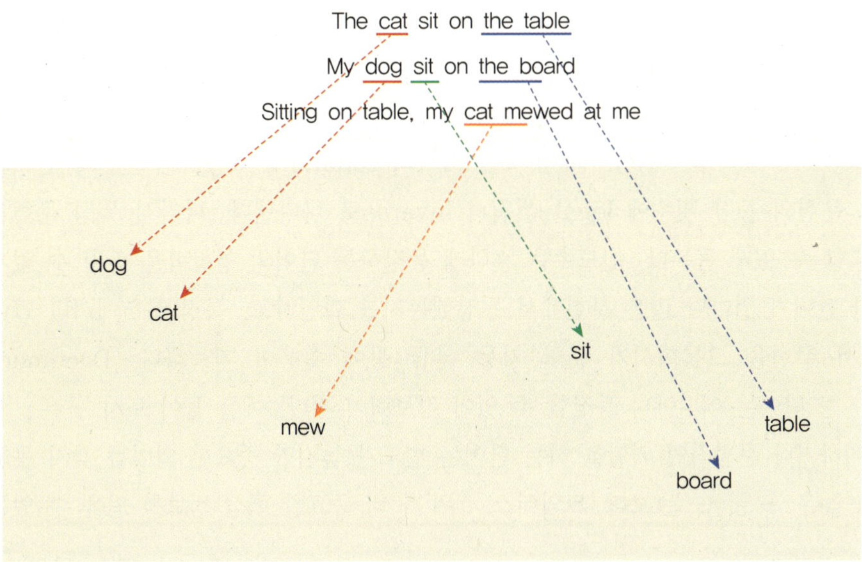


단, 벡터 공간 모델은 몇 가지의 한계점을 가진다. 긴 문서들은 유사도 값이 작기 때문에 제대로 표현되지 않으며 비슷한 의미를 갖고 있는 문서들일지라도 사용된 단어가 다르면 연관성을 갖지 못한다. 또한 벡터 공간 표현에서는 단어들이 나타나는 순서가 무시되기 때문에 문맥 정보를 파악할 수 없다.

벡터화를 위해 문헌*단어 행렬 생성이 필요하며 이는 다양한 방법을 통해 수행할 수 있다. 문헌집단의 수를 처리하는데 필요한 메모리보다 코드를 실행하는 컴퓨터의 메모리 용량이 작을 때는 문헌*단어 행렬을 생성할 수 없다.

단어를 벡터로 표현할 때 단어에 가중치를 주어야 한다. 이는 단순 빈도에 의존한 단어의 중요도를 분석하는데 단점들을 보완하고자 초기 정보검색론에서 제안되었다(Salton and Buckley, 1988)[1]. 단어 가중치는 텍스트 분류처럼 정보검색과 지도 학습에서 널리 사용된다. 기본적으로 단어 가중치 기법은 "문헌에서 자주 나타나는 단어는 문헌이 무엇에 관한 내용인지를 기술하고, 문헌의 유용한 용어 집단을 다른 용어들과 차별적으로 나타낼 수 있다"고 가정한다. 여기서 단어는 하나의 단어

1) Salton, G., & Buckley, C. (1988). Term-weighting approaches in automatic text retrival. Information processing & management, 24(5), 513-523.

이거나 키워드, 혹은 더 긴 구가 될 수 있다. 만약 단어가 단일어로 선택된다면 벡터의 차원 수는 단어집 내의 단어들의 개수가 된다. 단어의 중요도는 정의하기 나름이다. Term frequency vector은 문서 i에서의 단어 j의 중요도를 단어의 빈도수로 표현할 수 있다. TF 또는 TF*IDF가 이용되기도 한다. Zipf의 법칙을 사용하기도 하는데 불용어와 같은 기능어로 용어 분포에 따라 문헌들 사이에서 우세하게 쓰인다. 이때 단일어 카운팅은 별로 유용하지 않은 단점이 있다.

다음으로는 단어 가중치 기법 중 가장 일반적으로 알려진 알고리즘인 TF*IDF에 대해 알아보자.

TF*IDF(Term Frequency*Inverse Document Frequency)는 각각의 column에 해당하는 문헌과 단어의 빈도수를 채우고 문헌의 등장 횟수에 log를 씌워서 inverse로 나타낸다. 따라서 특정 문헌을 다른 문헌과 분별할 수 있게 돕는다. 빈도수는 흔하게 등장하는 단어의 영향력을 줄일 수 없지만 TF*IDF로 한 단어가 얼마나 많은 문헌에서 등장했는지를 확인하고, 특정 문헌에서만 단어가 나타나게 해서 문헌을 그룹화시켜 문헌 자동 분류 등에 활용이 가능하다. Document Frequency(DF)가 큰 단어는 어디에나 등장할 수 있어 정보력이 적다. 예를 들어 조사 '-은', '-는'과 같이 무의미하거나 문법적인 역할을 하는 단어는 빈도가 높지만 중요한 의미를 갖지 못한다. 아래는 DF가 높은 '-은, - 는'보다 '트와이스, 1위'가 더 중요한 핵심 정보를 얻을 수 있는 것을 보여준다.

**▎표 6-2 ▎Document Frequency와 비례하지 않는 Word의 중요성**

| Word | Document Frequency |
|---|---|
| 1위 | 50 |
| 트와이스 | 500 |
| 노래 | 1000 |
| -은, -는 | 10,000 |

**▎표 6-3 ▎TF*IDF의 중요성**

| | 이번 | 트와이스 | 의 | 는 | TT | 1위 | 노래 | 음악중심 | 빅뱅 |
|---|---|---|---|---|---|---|---|---|---|
| Doc 1 | 5 | 12 | 8 | 15 | 8 | 3 | 3 | 2 | 0 |
| Doc 2 | 1 | 0 | 7 | 8 | 0 | 4 | 1 | 0 | 8 |
| Doc 3 | 2 | 1 | 5 | 7 | 1 | 1 | 0 | 2 | 4 |

| | 이번 | 트와이스 | 의 | 는 | TT | 1위 | 노래 | 음악중심 | 빅뱅 |
|---|---|---|---|---|---|---|---|---|---|
| Doc 1 | 0.3 | 2.5 | 0.2 | 0.1 | 3.2 | 3.6 | 0.3 | 0.8 | 0 |
| Doc 2 | 0.06 | 0 | 0.175 | 0.57 | 0 | 4.8 | 1 | 0 | 3.3 |
| Doc 3 | 0.12 | 0.08 | 0.125 | 0.48 | 0.4 | 1.2 | 0 | 0.8 | 1.65 |

특정 문서 내에서 단어의 빈도가 높고 전체 문서들에서 그 단어를 포함한 문서가 적을수록 TF*IDF값이 높아지는 특징이 있다. '트와이스'와 '1위'가 전체 문서 집합 전체에서 흔하게 등장하지 않고, 특정 문서에서 자주 나오는 단어라고 가정할 때 TF*IDF값이 높다고 볼 수 있을 것이다. 이 값을 이용하여 모든 문서에 나타나는 흔한 단어들을 걸러내며 특정 단어가 가지는 중요도를 측정하는데 사용할 수 있다.

TF*IDF와 관련된 식은 아래와 같다.

$$TF*IDF = TF_{i,j}*\log\left(\frac{N}{Df_i}\right)$$

*TF*는 한 문헌 내에서 특정 단어가 출현한 빈도수이고,
*IDF*는 역문헌 빈도로 해당 단어의 일반적인 중요도를 나타낸다.

전체 문헌의 수를 해당 단어를 포함한 문헌의 수로 나눈 후 로그를 취해서 얻는다. TF는 문헌의 길이가 길면 해당 단어의 실제 중요도와는 상관없이 단어의 빈도수는 증가될 확률이 높다.

이와 같은 vector representation은 많은 머신러닝 알고리즘이 벡터 공간에서 작동하도록 설계되고, 텍스트 데이터를 알고리즘이 인식할 수 있는 벡터 형태로 변환한다는 점에서 아주 중요하다. 'one hot/distributed' 혹은 'sparse/dense' 역시 벡터로 단어/문헌을 기술하는 표현 방법이다.

파이썬에서 머신러닝 분석을 할 때 유용하게 사용될 수 있는 라이브러리인 SKlearn[2)]을 활용하면 지도 학습 및 비지도 학습 모듈, 모델 선택 및 평가 모듈, 데이터 변환 및 데이터 불러오기 모듈, 계산 성능 향상을 위한 모듈을 사용할 수 있다. count vectorization로 단어들을 카운트하여 여러 문서들을 벡터화할 수도 있으며 카운트 행렬과 단어 문서 행렬은 단어를 소문자로 변환시켜 'Me'와 'me'라는 단어가 같은 형태를 띠게 할 수도 있다. 이러한 vectorization을 통해 clustering과 classification이 가능해진다.

Document clustering은 문헌*단어 행렬이 이루어진 뒤 할 수 있는 가장 기본적인 기법 중 하나이다. 군집화는 유사한 특성의 데이터를 하나의 집합으로 그룹화한 것이다. 클러스터링은 텍스트 마이닝과 정보검색에서 광범위하게 사용된다. 초기에는 재현율과 정확률을 높이기 위한 방식으로 쓰였고 최근에는 문서들의 집합과 사용자의 쿼리에 대한 결과를 리턴하는 일에 많이 사용된다. 벡터 공간 모델을 사용하여 클러스터링 알고리즘을 많이 활용하고 단어의 빈도에 따라 가중치를 주어서 유사도를 측정해 중심을 설정한다.

**2)** https://scikit-learn.org/stable/

[표 6-4]는 리뷰가 비슷한 영화들의 군집화 결과이다.

**▌표 6-4▐ 리뷰 기준의 군집화**

| cluster #5 | cluster #2 | cluster #1 | cluster #4 |
|---|---|---|---|
| 다크 나이트 라이즈 | 해무 | 인터스텔라 | 응답하라 1998 |
| 배트맨 대 슈퍼맨: 저스티스의 시작 | 베를린 | 미스터 고 | 인턴 |
| 메이즈 러너: 스코치 트라이얼 | 내가 살인범이다 | 다크 나이트 | 님아, 그 강을 건너지 마오 |
| 캡틴 아메리카: 시빌 워 | 신세계 | 영웅: 샐러멘더의 비밀 | 카트 |
| 빅 히어로 | 곡성(哭聲) | 인셉션 | 인사이드 아웃 |
| 인디펜던스 데이: 리써전스 | 검은 사제들 | 트랜스포머 3 | 형 |
| 제이슨 본 | 악마를 보았다 | 배틀쉽 | 비긴 어게인 |
| 쥬라기 월드 | 용의자 | 스카이라인 | 두근두근 내 인생 |
| 엑스맨: 데이즈 오브 퓨처 패스트 | 감기 | 2012 | 라라랜드 |
| 워크래프트: 전쟁의 서막 | 감시자들 | 그래비티 | 반창꼬 |

[표 6-4]와 같은 고차원 벡터를 2차원으로 압축하여 벡터 공간을 설명할 수 있다. 리뷰 기반 영화의 군집화 결과를 시각화하면 아래와 같다.

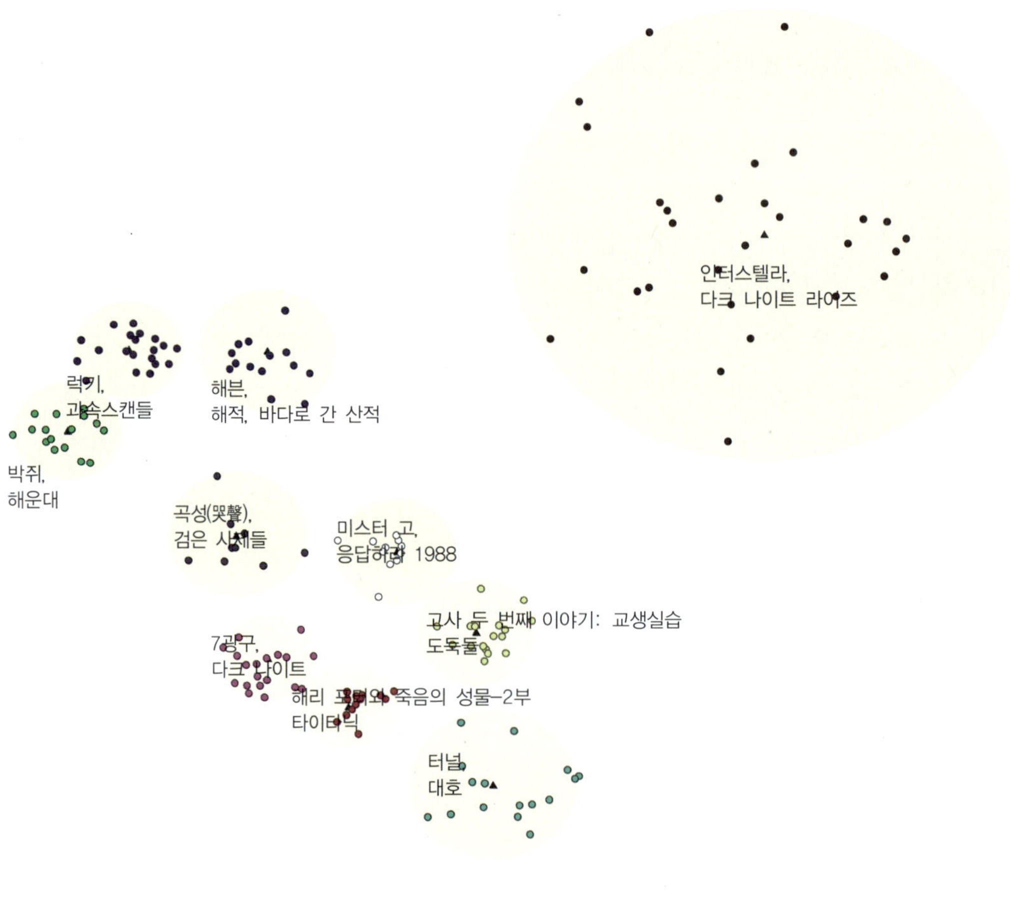

## 2 유사도 계산 방법론

클러스터링을 수행할 때 벡터 공간에서의 거리 척도로 Euclidean, Cosine, Manhattan 등이 이용된다. 군집 분석의 핵심이 유사도와 비유사도를 사용하는 것이기 때문이다. 데이터 형태와 분석 목표에 따라 다양한 거리 척도가 사용될 수 있다. Euclidean distance와 Manhattan distance는 Minkowski distance를 기반으로 하며 numeric attribute에 사용된다. 또한, Euclidean distance는 벡터의 크기(문서의 길이)에 영향을 받는다. 아래의 예시에서 Doc 1은 3단어, Doc 2는 4단어, Doc 3는 7단어가 있어 문서마다 단어의 개수가 다르므로 방향이 비슷해도 Doc 1과 Doc 3의 거리는 멀어진다.

**▌표 6-5▐ Euclidean Clustering**

| | Term 1 | Term 2 | Term 3 | Term 4 | Term 5 |
|---|---|---|---|---|---|
| Doc 1 | 1 | 1 | 1 | | |
| Doc 2 | | | 2 | 1 | 1 |
| Doc 3 | 2 | 2 | 2 | | 1 |

Cosine 유사도에 대한 식은 다음과 같다.

$$\cos(u, v) = \frac{u*v}{|v|_2*|u|_2} = \frac{u_1*v_1+\cdots+u_p*v_p}{\sqrt{v_1^2+\cdots+v_p^2}\sqrt{u_1^2+\cdots+u_p^2}}$$

$$\cos((3, 0, 2), (1, 2, 0)) = \frac{3*1+0*2+2*0}{\sqrt{3^2+2^2}*\sqrt{1^2+2^2}} = \frac{3}{\sqrt{13*5}}$$

Cosine 거리는 1−Cosine 유사도로 파악 가능하다. 이를 수식으로 표현하면 다음과 같다.

$$1-\frac{u*v}{|v|_2*|u|_2}$$

Euclidean distance와 Manhattan distance의 기반이 되는 Minkowski distance를 표현한 수식은 다음과 같다.

$$dist(x_i, x_j) = \left((x_{i1}-x_{j1})^h+(x_{i2}-x_{j2})^h+\cdots+(x_{ir}-x_{jr})^h\right)^{\frac{1}{h}}$$

Euclidean distance의 수식 표현을 살펴보면 Minkowski distance에서 h가 2인 경우가 Euclidean distance다. $dist(x_i, m_j)$는 데이터 포인트 $x_i$와 centroid $m_j$ 간의 거리를 의미한

다. Euclidiean space에서 $m_j$는 다음과 같이 계산된다.

$$m_j = \frac{1}{|c_j|} \sum_{x_i \in C_j} x_i$$

수식에서 $|C_j|$는 $j$번째 군집에 속하는 데이터 포인트 수를, $m_j$는 군집 $C_j$의 평균을 의미한다.

아래 수식 $dist(x, m_j)$는 데이터 포인트 $x$와 centroid $m_j$ 간의 거리를 의미한다.

$$dist(x_i, m_j) = \| x_i - m_j \| = \sqrt{(x_{i1} - m_{j1})^2 + (x_{i2} - m_{j2})^2 + \cdots + (x_{ir} - m_{jr})^2}$$

Binary(이항) attribute에 대한 거리 척도로는 Confusion matrix를 이용한다. Confusion matrix의 예시는 다음과 같다. 벡터 $x_i$와 $x_j$를 각각 $i$번째, $j$번째 데이터 포인트라고 하자.

| | | Data point $j$ | | |
|---|---|---|---|---|
| | | 1 | 0 | |
| Data point $i$ | 1 | $a$ | $b$ | $a+b$ |
| | 0 | $c$ | $d$ | $c+d$ |
| | | $a+c$ | $b+d$ | $a+b+c+d$ |

$a$는 두 데이터 포인트 모두에게 1의 값을 갖는 attribute의 수를,
$b$는 $x_{if}(x_{if})$가 데이터 포인트 $x_i(x_j)$의 $f$번째 attribute 값이라고 했을 때 $x_{if}$=1이고 $x_{jf}$=0인 attribute의 수를,
$c$는 $x_{if}$=0이고 $x_{if}$=1인 attribute의 수를,
$d$는 두 데이터 포인트 모두에게 0의 값을 갖는 attribute의 수를 의미한다.

텍스트 문서에서 사용되는 거리 척도에 대해서 살펴보자. 텍스트 문서는 연속되는 문장들로 구성이 되어 있고, 각 문장은 연속되는 단어들로 이루어져 있다. 문서를 bag of words라고 생각하면 단어의 순서나 위치에 대한 정보는 고려되지 않는다. 이러한 문서는 다른 데이터들과 마찬가지로 벡터로 표현될 수 있게 된다. 이 과정에서 문서들 간의 거리보다는 유사도를 생각하는 것이 일반적이다. 이러한 이유로 bag of words model에는 Euclidean보다 Cosine이 적절한 거리 척도이다. 두 문서에 공통으로 등장한 단어에 대해서만 유사성을 판단하고 Cosine은 문서 길이(벡터의 크기)에 영향을 받지 않기 때문이다. Sparse representation에서는 벡터의 방향이 가장 중요하다.

$$Sim(D_1, D_2) = \frac{\sum_I X_{1I} X_{2I}}{\sqrt{\sum_J X_J^2} \sqrt{\sum_K X_K^2}}$$

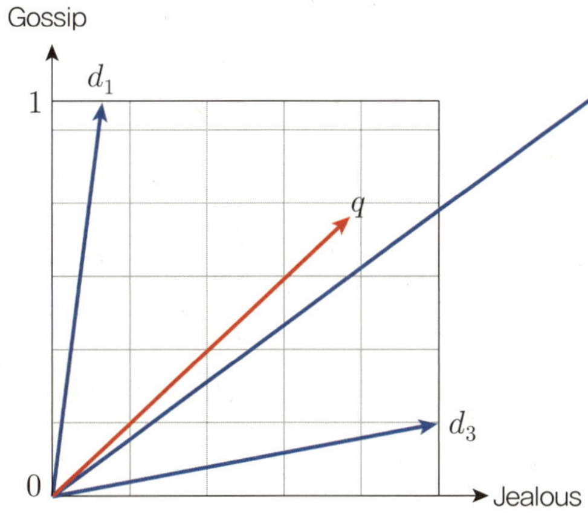


Document distance와 similarity를 계산할 때에도 Cosine이 적합하며 문서 표현에 distributed representation을 이용하더라도 벡터 방향이 가장 중요하고 logistic regression, neural network 등의 머신러닝 알고리즘도 벡터 방향의 영향을 많이 받는다.

문헌*단어 행렬 생성 예제를 살펴보자. SKlearn의 vectorization을 활용해서 살펴볼 수 있으며 vectorize case 1과 2의 코드가 있다. Count vectorize와 TF*IDF(Term Frequency*Inverse Document Frequency) 등은 fit_transform 함수로 2차원 집단을 넣고, array of array로 문헌집단 내 문헌 벡터를 넣어 각각에 존재하는 단어를 column으로 문헌을 row로 하는 행렬을 만든다.

이후에 vectorization 단계에서 document classification 방법인 Naïve Bayes,[3] Random Forest(decisiontree),[4] Linear Support Vector Machine,[5] Logistic Regression[6] 등의 머신러닝 기법을 활용할 것이다. Naïve Bayes는 지도 학습 방법 중 하나이며 feature들의 independency와 equality를 전제로 한다. Random Forest는 앙상블 학습 기법 중 하나이며 다수의 의사결정나무를 형성해 분류와 회귀 분석 등의 작업을 수행하는 모델이다. Linear

---

**3)** Rish, I. (2001, August). An empirical study of the naive Bayes classifier. In *IJCAI 2001 workshop on empirical methods in artificial intelligence* (Vol. 3, No. 22, pp. 41–46).

**4)** Breiman, L. Random Forests(2001). *Machine Learning* 45, 5–32.

**5)** Boser, B. E., Guyon, I. M., & Vapnik, V. N. (1992, July). A training algorithm for optimal margin classifiers. In *Proceedings of the fifth annual workshop on Computational learning theory* (pp. 144–152).

**6)** Pregibon, D. (1981). Logistic regression diagnostics. *The Annals of Statistics*, 9(4), 705–724; Hosmer Jr, D. W., Lemeshow, S., & Sturdivant, R. X. (2013). *Applied logistic regression* (Vol. 398). John Wiley & Sons.

Support Vector Machine은 선이나 초평면을 형성해 데이터들을 class로 분류하는 방법이다. 로지스틱 회귀 분석은 종속변수가 범주형 자료인 경우 사용되며, 회귀 분석을 활용해 각 변수가 더 적합한 카테고리에 속할 수 있도록 분류를 수행한다.

SKlearn에서 관련 클래스를 만들어놓은 것을 활용해서 코드를 살펴보자.

testDocTermMatrix.py코드는 다음과 같다.

```
import sklearn
from sklearn.feature_extraction.text import CountVectorizer, TfidfVectorizer
import treform as ptm
import nltk
import string
from collections import defaultdict

def vectorizeCaseZero():
    documents = [
                'This is the first document.',
                'This document is the second document.',
                'And this is the third one.',
                'Is this the first document?',
               ]

    stem = nltk.stem.SnowballStemmer('english')

    def tokenize(text):
        stem = nltk.stem.SnowballStemmer('english')
        text = text.lower()

        for token in nltk.word_tokenize(text):
            if token in string.punctuation: continue
            yield stem.stem(token)

    def vectorize(doc):
        features = defaultdict(int)
        for token in tokenize(doc):
            features[token] += 1
        return features

    vectors = map(vectorize, documents)

    for doc in vectors:
        for word in doc:
            print(str(word) + ' ' + str(doc[word]))
        print('------------------')

def vectorizeCaseOne():
```

```
    documents = [
                 'This is the first document.',
                 'This document is the second document.',
                 'And this is the third one.',
                 'Is this the first document?',
                ]

    vectorizer = CountVectorizer()
    X = vectorizer.fit_transform(documents)
    print(vectorizer.get_feature_names())
    print(X.toarray())

    vectorizer = TfidfVectorizer()
    X = vectorizer.fit_transform(documents)
    print(vectorizer.get_feature_names())
    print(X.toarray())

def vectorizeCaseTwo():
    corpus = ptm.CorpusFromFieldDelimitedFile('../sample_data/donald.txt',2)

    pipeline = ptm.Pipeline(ptm.splitter.NLTK(),
                            ptm.tokenizer.Komoran(),
                            ptm.helper.POSFilter('NN*'),
                            ptm.helper.SelectWordOnly(),
                            ptm.ngram.NGramTokenizer(2, 2),
                            ptm.helper.StopwordFilter(file='../stopwords/stopwordsKor.txt')
                            )
    result = pipeline.processCorpus(corpus)
    print(result)
    print()

    print('==  ==')

    documents = []
    for doc in result:
        document = ''
        for sent in doc:
            document += " ".join(sent)
        documents.append(document)

    vectorizer = CountVectorizer()
    X = vectorizer.fit_transform(documents)
    print(vectorizer.get_feature_names())
    print(X.shape)

    print(X.toarray())

    vectorizer = TfidfVectorizer()
    X = vectorizer.fit_transform(documents)
```

```
    print(vectorizer.get_feature_names())
    print(len(vectorizer.get_feature_names()))
    print(X.toarray())

vectorizeCaseZero()

#vectorizeCaseOne()

#vectorizeCaseTwo()
```

vectorizeCaseZero의 결과값은 아래와 같다.

```
this 1
is 1
the 1
first 1
document 1
------------------
this 1
document 2
is 1
the 1
second 1
------------------
and 1
this 1
is 1
the 1
third 1
one 1
------------------
is 1
this 1
the 1
first 1
document 1
```

```
------------------

Process finished with exit code 0
```

VectorizeCaseOne과 Two에 대해서 살펴보면 테스트 파일은 전처리하고, 문헌 array를 받을 수 있도록 변환시킨다. 이를 통해 한글 전처리 결과도 볼 수 있으며 한글의 경우에는 bigram으로 하였다. 0이 아닌 빈도수를 활용하는 식의 sparse한 행렬이 나오는데, 160개의 문헌이 있는 Donald.txt의 문헌의 경우가 이렇다면 ngram의 개수를 늘리고 입력이 커질수록 더욱 더 sparse한 매트릭스가 될 것임을 예측할 수 있다.

VectorizeCaseOne에 대한 결과값은 아래와 같다.

```
['and', 'document', 'first', 'is', 'one', 'second', 'the', 'third', 'this']
[[0 1 1 1 0 0 1 0 1]
 [0 2 0 1 0 1 1 0 1]
 [1 0 0 1 1 0 1 1 1]
 [0 1 1 1 0 0 1 0 1]]
['and', 'document', 'first', 'is', 'one', 'second', 'the', 'third', 'this']
[[0.         0.46979139 0.58028582 0.38408524 0.         0.
  0.38408524 0.         0.38408524]
 [0.         0.6876236  0.         0.28108867 0.         0.53864762
  0.28108867 0.         0.28108867]
 [0.51184851 0.         0.         0.26710379 0.51184851 0.
  0.26710379 0.51184851 0.26710379]
 [0.         0.46979139 0.58028582 0.38408524 0.         0.
0.38408524   0.         0.38408524]]
```

CountVectorize를 기반으로 하였을 때 feature를 구하고, 이를 toarray로 바꿔 출력하며, TF*IDF를 기반으로 한 feature와 toarray를 결과값에서 볼 수 있다.

VectorizeCaseTwo에 대한 결과값은 아래와 같다.

```
[[['단독_보조금', '보조금_서울', '서울_미니', '미니_태양광', '태양광_친', '친_협동조합', '협동조합_곳', '곳_절반', '절반_싹쓸이', '싹쓸이_.co', '.co_.kr', '.kr_나중', '나중_핵', '핵_발전', '발전_폐기', '폐기_문재인', '문재인_정부', '정부_최대', '최대_의적', '의적_폐', '폐_4대강', '4대강_사업', '사업_대형', '대형_사건', '사건_산하', '산하_독극물', '독극물_쓰레기', '쓰레기_강산', '강산_때', '때_목숨']],..
```

```
(120, 1648)
[[0 0 0 ... 0 0 0]
 [0 0 0 ... 0 0 0]
 [0 0 0 ... 0 0 0]
 ...
 [0 0 0 ... 0 0 0]
 [0 0 0 ... 0 0 0]
 [0 0 0 ... 0 0 0]]
['10월', '13일_문재인', '365_개인', '365_대통령', '365_아이와', '4대강_사업', '70년_동안', 'a4_용지', 'be', 'be_', 'be_님', 'be_문재인', 'be_북한', 'co', 'co_', 'com', 'com_',
1648
[[0. 0. 0. ... 0. 0. 0.]
 [0. 0. 0. ... 0. 0. 0.]
 [0. 0. 0. ... 0. 0. 0.]
 ...
[0. 0. 0. ... 0. 0. 0.]
 [0. 0. 0. ... 0. 0. 0.]
 [0. 0. 0. ... 0. 0. 0.]]
```

아래의 sample_data를 입력으로 넣고, 본문의 내용만을 선택한 후 형태소 분석, 명사 추출, 단어 선택, bigram 추출 및 불용어 제거를 하고, sent를 documents에 모은 후 CountVectorizer 및 TFidfVectorizer에 맞게 fit_transform을 하고, vectorizer의 get_feature_name을 적용하고, get_feature_name의 길이를 구한 후 이를 toarray로 표현한 것이다.

```
/isaiah1941/status/1050197939170074624 2018-10-11 10:34:35 [단독]보조금 86% 받는 서울 미니태양광 ... 친여 협동조합 3곳이 절반 싹쓸이 http://joongang.co.kr/8imp 냅둬요,나중에 핵발전폐기와함께 문재인정부 최대의적폐로 남을게 분명하니,4대강사업 저리가라는 대형사건이 분명, 산하 다 파헤치고 독극물쓰레기가 온강산을 뒤덮을 때 저들은 죽은 목숨이다 0 1 0 /aaidee/status/10501979158245826562018-10-1110:34:29 왠지 문재인 후보 닮은 연극배우 http://mlbpark.donga.com/mp/b.php?p=1&b=bullpen&id=201704170002100097&select=&query=&user=&site=donga.com&reply=&source=&sig=h6j9Gf-Yg3HRKfX@hljXHl-gjhlq ... "이름이 뭐더라? 연극배우 남경주씨 형이라고 하던데.. 영화 명량에서 도원수 권율 장군 역으로 나왔었죠 나중에 6공 드라마 제작하면 이 분이 문재인 후보 역으로 캐스팅 될 수도 있지않을까 예상해봅니다." pic.twitter.com/YcJuUP1nKu 0 0 0
```

documentclustering.py를 보면 클러스터링을 k-means, agglo, spectral_cocluster로 활용할 수 있음을 확인할 수 있다. 이 중 agglo는 bottomup 형식을 갖추고 있다. Document clustering 클래스를 보면, initial cluster 개수를 5개로 하고, self.k=k 등으로 assign한다. Self.x는 vectorize를 활용한 document-term matrix이다. Vectorizer은 tf-idf나 count 둘 중 하나가 될 수 있다. 이 값들은 초기화되어서 계속 업데이트될 것이다. Agglomerative clustering 이 좀 더 나은 퀄리티를 가진다고 하지만 시간이 걸리고 복잡하다는 단점이 있어서 k-means와 이를 변형한 기법이 효율성에서 좀 더 좋은 결과를 낸다.7)

Documentclustering.py의 코드를 보자.

```
from collections import defaultdict
from sklearn.datasets import fetch_20newsgroups
from sklearn.decomposition import TruncatedSVD
from sklearn.feature_extraction.text import TfidfVectorizer, CountVectorizer
from sklearn.feature_extraction.text import HashingVectorizer
from sklearn.feature_extraction.text import TfidfTransformer
from sklearn.pipeline import make_pipeline
from sklearn.preprocessing import Normalizer
from sklearn import metrics
import matplotlib.pyplot as plt
from sklearn.cluster import KMeans, AgglomerativeClustering, SpectralClustering,
SpectralCoclustering
import sys
from sklearn.decomposition import PCA
from scipy.sparse import csr_matrix
from time import time
import numpy as np
from numpy.linalg import svd
import operator
class DocumentClustering:
    def __init__(self, k=5):
        self.name = 'k-means'
        self.k = k
        self.X = None
        self.clustering = None
        self.vectorizer = None
        self.dataset_size=0
        self.doc2vec_matrix = False
    def make_matrix(self, documents=None, n_components=-1, doc2vec_matrix=None):
        if isinstance(doc2vec_matrix, np.ndarray) == False:
            self.vectorizer = TfidfVectorizer()
            # self.vectorizer = CountVectorizer()
            self.X = self.vectorizer.fit_transform(documents)
            self.dataset_size = len(documents)
        else:
            self.X = doc2vec_matrix
```

7) Steinbach, M., Karypis, G., & Kumar, V. (2000). A comparison of document clustering techniques.

```
            self.dataset_size = len(doc2vec_matrix)
            self.doc2vec_matrix = True
        if (n_components != -1):
            if n_components > len(self.vectorizer.get_feature_names()):
                n_components = len(self.vectorizer.get_feature_names())
            print('n_components ' + str(n_components))
            # Vectorizer results are normalized, which makes KMeans behave as
            # spherical k-means for better results. Since LSA/SVD results are
            # not normalized, we have to redo the normalization.
            print("Performing dimensionality reduction using LSA")
            t0 = time()
            svd = TruncatedSVD(n_components)
            normalizer = Normalizer(copy=False)
            lsa = make_pipeline(svd, normalizer)
            self.X = lsa.fit_transform(self.X)
            print("done in %fs" % (time() - t0))
            explained_variance = svd.explained_variance_ratio_.sum()
            print("Explained variance of the SVD step: {}%".format(
                int(explained_variance * 100)))
            print()
    def cluster(self, cluster_name):
        self.name = cluster_name.strip()
        print('cluster_name ' + self.name)
        if self.name == 'k-means':
            print('cluster_name: ' + self.name)
            self.clustering = KMeans(n_clusters=self.k, init='k-means++', max_iter=500, n_init=1)
            print("Clustering sparse data with %s" % self.clustering)
            t0 = time()
            self.clustering.fit(self.X)
            print("done in %0.3fs" % (time() - t0))
            print()
        elif cluster_name == 'agglo':
            self.clustering = AgglomerativeClustering(n_clusters=self.k, affinity='euclidean', 
memory=None,
                                                      connectivity=None,
                                                      compute_full_tree='auto',
                                                      linkage='ward',
                                                      distance_threshold=None)
            print("Clustering sparse data with %s" % self.clustering)
            t0 = time()
            #to make dense matrix
            if self.doc2vec_matrix == False:
                self.X = self.X.toarray()
            self.clustering.fit(self.X)
            print("done in %0.3fs" % (time() - t0))
            print()
        elif self.name == 'spectral_cocluster':
            self.clustering = SpectralCoclustering(n_clusters=self.k,svd_method='arpack', 
random_state=0)
            print("Clustering sparse data with %s" % self.clustering)
            t0 = time()
```

```
        self.clustering.fit(self.X)
        print("done in %0.3fs" % (time() - t0))
        print()
def print_results(self):
    # print the clustering result
    print(self.name)
    if self.name == 'k-means':
        cluster_labels = self.clustering.labels_
        clustering_dict = self.clustering.__dict__
        clusters = {}
        for document_id, cluster_label in enumerate(cluster_labels):
            if cluster_label not in clusters:
                clusters[cluster_label] = []
            clusters[cluster_label].append(document_id)
            print(str(cluster_label) + " -- " + str(document_id))
        order_centroids = self.clustering.cluster_centers_.argsort()[:, ::-1]
        terms = self.vectorizer.get_feature_names()
        for i in range(self.k):
            print("Cluster %d:" % i, end='')
            for ind in order_centroids[i, :10]:
                print(' %s' % terms[ind], end='')
            print()
    elif self.name == 'agglo':
        cluster_labels = self.clustering.labels_
        clustering_dict = self.clustering.__dict__
        clusters = {}
        for document_id, cluster_label in enumerate(cluster_labels):
            if cluster_label not in clusters:
                clusters[cluster_label] = []
            clusters[cluster_label].append(document_id)
            #print(str(cluster_label) + " -- " + str(document_id))
        results = self.get_cluster_top_keywords(clusters)
        for _cluster in results:
            key_terms = results[_cluster]
            print("Cluster " + str(_cluster) + " : " + str(len(clusters[_cluster])) + " documents")
            print(key_terms)
        print()
    elif self.name == 'spectral_cocluster':
        target_number=10
        bicluster_ncuts = list(self.bicluster_ncut(i) for i in range(self.k))
        best_idx = np.argsort(bicluster_ncuts)[:target_number]
        feature_names = self.vectorizer.get_feature_names()
        print()
        print("Best biclusters:")
        print("----------------")
        for idx, cluster in enumerate(best_idx):
            n_rows, n_cols = self.clustering.get_shape(cluster)
            cluster_docs, cluster_words = self.clustering.get_indices(cluster)
            if not len(cluster_docs) or not len(cluster_words):
                continue
            # categories
```

```
            counter = defaultdict(int)
            for i in cluster_docs:
                counter[str(i)] += 1
            cat_string = ", ".join("{:.0f}% {}".format(float(c) / n_rows * 100, name) for name, c
in self.most_common(counter)[:3])
            # words
            out_of_cluster_docs = self.clustering.row_labels_ != cluster
            out_of_cluster_docs = np.where(out_of_cluster_docs)[0]
            word_col = self.X[:, cluster_words]
            word_scores = np.array(word_col[cluster_docs, :].sum(axis=0) -
                                   word_col[out_of_cluster_docs, :].sum(axis=0))
            word_scores = word_scores.ravel()
            important_words = list(feature_names[cluster_words[i]]
                                   for i in word_scores.argsort()[:-11:-1])
            print("bicluster {} : {} documents, {} words".format(idx, n_rows, n_cols))
            print("categories   : {}".format(cat_string))
            print("words        : {}\n".format(', '.join(important_words)))
    def bicluster_ncut(self, i):
        rows, cols = self.clustering.get_indices(i)
        if not (np.any(rows) and np.any(cols)):
            import sys
            return sys.float_info.max
        row_complement = np.nonzero(np.logical_not(self.clustering.rows_[i]))[0]
        col_complement = np.nonzero(np.logical_not(self.clustering.columns_[i]))[0]
        # Note: the following is identical to X[rows[:, np.newaxis],
        # cols].sum() but much faster in scipy <= 0.16
        weight = self.X[rows][:, cols].sum()
        cut = (self.X[row_complement][:, cols].sum() + self.X[rows][:, col_complement].sum())
        return cut / weight
    def most_common(self, d):
        """Items of a defaultdict(int) with the highest values.
        """
        return sorted(d.items(), key=operator.itemgetter(1), reverse=True)
    def get_cluster_top_keywords(self, clusters, keywords_per_cluster=10):
        """Shows the top k words for each cluster
        Keyword Arguments:
            keywords_per_cluster {int} -- The k words to show for each cluster (default: {10})
        Returns:
            dict of lists -- Returns a dict of {cluster_id: ['top', 'k', 'words', 'for', 'cluster']}
        """
        terms = self.vectorizer.get_feature_names()
        out = {}
        docs_for_cluster = {}
        # self.clusters = 10 clusters,containing the index of the document_vectors document in that
cluster, ex len(self.clusters[6]) == 508
        for cluster in clusters:
            # To flatten/combine all documents into one
            docs_for_cluster[cluster] = np.array([self.X[i] for i in clusters[cluster]])
            # Cluster vectors to feature words
            out[cluster] = np.array(terms)[np.flip(np.argsort(docs_for_cluster[cluster]), -1)]
            cluster_shape = out[cluster].shape
```

```
            out[cluster] = out[cluster].reshape(cluster_shape[0] *
cluster_shape[1])[:keywords_per_cluster].tolist()
        return out
    def visualize(self):
        # The output is a one-dimensional array of N documents corresponding to the clusters
        # assigned to our N data points.
        if self.name == 'spectral_cocluster':
            pca_t = None
            if self.doc2vec_matrix == False:
                pca_t = PCA().fit_transform(self.X.toarray())
            else:
                pca_t = PCA().fit_transform(self.X)
            #pca_t = PCA().fit_transform(self.X)
            # print(self.clustering.labels_)
            plt.scatter(pca_t[:, 0], pca_t[:, 1], c=self.clustering.row_labels_, cmap='rainbow')
            plt.show()
        elif self.name == 'agglo':
            pca_t = PCA().fit_transform(self.X)
            plt.scatter(pca_t[:, 0], pca_t[:, 1], c=self.clustering.labels_, cmap='rainbow')
            plt.show()
        elif self.name == 'k-means':
            if self.doc2vec_matrix == False:
                self.X = self.X.toarray()
            pca_t = PCA().fit_transform(self.X)
            # print(self.clustering.labels_)
            plt.scatter(pca_t[:, 0], pca_t[:, 1], c=self.clustering.labels_, cmap='rainbow')
            plt.show()
```

기계 학습에서 document clustering을 수행할 때 지도 학습과 비지도 학습을 주로 활용한다. 비지도 학습은 학습 데이터에 대해 target attribute을 설정하지 않고 학습을 진행한다. 반면, 지도 학습은 학습 데이터를 주고, 설정된 target attribute을 기반으로 모델을 만든다.

클러스터링은 유사한 속성을 지닌 데이터들의 집합이며 클러스터를 찾는 과정이다. 같은 클러스터에 속하는 데이터들은 서로 유사한 속성을 지니고, 서로 다른 클러스터에 속한 데이터들은 상이한 특성을 지닐 수 있도록 클러스터링이 진행된다. 클러스터링을 진행할 때 선험적으로 그룹화하는 방법을 제시하지 않았다면 이는 비지도 학습을 기반으로 한 클러스터링이 된다.

클러스터링의 효용은 일상에서도 발견할 수 있다. 모든 사람들에게 맞춤 제작 의복을 제공하는 대신 비슷한 체형의 사람들을 클러스터링하여 S, M, L 등의 사이즈를 토대로 의복을 제공할 수 있다. 또한, 마케팅을 진행할 때 공통점을 공유하는 고객들에 대한 클러스터링을 진행해 맞춤형 마케팅을 제공할 수 있다. 텍스트 마이닝 연구 분야에서도 클러스터링의 효용을 쉽게 찾아볼 수 있다. 예를 들어, 다양한 문서들에 대한 클러스터링을 통해 내용이 비슷한 문서들끼리 클러스터를 형성해 정리를 할 수 있다. 데이터 마이닝 기법 중에서 가장 많이 사용되는 기법 중 하나인 클러스터링은 의학 연구, 심리학, 사회학, 생물학 등과 같이 다양한 영역에서 활용되고 있다. 근래에 온라인 텍스트 데이터의 양이 급격하게 증가함에 따라 텍스트 클러스터링이 더욱 주목을 받고 있다.

군집 분석의 기본 개념은 유사도를 기반으로 비슷한 문서들끼리 군집을 형성하는 것이다. 클러스터링은 여러 가지 측면의 군집 분석을 포함한다. 계층형 군집 분석(hierarchical clustering)과 분할형 군집 분석(partitioning clustering)과 같이 다양한 접근법이 있고, 각 알고리즘은 장·단점을 가지고 있다. 또한, 거리를 측정하는 방법에도 다양한 방법이 존재한다. 군집 분석의 결과 평가 요소에는 알고리즘, 거리 척도, 그리고 적용 분야가 포함된다.

계층형 군집 분석의 경우에는 유사도의 개념을 활용해 군집 형성이 진행된다. 형성된 군집들 사이에 계층(hierarchy)이 존재하기 때문에 계층형 군집 분석이라고 부른다. 계층을 갖지 않는 군집 분석은 분할형 군집 분석 혹은 flat clustering라고 부른다.

응집형 군집 분석에는 single linkage clustering, group-average linkage clustering, 그리고 complete linkage clustering과 같은 방법들이 포함된다. Single linkage clustering에서는 두 문서 그룹의 유사도가 두 그룹에 포함되어 있는 문서들의 쌍(pair) 중 가장 높은 유사도를 가지고 있는 쌍의 유사도를 기준으로 측정된다. Group-average linkage clustering에서는 두 그룹에 속한 문서들 쌍의 유사도 평균을 기준으로 두 군집의 유사도가 측정된다. Complete linkage clustering에서는 두 문서 그룹에 속한 문서들의 쌍 중 가장 낮은 유사도를 가진 문서 쌍의 유사도를 기준으로 두 군집의 유사도를 측정한다. 유사도를 측정하는 방법을 어떻게 설정하느냐에 따라 군집 분석 결과가 상이하게 나타날 수 있다.[8)]

## 3 군집 분석 방법: K-Means

분할형 군집 분석의 대표적인 예시인 K-Means에 대해서 자세히 알아보자. Document clustering은 세 가지 방법이 있고 문헌뿐 아니라 이미지 등에서도 적용이 가능하다. 이때 대부분의 task에서 적용 가능한 가장 대표적인 방법으로 K-Means를 뽑는다. K-Means는 분할적 군집 분석에 속한다. K-Means는 Top down 방식으로 **partition을 n개로 그룹핑하고, 가상의 centroid 값을 정하고 문헌을 나눈 후에 중심값과 평균값을 임의로 군집화해 유사도**를 구한다.

8) Aggarwal, C. C., & Zhai, C. (2012). A survey of text clustering algorithms. *Mining Text Data*, 77-128.

Centroid는 각 군집의 중심점을 의미한다. 각 데이터 포인트가 가장 가까운 centroid의 군집에 할당되는 것이다.

① 초기 중심으로 k개의 포인트를 선택한다.
② 모든 점을 가장 가까운 중심에 할당한다.
③ 각 클러스터의 중심을 다시 계산한다.
④ 중심이 변경되지 않을 때까지 ②~③을 반복한다.

이 과정에서 문헌이 A라는 centroid와 가깝다고 생각하였는데 B가 더 가까우면 B로 바꾸는 직업을 반복하여 top down 방식을 취한다. 클러스터링은 각 centroid에 할당된 데이터 포인트들의 멤버십에 변화가 없을 때까지 반복하는데, 이러한 stopping criterion은 다음의 세 가지를 포함한다: ① 데이터 포인트를 군집에 재배정하는 경우가 없거나 최소 기준을 충족할 때, ② Centroid의 변화가 없거나 최소 기준을 충족할 때, ③ SSE(sum of squared error; 오차제곱합)의 감소가 최소화되었을 때. 단, SSE를 사용할 경우 global optimum이 아닌 local optimum에서 군집화 작업이 중단된다는 것을 알아두자.

SSE의 수식은 다음과 같다.

$$SSE = \sum_{j=1}^{k} \sum_{x \in C_j} dist(x, m_j)^2$$

$C_j$는 $j$번째 군집을,
$m_j$는 군집 $C_j$의 centroid를,
$dist(x, m_j)$는 데이터 포인트 $x$와 centroid $m_j$ 간의 거리를 의미한다.

클러스터링 수행 과정을 시각적으로 표현한 예시는 다음과 같다.

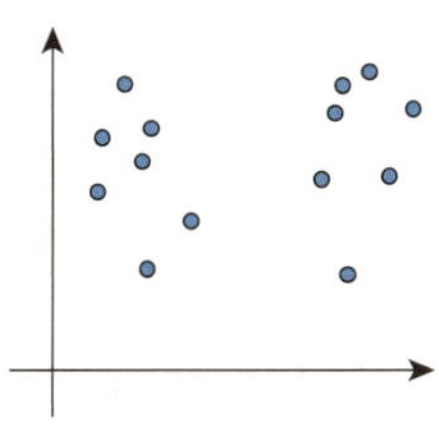

(A) Random selection of k centers

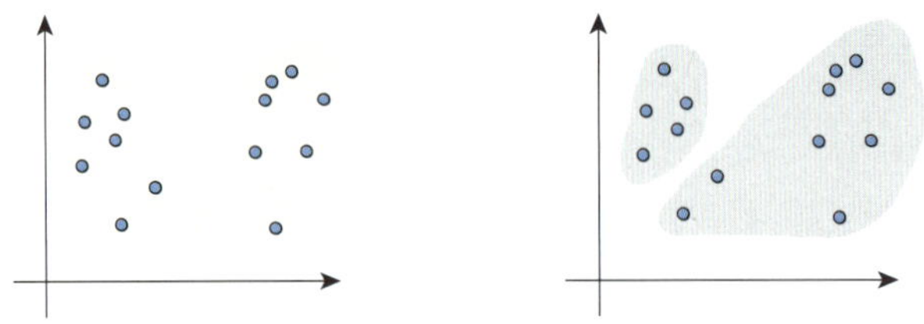

*Iteration* 1: (B) Cluster assignment (C) Re-compute centroids

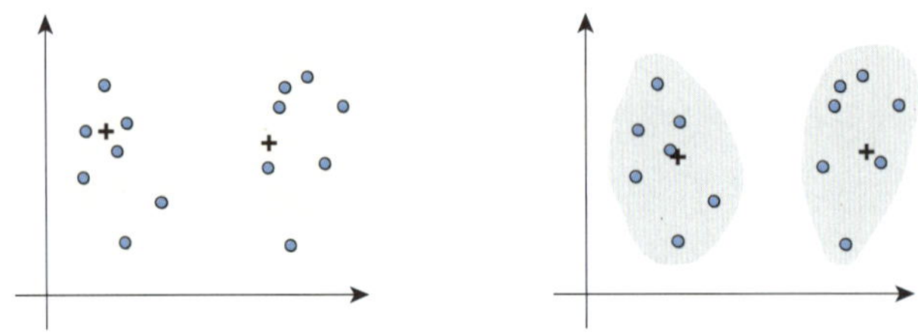

*Iteration* 2: (D) Cluster assignment (E) Re-compute centroids

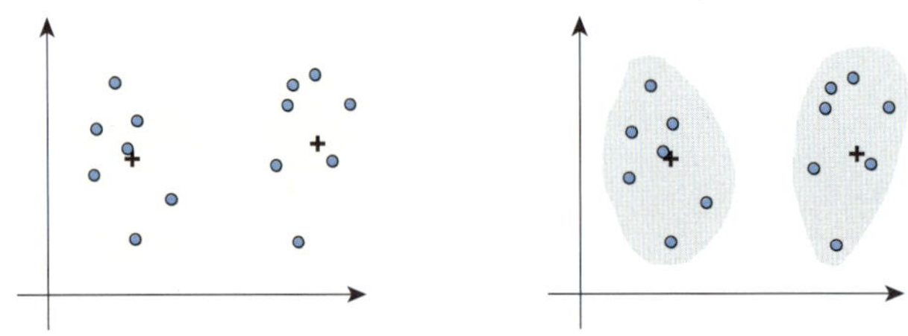

*Iteration* 3: (D) Cluster assignment (G) Re-compute centroids

K-Means 군집 분석에서는 앞에서 제시한 Euclidean space 등의 거리 척도를 사용하게 된다. K-Means 클러스터링 중 Spectral co-clustering은 문헌과 단어 모두에서 클리스터링을 하는 것이다. 이는 이미지 클러스터링에 주로 활용된다. 문헌집단에 대한 클러스터를 5, 10개와 같이 정한 후에 결과를 판단해 K의 값을 보다 객관적으로 정할 수도 있을 것이다. K를 Euclidian space로 정하기도 하고 centroid와 문헌 간의 유사도를 구해 가상의 평균 벡터를 구하기도 한다. 이때 벡터의 크기(칼럼의 크기)는 모두 같으며, 3개의 클러스터를 정해 임의로 선택하면 중심을 잘 뿌려줄 수 있다. 모든 문헌이 클러스터의 중심값 중 어디에 더 가까운지를 활용하기 위해서는 초기값을 균등하게 분배해야 할 것이다. 그러면 알고리즘이 랜덤한 분배를 도와줄 것이다.

문헌에 대해 centroid가 정해지면 문헌은 centroid 값이 가장 가까운 클리스터링에 할당된다. 중심성인 centroid 값을 업데이트하고, 가까운 해당 평균값을 구하는 방식으로 반복된다. 이는 maximum iteration으로 100번을 걸친 centroid 평균값의 문헌으로 구해질 수도 있고 더 이상 최적화된 centroid 값이 없을 때 그 값으로 끝날 수도 있다.

K-Means 클러스터링의 장·단점에 대해서 알아보자. K-Means clustering의 장점은 분석을 이해하고 수행하는 것이 간단하고, 분석을 효율적으로 진행할 수 있다는 점이다. 이러한 장점을 토대로 K-Means 클러스터링은 인기 있는 분석 알고리즘으로 활용되고 있다. 반면, K-Means의 단점은 mean이 정의될 때만 활용할 수 있다는 것이다. 범주형 데이터(categorical data)의 경우 centroid는 가장 빈번한 값으로 설정된다. 또한, 사용자가 k를 구체적으로 정해야 하고 outlier(이상치)에 예민하다는 단점이 있다. Outlier는 다른 데이터 포인트들로부터 극단적으로 멀리 떨어져 위치해 있는 데이터 포인트들을 지칭한다. Outlier는 데이터 수집을 할 때 생긴 오류로 나타날 수 있으며 다른 데이터들과는 굉장히 다른 특성을 지닌 데이터이다. 이상치를 포함하여 K-Means 군집 분석을 수행하는 경우를 시각화하면 다음과 같다.

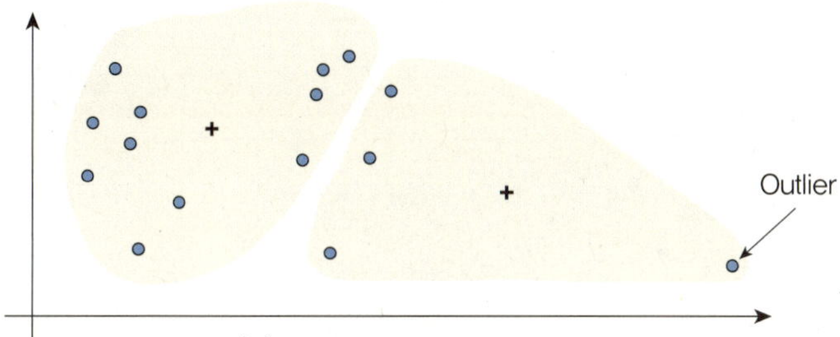


(A) Undesirable clusters

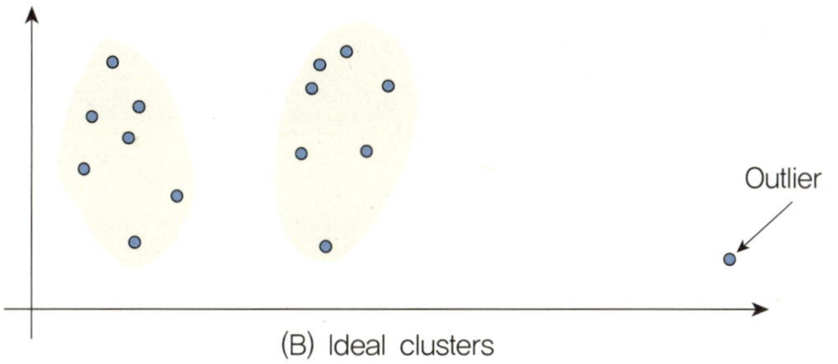


(B) Ideal clusters

이렇듯 군집 분석 결과에 이상치가 영향을 주기 때문에 이를 처리할 필요성이 있다. 이상치를 처리하는 방법에는 두 가지가 있다. 첫 번째 방법은 클러스터링 과정에서 centroid들과 특정 수준 이상 떨어져 있는 데이터 포인트를 제거하는 것이다. 이 과정에서 정확성을 해치지 않기 위해 이상치 제외 여부를 결정하기 위해 군집 분석을 여러 번 수행하는 것을 권장한다. 두 번째 방법은 데이터 포인트들에 대해 랜덤 샘플링을 수행하는 것이다. 랜덤 샘플링을 진행하면 데이터 포인트의 subset을 선택하게 되므로 이상치가 아닌 데이터 포인트들을 선택할 확률이 더 높을 것이다. 이 경우 랜덤 샘플링을 수행해 군집 분석을 수행한 다음 클러스터를 형성하여 나머지 데이터 포인트들을 거리, 유사도, 그리고 분류(classification)를 기준으로 클러스터에 배정하게 된다.

K-Means 클러스터링의 또 다른 단점으로는 알고리즘이 초기 centroid에 민감하다는 것이다. 초기 seed(centroid)를 어떻게 설정하느냐에 따라 같은 데이터에 대해서도 다음과 같이 상이한 군집 분석 결과가 나타날 수 있다.

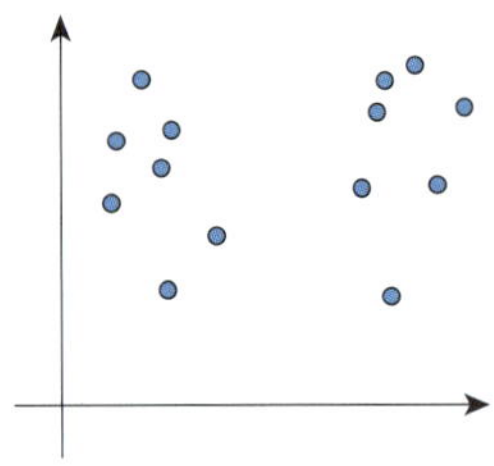

(A) Random selection of k seeds (centroids)

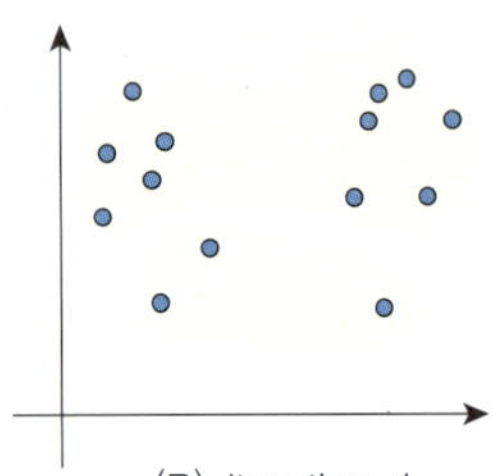

(B) Iteration 1

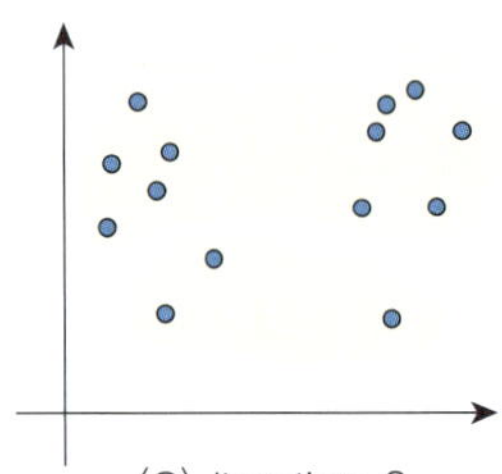

(C) Iteration 2

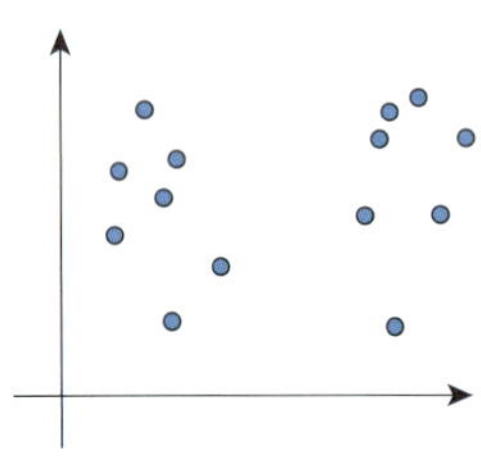

(A) Random selection of k seeds (centroids)

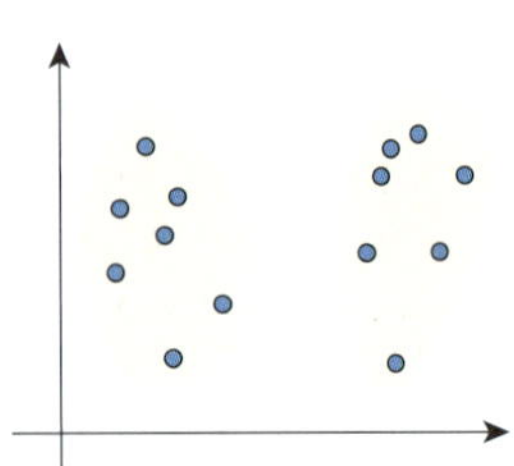

(B) Iteration 1

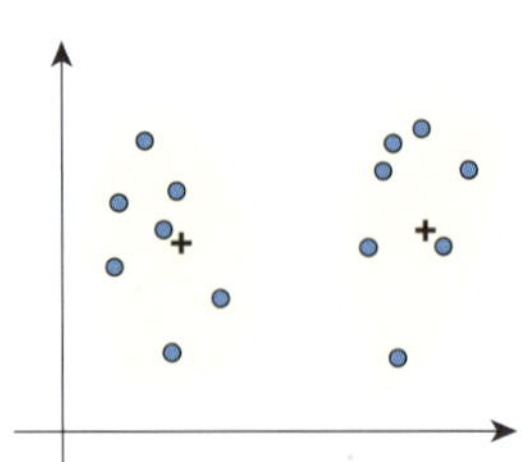

(C) Iteration 2

또한, 초구(hyper-sphere) 형태로 분포하고 있지 않은 데이터에 대해 군집 분석을 수행할 때 적합하지 않다. 초구 형태의 분포를 보이지 않는 데이터에 K-Means를 적용할 경우에는 존재하는 자연

상태의 군집을 파악하지 못하고 다음과 같은 결과가 나타난다.

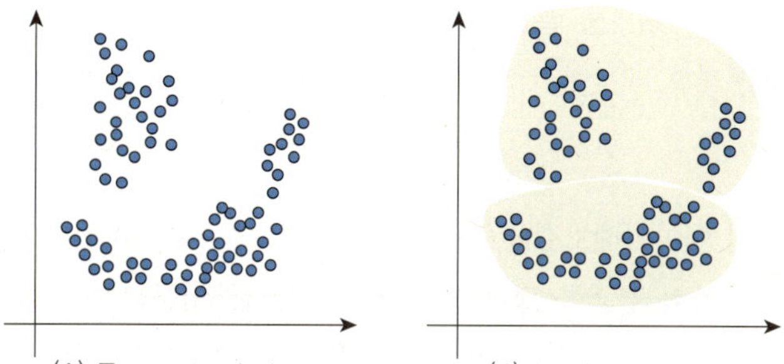

(A) Two natural clusters (B) K-Means clusters

K-Means는 이런 단점들이 존재하지만, 간단함과 효율성을 바탕으로 가장 인기있는 알고리즘으로 사용되고 있다. 이는 다른 군집 분석 방법들이 각각의 단점을 가지고 있기 때문이기도 하다. 다양한 군집 분석 방법을 비교하는 것에는 분명 어려움이 존재하지만, 데이터의 형태나 적용 방향에 따라 적합한 군집 분석 방법을 사용하는 것이 중요하다.

K-Means가 유일한 벡터 기반의 군집 분석 방법은 아니다. 밀도를 고려하는 DBSCAN이나 클러스터의 확률 분포를 전제로 하는 EM(Expectation Maximization)도 벡터 기반의 군집 분석 방법이다.

군집 분석 방법 중 단어의 벡터화를 전제로 하지 않는 기법들도 있다. 대표적인 방법이 Brown clustering이다.[9] 브라운 군집 분석은 계층형 군집 분석 방법 중 하나로, 군집의 확률적 분포에 대한 가설을 기반으로 군집 분석을 진행한다. 모든 단어를 각각의 군집에 넣고, 두 군집의 합집합이 최적의 quality function value를 갖는 경우 두 군집을 합치는 방식을 반복해 군집 형성을 진행한다. 하나의 군집에서 시작해 서서히 군집을 합쳐 나가며 분석을 진행한다는 것은 이 방법이 응집형(agglomerative)의 성격을 지닌다는 것을 의미한다.

그래프 기반의 군집 분석 방법도 있으며 이를 spectral clustering이라고 부른다. 이러한 기법의 예시로 minimal spanning tree 기반 군집 분석, Markov chain 군집 분석이 있다는 것을 알아두자.

이제 형성된 군집들을 설명할 수 있는 방법들에 대해 알아보자. 군집의 반경을 계산하고, 표준편차를 통해 데이터 포인트들이 퍼져 있는 정도를 볼 수 있을 것이다. 또한, 구형으로 분포하는 데이터의 경우 각 군집의 centroid들이 각 군집을 대표할 수 있을 것이다. 이때 초구형으로 분포하

9) Brown et al. (1992). Class-Based ngram Models of Natural Language. *Computational Linguistics*, 18. 467–479.

지 않는 데이터의 경우 centroid를 통해 군집을 대표하는 것은 적절하지 않을 수 있다. 가장 빈번한 데이터 포인트를 통해 군집을 대표할 수도 있다. 카테고리 데이터나 k-modes 클러스터링을 다룰 때 이 방법이 유용하게 사용될 수 있다. 텍스트 클러스터링에서도 해당 방법이 주로 사용되며 이 방법을 통해 각 클러스터에서 가장 높은 빈도로 사용된 단어들의 세트를 통해 군집을 대표할 수 있기 때문이다.

군집 분석 결과를 평가하는 방법에 대해서 이야기해보겠다. 정확한 군집 분포를 아는 것에는 어려움이 있지만, 다음의 방법들을 통해 군집 분석 결과를 평가할 수 있다. Centroid들과 데이터 포인트들의 분산 형태를 보는 방법과 의사결정나무의 규칙을 보는 방법이 있고 텍스트 데이터의 경우에는 클러스터에 속한 문서들을 직접 읽어보는 것을 통해 군집 분석 결과를 평가할 수 있다. 즉, 클러스터링을 평가하는 방법이 다양하게 있으며 엔트로피, F-measure, 유사도 등으로 평가할 수 있다(Aggarwal, C. C., & Zhai, C. (2012)).

엔트로피는 클러스터의 품질을 측정하는데 사용된다. 데이터의 클래스 분배가 처음 계산되고 cluster j에 대해 우리는 클래스 i에 속하는 j 클러스터 멤버가 될 가능성을 계산한다. Purity를 통해 평가를 진행할 수도 있다.

각 군집에 대한 엔트로피를 측정하는 방법은 다음과 같다.

$$Entropy(D_i) = -\sum_{j=1}^{k} Pr_i(c_j)\log_2 Pr_i(c_j)$$

$Pr_i(c_j)$는 클러스터 $D_i$에서 클래스 $c_j$ 데이터 포인트들이 차지하는 비율을 의미한다.

모든 군집에 대한 엔트로피 측정 식은 다음과 같다.

$$Entropy_{total}(D) = \sum_{i=1}^{k} \frac{|D_i|}{|D|} * entropy(D_i)$$

Purity는 각 군집의 한 클래스의 데이터만을 포함하는 정도를 측정한다. 각 군집에 대한 Purity를 수식으로 나타내면 다음과 같다.

$$Purity(D_i) = \max_j(Pr_i(c_j))$$

전체 군집에 대한 purity를 수식으로 나타내면 다음과 같다.

$$Purity_{total}(D) = \sum_{i=1}^{k} \frac{|D_i|}{|D|} * purity(D_i)$$

F-measure은 정보검색에서 사용되는 정확률과 재현율의 개념을 합한 것이다. 각 클러스터를 쿼리의 결과와 쿼리에 대한 문서의 세트로 취급하고 각 클러스터에 대한 재현율과 정확률을 계산한다. F-measure에 대한 식은 아래와 같다.

$$Recall(i, j) = n_{ij}/n_i$$

$$Precision(i, j) = n_{ij}/n_j$$

$$F(i, j) = (2^* Recall(i, j)^* Precision(i, j))/((Precision(i, j) + Recall(i, j))$$

$$F = \sum_i \frac{n_i}{n} \max\{F(i, j)\}$$

전반적인 유사도는 내적인 클러스터 유사도의 가중된 유사도와 비교할 수 있다.

클러스터링은 매트릭스를 받아들일 수 있는 구조로 넣고, 3개 중 하나의 클러스터 알고리즘을 활용해서 넣고, 그 클러스터링이 끝난 결과값을 출력해준다. 문헌 군집화를 통해서 클러스터된 문헌들이 내용적으로 유사한 것을 확인할 수 있을 것이다. 예시 코드를 보도록 하자.

```
import treform as ptm

from document_clustering.documentclustering import DocumentClustering


if __name__ == '__main__':

    corpus = ptm.CorpusFromFieldDelimitedFile('../data/donald.txt', 2)


    pipeline = ptm.Pipeline(ptm.splitter.NLTK(),

                            ptm.tokenizer.Komoran(),

                            ptm.helper.POSFilter('NN*'),

                            ptm.helper.SelectWordOnly(),

                            #ptm.ngram.NGramTokenizer(2, 2),

                            ptm.helper.StopwordFilter(file='../stopwords/stopwordsKor.txt')

                            )

    result = pipeline.processCorpus(corpus)
```

```
print('==  ==')

documents = []
for doc in result:
    document = ''
    for sent in doc:
        document += " ".join(sent)
    documents.append(document)

print(len(documents))
#name either k-means, agglo, spectral_cocluster(각 옵션에 대한 테스트 가능, agglo는 bottom-up, )
name = 'spectral_cocluster'
clustering=DocumentClustering(k=5)
#n_components means the number of words to be used as features
clustering.make_matrix(documents,n_components=-1)
clustering.cluster(name)
clustering.print_results()
```

실행 후 나오는 그림과 결과는 다음과 같다.

```
==  ==
120
cluster_name spectral_cocluster
Clustering sparse data with SpectralCoclustering(n_clusters=5, random_state=0, svd_method='arpack')
done in 0.164s

spectral_cocluster

Best biclusters:
----------------
```

```
bicluster 0 : 1 documents, 5 words
categories   : 100% 23
words         : 평화로, 세계정세, 대통령사랑합니다존경, 극우, 겨레

bicluster 1 : 1 documents, 1 words
categories   : 100% 103
words         : 강경경화

bicluster 2 : 1 documents, 1 words
categories   : 100% 17
words         : 동의

bicluster 3 : 116 documents, 907 words
categories   : 1% 0, 1% 1, 1% 2
words         : 문재인, com, 대통령, 정부, 뉴스, 트럼프, 제재, 김정은, be, 가짜

bicluster 4 : 1 documents, 17 words
categories   : 100% 26
words         : 가동, 사무소, 전기, 개성, 연락, 공급개성, 공단, 물자, 반입, 핫라인
```

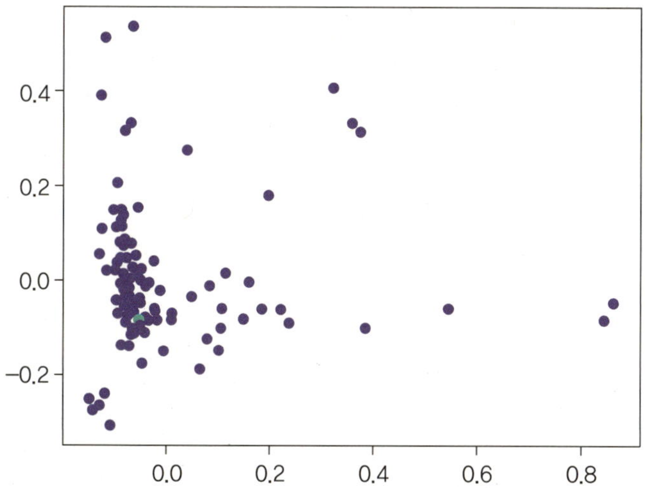


코드처럼 k를 5개로 넣을 수 있다. N_components에서 term과 column이 너무 길다면 이를 사

전에 Zipf의 법칙이나 stemming, lemmatization으로 차원 축소를 하여 줄일 수 있을 것이다. 문헌*단어 행렬을 만들 때 단어가 너무 많아지면 sparse해지므로 matrix computation 중에서 value값을 보고 차원 축소의 알고리즘을 활용할 수 있다(SVD를 활용하는 것이 일반적이다). 이때 −1을 쓰면 차원 숙소를 사용하지 않는다는 뜻이다. TF*IDF를 만들어서 n-components가 0보다 크면 truncateSVD(Singular Value Decomposition)를 활용할 수 있다. 차원 축소를 통해 작위적인 숫자를 지정하는 것이다. Main_matrix에서도 축소의 여부를 활용하는 방법이 설명된다. 클러스터링 알고리즘 중에 K-Means를 활용하여 수행할 수도 있고 agglo나 spectral cocluster를 활용할 수도 있다. 밀집한 매트릭스를 만들기 위해 self를 활용한 것도 살펴볼 수 있다. 각각의 함수에 대해 시간 측정이 가능하고, clustering argument를 가져올 수도 있다. 예를 들어, 주어진 문헌 집단에 활용할 때 K-Means는 centroid를 활용하여 값을 구할 수 있다. 각각의 문헌이 어느 클러스터에 속하는지를 보자. 2차 평면에 PCA를 활용하여 뿌릴 때 색깔에 따라서 군집화를 볼 수 있을 것이다. 어떤 클러스터에 어떤 문헌이 속해 있는지 ID를 볼 수 있고, cluster를 dictionary로 만들어서 확인할 수 있다. 함수를 활용하면 0의 값 이상의 값을 가지는 단어들의 빈도수를 가지고, 클러스터당 어떤 단어를 출력할지를 sorting하여 클러스터의 문헌에 공통으로 나타나는 것 등을 보여줄 수 있다. Spectral cluster는 매트릭스상에서 manipulate되기 때문에 term을 추적해 나가는 것이 필요하다. 이를 for문으로 활용하여 2차평면에 뽑아주는 함수 역시 살펴볼 수 있다(2차 평면에 뿌려준다는 것에서는 agglo 역시 동일하다). 어떤 문헌이 5개의 클러스터에 각각 속해 있는지 문헌들의 유망 단어들을 뽑는다. 이를 활용하여 K-Means, agglo, spectral의 결과값을 비교해보자.

각 클러스터의 주요 단어가 나오고, 반복 결과에 따라서 2차 평면에 뿌려진 모습의 차이가 있음을 볼 수 있다.

인공지능 기반 자연어 처리
Artificial intelligence-based natural language processing

# CHAPTER 07

# 토픽 모델링

1. 토픽 모델링 개요
2. 토픽 모델링 기법

CHAPTER 07

# 토픽 모델링

Gensim과 tomotopy를 기반으로 다양한 토픽 모델링 기법들을 소개하고 토픽 모델링 결과를 시각화하는 것을 목표로 한다.

## 1 토픽 모델링 개요

토픽 모델링은 뉴스, 블로그, 웹페이지, 기사 등의 형태로 집단지성이 디지털화되고 저장되면서 사람들이 찾고자 하는 정보를 발견하기 어려워지며 대두되었다. 방대한 양의 정보를 관리하고, 검색하고, 이해를 돕기 위한 새로운 도구로 토픽 모델링이 등장한 것이다.

토픽 모델링은 구조화되지 않은 문헌집단 내에 같은 맥락에서 나타날 가능성이 있는 단어들을 그룹화해 주제를 추론한다(Steyvers & Griffiths, 2007).[1] 문헌 모델링을 위한 기법으로 generative model(어떤 확률분포와 그 파라미터가 있다고 할 때, 이를 기반으로 한 랜덤 프로세스에 따라 데이터를 생성하는 관점의 모델)의 일종이다. 문헌 모델링의 관점에서 문헌의 주제분포와 각 주제별로 특정 단어를 생성할 확률을 구할 수 있다면 특정 문헌이 생성될 확률을 계산할 수 있게 된다. 즉, 토픽 모델링은 대량의 데이터를 분석할 수 있고, 유전자 정보, 이미지, 소셜 네트워크 등과 같은 다양한 유형의 데이터에 적용할 수 있다.

토픽 모델링으로 문헌을 생성할 때는 문헌 내에서의 용어 분포는 알 수 있지만 주제들의 용어 분포는 사전에 알 수 없기에 직접 관찰할 수 있는 문헌집단 내 각 문헌들의 용어 분포들로부터 주제의 용어 분포를 추정하는 과정이 필요하다. 이때 잠재 디리클레 할당(LDA: Latent Dirichlet Allocation)[2]이 제안된다.

1) Stryvers, M., & Griffiths, T. (2007). Probabilistic topic models. *Handbook of Latent Semantic Analysis*.

2) Blei, D., Ng, A., & Jordan, M. (2003). Latent Dirichlet allocation. *Journal of Machine Learning Research*, 3, 993-1022.

## 2 토픽 모델링 기법

LDA는 토픽 모델링 기법 중 텍스트 마이닝 분석에서 가장 많이 활용되고 있는 문헌 생성 모델이다. LDA는 이전 확률 모델인 PLSA(Probabilistic Latent Semantic Analysis)를 수정하여 개발된 것으로 선형 대수적인 도구를 사용해서 단어와 개념 사이의 관계를 파악하는 기법인 LSI(Latent Semantic Index)에서 발전된 것이다. LDA를 이루는 이론적 기초는 베이즈 추론인데, 베이즈 추론에 사용되는 분포 중 하나가 디리클레 분포이다. 베이즈 추론의 바탕이 되는 베이즈 정리를 먼저 살펴보도록 하자.

$$p(\theta | X) = \frac{p(\theta, X)}{p(X)} = \frac{p(X | \theta) p(\theta)}{p(X)}$$

이 식이 의미하는 것은 다음과 같다. $X$가 발생했을 때 $\theta$가 발생할 확률은 ($X$와 $\theta$가 동시에 발생할 확률)을 ($X$가 발생할 확률)로 나누면 얻을 수 있다는 것이다. 이때 ($X$와 $\theta$가 동시에 발생할 확률)=($\theta$가 발생했을 때 $X$가 발생할 확률)×($\theta$가 발생할 확률)이므로, 위와 같은 식을 도출할 수 있다. 이 개념을 바탕으로 베이즈 추론에 대해서 이야기해보자. 베이즈 추론의 순서는 다음과 같다.

① 어떤 사건이 발생할 확률을 가정한다.
② 추가적인 관측 발생
③ 관측된 시간을 통해 그 사건이 발생할 확률을 더 정확하게 추론한다.

여기서 ①의 사전 확률은 관측에 의거하지 않고 가정하는 특정 사건이 일어날 확률, ②의 관측은 사건이 실제로 발생한 것, ③의 사후 확률은 실제 관측된 사건을 가지고 해당 사건이 일어날 확률을 더 정확하게 계산한 것이다. 위에서의 $X$, $\theta$ 식으로 이 추론을 접근해보도록 하자. $\theta$가 관심의 대상이 되는 사건, $X$를 실제로 관측된 사건이라고 하자. 이때 $P(\theta)$는 사건 $\theta$가 발생할 확률이므로 ①의 사전 확률이 된다. 그리고 $P(\theta | X)$는 X가 발생했을 때 $\theta$가 발생할 확률이므로 ③의 사후 확률이 된다. $P(X | \theta)$는 $\theta$가 발생했을 때 $X$가 발생할 확률이므로 관심 사건 $\theta$에 대해 실제 사건 $X$가 얼마나 발생할 수 있는지를 보여준다. 이를 가능도(우도, likelihood)라고 부른다. 이를 통해 사후 확률은 가능도×사전 확률에 비례한다는 것을 알 수 있다. 즉, 사건의 발생을 관측하고 이러한 관측을 반영해 사건의 발생 확률 분포를 수정해 나가는 것으로 베이즈 추론을 이해할 수 있다.

베이즈 추론에서 사전 확률과 추가적 관측을 통해 사후 확률을 구하는 과정에서 관측 사건에 따라 적합한 사전 확률 분포를 사용하게 된다. 특정 사건과 짝을 이루는 사전 확률 분포인 켤레 사전 분포(Conjugate Prior)는 다음과 같다.

**표 7-1** 가능도와 켤레 사전 분포

| | 가능도(likelihood) | | 켤레 사전 분포 |
|---|---|---|---|
| 가짓수 = 2 | 베르누이(Bernoulli) 분포<br>A, B 둘 중 하나만 일어나는 사건 | 이항(Binomial) 분포<br>A, B가 여러 번 일어나는 사건 | Beta |
| 가짓수 > 2 | 카테고리(Categorical) 분포<br>A, B, … Z 중 하나만 일어나는 사건 | 다항(Multinomial) 분포<br>A, B, … Z가 여러 번 일어나는 사건 | Dirichlet |

이항 분포는 관측 사건의 경우의 수가 2개인 경우이고 다항 분포는 관측 사건의 경우의 수가 여러 개인 경우를 의미한다. 이항 분포가 여러 번 반복될 경우에는 이항 분포라 하고 한 번만 발생하는 경우엔 베르누이 분포라고 한다. 또한 다항 분포가 여러 번 반복될 경우에는 다항 분포라 하고 한 번만 발생하는 경우에는 카테고리 분포라고 한다.

이를 토대로 LDA에서 이용하는 디리클레 분포에 대해서 알아보자. 위의 표에서 이항 분포의 켤레 사전 분포가 베타 분포라는 것을 알 수 있다. 이는 관측하는 사건이 이항 분포를 따르는 사건일 경우 사전 확률을 베타 분포로 두면 사후 확률의 계산을 더욱 용이하게 진행할 수 있다는 것을 의미한다. 베타 분포는 2개의 하이퍼파라미터를 갖는다. A와 B 두 가지 사건에 대한 이항 분포를 본다고 했을 때 X가 베타 분포를 따른다는 것을 다음과 같이 표기할 수 있다.

$$X \sim Beta(\alpha, \beta)$$

$\alpha$는 (A사건이 발생한 횟수+1)을,
$\beta$는 (B사건이 발생한 횟수+1)을 의미한다.

A와 B사건의 발생을 관측해 $\alpha$와 $\beta$값이 달라질 것이고, 이에 따라 사후 확률 분포의 계산 결과도 달라질 것이다. 예를 들어, 만약 A사건이 B사건보다 훨씬 많이 발생할 경우에는 더 큰 $\alpha$를 반영하여 사후 확률 분포가 계산되는 것이다. 베타 분포에 대한 이해는 이후에 다루는 디리클레 분포의 이해를 위해 필요하다.

디리클레 분포는 2가지 사건을 다루는 베타 분포를 k가지 사건을 다루도록 확장한 버전이다. 디리클레 분포는 k개의 사건을 다루게 되므로 하이퍼파라미터도 k개를 갖게 된다. 이를 $a_1, \cdots, a_k$ 라고 하겠다. 이때 각 사건이 발생할 확률은 $p_1, \cdots, p_k$가 된다. 이를 바탕으로 디리클레 분포는 다음과 같이 표기할 수 있다.

$$\mathrm{Dir}(p_1, \cdots, p_k ; a_1, \cdots, a_k) = \mathrm{Dir}(P ; a)$$

위에서 이항 분포를 바탕으로 베이즈 추론을 진행한 것처럼, 다항 분포 사건을 토대로 베이즈 추론을 진행할 수 있다. 이때 이항 분포에서 사후 확률 계산을 위해 $\beta$분포를 사용한 것처럼, 다항 분포의 사후 확률 계산을 위해 디리클레 분포를 사용하게 된다. 예를 들어, 여러 개의 사건 중 더 많이 발생하는 사건이 있다면 그러한 관측 결과를 반영하여 최초의 추정치(사건 발생을 관찰하기 전에 추정했던 분포)를 개선해 나가고 사후 확률 분포를 계산하게 될 것이다. LDA는 이러한 다항 분포에 대한 베이즈 추론 과정을 토픽 모델링에 활용한 것이다. 문헌의 주제 분포와 주제별 단어 분포를 베이즈 추론을 통해 접근하고자 한 것이다.

이를 종합하면 LDA는 이미 관찰된 변수를 통해 각각의 확률을 계산하여 토픽을 생성하는 사후 추론 방법이라고 생각할 수 있다. LDA의 문헌 생성 모델은 문헌의 주제 분포와 각 주제별로 특정 단어를 생성할 확률을 알고 있으면 특정 문헌이 만들어질 확률을 계산할 수 있다고 가정한다.

각 문서에 포함된 주제가 무작위로 혼합되어 있으며 각 단어는 해당 주제 중 하나에서 나온다. 이때 포아송 분포를 통해 임의의 문헌 길이 N을 선택한다. 그리고 $\alpha$(문헌집단 내에서 정해지는 변수; 학습을 통해 추정)를 매개변수로 한 디리클레 분포로부터 주제 분포 $\theta$를 선택한다. 하나의 문헌이 생성되기 위해서 어떤 문헌에 대해 주제 벡터인 $\theta$가 매개변수일 때 앞에서부터 단어를 하나씩 채울 때마다 $\theta$로부터 하나의 주제($z_n$)를 선택한 후 다시 그 주제로부터 단어를 선택한다.

아래 그림은 LDA의 그래프 모델을 보여준 논문(Blei, 2003)의 〈그림 7〉을 재구성한 것이다.

**그림 7-1 | LDA 모델(Blei, 2003 재구성)**

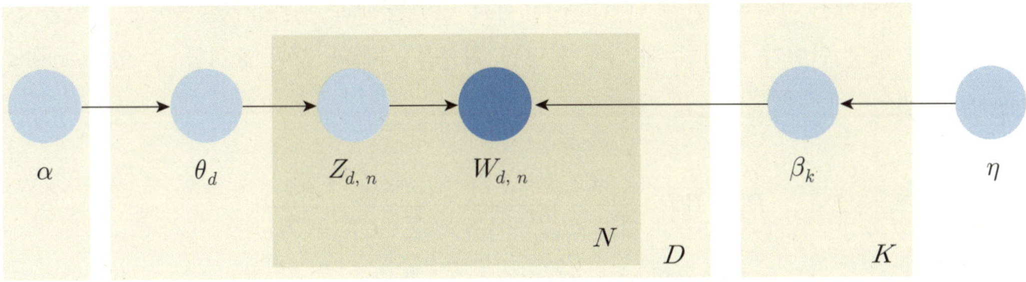


$\alpha$: 주제분포 $\theta$를 추정하기 위한 매개변수
$\beta$: 각 용어가 특정 주제에 할당될 사전 확률
$D$: 문헌의 개수
$K$: 주제의 개수
$N$: 문헌에 속한 단어의 개수
$Z$: 해당 단어가 속한 주제의 번호
$\theta$: 문헌의 주제 분포

문헌의 주제 분포인 $\theta$는 $\alpha$와 $\beta$값을 따르는 디리클레 분포라고 가정했을 때, 관측 결과에 따라 $\theta$의 디리클레 분포가 업데이트될 것이다. 이 과정에서 가능한 모든 $Z$값 중에서 가장 가능도가 높은 $Z$값을 찾았을 때 문헌 내의 각 단어들이 어디에 배정되어야 하는지를 추론할 수 있게 되는 것이다. 앞에서 언급한 베이즈 정리로 정리했을 때 LDA의 목표는 $P(Z|W)$ 값을 최대로 할 수 있는 $Z$값을 찾는 것이라고 할 수 있다.

LDA는 주제 분포와 주제-단어 분포를 산출하기 위한 또 하나의 기법으로 깁스 샘플링을 이용한다. 깁스 샘플링(GS: Gibbs Sampling)은 마르코프체인 몬테카를로의 한 종류로, 여러 분포 혹은 고차원의 분포로부터 특정값들을 무작위 추출을 통해 추정값을 산출하는 일련의 방법론이다(Gilks, Richardson & Spiegelhalter, 1997).3) 이는 저차원 분포로부터 반복적인 샘플링을 통해 고차원 분포와 유사한 수치들의 집합을 찾아낸다. 깁스 샘플링은 문헌에 출현하는 단어의 주제할당을 기반으로 한 사후추론을 통해 추정하게 된다(Griffiths & Steyver, 2007).

LDA에서 깁스 샘플링을 활용하는 이유는 문헌 내의 단어 개수를 N이라고 했을 때 관측되는 단어 벡터 W와 그 단어들의 주제 벡터인 Z도 모두 N차 벡터가 되기 때문이다. N값이 커질수록 이 계산은 매우 복잡해지고, 이 계산 과정을 용이하게 하기 위해 깁스 샘플링을 활용한다. N차 벡터에 대한 확률 분포를 (1차 벡터의 확률 분포×N개)로 접근하는 것이다. 후자의 경우 1차 벡터를 다룰 때 N-1개의 나머지 자료들을 고정하고 샘플링을 진행할 수 있기 때문에 N차 벡터에 대한 확률 분포를 구하는 것보다 용이하게 계산을 할 수 있다.

문헌집단에 출현하는 각각의 $i$번째 단어로부터 각각 단어를 $w_i$로, 단어가 출현하는 문헌을 $d_i$로 표현했을 때 해당 단어가 특정 주제 $z_j$에 할당될 확률을 다음과 같이 표현할 수 있다(Griffiths & Steyvers, 2007).

$$P(Z|W) \propto \frac{C_{mj}^{WT} + \beta}{\sum_{m'} C_{m'j}^{WT} + V\beta} \times \frac{C_{dj}^{DT} + \alpha}{\sum_{j'} C_{d'j}^{DT} + T\alpha}$$

$C_{mj}$는 단어 $m$이 주제 $j$에 속하는 횟수를,
$C_{dj}$는 문헌 $d$의 단어들이 주제 $j$에 속하는 횟수를 의미한다.

위의 식을 통해 (문헌 $d$에 속하는 단어 $m$이 주제 $j$에 속할 확률)은 (주제 $j$에 속하는 모든 단어 중에서 단어 $m$이 차지하는 비중)과 (문헌 $d$에 속하는 모든 주제 중 주제 $j$가 차지하는 비중)의 곱에 비례한다는 사실을 알 수 있다.

3) Kass, R. E., Gilks, W. R., Richardson, S., & Spiegelhalter, D. J. (1997). Markov chain Monte Carlo in practice. *Journal of the American Statistical Association*, 92(440), 1645.

이를 종합하면 깁스 샘플링을 이용한 LDA는 다음과 같은 과정으로 진행할 수 있다. 우선 각각의 단어에 임의의 주제를 배정한 후 모든 단어가 주제에 배정되어 있음을 전제로 한다. 이 전제를 통해 문헌별 주제 분포와 주제별 단어 분포가 결정되어 있음을 가정한다. 이 분포는 정확하지 않겠지만, 이후 깁스 샘플링을 통한 관측치들을 통해 분포를 수정할 것이기 때문에 정확하지 않은 분포를 사용하는 것이다. 이제 n번째 단어를 빼낸 후 그 단어를 제외하고 그 단어가 속한 문헌의 주제 분포와 단어 분포를 계산한다. 주제 분포와 단어 분포에서 topic을 선정해 해당 단어에 배정하고, 이 과정을 서로 다른 단어들에 대해 확률분포값이 수렴할 때까지 반복한다.

토픽 모델링에서 또 다른 주요한 개념은 다항 토픽 모델(DMR: Dirichlet-Multinominal Regression)**4)**이다. 이는 개체별 토픽의 추이를 분석하고자 제안되었다. 문헌과 주제분포를 기반으로 저자, 발행처, 참고문헌, 날짜 정보 등의 문헌 메타 데이터 특성을 제3의 파라미터로 설정하여 토픽 결과를 도출하는 LDA 기반 토픽 모델링 기법이 DMR이다.

Mimno, D. & McCallum, A.의 논문 중 〈그림 3〉에서 다항 토픽 모델을 설명한 그래프 모델을 아래와 같이 설명하였다.

**그림 7-2 | 다항 토픽 모델(Mimno, D. & McCallum, A. 2012 재구성)**

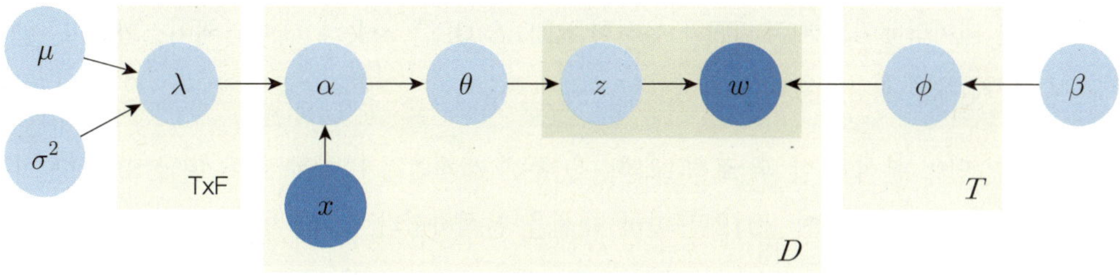


여기서 $\alpha$는 토픽에 대한 사전 분포이자 관찰된 문헌의 특성으로 고유한 메타 데이터 특성값에 따라 달라질 수 있다.

토픽 모델링의 활용 예시를 들어보면 다음과 같다.

M. Song, S. Y. KIM (2013)**5)**은 생물정보학 분야의 논문 자료에서 주제를 추출하여 해당 학문 분야의 지적 구조를 분석하고 하위 분야에 대한 연구 경향을 살펴보았다.

---

**4)** Mimno, D., & McCallum, A. (2012). Topic models conditioned on arbitrary features with dirichlet-multinomial regression. *arXiv preprint arXiv:1206.3278*.

**5)** M. Song, S. Y. KIM (2013). Detecting the knowledge structure of bioinformatics by mining full-text collections. *Scientometrics*, 96(1), 183-201.

**표 7-2 토픽 모델링 활용 예시: 지적 구조 분석**

| Topic 1 | Topic 2 | Topic 3 | Topic 4 | Topic 5 |
|---|---|---|---|---|
| Identification | Model | Human | Expression | Data |
| Signaling | Gene | Cells | Profiling | Time |
| Using | Mapping | Detection | Regulatory | Information |
| Cerevisiae | Protein | Pathway | Specific | Protein |
| Saccharomyces | Human | Protein | Mouse | Classification |
| Genes | Structural | Nematode | Transcriptional | Mining |
| **Topic 6** | **Topic 7** | **Topic 8** | **Topic 9** | **Topic 10** |
| Transcription | Expression | Analysis | Gene | Genome |
| Genomic | Gene | Protein | Genetic | Using |
| Evolutionary | Analysis | Networks | Evolution | Gene |
| Prediction | Data | Interaction | System | Inference |
| Factor | Using | Methods | Matabolism | Wide |
| Sites | Genes | Database | Chromosome | Sequences |

M. Song, M. C. Kim, and Y. K. Jeong (2014)[6]은 2012년 10월 1일부터 31일까지 '한국 대선'과 관련한 키워드들을 활용하여 174만 트윗을 수집하였다. 이를 통해 데이터들을 My-SQL과 더불어 함축된 데이터베이스 SQLITE와 유사한 REDIS DB를 사용해 데이터베이스화하고, 한국어태깅시스템 KTS를 활용하였다.

이후 동시 출현 단어 분석을 한 후 토픽 모델링을 통해 시계열적 변화를 보아 언급 및 방향 기반 사용자 네트워크를 시각화하여 2012년 한국 대선을 분석하였다.

아래 그림은 이 논문의 DMR을 활용한 topic trend overview와 증가 및 감소하는 topic의 모습이다.

6) M. Song, M. C. Kim, and Y. K. Jeong (2014). Analyzing the political landscape of 2012 Korean presidential election in Twitter. *IEEE Intelligent Systems*, 29(2), 18–26.

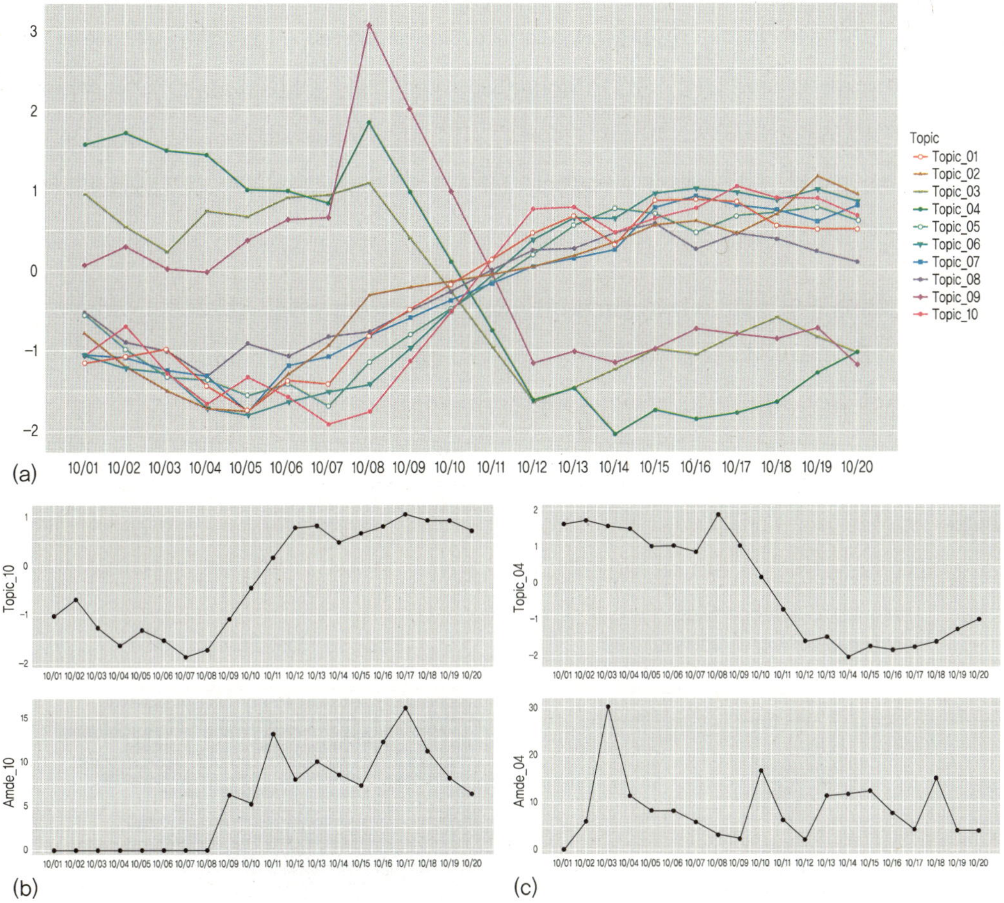


Figure2. Social trend analysis with Dirichlet-multionmial regression(DMR). (a) Topic trends overview. (b) Rising topic 10 "Abandonment of NLL"(Northern Limit Line) and related news articles. (c) Falling topic 4 "Suspicion on Ahn" and related news articles.

토픽 모델링에서는 gensim[7]이 주로 활용된다. 주어진 문헌집단에서 어떤 토픽이 있는지를 보고, 토픽을 메타 데이터나 조건 feature로 feature의 형성에 영향을 주는 알고리즘으로는 DMR을 활용할 수 있다. 가장 기본이 되는 LDA는 토픽이 시계열적으로 어떻게 변하는지를 보여준다. 이전에는 mallet과 java를 활용하였다면 현재는 tomotopy[8] 모델을 통해 토픽 모델링을 하여 기본적인 시각화를 붙여넣을 수 있도록 하였다.

Pip install tomotopy를 활용하자. 이 모듈은 C++로 제작하여 파이썬으로 porting한 코드로

---

7) https://radimrehurek.com/gensim/

8) https://bab2min.github.io/tomotopy/v0.5.1/kr/

토픽 모델링을 활용한다. 토픽 모델링 툴인 tomoto의 파이썬 확장 버전으로, 깁스 샘플링 기반의 토픽 모델링 라이브러리이다. LDAModel(Latnent Dirichlet Model), LLDAModel(Labeled LDA), PLDAModel(Partially Labeled LDA), SLDAModel(Supervised LDA), DMRModel(Dirichlet Multinominal Regression), HDPModel(Hierarchical Dirichlet Process), HLDAModel(Hierarchical LDA), MGLDAModel (Multi Grain LDA), PAModel(Pachinko Allocation), HPAModel(Hierarchical PA), CTModel(Correlated Topic Model) 등이 지원된다.

비주얼화하기 위한 툴인 pyldaviz는 gensim에 있는데 tomotopy에는 없으므로 pyldaviz의 연결 코드를 추가로 만들었다. 모듈 내에 여러 가지 코드들이 있으며 gensim과 mallet을 활용할 수 있다. 성능이 좋은 여러 가지 결과가 나올 것이며 이를 시각화할 필요가 있다.

Pyldaviz의 API를 확인하고 argument를 받는 포맷을 reverse로 알아내어 Yonlu에서 구현한 예시이다.

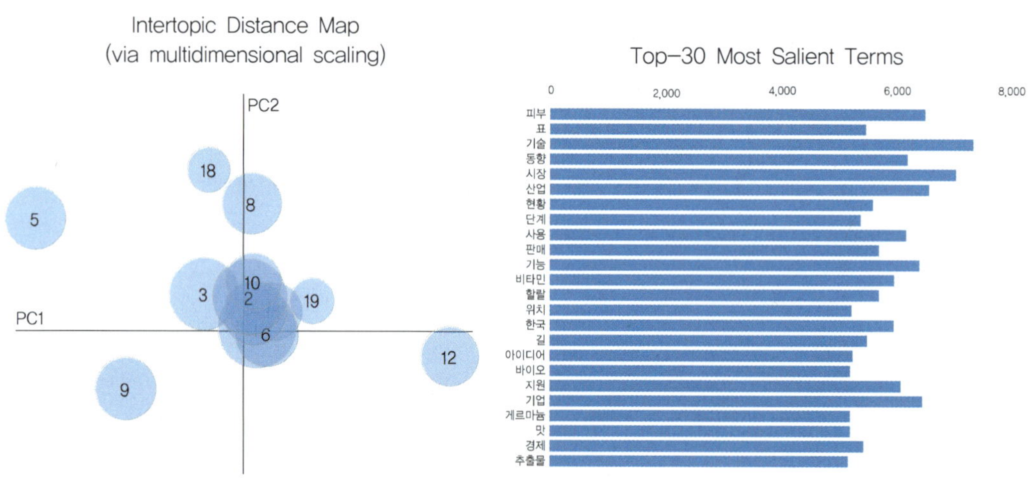


t-SNE를 활용하여 토픽들을 2차 평면에 뿌려줄 수도 있으며 topic document를 만들어 축소시키고 multi scaling 등을 통해 토픽들을 보여주고 있다. PCA(Principal Component Analysis)의 경우에는 validation이 작은 SET에만 돌아가며 vocabulary가 클 때는 Bertdimensionscaling이 잘 활용되지 않는다.

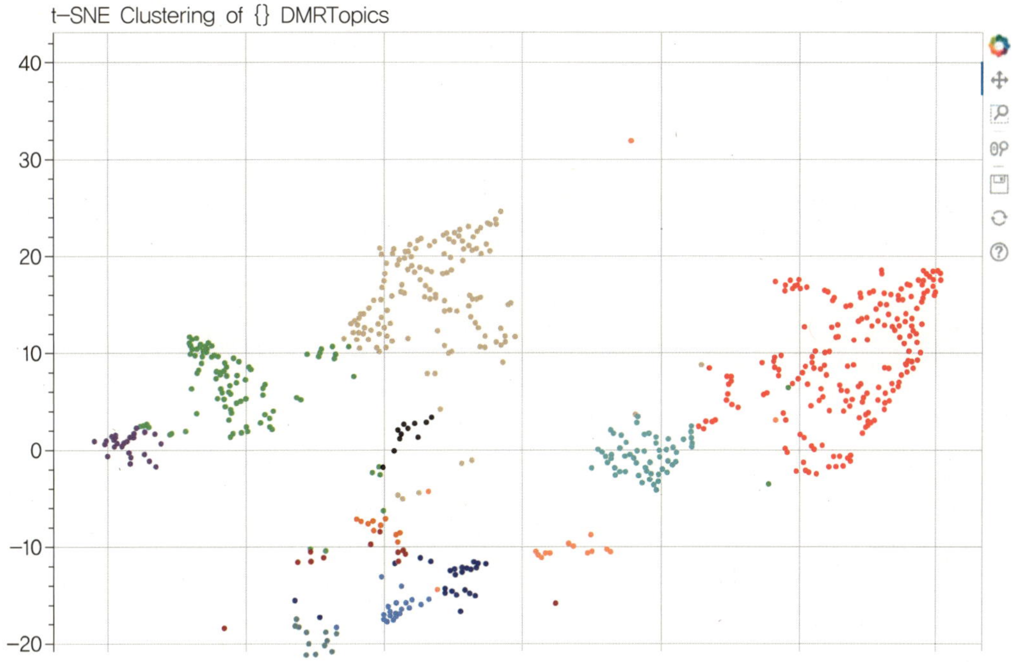


Treform의 test_topic_model.py의 예시는 다음과 같다.

```
from treform.topic_model.pyTextMinerTopicModel import pyTextMinerTopicModel
import treform as ptm
import tomotopy as tp

if __name__ == '__main__':

    mecab_path='C:\\mecab\\mecab-ko-dic'
    pipeline = ptm.Pipeline(ptm.splitter.NLTK(),
                            ptm.tokenizer.MeCab(mecab_path),
                            ptm.helper.POSFilter('NN*'),
                            ptm.helper.SelectWordOnly(),
                            ptm.helper.StopwordFilter(file='../stopwords/stopwordsKor.txt')
                            )

    corpus = ptm.CorpusFromFieldDelimitedFileWithYear('../sample_data/sample_dmr_input.txt',
doc_index=2,year_index=1)
    pair_map = corpus.pair_map

    result = pipeline.processCorpus(corpus.docs)
    text_data = []
    for doc in result:
        new_doc = []
        for sent in doc:
            for _str in sent:
```

```
            if len(_str) > 0:
                new_doc.append(_str)
        text_data.append(new_doc)

    topic_model = pyTextMinerTopicModel()
    topic_number=10
    #dominant_topic_number = 6
    #if dominant_topic_number >= topic_number:
    #     dominant_topic_number = topic_number - 1

    mdl=None
    #mode is either lda, dmr, hdp, infer, ct, visualize, etc

    mode='lda' #아래의 lda, dmr,..
    label = ''
    if mode == 'lda':
        print('Running LDA')
        label='LDA'
        lda_model_name = './test.lda.bin'
        mdl=topic_model.lda_model(text_data, lda_model_name, topic_number)

        print('perplexity score ' + str(mdl.perplexity))

    elif mode == 'dmr':
        print('Running DMR')
        label='DMR'
        dmr_model_name='./test.dmr.bin'
        mdl=topic_model.dmr_model(text_data, pair_map, dmr_model_name, topic_number)

        print('perplexity score ' + str(mdl.perplexity))

    elif mode == 'hdp':
        print('Running HDP')
        label='HDP'
        hdp_model_name='./test.hdp.bin'
        mdl, topic_num=topic_model.hdp_model(text_data, hdp_model_name)
        topic_number=topic_num

        print('perplexity score ' + str(mdl.perplexity))

    elif mode == 'hlda':
        print('Running HLDA')
        label='HLDA'
        hlda_model_name = './test.hlda.bin'
        mdl=topic_model.hlda_model(text_data, hlda_model_name)

        print('perplexity score ' + str(mdl.perplexity))

    elif mode == 'ct':
```

```
        print('Running CT')
        label = 'CT'
        ct_model_name = './test.ct.bin'
        save_file = 'D:/python_workspace/treform/topic_network.html'
        mdl = topic_model.ct_model(text_data, ct_model_name, topic_number=topic_number,
topic_network_result=save_file)

    elif mode is 'infer':
        lda_model_name = './test.lda.bin'
        unseen_text='아사이 베리 블루베리 비슷하다'
        topic_model.inferLDATopicModel(lda_model_name, unseen_text)

    if mode == 'visualize':
        model_name = './test.ct.bin'
        if model_name == './test.lda.bin':
            mdl = tp.LDAModel.load(model_name)
        elif model_name == './test.dmr.bin':
            mdl = tp.DMRModel.load(model_name)
            visual_result_file1= '../dmr_line_graph.png'
            visual_result_file2 = '../dmr_bar_graph.png'
            topic_model.visualizeDMR(mdl,visual_result1=visual_result_file1,
visual_result2=visual_result_file2)
        elif model_name == './test.ct.bin':
            mdl = tp.CTModel.load(model_name)
            result_file = 'D:/python_workspace/treform/topic_network.html'
            topic_model.visualize_ct_model(mdl, topic_network_result=result_file)

        mdl.load(model_name)
        # The below code extracts this dominant topic for each sentence
        # and shows the weight of the topic and the keywords in a nicely formatted output.
        df_topic_sents_keywords, matrix =
topic_model.format_topics_sentences(topic_number=topic_number, mdl=mdl)

        # Format
        df_dominant_topic = df_topic_sents_keywords.reset_index()
        df_dominant_topic.columns = ['Document_No', 'Dominant_Topic', 'Topic_Perc_Contrib',
'Keywords', 'Text']
        df_dominant_topic.head(10)

        # Sometimes we want to get samples of sentences that most represent a given topic.
        # This code gets the most exemplar sentence for each topic.
        dist_result_file_ = '../dist_doc_word_count.png'
        #topic_model.distribution_document_word_count(df_topic_sents_keywords, df_dominant_topic,
result_file=dist_result_file_)

        #When working with a large number of documents,
        # we want to know how big the documents are as a whole and by topic.
        #Let's plot the document word counts distribution.
        dominant_result_file_ = '../dominant_topic_word_count.png'
```

```
    dominant_topic_number = 7
    #topic_model.distribution_word_count_by_dominant_topic(df_dominant_topic,dominant_topic_number=
dominant_topic_number, result_file=dominant_result_file_)

    # Though we've already seen what are the topic keywords in each topic,
    # a word cloud with the size of the words proportional to the weight is a pleasant sight.
    # The coloring of the topics I've taken here is followed in the subsequent plots as well.
    topic_cloud_result_file = '../topic_word_cloud.png'
    topic_number = mdl.k
    #topic_model.word_cloud_by_topic(mdl, topic_number=topic_number,topic_cloud_result_file=topic_cloud_result_file)

    topic_keyword_result_file = '../topic_keyword.png'
    # Let's plot the word counts and the weights of each keyword in the same chart.
    #topic_model.word_count_by_keywords(mdl,matrix,topic_keyword_result_file=topic_keyword_result_file,
topic_number=topic_number)

    topics_per_document = '../topic_per_document.png'
    #topic_model.topics_per_document(mdl, start=0, end=10, topics_per_document=topics_per_document,
topic_number=topic_number)

    #visualize documents by tSNE
    #topic_model.tSNE(mdl,matrix,label,topic_number=topic_number)

    visualization_file='../topic_visualization.html'
    #topic_model.make_pyLDAVis(mdl,visualization_file=visualization_file)
```

인공지능 기반 자연어 처리
Artificial intelligence-based natural language processing

CHAPTER

08

# 자동 분류

# 자동 분류

Document classification은 정보 검색론에서 text categorization이라고도 불린다. 분류 문제는 카테고리화된 라벨을 가정한다는 것으로 뉴스 필터링, 문서 조직과 검색, 감성 분석, 이메일 분류와 스팸 필터링 등에 활용될 수 있다. 방법론으로 보면 딥러닝이 보편화되기 이전에 텍스트 마이닝의 지도 학습이 document classification으로 불렸다(비지도 학습이 document clustering).

## 1 문헌 분류 개요

지도 학습은 학습 데이터가 필요하며 문서 분류기인 classifier(classification algorithm)가 있으면 하나의 통일된 학습 데이터로 다양한 업무를 학습한다. 예를 들어, 뉴스 기사를 경제, IT, 정치 각 주제별로 10,000건 정도의 데이터를 수집하였다고 하자. 이 학습 데이터를 통해 각각의 텍스트가 어떤 주제 분류 내에 있는지 정답을 알 수 있다. 또한 트위터 데이터는 정치, 경제, 문화로 분리될 수 있고 대부분의 트위터 데이터를 추출해서 이에 속하는 것을 키워드 검색하면 읽어볼 수 있다. 학습 데이터(training data set)를 어노테이션해서 코퍼스로 만들 수 있다. 학습 데이터는 주제 전문가가 만드는 것이 일반적이다. 딥러닝도 학습 데이터를 활용하여 더 좋은 성능을 내도록 하고 있으며 자연어 처리 분야에서 학습 데이터는 아주 중요하다.

학습 데이터는 모델을 만들 때와 평가용으로 활용될 때로 나누어진다. 보통 80은 학습에 사용하고 20은 평가에 사용한다. 다만 학습과 평가 데이터를 나누다보면 무엇을 학습 데이터로 뽑고 무엇을 평가 데이터로 뽑는지가 성능에 많은 영향을 준다. 그러므로 순차적으로 뽑을 때 몇 번을 뽑는지 n-fold cross validation으로 교차검증을 한다. 10,000개 중 2,000개씩 나눈다면 n=5개이고 폴드를 5개로 나누는 것이다. 10개로 나눈다면 하나의 폴드에는 1,000개씩이 있을 것이다. 이때 n-cross validation을 활용하여 8개는 train, 2개는 test로 할당한다. 이를 round robin 방식으로 하면 폴드가 5개여서 123을 train, 45를 test, 678을 train, 9 10을 test로 활용할 것이다. 이것이 기계 학습의 전통적인 방법이다. Fold-out 등의 방법도 있지만 SKlearn에서 주로 활용하는 n-cross validation 방식이다.

지도 학습은 이진 분류(yes/no)로 나누어지고 감성 분석도 긍정/부정으로 나눌 수 있다. Multi-label classification은 binary가 아니라 여러 개의 범주로 다양한 클래스를 나눈다. Binary가 일반적으로 더 성능이 좋으며 10,000개의 데이터 중에 A클래스와 B클래스를 놓고 보면 확률이 50%는 될 수 있기 때문이다. 3개의 클래스로 나누면 각각 33% 정도의 확률이 될 것이다. Multi label classification은 multi class classification과는 다른 유형의 분류로 한 문헌이 한 범주에 속하는 것이 아니라 하나 이상의 범주에 속하는 것이다.

문헌 자동 분류에서 기본적인 feature set을 살펴보자. 분류에서는 자질 추출이 중요하다. 자질 추출은 불용어 제거와 stemming 등의 방식으로 활용할 수 있고, 분류 과정과 관련한 자질을 결정한 후 지니계수와 엔트로피 등으로 적합도를 볼 수 있다. 이때 입력 자료구조는 문법*단어 행렬이다. 일반적인 머신러닝에서는 term(unique한 단어)이 세로이고 이는 곧 feature가 된다.

머신러닝에서 말하는 feature selection과 feature generation은 단어를 세로로 정렬해 놓고 bag of words로 중요한 단어를 뽑는 것이다. 이때 선택은 빈도수와 TF*IDF로 하는 방법이 있고 매트릭스를 줄이는 방법 등이 있다(전처리 과정에서는 stemming, 불용어 제거를 할 것이다). 중요한 단어는 feature selection으로 뽑으며 feature generation은 좀 다른 개념이다. Feature generation에서 feature는 단어가 아니라 품사일 수도 있으며 feature를 생성한다는 의미이다. 다시 자질 추출에 대해 말하면 feature selection은 정제한 데이터에서 문서 분류의 근거가 되는 자질을 추출하는 것이다. 정답 카테고리가 들어 있는 학습 데이터(텍스트 등)에서 자질을 추출하고 매트릭스를 만들며 이를 feature representation하는 것이다. A라는 벡터에 있는 term과 term들의 값으로 class 1, 2로 시작해 n개의 문헌까지 학습한다. 즉, 분류기를 통해 어떤 경우에 무슨 레이블을 주는지를 계속 학습시킨다. 단, 학습 데이터의 양이 적으면 분류기를 제대로 만들기가 쉽지 않다.

충분히 많은 양의 학습 데이터가 필요하며 어느 정도가 충분한 양인지에 대해서는 의견이 분분하다. 모집단에서 추출한 것으로 데이터를 만들텐데 얼마나 랜덤하게 학습 데이터를 뽑았는지와 작은 양의 데이터지만 전체 모집단을 잘 representation하는지, 자질들은 잘 선택했는지가 중요할 것이다. 단, 학습문헌은 적어도 몇 천개 이상의 데이터는 되어야 한다. 학습 데이터를 코드에서 10,000개, 5,000개, 2,000개, 1,000개로 조정해보면서 분류기에 어떤 영향을 주는지를 살펴보고 자질 선택을 TF*IDF로 하는지 혹은 단순 빈도수로 하는지 등을 살펴보자. 학습 데이터가 분류 성능에 어떤 영향을 주는지와 어떤 feature을 썼을 때(표현 방법: 빈도, TF*IDF 등) 분류 성능에 어떤 변화가 생기는지에 대해서도 알아볼 수 있다.

## 2 지니계수와 엔트로피

차별성 있는 feature을 추출하기 위해 활용되는 지니계수와 엔트로피에 대해 알아보자. Term의 중요도를 토대로 feature를 계산하게 되며 중요도는 frequency를 비롯하여 지니계수, 엔트로피, TF*IDF term rating을 사용할 수 있다. 그 중에서도 Feature의 차별점을 판별하는 가장 흔한 방법 중 하나가 지니계수이다.

단어 $w$에 대해서 $k$개의 다른 클래스가 레이블링된 $p_1(w)$, ⋯, $p_k(w)$가 있다.

$$\sum_{i=1}^{k} p_i(w) = 1$$

이때 단어 $w$가 얼마나 큰 차별성을 가지는지 대표하는 $G(w)$는 다음과 같이 정의된다.

$$G(w) = \sum_{i=1}^{k} p_i(w)^2$$

각 클래스에 속한 단어 $w$에 대해서 $G(w)$의 값은 1이다. 다른 측면에서 단어가 포함하는 단어 $w$는 $k$개의 다른 클래스들 사이에 균등히 분포되어 $1/k$의 값을 가진다. 다만 처음에 균등히 분포되지 못할 것을 반영하여 정규화된 지니계수를 다음과 같이 표현할 수 있다.

$$p_i^{'}(w) = \frac{p_i(w)/P_i}{\sum_{j=1}^{k} p_j(w)/P_j}$$

이때 지니계수는 아래의 정규화된 값들에 의해 나타난다. $P_i$는 지니계수를 좀 더 명확하게 반영하게 하고 $n$개의 문서를 포함하는 콘텐츠, $d$개의 단어, $k$개의 클래스를 활용하여 복잡성을 이룬다.

Feature 추출에 자주 사용되는 또 하나의 방법은 정보의 획득 또는 엔트로피이다.

$$\begin{aligned} I(w) = & -\sum_{i=1}^{k} P_i * \log(P_i) + F(w) * \sum_{i=1}^{k} P_i(w) * \log(p_i(w)) \\ & + (1 - F(w)) * \sum_{i=1}^{k} (1 - P_i(w)) * \log(1 - p_i(w)) \end{aligned}$$

정보 획득값인 $I(w)$가 커질수록 단어의 차별점도 커진다.

Treform의 document classification 코드에서 Lasso의 방법에 대해 알아보자.

Classification을 위한 lasso_term_extraction.py의 예시 코드는 다음과 같다.

해당 예시의 input data는 네이버 뉴스 데이터로, 다음과 같은 csv 파일이다.

| title | origiallink | link | description | pubDate |
|---|---|---|---|---|
| 윤희숙 "이해찬, 분노한 국민들 안중에도 없는듯" | https://www.chosun.com/politics/politics_general/2021/03 | https://news.naver.com/main/read.nhn?mode=LSD&mid= | 윤 의원은 이날 자신의 페이스북에 올린 글에서 "<b>대통 | Sat, 20 Mar 2021 14 |
| [인터뷰] '전국 시군구 남북교류협력 포럼' 김병내 초대 사 | http://news.tf.co.kr/read/national/1849164.htm | https://news.naver.com/main/read.nhn?mode=LSD&mid= | 남북 정상이 분단 이후 처음으로 판문점에서 만났고, 문재인 | Sat, 20 Mar 2021 14 |
| 바이든, 전용기 오르다 중심 잃고 발 헛디뎌 '휘청' | https://www.ytn.co.kr/_ln/0104_202103201408065608 | https://news.naver.com/main/read.nhn?mode=LSD&mid= | 조 바이든 미국 <b>대통령</b>이 전용기에 오르다가 계단 | Sat, 20 Mar 2021 14 |
| '댓글조작' 드루킹, 징역 3년 만기 출소 | https://biz.chosun.com/site/data/html_dir/2021/03/20/20 | https://news.naver.com/main/read.nhn?mode=LSD&mid= | 19대 대선에서 문재인 <b>대통령</b>에게 유리하게 댓글 | Sat, 20 Mar 2021 14 |
| '이십세기 힛트쏭', 펌프·DDR로 추억 소환! 오락실 평정한 ' | http://www.marketnews.co.kr/news/articleView.html?idxnc | http://www.marketnews.co.kr/news/articleView.html?idxnc | 2005년도에 국가대표에 발탁, 2009년 제1회 <b>대통령</ | Sat, 20 Mar 2021 14 |
| '댓글 조작' 드루킹, 징역 3년 만기 출소 | https://www.ytn.co.kr/_ln/0103_202103201407544514 | https://news.naver.com/main/read.nhn?mode=LSD&mid= | 제19대 <b>대통령</b> 선거 등을 겨냥해 댓글 조작을 벌 | Sat, 20 Mar 2021 14 |
| [DA:리뷰] '힛트쏭' 곧 마흔 김희철, 펌프 국대→현란한 발재 | https://sports.donga.com/article/all/20210320/10599297 | https://news.naver.com/main/read.nhn?mode=LSD&mid= | 2005년도에 국가대표에 발탁, 2009년 제1회 <b>대통령</ | Sat, 20 Mar 2021 14 |
| 공인중개사 시험에 대해 궁금하다면, 에듀윌 '초보수험가이 | http://edu.donga.com/?p=article&ps=view&at_no=20210 | http://edu.donga.com/?p=article&ps=view&at_no=20210 | 한편, 에듀윌은 세 번의 <b>대통령</b>상 수상을 비롯, 정 | Sat, 20 Mar 2021 14 |
| "2017년 5월 방문 않으셨더라면..." 인천공항 | http://news.mk.co.kr/newsRead.php?no=265896&year=20 | https://news.naver.com/main/read.nhn?mode=LSD&mid= | 싶다" "문재인 <b>대통령</b>님이 2017년 5 | Sat, 20 Mar 2021 14 |
| '총격 희생자 추모'... 주한 미국 대사관에 게양된 조기 [TF사 | http://news.tf.co.kr/read/photomovie/1849173.htm | https://news.naver.com/main/read.nhn?mode=LSD&mid= | 조 바이든 미국 <b>대통령</b>은 한인 4명 등 8명이 숨진 | Sat, 20 Mar 2021 14 |
| "소방공무원 수험생 주목" 탄탄한 기초 학습에 | http://www.ksilbo.co.kr/news/articleView.html?idxno=791 | http://www.ksilbo.co.kr/news/articleView.html?idxno=791 | 한편, 에듀윌은 세 번의 <b>대통령</b>상 수상을 비롯, 정 | Sat, 20 Mar 2021 14 |
| 조기 게양된 주한 미국 대사관 [포토] | http://news.tf.co.kr/read/photomovie/1849172.htm | https://news.naver.com/main/read.nhn?mode=LSD&mid= | 조 바이든 미국 <b>대통령</b>은 한인 4명 등 8명이 숨진 | Sat, 20 Mar 2021 14 |
| '애틀란타 총격' 희생자 추모하는 조기 [포토] | http://news.tf.co.kr/read/photomovie/1849171.htm | https://news.naver.com/main/read.nhn?mode=LSD&mid= | 조 바이든 미국 <b>대통령</b>은 한인 4명 등 8명이 숨진 | Sat, 20 Mar 2021 14 |
| 불과 10여년전엔...韓<b>대통령</b>은 후쿠시마, 日총리는 | https://www.hankyung.com/politics/article/20210314103 | https://news.naver.com/main/read.nhn?mode=LSD&mid= | 이명박 당시 <b>대통령</b>은 곧바로 원자바오 중국 총리 | Sat, 20 Mar 2021 14 |

```
import json
from collections import namedtuple
from scipy.sparse import csr_matrix
from sklearn.linear_model import LogisticRegression
from sklearn.feature_extraction.text import CountVectorizer
import Youlu as ptm
KeywordScore = namedtuple('KeywordScore', 'word frequency coefficient')
class LassoTermExtractor:
    def __init__(self, min_tf=20, min_df=10, costs=None, verbose=True):
        name = 'lasso'
        self.min_tf = min_tf
        self.min_df = min_df
        self.costs = [500, 200, 100, 50, 10, 5, 1, 0.1] if costs == None else costs
        self.costs = sorted(self.costs)
        self.verbose = verbose
        self.index2word = None
        self.word2index = None
        self._tfs = {}
    def train(self, x, index2word=None, word2index=None):
        self.num_doc, self.num_term = x.shape
        self.index2word = index2word
        self.word2index = word2index
        rows, cols = x.nonzero()
        b = csr_matrix(([1] * len(rows), (rows, cols)))
        _df = dict(enumerate(b.sum(axis=0).tolist()[0]))
        _df = {word: df for word, df in _df.items() if df >= self.min_df}
        self._tfs = dict(enumerate(x.sum(axis=0).tolist()[0]))
        self._tfs = {word: freq for word, freq in self._tfs.items() if (freq >= self.min_df) and (word
in _df)}
        rows_ = []
        cols_ = []
        data_ = []
        for r, c, d in zip(rows, cols, x.data):
            if not (c in self._tfs):
                continue
            rows_.append(r)
            cols_.append(c)
            data_.append(d)
        self.x = csr_matrix((data_, (rows_, cols_)))
        self._is_empty = [1 if float(d[0]) == 0 else 0 for d in self.x.sum(axis=1)]
```

```
def extract_from_word(self, word, min_num_of_keywords=5):
    word = self._encoding(word)
    pos_idx = self.get_document_index(word)
    return self.extract_from_docs(pos_idx, min_num_of_keywords, except_words={word})
def _encoding(self, word):
    if type(word) == str:
        if not self.word2index:
            raise ValueError('You should set index2word first')
        word = self.word2index.get(word, -1)
    return word
def get_document_index(self, word):
    word = self._encoding(word)
    if not (0 <= word < self.num_term):
        return []
    return self.x[:, word].nonzero()[0].tolist()
def extract_from_docs(self, docs_idx, min_num_of_keywords=5, except_words=None):
    pos_idx = set(docs_idx)
    print(str(len(pos_idx)))
    #for d in pos_idx:
        #print(str(self._is_empty[d]) + " :: " + str(d))
    y = [1 if (d in pos_idx and self._is_empty[d] == 0) else -1 for d in range(self.num_doc)]
    if (1 in set(y)) == False:
        if self.verbose:
            print('There is no corresponding documents')
        return []
    if except_words:
        data_ = []
        rows_ = []
        cols_ = []
        rows, cols = self.x.nonzero()
        for r, w, d in zip(rows, cols, self.x.data):
            if w in except_words:
                continue
            data_.append(d)
            rows_.append(r)
            cols_.append(w)
        x_ = csr_matrix((data_, (rows_, cols_)))
    else:
        x_ = self.x
    for c in self.costs:
        logistic = LogisticRegression(penalty='l1', C=c, solver='liblinear')
        logistic.fit(x_, y)
        coefficients = logistic.coef_.reshape(-1)
        keywords = sorted(enumerate(coefficients), key=lambda x: x[1], reverse=True)
        keywords = [(word, self._tfs.get(word, 0), coef) for word, coef in keywords if coef > 0]
        logistic = None
        if self.verbose:
            print('%d keywords extracted from %.3f cost' % (len(keywords), c))
        if len(keywords) >= min_num_of_keywords:
            break
    if self.index2word:
```

```
            keywords = [KeywordScore(self.index2word[word] if 0 <= word < self.num_term else 'Unk%d' %
word, tf, coef)
                        for word, tf, coef in keywords]
        else:
            keywords = [KeywordScore(word, tf, coef) for word, tf, coef in keywords]
        return keywords
if __name__ == '__main__':
    input_file = './data/3_class_naver_news.csv'
    # 1. text processing and representation
    corpus = ptm.CorpusFromFieldDelimitedFileForClassification(input_file,
                                                                delimiter=',',
                                                                doc_index=4,
                                                                class_index=1,
                                                                title_index=3)

    tups = corpus.pair_map
    class_list = []
    for id in tups:
        # print(tups[id])
        class_list.append(tups[id])
    mecab_path = 'C:\\mecab\\mecab-ko-dic'
    pipeline = ptm.Pipeline(ptm.splitter.NLTK(),
                            ptm.tokenizer.MeCab(mecab_path),
                            ptm.helper.POSFilter('NN*'),
                            ptm.helper.SelectWordOnly(),
                            ptm.ngram.NGramTokenizer(1, 2),
                            ptm.helper.StopwordFilter(file='../stopwords/stopwordsKor.txt')
                            )
    result = pipeline.processCorpus(corpus)
    print('==  ==')
    with open("./model/id_to_category.json") as handle:
        id_to_category = json.loads(handle.read())
    # 0 - economy 1 - IT 2 - politics
    category = []
    documents = []
    idx = 0
    for doc in result:
        document = ''
        for sent in doc:
            document += " ".join(sent)
        documents.append(document)
        label = class_list[idx]
        if label == id_to_category[str(2)]:
            category.append(idx)
        idx += 1
    vectorizer = CountVectorizer()
    x = vectorizer.fit_transform(documents)
    print(x.shape)
    word2index = vectorizer.vocabulary_
    index2word = sorted(
        vectorizer.vocabulary_,
        key=lambda x: vectorizer.vocabulary_[x]
```

```
)
lasso = LassoTermExtractor(costs=[500, 200, 100, 50, 10, 5, 1, 0.1],
                           min_tf=10,
                           min_df=5)
lasso.train(x,index2word,word2index)
#keywords = lasso.extract_from_word(137,min_num_of_keywords=30)
keywords = lasso.extract_from_docs(category,min_num_of_keywords=30)
print(keywords[:20])
```

코드를 보면 pentalty값, c값(커질수록 feature를 더 많이 뽑을 것이다), solver을 사용하여 중요한 단어를 추출하는 것을 볼 수 있다. 단어 ID를 가지고 실질적으로 단어를 추출하는 것이다.

문헌 분류에서 변수를 어떻게 최적화시킬지에 대한 방법들이 있다. L1은 여러 가지 변수 중에 왼쪽에 있는 y변수를 잘 예측할 수 있는 좋은 변수들만 필터링하는 방법이다. L2는 전체 x값의 변수 세트를 정렬하는 방법이다. 최적화는 L2를 많이 쓰지만 L1으로도 변수를 추출할 수 있다. 세로가 vocabulary의 합이면 vocabulary 중에서 특정 단어를 필터링을 하는 작업이 lasso이다. 교집합과 분류를 수행한 후 군집이 끝나면 군집화된 단어들을 나타내는 방법이다. 핵심이 되는 단어들을 찾을 때 lasso의 방법으로 추출한다. Lasso 기반의 단어 추출은 감성 분석을 기계 학습으로 활용할 수 있도록 해준다. 긍정/부정 카테고리에서 핵심이 되는 단어들이 무엇인지 n개의 단어를 찾아낸 후 그 단어가 긍정과 부정 중 어느 카테고리에 많이 포함되는지 살펴본다. 사전 구축 시에도 긍정/부정 관련해서 활용할 수 있다.

선형 회귀(linear regression)는 y=Wx+b의 값에 대입하면 y는 종속변수이고 x는 독립변수이다. x 변수가(텍스트 마이닝에서는 단어) y값을 잘 예측한다면 구별력 있는 단어인 것이다. 선형 회귀에서 coefficient가 되며 SKlearn에서 값이 얼마나 좋은가에 따라 단어가 어느 문헌의 범주에 속하는지에 대한 결정 요인이 된다. 다중 선형 회귀 분석은 $y = W_1x_2 + W_2x_2 + \cdots W_nx_n + b$의 형식이 된다. 이때의 가설은 x와 y의 관계를 w와 b를 이용하여 식을 세우는 일이다. 다만, 선형 회귀를 분류에 직접적으로 활용하는 것이 쉽지 않다. Y값이 x값에 따라 달라지므로 실질적으로는 continuous value이다. 선형 회귀는 하면 직선으로 선이 그어지니까 어긋나는 예측이 된다. 적합한 예측을 위해서는 S-커브를 함수로 표현해야 한다.

Objective function(=cost function, loss function)은 실제값과 예측값에 대한 오차를 표현하면 되는 것이 아닌 예측값의 오차를 줄이는 일에 최적화된 식이어야 한다. 이는 함수의 값을 최소화하거나 최대화하므로 목적함수라고 불리며 비용함수 또는 손실함수라고도 불린다. 회귀 문제는 Mean Squared Error(MSE, 평균 제곱 오차)가 일어난다. 예를 들어, y축이 시험 점수이고 x축이 공부한 시간이라면 linear한 증가가 일어날 것이다. 그러나 실질적으로는 정확하게 linear한 값이 나타나진 않기 때문에 bidirectional error MSE 오차[1]가 일어난다.

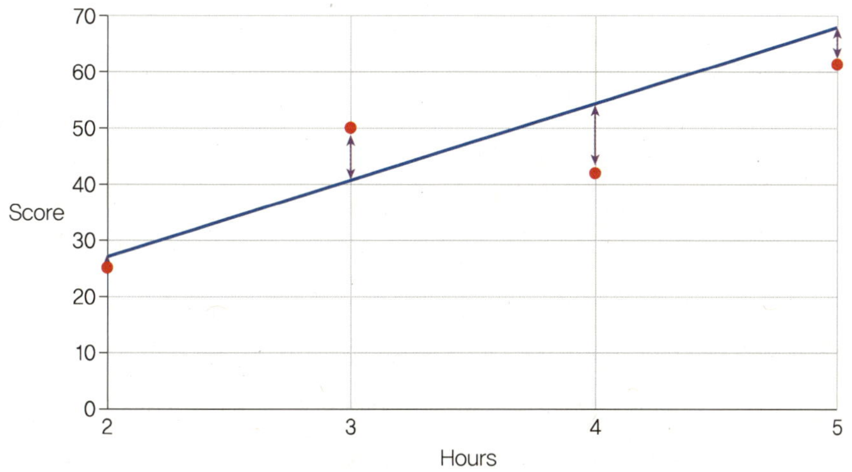


이 평균 제곱 오차의 cost(W, b)를 최소가 되게 만드는 W와 b를 구하면 결과적으로 $y$와 $x$의 관계를 가장 잘 나타내는 직선을 그릴 수 있을 것이다. 여기서 $i$번째 $y$와 $i$번째 $x$의 실제값을 보자.

$$\text{cost(W, b)} = \frac{1}{n}\Sigma_{i=1}^{n}[Y^{(i)} - H(x^{(i)})]^2$$

단, $y$가 범주형 변수일 때는 다중선형 모델을 그대로 적용할 수 없으며 이런 문제 때문에 logistic c 모델이 제안된다. 앞에서 말한 S-커브를 함수로 표현해낸 것이 로지스틱 함수이며 분야에 따라 sigmoid 함수로도 불린다. 다음과 같이 $y$값이 0과 1 사이의 값을 가진다.

$$y = \frac{1}{1+e^{-x}}$$

1) $\text{MSE} = \frac{1}{n}\Sigma_{i=1}^{n}(Y_i - \widehat{Y}_i)^2$로, MSE는 실제 관측값($Y_i$)과 회귀식 예측값($\widehat{Y}_i$)의 차이를 측정한다.

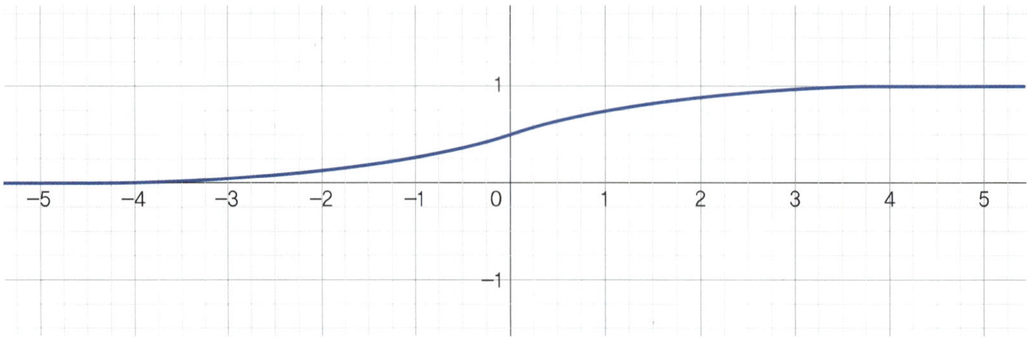


이에 더해 odds라는 승산인 임의의 사건 A가 발생하지 않을 확률 대비 일어날 확률이라는 개념이 필요하다. 확률(P)과 승산(P(A)/1-P(A))의 개념을 logistic regression model에 적용하면 다음과 같다. 왼쪽의 값이 y값을 변형시킨 linear regression model로 볼 수 있고, 독립변수가 있는 왼쪽이 아니라 logistic regression model로 변환시키면 오른쪽과 같이 변형된다. Log를 씌우기 전에는 0과 1 사이의 값만 가졌지만 후에는 값에 변화가 있을 것이다.

$$\log\left(\frac{P(Y=1|X=\vec{x})}{1-P(Y=1|X\equiv\vec{x})}\right)=\vec{\beta}^{T}\vec{x}$$

이와 관련되어 binary로 분류할 경우 decision boundary로 해당 데이터의 범주를 0 또는 1로 분류할 것이다.

앞의 설명을 바탕으로 최적화된 값들이 layer 간에 전달이 되는지 딥러닝을 활용해보도록 하자.

텍스트 분류는 다양한 방법론으로 활용된다(Aggarwal, C. C., & Zhai, C. (2012)).[2] 데이터의 형태나 분석 목적에 따라 적절한 분류 방법을 사용하는 것이 필요하다. 텍스트 데이터를 단어들의 속성 정보를 포함한 qualitative data라고 생각하고 classification modeling을 진행할 수도 있다. 단, 텍스트 데이터는 sparse하고 높은 차원의 데이터이며 낮은 빈도를 보이는 특징을 가지고 있기 때문에 이러한 특성을 잘 반영할 수 있는 분류 모델을 디자인하는 것이 필요하다.

**2)** Aggarwal, C. C., & Zhai, C. (2012). A survey of text classification algorithms. In *Mining text data* (pp. 163-222). Springer, Boston, MA.

## 3 문헌 분류 방법론

텍스트 분류를 위해 사용되는 방법론 중 SKlearn의 머신러닝 알고리즘을 활용한 몇 가지 방법을 살펴보자.

나이브 베이즈를 활용하여 서로 다른 클래스들 간의 단어 자질을 활용해 모델링하고 확률적 분류기를 만든 베이지안 분류기, 거리에 따라 분류를 진행하는 K-Nearest Neighborhood(KNN), 서로 다른 텍스트 자질을 활용하여 계층적인 분할을 사용하는 decision tree, 그리고 데이터 공간을 선형이나 비선형 분류로 사용하여 서로 다른 클래스로 분류하는 Support Vector Machine(SVM)이 있다.

나이브 베이즈를 활용한 베이지안 분류기들은 확률 모델을 기반으로 한 분류기이다. 단어들이 문서에 출현하는 사후 확률을 기반으로 분류를 진행한다. 나이브 베이즈 방법론은 구성요소나 클래스에서 특정한 용어를 샘플링할 가능성을 고려한다는 특징이 있다. 이때 서로 다른 용어들의 독립적 분포를 전제로 한다. 이러한 분류기들을 generative classifier라고 부르며 나이브 베이즈 분류는 가장 간단하고 많이 사용되는 generative classifier 중 하나이다.

나이브 베이즈 분류에서 주로 사용되는 모델은 다변량 베르누이 모델(Multivariate Bernoulli Model)과 다항 분포 모델(Multinomial Model)이다. 두 모델 모두 클래스의 사후 확률을 계산하고, bag of words 이론을 활용하여 단어들의 실제 위치를 고려하지 않고 분석을 진행한다는 특징이 있다. 이 두 모델의 차이는 단어의 빈도를 account에 포함하는지 여부와 이에 따른 상이한 확률 공간 샘플링 방식이다.

다변량 베르누이 모델에 대해서 더 자세히 알아보자. 이 모델의 기본 아이디어는 단어가 문서에 출현하는지 부재하는지를 문서를 표현할 수 있는 feature로 활용한다는 것이다. 이때 문서를 별개의 단어 집합으로 처리한다. $V=\{t_1..t_n\}$으로 표현되는 용어들과 bag of words의 용어들 $Q=\{ti_1..ti_m\}$가 있다고 가정하자. 베이즈 방법은 클래스가 혼재하고 있는 기저에 대한 샘플링/일반화 과정이다.

단어 분포에서 임의의 집합 $T$를 표본으로 추출한 후 최종 결과물을 집합 $Q$라고 하자. 베이즈 모델은 집합 $Q$를 분류할 때 $Q$가 클래스 $i$의 데이터의 표본일 수 있는 사후 확률에 기반하여 분류 작업을 진행한다. 이 확률은 $P(C^T=i \mid T=Q)$로 표기될 수 있다. 이 확률을 계산하기 위해서는 다음 두 가지 계산이 선행되어야 한다.

① 집합 $T$가 클래스 $i$에서 샘플링될 수 있는 사전 확률(이를 $P(C^T=i)$라고 한다)

② 클래스 $i$의 용어 분포로부터 임의의 집합 T를 샘플링하였을 때 집합 Q가 샘플링될 가능성(이를 $P(T=Q|C^T=i)$라고 한다)

위의 두 확률식과 베이즈 규칙을 사용하여 $P(C^T=i|Q\ is\ sampled)$의 조건부 확률을 계산하는 식은 다음과 같다.

$$P(C^T=i|T=Q)=\frac{P(C^T=i)\times P(T=Q|C^T=i)}{P(T=Q)}$$

$$=\frac{P(C^T=i)\times \Pi_{t_j\in Q}P(t_j\in T|C^T=i)\times \Pi_{t_j\notin Q}\left(1-P(t_j\in T|C^T=i)\right)}{P(T=Q))}$$

연산 과정에서 나이브 독립 가정이 활용되었고, 이는 각 용어의 발생 확률이 다른 용어들의 발생 확률에 독립적이기 때문이다. $Q$에 할당된 클래스가 가장 높은 사후 확률을 가지고 있으며, 이 결과는 분자($P(T=Q)$, 즉 $Q$가 관측될 marginal probability)의 변화에 영향을 받지 않는다는 것을 알 수 있다. $Q$에 할당될 클래스의 식은 다음과 같다.

$$\hat{\imath}=argmax_i P(C^T=i\mid T=Q)=argmax_i P(C^T=i)$$
$$\prod_{t_j\notin Q}\left(1-P(t_j\in T|C^T=i)\right)$$

일반적으로 베이즈 분류기를 활용할 때 가장 높은 확률을 갖는 클래스가 무엇인지 알아내는 것이 실제 확률값을 아는 것보다 더 중요하므로 실제로는 $P(T=Q)$를 연산할 필요는 없다. 다만, 이상치 측정(anomaly detection)과 같이 연산이 필요한 경우도 있다는 것을 알아두자.

이제 나이브 베이즈 분류에 포함되는 다른 방법인 다항 분포 모델에 대해서 알아보자. 다항 분포 기반 classifier는 문서를 서로 다른 빈도수를 갖는 단어들의 집합으로 다룬다. 그렇기 때문에 각 단어의 집합은 단어들의 중복 출현을 포함할 수 있다. Vocabulary set V에서 추출한 문서의 단어 집합을 $Q$라고 한다. 집합 $Q$가 단어들 $\{t_{i1}\cdots t_{im}\}$라고 하면 각 단어의 출현 빈도를 집합 $F=\{F_{i1}\cdots F_{im}\}$로 나타낸다. 단어와 출현 빈도는 $[Q,F]$로 표기된다. 문서의 모든 단어들의 수나 문서의 길이는 $L=\Sigma_{j=1}^{m}F(i_j)$라고 한다. 이때 $Q$와 $F$에 대한 정보를 토대로 분류를 하기 위해 문서 $T$가 클래스 $i$에 속할 확률이 얼마인지를 모델링해야 한다. 이 확률은 $P(C^T=i|T=[Q,F])$로 표기할 수 있다. 앞에서 했던 방식과 유사하게 이 확률을 계산하기 위해 다음 두 연산이 선행되어야 한다.

① 집합 $T$가 클래스 $i$에서 샘플링될 수 있는 사전 확률(이를 $P(C^T=i)$라고 한다)

② 클래스 $i$의 용어 분포로부터 $L$개의 단어들을 반복 샘플링하였을 때 샘플링된 집합 $T$가 발생 빈도 $F$를 갖는 집합 $Q$일 가능성(이를 $P(T=[Q, F]|C^T=i)$라고 한다)

이를 토대로 베이즈 규칙을 활용해 조건부 확률을 계산할 수 있다. 이 사례에 적용될 수 있는 베이즈 규칙은 다음과 같다.

$$P(C^T=i\mid T=[Q, F])=\frac{P(C^T=i)\times P(T=[Q, F]\mid C^T=i)}{P(T=[Q, F])}$$
$$\propto P(C^T=i)\times P(T=[Q, F]|C^T=i)$$

위의 경우와 마찬가지로, $Q$에게 클래스 레이블을 부여할 때 분자 $P(T=[Q, F])$의 값을 정확히 계산할 필요는 없다. $P(C^T=i)$의 값은 클래스 $i$에 속하는 문서들의 비율을 통해 추정될 수 있다.

$L$이 보유하고 있는 순서 정보를 고려했을 때 결과가 $[Q, F]$가 되도록 샘플링을 진행할 수 있는 방법은 $\frac{L1}{\Pi_{i=1}^{m} F_i!}$이고, 각 순서의 확률은 $\Pi_{t_j\in Q}P(t_j\in T)^{F_j}$라고 했을 때 독립성 가정을 토대로 다음과 같은 계산 결과를 얻을 수 있다.

$$P(T=[Q, F]\mid C^T=i)=\frac{L1}{\Pi_{i=1}^{m} F_i!}\,\Pi_{t_j\in Q}P(t_j\in T|C^T=i)^{F_j}$$

계산 결과로 얻은 베이즈 사후 확률을 통해 분류를 수행할 수 있다.

이제 거리를 기반으로 분류를 수행하는 방법들에 대해서 알아보자. 같은 클래스에 속하는 문서들은 서로 가까이 위치한다. 이때, 문서들 간의 거리는 dot product나 cosine metric을 활용하여 계산된다. 거리 기반 분류 분석의 대표적인 방법론에는 k-nearest neighbor가 있다. 코퍼스의 사이즈에 따라 k를 설정하고, 유사도를 기반으로 grouping을 하여 분류를 진행한다.

분류에서 활용되는 또 다른 방법은 의사결정나무(decision tree)이다. 의사결정나무는 기저가 되는 데이터 공간에 위계적 분류를 사용한다. 의사결정나무는 기본적으로 학습 데이터 공간에서 수직적인 분류를 보여준다. 이는 베이지안 접근법에 기반하였고 recursive greedy splits 등으로 발전하였다. Leaf node는 최소한의 확실한 정보를 가지거나 클래스 순도 정보를 가진다. 과적합을 줄이기 위해 몇몇 노드들은 데이터를 합쳐서 가지치기를 한다. 텍스트 데이터의 경우 의사결정나무에 대해 문서의 유사성을 서로 관련된 용어 집합으로 측정하여 상관관계가 있는 집합으로 용어를 사용해서 분할할 수 있다. 가능한 split 방법들은 single attribute splits, similarity-based multi-attribute split, 그리고 discriminant-based multi-attribute split이다.

의사결정나무의 보완으로 잘 알려진 것은 텍소노미 알고리즘이다. 이 알고리즘은 각 노드에 대해 single-attribute를 사용하고 가장 높은 정보 획득에 있는지를 보고 사용한다.

SVM은 선형 분류 모델의 일종이다. 선형 분류 모델은 분류 예측을 다음과 같이 선형식으로 나타낼 수 있는 모델이다. 선형 예측 모델의 식은 다음과 같다.

$$p = \overline{A} * \overline{X} + b$$

$\overline{X} = (x_1 \cdots x_n)$는 정규화한 문서의 단어 빈도수 벡터이고,
$\overline{A} = (a_1 \cdots a_n)$는 회귀변수들과 같은 차원을 갖는 선형 상수들의 벡터이다.

위의 모델 식은 서로 다른 클래스를 분리하는 초평면의 식이다. 선형 분류 모델의 특징은 Fisher discriminant와 같은 feature transformation methods들과 높은 연관성을 가진다는 것이다.

SVM은 데이터 공간을 선형 부분공간과 비선형 부분공간을 활용해 분류한다. 서로 다른 클래스들을 가장 잘 분류할 수 있는 최적의 경계를 설정하는 것을 목표로 한다. SVM은 숫자 데이터를 처리하기 위해 제시된 방법이다. 텍스트 데이터에 SVM이 활발하게 사용되는 이유는 텍스트 데이터가 높은 차원을 갖고, 서로 높은 correlation을 갖고, 유의미한 순서를 갖기 때문이다. SVM에 꼭 선형 함수가 사용되어야 하는 것은 아니다. Kernel trick을 사용하면 비선형 함수를 이용하여 데이터 공간을 나누는 SVM을 진행할 수 있기 때문이다.[3] 실제로는 간단하고 이해하기 쉬운 선형 SVM이 활발하게 이용되고 있다. SVM은 레이블이 부여된 데이터와 부여되지 않은 데이터가 섞여 있는 대상에 대해서도 분류를 수행할 수 있다.

분류는 앙상블 기법, 부스팅, 배깅으로 확장될 수 있다. 여러 가지 classifier 모델을 통합해 과적합을 줄이고 더 좋은 성능의 classifier를 만들고자 하는 것이 앙상블 모델 기반의 classifier다. 부스팅, 배깅과 같은 분류기들은 classifier보다 데이터에 집중한다. 부스팅과 배깅은 한 분류기에게 학습 데이터의 서로 다른 부분들을 학습시켜 상이한 모델을 만들고자 한다. 부스팅을 수행할 때 분류기들 간의 독립성은 전제되지 않는다. K+1번째 분류기는 k번째 분류기의 분석 결과를 개선하는 방향으로 형성되기 때문이다.

또한 인공신경망 분류기로도 활용이 가능하다. 인공신경망은 다양한 도메인의 분류 분석에서 사용될 수 있다. 텍스트 데이터의 경우 인공신경망 분류기는 단어들의 feature를 분류기에 반영한

3) M. Aizerman, E. Braverman, L. Rozonoer. (1964). Theoretical foundations of the potential function method in pattern recognition learning, Automation and Remote Control, 25: 821-837.

다는 특징을 갖는다. 인공신경망 분류기는 SVM과 관련이 있으며 이는 둘 다 discriminative classifier에 속하기 때문이다. Discriminative classifier와 대비되는 개념으로 generative classifier가 있다. 인공신경망 분류기는 선형 분류기(linear classifier)에 속한다. 이는 각 뉴런 단계에서 행해지는 연산이 선형(linear) 함수이기 때문이다.

인공신경망의 기본 단위는 뉴런(neuron) 혹은 unit이라고 한다. 각 유닛은 $\overline{X_i}$로 표기되는 입력값(input)의 집합을 받게 된다. 텍스트 데이터의 경우 $i$번째 문서의 term frequency가 입력이 된다. 각 뉴런은 weight의 집합인 A와도 연관이 있다. 이 A는 입력 집단을 받아 함수 f( • )를 연산할 때 활용한다. 인공신경망에서 사용되는 전형적인 함수는 다음과 같이 표기할 수 있다.

$$p_i = A * \overline{X_i}$$

벡터 $\overline{X_i}$는 d개의 단어의 lexicon에서 도출되고, weight 벡터인 A도 d개의 항목을 가져야 한다.

이제 이진 분류 문제 예시를 보자. 모든 레이블은 +1 혹은 −1의 값을 갖게 될 것이다. 여기서 $\overline{X_i}$의 클래스 레이블을 $y_i$라고 하자. 이 상황에서 예측함수 $p_i$의 부호를 통해 클래스 레이블을 유추할 수 있다. 이 상황을 그림으로 나타내면 다음과 같다.

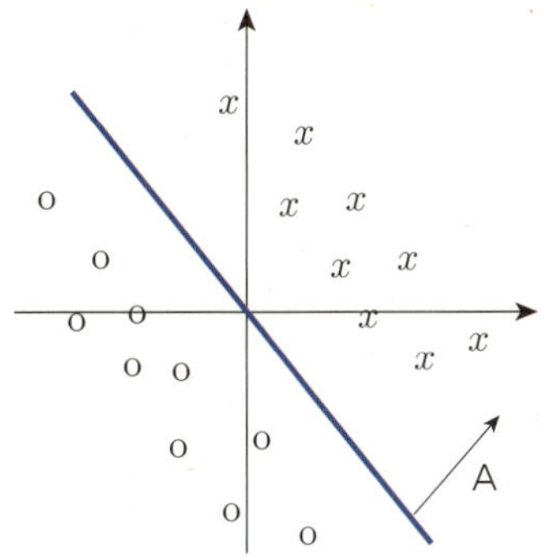


Weight 벡터 A에 어떤 부호의 투영(projection)이 이루어지냐에 따라 상이한 클래스 레이블을 얻게 되는 것이다. 즉, A*$\overline{X_i}$의 부호가 클래스의 레이블이 된다는 것을 알 수 있다. 학습 데이터를 활용해 A의 집합이 보유하고 있는 weight 정보에 대한 학습이 이루어진다. 처음에는 무작위 weight 으로 시작해서, 학습 데이터에 대한 함수 연산을 반복해 weight을 업데이트한다. 이때 업데이트되는 정도는 learning rate $\mu$로 조절된다. 이 개념은 perception 알고리즘의 핵심이 된다. Perception 알고리즘은 다음과 같다.

**<Perception Algorithm>**

**Input:** Learning rate: $\mu$

$(\overline{X}_i, y_i)\ \forall i \in \{1 \cdots n\}$

학습 데이터 A에 있는 weight 벡터들의 값을 0이나 작은 수로 초기 설정한다.

**Repeat:**

각 학습 데이터를 인공신경망에 적용하는데, 이 과정에서 A$*\overline{X}_i$의 부호가 $y_i$와 같은지를 확인하며 각 학습 데이터를 인공신경망에 적용한다.

같지 않다면 A의 가중치 값에 변화가 없을 때까지 learning rate $\mu$를 기반으로 가중치 업데이트한다.

A의 가중치는 $\mu*\overline{X}_i$와 비례하여 뉴런의 오차를 줄이는 방향으로 업데이트되는 경우가 많다. 한 뉴런의 레이어는 선형식이지만, 여러 레이어를 쌓는 방법으로 비선형 분류를 수행하는 것도 가능하다.

CHAPTER

09

# 감성 분석

CHAPTER 09

# 감성 분석

머신 러닝 및 딥 러닝 기법들을 활용한 감정 분석 학습 및 예측 모델을 소개한다.

## 1 감성 분석 개요

감성 분석은 자연어 처리 분야에서 비정형 텍스트에서 감성 추출을 하거나 분류를 자동화하기 위하여 활용되었다. 이는 opinion mining과 polarity analysis라고도 불리기도 하며 opinion mining은 텍스트의 객관적이거나 주관적인 성격을 확인하는 것을 의미한다. 더 나아가 주관적이거나 객관적인 성격을 확인하는 것을 넘어 주관적 성격의 텍스트가 긍정적인지 혹은 부정적인지를 보는 것이 극성 분석(polarity analysis)이다. Binary class가 아니라 multi class로 구분한다면 strong, weak positive, negative와 같이 나눌 수 있고 더 세분화해서 구분하는 방법(클래스를 여러 가지로 활용하는 것)도 있을 수 있다. '감성'이 이성이 아닌 감정에 기반한 생각, 관점, 태도인 것을 생각하면 이해가 쉬울 것이다. 가장 많이 사용되는 방법은 비지도 학습을 기반으로 한 사전 기반 방법이다. 사전을 분석한 후 감성에 대해 −2, −1, 0, 1, 2와 같은 수치를 부여하여(binary의 경우는 −1, 1) 사전을 활용한다.

감성 분석에 대한 초기의 연구들은 다음과 같다. Pang et al.(2002)는 감성 분류를 이용해 영화 리뷰를 분석하고, Naïve Bayes, Maximum Entropy, SVM 기법들의 성능을 비교했다.[1] Bo Pang and Lillian Lee(2004)는 머신러닝을 활용한 영화 평가에 대한 감성 분석 기법을 제시하였다.[2]

감성 분석을 단순 긍정 및 부정으로만 활용하기에는 한계가 있어 감성이 어떻게 표현되는지(기쁨, 분노, 슬픔)의 측면을 보고 하나의 클래스로 보는 것도 감정 분석이다.

---

1) Pang et al. (2002). Thumbs up? Sentiment Classification using Machine Learning Techniques. *EMNLP-2002*, 79-86.

2) Bo Pang and Lillian Lee (2004). A Sentimental Education: Sentiment Analysis Using Subjectivity Summarization Based on Minimum Cuts. *ACL*, 271-278.

감성 분석을 이용하면 socionomics[3](social mood의 변화가 사회 현상의 발생으로 이어진다는 이론)처럼 사회 전반에 대한 파악이 가능하며 biological하거나 social한 현상에 대해서도 상호이해가 가능하다. 이렇듯 감성 분석의 활용 사례들은 서로 닮은 점이 있으며 자살, 우울증 등 소셜 헬스에 대해서도 살펴보면 개인적인 질병뿐 아니라 거시적인 측면에서의 질병에 대해서도 접근할 수 있다. 이때 필요한 것은 context를 이해하는 것이며 이는 socionomics에서 활용될 수 있다.

감성 분석에서는 텍스트를 분해한 후 unigram과 bigram 등으로 만드는 것이 첫 단계이다. 문장 단위로 분석하여 전체 텍스트나 문헌의 감성이 무엇인지 파악해야 한다. 전체적인 문헌이 긍정적 혹은 부정적으로 나타날 수도 있지만 문헌 내부에 세부 요소들과 그에 대한 평가가 포함되어 있을 수 있다. 예를 들어, 제품평이나 영화평에 대해서 어떤 부분은 긍정적이고 어떤 부분은 부정적인 평가가 있을 수 있는 것이다. 영상이나 대화에서 측면에 따라 감성이 달라지는 것을 볼 수 있는데 이를 aspect mining이라고 한다. Aspect mining은 토픽 모델링과 감정 분석을 하나의 알고리즘으로 결합해서 쓰는 경우가 많다. 물론, 긍정 텍스트와 부정 텍스트를 나누고 따로 토픽 모델링을 돌려 측면에 따른 감성 분석을 할 수도 있다. 문장 단위로 분석하는 경우가 많으며 문장 단위에서도 감성이 달라지는 경우가 많고 같은 문장에서도 접근하는 측면별로 감성이 달라질 수 있다.

이렇듯 주관적인 opinion을 통해 사람들의 마음을 읽고 문화를 이해하고, 사회를 이해할 수 있기 때문에 긍정 및 부정뿐 아니라 다양한 감성에 초점을 둔 감성 분석이 중요하다.

## 2 감성 분석 방법론

감성 분석을 위해서는 문헌 내 단어의 발생 빈도를 분석하는 방법론인 bag of words(IR)[4] (Z.S. Harris(1954))를 활용하고, 벡터화와 머신러닝 기법을 활용한다. 예시로 Whitelaw et al.(2005)은 bag of words와 semantic taxonomies를 사용해 영화평에 대한 감성 분석을 진행하였고, 이를 통해 단어 단위보다 더 긴 구절들에 담긴 감정에 대한 분석 방법을 제시하였다.[5] 지도 학습을 사용하지 않으면 vocabulary, taxonomy, ontology(철학에서는 존재론, IT에는 taxonomy, thesaurus와 비슷

---

3) Robert Pretcher (1999). The wave principle of human social behavior and the new science of socionomics.

4) Zellig, S. Harris (1954). Distributional Structure, WORD, 10: 2–3, 146–162.

5) Whitelaw et al. (2005). Using appraisal groups for sentiment analysis, CIKM '05: Proceedings of the 14th ACM international conference on Information and knowledge management, 625–631.

한 의미) 기법을 이용할 수도 있다. 주석이 달린 감성 어휘 사전인 WordNet, SentiWordNet 역시 사용할 수 있다(github에서 SentiWordNet 3.0을 다운받을 수 있다). SentiWordNet 3.0 파일을 살펴보면 synset의 단어 ID가 있고 able이라는 단어가 긍정일 때 붙으며 able이 0이라면 사용하지 않는다는 뜻이다. # 뒤의 sense number은 해당 단어의 의미를 말해준다. 예를 들어, Cold라는 단어는 #1감기 #2춥다와 같은 뜻이 있을 수 있다. 토큰화된 단어는 명사나 품사로 쓰이는 것을 볼 수 있으며 정확히 어떤 의미인지를 알 수 있다. Gloss는 단어가 어떤 용법으로 쓰였는지를 설명해준다. 여러 개의 의미 중 어떤 의미인지를 알 수 있도록 해결해주는 것을 '단어 중의성 해소'라고 하며, 주어진 문장에서 어떤 의미가 사용되는지를 보는 자연어 처리 연구영역의 하나이다. 구문 패턴은 명사 뒤에 동사가 나오는 방식을 분석하는 것이며 이보다 많이 사용되는 것은 어떤 부분이 긍정적이고 부정적인지를 보는 문단 구조이다.

감성 분석은 한글뿐 아니라 영어권 소비자 감성 분석에도 활용된다. Kang and Park(2014)은 Multicriteria Decision Making(MCDM)의 랭킹 방법 중 하나인 VIKOR와 감성 분석을 활용해 모바일산업 소비자들의 소비자 만족도를 분석하였다.[6] 정치권에서 후보에 대한 여론을 살펴보기 위해서도 감성 분석을 활용하며, Park et al.(2010)은 SNS에서 정치인들의 행보와 해당 활동에 대한 SNS 이용자들의 반응에 대한 감성 분석과 네트워크 분석을 진행하여 SNS 이용자들의 정치적 여론을 이해하고자 하였다.[7] 어떤 정책이 일반 국민에게 어떤 인식을 보이는지를 살펴볼 때도 활용할 수 있다.

지도 학습은 긍정적인 텍스트와 부정적인 텍스트에 대해서 분명하게 나눠 접근하는 방법이다. 데이터는 미리 정의된 클래스들로 레이블을 지정하고, 테스트 데이터들은 이 클래스들에 의해 분류된다.

지도 학습의 과정을 2단계로 살펴보면 훈련 데이터를 이용해 모델을 학습하는 단계와 모델의 정확성을 평하기 위해 처음 보는 테스트 데이터를 이용해 모델을 테스트하는 테스트 단계로 볼 수 있다. 이때 정확도는 정확한 분류 수/전체 테스트 수로 계산할 수 있다.

지도 학습의 2단계를 그림으로 표현하면 아래 그림과 같다.

6) Kang, D., & Park, Y. (2014). Based measurement of customer satisfactionin mobile service: Sentiment analysis and VIKOR approach. *Expert Systems with Applications*, 41(4), 1041-1050.

7) Park et al. (2011). Networked politics on Cyworld: The text and sentiment of Korean political profiles. *Social Science Computer Review*, 29(3), 288-299.

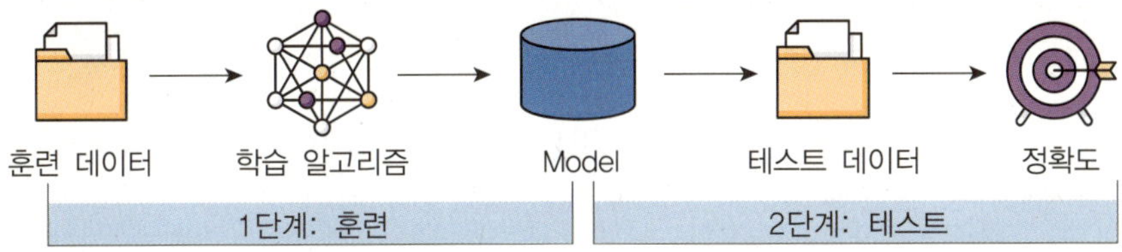


기계 학습으로 지도 학습을 할 때는 feature generation이라 할 수 있는 어떤 자질을 어떻게 뽑는지가 중요하다. 이때 사용되는 알고리즘 중 하나가 기준치 알고리즘이다. 기준치 알고리즘은 토큰화를 통해 어휘를 분리하기 위한 기준으로 구두점을 사용하고, stemming이나 불용어는 사용하지 않는다. Unigram, bigram, POS, 자질 결합 등으로 자질을 추출하고 Naïve Bayes와 MaxEnt, Support Vector Machines 등 다양한 분류기들을 이용해서 분류할 수 있다. 토큰화와 관련해서는 감성 토큰화에 관한 이슈들을 살펴보자. 토큰화 이슈로는 HTML과 XML 마크업 처리가 있다. 트위터 마크업과 대문자 사용(단어들을 모두 대문자로 쓰여지게 하기)이 중요하며 휴대전화번호, 날짜, 이모티콘 등을 어떻게 토큰화할지 역시 중요하다. 이때 유용한 코드로는 Christopher Potts sentiment tokenizer,[8] Brendan O'Connor twitter tokenizer[9]가 있다.

비지도 학습은 사전을 기반한 방법이 있다. 사전 기반 접근법은 많은 감성 어휘들을 웹에서 발견하여 수천 개의 유용한 용어들을 활용한다. 하지만 사전 범위 안에 없거나 문맥적인 단어들을 찾을 수 없다는 단점을 가진다. 또한 레이블이 정확히 알려져 있지 않고 테스트 데이터셋이 주어졌을 때 데이터에서 클래스나 클러스터들의 정확한 기준을 확립해야 한다는 어려움이 있다. 비지도 학습에서 사전 기반 접근법을 활용하는 사전들은 다음과 같다. General Inquirer, LIWC[10] (Linguistic Inquiry and Word Count의 약자 LIWC2007 사전은 4,500단어와 단어 줄기를 포함하고 있다. 각각 한 개 이상의 하부 카테고리에 저장되고, 하부 사전들은 55개의 카테고리를 대표한다. 예시로, 'cried'라는 단어는 'sadness', 'negative emotion', 'overall affec', 'verb', 'past tense verb'에 포함된다), MPQA[11](MPQA 의견 말뭉치, 주관성 어휘와 논쟁 패턴 및 논쟁 타입을 대표하는 17개의 파일들을 포함한 논쟁 어휘가 있다), WordNet(세 가지 감성 지수에 긍정, 부정, 객관성의 synset을 할당),[12] Harvard General Inquirer[13](하버드 사전과 라스웰 범용 사전 모두를 사용하여 영어

8) http://sentiment.christopherpotts.net/tokenizing.html
9) https://github.com/brendano/tweetmotif
10) http://www.liwc.net/
11) http://www.cs.pitt.edu/mpqa/subj_lexicon.html
12) https://wordnet.princeton.edu/
Miller et al. (1990). Introduction to WordNet: An on-line lexical database. *International Journal of Lexicography*, 3(4), 235-244.
13) http://www.wjh.harvard.edu/~inquirer

콘텐츠 분석 기능을 제공한다), SentiWordNet[14](WordNet의 synsets와 계층구조에 기반한다. WordNet 세 가지 감성 지수(긍정, 부정, 객관성)에 각각의 synset을 할당한다. 최신 버전은 3.0이다). 이러한 사전들을 사용하는 방법 이외에 텍스트의 코퍼스에서 전문적인 감성 사전을 구축하는 방법이 있다. 거대 코퍼스에서는 구문론이나 기어(co-occurrence) 패턴에 의존하며 보다 높은 정확성을 위해 거대한 코퍼스가 필요하다. 이를 통해서 긍정, 부정, 중립 등 범위 의존적 성향을 찾을 수 있다. Turney(2002)와 Yu & Hazivassiloglou(2003)은 단어의 유사성을 이용한 문헌 양극성 결정 기법을 제안하였다.[15][16] 단어와 구에 대한 의견 방향에 양극성을 할당해 활용한다는 것이다. Turney는 단어 간의 관련성을 통해 semantic orientation을 분류하는 모델을 제시했고, Yu & Hazivassiloglou는 Naïve Bayes를 활용한 알고리즘으로 문장의 양극성을 확인하는 연구를 진행했다. 알고리즘을 평가하는 것과 군집화하는 것은 입력된 텍스트의 감성을 결정하는 데 사용된다.

준지도 학습은 지도 학습을 하고 지도 학습에서 학습된 적은 양의 분류된 데이터를 샘플링하고 예측하여 조정한 후 학습 데이터에 삽입하는 방식이다. 즉, 지도 학습의 한 가지 타입으로 적은 양의 분류된 데이터와 함께 분류되지 않은 데이터를 훈련에 쓰며 이는 2000년대부터 사용되어 왔다. 준지도 학습을 활용한 연구 사례들은 다음과 같다. Lu & Tsuo(2010)은 감정 어휘 사전과 머신러닝 기법을 활용하여 opinion analysis를 진행하였다.[17] Ortigosa-Hernández et al.(2012)는 multi-dimensional classifier를 사용해 subjectivity, sentiment polarity, will to influence를 평가하고 해당 항목들의 통계적 연관성에 대해 분석하였다.[18]

감성 분류에서 자질을 추출하기 위해 부정 표현을 어떻게 다루는지, 어떤 단어를 사용하는지(형용사만 사용, 모든 단어들 사용, 유니그램 혹은 구 사용) 등을 생각해볼 수 있다. 부정 표현은 양극성에 영향을

14) http://sentiwordnet.isti.cnr.it/
Baccianella, S., Esuli, A., & Sebastiani, F. (2010). SentiWordNet 3.0: An Enhanced Lexical Resource for Sentiment Analysis and Opinion Mining. In *LREC(10)* 2200-2204.

15) Turney, P. D. (2002). Thumbs up or thumbs down? Semantic Orientation Applied to Unsupervised Classification of Reviews. *Proceedings of the 40th Annual Meeting on Association for Computational Linguistics* (ACL) (417-424).

16) Yu and Hatzivassiloglou (2003). Towards Answering Opinion Questions: Separating Facts from Opinions and Identifying the Polarity of Opinion Sentences. *Proceedings of the 2003 conference on Empirical methods in natural language processing* (pp. 129-136)

17) Lu, B. and Tsou, B. K. (2010). Combining a large sentiment lexicon and machine learning for subjectivity classification. *In 2010 International Conference on Machine Learning and Cybernetics* (Vol. 6, pp. 3311-3316). IEEE.

18) Ortigosa-Hernández et al. (2012). Approaching Sentiment Analysis by using semi-supervised learning of multi-dimensional classifiers. *Neurocomputing*, Volume 92, 1 September 2012, Pages 98-115.

주는 흔한 언어적 구조이다. 양극성은 'like'과 같은 양극의 표현에 의해 생기며 I like +, I do not like + 등이 그렇다. 감성 사전은 Harvard General Inquirer(영어 단어), LIWC, MPQA 등이 있다. 긍정문과 부정문은 dis나 not과 같은 단어가 보이는 정도의 차이에 따라 구분한다. 사전 기반 방법을 활용할 때, 'I don't like this movie'와 같은 문장을 don't와 like와 같은 단어로 잘라 like만 보고 긍정으로 평가하는 오류를 범할 수도 있다. 이를 방지하기 위해 negation detection(부정어 인식)이 필요하며 이는 분석 대상이 부정문으로 쓰였는지, 긍정적으로 쓰였는지를 보여주는 것이다. Negation 알고리즘을 활용하거나 do, don't, doesn't 등 부정문이 들어가는 표현들을 do not NOT_like, NOT_this, NOT_new 등으로 부정표현 모델링을 할 수 있다.

감성 분류를 사용할 수 있는 시스템들 중 Stanford CoreNLP, LingPipe, SentiWordNet을 살펴보자.

Stanford CoreNLP는 RNN 기반 감성 분석이다. 회귀적 딥러닝을 기반으로 접근하는 최고 수준의 감성 분류기로 인정받고 있다. 이는 전형적인 bag of words 접근보다는 파싱(passing)된 트리 구조에 문장들을 저장한다. 감성을 분류할 때 문장 구조를 고려하는 것이다. 구문 분석 트리의 모든 수준에서 해당 단어의 감정 표현에 대한 주석을 달아주고, --, -, 0, +, ++의 5단계 스키마를 사용한다.

LingPipe는 genre-nuanced(LG) 기반 감성 분석이다. 로지스틱 회귀분석 분류를 활용하고 감성 분석 모델을 이용한 계층적 분류기로 볼 수 있다. 이는 목적격 문장에서 주격을 분리하고, 부정적 영화 리뷰에서 긍정어를 분리하는 두 단계 분류 과제로 활용된다. 아래 그림을 보면, 먼저 객관적인 문장을 제거한 다음 남은 문장을 사용하여 문서 극성을 분류해 노이즈를 감소시키는 것을 볼 수 있다. 각 리뷰는 5~25문장으로 줄여진다.

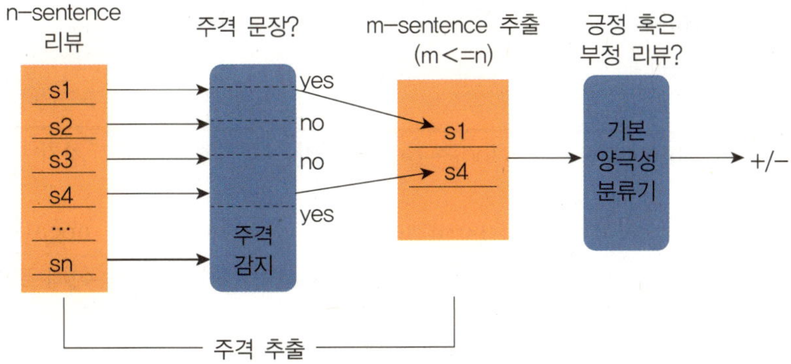


예를 들어, 영화 리뷰 데이터에서 추출된 유니그램 자질들을 사용한다면 인접한 문장들이 비슷한

주격-목적격(SO) 양극성을 가질 것으로 가정할 수 있다. 주격 문장을 효율적으로 추출하기 위해서 최소절단 알고리즘을 사용하며 문장 단위로 반복하고 주격 분류기로 분류한다.

SentiWordNet의 사전 기반 감성 분석은 약 170만 단어를 가지는 WordNet 'synsets'에 기초한다. SentiWordNet's synsets은 Obj(s), Pos(s), Neg(s) 3개의 레이블로 구성된다. Synset 점수는 8개의 3진 분류법으로 결정된다.

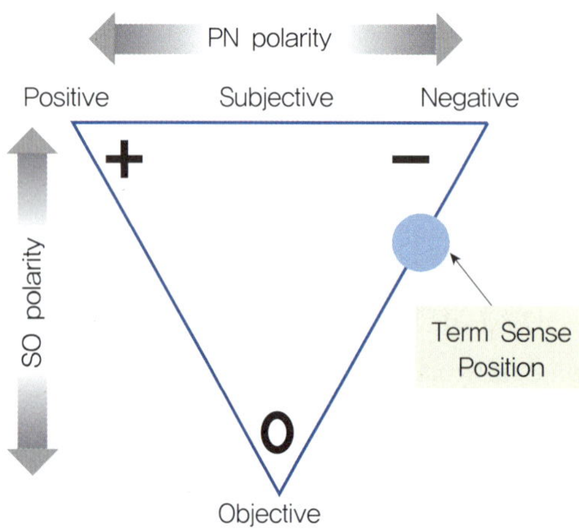


점수는 3개의 해당 레이블을 할당하는 분류기의 비율로 계산된다. 감성 점수는 긍정 점수에서 부정 점수를 뺀 값으로 계산되며, −1(매우 부정적)부터 1(매우 긍정적)까지 점수를 매긴다. 분류기는 훈련 데이터(WordNet 관계를 이용한 종자 집단의 확장)와 학습 접근법(Support Vector Machines와 Rocchio classifiers)에 따라 다르게 나타난다. SentiWordNet은 특징을 선택하기 위해 점수(+/−)를 이용한다. 예시로 Zhang and Zhang(2006)[19]의 논문은 말뭉치에서 주격 점수가 0.5 이상인 단어들을 활용하였다. 또한 문서 레벨 점수를 계산하기 위해 긍정/부정/중립적 점수들을 결합하는데, Devitt과 Ahmad(2007)의 논문[20]에서는 예측 행렬을 생성하기 위해 문서들의 WordNet 기반 그래프 묘사를 극성 점수와 융합한다.

예를 들어, "Very comfortable, but straps go loose quickly"라는 문장이 있다고 치자.

SentiWordNet 점수를 활용하면 comfortable는 positive 0.75, objective 0.25, negative 0.0이 나온다. Loose는 positive 0.0, objective 0.375, negative 0.625가 나온다. 이때 종합

19) Zhang E. and Zhang Y. (2006). UCSC on TREC 2006 Blog Opinion Mining. TREC 2006 Blog Track, *Opinion Retrieval Task*.

20) Devitt A. and Ahmad K. (2007). Sentiment Polarity Identification in Financial News: A Cohesion-based Approach. *ACL 2007*.

적으로는 positive가 나오는데, 두 단어에서 계산된 값을 더하여 positive 0.75, objective 0.625, Negative 0.625이기에 가장 값이 큰 positive를 가져가기 때문이다.

국내 감성 분석 연구 사례를 추가로 살펴보자. 어휘들의 극성(polarity)을 반자동으로 정의할 수 있는 시스템을 구현해 소비자들이 상품에 대해 평가한 내용을 요약하고 분석하고자 한 연구와(명재석 외, 2007)21) 감성 트리 모델을 바탕으로 감성 명도 대비 분석을 수행해 감성 분석을 디자인 분야에 활용할 수 있는 가능성을 제안한 논문(이연란 외, 2013)이 있다.22)

Treform 내 Sentiment 폴더를 살펴보자(ml로 시작하는 것은 머신러닝 기반, dl로 시작하는 것은 딥러닝 기반인 것을 참조하자).

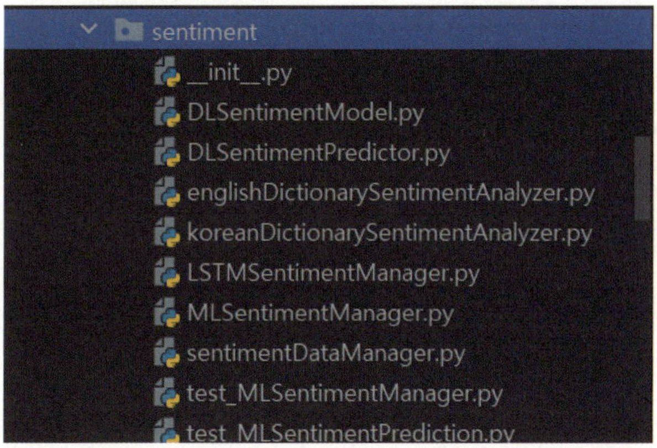


폴더 내에 data가 있고 그 안에 텍스트 파일, csv 파일을 볼 수 있다. 이들은 한글 관련 감성 사전이다. Emo_negative.txt는 이모티콘 중에 negative한 표현을 담아둔 파일이고 emo_positive.txt는 positive한 이모티콘이 담겨 있는 파일이다. Korean_curse_words.txt는 한글 욕 사전이다. Negative_words_en.txt는 영어 negative 단어이다. Negative_words_ko.txt는 부정 단어이며 각 line은 하나의 stopwords처럼 되어 있다. Positive_words_en.txt와 positive_words_ko.txt도 같은 문맥이다. 다른 sentiword_dict.txt는 군산대학교에서 만든 sentiment dictionary이며 여러 가지 데이터들은 연세대학교 텍스트 마이닝 연구실에서 자체 제작한 것도 있고, 오픈소스에서 데이터를 가져온 것도 있다.

데이터셋 폴더의 IMBD 폴더는 영화 관련 데이터베이스이다. 주로 Kaggle(머신러닝 및 데이터 사이언

---

21) 명재석, 이동주, 이상구 (2007). 반자동으로 구축된 의미 사전을 이용한 한국어 상품평 분석 시스템. 한국정보과학회 언어공학연구회 학술발표 논문집, 68-75.

22) 이연란, 윤은주, 임정아, 임영환, 성정환 (2013). 감성 트리를 이용한 이미지 감성 분석 알고리즘. 한국콘텐츠학회논문지, 13(11), 562-570.

스 온라인 커뮤니티)의 데이터셋을 활용하였으며 학습을 위한 학습 데이터와 validation을 위한 test 데이터가 있다. Data set은 두 가지로 나뉘며 negative한 것과 positive한 것을 train set과 test set으로 분류하였다. Train은 positive, negative가 있고 test도 positive, negative가 있다. 예시로 텍스트 파일들은 1,0으로 되어 있기도 하고 positive, negative로 나누어진다. 영화평이 있으면 옆에 평점이 있어 평점이 0부터 9까지 0,1,2는 negative, 7,8,9는 positive, 중간은 mutual로 활용해 0,1로 분류한다.

감성 사전 기반으로 영어 감성 분석을 하고, 한글 사전을 기반으로 해서 감성 분석을 하는 것을 알아보자. 이는 머신러닝을 기반으로 하여 한글과 영어 전처리해서 모델을 만들거나 학습하는 방법과 로직이 비슷하다. 머신러닝 기반한 감성 분석을 supervised learning이라고 치면 앞서 다뤘던 document classification과도 거의 비슷한데 차이점은 sentiment 분석을 할 때 positive, negative로 갈라놓고 활용하여야 한다는 것이다. 또한, feature selection을 활용할 수 있으며 단어들을 활용하거나 단어가 가지고 있는 다른 정보, 품사 정보나 위치 정보 등도 feature화할 수 있다. Feature generation, feature selection으로 어떻게 활용할 수 있는지는 test_MLsentimentManager.py 파일을 참조하자.

```
import random

from sklearn import metrics
from sklearn.metrics import confusion_matrix

import treform as ptm
from treform.sentiment.MLSentimentManager import MachineLearningSentimentAnalyzer

labels=['pos','neg']

language='ko'
pipeline = None

_train_negative_docs = []
_test_negative_docs=[]
_train_positive_docs=[]
_test_positive_docs=[]


def read_english_corpus():
    '''
    for English sentiment datasets
    '''

    #_train_negative_docs = ptm.CorpusFromDirectory('txt_sentoken/neg', True)
    #_train_negative_docs = _train_negative_docs.docs[:200]
```

```
    #_train_positive_docs = ptm.CorpusFromDirectory('txt_sentoken/pos', True)
    #_train_positive_docs = _train_positive_docs.docs[:200]
    #_test_negative_docs = ptm.CorpusFromDirectory('txt_sentoken/neg', False)
    #_test_negative_docs = _test_negative_docs.docs[:100]
    #_test_positive_docs = ptm.CorpusFromDirectory('txt_sentoken/pos', False)
    #_test_positive_docs = _test_positive_docs.docs[:100]

    _train_negative_docs = ptm.CorpusFromFile('./datasets/twitter/train-neg.txt')
    _train_negative_docs = _train_negative_docs.docs[:5000]
    _train_positive_docs = ptm.CorpusFromFile('./datasets/twitter/train-pos.txt')
    _train_positive_docs = _train_positive_docs.docs[:5000]
    _test_negative_docs = ptm.CorpusFromFile('./datasets/twitter/test-neg.txt')
    _test_negative_docs = _test_negative_docs.docs[:5000]
    _test_positive_docs = ptm.CorpusFromFile('./datasets/twitter/test-pos.txt')
    _test_positive_docs = _test_positive_docs.docs[:5000]

    return _train_negative_docs, _train_positive_docs, _test_negative_docs, _test_positive_docs

def read_korean_corpus():
    '''
    for Korean sentiment datasets
    '''

    corpus = ptm.CorpusFromFieldDelimitedFileForClassification('../../sample_data/ratings.txt',
doc_index=1, class_index=2)
    combined_docs = corpus.docs[1:15000]

    positive_docs = []
    negative_docs = []
    labels = []

    idx = 1
    for doc in combined_docs:
        label = corpus.pair_map[idx]
        label = label.strip()
        labels.append(label)

        if int(label) == 0:
            negative_docs.append(doc)
        elif int(label) == 1:
            positive_docs.append(doc)
        idx += 1

    print(str(len(negative_docs)) + " : " + str(len(positive_docs)))

    neg_train_size = int((len(negative_docs) * 0.8) / len(negative_docs))
    _train_negative_docs = negative_docs[0:neg_train_size]
    _test_negative_docs = negative_docs[neg_train_size+1:len(negative_docs) - 1]
```

```
        pos_train_size = int((len(positive_docs) * 0.8) / len(positive_docs))
        _train_positive_docs = positive_docs[0:pos_train_size]
        _test_positive_docs = positive_docs[pos_train_size+1:len(positive_docs) - 1]

        return _train_negative_docs, _train_positive_docs, _test_negative_docs, _test_positive_docs, labels

    if language == 'en':
        _train_negative_docs, _train_positive_docs, _test_negative_docs, _test_positive_docs \
                                                        = read_english_corpus()
    elif language == 'ko':
        _train_negative_docs, _train_positive_docs, _test_negative_docs, _test_positive_docs, labels \
                                                        = read_korean_corpus()
    if language == 'ko':
        mecab_path = 'C:\\mecab\\mecab-ko-dic'
        pipeline = ptm.Pipeline(ptm.splitter.NLTK(),
                                ptm.tokenizer.Komoran(),
                                #ptm.tokenizer.MeCab(mecab_path),
                                ptm.helper.POSFilter('NN*|V*|IC*'),
                                ptm.helper.SelectWordOnly(),
                                ptm.ngram.NGramTokenizer(1, 2),
                                ptm.helper.StopwordFilter(file='../../stopwords/stopwordsKor.txt')
                                )
    elif language == 'en':
        pipeline = ptm.Pipeline(ptm.splitter.NLTK(),
                                ptm.tokenizer.WordPos(),
                                ptm.helper.POSFilter('NN*|A*|V*|J*'),
                                ptm.helper.SelectWordOnly(),
                                #ptm.ngram.NGramTokenizer(1, 2),
                                ptm.helper.StopwordFilter(file='../../stopwords/stopwordsEng.txt')
                                )

    def make_documents(result):
        docs = []
        for doc in result:
            new_doc = []
            for sent in doc:
                for _str in sent:
                    if len(_str) > 0:
                        new_doc.append(_str)
            docs.append(' '.join(new_doc))

        return docs

    _train_negative=pipeline.processCorpus(_train_negative_docs)
    train_negative=make_documents(_train_negative)
    _train_positive=pipeline.processCorpus(_train_positive_docs)
    train_positive=make_documents(_train_positive)

    _test_negative=pipeline.processCorpus(_test_negative_docs)
```

```
test_negative=make_documents(_test_negative)
_test_positive=pipeline.processCorpus(_test_positive_docs)
test_positive=make_documents(_test_positive)

print('== ==')

sentiAnalyzer=MachineLearningSentimentAnalyzer()
train_pos_vec=[]
train_neg_vec=[]
test_pos_vec=[]
test_neg_vec=[]
train_X=[]
train_Y=[]
test_X=[]
test_Y=[]

#training_method = customized, baseline
training_method = 'baseline'
if training_method == 'customized':
    train_pos_vec, train_neg_vec, test_pos_vec, test_neg_vec = \
                                sentiAnalyzer.make_customized_feature_vectors(train_positive,
                                                                              train_negative,
                                                                              test_positive,
                                                                              test_negative)
    features = train_pos_vec + train_neg_vec + test_pos_vec + test_neg_vec
    labels = ["neg"] * len(train_neg_vec) + ["pos"] * len(train_pos_vec) \
           + ["neg"] * len(test_neg_vec) + ["pos"] * len(test_pos_vec)

    train_X, test_X, train_Y, test_Y = \
                                          sentiAnalyzer.make_feature_vectors(features,
                                                                             labels)
elif training_method == 'baseline':

    combined_docs = train_negative + train_positive + test_negative + test_positive
    # random.shuffle(_combined_docs)
    labels = ["neg"] * len(train_negative) + ["pos"] * len(train_positive) + ["neg"] * len(test_negative)
+ ["pos"] * len(test_positive)

    #vectorizer_name is either count or tfidf (count — countvectorizer or tfidf — tfidfvectorizer)
    vectorizer_name = 'tfidf'
    if vectorizer_name == 'count':
        train_X, test_X, train_Y, test_Y = \
                                          sentiAnalyzer.make_baseline_feature_vectors(combined_docs,
                                                                                      labels)
    elif vectorizer_name == 'tfidf':
        train_X, test_X, train_Y, test_Y = \
                                          sentiAnalyzer.make_tfidf_feature_vectors(combined_docs,
                                                                                   labels)
```

```
customized = False
#algorithm is either lr, nb, svm, rf
algorithm = 'svm'

if customized == True:
   model = sentiAnalyzer.build_models_with_customizedvectors(train_pos_vec, train_neg_vec, algorithm)
   sentiAnalyzer.save(model)

   print("ML-based model")
   print("-----------")
   sentiAnalyzer.evaluate_model(model, test_pos_vec, test_neg_vec, True)
   print("")

else:
   model = sentiAnalyzer.build_baseline_model(train_X, train_Y, algorithm)
   sentiAnalyzer.save(model)

   print("ML-based model")
   print("-----------")
   model.fit(train_X, train_Y)
   y_pred = model.predict(test_X)
   conf_mat = confusion_matrix(test_Y, y_pred)
   print(conf_mat)
   print(metrics.classification_report(test_Y, y_pred,
                                       target_names=["neg", "pos"]))
```

데이터는 txt_sentokem 폴더 내에 positive, negative 폴더에서 확인할 수 있다. Opinion mining이라고도 불리는 감성 분석에 활용될 것이다. Dl로 시작하는 것은 deep learning 방법이고, 이의 일종인 LSTM 방법도 있지만, 여기에서는 관련 설명을 생략하겠다.

영어에 대한 사전 기반 분석은 EnglishDictionarySentimentAnalyzer.py을, 한글에 대한 사전 기반 분석은 KoreanDictionarySentimentAnalyzer.py을 활용하였다. 머신러닝 기법으로 감성 분석을 할 때에는 document classification의 train과 prediction의 두 가지 phrase를 활용할 수 있다. 첫 번째로 model building과 train 과정에는 test_MLSentimentManager.py를 활용하고 만들어진 모델을 활용할 때에는 test_MLSentimentPrediction.py로 prediction을 하는 것이다. Github의 SentiWordNet을 찾아보면 영어 코드를 이해하는 데 도움이 된다.

EnglishDictionarySentimentAnalyer.py를 살펴보자.

```
import treform as ptm
import io
from nltk.corpus import sentiwordnet as swn
import nltk
```

```
class EnglishDictionarySentimentAnalyzer:
    def __init__(self):
        name = 'EnglishDictionarySentimentAnalyzer'

    def createDictionary(self):
        nltk.download('sentiwordnet')


if __name__ == '__main__':

    corpus = ptm.CorpusFromFile('../data/sampleEng.txt')
    pipeline = ptm.Pipeline(ptm.splitter.NLTK(),
                            #ptm.tokenizer.Word(), #ptm.tokenizer.WordPos()
                            #ptm.helper.StopwordFilter(file='../stopwords/stopwordsEng.txt'),
                            #ptm.tagger.NLTK(),
                            ptm.tokenizer.WordPos(),
                            ptm.lemmatizer.WordNet())

    result = pipeline.processCorpus(corpus)

    EnglishDictionarySentimentAnalyzer().createDictionary()

    for doc in result:
        grand_score = 0.0
        count = 0
        for sent in doc:
            for _str in sent:
                _str[0]
                _str[1]
                pos = ''
                if (str(_str[1]).startswith("N")):
                    pos = 'n'
                elif (str(_str[1]).startswith("J")):
                    pos = 'a'
                elif (str(_str[1]).startswith("V")):
                    pos = 'v'
                try:
                    if (len(pos) > 0):
                        score = 0.0
                        breakdown = swn.senti_synset(str(_str[0]) + '.'+ pos + '.01')
                        #print(str(breakdown) + " " + str(breakdown.pos_score()) + " " +
str(breakdown.neg_score()) + " " + str(breakdown.obj_score()))
                        if (breakdown.pos_score() > breakdown.neg_score()):
                            score = breakdown.pos_score()
                            count += 1
                        elif (breakdown.pos_score() < breakdown.neg_score() and
breakdown.neg_score() != 0.0):
                            score = -breakdown.neg_score()
                            count += 1
```

```
                grand_score += score
            except:
                pos = ''

        avg_score = grand_score/count
        print("Average Sentiment Score " + str(avg_score))
```

코드에서 WordNet을 활용하여 원형 복원을 하는 이유는 다음과 같다. 사전으로 단어를 구축하면 입력 텍스트가 그 사전에 있는 형태일 수도 있고 아닐 수도 있다. 텍스트는 문법적인 이유로 변형이 생겼고 대부분의 감성어 사전은 원형으로 되어 있을 확률이 높기 때문에 텍스트에서 나온 단어를 원형으로 복원시켜야 한다(특히 한국에서는 사전을 이용한 감성 분석이 주를 이루는데 머신러닝이나 딥러닝을 활용할 경우 overfitting 문제점이 생겨서 정확도가 떨어지기 때문이다). 만약 원형으로 복원한 다음에 exact matching을 시키는 대신 approximate matching을 시키려면 무엇이 필요할까? A와 A'가 같은 의미여서 같은 감성 스코어를 가지게 하려면 edit distance[23]를 활용해야 한다. Levenshtein distance가 대표적이며 캐릭터 기반으로 string의 similarity를 구하거나 dissimilarity를 구한다. 이를 활용하면 dictionary에 있는 단어와 텍스트의 tokenization된 단어가 threshold로 0.95, 즉 95% 이상으로 두 개의 토큰이 유사하다고 판단되는 경우 두 개를 같은 단어로 보고 사전에 있는 같은 스코어를 부여하는 방법이 있다.

이제 test_Korean_dictionary_sentiment_analysis.py를 살펴보자. Format은 앞서 살펴본 english와 비슷하다.

```
import treform as ptm
from treform.sentiment.koreanDictionarySentimentAnalyzer import DictionarySentimentAnalyzer

if __name__ == '__main__':


    sentiAnalyzer = DictionarySentimentAnalyzer()

    file_name = '../data/SentiWord_Dict.txt'
    sentiAnalyzer.readKunsanUDictionary(file_name)
    file_name = '../data/korean_curse_words.txt'
    sentiAnalyzer.readCurseDictionary(file_name)
    file_name = '../data/negative_words_ko.txt'
    sentiAnalyzer.readNegativeDictionary(file_name)
    file_name = '../data/positive_words_ko.txt'
    sentiAnalyzer.readPositiveDictionary(file_name)
    file_name = '../data/emo_negative.txt'
```

23) 컴퓨터 공학에서 두 대상이 상이한 정도를 구하는 과정을 칭하는 말이다.

```
    sentiAnalyzer.readNegativeEmotiDictionary(file_name)
    file_name = '../data/emo_positive.txt'
    sentiAnalyzer.readPositiveEmotiDictionary(file_name)
    file_name = '../data/polarity.csv'
    sentiAnalyzer.readPolarityDictionary(file_name)

    dict_list = sentiAnalyzer.getSentiDictionary()

    pipeline = None
    corpus = ptm.CorpusFromFieldDelimitedFile('../data/donald.txt',2)
    mecab_path = 'C:\\mecab\\mecab-ko-dic'
    mode = 'korean_lemmatizer'
    if mode is not 'korean_lemmatizer':
        pipeline = ptm.Pipeline(ptm.splitter.NLTK(),
                                ptm.tokenizer.MeCab(mecab_path),
                                #ptm.tokenizer.Komoran(),
                                ptm.helper.SelectWordOnly(),
                                #ptm.ngram.NGramTokenizer(1,2,concat=' '),
                                ptm.helper.StopwordFilter
                                (file='../stopwords/stopwordsKor.txt'))
    else :
        pipeline = ptm.Pipeline(ptm.splitter.NLTK(),
                                ptm.tokenizer.MeCab(mecab_path),
                                #ptm.tokenizer.Komoran(),
                                ptm.lemmatizer.SejongPOSLemmatizer(),
                                ptm.helper.SelectWordOnly(),
                                #ptm.ngram.NGramTokenizer(1, 2, concat=' '),
                                ptm.helper.StopwordFilter
                                (file='../stopwords/stopwordsKor.txt'))

    documents = ['오늘은 비가와서 그런지 매우 우울하다',
                 'KBO 일명 잘나가는 야구선수들 대부분 팬서비스는 뒷전... 니들 연봉은 팬들이
주는거다!!',
                 '시험이 끝나야 놀지 스트레스 받아ㅠㅠ',
                 '꽤 잘 만들어진 좀비 영화라는 생각이 듬',
                 '옷을 잔뜩 사서 완전 무거워서 신나',
                 '행복한 하루의 끝이라 않좋네!',
                 '더운날에는 아이스커피가 무섭지 않다~~']

    #result = pipeline.processCorpus(corpus)
    result = pipeline.processCorpus(documents)
    print(len(corpus.docs))

    for doc in result:
        total_score = 0.0
        count = 0

        for sent in doc:
            idx = 0
```

```
        for _str in sent:
            if len(_str) > 0:
                score = 0.0
                flag = False
                if len(_str.split(' ')) > 0:
                    if _str.split(' ')[0] == '안':
                        _str = _str.split(' ')[1]
                        flag = True
                dictionary_ele = dict_list.get(_str)
                if (dictionary_ele != None):
                    polarity = dictionary_ele.get('polarity')
                    if flag:
                        score = -float(dictionary_ele.get('score'))
                    else:
                        score = float(dictionary_ele.get('score'))

                    count += 1
                    #print(_str + " == " + polarity + " " + str(score))
                    total_score += score
                else:
                    total_score += score

            idx+=1

    if (count != 0):
        avg_score = total_score/count
        print("AVG SCORE " + str(avg_score) + " for " + str(doc))

file_name = './data/polarity.csv'
sentiAnalyzer.readPolarityDictionary(file_name)
```

위의 documents를 '오늘은 비가 와서 그런지 우울하다'로 바꾼다고 가정해보자. 형태소 분석 결과 '우울'이라는 결과가 나왔지만 사전에는 '우울하다' 이렇게 '하다'라는 동사와 접미사가 붙은 형태로 있을 수 있다. '우울'이라는 단어는 negative 사전에 있을 것이다. ([sentiment]_[data]_[negative_words_ko.txt])에서 '우울'과 '우울하다' 모두를 확인할 수 있다. 이 사전의 경우 '우울'과 '우울하다' 두 개 모두 (–) 점수를 줘서 괜찮지만 만약 사전에 '우울하다'만 있는 경우엔 bigram으로 잡아줘야 한다. 따라서 '우울', '우울한'과 같은 대상을 '우울하다'라고 바꿔줘야 하며 '우울하였다'였으면 '우울하다'로 바꿔주는 과정이 필요하다. 형태소 분석기나 ngram의 설정에 따라 average score에 차이가 있을 것이니 이를 활용해보자.

```
import random

from sklearn import metrics
from sklearn.metrics import confusion_matrix
```

```
import treform as ptm
from treform.sentiment.MLSentimentManager import MachineLearningSentimentAnalyzer

labels=['pos','neg']

language='ko'
pipeline = None

_train_negative_docs = []
_test_negative_docs=[]
_train_positive_docs=[]
_test_positive_docs=[]


def read_english_corpus():
    '''
    for English sentiment datasets
    '''

    #_train_negative_docs = ptm.CorpusFromDirectory('txt_sentoken/neg', True)
    #_train_negative_docs = _train_negative_docs.docs[:200]
    #_train_positive_docs = ptm.CorpusFromDirectory('txt_sentoken/pos', True)
    #_train_positive_docs = _train_positive_docs.docs[:200]
    #_test_negative_docs = ptm.CorpusFromDirectory('txt_sentoken/neg', False)
    #_test_negative_docs = _test_negative_docs.docs[:100]
    #_test_positive_docs = ptm.CorpusFromDirectory('txt_sentoken/pos', False)
    #_test_positive_docs = _test_positive_docs.docs[:100]

    _train_negative_docs = ptm.CorpusFromFile('./datasets/twitter/train-neg.txt')
    _train_negative_docs = _train_negative_docs.docs[:5000]
    _train_positive_docs = ptm.CorpusFromFile('./datasets/twitter/train-pos.txt')
    _train_positive_docs = _train_positive_docs.docs[:5000]
    _test_negative_docs = ptm.CorpusFromFile('./datasets/twitter/test-neg.txt')
    _test_negative_docs = _test_negative_docs.docs[:5000]
    _test_positive_docs = ptm.CorpusFromFile('./datasets/twitter/test-pos.txt')
    _test_positive_docs = _test_positive_docs.docs[:5000]

    return _train_negative_docs, _train_positive_docs, _test_negative_docs, _test_positive_docs

def read_korean_corpus():
    '''
    for Korean sentiment datasets
    '''

    corpus = ptm.CorpusFromFieldDelimitedFileForClassification('./datasets/ratings.txt',
doc_index=1, class_index=2)
    combined_docs = corpus.docs[1:15000]

    positive_docs = []
```

```
    negative_docs = []
    labels = []

    idx = 1
    for doc in combined_docs:
        label = corpus.pair_map[idx]
        label = label.strip()
        labels.append(label)

        if int(label) == 0:
            negative_docs.append(doc)
        elif int(label) == 1:
            positive_docs.append(doc)
        idx += 1

    print(str(len(negative_docs)) + " : " + str(len(positive_docs)))

    neg_train_size = int((len(negative_docs) * 0.8) / len(negative_docs))
    _train_negative_docs = negative_docs[0:neg_train_size]
    _test_negative_docs = negative_docs[neg_train_size+1:len(negative_docs) - 1]

    pos_train_size = int((len(positive_docs) * 0.8) / len(positive_docs))
    _train_positive_docs = positive_docs[0:pos_train_size]
    _test_positive_docs = positive_docs[pos_train_size+1:len(positive_docs) - 1]

    return _train_negative_docs, _train_positive_docs, _test_negative_docs, _test_positive_docs, labels

if language == 'en':
    _train_negative_docs, _train_positive_docs, _test_negative_docs, _test_positive_docs \
                                                            = read_english_corpus()
elif language == 'ko':
    _train_negative_docs, _train_positive_docs, _test_negative_docs, _test_positive_docs, labels \
                                                            = read_korean_corpus()
if language == 'ko':
    mecab_path = 'C:\\mecab\\mecab-ko-dic'
    pipeline = ptm.Pipeline(ptm.splitter.NLTK(),
                            ptm.tokenizer.Komoran(),
                            #ptm.tokenizer.MeCab(mecab_path),
                            ptm.helper.POSFilter('NN*|V*|IC*'),
                            ptm.helper.SelectWordOnly(),
                            ptm.ngram.NGramTokenizer(1, 2),
                            ptm.helper.StopwordFilter(file='../stopwords/stopwordsKor.txt')
                            )
elif language == 'en':
    pipeline = ptm.Pipeline(ptm.splitter.NLTK(),
                            ptm.tokenizer.WordPos(),
                            ptm.helper.POSFilter('NN*|A*|V*|J*'),
                            ptm.helper.SelectWordOnly(),
                            #ptm.ngram.NGramTokenizer(1, 2),
```

```
                        ptm.helper.StopwordFilter(file='../stopwords/stopwordsEng.txt')
                        )

def make_documents(result):
    docs = []
    for doc in result:
        new_doc = []
        for sent in doc:
            for _str in sent:
                if len(_str) > 0:
                    new_doc.append(_str)
        docs.append(' '.join(new_doc))

    return docs

_train_negative=pipeline.processCorpus(_train_negative_docs)
train_negative=make_documents(_train_negative)
_train_positive=pipeline.processCorpus(_train_positive_docs)
train_positive=make_documents(_train_positive)

_test_negative=pipeline.processCorpus(_test_negative_docs)
test_negative=make_documents(_test_negative)
_test_positive=pipeline.processCorpus(_test_positive_docs)
test_positive=make_documents(_test_positive)

print('== ==')

sentiAnalyzer=MachineLearningSentimentAnalyzer()
train_pos_vec=[]
train_neg_vec=[]
test_pos_vec=[]
test_neg_vec=[]
train_X=[]
train_Y=[]
test_X=[]
test_Y=[]

#training_method = customized, baseline
training_method = 'baseline'
if training_method == 'customized':
    train_pos_vec, train_neg_vec, test_pos_vec, test_neg_vec = \
                        sentiAnalyzer.make_customized_feature_vectors(train_positive,
                                                                      train_negative,
                                                                      test_positive,
                                                                      test_negative)
    features = train_pos_vec + train_neg_vec + test_pos_vec + test_neg_vec
    labels = ["neg"] * len(train_neg_vec) + ["pos"] * len(train_pos_vec) \
            + ["neg"] * len(test_neg_vec) + ["pos"] * len(test_pos_vec)
```

```
        train_X, test_X, train_Y, test_Y = \
                                    sentiAnalyzer.make_feature_vectors(features,
                                                                       labels)
    elif training_method == 'baseline':

        combined_docs = train_negative + train_positive + test_negative + test_positive
        # random.shuffle(_combined_docs)
        labels = ["neg"] * len(train_negative) + ["pos"] * len(train_positive) + ["neg"] *
    len(test_negative) + ["pos"] * len(test_positive)

        #vectorizer_name is either count or tfidf (count — countvectorizer or tfidf — tfidfvectorizer)
        vectorizer_name = 'tfidf'
        if vectorizer_name == 'count':
            train_X, test_X, train_Y, test_Y = \
                                    sentiAnalyzer.make_baseline_feature_vectors(combined_docs,
                                                                                labels)
        elif vectorizer_name == 'tfidf':
            train_X, test_X, train_Y, test_Y = \
                                    sentiAnalyzer.make_tfidf_feature_vectors(combined_docs,
                                                                             labels)

    customized=False
    #algorithm is either lr, nb, svm, rf
    algorithm = 'svm'

    if customized == True:
        model = sentiAnalyzer.build_models_with_customizedvectors(train_pos_vec, train_neg_vec,
    algorithm)
        sentiAnalyzer.save(model)

        print("ML-based model")
        print("-----------")
        sentiAnalyzer.evaluate_model(model, test_pos_vec, test_neg_vec, True)
        print("")

    else:
        model = sentiAnalyzer.build_baseline_model(train_X, train_Y, algorithm)
        sentiAnalyzer.save(model)

        print("ML-based model")
        print("-----------")
        model.fit(train_X, train_Y)
        y_pred = model.predict(test_X)
        conf_mat = confusion_matrix(test_Y, y_pred)
        print(conf_mat)
        print(metrics.classification_report(test_Y, y_pred,
                                            target_names=["neg", "pos"]))
```

코드의 실행 결과는 다음과 같다.

```
feature size 14995 : 14995
[[0. 0. 0. ... 0. 0. 0.]
 [0. 0. 0. ... 0. 0. 0.]
 [0. 0. 0. ... 0. 0. 0.]
 ...
 [0. 0. 0. ... 0. 0. 0.]
 [0. 0. 0. ... 0. 0. 0.]
 [0. 0. 0. ... 0. 0. 0.]]
ML-based model
-----------
[[2048  438]
 [ 518 1945]]
              precision    recall  f1-score   support

         neg       0.80      0.82      0.81      2486
         pos       0.82      0.79      0.80      2463

    accuracy                           0.81      4949
   macro avg       0.81      0.81      0.81      4949
weighted avg       0.81      0.81      0.81      4949

Process finished with exit code 0
```

사전 기반 감성 분석에 대해 조금 더 알아보자. 감성어와 의견이 포함된 텍스트를 다루기 위해서는 용언(동사와 형용사) 위주의 개념을 활용해 볼 수 있다. 형태소 분석에는 어간과 어미가 있고 어미는 동사와 형용사의 격변화를 많이 일으킨다. '우울한 날이다'라는 문장이 있다면 '우울한'이 '우울하다'로 복원되어야 하는데, 이렇게 복원이 되지 않은 상태이기 때문에 감성 사전이 용언 위주로 매칭이 되지 않는 경우가 많다. Pip install soylemma를 실행하면 '우울한', '우울하다'로 복원이 되며 앞에 있는 명사가 어떤 형용사와 접미사를 가지고 있느냐에 따라 '하다', '한다' 등의 접미사를 가지게 된다. 앞에 있는 단어에 따라 원형의 형태 접미사를 붙여주는데 soylemma는 거기까지 이용되지는 않는다.

Soylemma의 lemmatizer라는 함수에서 analyze의 argument에 '차가우니까'를 넣으면 '(차갑,

Adjective), (우니까, Eomi)' 형태가 된다. 즉, 감성어 사전의 입장에서 보면 어떤 경우에 어떤 글자가 활용되는지를 볼 수 있다. Treform에 이 문제를 해결하기 위해서 SejongPOSLemmatizer()를 __init__파일에 클래스를 만들었다. 한글 원형 복원의 내용을 가지고 있는 것이다.

KoreanDictionarySentimentAnalyzer.py의 pipeline을 보자. 가장 중요한 것 중 하나는 전처리와 표상화인데, 이것을 어떻게 활용하는지가 중요하다. SejongPOSLemmatizer은 Komoran, Kkma, TwitterKorean으로 형태소 분석을 하고 세종말뭉치 태그를 따르는 분석기만 사용 가능하다. 현재는 Komoran과 Meceb만 가능하며 soylemma에서 dictionary_name='default'인 것은 이것이 세종말뭉치의 일반적인 사전을 따르는 것을 보여준다. 용언에 나오는 품사를 원형 복원하여 어떤 용언인지에 대해 어휘가 달라진다면 XSA와 XSV+를 활용한다. Soylemma에서 lemmatizer를 불러 해당하는 단어를 passing하면 '하니까', '우니까' 등을 '쓸쓸하다', '차갑다'와 같이 '하다'로 통일시켜준다. 0번째나 1번째 input이 '희다', '한다'인 경우에는 전에 오는 어미로 통일시켜주는 것이다. 다만, 이 코드가 모든 경우를 잡아내지 못할 수도 있는 점을 유의하자. 아래의 코드를 참조해보자. Mecab을 사용하였고 파이프라인에서 형태소 분석을 하였다. SejongPOSLemmatizer는 단어뿐 아니라 어떤 품사를 가지고 있는지의 정보를 필요로 한다.

Test_MLSentimentPrediction.py는 다음과 같다.

```
import treform as ptm
from treform.sentiment.MLSentimentManager import MachineLearningSentimentAnalyzer

sentiAnalyzer=MachineLearningSentimentAnalyzer()

model=sentiAnalyzer.load('sentiment.model')
vectorizer_model=sentiAnalyzer.loadVectorizer(model_name='senti_vectorizer.model')

docs = ['오늘은 세상이 참 아름답게 보이네요! 감사합니다',
        '우울한 날이면 언제나 부정적인 생각에 아프다...']
predictions=sentiAnalyzer.predict(docs,model,vectorizer_model)
for i, predicted in enumerate(predictions):
    print(predicted + ' '
                               '.0.0for ' + docs[i])
```

Ngram의 경우에는 tokenizer에 upper bound와 lower bound가 있으며 concat(ngram 내 인접한 단어들을 묶어줌)을 무엇으로 할지 볼 수 있다. KoreanDictionarySentimentAnalyzer.py를 통해 세부사항을 확인하자.

다음의 KoreanDictionarySentimentAnalyzer.py에서 readpolaritydictionary 함수, main

함수 등을 활용하고 결과값을 보는 법을 확인할 수 있다.

```
# -*- coding: UTF-8 -*-

import io
import re


class DictionarySentimentAnalyzer:
    def __init__(self):
        name = 'DictionarySentimentAnalyzer'
        self.dict_list={}

    def readPolarityDictionary(self, file):
        fh = open(file, mode="r", encoding="utf-8")
        fh.readline()
        for line in fh:
            fields = line.split(',')
            n_token = ''
            toks = fields[0].split(";")
            for tok in toks:
                n_token += tok.split("/")[0]
            print("element " + n_token + " -- " + fields[len(fields)-2] + " : " +
fields[len(fields)-1])
            sent_dict = {}
            sent_dict['word'] = n_token
            sent_dict['polarity'] = fields[len(fields)-2]
            if sent_dict['polarity'] is 'NEG':
                sent_dict['score'] = -float(fields[len(fields)-1].replace("\n",""))
            elif sent_dict['polarity'] is 'POS':
                sent_dict['score'] = float(fields[len(fields) - 1].replace("\n", ""))
            else:
                sent_dict['score'] = 0.0

            if n_token not in self.dict_list:
                self.dict_list[n_token] = sent_dict

    def readKunsanUDictionary(self, file):
        with open(file, encoding='utf-8-sig', mode='r') as f:
            for line in f:
                fields = line.split('\t')
                escaped = fields[0]
                sent_dict = {}
                if len(fields) < 2: continue

                if escaped not in self.dict_list:
                    sent_dict['word'] = escaped
                    sent_dict['score'] = float(fields[1])
                    print('term ' + escaped + " : " + fields[1])
```

```
                if float(fields[1]) < 0:
                    sent_dict['polarity'] = 'NEG'
                elif float(fields[1]) > 0:
                    sent_dict['polarity'] = 'POS'
                else:
                    sent_dict['polarity'] = 'NEU'

                self.dict_list[escaped] = sent_dict

    def readCurseDictionary(self, file):
        with open(file, encoding='utf-8-sig', mode='r') as f:
            for line in f:
                term = line.strip()
                sent_dict={}
                if term not in self.dict_list:
                    sent_dict['word'] = term
                    sent_dict['score'] = -2.0
                    print('term' + term)
                    sent_dict['polarity'] = 'NEG'

                    self.dict_list[term] = sent_dict

    def readNegativeDictionary(self, file):
        with open(file, encoding='utf-8-sig', mode='r') as f:
            for line in f:
                term = line.strip()
                sent_dict={}
                if term not in self.dict_list:
                    sent_dict['word'] = term
                    sent_dict['score'] = -1.0
                    print('term' + term)
                    sent_dict['polarity'] = 'NEG'

                    self.dict_list[term] = sent_dict

    def readPositiveDictionary(self, file):
        with open(file, encoding='utf-8-sig', mode='r') as f:
            for line in f:
                term = line.strip()
                sent_dict={}
                if term not in self.dict_list:
                    sent_dict['word'] = term
                    sent_dict['score'] = 1.0
                    print('term' + term)
                    sent_dict['polarity'] = 'POS'
                    self.dict_list[term] = sent_dict

    def readPositiveEmotiDictionary(self, file):
        with open(file, encoding='utf-8-sig', mode='r') as f:
```

```
            for line in f:
                term = line.strip()
                sent_dict={}
                if term not in self.dict_list:
                    sent_dict['word'] = term
                    sent_dict['score'] = 1.0
                    print('term' + term)
                    sent_dict['polarity'] = 'POS'
                    self.dict_list[term] = sent_dict

    def readNegativeEmotiDictionary(self, file):
        with open(file, encoding='utf-8-sig', mode='r') as f:
            for line in f:
                term = line.strip()
                sent_dict={}
                if term not in self.dict_list:
                    sent_dict['word'] = term
                    sent_dict['score'] = -1.0
                    print('term' + term)
                    sent_dict['polarity'] = 'NEG'
                    self.dict_list[term] = sent_dict

    def getSentiDictionary(self):
        return self.dict_list

if __name__ == '__main__':
    import pyTextMiner as ptm
    import io
    import nltk

    sentiAnalyzer = DictionarySentimentAnalyzer()

    file_name = './data/SentiWord_Dict.txt'
    sentiAnalyzer.readKunsanUDictionary(file_name)
    file_name = './data/korean_curse_words.txt'
    sentiAnalyzer.readCurseDictionary(file_name)
    file_name = './data/negative_words_ko.txt'
    sentiAnalyzer.readNegativeDictionary(file_name)
    file_name = './data/positive_words_ko.txt'
    sentiAnalyzer.readPositiveDictionary(file_name)
    file_name = './data/emo_negative.txt'
    sentiAnalyzer.readNegativeEmotiDictionary(file_name)
    file_name = './data/emo_positive.txt'
    sentiAnalyzer.readPositiveEmotiDictionary(file_name)
    file_name = './data/polarity.csv'
    sentiAnalyzer.readPolarityDictionary(file_name)

    dict_list = sentiAnalyzer.getSentiDictionary()
```

```
pipeline = None
corpus = ptm.CorpusFromFieldDelimitedFile('../data/donald.txt',2)
mecab_path = 'C:\\mecab\\mecab-ko-dic'
mode = 'korean_lemmatizer'
if mode is not 'korean_lemmatizer':
    pipeline = ptm.Pipeline(ptm.splitter.NLTK(),
                            ptm.tokenizer.MeCab(mecab_path),
                            #ptm.tokenizer.Komoran(),
                            ptm.helper.SelectWordOnly(),
                            #ptm.ngram.NGramTokenizer(1,2,concat=' '),
                            ptm.helper.StopwordFilter(file='../stopwords/stopwordsKor.txt'))
else :
    pipeline = ptm.Pipeline(ptm.splitter.NLTK(),
                            ptm.tokenizer.MeCab(mecab_path),
                            #ptm.tokenizer.Komoran(),
                            ptm.lemmatizer.SejongPOSLemmatizer(),
                            ptm.helper.SelectWordOnly(),
                            #ptm.ngram.NGramTokenizer(1, 2, concat=' '),
                            ptm.helper.StopwordFilter(file='../stopwords/stopwordsKor.txt'))

documents = ['오늘은 비가와서 그런지 매우 우울하다',
             'KBO 일명 잘나가는 야구선수들 대부분 팬서비스는 뒷전... 니들 연봉은 팬들이 주는거다!!',
             '시험이 끝나야 놀지 스트레스 받아ㅠㅠ',
             '쾌 잘 만들어진 좀비 영화라는 생각이 듬',
             '옷을 잔뜩 사서 완전 무거워서 신나',
             '행복한 하루의 끝이라 않좋네!',
             '더운날에는 아이스커피가 무섭지 않다~~']

#result = pipeline.processCorpus(corpus)
result = pipeline.processCorpus(documents)
print(len(corpus.docs))

for doc in result:
    total_score = 0.0
    count = 0

    for sent in doc:
        idx = 0
        for _str in sent:
            if len(_str) > 0:
                score = 0.0
                flag = False
                if len(_str.split(' ')) > 0:
                    if _str.split(' ')[0] == '안':
                        _str = _str.split(' ')[1]
                        flag = True
                dictionary_ele = dict_list.get(_str)
                if (dictionary_ele != None):
                    polarity = dictionary_ele.get('polarity')
```

```
                if flag:
                    score = -float(dictionary_ele.get('score'))
                else:
                    score = float(dictionary_ele.get('score'))

                count += 1
                #print(_str + " == " + polarity + " " + str(score))
                total_score += score
            else:
                total_score += score

        idx+=1

    if (count != 0):
        avg_score = total_score/count
        print("AVG SCORE " + str(avg_score) + " for " + str(doc))
```

위 코드의 수행 결과는 아래와 같다.

AVG SCORE -0.6666666666666666 for [['오늘', '비', '오다', '그러다', '매우', '우울하다']]

AVG SCORE -0.3 for [['KBO', '잘나가다', '는', '야구', '선수', '팬', '서비스', '뒷전', '.', '..', '니', '연봉', '팬', '주다', '는', '거', '!'], ['!']]

AVG SCORE -0.4 for [['시험', '끝나다', '놀다', '스트레스', '받다', 'ㅠㅠ']]

AVG SCORE 0.32 for [['꽤', '잘만들다', '비', '영화', '라는', '듬']]

AVG SCORE 0.375 for [['옷', '잔뜩', '잔뜩사다', '완전', '무겁다', '신나다']]

AVG SCORE -0.09999999999999998 for [['행복하다', '하루', '끝', '안 좋다', '!']]

AVG SCORE 0.3333333333333333 for [['덥다', '날', '아이스커피', '안 무섭다', '~~']]

인공지능 기반 자연어 처리
Artificial intelligence-based natural language processing

# CHAPTER 10

# 워드 임베딩

CHAPTER 10

# 워드 임베딩

단어를 벡터로 임베딩하는 방식은 머신러닝을 통해 학습된다. 2000년대에 'NNLM(Neural Network based Language Model)' 방법론이 고안되었다. 신경망에 기반해 단어를 벡터로 바꾸는 방법론으로 이를 토대로 만든 Word2Vec, GloVe, FastText와 같은 알고리즘을 다뤄보자.

## 1 워드 임베딩 개요

머신러닝에서 단일 단어나 단일 단어를 타깃으로 하는 입력이 들어오면 이를 어떻게 숫자화하느냐가 중요하다. 머신러닝 모델은 숫자값을 입력 및 출력해야 하고, 해당 값은 해당 기호로 인코딩/디코딩한다. 어떤 단어가 어느 클래스에 해당하는지를 모델을 바탕으로 예측하는 것이다.

임베딩(=encoding, vectorizing)은 기호적인 표현을 기호 사이에 내재된 의미적 관계성을 내포하는 유의미한 숫자로 변환시켜주는 것이다. 예를 들어, one-hot encoding(=one-hot vector)은 가장 단순한 임베딩 방법으로써 벡터에서 하나의 요소만 1의 값을 가지고 나머지 요소는 0의 값을 가진다. 이러한 원-핫 인코딩은 벡터의 크기가 너무 커지면 사용이 불가능하고, 임베딩되는 두 요소 간의 내재적 관계를 유추할 수 없는 단점이 있다.

자질은 문맥과 같이 추상적이다. 문헌*단어 행렬은 유사한 문맥에 있는 단어가 비슷한 의미를 가지고 있다고 가정한다. 한 문서가 단일 주제를 다루고 있다고 가정하면 해당 문서 전체를 레이블링되지 않은 하나의 자질로 생각할 수 있는데, 이러한 문헌들을 자질로 사용해서 분산 단어 벡터를 생성할 수 있다.

Feature vectors은 red, green, blue와 같은 3가지의 색으로 무슨 색을 만들지를 보는 것이다. 이와 유사한 개념이 단어의 벡터를 만드는 것이며 이를 확장한 것이 emoji 벡터로 관련 자질의 값을 가지는 벡터로 emoji를 표상화하는 것이다. 벡터화된 emojis는 각각의 emoji 벡터끼리 비교가 가능하고 비슷한 의미를 가진 emoji들을 찾을 수 있다.

의미론적인 관점에서 vectorization은 단어가 어떤 뜻을 가지고 있으며 단어들이 얼마나 유사한지를 볼 수 있다. 단어를 벡터로 표현하는 대표적인 방법이 워드 임베딩이며, 단어 어휘에 emoji, RGB 등 다양한 객체들로 임베딩이 구성될 수 있다. Sparse한 매트릭스를 dense하게 바꿔 밀집 벡터를 워드 임베딩 과정을 통해 나온 결과라고도 하여 임베딩 벡터라고도 부른다.

워드 임베딩[1)]은 text window(text 분석단위)를 활용하여 몇 개의 단위씩 끊어 볼 수 있다.

워드 임베딩에는 구글에서 만든 Word2Vec,[2)] 스탠포드 대학에서 만든 GloVe,[3)] 페이스북에서 만든 FastText[4)]가 가장 잘 쓰인다.

Vectorization은 문헌을 벡터화시키는 것을 뜻한다. 각각의 문헌이 하나의 벡터라고 하면 벡터는 1 dimension, 행렬은 2 dimension이기에 각각의 문헌을 one dimension 벡터로 만들어 머신러닝에 활용할 수 있도록 바꾸는 것이다. 머신러닝은 텍스트 자체에 대해 수치화할 때 어떤 방법

그림 10-1 | Vectorization

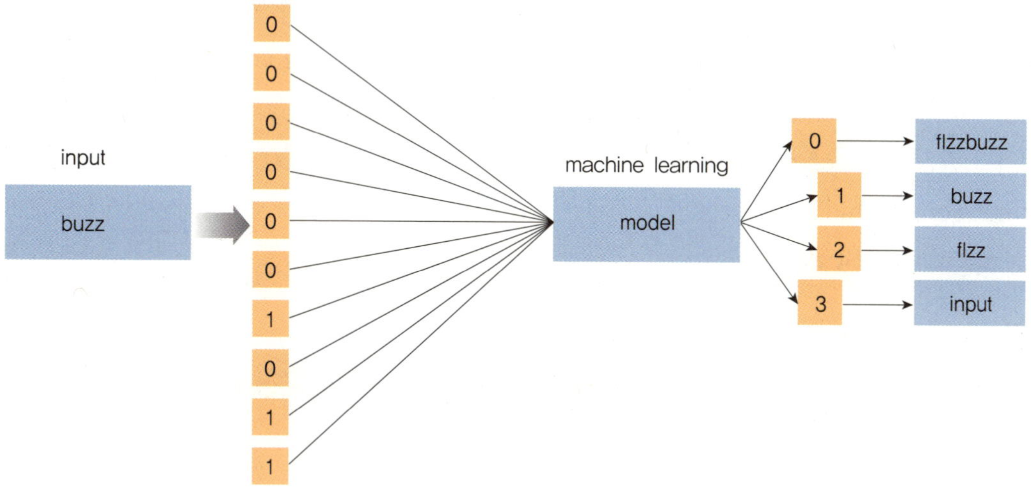


1) Ghosn J. and Y. Bengio (2003, July), "Bias learning, knowledge sharing," In *IEEE Transactions on Neural Networks*, Vol. 14, No. 4, 748–765.

2) Mikolov, T., Chen, K., Corrado, G., & Dean, J. (2013). Efficient estimation of word representations in vector space.

3) Pennington, J., Socher, R., & Manning, C. D. (2014, October). Glove: Global vectors for word representation. In *Proceedings of the 2014 conference on empirical methods in natural language processing (EMNLP)*. 1532–1543.

4) Bojanowski, P., Grave, E., Joulin, A., & Mikolov, T. (2017). Enriching word vectors with subword information. *Transactions of the Association for Computational Linguistics*, 5, 135–146.

을 사용하느냐가 중요하다. 하나의 입력 단어를 n개의 요소로 인코딩한 후 n개의 dimension이라면 n개의 요소로 변환시킨다. one-hot이라 할 수 있는 타깃이 되는 단어만 1의 값을 갖고 그렇지 않은 단어들은 0의 값을 준다. 이렇게 문헌을 벡터화시키면 1 이상의 값은 특정 단어가 1번 이상 나타난 것임을 말해주고, binary일 때는 단어가 나타나면 1, 나타나지 않으면 0으로 표현될 것이다. 머신러닝에 이 값을 넣고 예측(target이 되는 output)을 하면 정해진 n개의 클래스에 대해 디코더가 매핑되어 나올 것이다. 입력 벡터와 출력 벡터의 사이즈는 같을 수도 있다. 입력이 n개일 때 예측은 m개(n개일 수도, 그와 다른 숫자일 수도 있다)이다. POS tagging의 경우에는 같은 숫자가 나올 테지만, 예측을 디코딩할 때는 dimension의 개수가 줄어들 것이다. 이는 Word2Vec에서 더 자세하게 다루어보자.

Document 벡터에 대해 알아보자. 문헌집단을 행렬로 표현할 때는 가로가 단어이고 세로가 문헌 아이디어일 것이다(반대의 경우에는 가로가 문헌, 세로가 단어이다). 단어*문헌 형식에서 그 단어를 가지고 벡터로 표현한 행렬을 통해 어떤 단어와 유사한지(비슷한 포지션을 가지는지), 혹은 어떤 단어와 다른지 볼 수 있을 것이다. 각각의 문헌을 D1이라 하면 그 아래에 단어가 있고 각각의 벡터는 N개의 고정된 범위가 있다. Complexity와 network는 포지션이 다른 것을 볼 수 있다. Traffic과 network는 비슷하며 traffic과 entropy는 비슷하지 않다. 워드 임베딩은 숨겨진 layer를 통해 학습을 하고 최적화된 값을 구해 softmax로 dimension을 찾는다. Word2Vec은 300, GloVe는 50, 100, 1000 dimension, 즉 hidden vector의 고정된 사이즈를 찾는다(dimension은 몇 개의 element가 어느 단어에 붙어 있는지를 말한다고 생각할 수도 있다).

**▌표 10-1 ▌Document Vector-space 예시**

| | D1 | D2 | D3 | D4 | D5 |
|---|---|---|---|---|---|
| complexity | 2 | | 3 | 2 | 3 |
| algorithm | 3 | | | 4 | 4 |
| entropy | 1 | | | 2 | |
| traffic | | 2 | 3 | | |
| network | | 1 | 4 | | |

Co-occurrence 벡터는 정방향 매트릭스여서 가로와 세로가 나타내는 값이 같다. 가로와 세로가 모두 단어이기에 단어와 단어를 비교할 수 있으며 이것을 implicit하게 hidden시키는 것이 Word2Vec이다.

**▌표 10-2▐ Co-occurrence 벡터의 예시데이터**

| | data | examples | introduction | mining | network | package |
|---|---|---|---|---|---|---|
| data | 53 | 5 | 2 | 34 | 0 | 7 |
| examples | 5 | 17 | 2 | 5 | 2 | 2 |
| introduction | 2 | 2 | 10 | 2 | 2 | 0 |
| mining | 34 | 5 | 2 | 47 | 1 | 5 |
| network | 0 | 2 | 2 | 1 | 17 | 1 |
| package | 7 | 2 | 0 | 5 | 1 | 21 |

[표 10-2]와 같이 data가 [53,5,2,34,0,7], mining이 [34,5,2,47,1,5], package가 [7,2,0,5,1,21]라는 형식으로 나온다면 data와 mining은 유사한 맥락에서 나타나므로 비슷한 의미라고 볼 수 있다. 다만, 표는 6*6 행렬이지만, 후에 많은 데이터를 수집하여 만들면 행렬이 sparse하게 될 것이다. Sparse한 행렬은 의미가 없기에 dense하게 만드는 것이 필요하고 아무리 많은 데이터라도 적합한 dimension size를 결정해야 할 것이다.

문헌집단에서 동시 출현을 구하는 경우에는 한 하나의 신문기사가 1,000개의 단어로 이루어졌다고 하면 첫 번째 단어와 1,000번째 단어가 유의미하게 동시 출현했다고 보기에는 어려울 수 있으므로 문장 단위나 더 소규모의 단위를 활용하는 것이 유용하다.

문서를 스캔하고 각 단어마다 주변 단어를 자질로써 사용할 수 있다. one-hot 벡터에서 dog와 bark가 있으면 왼쪽에서 2개, 오른쪽에서 2개를 context로 보고 하나씩 오른쪽으로 옮겨 나가며 학습을 할 수 있다. 문헌이나 텍스트를 벡터화시켜서 인접한 단어와 얼마나 자주 나타나는지를 보는 개념은 추후에 토픽 모델링에서도 활용된다. A라는 단어와 B라는 단어의 hidden embedding을 구하는 것이다. 이를 활용하면 동시 출현을 구할 필요가 없겠지만 워드 임베딩과 semantic relatedness score도 동시 출현을 내재적으로는 활용한다.

**▶ 그림 10-2 | Co-occurrence 벡터의 예시**

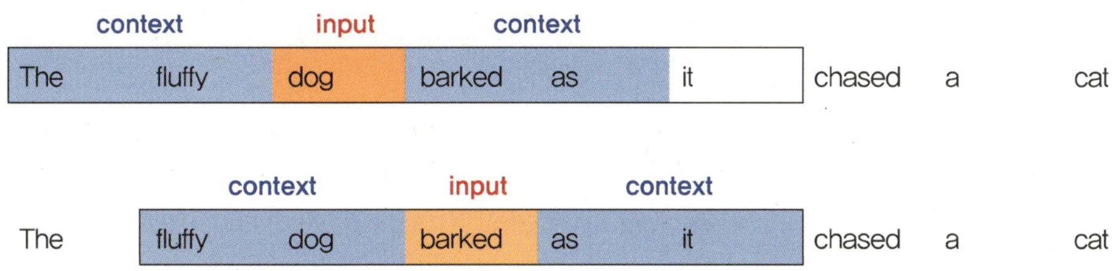


동시 출현의 장점은 2차 평면에 네트워크를 그리는 것뿐 아니라 Principle Component Analysis 방식으로 공간적으로 인접한 단어들을 보며 어떤 문맥에서 쓰였는지를 살펴볼 수 있다

그림 10-3 | Co-occurrence 벡터의 예시

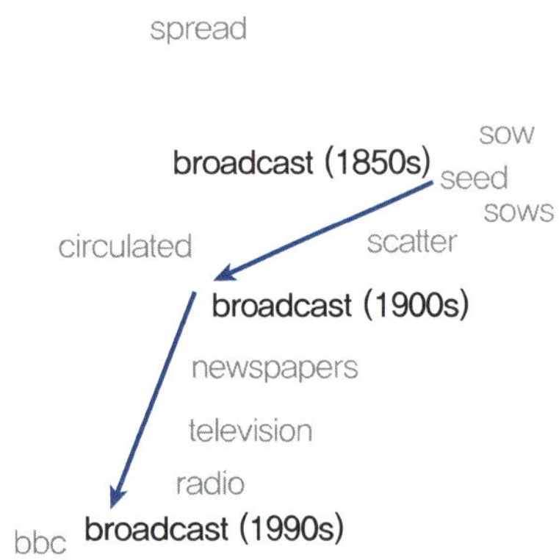


는 점이다. 시간에 따라서 문맥이 변화하는 것을 볼 수 있다는 장점도 있다.

Youlu에 있는 Word2Vec에 대해 자세히 다루어보자. 이 모델은 나무위키와 한글 데이터를 다운받아 전처리한 데이터를 Mecab으로 형태소 분석하고 세종말뭉치 사전으로 stemming한 것과 네이버 신문 댓글 18GB가량을 수집해서 전처리한 것으로 이루어져 있다.

댓글을 기반으로 GloVe나 FastText를 이용해서도 모델을 만들었다. 차이를 보면 GloVe는 기본적으로 C언어를 사용하여 파이썬에 포트되도록 하였다. 리눅스에서 만든 스탠포드대학의 GloVe는 맥 OS 기반에서는 그대로 활용할 수 있다. 이때 Window10에 대해서는 bat 파일을 따로 만들어서 실행해야 한다. 속도면에서 C의 성능이 좋은 것을 볼 수 있다. 다만 CPU 메모리가 100GB 정도 필요하다.

한글의 경우에는 FastText가 단어에 있는 substring인 character ngram을 기반으로 한다. 이것을 처리할 수 있는 모듈을 만든 것이 Yonlu 내의 전처리 모듈 중 utility 모듈이다. 이를 받기 위해서 pip install Yonlu을 하면 된다. 혹은 github https://github.com/ MinSong2/Yonlu에서도 관련 자료를 받을 수 있다. 파이참에서 프로젝트를 새로 만들어서 진행해보자. 이때 site package 내의 Yonlu와 충돌이 이루어지지 않게 해야 한다.

데이터를 구간별로 수집해서 구간별 Word2Vec 모델을 만들어 의미적으로 연결된 키워드들이 어떤 것인지 살펴보는 것이 중요하다. 이를 활용하면 키워드가 어떤 시대를 반영하고 있는지 알 수 있다. 10년치 단어로 코퍼스를 만들고 그 흐름을 살펴볼 수 있는 것이다. 18~19세기 서간문에서의 '사랑'이라는 개념과 현대 연애편지에서의 '사랑'이라는 개념이 다른 것과 같으며 이것을 culturomics라고 할 수 있다. Social data는 social interaction이 bio data는 bio interaction이 있는 것이다. 인간이 가지고 있는 전염병이나 사회적인 네트워크에 비슷한 현상을 찾아낼 수도 있고 진화론이나 과학적인 이론들을 통해 사회현상을 설명하는 데도 사용될 수 있다. 반대로 사회현상에서 과학적인 이론을 찾아낼 수도 있다. 이를 위해 Node2Vec, Concept2Vec, Context2Vec 등 Word2Vec에서 비롯된 벡터들을 다룰 것이다.

One-hot encoding은 단어 집합의 크기를 벡터의 차원으로 하고, 표현하고 싶은 단어의 인덱스에 1의 값을 부여하고, 다른 인덱스에는 0을 부여하는 단어의 벡터 표현 방식이다. 이것을 원-핫 벡터(one-hot vector)라고 하는데, 원-핫 인코딩의 두 과정은 아래와 같다.

① 각 단어에 고유한 인덱스를 부여(정수 인코딩)
② 표현하고 싶은 단어의 인덱스 위치에 1을 부여하고, 다른 단어의 인덱스 위치에는 0을 부여

단어 하나의 인덱스 정수를 할당한다는 점에서 bag of words(BOW)로 부르기도 한다.

Rome = [1,0,0,0,0,..,0]
Paris = [0,1,0,0,0,0,...,0]
Italy = [0,0,1,0,0,0,...,0]
France = [0,0,0,1,0,0,.....,0]

Rome, Paris, Italy, France가 있고 이를 one-hot으로 벡터화를 하면 유사도를 비교하기가 어렵다. 단어 간의 유사도를 구하려면 각각의 단어를 벡터로 만들어야 한다. Rome이라는 단어의 주변 단어들이 어떤 단어가 있는지, 몇 개를 carry할 것인지에 따라 임베딩 사이즈가 결정될 것이다. 이럴 경우 두 단어 벡터의 내적은 0으로 직교를 이룬다. 즉, 문자 그대로 단어에 대해 hidden vector를 구하면 단어 사이에 존재하는 유의어, 반의어와 같은 특정한 관계나 의미를 담지 못하는 독립적 관계가 된다. 이때 차원의 저주 문제가 발생하고, 어떤 단어와 연결시킬지 문제가 발생한다(CBOW 혹은 skipgram). Negative sampling도 같은 맥락에서 이해할 수 있으며 관련 없는 단어들을 몇 개나 제외할지 살펴보고 속도를 향상시키고 overfitting 문제를 없애는 것이다. Sparse matrix는 앞에서 이야기한 것처럼 행렬의 대부분이 0으로 되어 있고 공간적 낭비 문제가 있어서 단어들끼리 비교가 어렵다. 전통적으로 워드 임베딩이 나오기 전에는 SVD를 사용하여 dense하게 만들고 단어와 단어의 유사도를 구했다. Yonlu의 __init__.py를 보면 단어와 단어 사이의 co-occurrence를 기반으로 한 gensim의 SVD를 사용한 방법을 볼 수 있다. 이는 Word2Vec의 시초로 볼 수 있다.

## 2 워드 임베딩 방법론

Word2Vec은 2013년도에 나왔다. 이 개념은 distribution에서 비롯되었는데, 서로 관련 있는 단어는 비슷한 곳에 위치한다는 것이 워드 임베딩이 가진 특징이다(Context2Vec도 같은 개념이며 과학이 make sense하면 공학 역시 make sense할 수 있다는 것을 유추해 나가는 것이다). Symbolic representation을 가지고 단어뿐 아니라 emoji, 카테고리, date, time, symbol 등을 표상화하고 정량화하는 워드 임베딩 방법들도 사용할 수 있다. 워드 임베딩은 사람이라는 벡터가 가진 hidden embedding을 보여주고 임베딩이 50개면 사람도 50개로 얼마나 유사한지를 구해서 비교할 수 있다. 유사한 것과 유사하지 않은 것의 차이는 워드 임베딩 모델을 얼마나 포괄적으로 잘 만들었는지를 통해 확인할 수 있다. Skipgram과 CBOW와 같은 하이퍼파라미터를 조정하는 방법도 중요하지만 얼마나 많은 단어를 학습하고, 얼마나 많은 단어들을 잘 전처리하여 학습하였는지가 관건이다. 학습 데이터를 잘 선정하면 좋은 결과가 나오는 것이다.

윈도우 사이즈를 2라고 하였을 때(왼쪽으로도 2개, 오른쪽으로도 2개), the라는 단어가 one-hot encoding으로 타깃이 되고 맨 왼쪽은 없고 오른쪽만 있다. Quick은 왼쪽과 오른쪽 두 개를 주변 단어로 보고 의미 있는 단어의 연관성을 확인할 수 있다. 윈도우 사이즈를 늘릴수록 주변 단어들을 잘 볼 수 있겠지만 의미 있는 단어를 찾기는 어렵다. 타깃 단어와 멀어질수록 문맥적으로 의미가 없어질 수 있기에 문맥을 못 잡거나 하는 문제가 있을 수도 있다.

신경망은 Word2Vec을 쓰는 input, hidden, output layer 등에 뉴런의 개념을 넣는 것이다. Layer가 여러 개 있는 것이 아니라 hidden layer를 하나만 넣을 수 있고 이것을 뉴런 네트워크라고 표현하기도 한다. 여러 개의 쌍을 Word2Vec이 들어가는 뉴런 net에 넣어서 skipgram과 CBOW 중 하나의 알고리즘으로 골라서 적용하는 것이다. Vocabulary는 천만 개의 문헌을 가지고 특정 단어를 남기는 것을 의미한다. 5,000만 개의 word가 있고 300개의 hidden이 있다고 가정하면 5,000만*300개가 연산해야 하는 샘플이 된다. 데이터 크기가 크면 vocabulary에서 나오는 단어들 간의 관계성을 잡을 수 있다. 다양한 관계성을 학습할 수 있기에 워드 임베딩은 우수한 성능을 보일 것이다. 위키피디아처럼 형태소 분석이 잘 되는 것일수록 분명할 것이다. Gensim은 argument를 passing해 positive나 negative한 대칭 관계를 파악할 수 있다. 예를 들어, '이재명 – 정치인 + 연예인 = ?'이 있다면 positive와 negative의 대칭 관계를 보아 연예인 이름들이 나와야 할 것이다. Positive = ['이재명', '연예인'], negative = ['정치인']으로 볼 수 있다. 이러한 대칭 관계를 학습하면 문맥 속에서 적합한 관계를 밝혀내기에 용이하다. 데이터를 수집하고 구간별로 Word2Vec을 만들어보면 구간별로 의미를 찾을 수 있다. King–Man+Woman이 되면 King과 같은 자격의 여자인 queen, princess 등의 직위가 나올 것이다. 이를 활용하여서 semantic meaning들을 많이 파악할 수 있다. 벡터를 만들어서 +, −를 활용하는 것이 공간적인 관계성인데 모델만 괜찮다면 좋은 결과를 기대할 수 있다.

Vocabulary size가 10,000개인 작은 시스템이 있다고 가정하면 타깃만 1이 되고 나머지는 0이 된다. CBOW나 skipgram은 맨 왼쪽에 있는 입력 벡터는 one−hot으로 표현된다. Ant라는 단어 1개만 있고 의미적으로 유사한 단어를 추가로 학습할 때 10,000개의 단어에 대한 학습이 필요하다. 천만 개의 데이터가 있다면 학습할 때 중간과정이 복잡할 것이다. 따라서 전처리를 하는 것이 필요하다. [그림 10−4]를 보면 가운데 뉴런에 매핑된 것이 300개의 주변 단어이고 가운데 레이어가 어떤 관심이 있는지를 보기 위해 output이 될 수 있다. 즉, 가운데 레이어는 각각의 단어를 표현하기 위한 hidden vector이다. 오른쪽이 estimation이고 hidden 뉴런으로 각각의 단어를 학습하고 유사한 단어를 예측한 것이다. 0 또는 1, 그 안에 있는 것을 예측하고 중간과정에서 hidden vector로 유사한 단어를 유추해준다. 오른쪽에 있는 것이 10,000개의 뉴런이 되며 one−hot 뉴런에서 나머지 단어와의 layer를 본다. 실행 코드를 보면 300개의 주변단어와 어떻게 관련이 있는지를 수치화해준 결과를 볼 수 있다. Hidden vector는 주변 단어들을 볼 수 있다. 단일 레이어 신경망의 아키텍처를 보면 가운데 hidden vector를 estimation해서 300개의 숨겨진 뉴런으로 학습한 결과에서 가장 유사한 단어를 0과 1 사이의 값으로 예측해준다.

그림 10−4 | Word Embedding 구조

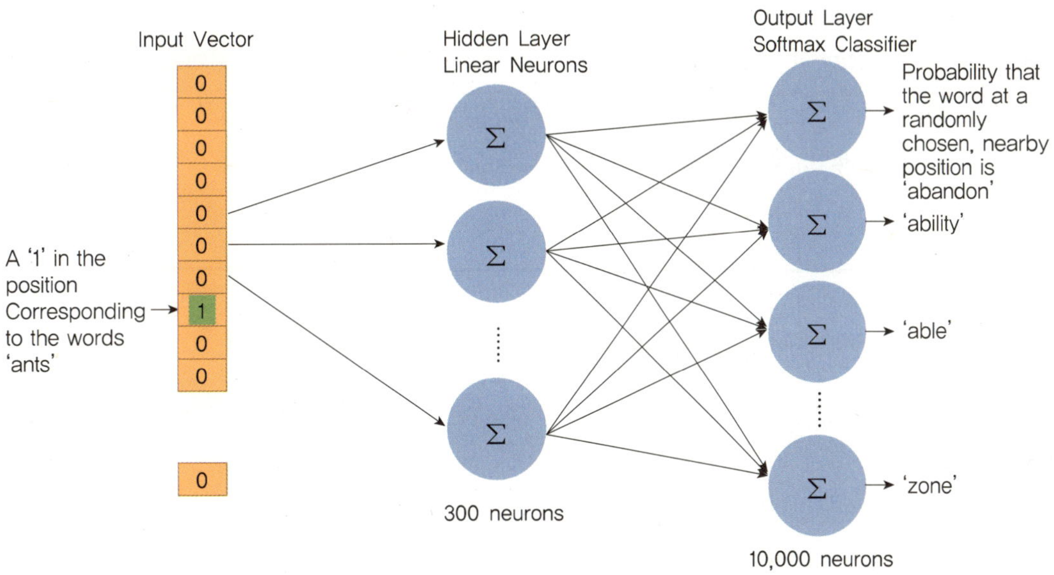

워드 임베딩은 여러 단어 쌍을 신경망에 feeding한 후 vocabulary의 모든 단어가 선택한 단어에 인접할 가능성을 알려주는 모델이다. 예를 들어, 학습된 신경망에 입력 단어 'Soviet'를 부여한 경우 'union'과 'Russia'의 단어가 '수박' 및 'kangaroo'보다 출력확률이 높은 것이다. 신경망에 텍스트 문자열처럼 단어를 그대로 사용할 수는 없기에 단어를 신경망에 표현하는 방법이 필요하다. 신경망의 출력은 vocabulary의 모든 단어에 대해서 무작위로 선택된 주변 단어가 해당 단어일 확률을 포함하는 단일 벡터이다.

단어가 10,000개가 있다면 1*10,000은 one-hot vector로 10,000개가 '1'에 대응하는 행렬의 행을 효과적으로 선택한다(ant가 1일 것). [0 0 0 1 0]이면 vocabulary 사이즈가 5이다. 1인 4번째 것이 hot encoding이 되고, 행렬로 dimension의 곱한 값이 output으로 출력될 것이다.

인접 단어를 300개만 보면 hidden layer가 300개가 될 것이고, output layer는 softmax로 특정한 단어가 300개의 hidden vector로 업데이트되었을 때 얼마나 유사한지를 본다.

Hidden layer에 대해 알아보자. 10,000 vocabulary 단어에 대해서 각각의 단어가 300자질로 표현될 수 있는 단어 벡터라고 생각해보자(300자질은 50,100,200자질에 비해서 단어 벡터를 더 잘 표현할 수 있다고 가정한다). Hidden layer는 10,000개의 행과 300개의 열로 이루어진 가중치 행렬로 표현된다. 이 경우 특정 단어의 1*10,000 one-hot vector에 10,000*300 matrix를 곱하는 것은 '1'에 대응하는 행렬의 행을 효과적으로 선택하는 것을 의미한다.

성별로 하였을 때는 king, queen, men, women과 같은 단어들이 있을 수 있고 시제로 하였을 때는 is, are와 같은 단어들이 있어 다양한 경우의 수가 벡터 안에 존재한다. 임베딩 모델을 통해 negative와 positive를 볼 수 있고 사람 이름과 정치인, 연예인 등 벡터 사이즈를 보고 해석할 수 있는 수까지 늘리면 은닉층에 있는 단어 벡터값이 생긴다. 이러한 벡터값을 해당 단어에 대한 분산 표현, 벡터 표현, 또는 단어 임베딩이라고도 한다.

$$\begin{pmatrix} 0 & 0 & 0 & 1 & 0 \end{pmatrix} \times \begin{pmatrix} 17 & 24 & 1 \\ 23 & 5 & 7 \\ 4 & 6 & 13 \\ 10 & 12 & 19 \\ 11 & 18 & 25 \end{pmatrix} = \begin{pmatrix} 10 & 12 & 19 \end{pmatrix}$$

'ants'에 대한 1*300 단어 벡터가 output layer에 입력값을 가진다. 이때 output layer는 softmax regression classifier이다. Vocabulary에서 하나의 단어는 하나의 출력 뉴런으로

0과 1 사이의 출력 확률을 생성하며 softmax 함수를 활용하여 모든 출력값의 합은 1이 된다. 각 출력 뉴런에는 가중치 벡터가 있으며 hidden vector의 단어 벡터와 곱한 다음 exp(x) 함수를 결과에 적용한다. 마지막으로 출력을 합산하기 위해 이 결과를 10,000개의 모든 출력 노드 결과의 합으로 나눈다. 아래 그림은 단어 'car'에 대해 출력 확률을 계산하는 그림이다.

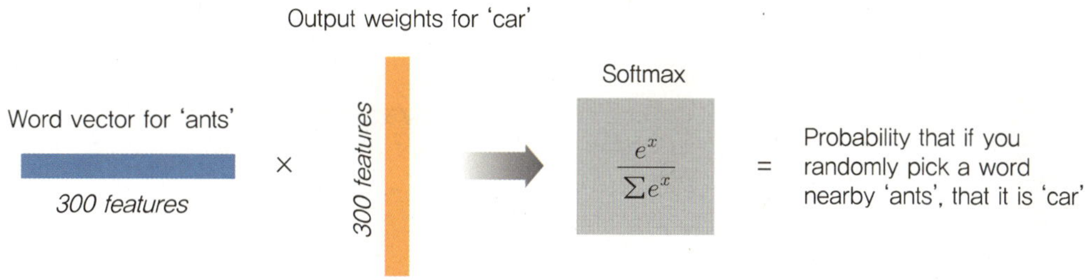


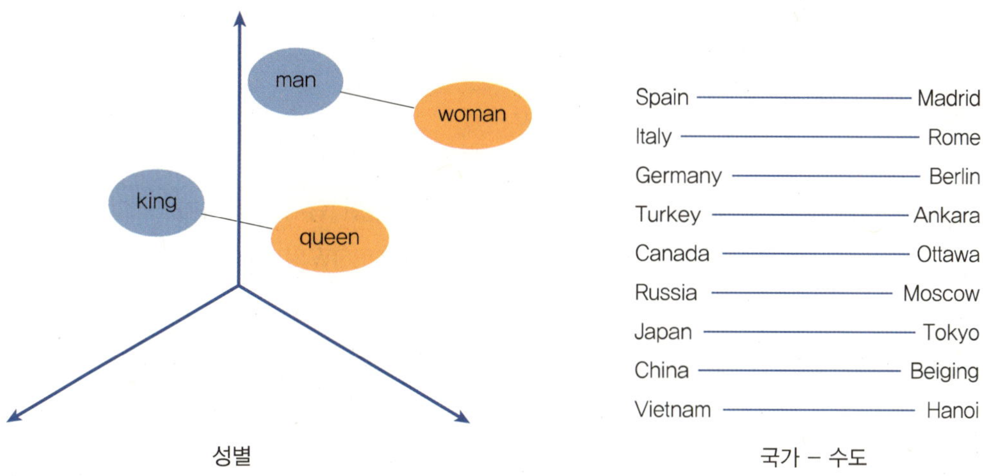


Output layer는 출력값인데 softmax 함수를 써서 예측이 가능하다. 이때 중간과정은 hidden vector를 통한다. 일반적으로 딥러닝에서 분류할 때는 softmax 함수를 쓰고 2개를 분류할 때는 주로 sigmoid 함수와 함께 들어간다.

CBOW와 skipgram 알고리즘에 대해 살펴보겠다. 두 가지 알고리즘의 차이는 여러 개의 단어를 나열한 뒤 이와 유사한 단어를 추정하여 문제를 해결하는지, 특정 단어를 통해 문맥이 될 수 있는 단어를 예측하는지이다.

CBOW의 경우는 여러 가지 주변 단어를 n개로 보고 윈도우 사이즈를 정해 hidden layer(혹은 hidden 뉴런)를 본다. n개의 hidden layer 중 output의 값을 본다.

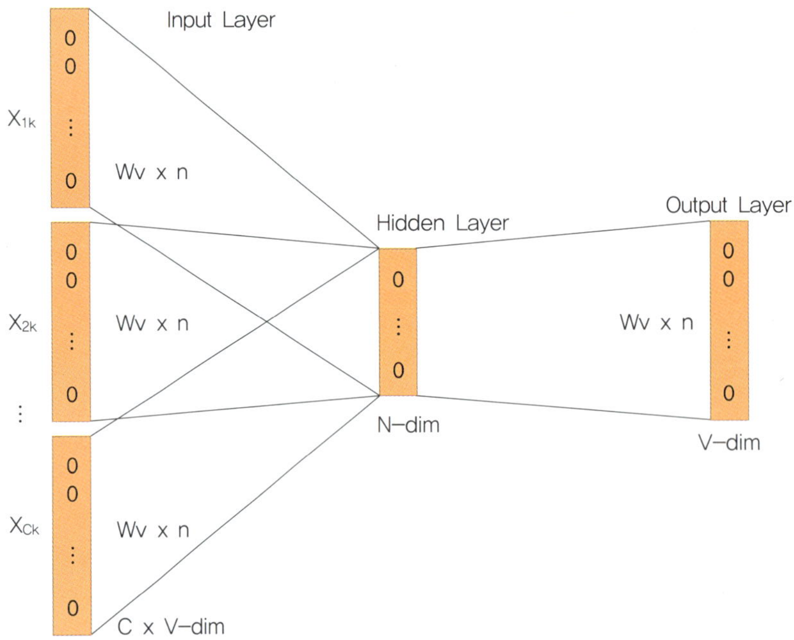


Skipgram은 반대 방향인데 window size가 1일 경우에는 주변 단어가 하나가 되고 이로 타깃 단어를 예측하는 것이 가능한데 2개씩 타깃으로 보면 CBOW의 반대의 경우를 갖는다.

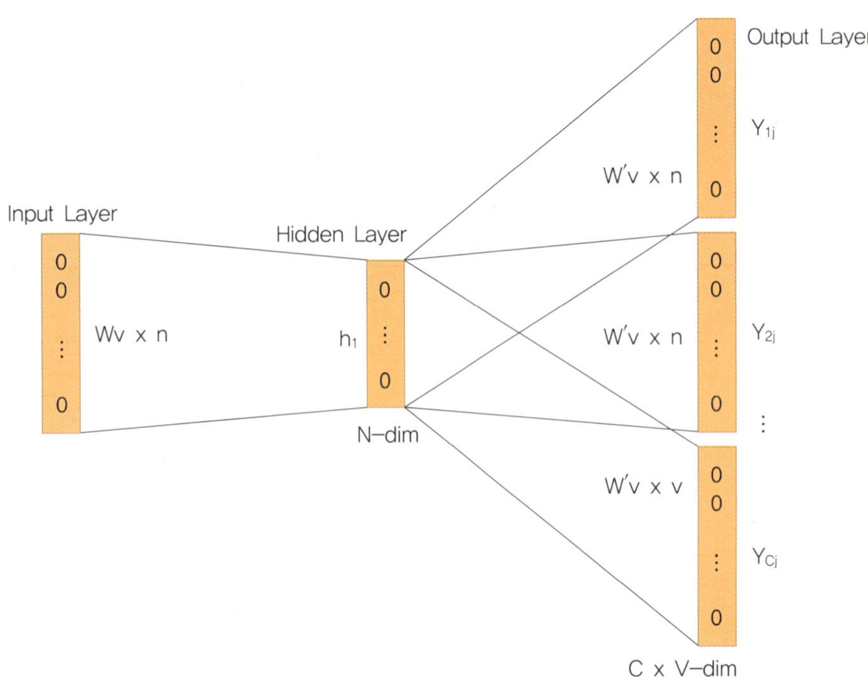

Skipgram 방식은 CBOW와 반대로 특정한 단어로부터 문맥이 될 수 있는 단어를 예측한다. 보통 입력 단어 주변의 k개의 단어를 문맥으로 보고 예측 모형을 만드는데 이 k값을 window size라고 한다. 만약 window size k=1일 경우 quick→the, quick→brown, brown→quick, brown→fox 등의 관계를 예측할 수 있다.

두 개의 가중치 행렬 w, w′가 핵심이며 input-hidden, hidden-output layer를 잇는 가중치 행렬의 모양이 서로 전치한 것과 동일하다. 전치하면 그 모양이 같다고 해서 완벽히 동일한 행렬은 아닌데, 학습이 이상적으로 되면 w와 w′ 중 어느 것을 단어 벡터로 쓰든 관계가 없다. 가중치 행렬 w의 크기는 V*N이다.

Skipgram은 아래의 식을 최대화하는 방향으로 학습을 진행한다.

$$P(o|c) = \frac{\exp\left(u_w^T v_c\right)}{\sum_{w=1}^{W} \exp\left(u_w^T v_c\right)}$$

중심 단어(c)가 주어졌을 때 주변 단어(o)가 나타날 확률을 구하는 것이며 분모는 윈도우 크기 내에 등장하지 않는 단어들은 중심 단어와의 유사도를 감소시키고 분자는 중심 단어에 해당하는 벡터와 주변 단어에 해당하는 벡터의 내적값, 즉 두 벡터의 유사도를 높인다는 것이다.

Word2Vec의 학습 파라미터인 중심 단어 벡터 업데이트 과정은 다음과 같다.

$$\begin{aligned}
\frac{\partial}{\partial v_c} InP(o|c) &= \frac{\partial}{\partial v_c} In \frac{\exp\left(u_w^T v_c\right)}{\sum_{w=1}^{W} \exp\left(u_w^T v_c\right)} \\
&= \frac{\partial}{\partial v_c} u_o^T v_c - \frac{\partial}{\partial v_c} In \sum_{w=1}^{W} \exp\left(u_w^T v_c\right) \\
&= u_o^T - \frac{1}{\sum_{w=1}^{W} \exp\left(u_w^T v_c\right)} = \left(\sum_{w=1}^{W} \exp\left(u_w^T v_c\right) * u_w\right) \\
&= u_o^T - \sum_{w=1}^{W} \frac{\exp\left(u_w^T v_c\right)}{\sum_{w=1}^{W} \exp\left(u_w^T v_c\right)} * u_w = u_o^T - \sum_{w=1}^{W} P(w|c) * u_w
\end{aligned}$$

$$v_c^{t+1} = v_c^t + \alpha\left(u_o^T \sum_{w=1}^{W} P(w|c) * u_w\right)$$

중심 단어 그래디언트의 반대 방향으로 조금씩 중심 단어 벡터를 업데이트한다. 알파값은 learning rate이다.

Word2Vec은 skipgram 신경망에 수많은 가중치가 포함되는 문제를 해결하고자 했다. 300개의 자질과 10,000단어의 vocabulary가 있는 경우 hidden layer와 output layer의 가중치는 각각 3백만이다. 대규모 데이터셋에서 이것을 훈련시키는 것은 느리고 과적합하기 쉽기 때문에 Word2Vec 저자는 학습할 수 있도록 다음과 같은 방법을 제시했다.

① 학습할 데이터의 수를 줄이기 위해서 빈번하게 출현하는 단어들만 sub-sampling한다.
② 'Negative sampling'을 도입해서 최적화한다. 즉, 각각의 학습 샘플이 모델의 가중치 중 소규모 부분만 업데이트하도록 한다.
③ 일반적으로 등장하는 단어쌍이나 phrase를 하나의 단어로 취급한다.

Sub-sampling은 'the'와 'of' 같은 불용어를 워드 임베딩 모델 학습 시 제거하는 것이다. 단어가 제거될 확률은 그 단어의 출현 빈도와 관련이 있다. Sampling rate은 vocabulary에서 주어진 단어를 제거할지 혹은 남겨둘지를 결정하는 확률을 계산하는 공식이다. Sample은 Word2Vec의 하나의 파라미터로 얼마나 많은 단어들을 샘플링할 것인가를 통제한다. 작은 값일수록 더 적은 수의 단어를 남기며 기본값은 0.001이다.

신경망을 학습한다는 것은 학습 데이터 샘플 하나가 들어갈 때마다 모든 뉴런 가중치를 조정하게 되며 학습 데이터를 더 정확하게 예측하도록 하는 것이다. Vocabulary의 사이즈가 클수록 skipgram이나 CBOW 신경망이 방대한 수의 가중치를 가지게 되며 negative sampling은 모든 학습 데이터 샘플의 가중치가 아닌 일부의 가중치만을 수정하도록 하여 이를 해결한다. Negative sampling을 사용하여 가중치를 업데이트하기 위해 소수의 'negative' 단어를 무작위로 선택하는 것이다. 이 맥락에서 'negative'는 신경망이 0을 출력하기를 원하는 단어이고 'positive' 단어의 가중치도 동시에 업데이트된다.

예를 들어, 300*10,000의 가중치 행렬이 있다고 하자. 'Positive' 단어의 가중치와 0을 출력하려는 다른 5개 단어(negative sample)의 가중치를 업데이트하게 되고 총 6개의 출력 뉴런과 총 1,800개의 가중치값(6*300)이 나온다. 300만 개의 가중치에 비해 output layer에서 0.06%만 출력되는 것이다. Negative sampling은 unigram distribution을 사용하여 선택되며, 더 빈번히 출현한 단어는 negative sample로 선택될 가능성이 높다. 이를 통해 단어의 관계 유추가 가능하다.

CBOW나 skipgram을 이해하기 위해서는 github 사이트를 활용하는 방법이 있다. 이론적으로 알고리즘을 구현하였으니 이를 살펴보자. 해당 알고리즘은 행렬 곱셈, 덧셈, 뺄셈이다. 훈련될 것이 많고 overfitting이 되는 문제점을 해결하기 위해 Word2Vec에서는 negative sampling과

positive sampling을 도입하여 최적화시키고, sub-sampling하여 빈번하게 출현한 단어 사이즈와 phrase를 하나의 단어처럼 만들어서 학습하는 식으로 활용하였다.

Sub-sampling에서 sampling rate은 vocabulary에서 주어진 단어를 제거할지 혹은 남겨둘지를 결정하는 확률을 계산하는 조건부 확률 공식이다. 샘플은 파라미터 중 하나인데 작은 값일수록 단어를 작게 남긴다. 모델에 포함되는 단어의 수가 작아지는 것이다. Negative sampling은 모든 뉴런이 one-hot으로 들어와서 학습할 때 단어의 임베딩 값을 부분적으로 업데이트한다. Negative sampling을 5로 정하면 주변 단어가 아닌 무작위로 추출한 단어들에 대해 0을 출력하게 만들고 이외의 주변 단어들에 대해서는 0이 아닌 것으로 출력하는 방식을 사용하였다. 이들은 업데이트에 포함되지 않아 속도도 빨라진다. 예를 들어, 6개의 단어가 있고 negative sampling을 5로 하면 hidden layer는 6개를 가지고 학습을 하면 된다. 300*10,000행렬과 달리 6개의 가중치값만 업데이트하기에 큰 데이터의 학습에 권장된다. Word pairs나 phrases는 https://github/com/chrisjmccormick/inspect_word2vec/tree/master/vocabulary에서 확인 가능하다. Word2Vec은 1,000억 개의 단어로 만들어졌고 현재 우리가 사용하는 데이터는 10억 개 정도로 구성되어 있다. 이를 통해 한 단어에 대응되는 다른 단어를 대칭적으로 계산할 수 있다. '왕'과 비슷한 여자를 부르는 royal 명칭을 알고 싶다고 가정하자. '왕'이 300 dimension이나 500 dimension이라고 하면 비슷한 칼럼에 있을수록 비슷한 단어라고 생각할 수 있다. 이처럼 왕 – 남성 + 여성과 여왕의 관계를 유사도 값을 통해 알 수 있다. 시각화 시 비슷한 색으로 출력되는 것을 볼 수 있다.

그림 10-5 | 왕 – 남성 + 여성~ = 여왕의 시각화 그림

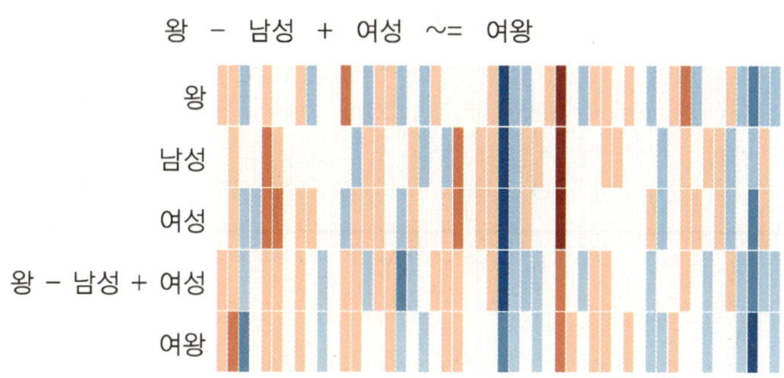


FastText는 페이스북에서 만든 Word2Vec 모델의 확장 버전이다. FastText는 단어를 초성, 중성, 종성으로 나누어 문자의 ngram 형식으로 구성된다고 간주한다. 예를 들어, 'india'라는 단어에 대해 n의 값을 3으로 하면 ngram 표현으로 '<in', 'ind', 'ndi'. 'di>'와 같이 나타낼 수 있

다. '<'와 '>'는 특수기호로 토큰의 시작과 끝을 표시하기 위해 추가된다. ngram은 주로 trigram부터 시작하며 코퍼스에 없는 단어에 대해서도 임베딩을 생성할 수 있다. 임의의 모르는 단어가 들어오고 hyper-parameter minimum을 1로 하면 낱글자로 활용될 것이다.

한 단어의 벡터는 subword vectors의 합으로 표현되어 v(연세대학교) = v(<연>) + v(연세) + … + v(<연세대학교> 식으로 나타낸다. 단어를 subwords로 표현하면 typo에 대해 원래 단어와 비슷한 단어 벡터를 얻을 수 있다. 즉, 'wherre'가 들어와도 'where'와 비슷한 벡터와 포지션이 될 것이다. 이 과정에서 학습할 때 포함되지 않은 단어들에 대해서도 형태적 유사성을 고려하여 단어의 벡터를 표현할 수 있다.

FastText의 단점 중 하나는 메모리 소모가 크다는 것인데, 단어로부터 임베딩을 만드는 것이 아니라 단어의 문자 ngram으로부터 임베딩을 만들기 때문이다. Ngram의 max와 min을 설정하고, 중복이 제거된 5천만 단어로 구성된 코퍼스를 처리하기 위해서는 적절한 수준의 RAM 용량이 필요하다.

Yonlu의 Word2veclite.py를 통하여 다음의 함수들을 볼 수 있다.

```
import numpy as np
from .utils import *


class Word2Vec:
    """
    Python implementation of Word2Vec.
    # Arguments
        method : 'str'
            choose method for word2vec (options: 'cbow', 'skipgram')
            [default: 'cbow']
        window_size: 'integer'
            size of window [default: 1]
        n_hidden: 'integer'
            size of hidden layer [default: 2]
        n_epochs: 'integer'
            number of epochs [default: 1]
        learning_rate: 'float' [default: 0.1]
        corpus: 'str'
            corpus text
    """

    def __init__(self, method='cbow', window_size=1, n_hidden=2, n_epochs=1, corpus='', learning_rate=0.1):
        self.window = window_size
        self.N = n_hidden
        self.n_epochs = n_epochs
```

```
        self.corpus = [corpus]
        self.eta = learning_rate
        if method == 'cbow':
            self.method = self.cbow
        elif method == 'skipgram':
            self.method = self.skipgram
        else:
            raise ValueError("Method not recognized. Aborting.")

    def cbow(self, context, label, W1, W2, loss):
        """
        Implementation of Continuous-Bag-of-Words Word2Vec model
        :param context: all the context words (these represent the inputs)
        :param label: the center word (this represents the label)
        :param W1: weights from the input to the hidden layer
        :param W2: weights from the hidden to the output layer
        :param loss: float that represents the current value of the loss function
        :return: updated weights and loss
        """
        # context is 'x' from tokenizer, it is a c x V matrix
        # label is 'y' from tokenizer, it is a 1 x V matrix

        x = np.matrix(np.mean(context, axis=0))

        # x is a 1 x V matrix
        # W1 is a VxN matrix
        # h is a N x 1 matrix
        h = np.matmul(W1.T, x.T)

        # u is a V x 1 matrix
        u = np.matmul(W2.T, h)

        # W2 is an N x V matrix
        # y_pred is a V x 1 matrix
        y_pred = softmax(u)
        # e is a V x 1 matrix
        e = -label.T + y_pred
        # h is N x 1 and e is V x 1 so dW2 is N x V
        dW2 = np.outer(h, e)
        # x.T is a V x 1 matrix, W2e is a Nx1 so dW1 this is V x N
        dW1 = np.outer(x.T, np.matmul(W2, e))

        new_W1 = W1 - self.eta * dW1
        new_W2 = W2 - self.eta * dW2

        # label is a 1xV matrix so label.T is a Vx1 matrix
        loss += -float(u[label.T == 1]) + np.log(np.sum(np.exp(u)))

        return new_W1, new_W2, loss
```

```
def skipgram(self, context, x, W1, W2, loss):
    """
    Implementation of Skip-Gram Word2Vec model
    :param context: all the context words (these represent the labels)
    :param x: the center word (this represents the input)
    :param W1: weights from the input to the hidden layer
    :param W2: weights from the hidden to the output layer
    :param loss: float that represents the current value of the loss function
    :return: updated weights and loss
    """
    # context is "x" from tokenizer, it is a c x V matrix
    # "x" is "y" from tokenizer, it is a 1 x V matrix
    # W1 has dimension V x N (N= number of features, V = vocab size)
    # x has dimension V x 1
    h = np.matmul(W1.T, x.T)
    # h has dimension N x 1
    # W2 has dimension N x V
    # u has dimension V x 1
    u = np.dot(W2.T, h)
    # y_pred has dimension V x 1
    y_pred = softmax(u)

    # context is a c by V matrix
    # e is a V x c matrix
    e = np.outer(y_pred, np.array([1] * context.shape[0])) - context.T

    # np.sum(e, axis=1) is a V x 1 vectors
    # h is an N x 1 Vector
    # dW2 is a N x V matrix
    dW2 = np.outer(h, np.sum(e, axis=1))
    # x is a V x 1 matrix
    # np.dot(W2, np.sum(e,axis=1)) is a product (N x V) (Vx 1) is Nx1
    # dW1 is an V x N matrix
    dW1 = np.outer(x, np.dot(W2, np.sum(e, axis=1)))

    new_W1 = W1 - self.eta * dW1
    new_W2 = W2 - self.eta * dW2

    loss += - np.sum([u[label.T == 1] for label in context]) + len(context) * np.log(np.sum(np.exp(u)))

    return new_W1, new_W2, loss

def predict(self, x, W1, W2):
    """Predict output from input data and weights
    :param x: input data
    :param W1: weights from input to hidden layer
    :param W2: weights from hidden layer to output layer
    :return: output of neural network
    """
```

```
        h = np.mean([np.matmul(W1.T, xx) for xx in x], axis=0)
        u = np.dot(W2.T, h)
        return softmax(u)

    def run(self):
        """
        Main method of the Word2Vec class.
        :return: the final values of the weights W1, W2 and a history of the value of the loss function vs. epoch
        """
        if len(self.corpus) == 0:
            raise ValueError('You need to specify a corpus of text.')

        corpus_tokenized, V = tokenize(self.corpus)
        W1, W2 = initialize(V, self.N)

        loss_vs_epoch = []
        for e in range(self.n_epochs):
            loss = 0.
            for context, center in corpus2io(corpus_tokenized, V, self.window):
                W1, W2, loss = self.method(context, center, W1, W2, loss)
            loss_vs_epoch.append(loss)

        return W1, W2, loss_vs_epoch
```

Word2VecSNSKoreanTrainer.py에서 simple은 여러 모드 중 하나이다. Unfiltered는 데이터를 수집한 후에 preprocessing과 model construction이 한 번에 진행된다. Spliter의 경우에는 KoFentSplitter라고 하는 한글의 문장을 splitting하는 코드이다. NLTK와 Sejong POS 등은 용언의 원형을 복원할 수 있다. 전처리된 텍스트는 9,500만 줄 정도이며 이를 처리하여 필터링을 하면 나무위키와 위키데이터를 json과 xml 형식으로 볼 수 있다.

Word2Vec.py에서 default는 skipgram으로 되어 있으며 gensim에 들어가 알아보면 sg가 0이면 CBOW이고 1이면 skipgram임을 확인할 수 있다. Word2VecWikiKoreanTrainer.py에서 sg를 조정하여 두 가지 중 한 가지를 선택해서 사용할 수 있다.

VisualizeW2V.py를 실행하면 figure가 나온다. tSNE는 서로 가까운 것들을 표현해주며 300 dimension에서 2 dimension으로 바뀌진 결과를 볼 수 있다. PCA나 tSNE 등 4가지의 방법 중 하나를 선택할 수 있는데 이는 main 함수에서 선택하면 된다.

Yonlu에 있는 Word2Vec의 word_embeddings.py 코드를 살펴보자.

```
import io
import array
import collections
```

```python
import numpy as np
import multiprocessing
from time import time
import gensim
from gensim.models.word2vec import LineSentence
from gensim.models import FastText


from gensim.models import Word2Vec
import treform as ptm

class WordEmbeddings:
    def __init__(self):
        self.documents = []

    def preprocessing(self, mode, path, stopword_file, files, is_directory=False, doc_index=-1, max=-1):
        util = ptm.Utility()
        # mode is either filtered or unfiltered or simple
        corpus = []
        if mode == 'unfiltered':
            # path = '/usr/local/lib/mecab/dic/mecab-ko-dic'
            pipeline = ptm.Pipeline(ptm.splitter.KoSentSplitter(),
                                    ptm.tokenizer.MeCab(path),
                                    ptm.lemmatizer.SejongPOSLemmatizer(),
                                    ptm.helper.SelectWordOnly(),
                                    ptm.helper.StopwordFilter(file=stopword_file))

            for a_file in files:
                if is_directory == True and max == -1:
                    corpus += ptm.CorpusFromDirectory(a_file).docs
                elif is_directory == False and doc_index != -1 and max == -1:
                    corpus += ptm.CorpusFromFieldDelimitedFile(a_file, doc_index).docs
                elif is_directory == False and doc_index == -1 and max == -1:
                    corpus += ptm.CorpusFromFile(a_file).docs
                elif is_directory == False and max > 0:
                    count = 0
                    docs = []
                    for line in open(a_file):
                        if doc_index != -1:
                            line = line.split()[doc_index]
                        if len(line) < 1:
                            continue
                        toks = line.split()
                        if len(toks) > 10:
                            docs.append(line)
                            count += 1
                        if count % 10000 == 0:
                            print('processing... ' + str(count))
                        if max < count:
```

```
                break

            corpus = ptm.Corpus(docs)

    if type(corpus) != list and len(corpus.docs) > 0 or type(corpus) == list and len(corpus) > 0:
        result = pipeline.processCorpus(corpus)
        for doc in result:
            document = []
            for sent in doc:
                for word in sent:
                    document.append(word)
            self.documents.append(document)

elif mode == 'filtered':
    pipeline = ptm.Pipeline(ptm.tokenizer.Word())
    # corpus = ptm.CorpusFromFile('/Data/ko_sns_comments/naver_comments15_16_filtered.txt')
    for a_file in files:
        if is_directory == True and max == -1:
            corpus += ptm.CorpusFromDirectory(a_file).docs
        elif is_directory == False and doc_index != -1 and max == -1:
            corpus += ptm.CorpusFromFieldDelimitedFile(a_file, doc_index).docs
        elif is_directory == False and doc_index == -1 and max == -1:
            corpus += ptm.CorpusFromFile(a_file).docs
        elif is_directory == False and max > 0:
            count = 0
            docs = []
            for line in open(a_file):
                if doc_index != -1:
                    line = line.split()[doc_index]
                if len(line) < 1:
                    continue
                toks = line.split()
                if len(toks) > 10:
                    docs.append(line)
                    count += 1
                if count % 10000 == 0:
                    print('processing... ' + str(count))
                if max < count:
                    break
            corpus = ptm.Corpus(docs)

    self.documents = pipeline.processCorpus(corpus)

elif mode == 'jamo_split_unfiltered':
    # documents = LineSentence(datapath('/Data/ko_sns_comments/naver_comments15_16_filtered.txt'))
    pipeline = ptm.Pipeline(ptm.splitter.KoSentSplitter(),
                            ptm.tokenizer.MeCab(path),
                            ptm.lemmatizer.SejongPOSLemmatizer(),
                            ptm.helper.SelectWordOnly(),
```

```
                                   ptm.helper.StopwordFilter(file=stopword_file))

        for a_file in files:
            if is_directory == True and max == -1:
                corpus += ptm.CorpusFromDirectory(a_file).docs
            elif is_directory == False and doc_index != -1 and max == -1:
                corpus += ptm.CorpusFromFieldDelimitedFile(a_file, doc_index).docs
            elif is_directory == False and doc_index == -1 and max == -1:
                corpus += ptm.CorpusFromFile(a_file).docs
            elif is_directory == False and max > 0:
                count = 0
                docs = []
                for line in open(a_file):
                    if doc_index != -1:
                        line = line.split()[doc_index]
                    if len(line) < 1:
                        continue
                    toks = line.split()
                    if len(toks) > 10:
                        docs.append(line)
                        count += 1
                    if count % 10000 == 0:
                        print('processing... ' + str(count))
                    if max < count:
                        break

                    corpus = ptm.Corpus(docs)

        if type(corpus) != list and len(corpus.docs) > 0 or type(corpus) == list and len(corpus) > 0:
            result = pipeline.processCorpus(corpus)
            for doc in result:
                for sent in doc:
                    _sent = ''
                    for word in sent:
                        _sent += word + ' '
                    _sent = _sent.strip()
                    _sent = util.jamo_sentence(_sent)
                    toks = _sent.split()
                    if len(toks) > 10:
                        self.documents.append(toks)

    elif mode == 'jamo_split_filtered':
        # documents = LineSentence(datapath('/Data/ko_sns_comments/naver_comments15_16_filtered.txt'))
        pipeline = ptm.Pipeline(ptm.tokenizer.Word())
        for a_file in files:
            if is_directory == True and max == -1:
                corpus += ptm.CorpusFromDirectory(a_file).docs
            elif is_directory == False and doc_index != -1 and max == -1:
                corpus += ptm.CorpusFromFieldDelimitedFile(a_file, doc_index)
```

```
            elif is_directory == False and doc_index == -1 and max == -1:
                corpus += ptm.CorpusFromFile(a_file)
            elif is_directory == False and max > 0:
                count = 0
                docs = []
                for line in open(a_file):
                    if doc_index != -1:
                        line = line.split()[doc_index]
                    if len(line) < 1:
                        continue
                    toks = line.split()
                    if len(toks) > 10:
                        docs.append(line)
                        count += 1
                    if count % 10000 == 0:
                        print('processing... ' + str(count))
                    if max < count:
                        break

                    corpus = ptm.Corpus(docs)

        if type(corpus) != list and len(corpus.docs) > 0 or type(corpus) == list and len(corpus) > 0:
            result = pipeline.processCorpus(corpus)
            for doc in result:
                _sent = ''
                for word in doc:
                    _sent += word + ' '
                _sent = _sent.strip()
                _sent = util.jamo_sentence(_sent)
                toks = _sent.split()
                if len(toks) > 10:
                    self.documents.append(toks)

    elif mode == 'simple':
        # documents = LineSentence(datapath('/Data/ko_sns_comments/naver_comments15_16_filtered.txt'))
        count = 0
        for line in open(files[0], encoding='utf-8'):
            if doc_index != -1:
                line = line.split()[doc_index]
            toks = line.split()
            if len(toks) > 10:
                self.documents.append(toks)
                count += 1

            if count % 10000 == 0:
                print('processing... ' + str(count))

    print('Document size for the total dataset: ' + str(len(self.documents)))
```

```
    def train(self, min_count=5, window=5, size=300, negative=20):
        t = time()

        cores = multiprocessing.cpu_count()  # Count the number of cores in a computer
        print('default train function')
        self.model = gensim.models.Word2Vec(min_count=min_count,
                                            window=window,
                                            sample=6e-5,
                                            alpha=0.03,
                                            min_alpha=0.0007,
                                            negative=negative,
                                            workers=cores - 1)

        self.model.build_vocab(self.documents, progress_per=10000)
        print('Time to build vocab: {} mins'.format(round((time() - t) / 60, 2)))

        self.model.train(self.documents, total_examples=self.model.corpus_count, epochs=30, report_delay=1)
        print('Time to train the model: {} mins'.format(round((time() - t) / 60, 2)))

    def save_model(self, model_file, binary=True):
        self.model.wv.save_word2vec_format(model_file, binary=binary)

    def load_model(self, model_file, binary=True):
        self.model = gensim.models.KeyedVectors.load_word2vec_format(model_file, binary=binary,
unicode_errors='ignore')

    def most_similar(self, positives, negatives, topn=10):
        return self.model.most_similar(positive=positives, negative=negatives, topn=topn)

    def similar_by_word(self, word):
        return self.model.similar_by_word(word)


class Word2Vec(WordEmbeddings):
    def __init__(self):
        print('Word2Vec')
        super().__init__()

    def preprocessing(self, mode, mecab_path, stopword_file, files, is_directory=False, doc_index=-1,
max=-1):
        super().preprocessing(mode, mecab_path, stopword_file, files, is_directory, doc_index, max)

    def train(self, min_count=5, window=5, size=300, negative=20):
        super().train(min_count, window, size, negative)

    def save_model(self, model_file, binary=True):
        super().save_model(model_file, binary)

    def load_model(self, model_file, binary=True):
```

```
        super().load_model(model_file, binary)

    def most_similar(self, positives, negatives, topn=10):
        return super().most_similar(positives, negatives, topn)

    def similar_by_word(self, word):
        return super().similar_by_word(word)


class FastText(WordEmbeddings):
    def __init__(self):
        self.model = None
        print('FastText')
        super().__init__()

    def preprocessing(self, mode, mecab_path, stopword_file, files, is_directory=False, doc_index=-1,
max=-1):
        super().preprocessing(mode, mecab_path, stopword_file, files, is_directory, doc_index, max)

    def train(self, min_count=5, window=5, size=300, negative=20, sg=0, min_n=2, max_n=6):
        print('min ' + str(min_count))
        self.model = gensim.models.FastText(self.documents, window=window,
                                            negative=negative, min_count=min_count,
                                            sg=sg, min_n=min_n, max_n=max_n,
                                            workers=10)

    def save_model(self, model_file):
        self.model.save(model_file)

    def load_model(self, model_file):
        from gensim.models.fasttext import FastText as gensim_ft
        self.model = gensim_ft.load(model_file)

    def most_similar(self, mode, positives, negatives, topn=10):
        # mode = 'jamo_split'
        similarities = []
        if mode != 'jamo_split':
            similarities = self.model.wv.most_similar(positive=positives, negative=negatives, topn=topn)
        else:
            util = ptm.Utility()
            jamo_positives = []
            for positive in positives:
                jamo_positives.append(util.jamo_sentence(positive))
            jamo_negatives = []
            for negative in negatives:
                jamo_negatives.append(util.jamo_sentence(negative))
            similarities = util.most_similars(self.model, positives=jamo_positives,
negatives=jamo_negatives, topn=topn)
```

```
        return similarities

    def similar_by_word(self, mode, word):
        if mode != 'jamo_split':
            return self.model.wv.similar_by_word(word)
        else:
            util = ptm.Utility()
            return util.similar_by_word(self.model, util.jamo_sentence(word))


class Glove(WordEmbeddings):
    import numpy as np
    import io
    def __init__(self):
        print('Glove')
        super().__init__()

    def preprocessing(self):
        print('not implemented')

    def train(self):
        print('not implemented')

    def load_model(self, model_file):
        dct = {}
        vectors = array.array('d')

        # Read in the data.
        with io.open(model_file, 'r', encoding='utf-8') as savefile:
            for i, line in enumerate(savefile):
                tokens = line.split(' ')

                word = tokens[0]
                entries = tokens[1:]

                dct[word] = i
                vectors.extend(float(x) for x in entries)

        # Infer word vectors dimensions.
        no_components = len(entries)
        no_vectors = len(dct)

        # Set up the model instance.
        self.no_components = no_components
        self.word_vectors = (np.array(vectors)
                             .reshape(no_vectors,
                                      no_components))
        self.word_biases = np.zeros(no_vectors)
        self.add_dictionary(dct)
```

```
def add_dictionary(self, dictionary):
    """
    Supply a word-id dictionary to allow similarity queries.
    """
    if self.word_vectors is None:
        raise Exception('Model must be fit before adding a dictionary')

    if len(dictionary) > self.word_vectors.shape[0]:
        raise Exception('Dictionary length must be smaller '
                        'or equal to the number of word vectors')

    self.dictionary = dictionary
    if hasattr(self.dictionary, 'iteritems'):
        # Python 2 compat
        items_iterator = self.dictionary.iteritems()
    else:
        items_iterator = self.dictionary.items()

    self.inverse_dictionary = {v: k for k, v in items_iterator}

def _similarity_query(self, word_vec, number):

    dst = (np.dot(self.word_vectors, word_vec)
           / np.linalg.norm(self.word_vectors, axis=1)
           / np.linalg.norm(word_vec))
    word_ids = np.argsort(-dst)

    return [(self.inverse_dictionary[x], dst[x]) for x in word_ids[:number]
            if x in self.inverse_dictionary]

def most_similar(self, word, topn=10):
    """
    Run a similarity query, retrieving number
    most similar words.
    """

    if self.word_vectors is None:
        raise Exception('Model must be fit before querying')

    if self.dictionary is None:
        raise Exception('No word dictionary supplied')

    try:
        word_idx = self.dictionary[word]
    except KeyError:
        raise Exception('Word not in dictionary')

    return self._similarity_query(self.word_vectors[word_idx], topn)[1:]
```

```
def most_similars(self, positives, negatives, topn=10):
    """
    Run a similarity query, retrieving number
    most similar words.
    """

    if self.word_vectors is None:
        raise Exception('Model must be fit before querying')

    if self.dictionary is None:
        raise Exception('No word dictionary supplied')

    try:
        #print(str(self.word_vectors.shape))
        embeddings = np.zeros(self.word_vectors.shape, "float32")
        idx = 0
        for i in positives[::2]:
            if len(positives) == 1:
                word_idx = self.dictionary[i]
                embeddings = self.word_vectors[word_idx]
            else:
                j = positives[idx+1]
                word_idx1 = self.dictionary[i]
                word_idx2 = self.dictionary[j]
                embeddings = np.add(self.word_vectors[word_idx1], self.word_vectors[word_idx2])
                idx += 2;
        for i in negatives:
            word_idx = self.dictionary[i]
            embeddings = np.subtract(embeddings, self.word_vectors[word_idx])

    except KeyError:
        raise Exception('Word not in dictionary')

    return self._similarity_query(embeddings, topn)[1:]
```

이를 실행하면 아래와 같이 생성된 결과가 나온다.

```
log_path: None
error_log_path: None
log level: INFO
reuse old logger (id:1695454134408, log_path:None), level:20
NumExpr defaulting to 4 threads.

Process finished with exit code 0
```

GloVe는 미국 스탠포드 대학에서 2014년에 개발한 워드 임베딩의 방법론이다. Word2Vec이 제안되기 이전에는 의미적인 연관성을 찾기 위한 다양한 LSA(Latent Semantic Analysis) 계열이 활용되었는데, 단어와 문헌의 행렬을 가지고 단어-단어, 문헌-행렬을 생성하지만 많은 양의 데이터에는 적용이 어려웠다. 빈도를 기반으로 한 행렬을 활용하는 통계적인 방식으로는 단어와 문헌 간의 유사도를 측정하기 어려운 것이다. 또한 Word2Vec은 타깃 단어 외의 문헌 전반에 대한 예측이 힘들다는 어려움이 있다. 이를 해결하기 위해서 GloVe에서는 임베딩된 두 단어의 내적 벡터가 코퍼스 전체에서 동시 등장 확률의 로그값을 보도록 하였다. 즉, 임베딩된 단어 사이에서도 유사도 측정이 수월해지며 코퍼스 전체의 통계 정보를 좀 더 잘 반영하는 것이다. 이러한 장점을 바탕으로 GloVe가 등장하였다.

GloVe는 주변 단어가 있고 ice, stream, solid, guess, water, fashion 등의 단어가 있으면 ice와 stream, ice와 solid의 관계를 확률로 보아 의미적으로 관련성이 높은 것을 파악한다. 더 확률이 낮으면 관련이 없는 것으로 파악하는 것이다. 이를 공식화한 것이 GloVe의 목적함수이다. 이를 위해서 i번째, j번째 확률을 관찰할 수 있다. i번째 window와 주변의 k들, j번째 window와 주변의 k들을 보며 GloVe의 목적함수를 찾는 것이다. 임베딩된 두 단어를 보고 코퍼스에서 등장하는 동시 출현 단어를 보는 것이 동시 출현 함수의 목적이다. F함수는 다음의 세 가지 조건, ① W와 W′를 바꿔도 같은 값을 반환할 것, ② co-occurrence의 정방향 대칭관계에서 symmetric matrix를 가질 것, ③ homomorphism 조건을 만족할 것을 요구한다. 특정 값 이상으로 튀는 경우를 방지하고자 목적함수의 f(x)를 추가하였다.

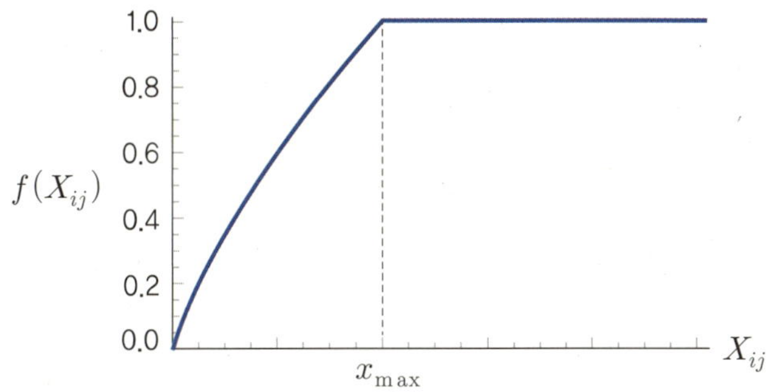


$$J=\sum_{i,j=1}^{V} f(X_{ij})(w_i^T\tilde{w}_j+b_i+\tilde{b}_j-\log X_{ij})^2$$

$$where\ f(x)=\begin{cases}\left(\frac{x}{x_{\max}}\right)^{\alpha} & if\ x<x_{\max}\\ 1 otherwise\end{cases}$$

일정한 바운더리 안에서 매트릭스 값이 생기도록 하는 것이 GloVe가 추구하는 방향이다. Co-occurrence matrix와 global한 context를 함께 반영하고 이해하는 공식이 필요하다. 이는 시간이 오래 걸리기 때문에 파이썬으로 하는 것은 거의 불가능하다. 이런 문제점으로 한글은 GloVe를 많이 사용하지는 않는다.

FastText는 알고리즘을 적용하는 것에서 Word2Vec과 차이가 있다. FastText는 character ngram에서 차이를 보인다. Trigram으로 하려면 india라는 단어의 경우 in, ind, ndi, di 등의 모든 텍스트 표현을 사용한다. 데이터를 임베딩할 때 '연세대학교'라는 단어가 있고 '연, 연세, 세대, 대학, 학교' 등에 대한 character이 나올 것이고 n으로 나뉠 것이다. '연세대학'이라는 단어가 vocabulary에는 없어도 중간의 ngram의 일치를 보고 단어를 잡아줄 수 있을 것이다. 즉, spelling 에러가 있어도 적절한 단어들이 return될 수 있다는 장점이 있다. 어절이 있으면 어미가 붙기에 지저분할 수 있다는 단점이 있지만 이는 형태소 분석과 전처리를 거쳐 해결할 수 있다. 일반적으로 영어의 minimum은 최소 3~5로 한다. Minimum과 maximum은 데이터를 돌리는데 적절히 이용될 수 있게 하려면 너무 적은 값을 입력하진 않는다. WHERE → WH, WHE, HER, ERE, RE 등으로 나타나고, WHERE을 돌려도 충분히 많은 데이터로 학습을 해서 모델을 만들었다면 제대로 된 단어들이 return되는 모습을 보일 것이다. FastText는 subwords를 학습한다는 점 외에는 Word2Vec과 동일하다. 한글의 초·중·성 제거에 대해서는 utility 모듈의 jamo_sentence, decode, cosine_similarity을 사용하는 방법이 있다. Mode 값에 따라 달라지는데 초·중·종성이 각각 완전한 한글을 제외한 다른 글자를 제거하며 음절을 초·중·종성으로 분리하는 코드, 초·중·종성으로 분리된 음절을 다시 원상 복귀하는 코드, 초·중·종성으로 분리된 두 음절 사이의 유사도 계산에 활용하는 코드가 존재한다. Jamo_split_unfiltered나 filtered는 글자를 초·중·종성으로 나누어 표현하도록 해준다.

인공지능 기반 자연어 처리
Artificial intelligence-based natural language processing

CHAPTER

# 11

# 문헌 임베딩

1. 문헌 임베딩 개요
2. Doc2Vec
3. Node2Vec

CHAPTER 11

# 문헌 임베딩

gensim Doc2Vec 및 sklearn PCA 기반 phrase2vec 등 document embedding을 소개한다.

## 1 문헌 임베딩 개요

12장부터는 자연어 처리로 개선된 결과를 핵심적으로 다루기 위해 딥러닝을 활용하는 것을 목표로 한다. 어떻게 자연어 처리를 통해 개선된 결과를 낼 수 있을지에 초점을 맞춘다고 생각하면 이해가 쉬울 것이다. 딥러닝은 매트릭스에 기반하기 때문에 Vectorization 및 one-hot vector, one-hot encoding 등의 개념이 중요하다.

문헌의 유사도를 구하기 위해서는 문헌을 전처리하고 임베딩하여 유사도를 계산할 수 있다. 혹은 전처리→벡터화→코사인 유사도를 구하는 식으로도 활용 가능하다. 문헌을 임베딩할 때 사용되는 것이 phrase vector, Doc2Vec이다. Doc2Vec은 문헌을 임베딩하여 파일에 저장한 것을 로딩해서 사용 가능하다. Vector size를 200으로 하는 것은 하나의 문헌을 200 차원의 벡터로 표현하는 것이다. Vector size를 정하지 않고 그냥 활용하면 0이 많은 sparse matrix가 되어 유사도를 구하기 쉽지 않다. 그러나 Doc2Vec은 n-dimension을 고정시킨 dense한 매트릭스이다.

Doc2Vec, Node2Vec을 활용해 문헌 임베딩하는 방법을 알아보자.

## 2 Doc2Vec

Doc2Vec[1)]은 구글에서 Word2Vec이 나온 다음 해에 나왔다. Doc2vec은 각 문헌을 dense vector로 표현하는데, 이 각 벡터는 문헌에 있는 단어를 예측하도록 학습이 된다. Word2Vec이

1) Le, Quoc, and Tomas Mikolov (2014). "Distributed representations of sentences and documents." *International conference on machine learning*. PMLR.

단어를 vector로 변경하는 워드 임베딩 방식이라면 Doc2Vec은 문헌을 vector로 변경하는 document embedding 방식이다. Word2Vec 방식을 문헌에 대해서 확장한 것으로 기존 Word2Vec의 장점을 그대로 가지면서 훈련 방식도 Word2Vec의 CBOW, skipgram과 유사한 distributed memory(DM)과 distributed bag of words(DBOW)를 사용한다. Doc2Vec은 document id를 하나의 단어처럼 취급하여 임베딩한다. 연속된 문장의 합이 paragraph인데, n개의 문장을 정해 그 합으로 만들거나, 문헌의 초록을 paragraph로 사용할 수 있다. 각 문헌은 많은 문장으로 구성되어 있으므로 전문을 하나의 분석단위로 해서 paragraph시키는 것은 좋지 않다. 가령 500개의 문장을 하나의 문장처럼 압축해서 임베딩하는 것은 좋은 결과가 나오지 않는다. 의미적으로 서로 관련이 있는 분석의 단위를 paragraph로 정하는 것이 좋다. Gensim에서는 Doc2Vec이라 부르지만 엄밀하게는 paragraph vector로 볼 수 있다. Yonlu의 word-embeddings를 보면 averagedocumentword2vec이 있으며, 이는 Word2Vec을 사용하여 임베딩을 하는 것이다. 문헌에서 나타난 중요한 단어, Hidden vector를 찾아 average document Word2Vec을 수행한다. 이 결과로 문헌 매트릭스를 만들어 clustering하고, classification을 하는 것이 가능하다. 또한 recommendation을 하는 것도 가능하다. 즉, 텍스트 표상화에 따라 다르며 문헌을 어떻게 표상화시키는지를 다양하게 볼 수 있다. 여기서는 매트릭스를 만들어 어떻게 활용하느냐에 초점을 두도록 하자.

Word2Vec을 확장한 Doc2Vec은 단어로 hidden vector를 만들고 연속된 문장의 합을 보고 임베딩할 수 있다. 이때 paragraph vector는 disributed memory(DM), distributed bag of words(DBOW)를 활용해 사용한다. Word2Vec 방식을 그대로 사용하여 CBOW가 DM, skipgram이 DBOW와 비슷하다. Doc2Vec에는 paragraph memory가 있고 이를 활용하여 문장에 document ID를 부여해준다는 점이 다르다. Paragraph별로 ID를 생성해야 하고, ID를 부여해야 한다. 해당 ID가 paragraph vector를 대표하고, 이를 통해 문장 벡터를 가져오는 식이다. Word2Vec처럼 distributed hypothesis를 따르기 때문에 하나의 문헌을 구성하는 단어가 다르더라도 단어의 벡터들이 비슷하다면 각 문헌의 document vector가 비슷한 것을 볼 수 있다. Cat, dog/table, board 간의 벡터가 각각 유사할 때 비슷한 문헌의 유사도 값이 높아지는 것을 예시로 생각하자. Cat, pet, dog은 방향이 같아 유사도가 비슷하고 colleague와 cat, pet의 방향은 다르므로 유사도가 떨어진다. 색깔이 비슷한 문헌 벡터의 유사도가 높게 계산되는 것과 동일하게 볼 수 있다. ID의 벡터는 average로, 각각 나타난 벡터의 평균이 될 것이다.

단어 형태가 다르더라도 단어의 벡터들이 비슷하면 각 문헌의 document vector가 비슷해진다. V(cat) == V(dog), V(table) == V(board)이면 V('a little cat sit on table') == V('a little dog sit on board')가 된다. 즉, entity – descriptor 관계로 볼 수 있는데, 임베딩을 하고 싶은 entity에 대하여 기술할 수 있는 단어, 혹은 이와 비슷한 list of descriptor를 정의할 수 있다면 entity의 임베딩 벡터를 학습할 수 있다.

**그림 11-1 | 2차원적 paragraph vector의 예시**

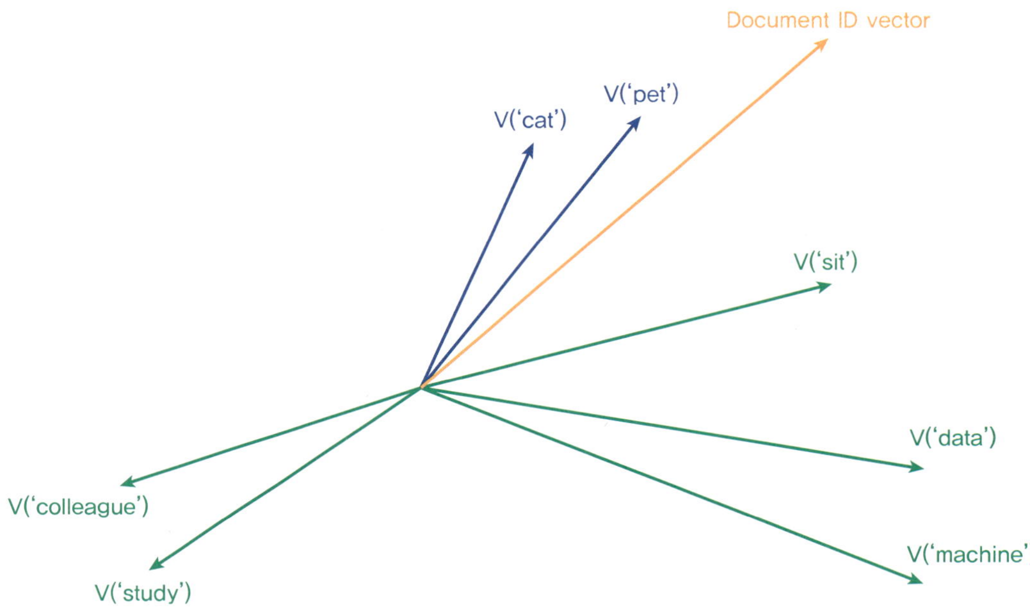


PV-DM과 PV-DBOW를 알아보자. Paragraph vector with distributed memory(PV-DM)는 주변 단어에서 타깃 단어를 찾는 CBOW와 같고, Distributed bag of words version(PV-DBOW)는 타깃 단어에서 주변 단어를 찾는 skipgram과 같다. PV-DM(Distributed memory version of paragraph vector)는 현재 문맥에서 누락된 내용을 기억하는 메모리 또는 단락의 주제로 사용한다. Word2Vec 모델을 근간으로 하며, 또다른 벡터(paragraph ID)를 paragraph 행렬에 첨가한다. 문헌별로 또는 paragraph별로 유일한 자질 벡터를 뽑는다. 단어 벡터는 단어의 개념을 표상화하지만 문헌 벡터는 문헌의 개념을 표상화한다. [그림 11-2]는 PV-DM 모델의 그림이다. PV-DM 방식은 paragraph vector와 앞의 단어들을 사용해서 다음에 나오는 단어를 유추한다. Window라는 정해진 사이즈의 단어들을 문맥정보(context)로 사용하며 맨 앞에서부터 한 단어씩 옆으로 이동하면서 훈련 데이터로 사용한다. 동일한 paragraph에서 생성된 훈련 데이터에서는 하나의 paragraph vector로 공유되기 때문에 average/concatenate paragraph vector는 훈련 시 문헌의 주제를 잡아주는 메모리의 역할을 한다. 그래서 이 알고리즘의 이름 자체가 분산화된 메모리를 가진 paragraph vector인 것이다. Paragraph matrix에서 각각의 칼럼은 하나의

paragraph 벡터를 의미한다. Matrix D는 지금까지 처리된 paragraph에 대한 임베딩으로 구성되며(Word2Vec이 단어에 대해서 임베딩을 학습하는 것과 유사) 예측하고자 하는 paragraph에 대해서는 모델이 gradient descent를 통해(5번 이상의 iteration) 문헌 벡터를 추론한다.

Paragraph matrix는 paragraph ID로 대표되는 매트릭스라고 볼 수 있다. 또한 각각의 paragraph는 embedding으로 표현된다. Concatenation을 활용하여 hidden embedding이 되어 하나로 뭉치고 하나의 값을 가진다. Paragraph ID로 각각의 paragraph가 하나의 embedding이 되어 softmax로 학습하고, the cat, sat 다음에 on을 유추하게 된다. PV-DM 모델의 distributed memory를 하나의 분산 메모리, 하나의 저장자로 생각해보자. 문헌 또는 paragraph별로 어떻게 표현되는지가 자질 벡터이며, 단어 벡터는 단어를 표현하고 문헌 벡터는 문헌을 표현한다. 문헌의 표현은 matrix-D, paragraph ID로 나타낸다. Sequence sentence로 계속 들어오는 paragraph vector이다. 각각의 column이 paragraph vector인 것이다. 기존에 학습되지 않은 unseen paragraph에 대해서는 gradient descent를 통해 문헌 벡터를 추론할 수 있다. Infer vector는 새로운 문헌을 입력하면 의미적으로 유사한 paragraph를 infer해주는 gensim에서 제공되는 벡터이다. [그림 11-2]에서 보는 것처럼 cat sat on table이라면 on까지 학습이 되고 그 뒤에 무슨 단어가 나올지 유추하는 것이다. 학습한 단어들을 기억하고 있다가 다음 단어가 무엇인지를 예측하는 것으로 많은 문헌들이 들어오면 주어진 단어의 sequence를 보고 문헌이 무엇에 대한 것인지를 유추할 수 있다. 문헌 벡터는 sequence sentence 안에 있는 단어의 sequence로 이루어져 concatenate를 해도 추상화된 벡터가 된다. 이를 통해 의미적인 유사도의 계산이 가능한 장점을 가진다. Distributed memory를 가진 paragraph 벡터인 것이다.

PV-DBOW Model(distributed bag of words version of pafagraph vectir)은 Word2Vec에서 skipgram과 비슷하다. PV-DM보다 속도가 빠르고(Word2Vec과 반대) 메모리를 덜 소비하는데, 연산 시 paragraph 매트릭스만 활용하므로 단어 벡터를 저장할 필요가 없기 때문이다. 이 방식은 위에서 나오는 context 단어들을 사용하지 않고 paragraph ID만 가지고 해당 paragraph에서 나오는 단어를 랜덤하게 예측하는 방식을 사용한다. Paragraph ID는 대표하는 paragraph vector이고 ID를 통해 output을 유추해낸다. 즉, Input은 paragraph vector이고 output은 paragraph에서 랜덤하게 뽑힌 단어이다.

**그림 11-2 | PV-DM과 PV-DBOW의 그림 예시**

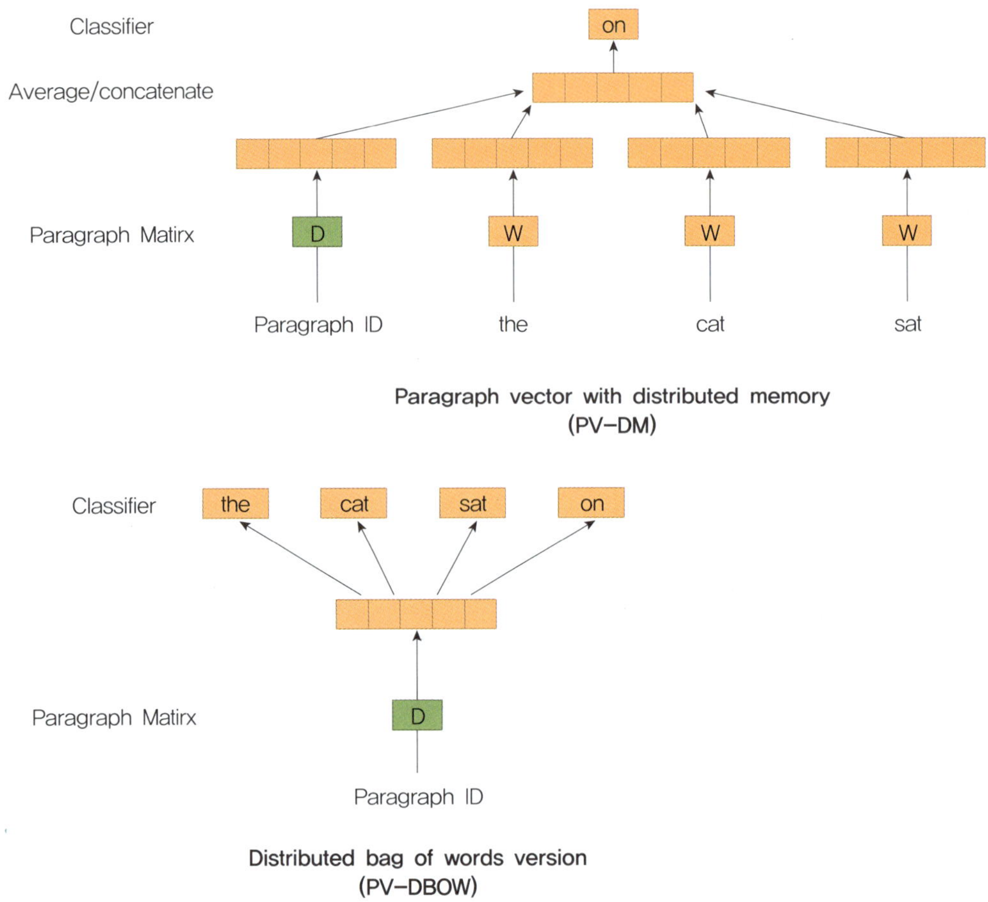


Paragraph ID는 대표하는 paragraph vector이고 ID를 통해 이를 유추해 output을 낸다.

다음은 Dai et al.의 2015년 페이퍼[2]는 논문에 나온 Doc2Vec의 설명이다. 이 논문은 위키피디아의 영어문헌에 Doc2Vec을 적용하였는데 "Lady Gaga" 페이지의 document vector와 비슷한 다른 페이지의 document vector를 찾는다. 아래는 논문에서 발췌한 도표이다. 도표의 (a)처럼 리한나, 비욘세 같은 다른 미국의 팝 여가수들의 비슷한 document vector를 찾았다. 이처럼 동지역, 동시대에 활동한 여가수들이 비슷한 벡터를 지니는 것은 각 페이지에 등장하는 단어의 분포가 비슷하기 때문이다. Doc2Vec은 단어의 의미를 고려한 term frequency vector의 압축이다.

---

**2)** Dai, Andrew M., Christopher Olah, and Quoc V. Le. "Document embedding with paragraph vectors." *arXiv preprint arXiv:1507.07998* (2015).

**▌표 11-1▌'Lady Gaga'에 대한 영문 위키피디아의 Doc2Vec 예시**

| (a) Wikipedia nearest neighonurs to "Lady Gaga" using Paragraph vectors. All articles are relevant. | | (b) Wikipedia nearest neighnours to "Lady Gaga" − "American" + "Japanese" using Paragraph Vectors. Note that Ayumi Hamasaki is one of the most famous singers, and one of the best selling artists in Jpan. She also has an album called "Poker Face" in 1998 | |
|---|---|---|---|
| Article | Cosine Similarity | Article | Cosine Similarity |
| Christine Aguilera | 0.674 | Ayumi Hamasaki | 0.539 |
| Beyonce | 0.645 | Shoko Nakagawa | 0.531 |
| Madonna (entertainer) | 0.643 | Izumi Sakai | 0.512 |
| Artpop | 0.640 | Urbangarde | 0.505 |
| Britney Spears | 0.640 | Ringo Sheena | 0.503 |
| Cyndi Lauper | 0.632 | Toshiaki Kasuga | 0.492 |
| Rihanna | 0.631 | Chihiro Onitsuka | 0.487 |
| Pink (Singer) | 0.628 | Namie Amuro | 0.485 |
| Born This Way | 0.627 | Yakuza (video game) | 0.485 |
| The Monster Ball Tour | 0.602 | Nozomi Sasaki (model) | 0.485 |

V("Lady Gaga") − v("American") + v("japanese")를 계산하면 비슷한 벡터로 아무로 나미에, 나카가와 쇼코 등 일본 가수와 배우가 나온다.

Dai et al.(2015)은 성능 평가를 수행하였다. 위키피디아의 영어문헌에 Doc2Vec을 적용하여 Lady Gaga를 하나로 잡고, 다른 유사한 위키피디아 페이지를 보면 Beyonce 등이 나온다. Lady Gaga − American + Japanese를 하면 일본 가수 또는 배우가 나온다. 위키피디아의 페이지 예시를 보면 관련 추천에도 활용될 수 있음을 생각할 수 있다.

관련하여 Yonlu의 Doc2Vec_trainer 코드로 training을 시킨다.

```
from collections import namedtuple

if __name__ == '__main__':
    from word_embeddings.doc2vecModel import Doc2VecTrainer
    import logging
    import treform as ptm
    from gensim.models.doc2vec import TaggedDocument
    #pv_dmc, pv_dma, pv_dbow
    algorithm = 'pv_dma'
    # ignores all words with total frequency lower than this
```

```
vocab_min_count = 10
# word and document vector siz
dim = 100
# window size
window = 5
#number of training epochs
epochs = 20
# initial learning rate
alpha = 0.025
# learning rate will linearly drop to min_alpha as training progresses
min_alpha = 0.001
# number of cores to train on
cores = 2
# number of cores to train on
train = True

mecab_path = 'C:\\mecab\\mecab-ko-dic'

# stopwords file path
stopwords = '../stopwords/stopwordsKor.txt'
# train documents input path
input_path = '../data/content.txt'
# output base directory
output_base_dir = './tmp'

pipeline = ptm.Pipeline(ptm.splitter.NLTK(),
                        ptm.tokenizer.Komoran(),
                        ptm.lemmatizer.SejongPOSLemmatizer(),
                        ptm.helper.SelectWordOnly(),
                        ptm.helper.StopwordFilter(file=stopwords))

corpus = ptm.CorpusFromEojiFile(input_path)
documents = []
result = pipeline.processCorpus(corpus)

print(len(result))
TaggedDocument = namedtuple('TaggedDocument', 'tags words')

i = 0
for doc in result:
    document = []
    for sent in doc:
        for word in sent:
            document.append(word)
    documents.append(TaggedDocument(['doc_' + str(i)], document))
    i += 1
    if i % 10000 == 0:
        logging.info('Loaded %s documents', i)
```

```
    print(documents[:4])
    #--epochs 40 --vocab-min-count 10 data/stopwords_german.txt dewiki-preprocessed.txt
/tmp/models/doc2vec-dewiki

    doc2vec = Doc2VecTrainer()
    logging.basicConfig(format='[%(asctime)s] [%(levelname)s] %(message)s', level=logging.INFO)
    doc2vec.run(documents, output_base_dir=output_base_dir, vocab_min_count=vocab_min_count,
        num_epochs=epochs, algorithm=algorithm, vector_size=dim, alpha=alpha,
        min_alpha=min_alpha, train=train, window=window, cores=cores)
```

이 코드를 실행한 결과는 아래와 같다.

[TaggedDocument(tags=['doc_0'], words=[]), TaggedDocument(tags=['doc_1'], words=['<', '낙태법', '폐지', '대하다', '>', '국가법', '사랑', 'ㅂ니다', '.', '대한민국', '임시', '정부', '수립', '100', '주년', '되다', '는', '4월 11일', '.', '뜻', '깊다', '날', '낙태', '법', '으로', '허용되다', '었', '습니다', '.', '재판관', '정치', '으로', '

..

Doc2VecTrainer

Doc2Vec lifecycle event {'params': 'Doc2Vec(dm/m,d100,n5,w5,mc10,s0.001,t2)', 'datetime': '2021-09-19T22:54:07.054234', 'gensim': '4.1.0', 'python': '3.7.9 (tags/v3.7.9:13c94747c7, Aug 17 2020, 18:58:18) [MSC v.1900 64 bit (AMD64)]', 'platform': 'Windows-10-10.0.19041-SP0', 'event': 'created'}

Algorithm: Doc2Vec(dm/m,d100,n5,w5,mc10,s0.001,t2)

Build vocabulary

collecting all words and their counts

PROGRESS: at example #0, processed 0 words (0/s), 0 word types, 0 tags

collected 65274 word types and 8075 unique tags from a corpus of 8075 examples and 3431540 words

Creating a fresh vocabulary

Doc2Vec lifecycle event {'msg': 'effective_min_count=10 retains 15973 unique words (24.47069277200723%% of original 65274, drops 49301)', 'datetime': '2021-09-19T22:54:08.126090', 'gensim': '4.1.0', 'python': '3.7.9 (tags/v3.7.9:13c94747c7, Aug 17 2020, 18:58:18) [MSC v.1900 64 bit (AMD64)]', 'platform': 'Windows-10-10.0.19041-SP0', 'event': 'prepare_vocab'}

Doc2Vec lifecycle event {'msg': 'effective_min_count=10 leaves 3316693 word corpus (96.65319360986612%% of original 3431540, drops 114847)', 'datetime': '2021-09-19T22:54:08.126090', 'gensim': '4.1.0', 'python': '3.7.9 (tags/v3.7.9:13c94747c7, Aug 17 2020, 18:58:18) [MSC v.1900 64 bit (AMD64)]', 'platform': 'Windows-10-10.0.19041-SP0', 'event': 'prepare_vocab'}

deleting the raw counts dictionary of 65274 items

sample=0.001 downsamples 31 most-common words

Doc2Vec lifecycle event {'msg': 'downsampling leaves estimated 2576630.707131681 word corpus (77.7%% of prior 3316693)', 'datetime': '2021-09-19T22:54:08.318062', 'gensim': '4.1.0', 'python': '3.7.9 (tags/v3.7.9:13c94747c7, Aug 17 2020, 18:58:18) [MSC v.1900 64 bit (AMD64)]', 'platform': 'Windows-10-10.0.19041-SP0', 'event': 'prepare_vocab'}

estimated required memory for 15973 words and 100 dimensions: 25609900 bytes

resetting layer weights

Vocabulary size: 15973

Save vocabulary to: ./tmp\1632059648669_pv_dma_dim=100_window=5_epochs=20\vocabulary

Shuffle documents

Train model

Doc2Vec lifecycle event {'msg': 'training model with 2 workers on 15973 vocabulary and 100 features, using sg=0 hs=0 sample=0.001 negative=5 window=5 shrink_windows=True', 'datetime': '2021-09-19T22:54:09.247280', 'gensim': '4.1.0', 'python': '3.7.9 (tags/v3.7.9:13c94747c7, Aug 17 2020, 18:58:18) [MSC v.1900 64 bit (AMD64)]', 'platform': 'Windows-10-10.0.19041-SP0', 'event': 'train'}

EPOCH 1 - PROGRESS: at 26.41% examples, 664865 words/s, in_qsize 3, out_qsize 0

..

Doc2Vec lifecycle event {'msg': 'training on 68630800 raw words (51694173 effective words) took 74.8s, 690829 effective words/s', 'datetime': '2021-09-19T22:55:24.077377', 'gensim': '4.1.0', 'python': '3.7.9 (tags/v3.7.9:13c94747c7, Aug 17 2020, 18:58:18) [MSC v.1900 64 bit (AMD64)]', 'platform': 'Windows-10-10.0.19041-SP0', 'event': 'train'}

Save model to: ./tmp\1632059648669_pv_dma_dim=100_window=5_epochs=20

Doc2Vec lifecycle event {'fname_or_handle': './tmp\\1632059648669_pv_dma_dim=100_window=5_epochs=20\\doc2vec.model', 'separately': 'None', 'sep_limit': 10485760, 'ignore': frozenset(), 'datetime': '2021-09-19T22:55:24.077377', 'gensim': '4.1.0', 'python': '3.7.9 (tags/v3.7.9:13c94747c7, Aug 17 2020, 18:58:18) [MSC v.1900 64 bit (AMD64)]', 'platform': 'Windows-10-10.0.19041-SP0', 'event': 'saving'}

not storing attribute cum_table

saved ./tmp\1632059648669_pv_dma_dim=100_window=5_epochs=20\doc2vec.model

Save model metadata to: ./tmp\1632059648669_pv_dma_dim=100_window=5_epochs=20\model.meta

Process finished with exit code 0

훈련된 모델을 이제 Doc2Vec_tester.py 코드로 적용해보자.

```
if __name__ == '__main__':
    from word_embeddings.doc2vecModel import Doc2VecSimilarity
    import logging
    import treform as ptm

    model_file = './tmp/1632059648669_pv_dma_dim=100_window=5_epochs=20/doc2vec.model'
    doc2vec = Doc2VecSimilarity()
    doc2vec.load_model(model_file)

    test_sample = '한국 경제가 위기에 처하다'
    # Convert the sample document into a list and use the infer_vector method to get a vector
representation for it
    new_doc_words = test_sample.split()
    similars = doc2vec.most_similar(test_sample)
    for sim in similars:
        print(str(sim))
```

```
mecab_path = 'C:\\mecab\\mecab-ko-dic'
# stopwords file path
stopwords = '../stopwords/stopwordsKor.txt'

test_sample1 = '중국 시장은 위축되었다'

pipeline = ptm.Pipeline(ptm.tokenizer.Komoran(),
                        ptm.lemmatizer.SejongPOSLemmatizer(),
                        ptm.helper.SelectWordOnly(),
                        ptm.helper.StopwordFilter(file=stopwords))

doc_vec1 = pipeline.processCorpus([test_sample])
doc_vec2 = pipeline.processCorpus([test_sample1])

print(doc_vec1[0])
print(doc_vec2[0])

# use the most_similar utility to find the most similar documents.
similarity = doc2vec.compute_similarity_vec(first_vec=doc_vec1[0], second_vec=doc_vec2[0])
print('similarity between two document: ')
print(str(similarity))
```

이를 실행한 결과는 아래와 같다.

log_path: None

error_log_path: None

log level: INFO

reuse old logger (id:1504538835528, log_path:None), level:20

NumExpr defaulting to 4 threads.

doc2vec based similarity

loading Doc2Vec object from./tmp/1632059648669_pv_dma_dim=100_window=5_epochs=20/doc2vec.model

loading dv recursively from./tmp/1632059648669_pv_dma_dim=100_window=5_epochs=20/doc2vec.model.dv.* with mmap=None

loading wv recursively from./tmp/1632059648669_pv_dma_dim=100_window=5_epochs=20/doc2vec.model.wv.* with mmap=None

setting ignored attribute cum_table to None

Doc2Vec lifecycle event {'fname': './tmp/1632059648669_pv_dma_dim=100_window=5_epochs=20/doc2vec.model', 'datetime': '2021-09-19T23:51:53.119881', 'gensim': '4.1.0', 'python': '3.7.9 (tags/v3.7.9:13c94747c7, Aug 17 2020, 18:58:18) [MSC v.1900 64 bit (AMD64)]', 'platform': 'Windows-10-10.0.19041-SP0', 'event': 'loaded'}

most similart documents

('doc_6104', 0.6528720855712891)

('doc_5241', 0.6366967558860779)

```
('doc_7823', 0.6215232610702515)
('doc_7237', 0.6171916127204895)
('doc_1265', 0.6116209030151367)
('doc_5173', 0.6099594235420227)
('doc_6588', 0.6068555116653442)
('doc_1863', 0.6047857999801636)
('doc_5021', 0.5984141230583191)
('doc_5878', 0.5948976874351501)
['한국', '경제', '위기', '처하다']
['중국', '시장', '위축되다', '었']
similarity between two document:
0.4589204788208008

Process finished with exit code 0
```

Doc2Vec을 보면 train에 다양한 argument들이 있다. Run(self, documents, output_base…) Documents는 Doc2Vec 모델을 훈련시키기 위한 말뭉치이다. Sequence를 활용하여 매트릭스를 만들고 유사도를 구한 후 필요 없는 것을 날려버린다. Doc2Vec_train을 보면 전처리를 하고 모델을 만들고 저장되는 directory를 지정할 수 있다. Doc2Vec 모델을 만들고, 메타 데이터를 json형태로 만든다. Vocabulary도 생길 것이다. 메타 정보가 포함된 메타 데이터와 output 파일들을 볼 수 있다. 이때 너무 큰 사이즈의 말뭉치로 그 데이터를 만들면 save하기가 힘들고, Model save가 안 되는 원인을 찾기 어려울 수 있다. 따라서 gensim의 Doc2Vec 활용을 어떻게 잘할지에 대해 생각해보아야 한다. Pack document를 활용하고 tagged document로 리스트를 생성해서 입력하고 문헌별로 tag하고 문헌 안의 단어들의 리스트로 규정하는 것이다.

Doc2Vec의 훈련 알고리즘인 Dm에 대해 보자. dm=1일 경우에는 distributed memory(PV-DM)이 사용되고 그 외는 distributed bag of words(PV-DBOW) 알고리즘이 사용된다. Dai et al.의 페이퍼에서는 PV-DM 방식만 사용해도 대부분의 작업에 좋은 결과를 보였으나 PV-DBOW와 함께 사용하는 것을 추천한다.

벡터 사이즈는 embedding 벡터의 크기를 말한다. 모델 성능은 사이즈가 클수록 좋아지지만 메모리 역시 커지고, 벡터 사이즈가 100일 때까지는 증가 시 가장 극적인 성능을 보이지만 그 후엔 줄어든다. 이때 모델은 메모리를 많이 잡아먹지만 그 이상의 성능은 기대하기 어렵다.

Alpha는 learning rate이고, window는 훈련 시 앞뒤로 고려하는 단어의 개수(window 사이즈는 보통 5에서 10의 값이면 적당하다. 사이즈가 커질수록 성능이 좋아지지만 너무 크면 속도가 느려진다), min count는 데이터에서 등장하는 단어의 최소 빈도수, negative는 negative samples의 개수를 말한다. Negative는 클수록 학습속도가 느려지지만 지나치게 작으면 학습이 제대로 이루어지지 않는다.

자세한 설명은 py_Doc2Vec의 Doc2VecModel.py를 보자.

```
"""Train a Doc2vec model from a collection of documents."""

import os
import sys
import codecs
import argparse
import logging
import shutil
import json
from random import shuffle, randint
from datetime import datetime
from collections import namedtuple, OrderedDict
import multiprocessing
import gensim
from scipy import spatial
from gensim.models import Doc2Vec
import time


class Doc2VecTrainer:
    def __init__(self):
        print('Doc2VecTrainer')
        self.TaggedDocument = namedtuple('TaggedDocument', 'tags words')

    def read_lines(self, path):
        '''Return lines in file'''
        return [line.strip() for line in codecs.open(path, "r", "utf-8")]

    def current_time_ms(self):
        return int(time.time() * 1000.0)

    def clean_make_dir(self, path):
        shutil.rmtree(path, ignore_errors=True)
        os.makedirs(path)

    def make_timestamped_dir(self, base_path, algorithm, vector_size, epochs, window):
        suffix = '%s_dim=%d_window=%d_epochs=%d' % (algorithm, vector_size, window, epochs)
        output_path = os.path.join(base_path, str(self.current_time_ms())) + '_' + suffix
        self.clean_make_dir(output_path)
        return output_path
```

```
    def load_stopwords(self, stopwords_path):
        logging.info("Loading stopwords: %s", stopwords_path)
        stopwords = self.read_lines(stopwords_path)
        return dict(map(lambda w: (w.lower(), ''), stopwords))

    def run(self, documents, output_base_dir, vocab_min_count, num_epochs, algorithm, vector_size, alpha,
            min_alpha, train, window, cores):

        # As soon as FAST_VERSION is not -1, there are compute-intensive codepaths that avoid holding
        # the python global interpreter lock, and thus you should start to see multiple cores engaged.
        # For more details see: https://github.com/RaRe-Technologies/gensim/issues/532
        # assert gensim.models.doc2vec.FAST_VERSION > -1, "This will be painfully slow otherwise"

        if cores == None:
            cores = multiprocessing.cpu_count()

        negative = 5
        hs = 0

        docvecs_mapfile = 'docvecs_map.txt'

        if algorithm == 'pv_dmc':
            # PV-DM with concatenation
            # window=5 (both sides) approximates paper's 10-word total window size
            # PV-DM w/ concatenation adds a special null token to the vocabulary: '₩x00'
            model = Doc2Vec(dm=1, dm_concat=1, vector_size=vector_size, window=window, negative=negative,
hs=hs,
                            min_count=vocab_min_count, workers=cores)
        elif algorithm == 'pv_dma':
            # PV-DM with average
            # window=5 (both sides) approximates paper's 10-word total window size
            model = Doc2Vec(dm=1, dm_mean=1, vector_size=vector_size, window=window, negative=negative,
hs=hs,
                            min_count=vocab_min_count, workers=cores)
        elif algorithm == 'pv_dbow':
            # PV-DBOW
            model = Doc2Vec(dm=0, vector_size=vector_size, window=window, negative=negative, hs=hs,
                            min_count=vocab_min_count, workers=cores)
        else:
            raise ValueError('Unknown algorithm: %s' % algorithm)

        logging.info('Algorithm: %s' % str(model))

        logging.info('Build vocabulary')
        model.build_vocab(documents)
        vocab_size = len(model.wv)
        logging.info('Vocabulary size: %d', vocab_size)

        target_dir = self.make_timestamped_dir(output_base_dir, algorithm, model.vector_size, num_epochs,
```

```
window)
        vocab_path = os.path.join(target_dir, 'vocabulary')
        logging.info('Save vocabulary to: %s', vocab_path)
        with open(vocab_path, 'w', encoding='UTF-8') as f:
            term_counts = [[term, model.wv.get_vecattr(term, "count")] for term in model.wv.index_to_key]
            term_counts.sort(key=lambda x: -x[1])
            for x in term_counts:
                f.write('%s, %d\n' % (x[0], x[1]))

        if train:
            logging.info('Shuffle documents')
            shuffle(documents)

            logging.info('Train model')
            model.train(documents, total_examples=len(documents), epochs=num_epochs, start_alpha=alpha,
                        end_alpha=min_alpha)

            logging.info('Save model to: %s', target_dir)
            model.save(os.path.join(target_dir, 'doc2vec.model'))

            model_meta = {
                'argv': sys.argv,
                'target_dir': target_dir,
                'algorithm': algorithm,
                'window': window,
                'vector_size': vector_size,
                'alpha': alpha,
                'min_alpha': min_alpha,
                'num_epochs': num_epochs,
                'vocab_min_count': vocab_min_count,
                'vocab_size': vocab_size,
                'cores': cores,
                'negative': negative,
                'hs': hs
            }

            model_meta_path = os.path.join(target_dir, 'model.meta')
            logging.info('Save model metadata to: %s', model_meta_path)
            with open(model_meta_path, 'w') as outfile:
                json.dump(model_meta, outfile)


class Doc2VecSimilarity:
    def __init__(self):
        print('doc2vec based similarity')
        self.doc2vec = None

    def load_model(self, model_file):
        self.doc2vec = Doc2Vec.load(model_file)
```

```
    def get_model(self):
        return self.doc2vec

    def most_similar(self, document):
        print('most similart documents')
        doc_vec = self.doc2vec.infer_vector(document.split())
        similars = self.doc2vec.dv.most_similar(positive=[doc_vec])
        return similars

    def most_similars(self, positive_document, negative_document):
        '''
        to be updated
        '''
        print('most similart documents')
        positive_doc_vec = self.doc2vec.infer_vector(positive_document.split())
        negative_doc_vec = self.doc2vec.infer_vector(negative_document.split())

        similars = self.doc2vec.docvecs.most_similar(positive=[positive_doc_vec],
negative=[negative_doc_vec])
        return similars

    def most_similar_vec(self, document_vec):
        print('most similart documents')
        doc_vec = self.doc2vec.infer_vector(document_vec)
        similars = self.doc2vec.docvecs.most_similar(positive=[doc_vec])
        return similars

    def compute_similarity(self, first_document, second_document):
        vec1 = self.doc2vec.infer_vector(first_document.split(), steps=50, alpha=0.25)
        vec2 = self.doc2vec.infer_vector(second_document.split(), steps=50, alpha=0.25)

        similarity = spatial.distance.cosine(vec1, vec2)
        return similarity

    def compute_similarity_vec(self, first_vec=[], second_vec=[]):
        vec1 = self.doc2vec.infer_vector(first_vec, steps=50, alpha=0.25)
        vec2 = self.doc2vec.infer_vector(second_vec, steps=50, alpha=0.25)

        similarity = spatial.distance.cosine(vec1, vec2)
        return similarity
```

Doc2Vec_tester.py를 보면 Doc2VecSimilarity를 불러온다. Doc2VecModel.py에서 살펴보면 model_file이 있다. 위치 경로를 지정해주는 것이다. Most_similar(self, document):에서 split()해서 잘라 전처리를 하는 것을 보여준다. 그 다음은 벡터화시켜서 array를 던져 argument를 passing한다. Compute_similarity는 모델을 기반으로 두 문헌의 유사도를 계산한다. 가령 한글 위키피디아로 만들었다면 두 문헌이 얼마나 가까운지를 보고, 모델에 근거하여 n개의

hidden embedding으로 2개의 문헌을 보아 infer vector를 하여 100차원의 임베딩화된 2개 문헌의 유사도를 구한다. 즉, Doc2Vec 모델이 중요한 것이다. 해당 모델에 따라 각 문헌이 얼마나 의미가 있는지를 볼 수 있다. Compute_similarity_vec에서 비욘세, 레이디 가가 등을 보고 비슷한 페이지를 return한다. First vector는 first document를 벡터화시킨 것을 의미한다. Most_similar_vec과 most_similar를 보면 문헌 ID 등을 return하게 된다. 그 다음으로 Doc2Vec의 클래스에서의 가장 유사한 positive와 negative를 보여준다. Positive한 결과만 살펴봤다면 해당 코드를 활용해서 positive, negative 모두를 결과로 반환할 수 있을 것이다.

## 3 Node2Vec

Node2Vec[3)]은 지식 구조 그래프를 만드는 데 많은 도움이 된다. NER로 노드를 만들고, 관계를 정의하면 A-B가 서로 링크될 확률을 구하는 식으로 활용 가능하다. 기업 전략 component 등을 가지고 NER을 할 수 있을 것이다. Node2Vec은 특정 개체를 node로 삼아 그래프를 그릴 때 중요하게 활용될 수 있기에 꼭 알아두자.

Node2Vec에 대해 살펴보자. Grover과 Leskovec의 2016년 연구에 대해 간단히 설명하면 그래프상에서 prediction task를 수행하는 연구이다. 최근의 연구들에서는 representation learning 측면에서 feature 자체를 학습하는 부분에 혁신적인 많은 방법들이 제안되어 온 것을 볼 수 있다. 하지만 네트워크에서 파악되는 connectivity pattern에 대해서는 제대로 학습하지 못한다는 한계가 있다. 해당 연구에서는 이를 해결하기 위해서 네트워크의 feature을 학습할 수 있는 프레임 워크인 Node2Vec을 제시하였다. Node2Vec에서는 네트워크의 node들 간의 관계의 유사도(likelihood)를 최대화할 수 있는 저차원 자질 공간을 학습하게 된다.

Node2Vec은 그래프를 그리는 것이며 하나의 property는 엣지, 링크이다. Graphml을 써서 네트워크로 만들어 connective pattern을 형성한다. 이를 활용해 co-occurrence, 혹은 더 나아가서 두 단어의 관계, predication 등을 볼 수 있다. Node2Vec은 네트워크 노드들의 관계, 어떤 노드가 어떤 노드와 연결되어 있는지와 어떤 엣지로 연결되었는지를 볼 수 있다. 그래프상에서 하나의 노드가 얼마나 많은 다른 노드와 연결되었는지 보는 것이 degree centrality이다.

---

3) Grover, Aditya, and Jure Leskovec (2016). "Node2Vec: Scalable feature learning for networks." Proceedings of the 22nd ACM SIGKDD international conference on Knowledge discovery and data mining.

Word2Vec과 Node2Vec이 하나의 subset으로 어떻게 이루어지는지를 살펴보자. "The cat sat on the table"이 있으면 왼쪽에서 오른쪽으로의 단방향 그래프(directed graph)가 나올 것이다. Co-occurrence의 경우에는 undirected graph로 방향성이 없을 것이다. Node tag로 보면 directed인지 undirected인지 확인할 수 있다(보통 co-occurrence는 undirected이다).

실제 문장 위치에서 비슷한 곳을 보자. Hidden vector가 100이고 유사한 것을 구한다고 생각해 보자. 아래 그림을 보면 the quick brown fox가 directed network인 것을 확인할 수 있다. Node2vec은 이와 다르게 양방향이거나 방향이 없을 수 있다. 이 경우 단방향으로 되어 있는 것과 그렇지 않은 것을 어떻게 만들지를 보는 것이 중요하다.

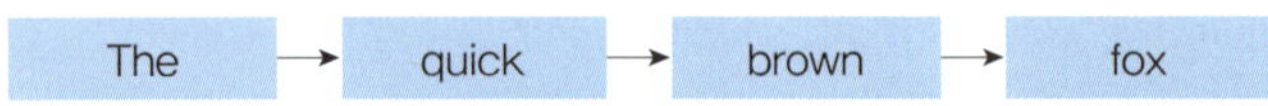


이때의 핵심은 sampling strategy를 써서 그래프에서 적합한 corpus를 뽑아내어 작동하는 것이다. Word2Vec은 directed된 네트워크이며, 단방향인 Node2Vec을 양방향이거나 방향이 없는 것으로 만드는 것이다. 이는 skipgram, CBOW 등을 사용해서 Node2Vec 역시 학습이 가능하다. 네트워크인 Node2Vec은 vertex, edge, (node와 edge의) weight로 구성된다. 네트워크의 관점에서는 value 값인 weight을 제외하고 두 타입인 vertex, edge가 있고, Word2Vec의 좀 더 일반화된 형태를 Node2Vec으로 볼 수 있다. 단방향이 아닌 쌍방향 그래프인 것이다. 그래프를 그리고, sampling을 만들고, 문헌에서 차원을 넘어 만드는 component가 되어 유사한 것을 유사한 것끼리 모은다.

Sampling strategy를 어떻게 썼느냐에 따라 단방향을 펼쳐놓을 수 있다. 이를 skipgram으로 embedding시키고, 같은 cluster가 공간적으로 비슷한 위치에 존재하는 것을 확인할 수 있다. 복잡

그림 11-3 | Embedding 예시

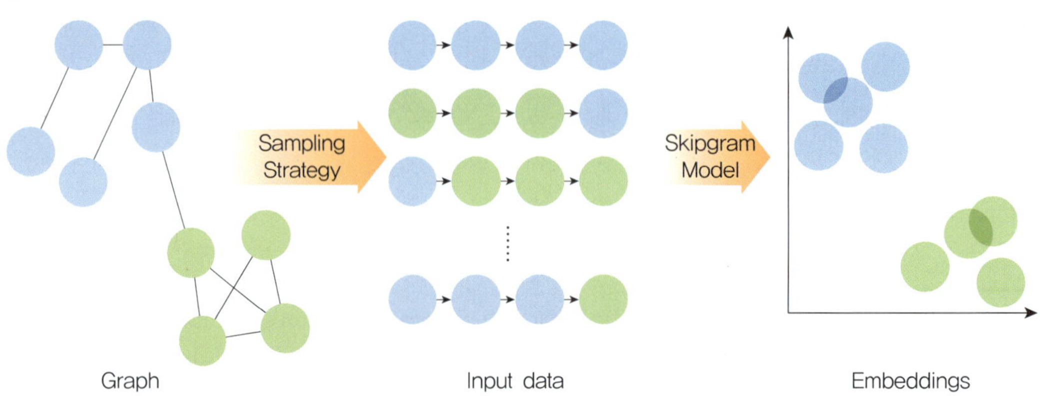

하게 보일 수도 있지만 Node2Vec의 핵심은 sampling strategy이다. Sampling 시에도 넓게 탐색해서 넣는지(BFS), 깊게 탐색하는지(DFS)에 따라서 node의 벡터 표현이 달라질 것이다. 그래프가 dense하게 될 경우 tree 구조에서는 자식으로 내려가는 식으로 한 노드가 있으면 옆의 sibling을 따라가거나 자식 모드들을 따라가고 다시 올라가는 BFS(Breadth First Search(strategy)), 혹은 네트워크의 미시적인 특징을 강조하는 DFS(Depth Frist Search)를 활용할 수 있다. BFS는 거시적인 특징이, DFS는 미시적인 특징이 나타난다. 서로 공통적인 노드가 많을텐데, BFS는 비슷한 노드는 서로 공통적으로 연결되어 있는 노드가 많다는 것을, DFS는 비슷한 노드는 네트워크에서 서로 비슷한 구조적 위치에 존재한다는 개념을 보여준다. Sampling과 hyperparameter의 p와 q를 어떻게 정할 것인지(P와 Q의 조정, BFS와 DFS를 어떻게 조절할 것인지)에 중점을 두자.

**그림 11-4 | Sampling 예시**

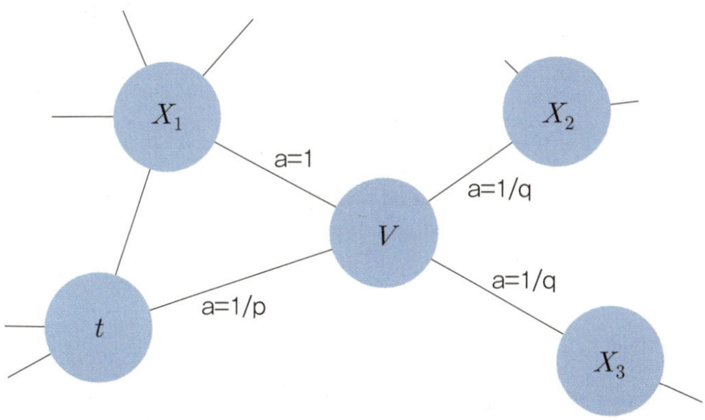


Return parameter P와 input parameter Q를 어떻게 조정하느냐에 따라 네트워크가 달라질 것이다. P가 높아지면 이전에 방문했던 노드로는 잘 가지 않고 새로운 노드로 가는 경향성이 높아지며 q가 낮아지면 새로운 노드로 가는 경향성이 높아진다.

레미제라블에서 동시에 등장하는 인물들에 대한 네트워크를 만든 예시를 보자. 보통은 노드 개수보다 엣지 개수가 많을 것이다(문헌의 길이가 길수록 노드와 엣지의 개수가 많아질 것이다). k-means clustering을 수행하고, BFS에 대해 structural equivalence 특성이 강조될 수 있다(물론 Hyper parameter의 특징에 따라 다를 것이다). 전통적인 exploitation tradeoff를 활용해서 네트워크를 통해 보려는 부분을 정확하게 표현할 수 있는 장점이 있다. Link prediction에 대해서도 잘 작동하는데, 특히 harmard binary operator에 대해서만 잘 작동하는 이유를 함께 찾아보자.

Node2Vec을 사용하면 지식 구조 그래프를 구해서 유사한 노드를 찾고 유사한 노드의 연결 확률을 볼 수 있을지에 대해서도 생각해보자. 왜냐하면 링크의 예측 관점에서 연결이 가능할 수 있기 때문이다. A라는 기업과 가장 잘 연결되는 제품이 무엇인지를 보고 생산하는 제품과도 연결할 수 있다. 만약 연결되었으나 실제로 활용하지 않는다면 활용할 필요가 있음을 고려해볼 수 있을 것이다. 예시로 NIKE에서 smart watch에 대한 그래프가 나온다면 NIKE 신발에 센스를 달아 제품을 활용해볼 수 있겠다는 생각을 할 수 있을 것이다.

Py_Node2Vec의 Node2VecModel.py를 보자. Setup.py를 보면 Node2Vec의 설치가 가능하고, visual studio로 자동으로 설치가 다시 이루어질 것이다. 이를 쓰면 __init__에서 G, networkx를 사용하고, create_graph로 그래프를 만든다.

```
import gensim
import networkx as nx
from gensim.models import KeyedVectors
from node2vec import Node2Vec
import operator

# Embed edges using Hadamard method
from node2vec.edges import HadamardEmbedder
import multiprocessing

class Node2VecModel:
    def __init__(self):
        self.model = None
        self.G = nx.Graph()

    def create_random_graph(self):
        # Create a graph
        self.G = nx.fast_gnp_random_graph(n=100, p=0.5)

    def create_graph(self, co_occurrence, word_hist, threshold):
        filtered_word_list = []
        for pair in co_occurrence:
            node1 = ''
            node2 = ''
            for inner_pair in pair:
                if type(inner_pair) is tuple:
                    node1 = inner_pair[0]
                    node2 = inner_pair[1]
                elif type(inner_pair) is str:
                    inner_pair = inner_pair.split()
                    if len(inner_pair) == 2:
                        node1 = inner_pair[0]
                        node2 = inner_pair[1]
                elif type(inner_pair) is int:
                    if float(inner_pair) >= threshold:
```

```
                    # print ("X " + node1 + " == " + node2 + " == " + str(inner_pair) + " : " + str(tuple[node1]))
                    self.G.add_edge(node1, node2, weight=float(inner_pair))
                    if node1 not in filtered_word_list:
                        filtered_word_list.append(node1)
                    if node2 not in filtered_word_list:
                        filtered_word_list.append(node2)
            elif type(inner_pair) is float:
                if float(inner_pair) >= threshold:
                    # print ("X " + node1 + " == " + node2 + " == " + str(inner_pair) + " : ")
                    self.G.add_edge(node1, node2, weight=float(inner_pair))
                    if node1 not in filtered_word_list:
                        filtered_word_list.append(node1)
                    if node2 not in filtered_word_list:
                        filtered_word_list.append(node2)

        for word in word_hist:
            if str(word) in filtered_word_list:
                self.G.add_node(word, count=word_hist[word])

        print(self.G.number_of_nodes())

    def train(self, dimensions, walk_length, num_walks, min_count=1):
        cores = multiprocessing.cpu_count() # Count the number of cores in a computer
        # Precompute probabilities and generate walks
        node2vec = Node2Vec(self.G,
                            dimensions=dimensions,
                            walk_length=walk_length,
                            num_walks=num_walks,
                            workers=cores-1)

        ## if d_graph is big enough to fit in the memory, pass temp_folder which has enough disk space
        # Note: It will trigger "sharedmem" in Parallel, which will be slow on smaller graphs
        # node2vec = Node2Vec(graph, dimensions=64, walk_length=30, num_walks=200, workers=4,
temp_folder="/mnt/tmp_data")

        # Embed
        self.model = node2vec.fit(window=10, min_count=min_count,
                                  batch_words=4) # Any keywords acceptable by gensim.Word2Vec can be
passed, 'diemnsions' and 'workers' are automatically passed (from the Node2Vec constructor)

    def save_graph(self, graph_file):
        nx.write_graphml_lxml(self.G, graph_file)

    def load_graph(self, graph_file):
        self.G = nx.read_graphml(graph_file)

    def compute_centrality(self, top_n=30):
        print('network statistics')
        print(nx.info(self.G))
```

```
        degree = nx.degree_centrality(self.G)
        degree_l = sorted(degree.items(), key=operator.itemgetter(1), reverse=True)
        print('degree centrality\n')
        for i, n in enumerate(degree_l,100):
            print(str(n))
        print()

        eigen = nx.eigenvector_centrality(self.G)
        print('eigenvector centrality\n')
        eigen_l = sorted(eigen.items(), key=operator.itemgetter(1), reverse=True)
        for n in eigen_l:
            print(str(n))
        print()

        betweenness = nx.betweenness_centrality(self.G)
        print('betweenness centrality\n')
        betweenness_l = sorted(betweenness.items(), key=operator.itemgetter(1), reverse=True)
        for n in betweenness_l:
            print(str(n))
        print()

    def save_model(self, embedding_filename, embedding_model_file):
        # Save embeddings for later use
        self.model.wv.save_word2vec_format(embedding_filename, binary=True)

        # Save model for later use
        self.model.save(embedding_model_file)

    def load_model(self, embedding_filename):
        self.model = KeyedVectors.load_word2vec_format(embedding_filename, binary=True,
unicode_errors='ignore')

    #to do: node2vec model loading...

    def most_similars(self, word):
        # Look for most similar nodes
        return self.model.most_similar(word)  # Output node names are always strings

    def compute_similarity(self, first_node, second_node):
        edges_embs = HadamardEmbedder(keyed_vectors=self.model)

        # Look for embeddings on the fly - here we pass normal tuples
        edges_embs[(first_node, second_node)]
        ''' OUTPUT
        array([ 5.75068220e-03, -1.10937878e-02,  3.76693785e-01,  2.69105062e-02,
                ... ... ....
                .................................................................],
              dtype=float32)
        '''
```

```
    # Get all edges in a separate KeyedVectors instance - use with caution could be huge for big networks
    edges_kv = edges_embs.as_keyed_vectors()

    try:
        # Look for most similar edges - this time tuples must be sorted and as str
        results = edges_kv.most_similar(str((first_node, second_node)))

        # Save embeddings for later use
        # edges_kv.save_word2vec_format(EDGES_EMBEDDING_FILENAME)
    except:
        return []

    return results
```

Node2Vec 모델로 Node2Vec.model의 그래프, Node2Vec.emb의 Word2Vec 형태가 만들어질 것이다. 노드의 개수를 줄이기 위해 NER을 활용한다면 named entity를 추출해 노드를 만든다. TextRank를 써서 keyword를 추출해 노드로 활용할 수 있다. Ptm에 보면 co-occurrence에서 cooccurrenceWorker 역시 사용하는데 word_list와 count_list, 전체 문헌집단에서 얼마나 등장하였는지를 보고 pass해서 create_graph를 할 수 있다. Walk_length와 num_length의 의미는 위에서 살펴본 것으로 확인할 수 있을 것이다. Save_model에서 보면 Node2Vec.emb는 Word2Vec 포맷으로 보여준다. Word2Vec, Node2Vec, Doc2Vec이 모두 비슷하다. Walk_length와 num_walks 역시 조정이 가능하다. 이는 emb 형태로 불러서 읽을 수 있다. Node2Vec.model은 binary이다. Node2Vec_Tester.py는 Node2Vec 임베딩이 아니라 prediction을 보여준다. 모델을 만들고 word_embedding, embedding_model_file을 활용한다. Keyedvector은 워드 임베딩을 전체 활용한다고 볼 수 없다. 임베딩 대신에 prediction으로 하고 싶으면 sorting을 할 수 있다.

CHAPTER

# 12

# Transformer

CHAPTER 12

# Transformer

Seq2seq 모델은 기계 번역, 텍스트 요약 및 이미지 캡션 같은 작업에서 많은 성공을 거두었다. 어텐션(attention)이 왜 도입되었는지와 관련이 되며, 구글 번역은 2016년 말부터 이러한 모델을 프로덕션에 사용하기 시작하였다. 이러한 모델은 두 개의 선구적인 논문(Sutskever et al., 2014, Cho et al., 2014)에 의해 설명된다.

## 1 Seq2seq RNN 모델 개요

Seq2seq(Sequence2sequence) 모델은 일련의 항목 시퀀스(단어, 문자, 이미지의 특징 등)를 취하여 다른 항목 시퀀스를 출력하는 모델이다. 시퀀스란 차례로 처리되는 일련의 단어이며 출력도 마찬가지로 일련의 단어이다. 인코더는 입력 시퀀스의 각 항목을 처리하고 캡처한 컨텍스트 벡터로 컴파일한다. 전체 입력 시퀀스를 처리한 후 인코더는 컨텍스트 벡터를 디코더로 보내고, 디코더는 항목별로 출력 시퀀스를 생성한다.

단어가 인코더에 들어오고, context vector(컨텍스트 벡터)를 만들어낸 후, 디코더로 context가 넘어가 최종적으로 output을 출력하는 것이다. 자세한 그림은 아래와 같다. 인코더, context, 디코더가 중요하며 입력 단어가 인코더를 통해 학습이 되고, context vector가 디코더로 들어가서 일련의 과정을 거쳐 output이 되는 것이다. 영어가 한글로 출력되는 일련의 과정이 아래 그림이며 인코더 부분에 입력 단어가 들어오고 학습된 내용이 고정 길이의 context vector로 변환되어 디코더에 들어간 후 출력된다. Context vector는 결국 인코더의 마지막 RNN 셀의 hidden state

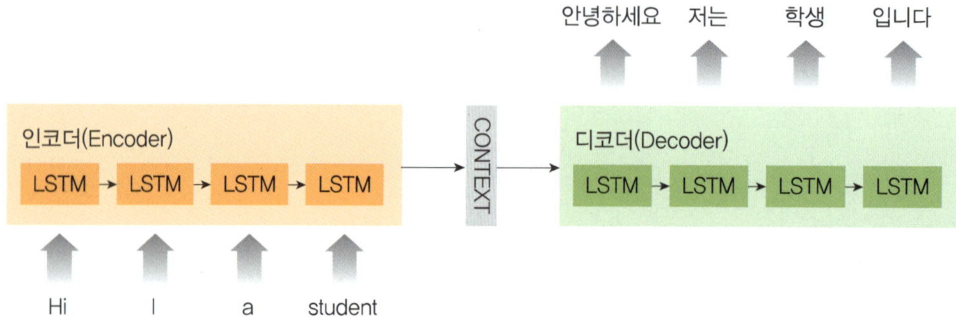

이므로 고정 길이 벡터이다.

기계 번역의 경우 인코더와 디코더는 둘 다 RNN일 경우가 많다. 모델을 설정할 때 컨텍스트 벡터의 크기를 설정할 수 있으며, 기본적으로 인코더 RNN의 은닉 유닛수와 동일하다. 이 시각화는 크기가 4인 벡터를 보여주지만 실제 응용 프로그램에서 컨텍스트 벡터는 256, 512, 또는 1024와 같은 크기이다.

설계상 RNN은 각 time step에서 입력(인코더의 경우 입력 문장의 한 단어)과 hidden state의 두 가지 입력을 받게 된다. 단어는 벡터로 표현되어야 하며, 이때 '단어 임베딩' 알고리즘을 이용하여 의미 정보를 캡처하는 벡터 공간으로 변환시켜준다. 예시로 왕−남성+여성=여왕 그림을 볼 수 있다.

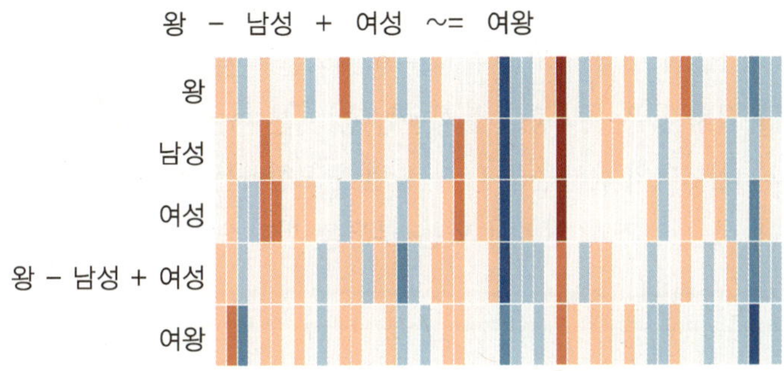


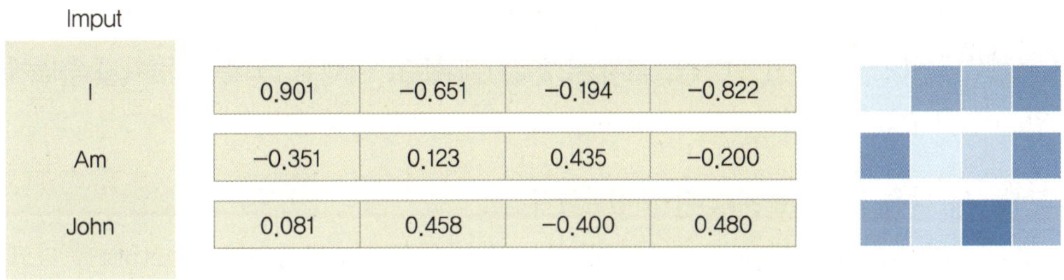


RNN에서 매 iteration을 time step으로 볼 수 있는데, time step마다 두 개의 input vector와 두 개의 output vector를 가진다. RNN은 입력을 처리하고 해당 time step에 대한 출력을 생성하며, 인코더와 디코더는 모두 RNN이기 때문에 RNN 중 1단계 처리를 수행할 때마다 입력과 이전 입력을 기반으로 hidden state를 업데이트한다. 인코더의 hidden state를 살펴보면 마지막 hidden state가 실제로 디코더에 전달되는 context임을 볼 수 있다. 또한 디코더는 한 time step에서 다음 step으로 넘어가는 hidden state를 유지한다. 인코딩을 한다라는 말이 결국 임의 길이의 시계열 데이터를 고정 길이 벡터로 변환하는 작업이라 할 수 있으며 기본적인 seq2seq 모델은 간단한 구조라는 장점이 있지만, 크게 아래 2가지의 문제점이 있다.

① 하나의 고정된 크기의 벡터에 모든 정보를 압축하기 때문에 정보 손실이 발생한다.
② RNN의 고질적인 문제인 vanishing gradient(기울기 소실) 현상이 존재한다.

## 2 어텐션(attention)

컨텍스트 벡터는 병목 현상을 야기시킨다. 모델이 긴 문장을 다루기 어렵게 만들어져 있기 때문인데, 이와 관련하여 Bahdanau et al., 2014[1] 및 Luong et al., 2015[2]에서 솔루션이 제안되었다. 이 두 논문에서 기계 번역 시스템의 성능을 크게 향상시키는 '어텐션(attention)'이라는 기술을 도입하고 개선하였고 모델이 필요에 따라 입력 시퀀스의 관련 부분에 집중할 수 있도록 해준다. 이전의 번역 모델들은 마지막 인코더의 RNN 셀의 마지막 은닉층을 제외한 다른 은닉층은 사용되지 않는데, 어텐션 메커니즘은 이 사용되지 않은 은닉층들을 이용한다. 기본 아이디어는 디코더에서 출력 결과를 예측하는 매 시점마다 인코더의 은닉층을 다시 한번 참고한다는 것이다. 이 참고하는 비율을 해당 시점에서 예측해야 하는 결과와 연관이 있는 부분을 판단하여 집중해야 하기 때문에 attention mechanism이라고 불린다.

예시로 time step 7에서 어텐션 메커니즘을 통해 디코더는 영어 번역 생성 전 etudiant, 즉 '학생'이라는 단어에 집중하게 된다. 입력 시퀀스의 관련 부분에서 신호를 증폭하는 기능은 어텐션 모델이 어텐션이 없는 모델보다 더 나은 결과를 생성하게 한다. 어텐션 모델은 두 가지 측면에서 고전적인 seq2seq 모델과 다르다.

① 인코더는 더 많은 데이터를 디코더에 전달한다.
인코딩 단계의 마지막 hidden state를 전달하는 대신 인코더는 모든 hidden state를 디코더에 전달한다.

② 어텐션 디코더는 출력을 생성하기 전에 추가 단계를 수행한다.
이 디코딩 time step과 관련된 입력 부분에 초점을 맞추기 위해 디코더는 다음을 수행한다. 받은 인코더 hidden state 세트를 살펴보면, 각 인코더 hidden state는 입력 문장의 특정 단어와 가장 관련이 있다. 각 hidden state에 점수를 부여하며(attention score), 각 hidden state에 해당 점수를 곱하여 중요도(가중치)를 차등 적용하게 된다.

1) Bahdanau, Dzmitry, Kyunghyun Cho, and Yoshua Bengio (2014). "Neural machine translation by jointly learning to align and translate." *arXiv preprint arXiv:1409.0473.*

2) Luong, Minh-Thang, Hieu Pham, and Christopher D. Manning (2015). "Effective approaches to attention-based neural machine translation." *arXiv preprint arXiv:1508.04025.*

전반적인 attention process는 아래와 같다.

① Input 준비
② 각 hidden state의 점수 계산
③ 점수에 softmax 투영
④ 각 벡터를 softmax된 점수와 곱하기
⑤ 가중치 벡터로 합계를 볼 것

이 scoring의 수행은 디코더의 각 time step에서 이루어진다.

아래 그림은 각 디코딩 단계에서 어텐션을 주는 입력 문장의 부분을 보는 또 다른 방법을 보여주는데, 진한 부분이 어텐션을 더욱 강하게 받는다고 생각할 수 있다.

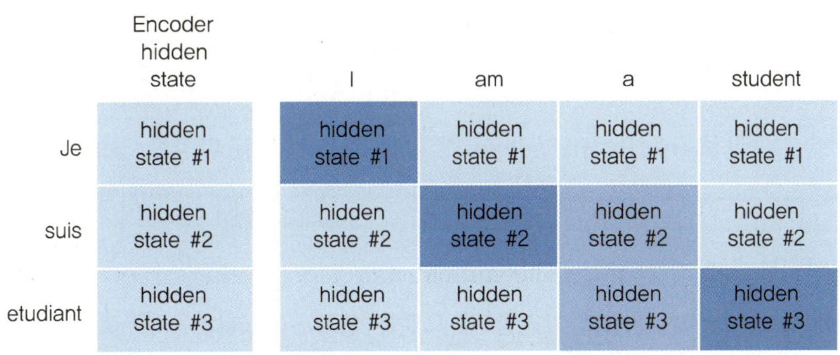


모델이 출력의 첫 번째 단어를 입력의 첫 번째 단어와 정렬하는 것은 유의미한 작업이다. 실제로 학습 단계에서 해당 언어쌍(이 예에서는 불어와 영어)에서 단어를 정렬하는 방법을 학습한다. 이 메커니즘이 얼마나 정확한지에 대한 예는 어텐션 논문들에서 제시된다.

Convolution이나 recurrent layer 없이 순수 어텐션 메커니즘만을 이용하여 자질들을 추출하고자 하였다. 구체적으로는 셀프 어텐션을 multi-head로 활용하여 input representation을 반복적으로 정제한다. 인코더-디코더 네트워크 구조로, 인코더는 representation learner의 역할을, 디코더는 auto-regressive generator 역할을 한다. 포지셔널 인코딩을 포함하여 인코딩 구성 요소, 디코딩 구성 요소, 이들 간의 연결로 되어 있다.

인코더는 구조가 동일하지만 가중치를 공유하지 않고, 각각은 두 개의 하부 계층으로 나뉜다.

인코더의 입력은 먼저 셀프 어텐션 레이어를 거치는데, 해당 레이어는 인코더가 특정 단어를 인코딩할 때 입력 문장의 다른 단어를 볼 수 있도록 도와주는 레이어이다. 셀프 어텐션 레이어의 출력은 feedforward 신경망에 공급되며 정확히 동일한 feedforward 네트워크가 독립적으로 각 레이어의 포지션에 적용된다. 디코더에는 두 레이어가 있지만 그 사이에는 디코더가 입력 문장의 관련 부분에 초점을 맞추는 데 도움이 되는 어텐션 층이 있다. 이는 seq2seq 모델에서 어텐션이 하는 것과 유사하다.

관련하여 다양한 벡터・텐서를 살펴보고 학습된 모델의 입력을 출력으로 바꾸기 위해 벡터・텐서들이 구성 요소 사이에서 어떻게 입출력되는지 살펴보자. 먼저 단어들을 워드 임베딩 알고리즘을 사용해서 벡터로 변환시키는 작업이 필요하다.

임베딩은 맨 아래 인코더에서만 발생하고 다른 인코더에서는 바로 아래에 있는 인코더의 출력이 입력으로 넘어온다. 이때 차원의 크기는 설정할 수 있는 하이퍼파라미터로, 기본적으로 훈련 데이터셋에서 가장 긴 문장의 길이가 된다.

이때 transformer의 핵심 속성이 드러난다. 즉, 각 위치의 단어는 인코더에서 각각의 자체 경로를 통해 지나가는데, 셀프 어텐션 레이어의 경로 사이에는 의존성이 존재한다. 하지만 feedforward layer는 이러한 의존성이 없으므로 feedforward layer를 통해 흐르는 동안 다양한 경로가 병렬로 실행될 수 있다.

가령 다음 문장을 자동번역한다고 가정하자: "The animal didn't cross the street because it was too tired". 이때 '그것'이라는 단어를 처리할 때 모델은 셀프 어텐션을 통해 '그것'을 '동물'과 연관시킬 수 있다. 모델이 각 단어(입력 시퀀스의 각 위치)를 처리할 때 셀프 어텐션을 통해 입력 시퀀스의 다른 위치에서 이 단어를 더 잘 인코딩하는데 도움이 되는 단서를 찾을 수 있다.

셀프 어텐션은 transformer가 다른 관련 단어의 '이해'를 현재 처리 중인 단어로 파악하는데 사용하는 방법이다.

인코더 #5에서 'it'이라는 단어를 인코딩할 때 어텐션 메커니즘의 일부는 'The animal'에 초점을 맞추고 'it'의 인코딩에 표현의 일부를 포함시켰다. 관련 그림은 다음과 같다.

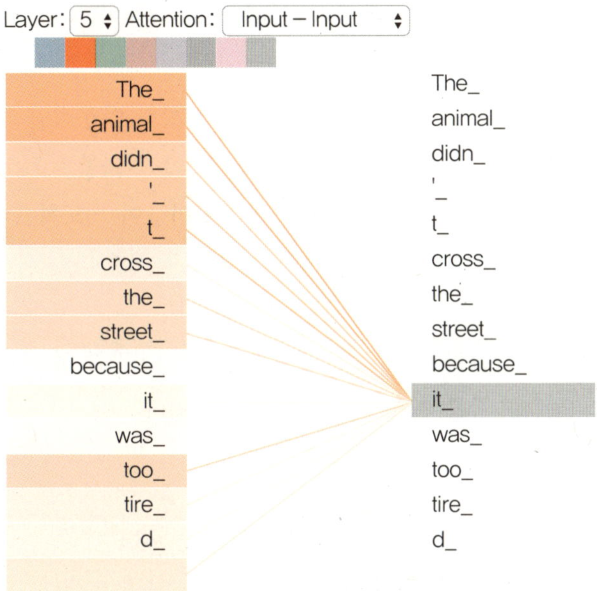


벡터를 이용하여 셀프 어텐션을 계산하는 방법을 살펴본 다음 행렬을 통해서 실제로 어떻게 구현되는지를 살펴보자. 셀프 어텐션을 계산하는 첫 번째 단계는 인코더의 각 입력 벡터(이 경우 각 단어의 임베딩)에서 세 개의 벡터를 만드는 것이다. 각 단어에 대해 쿼리 벡터(Q), 키 벡터(K), 값 벡터(V)를 만든다. 이 벡터는 임베딩 훈련 과정에서 훈련한 3개의 행렬을 곱해서 생성된다. 이 새 벡터는 임베딩 벡터보다 차원이 더 작다. 예를 들어 이 차원은 64인 반면 임베딩 및 인코더 입력/출력 벡터의 차원은 512이다.

$X_1$에 WQ 가중치 행렬을 곱하면 해당 단어와 관련된 '쿼리' 벡터인 q1이 생성된다. 결국 입력 문장의 각 단어에 대한 '쿼리', '키', '값'의 프로젝션을 생성하게 된다.

'쿼리', '키', '값' 벡터들은 어텐션을 계산하고 생각화하는 데에 유용하다.

① 쿼리, 키, 값 행렬의 계산

임베딩을 행렬 X로 묶고 훈련한 가중치 행렬(WQ, WK, WV)을 곱하여 수행한다. X행렬의 모든 행은 입력 문장의 단어에 해당한다. 임베딩 벡터와 q/k/v 벡터의 크기 차이를 발견할 수 있다.

② 스코어 계산

'Thinking'이라는 첫 번째 단어에 대한 어텐션을 계산한다면, 이 단어에 대해 입력 문장의 각 단어에 점수를 매겨야 한다. 스코어는 특정 위치에서 단어를 인코딩할 때 입력 문장의 다른 부분에 얼마나 집중할 것인지를 결정한다. 스코어는 우리가 점수를 매길 각 단어의 키 벡터와 쿼리 벡터의 내적을 취하여 계산된다. 위치 #1에 있는 단어에 대한 셀프 어텐션을 처리하는 경우 첫 번째 점수는 $q_{1,}\ k_1$의 내적이다. 그리고 두 번째 점수는 $q_{1,}\ k_2$의 내적이다.

③, ④ 점수를 사용된 키 벡터 차원의 제곱근으로 나누기

논문에서는 사용된 키 벡터 차원(64)의 제곱근인 8로 나누는 것인데, 이는 보다 안정적인 기울기를 갖게 한다. 다른 가능한 값이 있을 수 있지만 이것이 기본값이다. 그 후 결과를 softmax 작업을 통해 전달한다. Softmax는 점수를 정규화하여 모두 양수이고 합이 1이 되도록 한다. 이때 softmax 스코어는 이 위치에서 각 단어가 얼마나 표현될 것인지를 결정한다.

⑤ 각 값 벡터에 softmax 점수를 곱하기

합계 준비를 위한 단계로, 초점을 맞추고자 하는 단어의 값을 그대로 유지하고 관련 없는 단어를 아웃시키는 것이다. 예를 들어, 0.001과 같은 작은 숫자를 곱할 수 있다.

⑥ 가중치 벡터를 합산

이 위치(첫 번째 단어)의 셀프 어텐션 레이어의 출력을 생성한다.

이것으로 셀프 어텐션 계산을 마치는데 결과 벡터는 feedforward 신경망으로 보낼 수 있는 벡터가 된다. 그러나 실제 구현에서 이 계산은 더 빠른 처리를 위한 행렬 형식으로 수행된다.

행렬을 다루기 때문에 셀프 어텐션 레이어의 출력을 계산하기 위해 하나의 공식으로 ②~⑥단계를 압축할 수 있다.

$$Attention(Q,K,V) = softmax\left(\frac{QK^T}{\sqrt{d_k}}\right)V$$

멀티 헤드 어텐션은 다음의 두 가지 방법으로 어텐션 레이어의 성능을 확장시킨다.

① 다른 위치에 집중할 수 있는 모델의 능력을 확장시킨다.

$Z_1$에는 다른 모든 인코딩이 조금씩 포함되어 있지만 실제 단어 자체에 의해 지배될 수 있다. "동물이 너무 피곤해서 길을 건너지 않았습니다"와 같은 문장을 번역할 때 '그것'이 어떤 단어를 가리키는지 알고싶을 때 유용하다.

② 어텐션 레이어에 여러 'representation subspace'를 제공한다.

멀티 헤드 어텐션을 사용하면 쿼리/키/값 가중치 매트릭스 세트가 하나만 아니라 여러 세트가 존재하게 된다. Transfomer는 8개의 어텐션 헤드를 사용하므로 각 인코더/디코더에 대해 8개의 세트를 갖게 된다. 각 세트는 무작위로 초기화되는데, 훈련 후 각 세트는 입력 임베딩(또는 하위 인코더/디코더의 벡터)을 다른 representation subspace에 투영하는 데 사용된다.

멀티 헤드 어텐션을 통해 각 헤드에 대해 별도의 Q/K/V 가중치 매트릭스를 유지함으로써 다른 Q/K/V 매트릭스를 생성한다. 그리고 이전과 마찬가지로 X에 WQ/WK/WV 행렬을 곱해

Q/K/V 행렬을 생성한다.

이 방법에서 feedforward layer는 8개의 행렬을 예상하지 않고 단일 행렬(각 단어에 대한 벡터)을 예상한다. 따라서 8개를 단일 행렬로 예측하는 것이 필요한데, 이를 위해 행렬을 concatentate한 다음 추가 가중치 행렬인 $w_0$을 곱한다.

입력 시퀀스에서의 단어 순서를 transformer는 각각의 입력 임베딩에 벡터 하나를 추가함으로써 해결한다. 이러한 벡터는 모델이 학습하는 특정 패턴을 따르므로 각 단어의 위치 또는 시퀀스에서 서로 다른 단어 사이의 거리를 결정하는 데 도움이 된다. 임베딩에 이러한 값을 추가하면 임베딩 벡터가 Q/K/V 벡터로 투영되고 내적 어텐션 과정에서 임베딩 벡터 사이에 의미 있는 거리가 제공된다.

## 3 BERT

BERT는 구글에서 개발한 NLP를 위한 pre-trained 언어 모델이다. 특정 분야에 국한된 기술이 아니라 모든 자연어 분야에서 좋은 성능을 보이는 범용 언어 모델이다. 데이터가 충분히 많을 경우 모델의 성능은 임베딩이 큰 영향을 미치며, 단어의 의미를 잘 표현하는 벡터로 표현하는 임베딩된 단어들이 훈련과정에서 좋은 성능을 보인다. 이 임베딩 과정에서 BERT를 사용하고, BERT는 특정 과업 전 사전 훈련 임베딩을 통해 특정 과업의 성능을 더 좋게 할 수 있는 언어 모델이다.

Downstream task에는 classification, NER, translation, question & answering 등이 있다. 이때 중요한 것은 pre-train을 어떻게 시켰느냐인데, BERT는 인코더만 사용하고 GPT는 디코더만 사용하였다. Pre-train을 할 때 BERT에서는 masking을 해서 일정한 개수의 단어를 가리고 mask로 대체하였고(논문 내에서는 대략 15%), next sentence prediction을 활용하였다. NSP는 문장이 연속해서 나올 때 문장이 연속하는지를 예측하는 것이다. 즉, 일정한 토큰 시퀀스의 배열이 논리적으로 맞는지 따진다.

언어 모델은 일련의 단어가 있다면 그 시퀀스를 가지고 다음 단어를 예측하는 것이다. 수식으로 표현하면 다음과 같다.

$$P(w_1, w_{2,} \cdots, w_r) = \prod_{t=1}^{T} P(w_t | w_1, w_2, \cdots, w_{t-1})$$

BERT를 사용하지 않은 일반 모델 과정은 **분류를 원하는 데이터 → LSTM, CNN 등의 머신/딥러닝 모델 → 분류**의 과정을 거친다. 이에 반해 BERT를 사용하는 모델 과정은 **관련 대량 코퍼스 → BERT → 분류를 원하는 데이터 → 분류**의 과정을 거친다. 대량의 코퍼스를 인코더가 임베딩하고(언어 모델링), 이를 전이하여 파인튜닝하고 과업을 수행한다(NLP Task).

대량의 코퍼스로 BERT 언어 모델을 적용하고, BERT 언어 모델 출력에 추가적인 모델(RNN, CNN 등의 머신러닝 모델)을 쌓지 않고 간단한 DNN 모델만 쌓아도 과업 성능이 잘 나온다.

BERT를 처음 제시한 페이퍼에서 다룬 내용과 BERT를 이용해서 워드 임베딩을 어떻게 수행할 수 있을지의 두 가지 위주로 BERT에 대해서 배워보자. BERT의 코드는 BERT.ko.wordembeddings 파일에서 확인할 수 있다. 이를 통해 워드 임베딩의 관점에서 context embedding도 embedding임을 볼 수 있다. 다양한 context embedding의 활용 역시 가능한데, 이의 예시에 대해서도 다루어보겠다.

BERT(Bidirectional Encoder Representation from Transformers)[3]에 대해 알아보자. 여기에서 특히 중요한 것은 transformer[4]이다. Input 텍스트의 표상화를 transformer라는 개념을 활용해서 하는 것이며 encoder side만을 다루는 것이 BERT이다. 그렇다면 transformer는 무엇일까? Attention is All You Need라는 페이퍼를 살펴보자. Bidirectional보다 더 좋은 성능을 내기 위해서는 어텐션 레이어를 활용해야 한다는 내용인데, 이를 이해하면 transformer의 이해가 쉬울 것이다. 이를 이용하면 이를 기반한 ELMo,[5] BERT 등을 이해해볼 수 있다(ELMo는 문맥에 민감한 자질들을 left-right 그리고 right-left 모델에서 추출한다. 이는 질의응답, 감성 분석, 개체명 인식에 활용된다).

ELMo는 LSTM을 중간에 넣고, bidirectional하게(feedforward+backward를 쌓아) 활용한 사례이다. openAI에서는 GPT가 처음 나왔는데, LSTM을 쓰지 않는 transformer 계열이다. BERT와 마찬가지로 셀프 어텐션을 사용하였다.

각 모델의 연산 과정을 도식화하면 아래 그림과 같다.

---

3) Devlin, J., Chang, M. W., Lee, K., & Toutanova, K. (2018). Bert: Pre-training of deep bidirectional transformers for language understanding. *arXiv preprint arXiv:1810.04805.*

4) Vaswani, Ashish et al. (2017). "Attention is all you need." *arXiv preprint arXiv:1706.03762.*

5) Peters, M. E., Neumann, M., Iyyer, M., Gardner, M., Clark, C., Lee, K., & Zettlemoyer, L. (2018). Deep contextualized word representations. *arXiv preprint arXiv:1802.05365.*

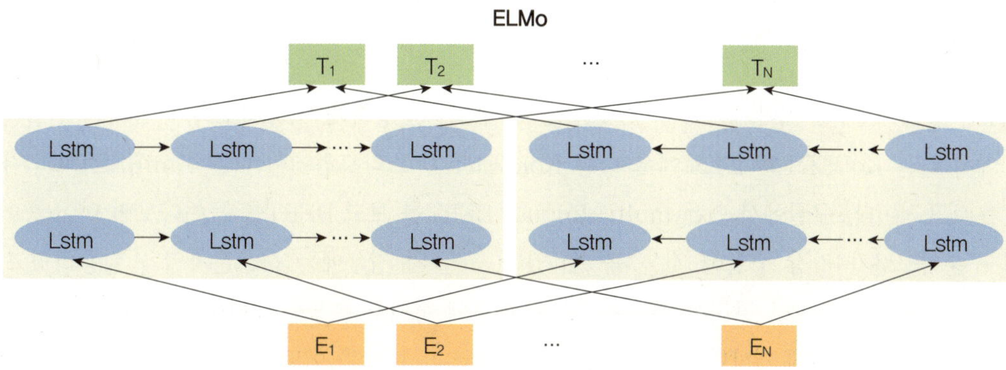


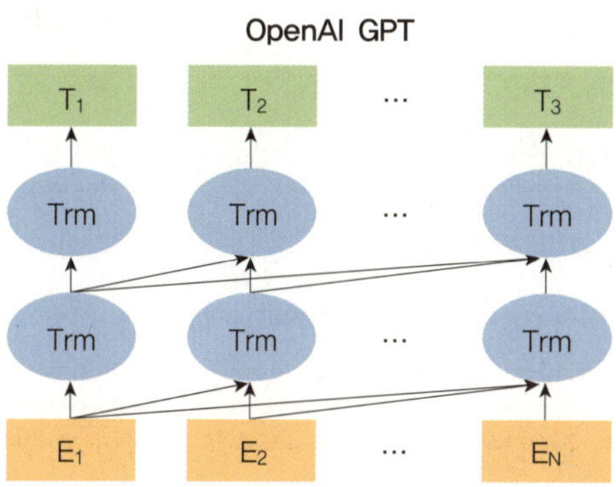


Transformer는 sequence aligned RNN이나 convolution을 사용하지 않고 input과 output의 연산을 표현하기 위해 온전히 셀프 어텐션에만 의존하는 구조이다. Transformer 모델이 제시되기 전에 주로 사용되었던 모델들이 인코더와 디코더를 연결하는 복잡한 recurrent neural network나 convolutional neural network를 기반으로 했던 것과 상반된다. 높은 성능을 보이는 모델들은 인코더와 디코더를 attention mechanism으로 연결하는 구조를 가졌는데, transformer 모델은 이 attention mechanism을 기반으로 한다. Vaswani et al.(2017)은 machine translation task를 통해 transformer의 성능 평가를 수행했는데, transformer가 학습 속도와 과업 수행 능력 모두에서 높은 성능을 보였다. 또한 transformer는 큰 학습 데이터와 작은 학습 데이터 모두에 대해 성공적으로 영어 parsing을 수행하기 때문에 다른 과업에도 유용하게 사용될 수 있다. Transduction model과 sequence modeling에서 attention mechanism이 중요 역할을 수행하는 이유는 attention mechanism이 input과 output sequence의 거리와 독립적으로 모델링을 수행할 수 있기 때문이다. Input sequence와 output sequence의 거리에 따라 dependency 학습 성능 결과에 영향을 받았던 기존 모델들과 달리, transformer는 scaled dot-product attention과 멀티 헤드 어텐션을 사용해 제한된 수의 연산으로도 높은 성능을 보이는 모델이다. Transformer의 방법론과 architecture는 다음에 자세히 다루도록 하겠다.

BERT의 종류에 대해 이야기해보자. BERT는 영어에는 다양하게 적용되도록 나왔지만 한글은 SKT에서 나온 KoBERT,[6] ETRI에서 나온 KorBERT,[7] 스타트업에서 나온 HanBERT[8]의 세 가지가 대표적이다. 구글에서 만든 multi-lingual BERT를 보고 BERT를 들여다보면 단어를 어떻게 구분하느냐가 가장 중요한 것을 볼 수 있다. 구글의 경우에는 하부문자열을 활용하였고, KoBERT는 한글의 특색을 살려서, KorBERT는 한글에 형태소 분석을 더하여 tokenizer를 만들었고, HanBERT는 자체 개발한 tokenizer를 활용하였다. 단어를 어떻게 구분하느냐가 텍스트를 잘 표현할 수 있느냐와 직결되는데, 이 관점에서 BERT를 이해해보자. 최근에는 BERT 대신 ELECTRA[9]를 쓰기도 하는데 ELECTRA는 BERT의 단점을 보완해 컨텍스트 임베딩을 복잡하게 만든 것이다. 다만 성능이 0.2% 내외로 차이가 날 뿐 크게 변화는 없다.

BERT는 구글에서 개발한 NLP를 위한 pre-trained된 언어 모델이다. BERT는 레이블링이 되지 않은 텍스트로부터 deep bidirectional representation을 pre-train하고 모든 레이어에서 왼쪽, 오른쪽 문맥 모두를 결합한다. 이를 통해 BERT 모델은 단 하나의 출력층을 추가함으로써 fine-tuned될 수 있고, 이는 질의 응답 및 언어 추론을 포함한 다양한 과업에 활용될 수 있다.

BERT와 임베딩에 대해서 이야기해보자. BERT는 context embedding으로, 주변 단어에 어떤 것이 있는지를 보는 상대적인 조건부 확률이다. 주변 단어가 어떤 단어가 있는지를 활용하는데, language translation에 써서 sequential한 과업에 이용한다. 즉, input data가 sequential한 것이다. '나는 오늘 학교에 갔다'와 같은 모델이 그 예시이다. 언어 모델에서 훨씬 발전된 것이 사전학습된 언어 모델이다. BERT는 이렇게 pre-train된 모델이며 깊은 양방향 사전학습이 가능하다. 이때 워드 임베딩에 대해서 전문적인 지식과 조화가 필요하다. BERT 전에는 Word2Vec, GloVe, FastText를 활용하여 임베딩을 하였는데, 이는 CNN, RNN, +CRF, +Deep learning 등 다양한 방법으로 활용이 가능하다.

Context embedding은 워드 임베딩과 비슷한데, 워드 임베딩이 hidden vector 속의 관계성과 어떤 문장에서 다른 문장이 어떻게 의미적으로 연결되는지를 본다면 context embedding은 의

6) https://github.com/SKTBrain/KoBERT
7) http://aiopen.etri.re.kr/service dataset.php
8) https://github.com/monologg/HanBert-Transformers
9) Clark, Kevin et al. (2020). "Electra: Pre-training text encoders as discriminators rather than generators." *arXiv preprint arXiv:2003.10555.*

미뿐 아니라 문맥까지 파악하게 도와준다. BERTkoembeddings.py를 보면 알겠지만 단어가 포함된 문장을 보고 A라는 단어가 B라는 뜻으로 쓰일 수도, A라고 쓰일 수도 있는데 이때의 관련 있는 단어를 구분하는데 context embedding이 쓰인다. 즉, 단어의 중의성 해소가 중요하다. 배라는 단어가 사람의 신체 일부인지, 바다에 떠다니는지, 먹는 것인지를 알기 위해서는 문맥을 보아야 할 것이다. 이는 특정 분야에 국한된 기술이 아니라 모든 자연어 처리 분야에서 좋은 성능을 보이는 범용 언어 모델이다. 개체명 인식, 질의 응답뿐 아니라 다양한 과업들을 수행할 수 있다. Context embedding이 왜 워드 임베딩보다 성능이 좋을까? 이유는 다양한 layer로 이루어져 있기 때문으로 볼 수 있다. 단어를 hidden embedding시킬 뿐 아니라 FastText처럼 어떻게 tokenization을 하는지, 어떤 순서로 들어가는지, 어떤 sequence로 들어가는지 정보가 각각의 레이어로 들어가 학습시키기 때문이다. 다만 광범한 데이터로 다양한 레이어를 구성하기에 분석이 어렵고, TPU를 활용하는 경우가 많다. 단순한 LSTM, CNN, 앙상블 모델로 개체명 인식, 텍스트 분류 등의 과제를 시행하는 것과는 다르다. 개체명 인식(Named Entity Recognition)은 CRF(Conditional Random Field, 시퀀스 테스트 모델로 머신러닝에서 나옴)로 풍부하게 만들고 LSTM, CNN으로 뉴런 넷을 만들어 모델을 하는 식으로 두 레이어를 섞어 활용하는 앙상블 모델이다.

다양한 과제들(자연어 처리나 텍스트 마이닝에 대해)을 수행하기 위해 모델의 성능은 데이터가 충분히 많다는 가정하에 임베딩이 큰 영향을 미친다. Pre-train 모델을 쓰느냐의 여부가 다른 것이다. 감성 분석에서 사전 기반으로 하기도 하고, Random Forest, Logistic을 활용하기도 하는데 context embedding을 활용하면 더 좋은 성능을 보인다. 이때 조건은 pre-trained embedding model이 충분히 포괄적인 것이어야 한다. 단어의 의미를 잘 표현하는 벡터로 임베딩이 표현된다면 해당 임베딩을 가진 단어들이 훈련 과정에서 좋은 성능을 보일 것이다. 이런 임베딩 과정에서 BERT를 사용하는 이유를 알아보았고, 이후에 추가로 다른 딥러닝 알고리즘을 활용하여 다른 자연어 처리를 살펴볼 것이다.

BERT로 pre-train해서 활용하는 것은 전 단계이고, NER 등 실생활에 활용하는데 중점을 두자. 즉, BERT는 특정 과제를 하기 전 사전 훈련 임베딩을 통해 특정 과제의 성능을 더 좋게 할 수 있는 언어 모델이다.

Context embedding의 처음 모델은 openAI에서 나온 GPT1, GPT2 등이 있다. 이와 별개로 ELMo라는 모델이 있는데 이는 여러 개의 LSTM을 쌓고(여러 가지를 layer를 쌓아) transformer 전에 인코딩을 하여 transformation에 넣는 것이다. GPT1은 각각의 transformer encoding을 1:1으로 만들고 GPT2는 GPT1의 단점을 보완하고 업그레이드한 것이다. 또한 openAI로 fine-tuning을 하기도 하는데 이러한 연구들은 attention is all you need 논문이 기반이 된다. BERT 논문에서 GPT의 개념을 썼는데, GPT가 단방향인 반면 BERT는 양방향으로 하여 성능에 차이가 있다. BERT에서의 큰 장점 중 하나는 Masked Language Models(MLM, 특정 단어를 가리고 이것을 블랙박스처럼 만들어 특정 단어에 국한되지 않게 간단하게 한 것)이고, 또 다른 하나는 Nest Sentence Prediction(NSP, 인접한 두 개의 문장을 pair로 만들어서 활용하는 것)이다.

설명과 관련하여 Yonlu의 gpt3.py를 살펴보겠다.

```python
"""Creates the Example and GPT classes for a user to interface with the OpenAI
API."""

import openai
import uuid


def set_openai_key(key):
    """Sets OpenAI key."""
    openai.api_key = key


class Example:
    """Stores an input, output pair and formats it to prime the model."""

    def __init__(self, inp, out):
        self.input = inp
        self.output = out
        self.id = uuid.uuid4().hex

    def get_input(self):
        """Returns the input of the example."""
        return self.input

    def get_output(self):
        """Returns the intended output of the example."""
        return self.output

    def get_id(self):
        """Returns the unique ID of the example."""
        return self.id

    def as_dict(self):
        return {
            "input": self.get_input(),
            "output": self.get_output(),
            "id": self.get_id(),
        }
```

```python
class GPT:
    """The main class for a user to interface with the OpenAI API.
    A user can add examples and set parameters of the API request.
    """

    def __init__(self,
                 engine='davinci',
                 temperature=0.5,
                 max_tokens=100,
                 input_prefix="input: ",
                 input_suffix="\n",
                 output_prefix="output: ",
                 output_suffix="\n\n",
                 append_output_prefix_to_query=False):
        self.examples = {}
        self.engine = engine
        self.temperature = temperature
        self.max_tokens = max_tokens
        self.input_prefix = input_prefix
        self.input_suffix = input_suffix
        self.output_prefix = output_prefix
        self.output_suffix = output_suffix
        self.append_output_prefix_to_query = append_output_prefix_to_query
        self.stop = (output_suffix + input_prefix).strip()

    def add_example(self, ex):
        """Adds an example to the object.
        Example must be an instance of the Example class.
        """
        assert isinstance(ex, Example), "Please create an Example object."
        self.examples[ex.get_id()] = ex

    def delete_example(self, id):
        """Delete example with the specific id."""
        if id in self.examples:
            del self.examples[id]

    def get_example(self, id):
        """Get a single example."""
        return self.examples.get(id, None)

    def get_all_examples(self):
        """Returns all examples as a list of dicts."""
        return {k: v.as_dict() for k, v in self.examples.items()}

    def get_prime_text(self):
        """Formats all examples to prime the model."""
        return "".join(
            [self.format_example(ex) for ex in self.examples.values()])
```

```
    def get_engine(self):
        """Returns the engine specified for the API."""
        return self.engine

    def get_temperature(self):
        """Returns the temperature specified for the API."""
        return self.temperature

    def get_max_tokens(self):
        """Returns the max tokens specified for the API."""
        return self.max_tokens


def craft_query(self, prompt):
    """Creates the query for the API request."""
    q = self.get_prime_text(
    ) + self.input_prefix + prompt + self.input_suffix
    if self.append_output_prefix_to_query:
        q = q + self.output_prefix

    return q


def submit_request(self, prompt):
    """Calls the OpenAI API with the specified parameters."""
    response = openai.Completion.create(engine=self.get_engine(),
                                        prompt=self.craft_query(prompt),
                                        max_tokens=self.get_max_tokens(),
                                        temperature=self.get_temperature(),
                                        top_p=1,
                                        n=1,
                                        stream=False,
                                        stop=self.stop)
    return response


def get_top_reply(self, prompt):
    """Obtains the best result as returned by the API."""
    response = self.submit_request(prompt)
    return response['choices'][0]['text']


def format_example(self, ex):
    """Formats the input, output pair."""
    return self.input_prefix + ex.get_input(
    ) + self.input_suffix + self.output_prefix + ex.get_output(
    ) + self.output_suffix
```

BERT의 과정은 다음과 같다. BERT로 tokenization을 하고, tokenization이 끝난 것을 BERT 모델에 넣고, tokenization된 단어를 BERT embedding에 look up하듯 해당하는 단어에 대한 hidden layer를 뽑아 딥러닝의 input으로 넣는 것이다.

① Tokenization
② 토큰화된 단어의 embedding
③ 딥러닝의 input으로 넣어 새로운 모델 만들기(+성능 평가; 이때 머신러닝과 딥러닝 방법론을 활용한다)
④ BERT에 pre-trained하는 모델에 비교해서 tokenization

관련 코드에 대해서 이야기하겠다. BERT에 대해서 이것은 BERTtokenizaer.py의 코드가 된다. BERTModel.py와 같은 의미이다. BERT가 처음 만들어진 것은 tensorflow 기반이다. 이는 복잡하기에 활용이 어려웠다. 따라서 아래 부분을 단순화하고, 사용하기 쉽게 만든 것이 torch이다. 특히 pytorch를 많이 사용할텐데, 이는 pre-train된 모델이 있어 용이하다. 로직을 따라가면 쉽게 활용이 가능하다. 이들은 모두 transformers이며 정규화·규격화시켜서 모델을 만들고 pytorch가 요구하는 규격대로 register를 할 수 있다.

Py_BERT 모델은 구글 BERT가 제공하는 multi-lingual로 한글을 분해하고, pytorch로 Ko-BERT를 규격화해서 이용한다. distilBERT(light way), KorBERT(tokenizer은 가능하나 pytorch에 맞추지 않으면 NER 등은 힘들다)도 활용된다. HanBERT는 tokenization이 가능하고 pytorch에 맞췄으나 우분투에서만 활용 가능하고, dynamic library를 만들 수 없게 하여 범용성이 없기에 소개만 하고 넘어가겠다.

BERT 활용에 대해서 구체적으로 살펴보자. 문헌 분류를 하려 한다면 BERT를 활용하여 분류하기를 원하는 데이터로 학습 모델을 학습하고 분류를 수행한다. BERT를 사용하는 과정은 관련된 대량 코퍼스를 pre-training하고 특정 도메인에 대해서 모델을 만드는데, 다른 분야에서도 성능을 좋게 하기 위해 대량의 학습 데이터를 만든다. BERT로 넘어와 Word2Vec을 만드는 것처럼 분류를 원하는 데이터를 만들고 분류한다.

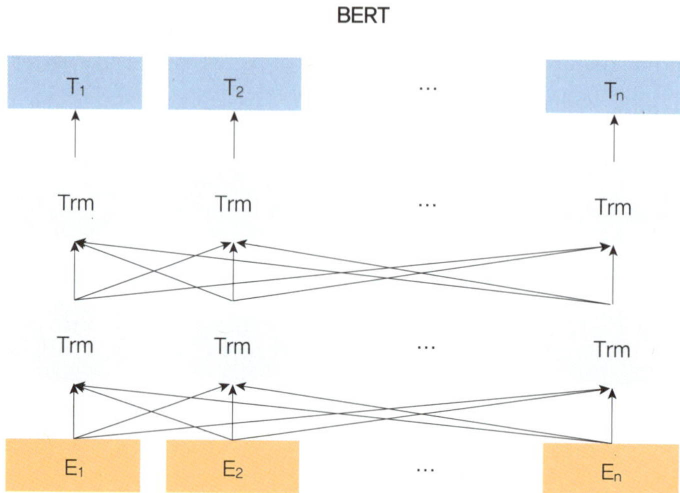


Transformer는 인코더와 디코더가 있다. 인코더는 self-training하는 것이고 디코더는 인코더로 해서 변환된 것을 다시 output 형태로 바꾸는 것이다.

Transformer의 방법론과 architecture에 대해 자세히 살펴보자. 높은 성능을 보이는 neural sequence translation model들은 대부분 인코더-디코더 구조를 갖는다. 여기서 인코더는 $(x_1, \cdots, x_n)$의 symbol representation input sequence를 $z=(z_1, \cdots, z_n)$의 continuous representation sequence로 매핑한다. 이제 이 z를 토대로 디코더는 output sequence $(y_1, \cdots, y_m)$를 형성한다. 이 모든 과정에서 transformer는 auto-regressive한데, 이는 이전에 형성된 symbol을 다음 symbol을 형성할 때 사용한다는 의미이다. Transformer의 architecture를 시각적으로 나타낸 그림은 다음과 같다. 셀프 어텐션을 사용하고, 인코더와 디코더 모두에 point-wise fully connected 레이어들을 사용한다는 것을 볼 수 있다.

Attention is all you need[10]의 figure를 재구성한 그림은 아래와 같다.

10) Vaswani, Ashish et al. (2017). "Attention is all you need." *Advances in neural information processing systems*.

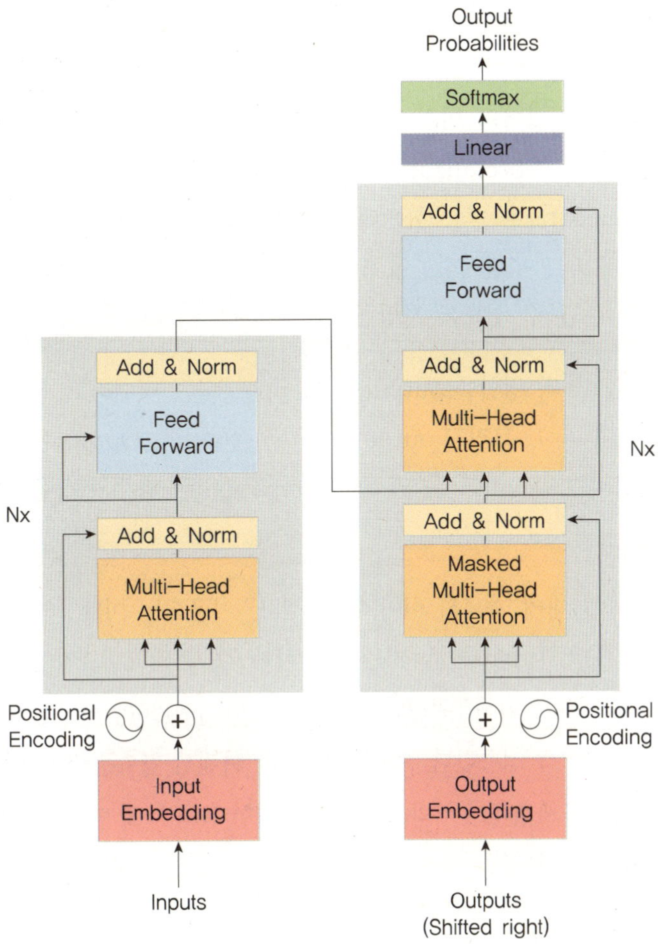


Architecture의 각 구성요소에 대해 자세히 알아보자. 우선 인코더와 디코더의 구성은 다음과 같다. 인코더는 N=6개의 독립적인 레이어를 쌓은 구조를 갖는다. 각 레이어는 2개의 sub-layer를 갖는다. 첫 sub-layer는 multi-head self-attention mechanism이고, 두 번째 sub-layer는 position-wise fully connected feedforward network다. Transformer는 이 두 레이어에 대해 residual connection[11](gradient들이 non-linear 활성화 함수를 통과하지 않고 네트워크에 포함되는 것을 가능하게 하기 위해 사용)을 적용하고, layer normalization을 수행한다. 이는 sub-layer의 output이 Layernorm(x+Sublayer(x))이 된다는 것을 의미하는데, 여기서 Sublayer(x)는 sub-layer 자신에 의해 적용되는 함수이다. Residual connection, 모든 sub-layer들과 embedding layer를 활용하면 $d_{model}$=512 차원의 결과물이 형성된다.

**11)** Kaiming He, Xiangyu Zhang, Shaoqing Ren, and Jian Sun (2016). Deep residual learning for image recognition. In Proceedings of the IEEE Conference on Computer Vision and Pattern Recognition, pages 770-778.

디코더 또한 N=6개의 독립적인 레이어를 쌓은 구조를 갖는다. 디코더에는 인코더의 두 개의 sub-layer에 더해 세 번째 sub-layer가 존재하는데, 이 레이어는 encoder stack의 output에 대해 멀티 헤드 어텐션을 수행한다. 인코더와 마찬가지로 각 sub-layer들에 대해 residual connection을 적용하고, 이후 layer normalization이 따른다. 이때 decoder stack의 self-attention sub-layer에 masking을 적용하는데, 이는 position들이 subsequent position들을 attend하는 것을 방지하기 위함이다. 이 masking은 position i에 대한 예측이 position i보다 앞선 정보들에만 의존할 수 있도록 보장한다.

어텐션 함수는 쿼리나 key-value pair의 집합을 output에 mapping하는 것이라고 설명할 수 있다. 여기서 쿼리(query), 키(key), 값(value), 그리고 output은 모두 벡터이다. Output은 값들의 가중합으로 계산되고, 각 값에 할당되는 weight들은 쿼리의 compatibility 함수와 상응하는 키로 계산된다.

Transformer에서 사용되는 어텐션에 대해 자세히 이야기해보겠다. 사용되는 어텐션의 이름은 'Scaled Dot-Product Attention'이다. Input은 $d_k$ 차원의 쿼리와 키, 그리고 $d_v$ 차원의 값으로 구성되어 있다. 값들의 가중치를 구하기 위해, 쿼리와 모든 키의 dot product를 계산하고 이를 모두 $\sqrt{d_k}$로 나눈 후, softmax 함수를 적용한다. 쿼리들에 대한 어텐션 함수는 집합 Q에 담겨있는 쿼리 집합에 대해 동시에 계산하게 된다. 키와 값은 각각 집합 K와 V에 담기게 되는데, output의 집합은 다음과 같은 수식으로 표현될 수 있다.

$$Attention(Q, K, V) = softmax\left(\frac{QK^T}{\sqrt{d_k}}\right)V$$

$d_{model}$ 차원의 키, 값, 그리고 쿼리에 대해 하나의 attention function을 적용하는 것보다 $d_k$, $d_k$ 그리고 $d_v$ 차원에 대해 h번의 상이하게 학습된 선형 투영(linear projection)을 수행하는 것이 더 높은 성능을 보이는 것을 바탕으로 transformer는 멀티 헤드 어텐션을 사용한다. 이 과정들을 시각적으로 표현하면 'Attention is all you need'의 figure 2와 같다. 해당 그림을 재구성하면 아래와 같다.

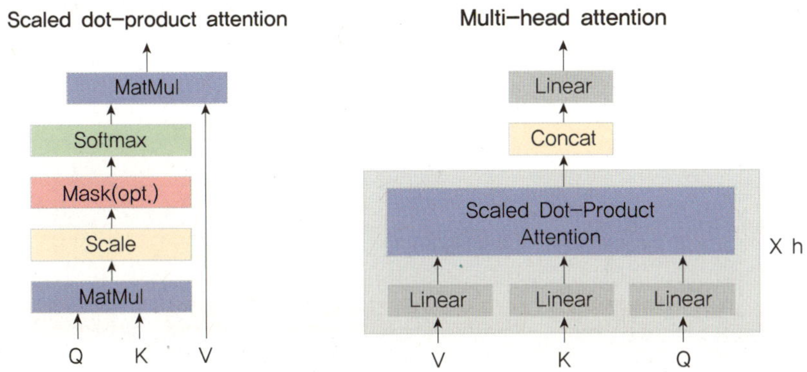


싱글 헤드 어텐션과 달리 멀티 헤드 어텐션은 모델이 서로 다른 위치에 있는 representation 부분 공간들(subspace)에서 정보를 jointly attend할 수 있게 한다는 강점을 갖는다. 멀티 헤드 어텐션을 수식으로 나타내면 다음과 같다.

$$MultiHead(Q, K, V) = Concat(head_1, \cdots, head_h)W^O$$
$$where\ head_i = Attention(QW_i^Q, KW_i^K, VW_i^v)$$

여기서 projection들의 parameter matrix들은 $W_i^Q \in R^{d_{model} \times d_k}$, $W_i^K \in R^{d_{model} \times d_k}$, $W_i^V \in R^{d_{model} \times d_v}$, $W^O \in R^{hd_v \times d_{model}}$이다. Transformer는 $h$개의 parallel attention head를 사용한다. 각 레이어에 대해 $d_k = d_v = d_{model}$이고, $h$=64이다. 각 head에 대해 축소된 차원 덕분에 full dimensionality의 싱글 헤드 어텐션과 유사한 computational 비용이 발생한다. Transformer에서는 이러한 멀티 헤드 어텐션을 'encoder-decoder attention layer', 'encoder's self-attention layer', 그리고 'decoder's self-attention layer'에서 모두 사용한다.

Attention sub-layer들에 더해, 인코더와 디코더의 각 레이어들은 완전 연결 feedforward network를 포함한다. 이는 ReLU 활성화 함수를 사이에 두는 두 개의 선형 변환으로 구성된다. 이를 수식으로 표현하면 다음과 같다.

$$\mathrm{FFN}(x) = \max(0, x^* W_1 + b_1)W_2 + b_2$$

선형 변환은 상이한 position들에 대해 동일하지만 레이어별로 다른 파라미터를 사용한다는 차이점이 있다. 여기서 input과 output의 차원은 $d_{model}$=512이고, inner-layer의 차원은 $d_{ff}$, =2048이다.

Transformer는 $d_{model}$ 차원의 벡터로 input token과 output token을 변환하기 위해

embedding을 활용하고, decoder output으로 다음 토큰의 확률을 계산하기 위해 선형 변환과 softmax 함수를 사용한다. 또한 위치 정보를 모델에 포함하기 위해 positional encoding을 각 encoder/decoder stack 최하단의 input embedding에 추가한다.

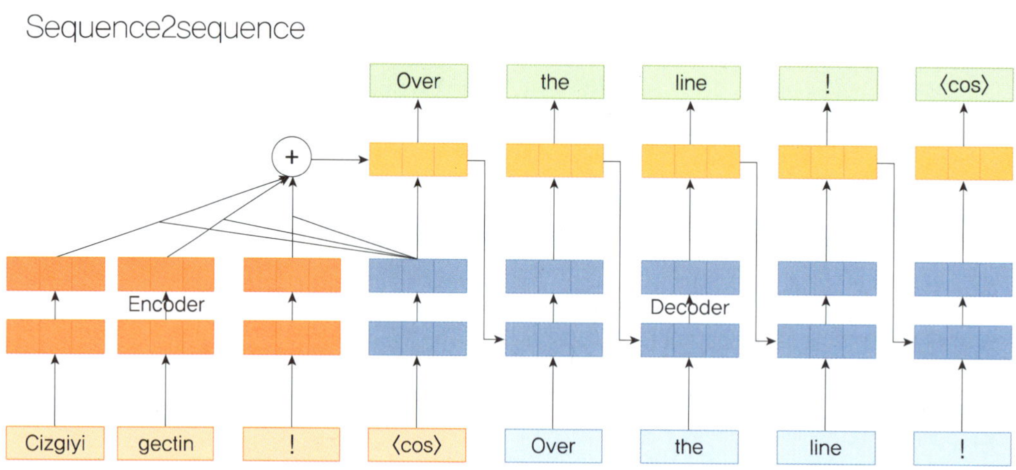


RNN : hard to parallel

Transformers와 BERT에 대해서 이야기해보자. Framework를 보면 pre-training과 fine-tuning이 있다. Fine-tuning은 하고자 하는 NLP 모델, pre-training은 BERT로 생각할 수 있다. Pre-training을 보면 맨 왼쪽의 박스, unlabeled sentence A and B pair, 두 개의 문장 혹은 하나의 문장을 넣고 maximum sentence로 2개씩 잘라준다. 이를 masked sentence A, masked sentence B로 활용한다. Masked language model을 활용함으로써 BERT는 pre-trained deep bidirectional representations를 활용할 수 있는 것이다. Special token인 2개의 토큰, CLS(텍스트가 시작하는 시작 토큰), SEP(문장이 끝날 때 문장을 구분하는 토큰)를 사용한다. Embedding을 보면 박스 안에 여러 개의 동그라미 중에서 인코딩이 들어와 있고 여러 개의 레이어로 되어 있는 것을 보여준다. 이 레이어 위에 NSP와 MLM을 활용하여 언어 모델들을 학습한다. 이것이 pre-train이다. 이것이 끝난 후에는 model을 어딘가에 save하고, BERT에서는 아마존 웹 서비스로 클라우드에 올린다. BERT 모듈을 local 컴퓨터에 카피를 하면 600MB~1GB의 파일이 다운받아질 것이며 pytorch로 규격화해서 활용하면 정규화되어 더 편할 것이다. 오른쪽 모델은 받은 모델을 save하고, 모델을 부르기 전에 question answering을 한다. Fine-tuning 중에 kosquad를 활용하고 NER, language translation 등 원하는 곳에 적용이 가능하다. 다만, 그때그때마다 원하는 모델을 단순하게 만들어서 적용해야 할 것이다. 예를 들어, SQUAD에서 fast answer이 들어오고 학습이 되기 전에 question과 answer이 pair로 적용된다. NER은 pre-text로 적용되어 PER(사람) (bio에서는 gene(유전자) 등) 개체 타입을 정해서 활용할 것이다.

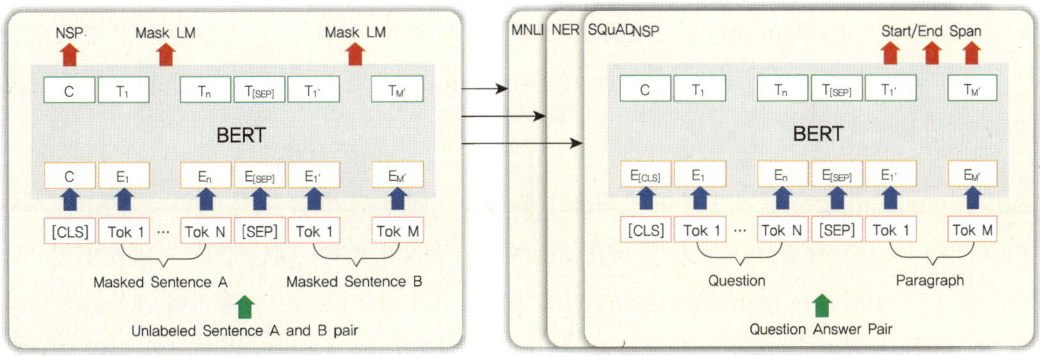

**Pre-training** **Fine-tuning**

BERT-input은 세 개의 layer, 즉 token embedding, segment embedding, position embedding으로 구성된다. 가령 '나는 학교에 왔다. 그런데 아무도 없었다.'의 문장이 있다면 이 때 special token은 앞에 CLS를 붙이고 뒤에 SEP를 붙인다. 'My dog is cute'가 있고 'He likes playing'이 있으면 BERT 식으로 어떤 것은 전체가, 어떤 것은 잘려서 들어간다. 아예 인식이 안 되면 낱글자의 character로 들어갈 것이다. BERT는 한글을 잘 이해하지 못하기에 대부분 token embedding의 형식으로 활용된다. Segment embedding의 경우에서는 어떤 segment에 들어가느냐로 '나는 오늘 학교에 왔다.'를 A로, 그 뒤의 문장을 B로 본다. 앞문장과 뒷문장이 segment가 되는 것이다. BERT input은 각각의 layer와 임베딩을 활용해서 살펴보자.

Token embedding의 경우에는 sub-word나 character(문자) 단위로 한다. 자주 등장하면서 가장 긴 길이의 sub-word를 하나의 단위로 만드는 것이 첫 번째 규칙으로 BERT 단어는 3만 개의 단어를 substring으로 자른다. 어떤 단어를 vocabulary로 만드는지가 핵심인데, context embedding과 text의 성능을 좌우할 것이다. Tokenization을 어떻게 잘 만드는지를 연구하면 각자의 BERT embedding에 도움이 될 것이다. 또한 자주 등장하지 않았던 단어는 모두 substring으로 자른다. 등장한 단어와 등장하지 않은 단어를 구분해 vocabulary를 만들고 sub-word로 자른다. 이전에 자주 등장하지 않았던 단어는 모두 낱글자로 만들어 처리한다. 일련의 작업을 통해 out of vocabulary 문제를 해결한다.

Segment embedding은 토큰화시킨 단어들을 다시 하나의 문장으로 만든다. BERT에서는 두 개의 문장을 구분자(SEP)를 넣어 구분하고 그 두 문장을 하나의 segment로 지정하여 입력한다. BERT에서는 이 한 segment를 512 sub-word 길이로 제한하는데, 한국어는 보통 20

sub-word가 한 문장을 이룬다고 하며 대부분의 문장은 60 sub-word가 넘지 않는다고 하니 BERT를 사용할 때 하나의 segment에 128개로 제한하여도 충분히 학습이 가능하다. BERT 모델이 만들어져 있을 때 input으로 전문을 넣는 것은 좋은 판단이 아니다. 전문을 tokenization 하려면 Korean split sentence나 NLTK로 쪼개 두 문장씩 넣거나, 한 문장을 어떻게 표현할지 쓴 사람의 의도에 따라서 512 sub-word를 maximum으로 맞춰 문장이 잘 맞는지를 보고 고민해서 활용해야 한다.

Position embedding은 단어가 주어진 텍스트에서 몇 번째에 위치하는지를 말한다. BERT 저자들이 과거에 transformers 모델을 발표했으며, 이때 CNN과 RNN 대신 셀프 어텐션이라는 모델을 사용한다. BERT는 transformers의 인코더와 디코더 중 인코더만 사용하며 표상화를 얼마나 잘하는지를 보여준다. 셀프 어텐션은 입력의 위치를 고려하지 않고 입력 토큰의 위치 정보를 고려한다. Transformer 모델에서는 sinusoid 함수를 이용하여 positional encoding을 사용하고 BERT는 이를 따서 position encoding을 사용한다. 간단하게 이해하면 position encoding은 token 순대로 인코딩을 하는 것을 뜻한다. BERT는 이 세 가지(token, segment, position) embedding을 합치고 이에 layer 정규화와 dropout을 적용하여 입력으로 사용한다. Layer는 fully connected되었는데 전 layer에서의 연결을 어떤 뉴런이 어떤 다른 뉴런과 연결되었는지, 너무 많으면 overfitting되기 때문에 선별적으로 연결되었는지(dropout; 몇 퍼센트를 연결할 것인지), 뉴런과 뉴런 사이의 연결을 볼 수 있다. BERT는 총 3.3억 단어를 사용하였는데 BookCorpus와 Wikipedia Data의 거대한 코퍼스를 정제하고 임베딩하여 학습시킨 모델이다. 스스로 레이블을 만들고 준지도 학습을 수행할 수 있다.

Pre-training은 데이터들을 임베딩하여 훈련시킬 데이터를 모두 인코딩하였으며 사전훈련을 시킬 단계이다. BERT는 양방향으로 학습하는 언어 모델이다. 이는 기존의 방법들은 보통 문장을 왼쪽에서 오른쪽으로 학습하여 다음 단어를 예측하는 방식과 대조적이다. BERT는 언어의 특성을 잘 학습하도록 MLM(Masked Language Model)과 NSP(Next Sentence Prediction)의 두 가지 방식을 사용한다.

왼쪽에서 오른쪽으로 단방향 학습하는 모델과 비교하였을 때 MLM 방식이 더 좋은 성능을 보여주고 있다.

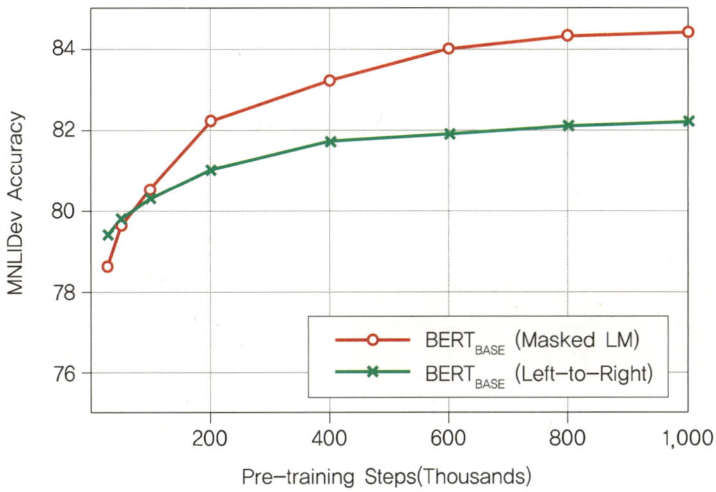


Task1.MLM에서 관련 모델의 임의의 토큰을 가리고, 그 토큰을 맞추는 방식으로 학습을 진행한다. 전체의 sub-token 중에 일부(15% 정도)를 MASK로 써서 prediction을 하는 것이다. 과부하도 덜 걸리고 학습도 더 잘되는 것이다. MASK에 있는 단어가 무엇인지는 linear multi-class classifier로 추정한다. 모든 단어를 추정하지 않아도 되기 때문에 성능이 더 좋다.

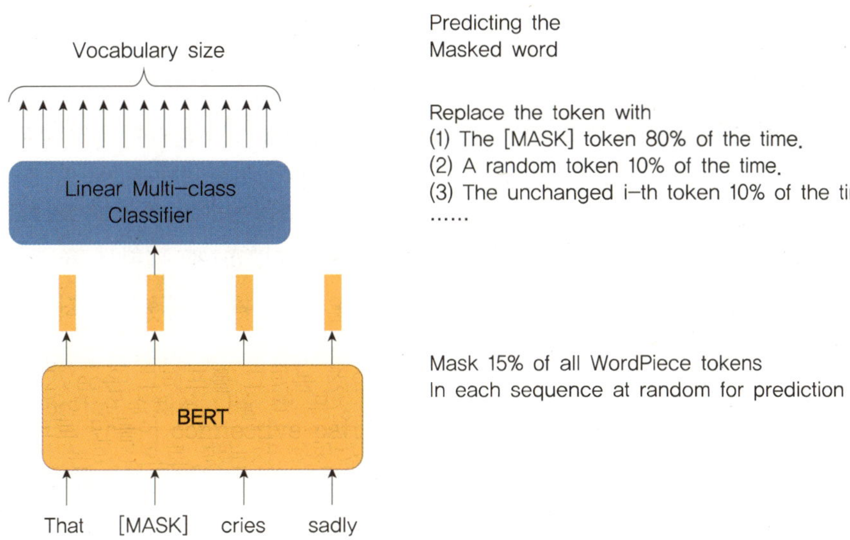


또 Task2인 NSP를 살펴보자. Next Sentence Prediction은 하나의 텍스트뿐 아니라 연이어 다른 텍스트가 들어왔을 때 앞 텍스트와 뒤 텍스트 사이의 관련성을 보고 다음 텍스트에 있는 단어들을 학습하는데 도움이 되기에 방법이 더 수월할 것이다.

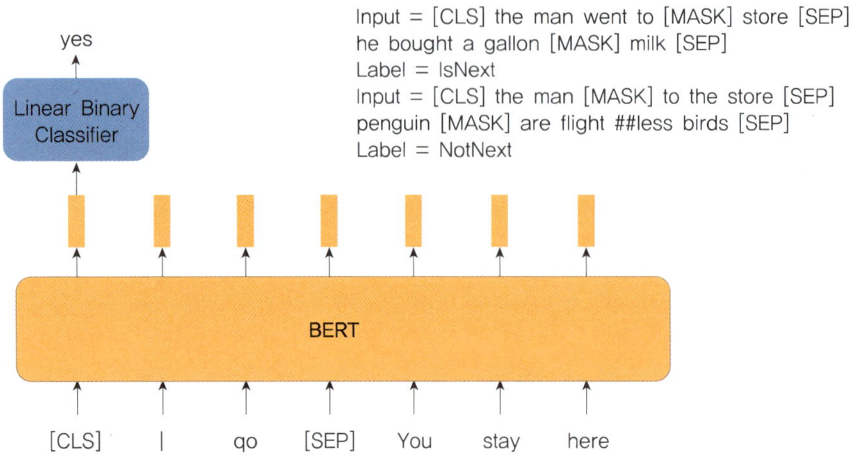


No NSP는 MLM만 적용한 경우이고, LTR&No NSP는 MLM과 NSP를 둘 다 적용하지 않은 기존의 좌우 모델을 사용한 경우이다. 확실히 모든 면에서 BERT base(MLM+NSP)의 모델이 뛰어난 성능을 보여준다(BERT BASE: Layer=12, Hidden layers=768, Attention heads=12, Parameters=110M / BERT LARGE: Layer=24, Hidden layers=1024, Attention heads=16, Parameters=340M).

Fine-tuning은 추후에 설명할텐데, sentence classification에 대해서 자동 분류에 쓰인다. POS tagging, NER, 질의응답 등을 한다. BERT는 일반 NLP 모델에서 잘 작동하지만 Bio, Science, Finance 등 특정 분야의 언어 모델에 사용하려면 잘 적용되지 않는다. 이는 사용 단어들이 다르고 언어의 특성이 다르기 때문인데, 특정 분야에 대해 BERT를 적용하려면 특정 분야의 언어 데이터를 수집하고, 언어 모델 학습을 추가적으로 진행해주어야 한다.

코드에서 보면 파이썬은 list(array)라면 이를 tensor로 바꿔야 한다. 이에 대해서 pytorch pre-trained BERT의 모델을 활용할 수 있다. 8개의 Pytorch 모델은 다음과 같다: BertModel, BertForMaskedLM, BertForNextSentencePrediction, BertForPreTraining, BertForSequenceClassification, BertForMultipleChoice, BertForTokenClassification, BertForQuestionAnswering

BERTwordembedding에 대한 내용에 집중해보자. Examples에 bert_ko_word_embeddings.py를 보면 BERT trainer이 있다. From transformers import BertTokenizer, BertModel을 불러와보자. 여기서 transformers 모듈은 BERT를 여러 NLP 과업(token classification, text classification)을 적용하는데 필요한 API를 제공하고 있다. BertModel은 감성 분석, 자동 분류 등 특정 과업과 연관되지 않는 기본적인 BERT 모델이다. 그렇기 때문에 단어 임베딩을 추출하는데

적격이다. Tokenizer=BertTokenizaer.for pretrained("bert-base-uncased")를 활용하면 사전 학습된 BERT tokenizer 모델을 loading하고, bert-base-uncased를 사용할 것이다. 한글의 경우에는 bert-base-multilingual-cased를 사용하자.

BERT는 사전 학습 모델이기 때문에 input 데이터가 특정한 형식으로 입력되어야 한다.

아래는 형식의 예시이다.

[CLS] token은 텍스트 시작에 위치하는 심볼

[SEP] token은 문장의 끝을 알리는 심볼

Tokens는 BERT 모델의 vocabulary에 존재하는 토큰 리스트

Token IDs는 BERT tokenizer에 나오는 토큰에 대한 정수 아이디

Mask IDs는 토큰 열 중에서 어떤 element가 문장에 존재하는 토큰이고 어떤 것이 padding element인지 (존재하지 않는 토큰이므로 ID가 0이 될 것이다)를 나타내는 아이디

Segment IDs는 문장들을 식별해주는 아이디이고

Positional Embeddings은 sequence 내에서 토큰의 위치를 보여주는데 사용되는 임베딩

Transformers에 있는 이 7개의 정보를 담아내는 것이 tokenizer.encode_plus 함수이다. 이때 BERT에 대해 이 책에서는 개론적으로 배우기 때문에 tokenizer.encode_plus 함수를 직접 작성해서 이해를 돕고자하였다. 이때 special token으로 CLS와 SEP이 필수적으로 요구된다.

"오늘은 하루종일 비가 와서 날씨가 흐리고 바람이 많이 불었습니다."라는 문장이 있다면 tokenizer = BertTokenizer.from_pretrained('bert-base-multilingual-cased')를 활용해 위 문장을 test로 넣어보자. 그러면 결과값이 아래와 같을 것이다.

['[CLS]','오','##늘','##은','하','##루''##종','##일','비','##가','와','##서','날','##씨','##가','흐','##리고','바','##람','##이','많이','불','##었','##습','##니다','.','[SEP]']

Transformers에서는 tokenizer.encode_plus 함수가 이 7개의 필수 정보를 해결하는데 사용된다.

[CLS]와 [SEP]는 필수적으로 요구되는데, 예시는 아래와 같다.

```
tokenizer = BertTokenizer.from_pretrained('bert-base-multilingual-cased')
text="오늘은 하루종일 비가 와서 날씨가 흐리고 바람이 많이 불었습니다."
marked_text = "[CLS] " + text + " [SEP]"
```

```
# Tokenize our sentence with the BERT tokenizer.
tokenized_text = tokenizer.tokenize(marked_text)
```

- Input: "오늘은 하루종일 비가 와서 날씨가 흐리고 바람이 많이 불었습니다."
- 결과: ['[CLS]', '오', '##늘', '##은', '하', '##루', '##종', '##일', '비', '##가', '와', '##서', '날', '##씨', '##가', '흐', '##리고', '바', '##람', '##이', '많이', '불', '##었', '##습', '##니다', '.', '[SEP]']

단어들은 subwords와 글자 단위로 쪼개지는데, 예를 들어 '하루종일'은 '하', '##루', '##종', '##일'로 토큰화된다. BERT가 왜 이렇게 tokenize하는지를 보면 wordpiece model을 사용하기 때문인데, 영어 사전학습 BERT의 경우 BERT tokenizer 모델의 vocabulary는 30,000개로 제한되며 WordPiece model은 학습을 위해 사용된 코퍼스에서 모든 영어 알파벳, 영어 일반 단어들과 subwords을 추출하여 구성한다. 다음의 4가지 단어 형태를 포함하는데, 단어, subwords, ##로 시작되는 subwords, 낱글자가 그 예시이다. 따라서 vocabulary에 존재하지 않는 단어들은 'OOV' 또는 'UNK' 심볼로 처리하지 않고 subword나 낱글자로 쪼개져서 토큰화된다.

문장이 토큰으로 나뉘고 난 후에 토큰들을 vocabulary 인덱스로 매핑한다.

```
# Map the token strings to their vocabulary indeces.
indexed_tokens = tokenizer.convert_tokens_to_ids(tokenized_text)
# Display the words with their indeces.
for tup in zip(tokenized_text, indexed_tokens):
    print('{:<12} {:>6,}'.format(tup[0], tup[1]))
```

여기서 더 많은 문장을 소화하려면 "[CLS]" + text + "[SEP]"를 더해야 한다. 이 결과를 보면 input text에서 많이 잡혔다. 따라서 이를 활용하기 어렵겠다는 생각이 들 수도 있지만 문장 두 개로 이루어진 text로 감성 분석을 하거나 다른 NLP task를 할 때 훨씬 좋은 성능을 가진다는 점을 알아두자.

Segment ID는 문장 두 개가 들어간다(문장 하나만 들어가면 활용이 어려울 것이다, 모두 1로 표현되기 때문이다). 이때 토큰들이 첫 번째 문장에 속하는지 아니면 두 번째 문장에 속하는지가 구별되도록 표시되어야 한다. Tokenized text의 길이만큼 1로 붙여주는 것인데, 0번째는 문장이 pair로 들어갈 수 있다. Tokenization이 있으면 segment ID를 붙이고, list로 된 것을 torch에서 이야기하는 tensor로 변환한다. BERT 모델에 호환이 되게 활용하는 것이다. Torch에는 tensor라는 함수가 있는데, indexed token에서 argument를 passing하면 tensor의 form이 나온다. Segment tensor로 나오는 from_pretrained 함수를 호출하고 BERT 모델을 가져오는 것이다. From_pretrained 함수는 인터넷으로부터 모델을 가져오게 해주고, bert-base-uncased는 12개의 layer로 구성된 deep neural network라고 볼 수 있다. 각각의 레이어를 가지고도 무엇인가를 할 수 있는데 12개나 통과한 것은 엄청나게 복잡할 것이다. BERT 모델을 보면 eval이라는 함수가 있는데 training이 아닌 prediction의 모드를 보여준다. 모델 학습 단계가 아니기에 dropout regularization을 실행하지 않도록 하는 것이다. BERTModel.from_pretrained를 보면 output_hidden states를 True로 해야 워드 임베딩을 활용할 수 있다.

Internal network의 hidden state을 보고 0번째와 1번째를 보자. Torch.no_grad는 pytorch에게 텍스트에 BERT 모델을 적용하는 forward pass 동안 완벽한 네트워크를 만들지 않도록 지도하는 데 사용한다. 메모리 소비를 줄이고 속도 향상을 위해서이다.

Https huggingface는 transformer들을 규격화시키고 bio BERT를 만드는 식으로 활용된다(KorBERT는 규격화시키지 않았기에 활용이 안 된다). 이 모델을 따라가면 되는데, 이는 만들기도 쉬워 활용을 장려한다.

Hidden states를 보면 저장된 정보는 다음과 같은 순서로 네 가지 차원을 가진다.
layer(13개, 0번째의 dimension)
batch(1문장, 1번째의 dimension)
단어/토큰수(예제 문장에서 22토큰 - 영어의 경우)
hidden unit 또는 자질수(768자질)

Layer는 0번째 dimension에 있고, 13으로 왔다는 것은 input이 1개 더 붙은 것이다. Batch가 2개라면 2가 될 것이다. 두 번째 차원에서는 단어/토큰수를 볼 수 있다. 이를 subword로 자른 토큰수가 22개인 것인데 BERT tokenizer를 활용한다. Hidden unit은 자질수인데, BERT는 768개의 자질로 활용한다. 이 네 개의 다른 차원을 가진다. 한 문장을 표현하는 데 있어서 고유의 값은 219,648개(13*22*768)가 필요하다. 두 번째 차원은 1인 차원, batch의 수가 모델에 여러 문장을 한 번에 feeding할 때 사용한다.

출력 결과에 대해 이해하면 number of layers, number of batches, number of tokens, initial embeddings, BERT layer에 대해 말해볼 수 있다. 이를 워드 임베딩에 적용하기 위해 4차원으로 활용하기가 어렵기에 차원수의 축소가 필요하다. 일반적으로 13개의 레이어에 hidden embedding처럼 자질값을 모아주는 것이 모델을 잘 활용할 수 있는 방법이기에 토큰별로 Wor2Vec처럼 자질값을 모아준다. 0번째는 layer, 1번째는 batch, 2번째는 token, 3번째는

feature이 있다. 이런 hidden size를 토큰으로 묶어서 tokens, layers, features로 붙인다. Dimension을 4개에서 3개로 줄이고, 순서를 바꾸기 위해서 pytorch의 permute 함수를 사용하는데, 파이썬 리스트 토큰을 바꾼다. 이를 해결하기 위해서 layer를 하나의 큰 tensor로 합쳐주는데 sum 혹은 concatenate할지에 대해 생각을 해봐야 한다. 처음에 이를 크게 합쳐주기 위해서 하나의 stack으로 만들어 쌓이게 하고 이 큰 tensor를 합쳐야 한다. 그 후에 batch를 삭제하고 이때 torch의 permute으로 layer와 token의 위치를 바꿔준다. 가령 아래의 예제가 있다고 보자.

```
Token_embeddings = token_embeddings.permute(1,0,2)
Token_embeddings.size()
Torch_Size([22,13,768])
```

여기에서 (1,0,2)는 layer의 위치를 말해준다. Batch를 날라가게 하고, 1번은 token, 0번은 layer, 2번은 feature인 것을 알 수 있다. 그러면 이것이 22,13,768로 바뀐 것이다.

이제 hidden states를 가지고 단어 벡터와 문장 벡터를 만들어보자. 13개의 layer를 각각 볼 수 없기에 단어 벡터를 만드는데 concatenate하는 방법이 있다. 4개의 layer를 쌓고 각각의 4*768을 하면 전체의 벡터는 3,072개가 될 것이다. 또 다른 방법은 마지막 4개의 layer를 summing하는 것이다. 마지막 4개의 layer를 summing하는 방법이 가장 좋다고 여겨진다. 각각의 단어가 22개라면 전체 사이즈는 22*768이 될 것이다. Word vector는 뒤의 summing을 활용한 것이다. 문장 벡터는 생성하기 위한 다양한 방법들이 있는데 가장 간단한 방법은 각 토큰당 두 번째부터 마지막까지의 layer들의 평균을 내는 것인데 이는 길이 768의 벡터를 만들게 한다. Maximum length를 fix하고 활용한 것이다.

“After stealing money from the bank vault, the bank robber was seen fishing on the Mississippi river bank.”라는 문장이 있다. 이 벡터들의 값이 서로 문맥적으로 의존적인지를 확인하는지를 알기 위해서 ‘bank’라는 단어가 들어간 문장에서의 단어 벡터를 살펴볼 수 있다. Bank의 위치는 6번, 10번, 19번에 있다. 이 단어 벡터를 비교하면 아래와 같다.

```
print('First 5 vector values for each instance of "bank".')
print('')
print("bank vault    ", str(token_vecs_sum[6][:5]))
print("bank robber   ", str(token_vecs_sum[10][:5]))
print("river bank    ", str(token_vecs_sum[19][:5]))
```

```
First 5 vector values for each instance of "bank".
bank vault     tensor([ 3.3596, -2.9805, -1.5421,  0.7065,  2.0031])
bank robber    tensor([ 2.7359, -2.5577, -1.3094,  0.6797,  1.6633])
river bank     tensor([ 1.5266, -0.8895, -0.5152, -0.9298,  2.8334])
```

그리고 cosine similarity를 활용해서 구체적으로 비교할 수 있을 것이다.

```
from scipy.spatial.distance import cosine
diff_bank = 1 - cosine(token_vecs_sum[10], token_vecs_sum[19])
same_bank = 1 - cosine(token_vecs_sum[10], token_vecs_sum[6])
print('Vector similarity for  *similar*  meanings:  %.2f' % same_bank)
print('Vector similarity for *different* meanings:  %.2f' % diff_bank)


Vector similarity for  *similar*  meanings:  0.94
Vector similarity for *different* meanings:  0.69
```

Yonlu의 Bert_ko_word_embeddings.py를 보면 관련 예시를 활용할 수 있을 것이다.

```
from transformers import BertTokenizer, BertModel
from bert.load_kobert_model import get_kobert_model

# OPTIONAL: if you want to have more information on what's happening, activate the logger as follows
import logging
#logging.basicConfig(level=logging.INFO)
from scipy.spatial.distance import cosine
import matplotlib.pyplot as plt

#import pytorch_pretrained_bert as ppb
import torch

#bert multi-lingual model
#https://github.com/google-research/bert/blob/master/multilingual.md

def get_pretrained_model(pretrained_type):
    if pretrained_type == 'etri':
        # use etri tokenizer
        print('not supported')
    elif pretrained_type == 'skt':
        # use gluonnlp tokenizer
        import gluonnlp as nlp
        vocab_path = './pretrained_model/skt/vocab.json'
        tokenizer_path = './pretrained_model/skt/tokenizer.model'
```

```
        vocab = nlp.vocab.BERTVocab.from_json(open(vocab_path, 'rt').read())
        tokenizer = nlp.data.BERTSPTokenizer(
            path=tokenizer_path, vocab=vocab, lower=False)
        vocab = tokenizer.vocab.token_to_idx
    elif pretrained_type == 'kobert':
        from bert.tokenization_kobert import KoBertTokenizer
        tokenizer = KoBertTokenizer.from_pretrained('monologg/kobert')

    else:
        TypeError('Invalid pretrained model type')
    return tokenizer

#tokenizer = BertTokenizer.from_pretrained('bert-base-multilingual-cased')

tokenizer = get_pretrained_model('kobert')

import treform as ptm

text="예로부터 말이 많은 사람은 말로 망하고 밤중에 말 타고 토끼를 데리고 도망치는 경우가 많다."
mecab_path='C:\\mecab\\mecab-ko-dic'
mecab = ptm.tokenizer.Komoran()
pos=mecab.inst.pos(text)
pos_text=''
for word_pos in pos:
    pos_text += word_pos[0] + '/' + word_pos[1] + ' '

pos_text = pos_text.strip()
print(pos_text)

marked_text="[CLS] " + text + " [SEP]"

# Tokenize our sentence with the BERT tokenizer.
tokenized_text = tokenizer.tokenize(marked_text)

# Print out the tokens.
print (tokenized_text)

#print(list(tokenizer.vocab.keys())[5000:5020])

#Mapthetokenstringstotheirvocabularyindeces.
indexed_tokens = tokenizer.convert_tokens_to_ids(tokenized_text)

# Display the words with their indeces.
for tup in zip(tokenized_text, indexed_tokens):
    print('{:<12} {:>6,}'.format(tup[0], tup[1]))


#segment ID
#Markeachofthe22tokensasbelongingtosentence"1".
```

```
segments_ids = [1] * len(tokenized_text)

print (segments_ids)

'''
3.ExtractingEmbeddings
3.1.RunningBERTonourtext
NextweneedtoconvertourdatatotorchtensorsandcalltheBERTmodel.
TheBERTPyTorchinterfacerequiresthatthedatabeintorchtensorsratherthanPythonlists,
soweconvertthelistshere-thisdoesnotchangetheshapeorthedata.
'''
# Convert inputs to PyTorch tensors
tokens_tensor = torch.tensor([indexed_tokens])
segments_tensors=torch.tensor([segments_ids])


device=torch.device("cpu")

# Load pre-trained model (weights)
#model=BertModel.from_pretrained('bert-base-multilingual-cased',output_hidden_states=True,)

model = BertModel.from_pretrained('monologg/kobert', output_hidden_states = True,)

#model = BertModel.from_pretrained('D:₩₩python_workspace₩₩pyTextMiner₩₩bert_models₩₩pytorch_model.bin',
#                                  output_hidden_states = True,)

model.to(device)

# Put the model in "evaluation" mode, meaning feed-forward operation.
model.eval()

# Run the text through BERT, and collect all of the hidden states produced
#fromall12layers.
with torch.no_grad():
    outputs = model(tokens_tensor, segments_tensors)

    # Evaluating the model will return a different number of objects based on
    # how it's  configured in the 'from_pretrained' call earlier. In this case,
    # becase we set 'output_hidden_states = True', the third item will be the
    # hidden states from all layers. See the documentation for more details:
    # https://huggingface.co/transformers/model_doc/bert.html#bertmodel
    hidden_states = outputs[2]


print ("Number of layers:", len(hidden_states), "  (initial embeddings + 12 BERT layers)")
layer_i=0

print ("Number of batches:", len(hidden_states[layer_i]))
batch_i=0
```

```
print ("Number of tokens:", len(hidden_states[layer_i][batch_i]))
token_i=0

print ("Number of hidden units:", len(hidden_states[layer_i][batch_i][token_i]))

# For the 5th token in our sentence, select its feature values from layer 5.
token_i = 5
layer_i = 5
vec = hidden_states[layer_i][batch_i][token_i]

# Plot the values as a histogram to show their distribution.
plt.figure(figsize=(10,10))
plt.hist(vec,bins=200)
plt.show()


# 'hidden_states' is a Python list.
print('Type of hidden_states:', type(hidden_states))

# Each layer in the list is a torch tensor.
print('Tensor shape for each layer:', hidden_states[0].size())

#Let's combine the layers to make this one whole big tensor.
#Concatenatethetensorsforalllayers.Weuse'stack'hereto
#createanewdimensioninthetensor.
token_embeddings = torch.stack(hidden_states, dim=0)
print(str(token_embeddings.size()))

#Let's get rid of the "batches" dimension since we don't need it.
#Removedimension1,the"batches".
token_embeddings = torch.squeeze(token_embeddings, dim=1)
print(str(token_embeddings.size()))

#Finally, we can switch around the "layers" and "tokens" dimensions with permute.
#Swapdimensions0and1.
token_embeddings = token_embeddings.permute(1,0,2)
print(str(token_embeddings.size()))


# Stores the token vectors, with shape [22 x 3,072]
token_vecs_cat = []

# 'token_embeddings' is a [22 x 12 x 768] tensor.

#Foreachtokeninthesentence...
for token in token_embeddings:
    # 'token' is a [12 x 768] tensor

    # Concatenate the vectors (that is, append them together) from the last
```

```
    # four layers.
    # Each layer vector is 768 values, so 'cat_vec' is length 3,072.
    cat_vec = torch.cat((token[-1], token[-2], token[-3], token[-4]), dim=0)

    # Use 'cat_vec' to represent 'token'.
    token_vecs_cat.append(cat_vec)

print('Shape is: %d x %d' % (len(token_vecs_cat), len(token_vecs_cat[0])))


#As an alternative method, let's try creating the word vectors by summing together the last four layers.
#Storesthetokenvectors,withshape[22x768]
token_vecs_sum = []

# 'token_embeddings' is a [22 x 12 x 768] tensor.

#Foreachtokeninthesentence...
for token in token_embeddings:
    # 'token' is a [12 x 768] tensor

    # Sum the vectors from the last four layers.
    sum_vec = torch.sum(token[-4:], dim=0)

    # Use 'sum_vec' to represent 'token'.
    token_vecs_sum.append(sum_vec)

print('Shape is: %d x %d' % (len(token_vecs_sum), len(token_vecs_sum[0])))


# 'token_vecs' is a tensor with shape [22 x 768]
token_vecs = hidden_states[-2][0]

# Calculate the average of all 22 token vectors.
sentence_embedding = torch.mean(token_vecs, dim=0)
print ("Our final sentence embedding vector of shape:", sentence_embedding.size())


for i, token_str in enumerate(tokenized_text):
  print (i, token_str)

'''
Theyareat3,9,and15.

Forthisanalysis,we'llusethewordvectorsthatwecreatedbysummingthelastfourlayers.

Wecantryprintingouttheirvectorstocomparethem.
'''
print('First 10 vector values for each instance of "말".')
print('')
```

```
print("말 (언어) ", str(token_vecs_sum[3][:10]))
print("말 (언어)  ", str(token_vecs_sum[9][:10]))
print("말 (동물)   ", str(token_vecs_sum[15][:10]))

'''
Wecanseethatthevaluesdiffer,butlet'scalculatethecosinesimilaritybetweenthevectorstomake
amoreprecisecomparison.
'''

# Calculate the cosine similarity between the word
diff_word = 1 - cosine(token_vecs_sum[3], token_vecs_sum[15])

# Calculate the cosine similarity between the word
same_word = 1 - cosine(token_vecs_sum[3], token_vecs_sum[9])

print('Vector similarity for  *similar*  meanings:  %.2f' % same_word)
print('Vector similarity for *different* meanings:  %.2f' % diff_word)
```

BERT를 이용해서 document classification을 하는 것을 이해하기 위해서 "How-to-Finetune-BERT-for-Doc-Classification" 페이퍼를 읽어보면 도움이 될 것이다.

Document classification with BERT Fine-tuning에 대해 알아보자. Fine-tuning을 왜 BERT 뒤에 넣었을까? 목적에 맞는 layer에 document classification, NER, score 등 모두에 활용되는데 원하는 목적에 맞는 pre-train된 BERT 모델에 BERT를 얹는 것이기 때문이다. 이 두 가지를 붙이기 위해서 top layer를 bottom layer에 맞춰야 한다. 아래 단을 알면 위의 단에서 활용이 가능하며 규격화만 잘되면 4가지 레이어에 맞게 활용이 가능하다. 이 규격화는 pytorch를 활용하였으며 아래의 그림을 보면 더욱 이해하기가 쉬울 것이다.

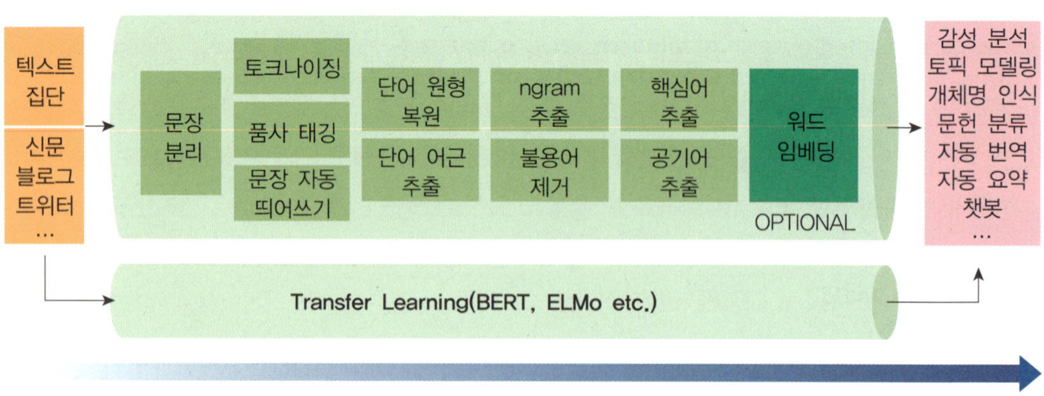


텍스트 집단을 문장 분리하고, 토크나이징, 품사 태깅, 문장 자동 띄어쓰기를 하고 단어 원형을 복원하고 어근을 추출한 후에 ngram을 추출하거나 불용어를 제거하고, 핵심어 추출과 공기어 추

출을 한다. 그렇게 텍스트를 표상화한 후에 워드 임베딩을 하거나, 이를 하지 않고 바로 감성 분석 등에 사용할 수도 있다. Github에서도 워드 임베딩을 한 코드와 안한 코드 두 가지 를 볼 수 있다. 워드 임베딩을 하나의 함수나 class로 두고 표상화 작업을 하여 input으로 넣으면 감성 분석, 개체명 인식 등과 같은 과업을 보고 input을 매트릭스로 받아 vectorization하는 것이다. 워드 임베딩을 넣는 것이 보다 성능이 더 좋을 수는 있다.

Transfer learning, 즉 context embedding이 등장하면서 위 그림처럼 텍스트 집단이 fitting되어 마지막 레이어로 만들어져서 감성 분석, 토픽 모델링, 개체명 인식 등이 가능한 큰 변화를 만든다. 감성 분석은 BERT tokenizer(BERT가 알아들을 수 있는 형태로 문장을 분류하고), tokenization된 segment ID, mask, sequence ID, token정보 등이 BERT에 들어가야 한다. 이때 필요한 것이 BERT 모델이다. 여기서 나온 output 마지막 레이어를 하고자 하는 감성 분석, 토픽 모델링, 챗봇 등에 활용하는 것이다. Top-down으로 이 구조를 이해하면 document classification/sentiment analysis를 하고 같은 방법으로 NER 혹은 다른 과업에도 적용이 가능하다.

Py_BERT.py는 크게 세 가지로 이루어져 있다. 첫 번째, 데이터셋을 구성한다(helper 기능을 하는 utility를 만들어 가지고 있는 데이터를 BERT가 이해할 수 있는 형태로 변환해준다). Pytorch도 데이터셋이 있고 이를 상속받아서 BERT 모델에 잘 끼워넣기 위해서 데이터셋을 만드는 것이다. Tokenizer를 활용하고, py_bert dataset에 tokenizing을 해준다. 앞에서는 segment ID, mask 등을 수작업으로 하였다면 이번에는 encode_plus 함수로 BERT에 들어가는 내용을 받아 BERT interface 모델을 활용할 것이다. 이 로직을 따라서 그림을 참조하면 transfer learning이 블랙박스처럼 받아서 활용되는 것을 볼 수 있다. 영어가 이를 활용한다면 한글의 경우는 좀 다르다. 예를 들어, ETRI에서 만든 KorBERT(영어가 4개의 단계로 300만 개의 vocabulary를 이용하는 반면)는 한글을 어절 단위로 끊어 형태소 분석기를 활용해 substring을 만든다. SKT에서 만든 것은 영어와 비슷하지만 한글의 음소인 초·중·종성까지 분해했다는 점에서 차이가 있다(KorBERT는 형태소 분석기를 활용하였다). Transfer learning에서 일부를 살리고 tokenization을 이용해서 한글형 BERT로 만드는 것도 생각해보자.

BERT 모델을 fine-tuning해서 다양한 자연어 처리 모델들을 만들 수 있고 그 모델들의 성능은 다른 딥러닝이나 기계 학습 모델(CNN, LSTM, Random Forest 등)보다 대부분 성능이 좋다.

코드는 먼저 pre-trained BERT 모델을 기반으로 메모리에 로딩하자. GPU 혹은 CPU에 맞춘 코드를 로딩해서 올려야 할 것이다. Layer가 12개로 되어 있고, 12개의 layer 위에 하고자 하는 새로운 모델을 활용하자. 원래 있던 layer들과 맨 위의 layer를 잘 맞추기 위해서 tensorflow 등을 활용해보자. 이를 training하면 데이터셋이 2번째에 들어오고, py_bert trainer를 불러 학습을 하고, train에 있는 classification 모델 클래스로 마지막 layer를 만들 것이다. Trainer를 가지고 classification layer를 만들고 학습을 하며, BERT 페이퍼에서는 iteration을 2번~4번으로 권한다. Train 클래스 함수에 있는 epoch을 보고 얼마나 정확한지 하나의 epoch이 끝날 때마다의 결과값을 확인하자. 한번의 epoch에서도 모델이 끝날 수 있지만, train_epoch의 알고리즘을 학습할 때 실질적 함수를 활용할 수 있을 것이다. 이후에 predicter 등으로 예측하지만 이는 그림의 끝난 후의 모습이기에 논외로 하겠다.

중요한 부분은 마지막 layer를 만들 때이다. 모델의 마지막 단계에서 뉴런들로 이루어진 학습되지 않은 layer를 첨가할 때 trainer와 classification py_bert 모두가 활용된다.

딥러닝 및 머신러닝에서는 pre-trained된 BERT 모델을 부를 필요없이 마지막 단계가 바로 활용될 것이다. Input layer에서 CNN은 여러 개의 layer가 쌓여 있을 것이기에 이미지 classification을 하듯 여러 개의 layer(input/output layer)가 feature을 training하기 위해 활용된다. 200*300 matrix가 있다면 이를 늘려서도 볼 수 있고, 줄여서도 볼 수 있게 하여 classification에서 마지막 layer로 갈 때 target classification처럼 레이블을 활용할 것이다. 만약 translation의 경우라면 인코딩이 들어와 디코딩까지 갈 때 같은 frequency기에 출·입력층을 똑같이 보아야 한다. 다만 이는 output의 task에 따라 다를 것이다. CNN이나 RNN도 동일하며 이는 BERT가 아니기에 레이어를 쌓기 전에 input layer에서 임베딩될 것이다. Pre-train 모델을 불러서 레이어를 만들고 쌓는 것과는 완전히 다른 이야기임을 구분하자.

이제 py_bert 폴더를 보자. 데이터셋에 대해서는 앞의 설명을 참조하자. BERT가 이해하게끔 classification을 활용한다. 시퀀스를 살리려고 하는지 등의 차이이다. Bert_classification_model.py를 살펴보자. 3개의 클래스로 이루어져 있으며 pybertclassifier과 pybertclassifiergenatten은 torch의 neural net을 상속받는다. pytorch에서 활용하는 API를 똑같이 이용하는 것이다. Pybertforsequenceclassification을 보면 pytorch에 classification이 있는데 sentiment analysis 등에서 이를 활용한다. Bertforsequenceclassification의 작동을 보기 위해서 classification을 활용해야 하며 마지막 layer를 쌓을 때 train_epoch의 model에서 활용하듯이 bertforsequenceclassification을 활용한다. 그렇지 않은 경우에는 위의 pybertclassifier와 pybertclassifiergenatatten을 활용할 것이다. 이들은 마지막 layer를 만드는 작업이며 12개의 pre-trained된 BERT 모델 위에 분류를 하는 것이다. Classification은 문장을 주고, 문헌을 주고, 긍/부정/중립 등을 보는 것이지만 NER은 조직명, 사람명, 날짜명 등을

보는 방식으로 output task가 서로 다르기 때문에 처리하는 과업에 따라 마지막 layer가 다를 것이다.

아래는 Yonlu의 bert_classification_model.py이다.

```
from transformers import BertModel, BertForSequenceClassification
from torch import nn, optim
import torch
import os
from kobert_transformers import get_kobert_model

class PYBERTClassifier(nn.Module):
    '''
    Customized BERT Sequence Model
    '''
    def __init__(self, n_classes, model_name):
        #PRE_TRAINED_MODEL_NAME = 'bert-base-cased'
        super(PYBERTClassifier, self).__init__()
        if 'etri' in model_name or 'mecab' in model_name:
            self.bert = BertModel.from_pretrained(os.path.abspath('pytorch_model.bin'),
                                        output_hidden_states = False)
        else:
            self.bert = BertModel.from_pretrained(model_name)

        #print(self.bert.config.hidden_size)

        self.drop = nn.Dropout(p=0.3)
        self.out = nn.Linear(self.bert.config.hidden_size, n_classes)

    def forward(self, input_ids, attention_mask):
        _, pooled_output = self.bert(
            input_ids=input_ids,
            attention_mask=attention_mask
        )
        #print(pooled_output.shape)

        output = self.drop(pooled_output)
        return self.out(output)

    def name(self):
        return 'PYBERTClassifier'

class PYBERTClassifierGenAtten(nn.Module):
    def __init__(self,
                 n_classes,
                 model_name,
                 dr_rate=None,
                 params=None):
```

```
        '''
        bert,
                hidden_size=768,
                num_classes=2,
                dr_rate=None,
                params=None
        '''

        super(PYBERTClassifierGenAtten, self).__init__()
        if 'etri' in model_name or 'mecab' in model_name:
            self.bert = BertModel.from_pretrained(os.path.abspath('pytorch_model.bin'),
                                                  output_hidden_states=False)
        else:
            self.bert = BertModel.from_pretrained(model_name)
        self.out = nn.Linear(self.bert.config.hidden_size, n_classes)
        self.dr_rate = dr_rate
        self.attention_mask=None

        if self.dr_rate != None:
            print('dropout ' + str(self.dr_rate))
            self.dropout = nn.Dropout(p=dr_rate)

    def gen_attention_mask(self, token_ids, targets):
        attention_mask = torch.zeros_like(token_ids)
        for i, v in enumerate(targets):
            attention_mask[i][:v] = 1
        return attention_mask.float()

    def get_attention_mask(self, atten_mask):
        self.attention_mask = atten_mask

    def forward(self, token_ids, targets, segment_ids, attention_mask):
        if attention_mask is None:
            self.attention_mask = self.gen_attention_mask(token_ids, targets)
        else:
            self.attention_mask = attention_mask

        _, pooler = self.bert(input_ids=token_ids,
                              token_type_ids=segment_ids.long(),
                              attention_mask=self.attention_mask.float().to(token_ids.device))

        if self.dr_rate:
            output = self.dropout(pooler)

        return self.out(output)

    def name(self):
        return 'PYBERTClassifierGenAtten'
```

```
class PYBertForSequenceClassification:
    '''
        Use pytorch's BERTForSeqeunceClassification
        Bert Model transformer with a sequence classification/regression head on top (a linear
layer on top of the pooled output) e.g. for GLUE tasks.
        labels (torch.LongTensor of shape (batch_size,), optional, defaults to None)
        - Labels for computing the sequence classification/regression loss. Indices should be in
[0, ..., config.num_labels - 1]. If config.num_labels == 1 a regression loss is computed
(Mean-Square loss),
        If config.num_labels > 1 a classification loss is computed (Cross-Entropy).
    '''
    def __init__(self, n_classes, model_name):
        self.model = BertForSequenceClassification.from_pretrained(
                            model_name, # Use the 12-layer BERT model, with an uncased vocab.
                            num_labels=n_classes,  # The number of output labels--2 for binary
classification.
                            # You can increase this for multi-class tasks.
                            output_attentions=False, # Whether the model returns attentions weights.
                            output_hidden_states=False,   # Whether the model returns all
hidden-states.
                        )
        device = torch.device("cuda:0" if torch.cuda.is_available() else "cpu")
        self.model.to(device)

    def __call__(self, *args, **kwargs):
        return self.model

    def name(self):
        return 'PYBertForSequenceClassification'
```

bert_trainer.py의 코드는 아래와 같다.

```
import torch
import numpy as np
from torch import nn, optim
from transformers import BertModel, BertTokenizer, AdamW, get_linear_schedule_with_warmup
from collections import defaultdict
import torch.nn.functional as F
import time
import datetime
import pandas as pd
import matplotlib.pyplot as plt
import seaborn as sns
import os

class PYBERTTrainer:
    def __init__(self):
        print('training model with BERT')
```

```
        # We'll store a number of quantities such as training and validation loss,
        # validation accuracy, and timings.
        self.training_stats = []

        self.df_stats = []

    def format_time(self, elapsed):
        '''
        Takes a time in seconds and returns a string hh:mm:ss
        '''
        # Round to the nearest second.
        elapsed_rounded = int(round((elapsed)))

        # Format as hh:mm:ss
        return str(datetime.timedelta(seconds=elapsed_rounded))

    def train_epoch(self, model, data_loader, loss_fn, optimizer, device, scheduler,
algorithm='transformers'):
        model = model.train()
        correct_predictions = 0.0
        # Reset the total loss for this epoch.
        total_train_loss = 0.0

        for d in data_loader:
            input_ids = d["input_ids"].to(device)
            attention_mask = d["attention_mask"].to(device)
            token_type_ids = d["token_type_ids"].to(device)
            targets = d["targets"].to(device)

            if algorithm == 'transformers':
                # Always clear any previously calculated gradients before performing a
                # backward pass. PyTorch doesn't do this automatically because
                # accumulating the gradients is "convenient while training RNNs".
                # (source: https://stackoverflow.com/questions/48001598/
why-do-we-need-to-call-zero-grad-in-pytorch)
                model.zero_grad()

                loss, logits = model(input_ids=input_ids,
                                     token_type_ids=token_type_ids,
                                     attention_mask=attention_mask,
                                     labels=targets, return_dict=False)

                pred = torch.argmax(F.softmax(logits), dim=1)
                correct = pred.eq(targets)

                label_ids = targets.to('cpu').numpy()

                correct_predictions += correct.sum().item()
```

```
            # Accumulate the training loss over all of the batches so that we can
            # calculate the average loss at the end. 'loss' is a Tensor containing a
            # single value; the '.item()' function just returns the Python value
            # from the tensor.
            total_train_loss += loss.item()

            # Perform a backward pass to calculate the gradients.
            loss.backward()

            # Clip the norm of the gradients to 1.0.
            # This is to help prevent the "exploding gradients" problem.
            torch.nn.utils.clip_grad_norm_(model.parameters(), 1.0)

            # Update parameters and take a step using the computed gradient.
            # The optimizer dictates the "update rule"—how the parameters are
            # modified based on their gradients, the learning rate, etc.
            optimizer.step()

            # Update the learning rate.
            scheduler.step()

        else:
            #print('starting the process based on BertModel API, which is a harder way')
            #using BertModel API directly
            if model.name() == 'PYBERTClassifier':
                outputs = model(
                    input_ids=input_ids,
                    attention_mask=attention_mask
                )
            elif model.name() == 'PYBERTClassifierGenAtten':
                outputs = model(input_ids, targets, token_type_ids,attention_mask)

            _, preds = torch.max(outputs, dim=1)
            loss = loss_fn(outputs, targets)
            correct_predictions += torch.sum(preds == targets)

            total_train_loss += loss.item()
            loss.backward()
            nn.utils.clip_grad_norm_(model.parameters(), max_norm=1.0)
            optimizer.step()
            scheduler.step()
            optimizer.zero_grad()

    avg_train_avg = float(correct_predictions) / float(len(data_loader))*10
    # Calculate the average loss over all of the batches.
    avg_train_loss = total_train_loss / len(data_loader)

    return avg_train_avg, avg_train_loss
```

```
def flat_accuracy(self, preds, labels):
    '''
    # Function to calculate the accuracy of our predictions vs labels
    :param preds:
    :param labels:
    :return:
    '''
    pred_flat = np.argmax(preds, axis=1).flatten()
    labels_flat = labels.flatten()
    return np.sum(pred_flat == labels_flat) / len(labels_flat)

def eval_model(self, model, data_loader, loss_fn, device, algorithm='transformers'):
    model = model.eval()

    correct_predictions = 0
    total_eval_accuracy = 0.0
    total_eval_loss = 0.0

    with torch.no_grad():
        for d in data_loader:
            input_ids = d["input_ids"].to(device)
            attention_mask = d["attention_mask"].to(device)
            token_type_ids = d["token_type_ids"].to(device)
            targets = d["targets"].to(device)

            if algorithm == 'transformers':
                (loss, logits) = model(input_ids,
                                       token_type_ids=None,
                                       attention_mask=attention_mask,
                                       labels=targets, return_dict=False)

                # Accumulate the validation loss.
                total_eval_loss += loss.item()
                # Move logits and labels to CPU
                logits = logits.detach().cpu().numpy()
                label_ids = targets.to('cpu').numpy()

                # Calculate the accuracy for this batch of test sentences, and
                # accumulate it over all batches.
                total_eval_accuracy += self.flat_accuracy(logits, label_ids)

            else:
                if model.name() == 'PYBERTClassifier':
                    outputs = model(
                        input_ids=input_ids,
                        attention_mask=attention_mask
                    )
                elif model.name() == 'PYBERTClassifierGenAtten':
                    outputs = model(
```

```
                input_ids,
                targets,
                token_type_ids,
                attention_mask)

            _, preds = torch.max(outputs, dim=1)
            loss = loss_fn(outputs, targets)

            total_eval_accuracy += torch.sum(preds == targets)
            # Accumulate the validation loss.
            total_eval_loss += loss.item()

    # Report the final accuracy for this validation run.
    avg_val_accuracy = float(total_eval_accuracy) / float(len(data_loader))*10

    # Calculate the average loss over all of the batches.
    avg_val_loss = total_eval_loss / len(data_loader)

    return avg_val_accuracy, avg_val_loss

def train(self, model, device, train_data_loader, val_data_loader, df_val,
        df_train, tokenizer, num_epochs=10, algorithm='transformers',
        torch_model_name='best_model_states.bin'):

    # Measure the total training time for the whole run.
    total_t0 = time.time()

    # Note: AdamW is a class from the huggingface library (as opposed to pytorch)
    # I believe the 'W' stands for 'Weight Decay fix"
    optimizer = AdamW(model.parameters(),
                      lr=2e-5,  # args.learning_rate - default is 5e-5, our notebook had 2e-5
                      eps=1e-8  # args.adam_epsilon  - default is 1e-8.
                      )

    total_steps = len(train_data_loader) * num_epochs

    # Create the learning rate scheduler.
    scheduler = get_linear_schedule_with_warmup(
        optimizer,
        num_warmup_steps=0,  # Default value in run_glue.py
        num_training_steps=total_steps
    )
    loss_fn = nn.CrossEntropyLoss().to(device)

    best_accuracy = 0

    # ========================================
    #               Training
    # ========================================
```

```
# Perform one full pass over the training set.
for epoch in range(num_epochs):
    print("")
    print('======== Epoch {:} / {:} ========'.format(epoch + 1, num_epochs))
    print('Training...')

    # Measure how long the training epoch takes.
    t0 = time.time()

    train_acc, train_loss = self.train_epoch(
        model,
        train_data_loader,
        loss_fn,
        optimizer,
        device,
        scheduler,
        algorithm=algorithm
    )

    # Measure how long this epoch took.
    training_time = self.format_time(time.time() - t0)

    print("")
    print("  Average training loss: {0:.2f}".format(train_loss))
    print("  Average accuracy: {0:.2f}".format(train_acc))

    print("  Training epcoh took: {:}".format(training_time))

    # ========================================
    #               Validation
    # ========================================
    # After the completion of each training epoch, measure our performance on
    # our validation set.

    print("")
    print("Running Validation...")
    t0 = time.time()

    val_acc, val_loss = self.eval_model(
        model,
        val_data_loader,
        loss_fn,
        device,
        algorithm=algorithm
    )

    # Measure how long the validation run took.
    validation_time = self.format_time(time.time() - t0)
```

```
            print("  Validation Loss: {0:.2f}".format(val_loss))
            print("  Validation took: {:}".format(validation_time))

            # Record all statistics from this epoch.
            self.training_stats.append(
                {
                    'epoch': epoch + 1,
                    'Training Loss': train_loss,
                    'Valid. Loss': val_loss,
                    'Valid. Accur.': val_acc,
                    'Training Time': training_time,
                    'Validation Time': validation_time
                }
            )

            print("")
            print("Training complete!")

            print("Total training took {:} (h:mm:ss)".format(self.format_time(time.time() -
total_t0)))

            if val_acc > best_accuracy:
                #torch.save(model.state_dict(), saved_training_model)
                self._save(model,tokenizer, algorithm, torch_model_name)
                best_accuracy = val_acc


    def _save(self, model, tokenizer, algorithm, torch_model_name='best_model_states.bin'):
        # Saving best-practices: if you use defaults names for the model, you can reload it using from_pretrained()

        output_dir = './model_save/'

        # Create output directory if needed
        if not os.path.exists(output_dir):
            os.makedirs(output_dir)

        print("Saving model to %s" % output_dir)


        # Save a trained model, configuration and tokenizer using 'save_pretrained()'.
        # They can then be reloaded using 'from_pretrained()'
        #model_to_save = model.module if hasattr(model, 'module') else model
        # Take care of distributed/parallel training
        #model_to_save.save_pretrained(output_dir)
        torch.save(model, os.path.join(output_dir, torch_model_name))


    def summanry_training_stats(self):
        # Display floats with two decimal places.
```

```
        pd.set_option('precision', 2)

        # Create a DataFrame from our training statistics.
        df_stats = pd.DataFrame(data=self.training_stats)

        # Use the 'epoch' as the row index.
        self.df_stats = df_stats.set_index('epoch')

        # A hack to force the column headers to wrap.
        # df = df.style.set_table_styles([dict(selector="th",props=[('max-width', '70px')])])

        # Display the table.
        print(self.df_stats)

    def visualize_performance(self):
        # Use plot styling from seaborn.
        sns.set(style='darkgrid')

        # Increase the plot size and font size.
        sns.set(font_scale=1.5)
        plt.rcParams["figure.figsize"] = (12, 6)

        # Plot the learning curve.
        plt.plot(self.df_stats['Training Loss'], 'b-o', label="Training")
        plt.plot(self.df_stats['Valid. Loss'], 'g-o', label="Validation")

        # Label the plot.
        plt.title("Training & Validation Loss")
        plt.xlabel("Epoch")
        plt.ylabel("Loss")
        plt.legend()
        plt.xticks([1, 2, 3, 4])

        plt.show()
```

bert_test.py의 코드는 아래와 같다.

```
import matplotlib.pyplot as plt
import seaborn as sns

from torch.utils.data import TensorDataset, random_split
from torch.utils.data import DataLoader, RandomSampler, SequentialSampler
import torch
from sklearn.metrics import matthews_corrcoef
import numpy as np
import torch.nn.functional as F

from bert.bert_classification_model import PYBERTClassifier
```

```
from bert.bert_dataset import PYBERTDataset


class bert_predictor:

    def __init(self):
        print('BERT Predictor')
        self.prediction_dataloader = None
        self.model = None

    def load_data(self, df, tokenizer, max_len):
        # Create sentence and label lists
        sentences = df.content.values
        labels = df.sentiment.values

        # Tokenize all of the sentences and map the tokens to thier word IDs.
        input_ids = []
        attention_masks = []

        # For every sentence...
        for sent in sentences:
            # 'encode_plus' will:
            #   (1) Tokenize the sentence.
            #   (2) Prepend the '[CLS]' token to the start.
            #   (3) Append the '[SEP]' token to the end.
            #   (4) Map tokens to their IDs.
            #   (5) Pad or truncate the sentence to 'max_length'
            #   (6) Create attention masks for [PAD] tokens.
            encoded_dict = tokenizer.encode_plus(
                sent,  # Sentence to encode.
                add_special_tokens=True,  # Add '[CLS]' and '[SEP]'
                max_length=max_len,  # Pad & truncate all sentences.
                pad_to_max_length=True,
                return_attention_mask=True,  # Construct attn. masks.
                return_tensors='pt',  # Return pytorch tensors.
            )

            # Add the encoded sentence to the list.
            input_ids.append(encoded_dict['input_ids'])

            # And its attention mask (simply differentiates padding from non-padding).
            attention_masks.append(encoded_dict['attention_mask'])

        # Convert the lists into tensors.
        input_ids = torch.cat(input_ids, dim=0)
        attention_masks = torch.cat(attention_masks, dim=0)
        labels = torch.tensor(labels)

        # Set the batch size.
```

```
        batch_size = 32

        # Create the DataLoader.
        #prediction_data = TensorDataset(input_ids, attention_masks, labels)
        #prediction_sampler = SequentialSampler(prediction_data)

        ds = PYBERTDataset(
            contents=df.content.to_numpy(),
            targets=df.sentiment.to_numpy(),
            tokenizer=tokenizer,
            max_len=max_len)

        prediction_sampler = SequentialSampler(ds)

        self.prediction_dataloader = DataLoader(ds,
                                                sampler=prediction_sampler,
                                                batch_size=batch_size)

        # Prediction on test set
        print('Predicting labels for {:,} test sentences...'.format(len(input_ids)))

        print('Positive samples: %d of %d (%.2f%%)' % (
        df.sentiment.sum(), len(df.sentiment), (df.sentiment.sum() / len(df.sentiment) * 100.0)))

    def load_model(self, saved_training_model):
        self.model = torch.load(saved_training_model)

        # Put model in evaluation mode
        self.model.eval()

    def predict(self, device, algorithm='transformers'):
        contents = []
        predictions = []
        prediction_probs = []
        true_labels = []

        # Predict
        for batch in self.prediction_dataloader:

            # batch = tuple(t.to(device) for t in batch)
            # Unpack the inputs from our dataloader
            texts = batch["document_text"]
            input_ids = batch["input_ids"].to(device)
            attention_mask = batch["attention_mask"].to(device)
            targets = batch["targets"].to(device)
            token_type_ids = batch["token_type_ids"].to(device)
            #print(str(len(input_ids)) + ' == ' + str(len(targets)))

            # Telling the model not to compute or store gradients, saving memory and
```

```
    # speeding up prediction
    with torch.no_grad():
        # Forward pass, calculate logit predictions
        if algorithm == 'transformers':
            outputs = self.model(input_ids,
                                 token_type_ids=None,
                                 attention_mask=attention_mask,
                                 return_dict=False)
        else:
            if self.model.name() == 'PYBERTClassifier':
                outputs = self.model(
                    input_ids=input_ids,
                    attention_mask=attention_mask
                )
            elif self.model.name() == 'PYBERTClassifierGenAtten':
                outputs = self.model(input_ids, targets, token_type_ids, attention_mask)
            #outputs = self.model(
            #    input_ids=input_ids,
            #    attention_mask=attention_mask
            #)

    if algorithm == 'transformers':
        logits = outputs[0]
        _, preds = torch.max(logits, dim=1)
        # Move logits and labels to CPU
        preds = preds.detach().cpu().numpy()
        # The predictions for this batch are a 2-column ndarray (one column for "0"
        # and one column for "1"). Pick the label with the highest value and turn this
        # in to a list of 0s and 1s.
        #probs = F.softmax(logits, dim=1)
        probs = logits
    else:
        _, preds = torch.max(outputs, dim=1)
        preds = preds.detach().cpu().numpy()
        probs = outputs

    targets = targets.to('cpu').numpy()

    # Store predictions and true labels along with text and prediction probability
    # need to know the difference between python list's extend and append
    contents.extend(texts)
    predictions.extend(preds)
    prediction_probs.extend(probs)
    true_labels.extend(targets)

print(' DONE.')

return contents, predictions, prediction_probs, true_labels
```

```
def predict_each(self, device, text, tokenizer, MAX_LEN, algorithm='transformers'):

    encoded_text = tokenizer.encode_plus(
        text,
        max_length=MAX_LEN,
        add_special_tokens=True,
        return_token_type_ids=True,
        pad_to_max_length=True,
        return_attention_mask=True,
        return_tensors='pt',
    )

    input_ids = encoded_text['input_ids'].to(device)
    attention_mask = encoded_text['attention_mask'].to(device)
    token_type_ids = encoded_text["token_type_ids"].to(device)

    # Predict
    preds = 0
    probs = None

    # Forward pass, calculate logit predictions
    if algorithm == 'transformers':
        outputs = self.model(input_ids,
                             token_type_ids=None,
                             attention_mask=attention_mask)
    else:
        if self.model.name() == 'PYBERTClassifier':
            outputs = self.model(
                input_ids=input_ids,
                attention_mask=attention_mask
            )
        elif self.model.name() == 'PYBERTClassifierGenAtten':

            outputs = self.model(input_ids, None, token_type_ids, attention_mask)

        #outputs = self.model(
        #    input_ids=input_ids,
        #    attention_mask=attention_mask
        #)

    if algorithm == 'transformers':
        logits = outputs[0]
        _, preds = torch.max(logits, dim=1)
        # Move logits and labels to CPU
        preds = preds.detach().cpu().numpy()
        # The predictions for this batch are a 2-column ndarray (one column for "0"
        # and one column for "1"). Pick the label with the highest value and turn this
        # in to a list of 0s and 1s.
        # probs = F.softmax(logits, dim=1)
```

```
            probs = logits
        else:
            _, preds = torch.max(outputs, dim=1)
            preds = preds.detach().cpu().numpy()
            probs = outputs

        print(str(preds) + " :: " + str(probs))
        return preds[0]

    def evaluate(self, labels, predictions):
        matthews_set = []

        # Evaluate each test batch using Matthew's correlation coefficient
        print('Calculating Matthews Corr. Coef. for each batch...')
        # For each input batch...
        for i in range(len(labels)):
            # The predictions for this batch are a 2-column ndarray (one column for "0"
            # and one column for "1"). Pick the label with the highest value and turn this
            # in to a list of 0s and 1s.
            #pred_labels_i = np.argmax(predictions[i], axis=1).flatten()
            pred_labels_i = predictions[i]
            # Calculate and store the coef for this batch.
            matthews = matthews_corrcoef(labels[i], pred_labels_i)
            matthews_set.append(matthews)

        # Create a barplot showing the MCC score for each batch of test samples.
        ax = sns.barplot(x=list(range(len(matthews_set))), y=matthews_set, ci=None)

        plt.title('MCC Score per Batch')
        plt.ylabel('MCC Score (-1 to +1)')
        plt.xlabel('Batch #')

        plt.show()

        # Combine the results across all batches.
        flat_predictions = np.concatenate(predictions, axis=0)
        # For each sample, pick the label (0 or 1) with the higher score.
        flat_predictions = np.argmax(flat_predictions, axis=1).flatten()

        # Combine the correct labels for each batch into a single list.
        flat_true_labels = np.concatenate(labels, axis=0)

        # Calculate the MCC
        mcc = matthews_corrcoef(flat_true_labels, flat_predictions)

        print('Total MCC: %.3f' % mcc)
```

bert_dataset.py의 코드는 아래와 같다.

```
from torch import nn, optim
from torch.utils.data import Dataset, DataLoader, TensorDataset
import torch

class PYBERTDataset(Dataset):
    def __init__(self, contents, targets, tokenizer, max_len):
        super(PYBERTDataset, self).__init__()
        self.contents = contents
        self.targets = targets
        self.tokenizer = tokenizer
        self.max_len = max_len

    def __len__(self):
        return len(self.contents)

    def __getitem__(self, item):
        content = str(self.contents[item])
        target = self.targets[item]

        encoding = self.tokenizer.encode_plus(
            content,
            add_special_tokens=True,
            max_length=self.max_len,
            return_token_type_ids=True,
            pad_to_max_length=True,
            return_attention_mask=True,
            return_tensors='pt',
        )

        return {
            'document_text': content,
            'input_ids': encoding['input_ids'].flatten(),
            'token_type_ids': encoding['token_type_ids'].flatten(),
            'attention_mask': encoding['attention_mask'].flatten(),
            'targets': torch.tensor(target, dtype=torch.long)
        }
```

Tokenizer에서 bert_base_uncased를 가져오기도 하고, BERTForMaskedLM을 실행하기 위해서 BERT로 모델을 만들어야 한다. Fine tuning의 13번째 레이어를 만들어 prediction한다.

BERT에 데이터셋을 받아서 긍정 혹은 부정으로 놓고, examples의 bert_sentiment_predictor.py 등으로 확인할 수 있다.

examples의 mlm_test.py와 nsp_test.py를 살펴보자.

mlm_test.py의 코드와 결과는 아래와 같다.

```
from transformers import BertTokenizer, BertForMaskedLM
from torch.nn import functional as F
import torch
tokenizer=BertTokenizer.from_pretrained('bert-base-uncased')
model=BertForMaskedLM.from_pretrained('bert-base-uncased',    return_dict = True)
text="The capital of France, " + tokenizer.mask_token + ", contains the Eiffel Tower."
input = tokenizer.encode_plus(text, return_tensors = "pt")
mask_index=torch.where(input["input_ids"][0] == tokenizer.mask_token_id)
output=model(**input)
logits=output.logits
softmax=F.softmax(logits,dim = -1)
mask_word=softmax[0, mask_index, :]
top_10=torch.topk(mask_word,10, dim = 1)[1][0]
for token in top_10:
   word = tokenizer.decode([token])
   new_sentence = text.replace(tokenizer.mask_token, word)
   print(new_sentence)
```

```
Some weights of the model checkpoint at bert-base-uncased were not used when initializing BertForMaskedLM: ['cls.seq_relationship.weight', 'cls.seq_relationship.bias']

- This IS expected if you are initializing BertForMaskedLM from the checkpoint of a model trained on another task or with another architecture (e.g. initializing a BertForSequenceClassification model from a BertForPreTraining model).

- This IS NOT expected if you are initializing BertForMaskedLM from the checkpoint of a model that you expect to be exactly identical (initializing a BertForSequenceClassification model from a BertForSequenceClassification model).

2021-09-29 10:55:17.870911: W tensorflow/stream_executor/platform/default/dso_loader.cc:64] Could not load dynamic library 'cudart64_110.dll'; dlerror: cudart64_110.dll not found

2021-09-29 10:55:17.871170: I tensorflow/stream_executor/cuda/cudart_stub.cc:29] Ignore above cudart dlerror if you do not have a GPU set up on your machine.

The capital of France, paris, contains the Eiffel Tower.
The capital of France, lyon, contains the Eiffel Tower.
The capital of France, lille, contains the Eiffel Tower.
The capital of France, toulouse, contains the Eiffel Tower.
The capital of France, marseille, contains the Eiffel Tower.
The capital of France, orleans, contains the Eiffel Tower.
The capital of France, strasbourg, contains the Eiffel Tower.
The capital of France, nice, contains the Eiffel Tower.
The capital of France, cannes, contains the Eiffel Tower.
The capital of France, versailles, contains the Eiffel Tower.

Process finished with exit code 0
```

nsp_test.py의 코드와 결과는 아래와 같다.

```
from transformers import BertTokenizer, BertForNextSentencePrediction
import torch
from torch.nn import functional as F
tokenizer=BertTokenizer.from_pretrained('bert-base-uncased')
model=BertForNextSentencePrediction.from_pretrained('bert-base-uncased')
prompt="The child came home from school."
next_sentence = "He played soccer after school."
encoding = tokenizer.encode_plus(prompt, next_sentence, return_tensors='pt')
outputs=model(**encoding)[0]
softmax=F.softmax(outputs,dim = 1)
print(softmax)
```

```
Downloading: 100%|██████████| 232k/232k [00:00<00:00, 417kB/s]
Downloading: 100%|██████████| 28.0/28.0 [00:00<?, ?B/s]
Downloading: 100%|██████████| 466k/466k [00:00<00:00, 483kB/s]
Downloading: 100%|██████████| 570/570 [00:00<?, ?B/s]
Downloading: 100%|██████████| 440M/440M [00:46<00:00, 9.44MB/s]
Some weights of the model checkpoint at bert-base-uncased were not used when initializing BertForNextSentencePrediction: ['cls.predictions.bias', 'cls.predictions.transform.dense.weight', 'cls.predictions.transform.dense.bias', 'cls.predictions.decoder.weight', 'cls.predictions.transform.LayerNorm.weight', 'cls.predictions.transform.LayerNorm.bias']
- This IS expected if you are initializing BertForNextSentencePrediction from the checkpoint of a model trained on another task or with another architecture (e.g. initializing a BertForSequenceClassification model from a BertForPreTraining model).
- This IS NOT expected if you are initializing BertForNextSentencePrediction from the checkpoint of a model that you expect to be exactly identical (initializing a BertForSequenceClassification model from a BertForSequenceClassification model).
tensor([[0.9953, 0.0047]], grad_fn=<SoftmaxBackward>)


Process finished with exit code 0
```

BERT fine-tuning을 사용하는 장점을 알아보자. 왜 CNN이나 bidirectional LSTM을 사용하여 자동 분류 같은 자연어 처리 과업을 수행하지 않을까? 보통은 학습을 left-right으로 하지만, 이 방식으로 학습이 잘 안될 수도 있기에 right-left로도 학습할 수 있다. 방향층에 따라 input layer와 output layer를 보여 feed forward를 자연스럽게 볼 수도 있지만(역전파) 학습 손실의 가능성을 염두에 두고 왼쪽에서 오른쪽, 오른쪽에서 왼쪽으로 보는 것이 bidirectional이다. Epoch 사이즈도 마찬가지로 사이즈가 커지면 성능이 올라가고 모델이 특화되겠지만 over-fitting problem이 생길 것이다. 즉, 나중의 prediction에 좋지 않다. Bidirectional LSTM보다 자동 분류, NER 등에 BERT-finetuning을 이용하는 이유가 된다. Pre-trained가 만들어졌기에 적용이 빠르고, 학습하는 시간이 단축된다. 만들어진 정보 위에 얹기에

fine-tuned 모델을 학습하는데 훨씬 짧은 시간이 소요된다. Pre-trained된 transfer 모델이 12개 layer를 지나가며 뉴런이 학습되고 가중치가 생겨 optimized된 weight이 생기고 텍스트가 인코딩된다. 어떤 자연어 처리 임무를 하더라도 성능이 더 좋게 되는 것이다. 기본적인 tuned된 모델에 다시 하고자 하는 것을 쌓는 fine-tuned하는 것은 짧은 시간에 개발이 되고 학습 시간도 단축될 것이다.

CNN, RNN, LSTM에서 많은 층들을 쌓아 활용할 때 어느 것이 최적화되어 있는지를 알기도 힘들다. 이렇게 tuning을 해도 블랙박스를 알기 어렵다. 페이퍼에서 CNN layer를 3개로 하고 다시 하나를 추가하면 머신러닝보다 성능이 좋은데, 왜 성능이 좋은지는 명확하게 설명이 안 되어 있다. 자연어 처리 임무를 위해 BERT를 fine-tuning하는데 2~4 정도의 training epoch가 필요하다. CNN에서 이미지를 할 때 epoch 사이즈와 차이가 있는데 feature를 뉴런에서 뉴런으로 업데이트하기 때문이다. 더 많이 학습하기 위해 epoch 사이즈를 늘려 업데이트를 시켜주는 것이다. Training data의 적은 양도 문제가 되어 epoch 사이즈를 늘려야만 했을 것이다. 구글에서는 오리지널 BERT 모델을 학습하는 데 필요한 몇 백 GPU를 활용하기에 epoch 사이즈를 줄여도 된다.

BERT fine-tuning은 또한 적은 양의 학습 데이터가 필요하다. 이미 pre-trained에서 많은 양의 데이터를 활용하였기에 훨씬 적은 양의 데이터를 학습해야 한다. 머신러닝에서 학습량이 적은 데이터를 하면 논문과 다르게 실전에는 train의 의미가 없을 것이다. 모델의 학습량이 적어 모집단의 데이터를 잘 표현할 수 없는 샘플로 학습하였기 때문이다. 이때 BERT를 fine-tuning하여 이런 문제를 해결할 수 있을 것이다.

구글이 합작한 ELETRA(Stanford+google research에서 제작)가 생겨 현재는 BERT와는 큰 차이가 없을지라도 더 좋은 성능을 발휘하는 방향으로 패러다임이 나올 것으로 생각된다.

Fine-tuning 절차를 통해서 최소한의 parameter 조정으로 최첨단의 성능을 낼 수 있다. Full connected, 혹은 drop out을 pass하는 것을 보고 epoch 사이즈를 2로 하고 돌릴 수 있을 것이다. 이를 3,000개 정도의 데이터(5,000개나 10,000개는 굉장히 많은 시간이 소요된다)로 테스트해보면 다양한 자연어 처리가 가능함을 볼 수 있다. 다만 BERT 모델은 굉장히 복잡하여 Fine-tuning에 대한 접근성이 떨어진다. 이를 위해 argument를 passing하고, pytorch로 transformer를 만들 수 있다. 최소한의 parameter 조건을 더 만족할 수 있을 것이다(tensorflow보다 pytorch의 이용을 추천한다).

자연어 처리에서의 context embedding으로 촉발된 'transfer learning' 쪽으로의 전환은 몇

년 전에 computer vision에서 일어난 연구 경향과 일맥 상통한다. 2018년의 딥러닝 언어 모델들(BERT, ELMo, ULMFIT, Open-GPT)의 소개는 computer vision 분야에서의 transfer learning을 통해 비약적인 발전을 한 것을 볼 수 있다.

이제 코드를 보겠다. BERT 모델을 fine-tuning하여 자연어 처리를 할 때 torch를 사용한 것을 보자. Torch가 C++ 환경으로 만들어져서 CPU로 활용하기가 어려울 것이다. GPU 환경에서 사용하기 위해서 GPU 여부를 확인하고 device로 지정하자. 학습 루프에서 데이터를 device에 로딩하여 학습을 진행해볼 것이다.

Decive = torch.device("cuda:0" if torch.cuda.is_available() else "cpu")

여기서 cuda는 gpu를 뜻하고, torch cuda가 setting이 되면 사용하는 것이고, 아니면 cpu를 활용한다는 뜻이다. Gpu에서 학습하고 cpu에서 결과값을 출력하는 형태인데, 출력할 때 보면 있는 에러는 cpu로 불러오지 않고 볼 수 있다. Pytorch는 list를 사용하지만 딥러닝에는 tensor를 활용한다.

Huggingface로부터도 transformers 패키지를 설치할 수 있다. Site-packages의 transformers를 참조하자. 여기서 만든 다양한 train된 모델 Robert 등으로 중국어, 일어, 독일어 등을 BERT로 만들어 register할 수 있다. 이는 pytorch interface를 제공하는데 BERT뿐 아니라 openAI에서 사용하는 GPT, GPT-2 등 다른 pretrained language 모델을 사용할 수 있는 API가 있다. Github의 폴더 중 하나인 transformers에 가면 다양한 pretrained된 모델을 볼 수 있을 것이다. Pytorch interface를 사용하는 이유는 high-level APIs와 tensorflow 코드 두 가지 사이에 적당한 균형을 제공하기 때문이다. 이를 활용하면 다른 언어로의 활용이 용이한데, 중국어로 BERT를 만들고자 해도 huggingface를 통해 훨씬 간편하게 형태소 분석 tokenizer에만 집중할 수 있는 큰 장점이 있다. 이는 규격화를 하는 큰 이유이다. Pytorch interface는 또한 high-level API를 넘기고 tensorflow에서의 성능을 보고 넘길 수 있다. 모든 것을 이해하지 않아도 활용이 가능한 것이다. Classification layer에 대해서 함수를 만들어 주는데 __init__과 forward 함수는 필수로 필요하다. Forward는 pretrained된 모델에서 layer를 쌓을 때 두 layer를 연결시킬 때 필요하다. Application protocol interface로 이해를 돕는다.

Huggingface 모듈은 BERT를 활용하는 데 있어서 가장 많이 사용되고 막강한 pytorch interface이다. 다양한 pretrained transformer 모델들이 지원할 뿐 아니라 여러 자연어 처리 임무에 사용되도록 이런 모델들에 대해서 바로 사용 가능하도록 코드들을 제공하고 있다. 감성 분류에서는 BertForSequenceClassification를 사용할 수 있다. 이는 frompretrained 함수만을 부르기에 BERT를 잘 알지 못해도 활용할 수 있다. 다만 딥러닝을 이해하기 위해 메커니즘을 활용해야 하며 위의 두 개의 클래스가 하는 것이 이와 같은 일이다. Huggingface를 보면 이를 파악할 수 있을 것이다. Token classification, question answering, next sentence prediction 등을 위한 API를 지원하여 BERT fine-tuning을 수월하게 만든다. 본격적으로 코딩에 들어가서, BERT 모델에 내가 가지고 있는 데이터를 입력하기 위해서는 토큰 단위로 쪼개야 하고 토큰들은 tokenizer vocabulary에 인덱스 번호로 매핑되어야 한다(KoBERT라면 한글에 대한 vocabulary가 필요할 것이다). 토큰화 단계는 BERT 패키지에 포함된 tokenizer에 의해서 수행되어야 한다. 영어의 경우에는 google-research github 사이트에서 맞는 모델을 다운로드해서 쓰거나 맞는 모델을 찾거나 만든다. 과거에 수작업으로 이루어졌다면 이는 3만여 개로 이루어진 vocabulary, 즉 tokenizer를 만들어야 한다. BERT 패키지의 tokenizer를 상속받아서 수행하는 것을 생각하자. 이는 추후에 더 자세히 설명하겠다. 관련 코드의 일부이다.

```
From transformers import BertTokenizer      #pytorch에서 가져옴
#Load the Bert tokenizer
Print('Loading BERT tokenizer...')
Tokenizer = Bert_Tokenizer.from_pretrained('bert-base-uncased', do_lower_case=True) #bert-base-uncased,
do_lower_case=True로 보아 이는 영어이다.)
```

실습 코드를 참고하여 실제적으로 BERT fine-tuning 단계에서 모든 학습 데이터나 실전 데이터를 BERT에서 쓸 수 있도록 전환하는 단계에서 tokenization과 토큰을 아이디로 변환하는 과정을 tokenize.encode 함수를 써서 처리한다. 이를 실행하기 전에 BERT formatting 요구사항을 봐야 할 것이다. 문장이 pair로 들어갔을 때(SEP, CLS로 구분) 문장이 하나로 들어가면 0, 두 개로 들어가면 0 또는 1인 segment ID는 모델에 따라서 들어갈 수도 있고 없을 수도 있다. Layer를 쌓고 맨 밑의 input을 transformer로 쌓아서 토큰을 활용할 수 있다. BERT의 페이퍼 부분을 보면 이를 더 잘 확인할 수 있을 것이다. Pytorch의 tokenize.decode 혹은 encode_plus 함수가 이를 수작업으로 하지 않고 BERT 모델에 끼워 맞춰주는 것을 도와준다.

BERT는 문장 쌍을 대상으로 학습되고 한 번에 두 개의 문장을 학습하도록 설계되어 1과 0으로 표현된다. 단, 하나의 문장으로 이루어진 input에서 나온 토큰은 모두 1로 표현한다. 그러므로 토큰들이 첫 번째 문장에 속하는지 아니면 두 번째 문장에 속하는지가 구별되도록 표시되어야 한다.

```
segments_ids = [1] * len(tokenized_text)
```

```
print (segments_ids)
```

결과: [1, 1, 1, 1, 1, 1, 1, 1, 1, 1, 1, 1, 1, 1, 1, 1, 1, 1, 1, 1, 1, 1]

다음 단계는 토큰화된 데이터를 torch tensors로 변환하여 BERT 모델을 호출한다.

```
tokens_tensor = torch.tensor([indexed_tokens])
segments_tensors = torch.tensor([segments_ids])
```

'from_pretrained' 함수를 호출하면 인터넷으로부터 모델을 가져오게 된다. 'bert-base-uncased'는 12개의 layer로 구성된 deep neural network이다.

model.eval() 함수는 BERT 모델을 평가 모드로 호출해서(학습모드와 반대) 학습에서 사용되는 dropout regularization을 실행하지 않도록 된다.

```
model = BertModel.from_pretrained('bert_base_uncased', output_hidden_states = True #Whether the
model returns all hidden-states. model.eval()
```

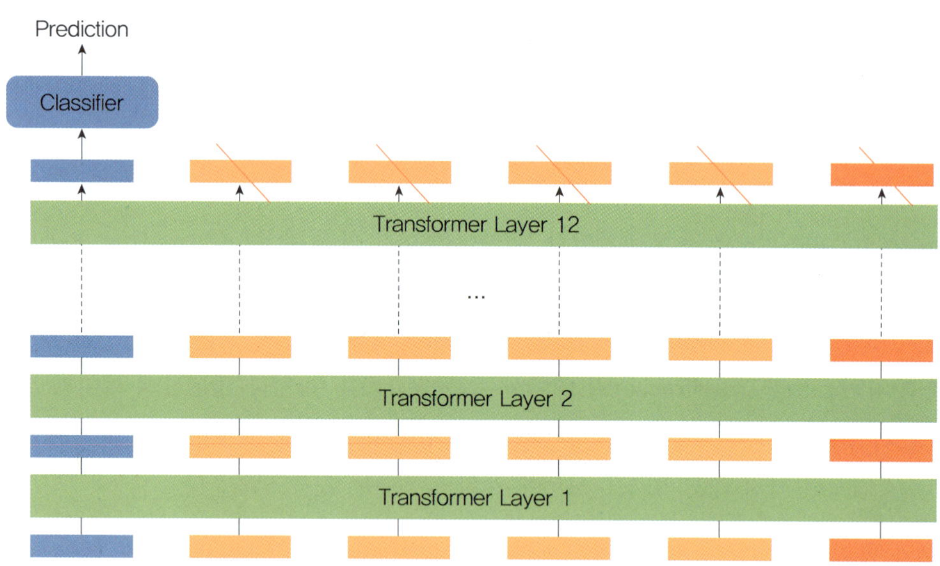


요구되는 형태는 스페셜 코드를 각각의 문장 시작과 끝에 첨가하고(CLS, SEP) 모든 문장을 maximum 길이로 padding하고 잘라내는 것이다(truncation). 'Attention mask'를 통해서 진짜 토큰과 padding 토큰을 구별해야 한다. 이때 CNN, LSTM, RNN으로 자연어 처리를 하고 padding을 한다면 unknown, out of vocabulary인 경우가 있을 것이다. UNK(unknown) 혹은 OOV(Out Of Vocabulary)의 경우에는 CNN, RNN에서 다양하게 추출되어 학습이 잘 안 된다. 학습 데이터 1,000개에서 일정한 단어가 이용되고 raw데이터로 vocabulary에 없는 것을 활용한다면 당연히 학습이 어려울 것이다. 다만 모든 문장의 길이는 맞추어야 하는데 픽셀을 500*300으로 규격화하듯이 이도 명확하게 maximum 길이로 만들어주어야 하는 것이다. Truncation은 긴 것을 자르고 padding은 짧은 것을 길게 늘려준다. PAD는 special token으로 padding이 구별 가능하다. 진짜 토큰과 padding 토큰으로 이루어진 attention mask는 없는 단어를 맞춘 것이기에 채워진 열을 모은다. 즉, attention mask는 어디서부터 어디까지가 어텐션인지를 알려주고, 짧은 fixed length에 들어가는 것이 맞지 않을 때 나머지를 0 혹은 다른 무엇인가로 해서 길이를 맞춰주는 것이다. 이 역시 tensor로 만들어졌다.

두 개의 special token, [SEP]와 [CLS]를 기억하자. 이 중에서 CLS는 분류 임무를 수행하는데 특별히 중요한 역할을 하기에 반드시 숙지하자.

BERT 모델은 12 transformer layer로 구성되어 있는데 각각의 transformer layer는 토큰 임베딩 열을 입력받아서 동일한 수의 임베딩 열의 출력값을 내서 다음 layer에 전달한다. 자질 값들은 학습과정에서 조정되어 다음 layer로 갈 것이다. 전에는 마지막 네 가지 layer를 합쳐서 concatenate하였는데 마지막 열만 해도 좋다. Classification을 하려면 끝까지 올라가야 하며 CLS에만 관심을 가지면 1번, 2번 혹은 binary 혹은 multi classification을 활용할 수 있을 것이다.

마지막(12번째) transformer의 출력값을 보면 처음에 위치한 임베딩([CLS] 토큰)만이 분류기에 의해 사용된다. BERT 페이퍼에서는 다음과 같이 이야기한다: "The first token of every sequence is always a special classification token([CLS]). The final hidden state corresponding to this token is used as the aggregate sequence representation for classification tasks." 즉, 다른 딥러닝에서와 같이 마지막 임베딩 단계에서 일종의 pooling strategy를 적용해야 한다고 생각할 수 있는데 여기서는 필요 없다. 이유는 분류를 위해서 BERT는 [CLS] 토큰만을 사용해서 학습하기 때문이다.

첫 번째로 중요한 것은 tokenization과 input format이다. 두 번째로 중요한 것은 sentence length와 attention mask를 어떻게 쓰느냐이다. Sentence length는 maximum length와 같다. 그렇다면 텍스트 데이터에 문장들은 다양한 길이로 존재하는데 BERT finetuning에서의 표현은 어떻게 될까? BERT는 두 가지 제약 조건이 있다. 모든 문장은 단일이 padding되거나 truncated되어야 하고, 문장의 최대길이는 512토큰이어야 한다(이는 substring까지 포함된 token의 개수다). Padding은 스페셜 [PAD] 토큰으로 처리되는데 BERT vocabulary의 0번째 인덱스에 위치한다.

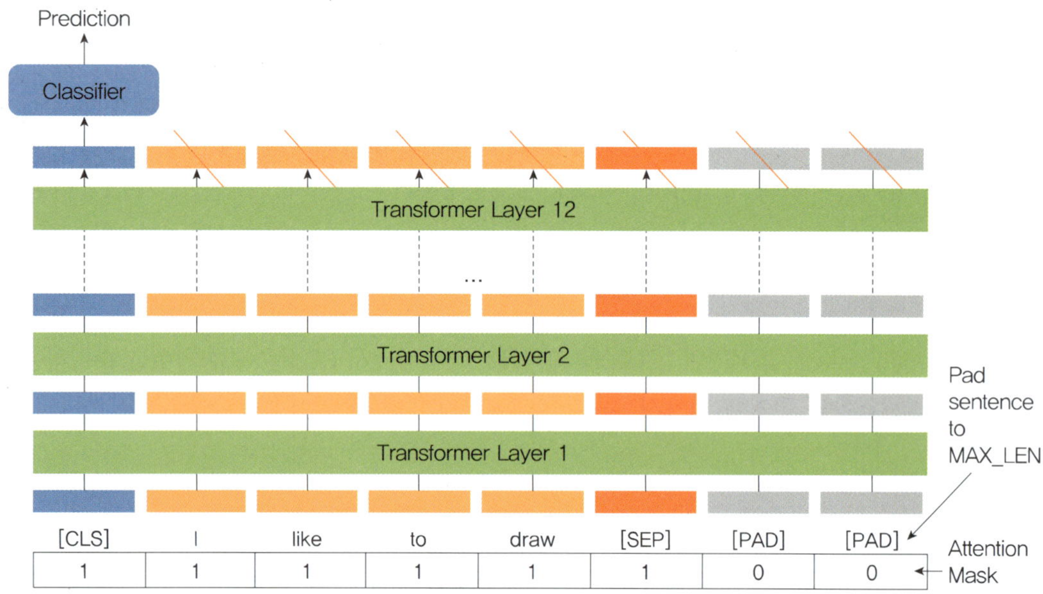


맨 아랫단 1과 0은 maximum length를 보여준다. 최대 8의 maximum length를 가진 것이다. 앞의 6개는 real token, 뒤의 2개는 padding이 되는 것이다. CNN에서 NLP를 하면 pre-padding과 post-padding이 있으며 무조건 뒤쪽에 붙이게 되어 있다. 0으로 표현된 것으로 attention mask로 활용하는 것이다. Attention mask는 단순히 1과 0들의 값으로 이루어진 array고 이 array는 어떤 토큰들이 padding이 되었고 어떤 것들이 진짜 토큰인지 1과 0으로 표시된 array이다. 즉, 어떤 array가 중요한지를 다루는 것이 어텐션이고 0으로 된 padding은 무시해도 된다. 문장의 maximum 길이는 학습과 평가 시 속도에 큰 영향을 주기도 하는데 문장의 길이가 늘어날수록 학습은 느려지고 성능은 좋아진다. Maximum length를 줄이면 속도는 빠르겠지만 정확도가 떨어질 것이다.

Transformers library에서는 encode 함수를 제공하고 있으며 이 함수는 모든 입력 데이터의 parsing과 전처리 과정에서 유용하게 사용된다.

```
#Tokenize the text and add '[CLS]' and '[SEP]' tokens.
Input_ids = tokenizer.encode(sent, add_special_tokens=True)
```

위의 한 줄은 tokenize를 이야기한다. Input_id를 만들기 위해서 pytorch의 encode를 활용하여 매핑하고 ID의 인덱스 번호를 말해준다.

Tokenizer 클래스에 encode_plus 함수를 사용하면 간단하다. 이 함수는 다음의 다중 스텝을 통합적으로 사용하도록 해준다.

① 문장을 토큰으로 분리하고,

② 스페셜 [CLS]와 [SEP] 토큰을 첨가하고,

③ 토큰을 토큰 아이디로 매핑하고,

④ 모든 문장들을 같은 길이로 padding 또는 truncating한다.

⑤ 진짜 토큰으로부터 [PAD] 토큰을 구별하는 attention masks도 생성한다.

이는 py_bert의 데이터셋에서 부를 수 있다.

SKlearn을 활용하여 training과 validation split을 사용해보자. 여기에서 기억할 것은 torch의 DataLorder 클래스를 사용해서 데이터를 모델 학습에 입력할 때 iterator를 사용하는 것이 좋다는 것이다. 그 이유는 for loop과 달리 모든 데이터를 한꺼번에 메모리에 올리지 않고 차례로 배치 모드로 데이터를 메모리에 올리는 장점이 있기 때문이다.

Examples의 bert_sentiment_trainer.py 코드를 보자.

```
from transformers import BertForSequenceClassification

from bert.bert_dataset import PYBERTDataset
from bert.bert_classification_model import PYBERTClassifier, PYBERTClassifierGenAtten,
PYBertForSequenceClassification
from bert.bert_trainer import PYBERTTrainer
from bert.bert_util import create_data_loader, add_sentiment_label, convert_to_df, get_korean_tokenizer
from transformers import BertModel, BertTokenizer
from sklearn.model_selection import train_test_split

from bert.tokenization_kobert import KoBertTokenizer

import treform as ptm
import torch
import numpy as np
import pandas as pd

#mode is either en or kr
mode = 'kr'
df = None

ifmode == 'en':
    df = pd.read_csv("../data/reviews.csv")
    df, class_names = add_sentiment_label(df)
elif mode == 'kr':
```

```
    mecab_path = 'C:\\mecab\\mecab-ko-dic'
    stopwords = '../stopwords/stopwordsKor.txt'
    input_file = '../data/ratings_train.txt'

    pipeline = ptm.Pipeline(ptm.splitter.NLTK(),
                            ptm.tokenizer.Komoran(),
                            ptm.lemmatizer.SejongPOSLemmatizer(),
                            ptm.helper.SelectWordOnly(),
                            ptm.helper.StopwordFilter(file=stopwords))

    corpus = ptm.CorpusFromFieldDelimitedFileForClassification(input_file, delimiter='\t', doc_index=1,
class_index=2)

    documents = []
    labels = []
    result = pipeline.processCorpus(corpus)
    i = 1

    #below is just for a sample test
    for doc in result[1:2000]:
        document = ''
        for sent in doc:
            for word in sent:
                document += word + ' '
        documents.append(document.strip())
        labels.append(corpus.pair_map[i])
        i += 1

    df, class_names = convert_to_df(documents,labels)

print(df.head())
print(df.info())

RANDOM_SEED=42
np.random.seed(RANDOM_SEED)
torch.manual_seed(RANDOM_SEED)

#we need a better way of setting MAX_LEN
MAX_LEN = 160

#split
df_train, df_test = train_test_split(df, test_size=0.1, random_state=RANDOM_SEED)
df_val,df_test=train_test_split(df_test,test_size=0.5, random_state=RANDOM_SEED)

print(df_train.shape, df_val.shape, df_test.shape)

tokenizer=None
#bert-base-multilingual-cased, bert-base-cased, monologg/kobert, monologg/distilkobert, monologg/kobert-lm
bert_model_name='monologg/kobert'
```

```
tokenizer =get_korean_tokenizer(bert_model_name)

BATCH_SIZE=16
train_data_loader = create_data_loader(df_train, tokenizer, MAX_LEN, BATCH_SIZE)
val_data_loader=create_data_loader(df_val,tokenizer,MAX_LEN,BATCH_SIZE)
test_data_loader=create_data_loader(df_test,tokenizer,MAX_LEN,BATCH_SIZE)

# print(str(train_data_loader.dataset.__getitem__(0)))
data = next(iter(train_data_loader))
data.keys()

print(data['input_ids'].shape)
print(data['attention_mask'].shape)
print(data['token_type_ids'].shape)
print(data['targets'].shape)

device=torch.device("cuda:0" if torch.cuda.is_available() else "cpu")

classifier='transformers'
if classifier == 'basic':
    model = PYBERTClassifier(len(class_names), bert_model_name)
elif classifier == 'attention':
    dr_rate = 0.3
    model = PYBERTClassifierGenAtten(len(class_names), bert_model_name, dr_rate=dr_rate)
elif classifier == 'transformers':
    model = PYBertForSequenceClassification(len(class_names), bert_model_name).__call__()

model=model.to(device)

algorithm='transformers' #transformers or non_transformers
torch_model_name='best_model_state.bin'

#BERT authors suggests epoch from 2 to 4
num_epochs = 2
trainer = PYBERTTrainer()
trainer.train(model,device,train_data_loader,val_data_loader,
            df_val, df_train, tokenizer, num_epochs=num_epochs, algorithm=algorithm,
torch_model_name=torch_model_name)

trainer.summanry_training_stats()

trainer.visualize_performance()
```

bert_util.py의 코드는 다음과 같다.

```
from torch.utils.data import Dataset, DataLoader

from py_bert.bert_dataset import PYBERTDataset
```

```
import pandas as pd

def to_sentiment(rating):
    '''
        assuming the class rating scale is from 0 to 5
    '''
    rating = int(rating)
    if rating <= 2:
        return 0
    elif rating == 3:
        return 1
    else:
        return 2

def add_sentiment_label(df):
    df['sentiment'] = df.score.apply(to_sentiment)
    if len(df['sentiment'].unique()) == 2:
        class_names = ['positive', 'negative']
    elif len(df['sentiment'].unique()) == 3:
        class_names = ['positive', 'neutral', 'negative']

    return df, class_names

def create_data_loader(df, tokenizer, max_len, batch_size):
```

```
    ds = PYBERTDataset(
        contents=df.content.to_numpy(),
        targets=df.sentiment.to_numpy(),
        tokenizer=tokenizer,
        max_len=max_len)

    return DataLoader(
        ds,
        batch_size=batch_size,
        num_workers=0


def convert_to_df(documents, labels):
    pd.set_option('display.max_columns', None)
    document_df = pd.DataFrame()
    combined = zip(documents,labels)
    for i, (text, label) in enumerate(combined):
        document_df = document_df.append(pd.Series([text, int(label)]), ignore_index=True)

    document_df.columns = ['content', 'sentiment']
    class_names = []
    if len(document_df['sentiment'].unique()) == 2:
        class_names = ['positive', 'negative']
    elif len(document_df['sentiment'].unique()) == 3:
        class_names = ['positive', 'neutral', 'negative']
```

```
    return document_df, class_names
```

Bert_sentiment_trainer.py에서 iterator를 부르는 것이 있다. 다만 그때그때 데이터를 메모리에 올리기 때문에 메모리를 절약할 수 있다. Py_bert 모듈에서는 pybertDataset 클래스를 만들어서 torch.utils.data의 데이터셋 클래스를 상속받아 데이터 처리에 사용한다.

Train Classification Model의 fine-tuning을 보자. Fine-tuning은 먼저 epoch size를 써서 pretrained된 base 모델과 자동 분류를 위한 마지막 layer를 활용해(pybert의 classification 클래스) 붙여서 가장 최적화된 성능이 나오도록 학습한다(Huggingface pytorch는 다양한 자연어 처리 임무에 대해서 API를 제공하고 있는데 임무에 따라서 맨 위층 layer를 어떻게 만들고 출력 타입은 어떻게 정할지를 결정해서 맞는 API를 사용해야 한다).

Py_bert 모델은 3가지 방법으로 classification layer를 만든다: PYBERTClassifier, PYBERTClassifierGenAtten, BertForSequenceClassification.

이 세 가지 중에서 PYBERTClassifier와 PYBERTClassifierGenAtten은 pytorch 개발자들처럼 torch의 신경망 모듈을 상속받아서 만든다. BertForSequenceClassification은 BERT 모델 위에 하나의 layer를 추가로 쌓고 이를 자동 분류에 이용하도록 하였으며 이는 PYBERTClassifier와 PYBERTClassifierGenAtten도 마찬가지이다.

PYBERTClassifier과 PYBERTClassifierGenAtten은 BertForSequenceClassification에 비해서 복잡하고 어려운 방법이다. 하지만 BertModel을 사용해서 BertModel이 제공하는 12개의 transformer layer 위에 어떻게 분류를 위한 layer를 만드는지 볼 수 있는 장점이 있다. 즉, 두 개의 클래스를 보면 아래의 예처럼 어느 클래스를 불렀는지 알 수 있다(아래 예시는 bertmodel을 부른 후에 classification layer를 얻고자 하였다).

BERT 모델을 로딩한다 : bert_model = BertModel.from_pretrained(PRE_TRAINED_MODEL_NAME)

BERT 모델에 자동 분류를 위한 데이터를 인코딩해서 사용한다 : last_hidden_state, pooled_output = bert_model(input_ids=encoding['input_ids'],attention_mask=encoding['attention_mask'])

Encoding은 tokenization에서 나와 tensor를 만들고, 위의 attention_mask는 padding인지의 정보를 줄 뿐, 다른 요소들은 BERT의 기본적인 argument를 사용하게 한다. BERT 모델의 마지막 classification layer를 연결시켜주는 것을 제공하는 것이다. 이것이 제대로 만들어지면 last_hidden_state, pooled_out이 return된다.

Last_hidden_state는 마지막 layer의 hidden states들의 열이다. Pooled_output은

last_hidden_state에 BertPooler를 적용함으로써 생성된다.

Pooled_output은 BERT에 따르면 학습된 데이터의 요약으로 생각할 수 있다. 12개 layer를 쌓아 활용하였더니 어떤 것이 나오는지 볼 수 있다. Hidden state은 모든 토큰에 대해서 존재하고 768의 숫자는 feedforward 네트워크에서 hidden 뉴런의 개수를 의미한다.

```
print(self.bert.config.hidden_size)
```

PYBERTClassifier와 PYBERTClassifierGenAtten은 복잡한 알고리즘을 BertModel이 처리하도록 고안되었다(나머지는 pytorch가 도와줄 것이다). Dropout layer는 분류를 위한 출력값을 위해 regularization 과정과 fully-connected layer에서 사용된다. PyTorch의 cross-entropy loss 함수가 작동되도록 마지막 layer의 raw output을 되돌려주어야 한다.

```
Output = self.drop(pooled_output)
Return self.out(output)
```

학습된 모델에서 예측 확률을 내기 위해서 softmax 함수를 출력값에 적용할 수도 있다.

```
F.softmax(model(input_ids,attention_mask),dim=1)
```

Training은 다음의 7가지 단계로 구성된다.

① 텍스트 데이터와 레이블값을 불러온다.
② 빠른 학습을 위해 GPU에 로딩한다.
③ 이전 pass에서 계산된 gradients 값을(누적시키지 않고) 리셋한다(Pytorch에서 gradients는 디폴트로 값이 축적된다).
④ Forward pass(입력 데이터를 네트워크에 불러온다)
⑤ Backward pass(backpropagation)
⑥ 네트워크에 parameter를 업데이트되도록 한다(optimizer.step() 호출).
⑦ 학습의 단계를 체크한다.

Training은 BERT 페이퍼에서 소개된 학습 과정을 재현하기 위해서 huggingface에서 제공하는 AdamW optimizer를 사용하였다. 이 AdamW optimizer는 weight decay를 수정해주는 역할을 하는데 BERT 논문의 과정과 비슷하게 된다. 마찬가지로 no warmup steps의 linear scheduler를 사용한다.

Optimizer = AdamW(model.parameters(), lr=2e-5, correct_bias=False)

Total_Steps = len(train_data_loader) *EPOCHS

Scheduler = get_linear_schedule_with_warmup(optimizer, rum_warmup_steps=0, num_training_steps = total_steps)

Loss_fn = nn.CrossEntropyLoss().to(device)

BERT 저자들은 hyperparameter에 대해서 다음과 같은 추천을 한다.

Batch size : 16, 32

Learning rate(Adam) : 5e-5, 3e-5, 2e-5

Number of epochs : 2,3,4

배치 크기가 커질수록 학습시간은 많이 줄어드는 대신에 정확률이 떨어지는 단점이 있다. 그리고 모델을 학습하는 것은 BERT를 사용하지 않는 다른 딥러닝 방식과 유사하지만 scheduler는 배치가 모델에 입력값으로 들어올 때마다 호출되는 점이 다르다. 이 때문에 clip_grad_norm 함수를 사용해서 모델의 gradients를 깎아냄으로써 gradients의 값이 폭발적으로 증가하는 것을 막도록 한다. PYBERTTrainer의 train_epoch 함수를 보면 이를 이해할 수 있을 것이다.

만약에 training loss는 epoch이 증가할수록 줄어드는데 validation loss는 증가한다면 학습을 너무 오래 해서 학습 데이터에만 특화된 over-fitting 문제가 야기된 것이다. 경우에 따라서 validation loss가 accuracy보다 중요한 값이다. Accuracy로는 정확한 출력값에만 관심을 가질 수 없고 단지 임계치의 어느 쪽에 그 값이 속하느냐만을 알 수 있기 때문이다.

코드를 살펴보자. Bert_trainer.py를 살펴보자. Examples에는 sentiment_predictor와 sentiment_trainer가 있는데 이를 복사해서 새로운 파일을 만들어보자. 살펴보고, 한글과 영어로 나누고 이를 활용하여 형태소 분석을 하여 불용어 처리를 한다. 마치 KorBERT처럼 새로운 BERT를 만들어 활용할 수 있을 것이다. 마지막 layer가 아니라 새로운 층을 만들고 싶으면 43line의 result를 활용할 수 있을 것이고 header값을 볼 수 있다. 다음은 py_bert의 bert_util.py의 코드이다.

```
from torch.utils.data import Dataset, DataLoader
from bert.bert_dataset import PYBERTDataset
import pandas as pd
from transformers import BertModel, BertTokenizer
from bert.tokenization_kobert import KoBertTokenizer
from bert.tokenization_hanbert import HanBertTokenizer
import seaborn as sns
```

```
import matplotlib.pyplot as plt
import os

def get_korean_tokenizer(bert_model_name):
    tokenizer = None
    if bert_model_name.startswith('monologg'):
        tokenizer = KoBertTokenizer.from_pretrained(bert_model_name)
    elif 'hanbert' in bert_model_name:
        tokenizer = HanBertTokenizer.from_pretrained(os.path.abspath(bert_model_name))
    else:
        tokenizer = BertTokenizer.from_pretrained(bert_model_name)

    return tokenizer

def to_sentiment(rating):
    '''
        assuming the class rating scale is from 0 to 5
    '''
    rating = int(rating)
    if rating <= 2:
        return 0
    elif rating == 3:
        return 1
    else:
        return 2

def add_sentiment_label(df):
    df['sentiment'] = df.score.apply(to_sentiment)
    if len(df['sentiment'].unique()) == 2:
        class_names = ['positive', 'negative']
    elif len(df['sentiment'].unique()) == 3:
        class_names = ['positive', 'neutral', 'negative']

    return df, class_names

def create_data_loader(df, tokenizer, max_len, batch_size):
    ds = PYBERTDataset(
        contents=df.content.to_numpy(),
        targets=df.sentiment.to_numpy(),
        tokenizer=tokenizer,
        max_len=max_len)

    return DataLoader(
        ds,
        batch_size=batch_size,
        num_workers=0
    )

def convert_to_df(documents, labels):
```

```
    pd.set_option('display.max_columns', None)
    document_df = pd.DataFrame()
    combined = zip(documents,labels)
    for i, (text, label) in enumerate(combined):
        document_df = document_df.append(pd.Series([text, int(label)]), ignore_index=True)

    document_df.columns = ['content', 'sentiment']
    class_names = []
    if len(document_df['sentiment'].unique()) == 2:
        class_names = ['positive', 'negative']
    elif len(document_df['sentiment'].unique()) == 3:
        class_names = ['positive', 'neutral', 'negative']

    return document_df, class_names


def convert_to_df_for_classification(documents, labels):
    pd.set_option('display.max_columns', None)
    document_df = pd.DataFrame()
    combined = zip(documents,labels)
    for i, (text, label) in enumerate(combined):
        document_df = document_df.append(pd.Series([text, int(label)]), ignore_index=True)

    document_df.columns = ['content', 'label']
    class_names = document_df['label'].unique()

    return document_df, class_names

def show_confusion_matrix(confusion_matrix):
    hmap = sns.heatmap(confusion_matrix, annot=True, fmt="d", cmap="Blues")
    hmap.yaxis.set_ticklabels(hmap.yaxis.get_ticklabels(), rotation=0, ha='right')
    hmap.xaxis.set_ticklabels(hmap.xaxis.get_ticklabels(), rotation=30, ha='right')

    plt.ylabel('True sentiment')
    plt.xlabel('Predicted sentiment')
    plt.show()

def token_count_distribution(df, tokenizer):
    token_lens = []
    for txt in df.content:
        tokens = tokenizer.encode(txt, max_length=512)
        token_lens.append(len(tokens))

    sns.distplot(token_lens)
    plt.xlim([0, 256])
    plt.xlabel('Token count')

    plt.show()
```

Convert_to_df는 py_bert의 bert_util.py에서 확인할 수 있다. 몇 개의 utility 함수 중 하나가 convert_to_df인데, list에 있는 텍스트를 데이터프레임으로 바꿔준다. 59line에 dataframe을 선언하고 전처리하는 것이다. 61~62line을 보면 df에 append시키고 pandas series를 사용한다. Column열을 보면 64line에 content, centroid를 단다. 74line에는 convert to df for classification을 활용한다. Sentiment는 감성 분석에 특화되어 있다. 70~74line은 BERT tokenizer를 만든다. Multi_lingual bert는 구글 리서치에서 만들었는데 BERT 모델 이름을 copy해서 활용한다. Transformer를 만들어서 바꾸면 또 다양하게 활용이 가능하다. Monolog를 통해 light way KoBERT를 활용할 수도 있다. Bert_sentiment_trainer.py의 get_korean_tokenizer를 활용하자. KoBERT는 huggingface로 API를 만들지 않았기 때문에 BERT를 끼워넣기가 힘든 단점이 있다. 구글 리서치의 BERT를 보면 multilingual한 부분이 있다. Batch size는 학습할 때마다 한 번씩 집는 text인데 77~84line은 util에 있다. 데이터프레임으로 만들어서 bert tokenizer를 활용하는 것이다. 데이터셋은 to_numpy로 context와 sentiment를 numpy list로 만든다. Data load에 패스하고 텍스트를 늘리는데, BERT 위에 있는 input 4개 중에 활용이 가능하다. 82line에서 iteration을 써서 메모리에 접근하도록 하고, 85~88line은 encoder_plus에 들어가는 중요한 정보를 말해준다. Input IDs, token ID, segment ID 등(encoder_plus에 대한 자세한 설명을 참조하자)을 활용한다. 91~94line은 bertforsequence, dropout 등을 활용한다. 101~107line은 경우에 따라 pytorch transformer를 사용한다. Transformer들은 위의 2개의 클래스를 활용해서 torch model name을 활용한다. Device가 GPU인지도 확인한다. 101~107line까지의 pytorch transformers도 활용한다. 그 위의 두 개의 클래스는 torch model name을 바꾼다. 110line은 epoch 사이즈를 늘리게 된다. Pyberttrainer를 부르면 layer를 쌓아 학습한다. Trainer 함수를 부르고, summary_training_Stats을 고른다.

Bert_classification_model.py에서 bertforsequenceclassification은 pretrained를 불러서 모델 이름만 주면 알아서 학습하여 가장 쉽게 활용될 수 있다. Bert_trainer.py에 가면 algorithm이 transformers면 bertforsequenceclassification을 쓴다는 것으로 이해할 수 있다. 이때의 모델은 bert_model인데 input_ids, token_type_ids, attention_mask, layer가 필요하며 이들은 모두 데이터셋에서 만들어졌다.

코드에 forward와 backward가 있는데 softmax로 시작된게 forward, loss.backward가 backward이다. 83line의 torch.nn.utils.clip_grad_norm_(model.parameters(), 1.0)을 보면 clip으로 optimize를 할 때 gradian 값이 폭발적으로 증가하지 않도록 깎아준다. Optimizer

와 scheduler는 pytorch에서 활용한다. Else문으로 model이 classification_py에 있어 두 가지만 passing을 한다면 classification layer를 만든다. General로는 token_type ID를 만든다. Forward에 token ID, target, segment ID, attention mask가 있는데 각각의 passing 여부에 따라서 무엇을 활용할지 76line부터의 if문에 있다. Pybertclassification에 두 개의 차이가 있다. Sentiment classification을 보면 나머지가 utility이다. Epoch train이 있으면 if와 else문이 똑같이 나온다. Bert_sentimnet_trainer.py를 보면 bert_trainer의 190line을 부르는 것을 볼 수 있다. Scheduler, epoch size에 따라 epoch을 불러 training하고 validation을 하고, save model하는 형식이다. 이 모델은 bert_predictor.py에서 불러 사용되고 predict이라는 전체 test data의 예측을 한다. 실전에서 활용할 때는 predict each 함수를 사용할텐데 클래스를 주고 전체 감성이나 레이블을 볼 수 있다. Predict를 보면 test data 중의 앞에 것을 볼 수 있다. Predict 함수에서 500개에 대해 예측을 하는데 만들어진 모델에 대해 알고리즘을 활용하자.

결과값을 보면 가로축과 세로축에 각각 Positive, negative/positive, negative에 대한 결과와 positive, negative와 probabilty에 대해 활용이 보인다. 여러 모델을 돌리며 example들을 활용해보자.

CHAPTER

# 13

# NER(개체명 인식)

1. Information Extraction
2. NER 개요
3. NER 방법론

CHAPTER 13

# NER(개체명 인식)

NER은 Named Entity Recognition의 약자로, 개체를 인식하는 작업을 말한다. 문자열 내에서 기관명, 인물명, 장소명 등을 알아내고 분류할 수 있으며, 일반적으로 사용되는 실제 정보와 지식 표현에 용이하다.

## 1 Information Extraction

효과적인 정보 추출(IE: Information Extraction)을 위한 텍스트 분석을 수행할 때 비정형 데이터를 구조화된 정보로 전환하는 것이 목표가 된다. 이는 비정형 데이터보다 구조화된 데이터에서 찾고자 하는 정보를 파악하는 것이 더 용이하기 때문이다. 비정형 데이터나 텍스트는 PDF 파일, 소셜 미디어 포스트, 트윗, 문자 메시지, 블로그, 포스트 등을 포함할 수 있다. 이런 데이터를 정형 데이터로 구조화하면 XML이나 SQL 데이터베이스, 온톨로지, 사전 등의 형태로 데이터에 접근할 수 있게 된다.

IE 시스템은 텍스트에서 서로 연관이 되는 부분들을 찾고 이해하며, 텍스트의 여러 부분에서 정보를 취합한다. 또한 연관 정보를 구조화하여 관계형 데이터베이스나 지식 베이스를 구축하게 된다. IE 시스템의 목표는 사람들에게 더 도움이 될 수 있도록 정보를 정리하고, 컴퓨터 알고리즘이 이러한 정보들을 활용할 수 있도록 특정한 형태로 정보를 배열하는 것이다.

IE 시스템은 '누가 언제 누구에게 무엇을 했는가'와 같은 식으로 정보를 추출하게 된다. 예시를 통해 살펴보자. 기업보고서에서 매출, 이익, 이사회 구성원, 그리고 본사와 같은 정보를 추출하고자 하는 IE 시스템이 있다고 해보자. 이 시스템은 "The headquarters of BHP Billiton Limited, and the global headquarters of the combined BHP Billiton Group, are located in Melbourne, Australia."라는 문장에서, headquarters("BHP Billiton Limited", "Melbourne, Australia")라는 정보를 추출할 수 있다. IE 시스템의 또 다른 사용 예시는 의학 연구 자료에서 약물-유전자 간의 상호작용에 대해 추출하는 것이다. 웹 인덱싱이나 구글 메일 같은 어플리케이션에서도 IE가 활용되고 있다.

## 2 NER 개요

NER(Named Entity Recognition)은 개체를 인식하는 작업이다. NE는 문자열 내에서의 기관명, 인물, 장소뿐만 아니라 화폐, 시간 표현까지 포괄한다. 문자열에서 특정 개체의 위치를 알아내고, 사전 정의한 카테고리에 따라 알맞게 분류하는 작업이라고도 할 수 있다. 위와 같이 feature들을 디자인했다면 그 후 Maximum Entropy Markov Models나 Conditional Random Fields와 같은 sequence classifier를 적용한다.

NER은 named entity에 의해 일반적으로 사용되는 실제적인 정보와 지식을 표현하기 위해 시작되었다. Who, whom, where, when, which 등이 그 예시인데 이는 정보 추출 시스템의 핵심이다.

NER 작업의 모델 구조는 아래와 같이 Distributed representations for input, Context encoder, Tag decoder의 3단계 프로세스로 나누어진다.

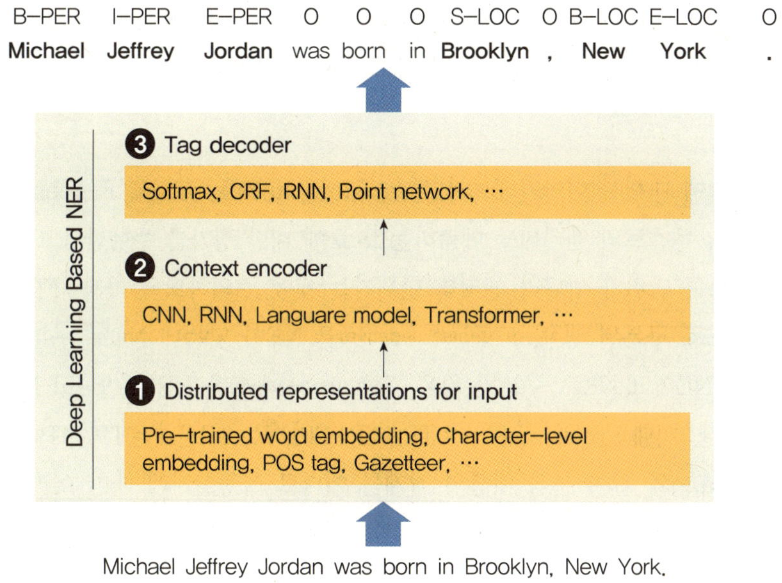


NER이 수행할 수 있는 일 중 하나는 텍스트에서 이름을 찾고 분류하는 것이다. 만약 'IBM corporation'이라는 엔티티가 있다면, 여기서 'Named'는 'IBM'이나 'Big Blue'를 의미하지, 'it'이나 'the company'가 되지 않는다. 이러한 NER의 활용 범위는 날짜, 화학/생물학 약물, 제품 정보 등으로 확장될 수 있다. 엔티티가 아니어도 쉽게 구별될 수 있는 semantic class라면 NER

의 적용 대상이 될 수 있다. NER의 예시를 다음 사례를 통해 살펴보자.

| The decision by the independent MP Andrew Wilkie to withdraw his support for the minority Labor government sounded dramatic but it should not further threaten its stability. When, aler the 2010 election, Wilkie, Rob Oakeshott, Tony Windsor and the Greens agreed to support Labor, they gave just two guarantees: confidence and supply. | Person<br>Date<br>Location<br>Organi-zation |
|---|---|

Andrew Wilkie, Wilkie, Rob Oakeshott, Tony Windsor는 Person으로, 2010은 Date로, 그리고 Labor, Greens, Labor는 Organization으로 엔티티 타입을 부여받을 것이다. 위와 같이 분석하고자 하는 문장에서 NER을 활용해 Person, Date, Location, Organization 정보를 추출할 수 있다.

NER의 활용 가능성은 다음과 같다. 첫째로, 개체명을 부여받은 named entity들은 인덱싱될 수 있다. 둘째로, 기업이나 제품에 대해 감성을 부여할 수 있다. 셋째로, IE 관계의 다수가 named entity들 간의 관계와 연관되어 있다. 마지막으로, question answering에서 응답들 또한 named entity가 될 수 있다. 요약하자면, NER을 통해 텍스트에서 단순화되고 구조화된 정보를 얻을 수 있는 것이다.

NER의 성능을 평가하는 방법에 대해서 이야기해보자. Precision, Recall, 그리고 F-measure가 활용될 수 있다. 예를 들어, 텍스트의 엔티티를 예측하는 task에 대한 평가를 수행한다고 해보자. 이때 평가 단위가 보통 토큰 단위가 아니라 엔티티 단위라는 것에 주의하도록 하자. FP(false positive)는 NE가 아니지만 NE로 구분된 경우, FN(false negative)은 NE가 맞는데 NE로 구분되지 못한 경우, TP(true positive)는 NE이고 NE로 구분된 경우, TN(true negative)은 NE가 아니고 NE로 구분되지 않은 경우를 의미한다. 이때 Precision은 $p = TP/(TP+FP)$, Recall은 $r = TP/(TP+FN)$이 된다. 이때 bank of chicago와 같이 분석 대상의 경계를 어디로 설정할지에 대한 어려움이 발생하는 상황, 즉 boundary 에러가 발생하면 p나 r의 결과가 유용성을 잃기 때문에 p, r, 그리고 F-score를 활용할 때 주의가 필요하다는 것을 알아두자.

NER의 머신러닝 시퀀스 모델 접근에 대해 이야기해보자. 학습 과정은 다음과 같다. 첫째로, 학습을 위한 문서들을 수집한다. 둘째로, 각 토큰을 엔티티 클래스나 O(other)로 레이블링한다. 셋째로, 텍스트와 클래스에 적합한 Feature extractor를 설계한다. 마지막으로 데이터의 레이블을 예측하기 위한 sequence classifier를 학습한다. 테스트 과정은 다음과 같다. 첫째로, 테스트 문서를 받는다. 둘째로, 각 토큰을 레이블링하기 위해 sequence model inference를 run한다. 마지막으로 적절하게 recognized entity들을 생성한다.

NER 파이프라인은 다음과 같은 구조를 갖는다.

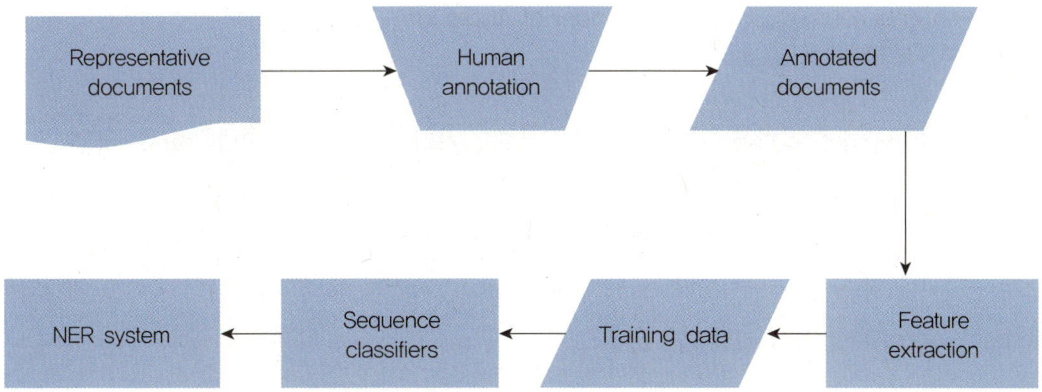


Sequence Labeling의 feature들은 word, POS 태깅, 그리고 label context를 포함한다. Word에는 현재 단어에 대한 정보와 전/다음 단어의 문맥 정보가 포함되고, Label context는 전이나 후의 레이블에 대한 정보를 포함한다. 또 다른 feature로 word substring과 word shape이 있다는 것을 알아두자. Word substring은 단어의 부분 문자열을 활용하는 것이고, word shape은 길이, 대소문자 정보, 숫자, 그리스 문자나 특수 문자와 같이 인코딩된 attribute들을 더 간단히 표시하기 위해 활용된다.

NER의 여러 가지 적용 분야를 예시를 통해 살펴보자.

일상적으로는 초대장에 적힌 이벤트의 중요 정보를 찾는데 적용될 수 있다. Date, Time, Location, Host, Contact Person 등의 핵심 정보만 간추리는 것이다. 의학 문헌에서는 약물, 유전자, 상호작용하는 물질을 찾는다. 감성 분석을 할 때 제품, 혹은 유명인사 등의 타깃도 찾을 수 있다.

즉, NER은 텍스트에서 명명된 entity를 찾는 것이다. 상응하는 클래스로 분류하고, 데이터베이스로부터 독특한 식별자를 할당하기도 한다. 아래는 그 예시이다.

"Steven Paul Jobs, co-founder of Apple Inc, was born in California."

"Steven Paul Jobs, co-founder of Apple Inc, was born in California."

"Steven Paul Jobs [PER], co-founder of Apple Inc [ORG], was born in California [LOC]."

"Steven Paul Jobs [Steve_Jobs], co-founder of Apple Inc [Apple_Inc.], was born in California [California]."

명명된 entity 클래스는 다음과 같다. 사람 이름으로 사람을 인식할 수 있고, 회사, 정부, 조직, 공동체 등으로 조직을 인식할 수 있으며 도시, 국가 등으로 위치를 인식할 수 있고 때와 시간 표현으로 언제인지를 알 수 있으며, 퍼센트, 돈, 무게 등으로 측정할 수 있다. 이는 generic한 유형으로 인물이나 장소 등의 명칭이다. 또한 단백질, 효소, 유전자 등 전문 분야의 용어가 해당되는 domain-specific한 유형도 볼 수 있다.

개체명 인식을 위해서 주어진 텍스트를 tokenize하는 경우가 많은데, 예를 들어 'bill gate'라는 개체는 tokenize 방법을 거쳐 'bill'과 'gate'로 나누어질 수 있다. 이러한 점을 보완하기 위해 여러 태깅 방법들이 고안되었다. 태깅 방법에 따라 분석 성능에 차이가 나타난다는 것을 보인 논문(Dai et al., 2015)이 그 예시이다.1) 태깅 방법의 대표적인 예시는 BIO인데, Beginning, Inside, Outside의 약자이다. 분리된 토큰을 하나의 개체명으로 묶어주는 태깅 시스템으로, 여러 개의 토큰으로 이루어진 개체명에 유용하다. 개체명이 시작할 때 'B-(begin)', 토큰이 개체명 중간에 해당할 때 'I-(Inside)', 개체명 마지막에 위치하는 토큰에 'E-(end)'를 붙여준다. 하나의 토큰이 곧 하나의 개체명일 때 'S-(singleton)'를 붙여주고, 토큰이 개체명이 아닐 경우에는 'O-(outside)'를 붙여준다. 아래는 관련 예시이다.

1) Hong-Jie Dai, Po-Ting Lai, Yung-Chun Chang, and Richard Tzong-Han Tsai. (2015). Enhancing of chemical compound and drug name recognition using representative tag scheme and fine-grained tokenization. *Journal of cheminformatics*, 7(Suppl 1): S14.

| | |
|---|---|
| Steven | PER |
| Paul J | PER |
| obs | PER |
| , | O |
| co-founder | O |
| of | O |
| Apple | ORG |
| Inc | ORG |
| , | O |
| was | O |
| born | O |
| in | O |
| California | LOC |
| . | O |

이를 BIO/IOB 방식으로 표현하면 사람, 조직, 지역명 중 시작하는 부분은 B로 붙고, 중간이나 마지막 부분은 I로 붙는다.

| | |
|---|---|
| Steven | B-PER |
| Paul J | I-PER |
| obs | I-PER |
| , | O |
| co-founder | O |
| of | O |
| Apple | B-ORG |
| Inc | I-ORG |
| , | O |
| was | O |
| born | O |
| in | O |
| California | B-LOC |
| . | O |

NER에는 모호성 문제가 발생할 수 있다. 명명된 entity와 공통된 단어들 사이의 모호성인데, 예를 들어, may는 5월일 수도 있고 조동사나 이름일 수도 있다. 명명된 entity 타입 사이의 모호성은 워싱턴이 사람일 수도 있고 위치일 수도 있는 것처럼 혼란을 줄 수 있어 조심해야 한다.

개체명 인식의 방법은 다음과 같다. 분류 문제와 비슷하게 자질 추출을 할 수 있고, 알고리즘을 짤 수 있다. 자질 추출의 방법은 다음과 같다. 단어 그 자체를 추출할 수 있고, 품사 태깅을 할 수 있으며 대문자를 기준으로 삼을 수 있다. 자질의 구두점, 소문자, 접미사, 혹은 1920-2008: dddd-dddd 형식을 기준으로 삼을 수도 있을 것이다. 개체명 인식의 카테고리는 각 데이터셋과 모델에 따라 상이하다. 우리나라의 경우는 한국정보기술협회(TTA)에서 내놓은 카테고리 체계가 있지만, 실무에서는 이것을 응용하여 각 실정에 맞게 조금씩 변형해서 사용하는 것이 일반적이다. 영어로는 CoNLL-2003와 OntoNotes5가 많이 사용되며 한글로는 국립국어원, 부산해양대학교 자연어 처리 연구소의 데이터셋, NAVER NER Challenge, 한국정보기술협회의 데이터셋이 많이 활용된다. 각 데이터셋에 대한 정보는 아래와 같다.

- CoNLL-2003: 인물(PER), 기관 및 단체(ORG), 장소 및 위치(LOC)
- OntoNotes5: 인물(PERSON), 단체(NORP), 건축물(FACULTY), 기관(ORGANIZATION), 나라 및 도시(GPE), 위치(LOCATION), 제품(PRODUCT), 사건(EVENT), 창작물(WORK OF ART), 법률(LAW), 언어(LANGUAGE), 날짜(DATE), 시간(TIME), 퍼센트(PERCENT), 통화(MONEY), 수량표현(QUANTITY), 서수(ORDINAL), 그 외 수 표현(CARDINAL)
- 국립국어원: 장소(LC), 날짜(DT), 기관(OG), 시간(TI), 인물(PS)
- 부산해양대학교 자연어 처리 연구소: 인물(PER), 기관(ORG), 지명(LOC), 기타(POH), 날짜(DAT), 시간(TIM), 기간(DUR), 통화(MNY), 비율(PNT), 기타 수량표현(NOH)
- Naver NER Challenge: 인물(PER), 학문분야(FLD), 인공물(AFW), 기관 및 단체(ORG), 지역명(LOC), 문명 및 문화(CVL), 날짜(DAT), 시간(TIM), 숫자(NUM), 사건 사고 및 행사(EVT), 동물(ANM), 식물(PLT), 금속/암석/화학물질(MAT), 의학용어/IT관련 용어(TRM)
- 한국정보기술협회(TTA): 인물(PS), 학문분야(FD), 이론(TR), 인공물(AF), 기관(OG), 지역(LC), 문명(CV), 날짜(DT), 시간(TI), 수량(QT), 이벤트(EV), 동물(AM), 식물(PT), 물질(MT), 용어(TM)

특히 TTA에서는 인물, 인공물, 기관, 지역, 문명, 날짜 등의 generic 개체명뿐만 아니라 학문분야, 이론, 동물, 식물 등 domain-specific 개체명도 다루고 있다. Naver NER 데이터셋은 TTA에서 제시한 15개의 카테고리와 유사한 것을 볼 수 있다. 부산해양대학교 자연어 처리 연구소의 데이터셋은 OntoNotes 5.0의 카테고리와 유사한 것으로 보이며 국립국어원의 카테고리는 CoNLL-03 데이터셋에서 날짜와 시간 카테고리를 추가한 것이다.

I$_{[PRP]}$ saw$_{[VBP]}$ the$_{[DT]}$ man$_{[NN]}$ on$_{[IN]}$ the$_{[DT]}$ roof$_{[NN]}$ .

Sequence modeling은 단어, 접두사, 고정된 단어, 소문자화된 단어, 대문자화된 단어 등에 기반을 두어 결정을 한다. 이 모델링은 주위에서 관찰된 W+1과 W-1, 그리고 지난 결정인 T-1, T+1에 기반한다. Learning model은 다음과 같다.

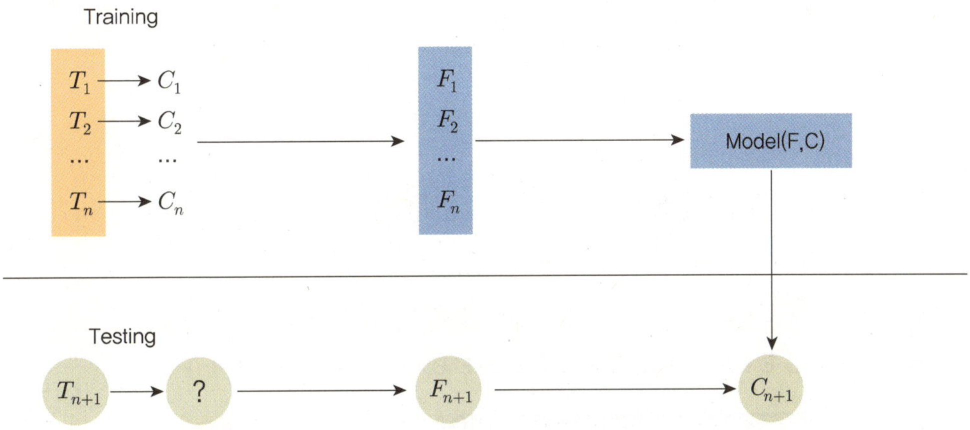


NER은 sequential한 모델이기 때문에 어느 위치에 어느 개체가 들어가는지를 파악하는 것이 중요하다. 그러나 NER에서 BIO 마크의 기계 학습은 한계가 존재하여 'BILL' 'GATES'를 b-per, i-per로 예측하지 않고 i-per, b-per로 예측하기도 한다. 이때 BIO 마크를 보조하는 기계 학습 알고리즘이 Hidden-Markov Models(HMM, 은닉 마르코프 모델)[2]과 이를 응용한 Conditional Random Fields(CRF)[3]이다.

Hidden-Markov Models은 순차적인 데이터를 다루는데 강점을 지니기에 NER에 용이하다. HMM은 1931년 안드레이 콜모고로프가 발표한 마르코프 연쇄 상태 모델을 기반으로 L. E. Baum과 그의 동료들이 발전시켰다.[4] HMM의 이해를 위해 Eddy, S.의 논문의 그림을 재구성한 아래 그림을 참조해보자.

2) Rabiner, Lawrence R. (1989). "A tutorial on hidden Markov models and selected applications in speech recognition." *Proceedings of the IEEE 77.2*: 257-286.

3) Lafferty, John, Andrew McCallum, and Fernando CN Pereira (2001). "Conditional random fields: Probabilistic models for segmenting and labeling sequence data."

4) Baum, L. E., Petrie, T. (1966). "Statistical Inference for Probabilistic Functions of Finite State Markov Chains". *The Annals of Mathematical Statistics 37 (6)*: 1554-1563. doi:10.1214/aoms/1177699147.

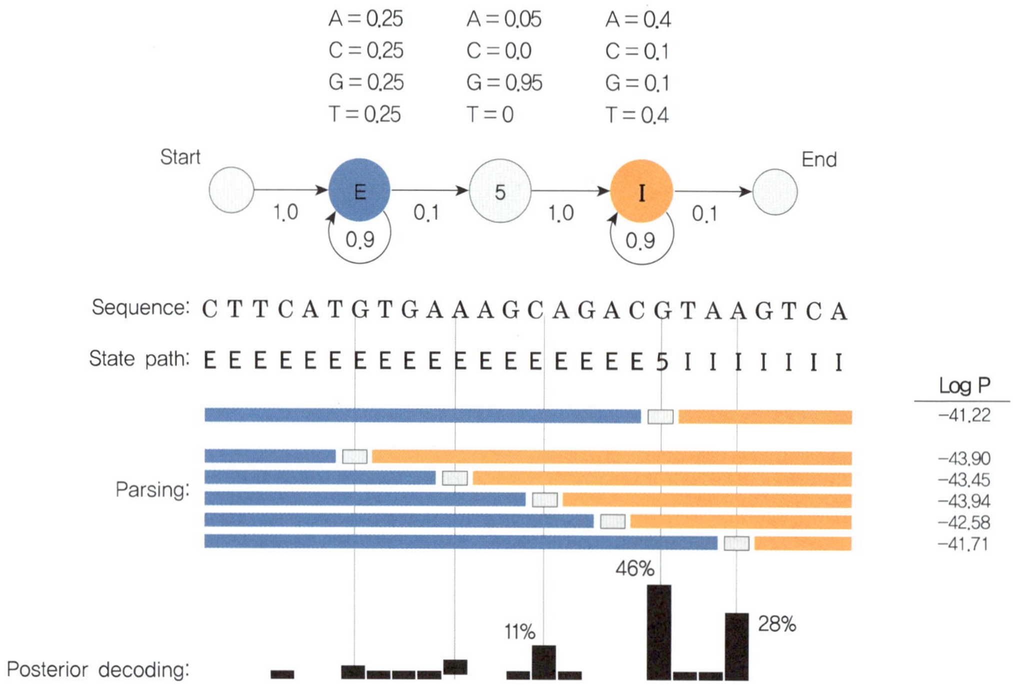


위의 그림처럼 DNA를 받았다고 가정할 때, 어느 위치에서 E(exon)에서 I(Intron)로의 전환이 발생했는지, 즉 어디가 5′ splice site인지 식별하는 것이 중요하다. 이때 HMM은 E, 5, I의 세 가지 상태의 존재를 가정하는데, 각 state에서 emission probability(각 state의 composition에 대한 확률)와 transition probability(state 간 이동 확률)의 두 가지 확률이 존재한다. Transition probability는 state이 선형적으로 발생하는 순서에 대한 정보를 보여준다.

이때 각 state 경로는 Markov chain인데, 이는 다음에 어떤 state으로 갈지가 현재 어느 state에 있는지에 의존한다는 것을 의미한다. 이 상황에서 알려져 있는 것은 관찰된 sequence 뿐이고, 배경이 되는 state 경로는 숨겨져(hidden) 있기 때문에 각 state 경로는 Hidden Markov chain이 된다.

Parameter $\theta$를 받은 HMM이 state path $\pi$와 관찰된 sequence S를 형성할 확률인 $P(S, \pi | HMM, \theta)$는 사용된 모든 emission probability와 transition probability의 곱으로 연산된다. HMM은 전반적인 score들에 모두 확률값을 사용하는 full probabilistic 모델이기 때문에, 연산에서 사용되는 숫자들에 베이즈 통계 모델을 적용해 parameter들을 최적화하고 각 score들의 중요성을 해석할 수 있다.

CRF는 이로부터 좀 더 발전된 모델인데, 차별적이고 방향성이 없는 확률적 그래픽 모델로 정의 가능하다. 선형 체인 CRF는 sequential 분류 모델로, input 샘플들의 순서에 대해 레이블의 순서를 예측한다.

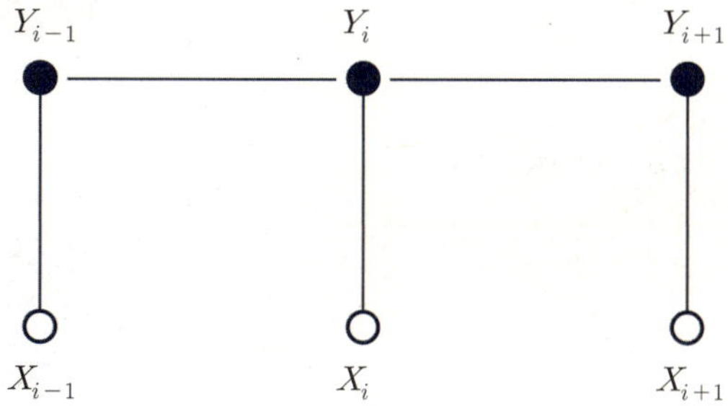


CRF+MEMM(Maximum Entropy Markov Models)도 활용하는데 이는 시퀀스 레이블링 처리에 유리할 수 있는 다양한 feature를 통합할 수 있어 널리 사용된다. 즉, feature generation을 얼마나 잘 했느냐에 따라서 차이가 있는 것이 CRF와 MEMM이다. 이때 feature generation은 수동으로 활용된다. CNN을 얹고 LSTM을 하고, 이 과정에서 bidirectional하게 연결되어 올라간 것이 CRF이다.

기계 학습 중에서도 모든 기계 학습이 sequential classification에 적용되는 것은 아니다. HMM, CRF, ME 등의 sequential classification에 활용될 때 적용되는 것이다. 이때는 시퀀스도 포함된다. 주식예측 등의 카테고리도 동일한데, 텍스트의 시퀀스뿐 아니라 특정 값의 sequence도 포함되는 것이다. 알고리즘을 잘 쓰기 위해서는 알고리즘의 특징을 아는 것이 중요하다.

기계 학습까지는 CRF가 가장 성능이 좋은데, 딥러닝과 차이가 크다고 보기는 어렵다. 딥러닝에서도 CRF를 마지막 단으로 사용하는데 딥러닝을 이용한 NER을 보면 아래 그림과 같다.

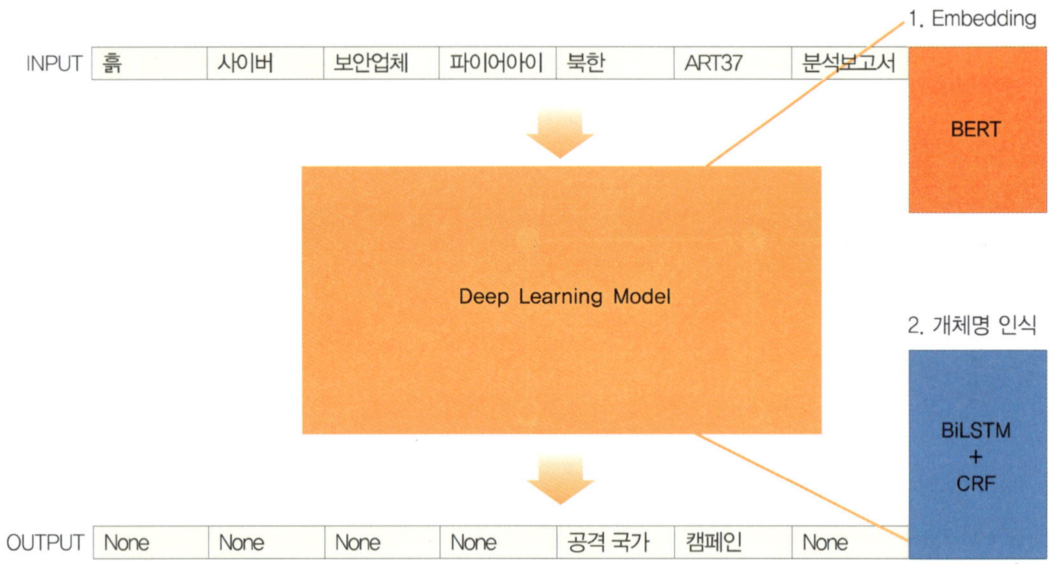


딥러닝이 나오고, CRF가 나오고 한동안은 LSTM만 활용하였다. 상자의 Deep Learning Model에서 하나만 활용하여 NER을 하거나 bidirectional한 딥러닝의 방법을 볼 수 있다. 딥러닝의 방법론 중에 sequence한 데이터를 처리하는데 적합한 recurrent한 neural net이 있는데 이에 속하는 것이 LSTM, GRU 등이다. CRF 등은 RNN 계통이고, CNN 계통은 전통적인 bag of words를 기반한 classification이다. 2014년도에 발행된 Convolutional Neural Networks for Sentence Classification 논문을 읽어보면 자연어 처리, 즉 텍스트에 어떻게 딥러닝을 활용할지를 볼 수 있다.

LSTM이나 RNN 계통만 쓰다가 성능이 잘 나오지 않자 활용한 것이 Bidirectional LSTM이다. CRF를 넣어서 모델 prediction을 한 것이 LSTM+CRF이다. Yoon Kim의 논문(2014)[5]을 보고 LSTM+CNN을 활용하기도 하였다. 지금은 주로 BERT를 사용하다가 마지막 단에 CRF를 얹고 있다. BERT+CRF의 형식이다. NER을 수행하고자 한다면 어떤 알고리즘에 집중할지를 잘 생각해보자. 딥러닝 계통에서 LSTM, RNN만 사용하다가 성능이 부족할 때 성능을 높이기 위해서 Bidirectional LSTM을 하고 CRF를 넣어 model prediction을 한 것이 LSTM+CRF이다. 그 후에는 LSTM+CNN에 CRF를 넣은 것 등이 활용되었다. NER에서 transformer를 쓰기 전까지의 대략적인 과정이 2016~2017년에 활용되었다. 2018년은 BERT가 나와서 패러다임에 변화가 생겼는데, transformer(attention)가 나오기 전에 RNN, CRF를 썼다면 현재 이보다는 성능

5) Yoon Kim. (2014). Convolutional Neural Networks for Sentence Classification. In Proceedings of the 2014 conference on Empirical Methods in Natural Language Processing(EMNLP), pages 1746–1151, Doha, Qatar. Association for Computational Linguistics.

이 2% 정도 향상된 transformer, BERT, 마지막 단의 CRF를 얹고 LSTM+CRF를 활용한다. NER에 대해서 무엇을 배울지를 고민한다면 이 타임라인에서 어떤 것에 집중할지를 보자(타임라인에 대한 이야기는 NLP에 대한 모든 이야기에도 적용된다).

입력 데이터는 아래와 같이 CoNLL2003(컨퍼런스) 포맷으로 구성된다. 자연어 처리와 관련된 학습 데이터가 제공되는데, 2013년 포맷을 보면 NER의 training 데이터를 파악할 수 있다. 각 line에 한 단어, 문장의 마지막 끝은 period, space를 쓰는 것이 형식이다. 맨 왼쪽이 단어이고 탭으로 끝나고 뒤에 있는 것은 품사인데 영어의 경우에는 penn tree bank의 리스트를 따른다. Syntactic chunk tag는 noun, verb phrase인지(문장을 나무 구조로 만들어서 각각의 뭉치가 무엇인지)를 본다. 보통은 단어, 품사, named entity로 활용되는 식이다. Named entity tag는 현재 BIO 포맷을 사용하는데 가령 Washington D.C.가 있다면 Washington은 B-LOC, D.C.는 I-LOC로 활용된다.

셀프 어텐션을 얹어서 활용하기도 하지만 성능에 별 차이는 없고 BiLSTM+CRF 구조가 가장 많이 사용된다.

Paper.code.org에 가면 논문과 코드, 어떤 데이터셋을 사용하였는지를 볼 수 있다. BERT를 써서 활용하는 것과 BERT를 사용하지 않고 BiLSTM_CRF를 써서 공통적으로 활용하는 것을 보자(여기서 FLAIR는 독립적인 tool이 아니라 BERT 등을 더 쉽게 사용하기 위한 transform learning의 일종인데 특정한 API에 얽매이지 않기 위해 현재는 활용하지 않는다).

NER은 다양하게 활용될 수 있지만, 지도 학습 학습을 위한 데이터의 양이 적을 수 있다는 어려움이 존재한다. 이는 데이터가 언어의 제약을 받고, 분석에 적합한 feature를 선정하는 것과 새로운 언어나 도메인으로 확장시키는 것에 너무 큰 비용이 발생하기 때문이다. 비지도 학습은 이러한 상황에 대안을 제시한다. 비지도 기반 feature들은 수동 생성된 feature들을 강화하는데 활용될 수 있다.

위와 같은 문제들의 솔루션으로 neural architecture가 제시되었다.6) 이러한 설계는 언어적 제약을 받지 않고, 적은 양의 지도 데이터와 레이블링되지 않은 corpus를 사용한다. 여기서 사용될 수 있는 모델은 Bidirectional LSTM에 CRF를 더한 biLSTM-CRF와 LSTM을 쌓은 transition based chucking 모델인 S-LSTM이 있다. 개체명은 보통 여러 개의 토큰으로 구성

6) Guillaume Lample, Miguel Ballesteros, Sandeep Subramanian, Kazuya Kawakami, and Chris Dyer (2016). Neural architectures for named entity recognition. In Proceedings of the 2016 conference of the North American chapter of the Association for Computational Linguistics (NAACL 2016).

되는데, LSRM-CRF는 레이블들 간의 의존 관계를 보고, S-LSTM은 input sequence의 labelled chuck들을 직접적으로 구성한다. 개체명이 되기 위한 토큰의 근거는 정사영(orthographic)의 근거와 분포(distributional)의 근거 모두를 포함한다. 정사영 표현은 문자 위주의 단어 표현이고 분포 표현은 워드 임베딩이다.

단어 표현(word representation)에 대해 더 자세히 알아보자. 단어 표현에는 문자 위주의 표현과 워드 임베딩이 활용된다. 문자 기반 모델은 Ling et al.(2015b)[7]에 의해 제시되었는데, 문자 임베딩 행렬을 무작위로 초기화하고 Bidirectional LSTM이 단어의 정사영 정보를 포착하게 된다. 워드 임베딩은 skip-ngram을 활용해 학습된 임베딩을 기반으로 한다.[8] 이때 모델이 두 표현 모두에 의존할 수 있도록 dropout하도록 한다. 단어 표현 과정을 시각화한 그림은 다음과 같다.

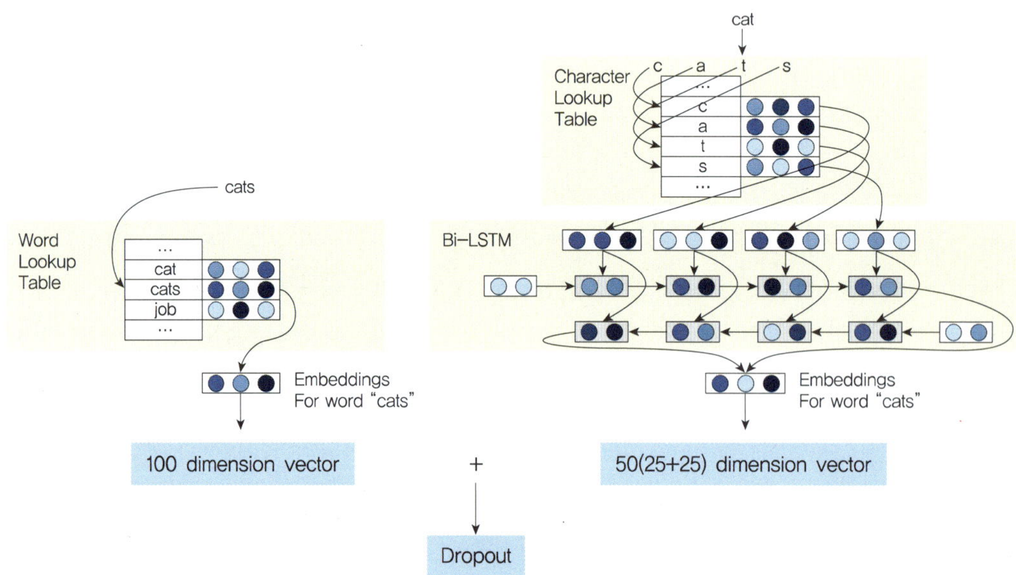


그렇다면 왜 CNN(Convolutional Neural Network)을 사용하지 않는 걸까? 이는 CNN이 위치와 무관하게 feature들을 발견하도록 설계되었기 때문이다. 단어에서는 접미사나 접두사와 같이 위치와 연관된 중요 정보들이 존재하기 때문에 CNN을 적용하는 것이 적합하지 않다.

7) Wang Ling, Tiago Lu's, Lu's Marujo, Ramon Fernandez 'Astudillo, Silvio Amir, Chris Dyer, Alan W Black, and Isabel Trancoso (2015b). Finding function in form: Compositional character models for open vocabulary word representation. In Proceedings of the Conference on Empirical Methods in Natural Language Processing (EMNLP).

8) Wang Ling, Lin Chu-Cheng, Yulia Tsvetkov, Silvio Amir, Ramon Fernandez Astudillo, Chris Dyer, Alan W'Black, and Isabel Trancoso (2015a). Not all contexts are created equal: Better word representations with variable attention. In Proc. EMNLP.

LSTM-CRF[9] 모델에 대해 좀 더 자세히 이야기해보자. Bidirectional LSTM은 단어 표현을 문맥 표현으로 변환한다.

LSTM-CRF 모델을 시각화하면 다음과 같다.

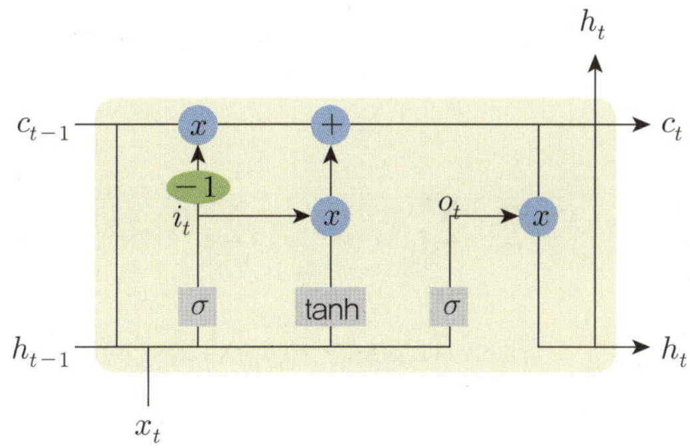


$$i_t = \sigma(W_i[x_t, h_{t-1}, c_{t-1}] + b_i)$$

$$o_t = \sigma(W_o[x_t, h_{t-1}, c_{t-1}] + b_o)$$

$$c_t = (1 - i_t)^* c_{t-1} + i_t \tanh(W_c[x_t, h_{t-1}, c_{t-1}] + b_c)$$

$$h_t = o_t^* tanh(c_t)$$

$$h'_t = [\overrightarrow{h_t}; \overleftarrow{h_t}]$$

기호에 대한 설명은 다음과 같다.

$\sigma$는 로지스틱 시그모이드 함수, $i$는 input gate, $f$는 forget gate, $o$는 output gate, 그리고 $c$는 cell vector인데, 이들은 모두 hidden vector인 $h$와 같은 크기이다.

W는 가중치 행렬이다. W의 아래 첨자는 행렬의 정보에 대해 알려주는데, $W_{hi}$는 hidden-input gate 행렬이고, $W_{xo}$는 input-output gate 행렬인 식이다. Cell과 gate vector로 가는 가중치 행렬은 대각행렬인데, 이는 각 gate 벡터의 m번째 element가 cell 벡터의 m번째 element에게서만 input을 받게 하기 위함이다.

LSTM의 output은 hidden layer에 투영된다. 이를 수식으로 표현하면 다음과 같다.

$$P = W_p h_t'$$

9) Zhiheng Huang, Wei Xu, and Kai Yu. (2015). Bidirectional LSTM-CRF models for sequence tagging. CoRR, abs/1508.01991. Yoon Kim, Yacine Jernite, David Sontag, and Alexander M. Rush (2015). Character-aware neural language models. CoRR, abs/1508.06615.

$P$는 n*k의 크기를 갖게 된다. 여기서 $k$는 상이한 태그의 개수이고, $P_{ij}$는 $i$번째 단어의 $j$번째 태그에 대한 점수이다. $P$는 다음 레이어인 CRF의 input이 된다. CRF는 전이 행렬(transition matrix) A를 유지한다. $A_{ij}$는 태그 $i$에서 태그 $j$로 향하는 transition의 점수를 의미한다. 이때 시작 태그와 끝 태그가 표현되고, 행렬의 크기는 $(k+2)*(k+2)$이다. Input sequence $X=(x_1, x_2, \cdots, x_n)$의 점수와 sequence prediction $y=(y_1, y_2, \cdots, y_n)$의 점수는 다음과 같이 정의된다.

$$s(X, y) = \sum_{i=0}^{n} A_{yi,\, yi+1} + \sum_{i=0}^{n} P_{i,\, yi}$$

가능한 모든 태그 sequence Y에 대한 softmax는 P(y|X)를 반환하고,

$$P(y \mid X) = \frac{e^{s(X,y)}}{\sum_{y' \in y} e^{s(X,y')}}$$

가장 높은 점수를 갖는 sequence가 옳은 sequence라고 반환된다.

$$y^* = argmax_{y' \in Y}\, s(X, y')$$

이 correct tag sequence에 대한 로그 확률은 다음과 같다.

$$\log(P(y \mid X)) = \log\left(\frac{e^{s(X,y)}}{\sum_{y' \in Y} e^{s(X,y')}}\right) s(X, y) - \log\left(\sum_{y' \in Y} e^{s(X,y')}\right)$$

$y^*$와 가능한 모든 sequence에 대한 점수 합은 dynamic programming으로 계산된다. 옳은 sequence에 대한 로그 확률값은 학습 과정에서 최대화된다. 다음 예시를 통해 점수 산출 방법에 대해 살펴보자.

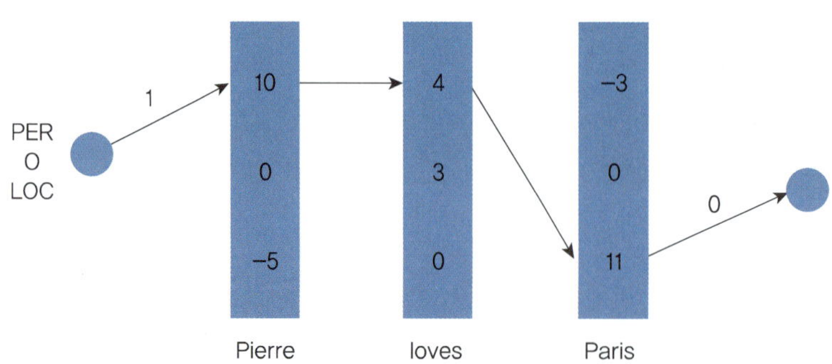

Stack LSTM10)에 대해 이야기해보겠다. Stack LSTM은 dependency parsing을 위해 Dyer et al.(2015)에 의해 제시되었다. 여기서 LSTM은 stack pointer를 활용해 강화되고, 각 stack point의 output 셀은 stack summary를 주게 된다. 이는 새로운 input의 ct-1과 ht-1을 결정하는데 활용된다. Stack 연산은 포인터를 활용해 모방되는데, 여기서 push 연산은 LSTM에 새로운 input을 더하는 것이고, pop 연산은 스택 포인터를 전 단계의 항목으로 이동시키는 것이다. 이 과정을 시각화하면 다음과 같다.

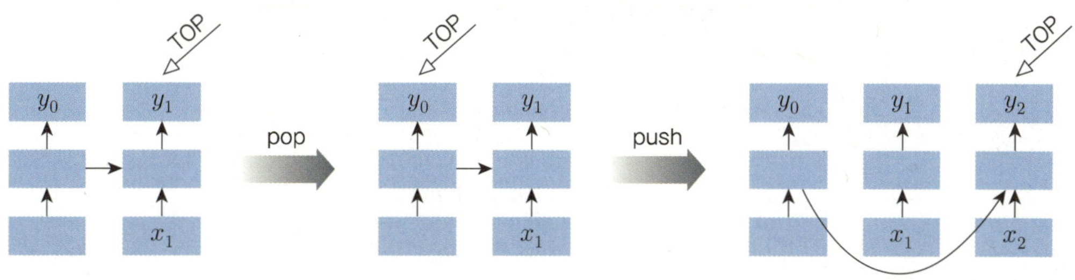


이제 transition-based chunking model에 대해 이야기해보겠다. 이 모델은 multi-token names에서 바로 representation을 형성한다는 특징을 갖는다. 이 모델에서는 완전한 chunk를 포함하는 output 층, 부분적으로 완성된 chunk를 포함하는 stack 층, 그리고 연산되지 않은 단어를 보관하는 buffer 층으로 세 층의 LSTM이 활용된다. 연산 과정도 세 가지로 구분된다. SHIFT 연산은 단어를 buffer 층에서 stack으로 이동시키고, OUT 연산은 단어를 buffer 층에서 output 층으로 이동시키고, REDUCE 연산은 stack의 내용물을 output 층으로 레이블 y와 함께 이동시킨다. 알고리즘은 buffer 층과 stack 층이 완전히 빌 때 중단된다. 이를 바탕으로 한 "Mark Watney visited Mars"라는 문장에 대한 연산 단계는 다음과 같을 것이다.

| Transition | Output | Stack | Buffer | Segment |
|---|---|---|---|---|
| | [] | [] | [Mark, Watney, visited, Mars] | |
| SHIFT | [] | [Mark] | [Watney, visited, Mars] | |
| SHIFT | [] | [Mark, Watney] | [visited, Mars] | |
| REDUCE(PER) | [(Mark Watney)-PER] | [] | [visited, Mars] | (Mark Watney)-PER |
| OUT | [(Mark Watney)-PER, visited] | [] | [Mars] | |
| SHIFT | [(Mark Watney)-PER, visited] | [Mars] | [] | |
| REDUCE(LOC) | [(Mark Watney)-PER, visited, (Mars)-LOC] | [] | [] | (Mars)-LOC |

각 time step에서 가능한 액션들에 대한 확률 분포는 ① stack, buffer, 그리고 output의 현

10) Chris Dyer, Miguel Ballesteros, Wang Ling, Austin Matthews, and Noah A. Smith. (2015). Transitionbased dependency parsing with stack long short-term memory. In Proc. ACL.

내용물, ② 취해진 액션들의 기록을 활용해 계산된다. 이 과정에서 확률을 최대화할 수 있는 액션이 선택된다. 계산 결과로 global 최적값이 연산되지 않을 수 있다는 것을 알아두자.

시간 $t$에서 stack들의 상태 $p_t$는 다음과 같이 계산된다.

$$P_t = \max\{0, W[o_t;s_t;b_t]\}$$

$o_t$는 시간 $t$에서 output의 stack summary,
$s_t$는 시간 $t$에서 stack의 stack summary,
$b_t$는 시간 $t$에서 buffer의 stack summary를 의미한다.

위의 $p_t$를 기반으로 액션 $z$의 확률은 다음과 같이 계산된다.

$$p(z_t \mid p_t) = \frac{\exp\left(g_{z_t}^T p_t + q_z\right)}{\sum_{z' \in A} \exp\left(g_{z_t}^T p_t + q_z\right)}$$

$g_z$는 액션 $z$의 임베딩을 표현하는 열벡터를,
$q_z$는 액션 $z$에 대한 bias term,
$A$는 valid한 액션들의 집합을 의미,
$P_t$는 이전에 내려진 모든 결정들에 대한 정보를 함축한다.

Valid한 액션 z들의 sequence에 대한 조건부 확률은 다음과 같이 계산된다.

$$P(z \mid X) = \prod_{t=1}^{|Z|} P(z_t \mid p_t)$$

학습 과정은 옳은 z의 sequence들에 대한 조건부 확률을 최대화하는 방향으로 진행된다.

언급된 다양한 NER 모델들에 대하여 CoNLL2002와 CoNLL2003 데이터셋으로 영어, 스페인어, 독일어 그리고 네덜란드어의 네 가지 언어에 대해 Person, Location, Organization, Miscellaneous 네 개의 엔티티 타입으로 성능 평가를 수행하였다. 그 중 CoNLL2003 데이터셋을 활용해 외부적으로 레이블링이 진행된 데이터와 영어 NER 성능을 비교한 결과는 다음과 같다.

| Model | F1 |
|---|---|
| Collobert et al. (2011) | 89.59 |
| Lin and Wu (2009) | 90.90 |
| Huang et al. (2015) | 90.10 |
| Luo et al. (2015) + gaz | 89.9 |
| Luo et al. (2015) + gaz + linking | **91.2** |
| Passos et al. (2014) | 90.90 |
| Chiu and Nichols (2015) | 90.77 |
| LSTM-CRF | 90.94 |
| S-LSTM | 90.33 |

Luo et al.(2015)[11]의 방법론에 gaz와 linking을 결합한 모델이 가장 높은 성능을 보인 것을 알 수 있다. 이 다음으로 LSTM-CRF 모델이 가장 좋은 성능을 보였다.

Hidden Markov Model의 평가는 true positive, true negative, false positive, false negative에 기반한 정확률, 재현율, 그리고 F-measure를 활용한다.

LSTM+CNN+CRF(Conditional Random Field)가 NER에 어떻게 적용되는지를 활용하면서 이를 살펴볼 것이다. Hidden Markov Model과 MEMM(Maximum Entropy Markov Model)의 단점을 보완하려고 Conditional Random Field가 활용되었다. CNN, RNN, LSTM이 나오기 전에는 개체명 인식과 관련되어 CRF의 성능이 가장 좋았다. 이후, 딥러닝이 소개되면서 LSTM으로 CNN 등을 섞어서 이해를 하게 되었다. 개체명 인식의 예측보다는 BIO(Beginning Intermediate Other) format이 중요하다. 앞서 설명한 것처럼 개체명 타입이 있고, 단어 하나로 된 개체명이 있으면, 예를 들어 entity type이 직위일 때(이 경우의 단어는 하나이다) B는 하나밖에 없다. 백악관(ORG-조직)과 같이 단어가 여러 개로 이루어진 개체명이 있으면 B-ORG, I-ORG 등의 역할을 하는 것이 BIO format이다. LSTM이나 CNN이나 RNN과 함께 할 때 예측은 근소하게 앞지르지만 I-words가 B-words보다 먼저 나오는 경우가 발생할 수 있기에 CRF를 얹어 이를 보완한다.

NER(=개체명 인식)은 자연어 처리에서 가장 기본적이고 많이 연구된 co-occurrence이다. 자동 질의 응답, 챗봇 등 모두 NER 요소가 필요하기에 다양한 기법이 많이 나왔다. 실제로도 Yonlu_NER 코드를 살펴보면 다양한 패키지를 가지고 NER을 수행할 수 있음을 확인할 수 있다.

---

11) Luo, Gang et al. (2015). "Joint entity recognition and disambiguation." Proceedings of the 2015 Conference on Empirical Methods in Natural Language Processing.

다음은 spacy를 써서 개체명 인식을 살펴볼 것이다. 이는 NLTK와 유사하다. 기본적인 영어 텍스트 마이닝을 보면 NER이 기본값으로 들어가 있는데, NLTK와 spacy에서는 기본적으로 CRF로 시각화를 한다. 박스의 오른쪽이 entity type이고 각각의 같은 색은 동일한 entity type을 말한다(CARDINAL은 숫자를 말한다). 이것이 잘 잡히면 accuracy score가 올라갈 것이다. 색깔이 있는 박스는 NER 박스가 만들어진 것을 말한다. Spacy에서 제공하는 시각화를 활용한 것인데, 이는 이미 NER 모델이 생성된 것을 뜻한다. Training phrase에서 input data를 만들고, test와 input data를 보고 NER 태깅을 하는 것이다. Sequence한 텍스트 열이 들어오면(input 단위는 문장) 문장 단위에서의 entity를 찾는다. 학습 데이터에 따라 다른데, 새로운 것을 하기 위해서는 NER_data.zip 폴더에 있는 다양한 기관에서 제공하는 데이터를 활용할 수 있다.

NLTK를 이용한 개체명 인식 역시 가능하다(앞에서 살펴본 sapcy를 볼 수 있다). NLTK에서는 개체명 인식기(NER chunker)를 지원하고 있으므로, input인 full sentence가 들어오면 이를 chunking한다. 나무 구조로 만들어 chunking하면서 개체명을 찾아내는 방법이다. 이를 활용하면 별도 개체명 인식기를 구현할 필요없이 NLTK를 사용해서 개체명 인식을 수행할 수 있다. 만약 아래의 실습에서 nltk.download('maxent_ne_chunker'), nltk.download('words') 등의 설치를 요구하는 에러 문구가 뜬다면 지시하는 대로 설치하면 된다.

```
From nltk import word_tokenize, pos_tag, ne_chunk
Sentence = "James is working at Disney in London"
Sentence = pos_tag(word_tokenize(sentence))
#토큰화와 품사 태깅을 동시 수행
Print(Sentence)
```

이를 보면 다음과 같은 결과가 나온다.

```
[{James','NNP'},{'is','VBZ'},{'working','VBG'},{'at','IN'},{'Disney','NNP'},{'in','IN'},{'London','NNP'}]
sentence=ne_chunk(sentence)
Print(sentence)
```

NER은 named entity recognition(=named entity instruction), 즉 미리 정의해 둔 사람, 회사, 장소, 시간, 단위 등에 해당하는 단어(개체명)를 문서에서 인식하여 추출, 분류하는 기법이다. 추출된 개체명은 sequential classification으로 인명, 지명, 기관명, 시간 등으로 분류된다. 개체명 인식은 정보 추출을 목적으로 시작되어 자연어 처리, 정보검색에 사용된다. 다만 이는 문장의 기본적인 sequence를 사용해야 하기에 표상화 작업이 필요 없고 bag of words의 활용이 불가능하다.

Document classification이나 sentiment analysis는 표상화 작업이 필요한데, question answering도 이와 동일하게 조사와 같은 것을 살릴 필요가 없다. 따라서 어떤 entity인지를 파악해서 무슨 의도인지를 파악하는 것이 중요하다(=Intent classification). 질문을 알아야 대답을 할 수 있는 것이 NER이기 때문에 나머지 단어들에 대해서도 text representation이 필요하며 이는 전처리 작업이 꼭 필요하지 않다. 전처리가 없어야 모든 단어에 대해 활용할 수 있기에 POS도 이와 맥락을 같이한다. 보통 추출된 개체명은 인명, 지명, 기관명, 시간 등으로 분류한다. 자바는 STEFF KO-NLP를 활용하는데 3 class NER은 인명, 기관명, 시간이 가장 중요하다. 5 class의 경우에는 5개의 타입을 가지고 활용한다. 어떤 클래스 타입이 존재하고 몇 개가 있는가에 따라 다른데, bio domain은 질병, 유전자, 단백질, 약물명 등으로 활용될 것이다. 의사나 bio medical expert들이 training data를 대량으로 만들기 때문에 학습 데이터가 많으면 기술의 발전이 쉽다. 따라서 잘 만들어지기 위해서는 효율적인 데이터셋의 구축이 필요하다. 5년 전에는 한글 개체명 인식을 위한 데이터가 존재하지 않았다. 따라서 cross lingual하게 데이터를 만들고 prediction하여 한글에 매핑해서 사용하였다. 자연어 처리에 대한 관심이 늘어나고 중요성이 커진 지금은 더 좋은 성능의 NER 알고리즘들을 활용할 수 있다. Epoch 사이즈를 overfitting하지 않을 경우로 loss를 활용하여 얼마나 좋은 성적을 거두는지를 보자.

개체명 인식 모델이 개체명을 인식하기 위해서는 보통은 전처리 과정이 필요하다. 인코딩, 디코딩의 방법은 전처리를 하지 않는다. 전처리는 CRF로 수작업으로 feature을 뽑아내는데 (sequence2sequence와 CRF, LSTM에 대한 논문을 보자) 단어의 품사, 전 단어와 후 단어, bigram과 n-gram단어는 무엇인지, 대문자인지 소문자인지, special character가 필요한지를 확인하고 이 feature를 벡터로 만들어서 전처리를 한다. 따라서 전통적인 접근 방법에서는 tag로 단어를 매핑할 수 있다. POS tagging은 feature로 들어가면 성능이 좋아지는데 이는 전처리를 끝내고 난 후의 상태를 요구한다(요즘은 pretrained되어 많이 활용되지 않는다).

딥러닝이 도입되기 전의 NER에 대한 접근법은 아래의 3가지로 분류된다.

① **규칙 기반 접근**: domain-specific한 사전을 적용하거나 패턴을 적용해서 접근한다. 높은 정확도지만 낮은 재현율을 보이며 특히 다른 도메인에서 성능이 현저히 저하된다.

② **비지도 학습 접근**: 문맥적 유사도에 기반하여 클러스터링하는 식으로 학습하고, 사전을 만드는 데에 unsupervised system이 제안된다. 지도 학습과 비교하여 용어집이나 코퍼스의 통계적 정보(idf나 context vector), 혹은 얕은 수준의 통사적(syntactic) 지식에 의존한다.

③ **자질 기반 지도 학습 접근**: 지도 학습으로 넘어가면 NER은 multi-class classification이나 sequence labeling task 영역이다. 'Feature-based'이기 때문에, 'feature'가 무엇이 될 것

이냐는 아주 중요한 문제이다. Hidden Markov Models(HMM), Decision Trees, Maximum Entropy Models, Support Vector Machines(SVM), Conditional Random Fields(CRF)가 같은 맥락이다.

단, SVM 모델은 entity label을 예측할 때 이웃 단어는 고려하지 않는 반면, CRF는 고려한다.

딥러닝으로 NER을 해야 하는 3가지의 이유로는 따로 feature를 설정할 필요 없이 알아서 hidden으로 발견해주고, 비선형 transformation으로 매핑해주어 선형 모델(HMM, CRF)과 비교해서 더 복잡하고 정교한 특성을 학습하며 end-to-end 학습이 가능한 점이 있다. 이를 통해 일련의 단계를 거치지 않고 신경망에 맡길 수 있으며, 데이터를 넣어서 바로 결과를 얻을 수 있다.

NER의 역사는 다음과 같다.

Rule 기반으로 접근할 수 있는데, rule 기반 템플릿을 만든다(Regex 기반의 정규식). 그리고 이 정규식을 가지고 정규식에 맞는 pattern을 활용해 extraction해준다. Rule 기반으로 나올 때는 웹이 없었는데, 현재 병원 등에서 entity extraction을 할 때도 rule을 만들면 후에 외부에서 액세스해서 고치고 실행하고 활용하는 regular expression의 값 변화를 바탕으로 데이터베이스에 업로드하는 방식을 활용한다. Rule의 데이터를 외부에서 긁어오고, 질문과 답에 대해 entity set을 가져가고 extraction하는 식으로 볼 수 있다.

다음으로는 사전 기반(dictionary-based)을 활용한 NER이 있다. 사전 기반은 딥러닝에 대해 크게 신뢰성이 없는(성능이 낮은) 분야에서 많이 사용된다. 사전에 entity type만 잘 구축해 놓으면 사전을 불러 활용이 가능하기에 variation, overfitting problem 등의 방법이 없다. Fuzzy dictionary matching은 partial matching이다. Dictionary에 A라는 term이 있고 이 dictionary에 ES라는 3인칭 동사가 붙었다면 같은 단어인데 어휘적으로 변형이 있어 전혀 다른 단어로 인식되는 문제가 있다. 이때 fuzzy dictionary matching으로 작은 변형을 잡아주는 것이다. 이러한 사전 기반은 정확한 검색에 적합하나 사전에 정의되지 않은 entity를 놓치기 쉽다(자바는 second-string이라는 TF*IDF가 있는데 파이썬은 second-string으로 의미를 만들기 쉽지 않다). Postprocessing은 문법적으로 차이가 나는 것이 있거나 원형으로 복원시켜서 태깅을 할 때 활용할 수 있다. 이때 사전을 수동으로 구성해야 하므로 바이오 등 특정 분야에서 선호되는 것을 알아두자. 또한 dictionary 기반은 ID 정보 제공이 가능하다. 이미 구축된 데이터베이스(drug bank 등)가 존재하며, 특히 bio는 DB별로 linking이 잘 되어 있다. 따라서 사전에서 가장 유사하거나 동일한 용어를 대상 용어로 검색하여 특정 용어를 인식할 수 있다.

그러면 이제 sequential tagging 혹은 bag of words tagging에서 다른 각도의 분류 체계를 만들어보자. 딥러닝 알고리즘에 대해 생각할 때 many to one의 방법으로 알고리즘을 분류할 수 있다. Input은 many side인데 output은 정치나 긍/부정 중 택 1을 하는 식으로 one이 나오는 것이다. 대부분의 bag of words는 many to one 형태를 띄는데 RNN 계열을 사용할 때는 마지막의 hidden vector만 사용하는 경우가 많다. 마지막 hidden vector에 softmax 함수를 이용하여 class 숫자만큼의 분류를 활용한다. 이때 softmax값과 실제 label의 차이를 loss로 하여 loss가 0에 가까워지도록 학습한다.

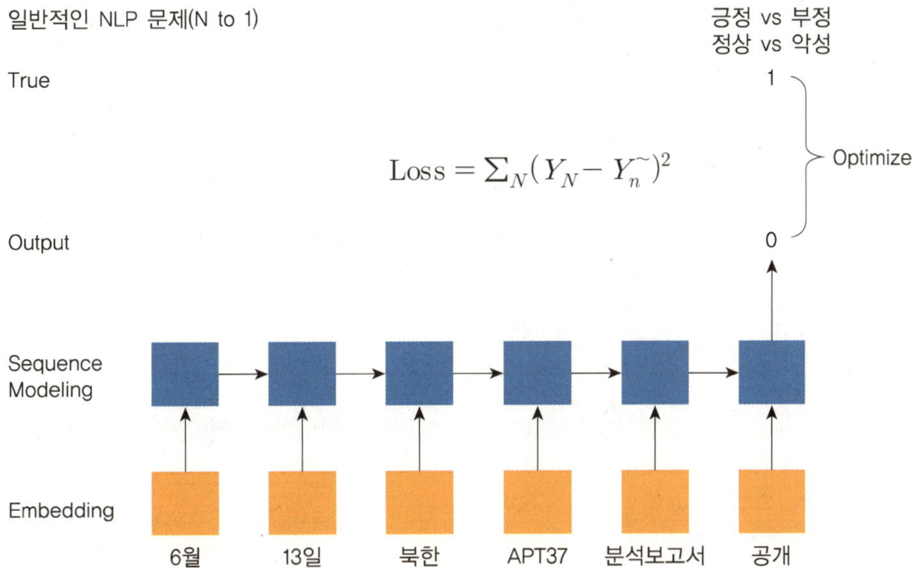


'6월 13일 북한 APT37 분석보고서 공개'라는 text가 있으면 이를 워드 임베딩시키고, sequential modeling을 하거나 embedding을 BERT로 한 후 optimizer로 softmax를 가지고 prediction하여 loss값을 최소화하는 형식이다.

또 다른 방식으로는 sequence labeling(N to N, many to many)을 볼 수 있다. Machine translation도 이의 예시가 될 수 있는데, NER, POS tagging, semantic role labeling(NER보다 조금 확장된 개념)도 역시 동일하다. 각각의 입력 텍스트에 대해서 해당되는 단어들 모두를 추정하는 결과값을 내는 것이다. 일반적인 NLP(many to one)와 같이 마지막 hidden vector만 사용하지 않고 모든 입력의 hidden vector를 이용하여 처리한다. 연속된 모든 sequence에 대해 hidden labeling을 구하면 HMM의 관점에서 hidden state와 observe state가 있다. 단어와 타깃 레이블(품사명, 개체명)을 보고 hidden state를 추정하는 것이 sequence labeling이다.

NER 기본 구조 – Sequence labeling(N to N)

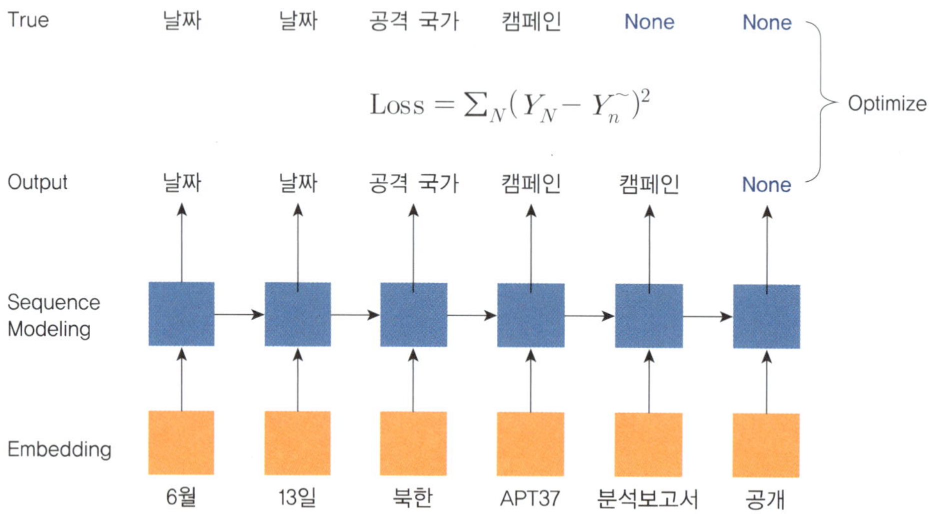


레이블에 대해서 실제값이 맞도록 최적화시켜주는 과정이 위와 같다.

이제 다음의 데이터셋을 살펴보자.

| Task | Dataset | Training sentences | Test sentences | #tags |
|---|---|---|---|---|
| POS | WSJ | 5459 | 5459 | 45 |
| Chunking | ConLL2000(WSJ) | 8926 | 2009 | 23 |
| NER | CoNLL2003(Reuters) | 13862 | 3420 | 9 |
| Entities | ACE2005 | 15185 | 674 | 15 |
| Events | TempEval3 | 4090 | 279 | 3 |

Tag가 작으면 학습을 할 때 overfitting 문제가 생긴다. 다른 스타일의 문장이 들어오면 NER이 안 되기 때문에 NER도 BERT로 fine-tuning을 활용하는 것이 필요하다.

# 3 NER 방법론

NER을 위한 임베딩에 대해서 살펴보겠다. 임베딩은 단어나 문장을 vector값으로 나타내는 과정을 말한다. 딥러닝에서 feature generation을 수동화하지 않기 위해 임베딩을 활용하는데, CRF를 사용하는 것은 다양한 feature를 활용하여 단어의 개체명 타입 prediction을 도와준다. 딥러닝은 동일한 방식의 활용이 어렵기에 임베딩을 써서 글자 단위로 쪼개고, 워드 임베딩하여 활용한다. 글자가 대문자로 시작하였는지, 소문자로 시작하였는지를 봐서 고유명사와 같은 태깅의 이유를 보고 글자 단위의 임베딩을 활용한다. 이와 같이 글자 단위를 CNN이나 RNN으로 임베딩하여 단어 단위 임베딩과 결합하여 사용하는 경우가 대부분이다. 2019년까지는 Word2Vec(GloVe, FastText)가 많이 사용되었지만 요즘은 BERT를 이용하여 임베딩한 구조가 가장 좋은 성능을 낸다. 추가적인 POS, chunk 등의 handcrafted word features가 함께 사용되면 더욱 성능을 높일 수 있다. 이럼에도 딥러닝에서 CRF를 쓰는 이유는 레이블을 잘 예측하기 위해서이다.

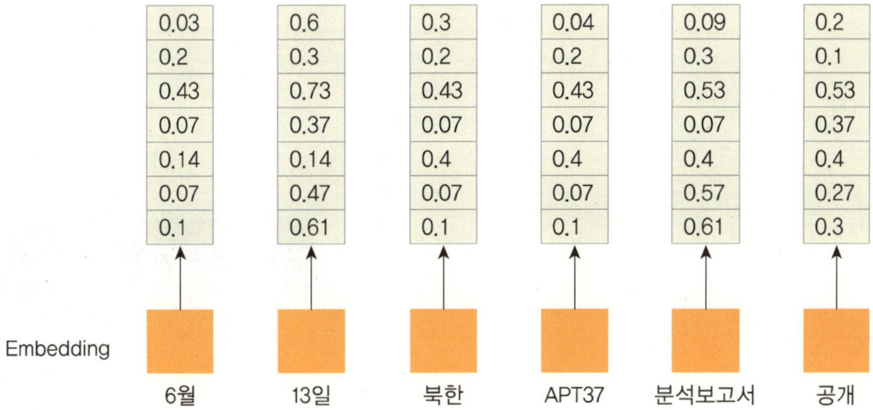


Word로 임베딩할 때 hidden vector가 10개라면 10개로 활용해서 나오는 것이다. 하지만 이때 워드 임베딩의 단점은(단어의 feature를 풍부하게 함에도) OOV(Out Of Vocabulary) 문제이다. 즉, vocabulary에 없는 단어들이 문제가 된다.

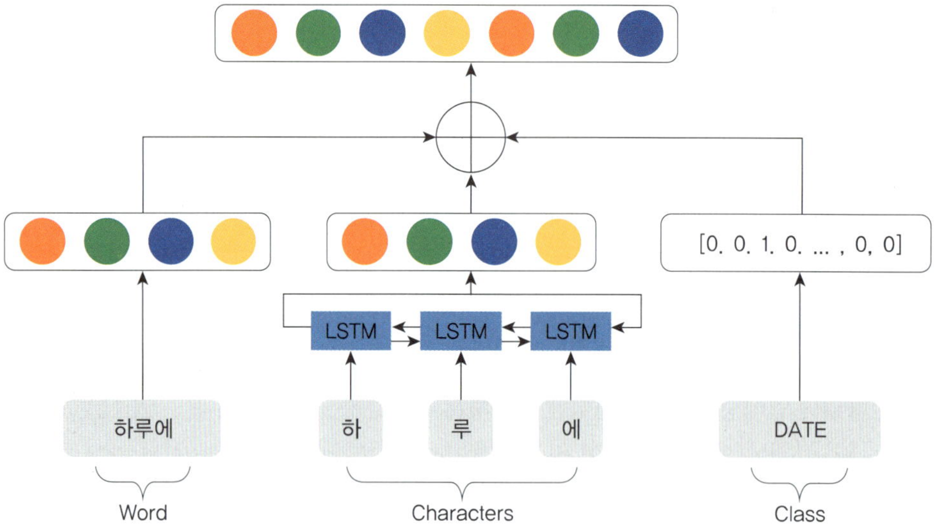


'하루에'라는 단어와 character 레이블의 임베딩, 클래스의 임베딩으로 타깃을 잡고 활용하는 것이다. 이는 BERT 전에 가장 많이 활용되었다.

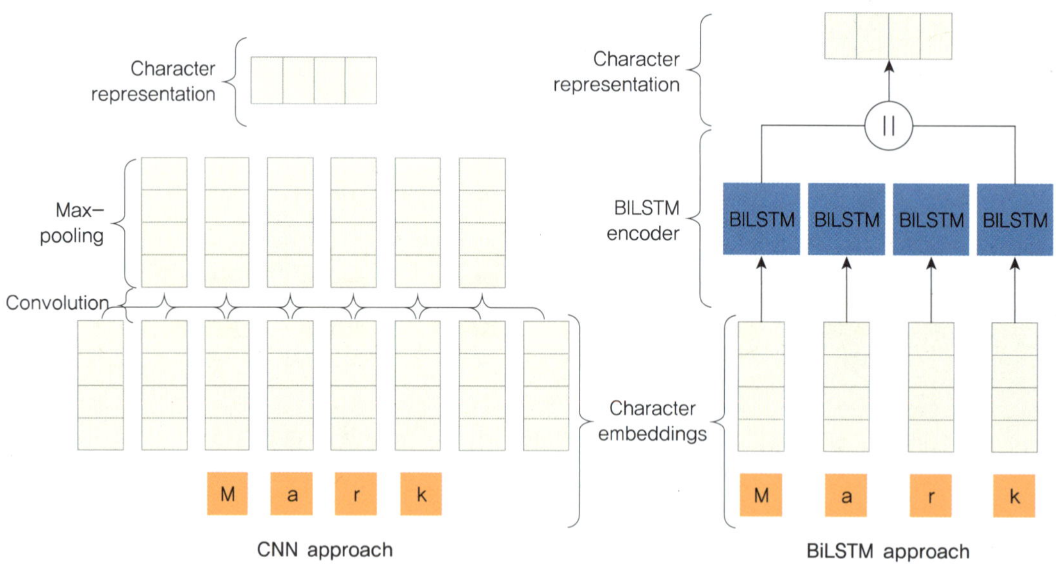


Character embedding은 CNN을 활용한 접근과 BiLSTM을 활용한 접근이 있다. CNN을 활용한 접근법에서는 MARK라는 단어가 있으면 character level로 자르고 fix된 사이즈에 맞춘다. MARK, 4자를 maximum length로 비어 있는 곳에 태깅과 임베딩을 시키고, 학습된 데이터를 활용한다. BiLSTM은 각각의 character를 임베딩하고 bidirectional하게 학습해 활용한다.

CNN과 BiLSTM의 차이를 살펴보자.

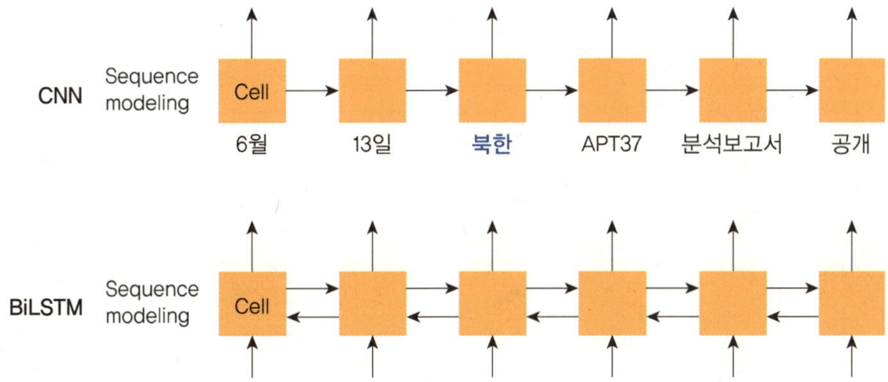


다양한 딥러닝 구조에서는 3가지의 공통된 주요 관점 포인트가 있다.

① Cell을 어떻게 변경하느냐(layer층을 어떻게 쌓느냐): RNN, LSTM, GRU
② 층 추가
③ 방향 추가: 단방향, 양방향(BiLSTM)

RNN은 텍스트에서 긴 문장을 기억하지 못하기에 뒤쪽에 쓰인 단어에 대한 값이 0으로 된다(Gradient vanish problem). LSTM은 저장장소를 만드는데 뉴런을 어떤 식으로 써서 활용하는지에 따라 차이가 있다. 층을 복잡하게 쌓는다고 무조건 좋은 것도 아니기에 얼마나 층을 쌓을 것인지, 방향을 단방향과 양방향 중 어느 부분을 활용할 것인지도 중요하다.

Cell의 변경은 기본 시계열 뉴런 네트워크의 cell을 RNN, LSTM, GRU 중 어느 것으로 하느냐의 문제이다. 보통 long-term memory 상실 때문에 RNN보다는 LSTM을 사용한다. 속도 면에서 LSTM을 개조한 GRU를 사용하긴 하지만 성능 면에서는 LSTM이 GRU를 약간 앞서므로 대부분의 연구에서 LSTM을 선호하는 추세이다.

층 추가에 대해서 알아보겠다. 딥러닝은 동일 알고리즘을 깊이 쌓음으로써 성능 향상 효과가 있다는 가정하에 활용된다. 다만, RNN 계열 알고리즘은 CNN 계열에 비해 너무 깊이 쌓으면 long-term memory 상실 문제가 생길 수 있다. NMT(Natural Machine Training)의 경우에는 3층 이상을 쌓지 않는데 아래의 실험보고처럼 대부분 2층을 쌓는게 가장 성능이 좋다고 보고된다. 그리고 LSTM의 hidden vector는 100d일 때 가장 성능이 좋다고 보고된다.

| Task | #Configs | Num. LSTM-Layers | | |
|---|---|---|---|---|
| | | 1 | 2 | 3 |
| Pos<br>$\Delta Acc$<br>σ | 64 | **51.6%**<br><br>0.0038 | 46.9%<br>−0.02%<br>0.0034 | 1.6%<br>−0.73%<br>0.0154 |
| Chunking<br>$\Delta F1$<br>$\sigma$ | 92 | 10.9%<br>−0.29%<br>0.0059 | **52.2%**<br><br>0.0045 | 37.0%<br>−0.11%<br>0.0042 |
| NER<br>$\Delta F1$<br>$\sigma$ | 84 | 7.1%<br>−0.53%<br>0.0105 | **54.8%**<br><br>0.0082 | 38.1%<br>−0.20%<br>0.0079 |
| Entities<br>$\Delta F1$<br>$\sigma$ | 75 | 21.3%<br>−0.72%<br>0.0152 | **52.0%**<br><br>0.0128 | 26.7%<br>−0.34%<br>0.0135 |
| Events<br>$\Delta F1$<br>$\sigma$ | 73 | 30.1%<br>−0.11%<br>0.0050 | **47.9%**<br><br>0.0041 | 21.9%<br>−0.20%<br>0.0044 |
| Average | | 24.20% | **50.80%** | 25.00% |

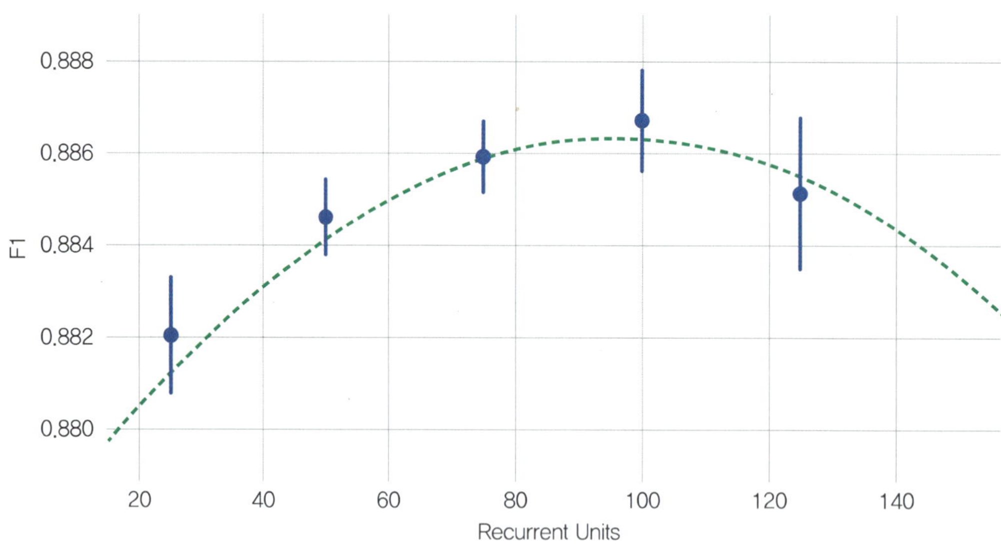


방향 추가에 대해 알아보자. RNN 계열은 문장의 앞에서 뒷방향으로 진행하는 forward direction 학습으로 시작한다. 하지만 문장의 뒤에서부터 앞으로의 역방향인 backward direction을 추가하여 forward+backward를 모두 고려하는 것이 더 좋은 성능을 보인다.

He, Luheng et al.(2017)[12]의 논문을 보면 highway-LSTM이 있다. 고속도로 LSTM이라는

12) He, Luheng et al. (2017). "Deep semantic role labeling: What works and what's next."

뜻인데, 아래 그림을 참조하면 한 층을 건너뛰는 skip-connection이 있는 것을 볼 수 있다. 이 방법을 사용한 경우 깊게 층을 쌓아도 층에 따른 데이터 손실을 skip-connection이 보존해주므로 성능 향상 효과가 있다고 한다.

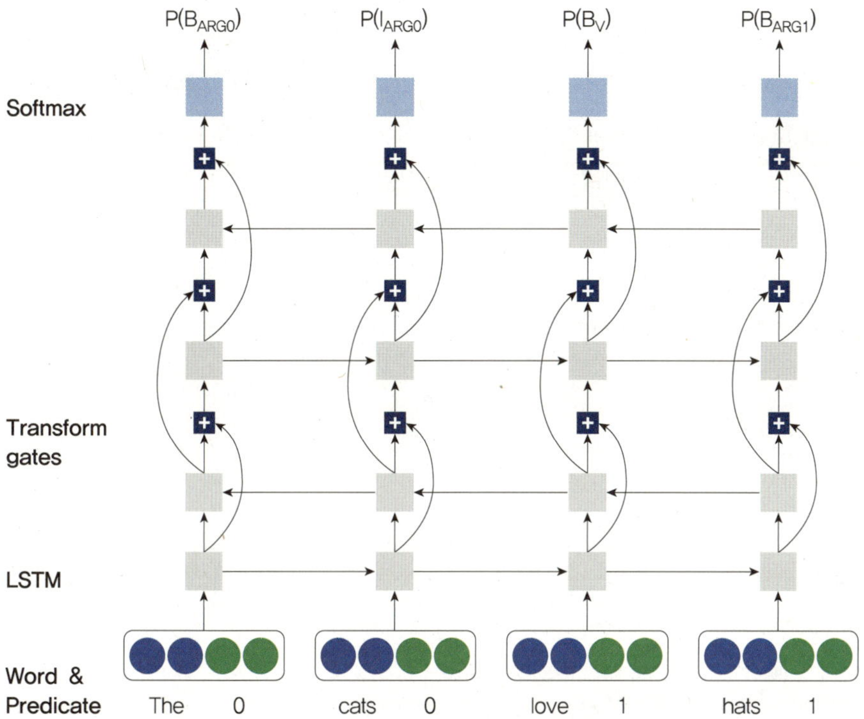


Py_ner 내의 data 폴더, data_utils(data를 BERT가 이해할 수 있게 tokenization할 수 있다), substring의 count size 등을 활용해서 ko_bert를 이용하자. 가령 "나는 오늘 대통령을 만났다."라는 문장이 있으면 대통령이 직위이므로 tokenizer하면 안 되기 때문에 포지션과 인물에 대응할 코드가 필요하다.

Head view, model view, sequence view를 활용하자. KoBERT의 mxnet_kobert.py는 NLP에서 많이 사용하는 패키지이다. 우리는 이 중 pytorch를 주로 사용할 것이고 net과 utils도 활용한다. LSTM, CNN, CRF 등을 보아 model 폴더를 가지고 pretrain language model을 보자(Training을 하면 model이 만들어지기 때문에 model을 다운로드받을 필요는 없다). Script 폴더는 일종의 자바스크립트이고 tem 폴더는 LSTM+CRF에서 사용된다. 필요로 하는 모델은 bert_ner_train이다. Pretrained된 BERT를 활용하는 것인데, 해당 코드에서 mode가 csv이면 데이터프레임으로 바

Proceedings of the 55th Annual Meeting of the Association for Computational Linguistics (Volume 1: Long Papers).

꿔주고, ner 태그를 json 파일로 만들어주는 것을 볼 수 있다. Txt라면 util에 가서 convert_to_df_for_ko_ner로 활용한다. 단어, POS, chunk tagging, NER tag를 활용한다. NER tag는 마지막 3개가 같이 가는데, 특정 문장에 대해서 어떤 것을 활용하는지를 본다. Raw 데이터의 경우, 한 문장일 때는 식별을 위해 sentence index 부여가 필요하다. NER train은 데이터셋 이름을 받고, SentenceGetter(ner_data_loader.py에 있다; LSTM에서도 활용된다)의 word, POS, tag로 데이터 로드에 활용한다. 데이터셋이 들어오면 각각의 문장을 붙이고, 이에 대해서 BERT에 넣는다. Label로 NER tag와 ID도 활용한다. BERT에서는 tag2idx가 유지된다. Sentence, tag2idx, label의 값이 return되는 것이다.

train_bert_crf.py를 보자.

```
from __future__ import absolute_import, division, print_function, unicode_literals
import argparse
import numpy as np
import logging
import random
import pickle
import json
import os
from pathlib import Path

import torch
from pytorch_transformers import AdamW, WarmupLinearSchedule
from torch.utils.tensorboard import SummaryWriter # from tensorboardX import SummaryWriter
from torch.utils.data import DataLoader
from torch import nn, optim
from tqdm import tqdm, trange
from yonlu.data_utils.utils import CheckpointManager, SummaryManager
from yonlu.model.net import KobertCRF
from yonlu.data_utils.utils import Config

from yonlu.data_utils.ner_dataset import NamedEntityRecognitionDataset, NamedEntityRecognitionFormatter
from yonlu.data_utils.vocab_tokenizer import Vocabulary, Tokenizer
from yonlu.data_utils.pad_sequence import keras_pad_fn
from gluonnlp.data import SentencepieceTokenizer
from yonlu.kobert.pytorch_kobert import get_pytorch_kobert_model
from yonlu.kobert.utils import get_tokenizer
from sklearn.metrics import classification_report

import operator
import pandas as pd

import matplotlib.pyplot as plt
from sklearn.metrics import confusion_matrix
```

```
from sklearn.utils.multiclass import unique_labels

device=torch.device('cuda') if torch.cuda.is_available() else torch.device('cpu')
logger=logging.getLogger(__name__)

def set_seed(seed=100):
    random.seed(seed)
    np.random.seed(seed)
    torch.manual_seed(seed)
    n_gpu = torch.cuda.device_count()
    if n_gpu > 0:
        torch.cuda.manual_seed_all(seed)

def evaluate(model, val_dl, prefix="NER"):
    """ evaluate accuracy and return result """
    results = {}
    device = torch.device('cuda') if torch.cuda.is_available() else torch.device('cpu')

    # Eval!
    logger.info("***** Running evaluation {} *****".format(prefix))
    eval_loss = 0.0
    nb_eval_steps = 0

    list_of_y_real = []
    list_of_pred_tags = []
    count_correct = 0
    total_count = 0

    for batch in tqdm(val_dl, desc="Evaluating"):
        model.train()
        x_input, token_type_ids, y_real = map(lambda elm: elm.to(device), batch)
        with torch.no_grad():
            inputs = {'input_ids': x_input,
                      'token_type_ids': token_type_ids,
                      'tags': y_real}
            log_likelihood, sequence_of_tags = model(**inputs)

            eval_loss += -1 * log_likelihood.float().item()
        nb_eval_steps += 1

        y_real = y_real.to('cpu')
        sequence_of_tags = torch.tensor(sequence_of_tags).to('cpu')
        count_correct += (sequence_of_tags == y_real).float()[y_real != 2].sum()  # 0,1,2,3 -> [CLS], [SEP], [PAD],
[MASK] index
        total_count += len(y_real[y_real != 2])

        for seq_elm in y_real.tolist():
            list_of_y_real += seq_elm
```

```
        for seq_elm in sequence_of_tags.tolist():
            list_of_pred_tags += seq_elm

    eval_loss = eval_loss / nb_eval_steps
    acc = (count_correct / total_count).item()  # tensor -> float
    result = {"eval_acc": acc, "eval_loss": eval_loss}
    results.update(result)

    return results, list_of_y_real, list_of_pred_tags

def save_cr_and_cm(val_dl, list_of_y_real, list_of_pred_tags, cr_save_path="classification_report.csv",
cm_save_path="confusion_matrix.png"):
    """ print classification report and confusion matrix """

    # target_names = val_dl.dataset.ner_to_index.keys()
    sorted_ner_to_index = sorted(val_dl.dataset.ner_to_index.items(), key=operator.itemgetter(1))
    target_names = []
    for ner_tag, index in sorted_ner_to_index:
        if ner_tag in ['[CLS]', '[SEP]', '[PAD]', '[MASK]', 'O']:
            continue
        else:
            target_names.append(ner_tag)

    label_index_to_print = list(range(5, 25))  # ner label indice except '[CLS]', '[SEP]', '[PAD]', '[MASK]' and 'O' tag
    print(classification_report(y_true=list_of_y_real, y_pred=list_of_pred_tags,
target_names=target_names, labels=label_index_to_print, digits=4))
    cr_dict = classification_report(y_true=list_of_y_real, y_pred=list_of_pred_tags,
target_names=target_names, labels=label_index_to_print, digits=4, output_dict=True)
    df = pd.DataFrame(cr_dict).transpose()
    df.to_csv(cr_save_path)
    np.set_printoptions(precision=2)
    plot_confusion_matrix(y_true=list_of_y_real, y_pred=list_of_pred_tags, classes=target_names,
labels=label_index_to_print, normalize=False, title='Confusion matrix, without normalization')
    plt.savefig(cm_save_path)
    # plt.show()

def plot_confusion_matrix(y_true, y_pred, classes, labels,
                          normalize=False,
                          title=None,
                          cmap=plt.cm.Blues):
    """
    This function prints and plots the confusion matrix.
    Normalization can be applied by setting 'normalize=True'.
    """
    if not title:
        if normalize:
            title = 'Normalized confusion matrix'
        else:
            title = 'Confusion matrix, without normalization'
```

```
# Compute confusion matrix
cm = confusion_matrix(y_true=y_true, y_pred=y_pred, labels=labels)
# Only use the labels that appear in the data

if normalize:
    cm = cm.astype('float') / cm.sum(axis=1)[:, np.newaxis]
    print("Normalized confusion matrix")
else:
    print('Confusion matrix, without normalization')

# —— plot 크기 조절 —— #
plt.rcParams['savefig.dpi'] = 200
plt.rcParams['figure.dpi'] = 200
plt.rcParams['figure.figsize'] = [20, 20]  # plot 크기
plt.rcParams.update({'font.size': 10})
# —— plot 크기 조절 —— #

fig, ax = plt.subplots()
im = ax.imshow(cm, interpolation='nearest', cmap=cmap)

# —— bar 크기 조절 —— #
from mpl_toolkits.axes_grid1 import make_axes_locatable
divider = make_axes_locatable(ax)
cax = divider.append_axes("right", size="5%", pad=0.05)
plt.colorbar(im, cax=cax)
# —— bar 크기 조절 —— #
# ax.figure.colorbar(im, ax=ax)

# We want to show all ticks...
ax.set(xticks=np.arange(cm.shape[1]),
       yticks=np.arange(cm.shape[0]),
       # ... and label them with the respective list entries
       xticklabels=classes, yticklabels=classes,
       title=title,
       ylabel='True label',
       xlabel='Predicted label')

# Rotate the tick labels and set their alignment.
plt.setp(ax.get_xticklabels(), rotation=45, ha="right",
         rotation_mode="anchor")

# Loop over data dimensions and create text annotations.
fmt = '.2f' if normalize else 'd'
thresh = cm.max() / 2.
for i in range(cm.shape[0]):
    for j in range(cm.shape[1]):
        ax.text(j, i, format(cm[i, j], fmt),
                ha="center", va="center",
                color="white" if cm[i, j] > thresh else "black")
```

```
    fig.tight_layout()
    return ax


def train(model_dir, train_data_dir, val_data_dir):
    # Config
    model_config = Config(json_path=str(model_dir + '/config.json'))

    # Vocab & Tokenizer
    tok_path = get_tokenizer() # ./tokenizer_78b3253a26.model
    ptr_tokenizer = SentencepieceTokenizer(tok_path)

    _, vocab_of_gluonnlp = get_pytorch_kobert_model()
    token_to_idx = vocab_of_gluonnlp.token_to_idx

    model_config.vocab_size = len(token_to_idx)
    vocab = Vocabulary(token_to_idx=token_to_idx)

    print("len(token_to_idx): ", len(token_to_idx))
    with open(model_dir + "/token2idx_vocab.json", 'w', encoding='utf-8') as f:
        json.dump(token_to_idx, f, ensure_ascii=False, indent=4)

    # save vocab & tokenizer
    with open(model_dir + "/vocab.pkl", 'wb') as f:
        pickle.dump(vocab, f)

    # load vocab & tokenizer
    with open(model_dir + "/vocab.pkl", 'rb') as f:
        vocab = pickle.load(f)

    tokenizer = Tokenizer(vocab=vocab, split_fn=ptr_tokenizer, pad_fn=keras_pad_fn,
maxlen=model_config.maxlen)
    ner_formatter = NamedEntityRecognitionFormatter(vocab=vocab, tokenizer=tokenizer,
maxlen=model_config.maxlen, model_dir=model_dir)

    # Train & Val Datasets
    #cwd = Path.cwd()
    #data_in = data_dir
    #train_data_dir = data_in + "/NER-master" + "/말뭉치 - 형태소_개체명"
    tr_ds = NamedEntityRecognitionDataset(train_data_dir=train_data_dir, model_dir=model_dir)
    tr_ds.set_transform_fn(transform_source_fn=ner_formatter.transform_source_fn,
transform_target_fn=ner_formatter.transform_target_fn)
    tr_dl = DataLoader(tr_ds, batch_size=model_config.batch_size, shuffle=True, num_workers=4,
drop_last=False)

    #val_data_dir = data_in + "/NER-master" + "/validation_set"
    val_ds = NamedEntityRecognitionDataset(train_data_dir=val_data_dir, model_dir=model_dir)
    val_ds.set_transform_fn(transform_source_fn=ner_formatter.transform_source_fn,
transform_target_fn=ner_formatter.transform_target_fn)
```

```
    val_dl = DataLoader(val_ds, batch_size=model_config.batch_size, shuffle=True, num_workers=4,
drop_last=False)

    # Model
    model = KobertCRF(config=model_config, num_classes=len(tr_ds.ner_to_index))
    model.to(device)
    model.train()

    # optim
    train_examples_len = len(tr_ds)
    val_examples_len = len(val_ds)
    print("num of train: {}, num of val: {}".format(train_examples_len, val_examples_len))

    param_optimizer = list(model.named_parameters())
    no_decay = ['bias', 'LayerNorm.bias', 'LayerNorm.weight']
    optimizer_grouped_parameters = [
        {'params': [p for n, p in param_optimizer if not any(nd in n for nd in no_decay)], 'weight_decay':
0.01},
        {'params': [p for n, p in param_optimizer if any(nd in n for nd in no_decay)], 'weight_decay': 0.0}]

    # num_train_optimization_steps = int(train_examples_len / model_config.batch_size / model_config.gradient_accumulation_steps) *
model_config.epochs
    t_total = len(tr_dl) // model_config.gradient_accumulation_steps * model_config.epochs
    optimizer = AdamW(optimizer_grouped_parameters, lr=model_config.learning_rate,
eps=model_config.adam_epsilon)
    scheduler = WarmupLinearSchedule(optimizer, warmup_steps=model_config.warmup_steps, t_total=t_total)

    n_gpu = torch.cuda.device_count()
    # if n_gpu > 1:
    #     model = torch.nn.DataParallel(model)

    # save
    tb_writer = SummaryWriter('{}/runs'.format(model_dir))
    checkpoint_manager = CheckpointManager(model_dir)
    summary_manager = SummaryManager(model_dir)

    # Train!
    logger.info("***** Running training *****")
    logger.info("  Num examples = %d", len(tr_ds))
    logger.info("  Num Epochs = %d", model_config.epochs)
    logger.info("  Instantaneous batch size per GPU = %d", model_config.batch_size)
    logger.info("  Gradient Accumulation steps = %d", model_config.gradient_accumulation_steps)
    logger.info("  Total optimization steps = %d", t_total)

    global_step = 0
    tr_loss, logging_loss = 0.0, 0.0
    best_dev_acc, best_dev_loss = 0.0, 99999999999.0
    best_steps = 0
    model.zero_grad()
```

```
set_seed()  # Added here for reproductibility (even between python 2 and 3)

# Train
train_iterator = trange(int(model_config.epochs), desc="Epoch")
for _epoch, _ in enumerate(train_iterator):
    epoch_iterator = tqdm(tr_dl, desc="Iteration")
    epoch = _epoch
    for step, batch in enumerate(epoch_iterator):
        model.train()
        x_input, token_type_ids, y_real = map(lambda elm: elm.to(device), batch)
        log_likelihood, sequence_of_tags = model(x_input, token_type_ids, y_real)

        # loss: negative log-likelihood
        loss = -1 * log_likelihood

        if n_gpu > 1:
            loss = loss.mean()  # mean() to average on multi-gpu parallel training
        if model_config.gradient_accumulation_steps > 1:
            loss = loss / model_config.gradient_accumulation_steps

        loss.backward()
        torch.nn.utils.clip_grad_norm_(model.parameters(), model_config.max_grad_norm)
        tr_loss += loss.item()

        if (step + 1) % model_config.gradient_accumulation_steps == 0:
            optimizer.step()
            scheduler.step()  # Update learning rate schedule
            model.zero_grad()
            global_step += 1

            with torch.no_grad():
                sequence_of_tags = torch.tensor(sequence_of_tags).to(device)
                mb_acc = (sequence_of_tags == y_real).float()[y_real != vocab.PAD_ID].mean()

            tr_acc = mb_acc.item()
            tr_loss_avg = tr_loss / global_step
            tr_summary = {'loss': tr_loss_avg, 'acc': tr_acc}

            # if step % 50 == 0:
            print('epoch : {}, global_step : {}, tr_loss: {:.3f}, tr_acc: {:.2%}'.format(epoch + 1,
global_step, tr_summary['loss'], tr_summary['acc']))

            # training & evaluation log
            if model_config.logging_steps > 0 and global_step % model_config.logging_steps == 0:
                if model_config.evaluate_during_training:  # Only evaluate when single GPU otherwise metrics may not
average well
                    eval_summary, list_of_y_real, list_of_pred_tags = evaluate(model, val_dl)
                    tb_writer.add_scalar('lr', scheduler.get_lr()[0], global_step)
                    tb_writer.add_scalars('loss', {'train': (tr_loss - logging_loss) /
```

```
model_config.logging_steps, 'val': eval_summary["eval_loss"]}, global_step)
                    tb_writer.add_scalars('acc', {'train': tr_acc, 'val': eval_summary["eval_acc"]},
global_step)
                    print("eval acc: {}, loss: {}, global steps: {}".format(eval_summary['eval_acc'],
eval_summary['eval_loss'], global_step))
                print("Average loss: {} at global step: {}".format((tr_loss - logging_loss) /
model_config.logging_steps, global_step))
                logging_loss = tr_loss

            # save model
            if model_config.save_steps > 0 and global_step % model_config.save_steps == 0:
                eval_summary, list_of_y_real, list_of_pred_tags = evaluate(model, val_dl)

                # Save model checkpoint
                output_dir = os.path.join(model_config.output_dir, 'epoch-{}'.format(epoch + 1))
                if not os.path.exists(output_dir):
                    os.makedirs(output_dir)
                print("Saving model checkpoint to %s", output_dir)
                state = {'global_step': global_step + 1,
                         'model_state_dict': model.state_dict(),
                         'opt_state_dict': optimizer.state_dict()}
                summary = {'train': tr_summary, 'eval': eval_summary}
                summary_manager.update(summary)
                print("summary: ", summary)
                summary_manager.save('summary.json')

                # Save
                is_best = eval_summary["eval_acc"] >= best_dev_acc  # acc 기준 (원래는 train_acc가 아니라 val_acc로
해야)
                if is_best:
                    best_dev_acc = eval_summary["eval_acc"]
                    best_dev_loss = eval_summary["eval_loss"]
                    best_steps = global_step
                    # if args.do_test:
                    # results_test = evaluate(model, test_dl, test=True)
                    # for key, value in results_test.items():
                    #     tb_writer.add_scalar('test_{}'.format(key), value, global_step)
                    # logger.info("test acc: %s, loss: %s, global steps: %s", str(eval_summary['eval_acc']),
str(eval_summary['eval_loss']), str(global_step))

                    checkpoint_manager.save_checkpoint(state,
'best-epoch-{}-step-{}-acc-{:.3f}.bin'.format(epoch + 1, global_step, best_dev_acc))
                    print("Saving model checkpoint as
best-epoch-{}-step-{}-acc-{:.3f}.bin".format(epoch + 1, global_step, best_dev_acc))

                    # print classification report and save confusion matrix
                    cr_save_path = model_dir + '/best-epoch-{}-step-{}-acc-{:.3f}-cr.csv'.format(epoch +
1, global_step, best_dev_acc)
                    cm_save_path = model_dir + '/best-epoch-{}-step-{}-acc-{:.3f}-cm.png'.format(epoch +
```

```
1, global_step, best_dev_acc)
                    save_cr_and_cm(val_dl, list_of_y_real, list_of_pred_tags,
cr_save_path=cr_save_path, cm_save_path=cm_save_path)
                else:
                    torch.save(state, os.path.join(output_dir,
'model-epoch-{}-step-{}-acc-{:.3f}.bin'.format(epoch + 1, global_step, eval_summary["eval_acc"])))
                    print("Saving model checkpoint as
model-epoch-{}-step-{}-acc-{:.3f}.bin".format(epoch + 1, global_step, eval_summary["eval_acc"]))

    tb_writer.close()
    print("global_step = {}, average loss = {}".format(global_step, tr_loss / global_step))

    return global_step, tr_loss / global_step, best_steps
```

ner.csv 파일을 보면 단어, 품사, NER 태그로 활용되는 것을 볼 수 있다. 한글의 경우에는 konlpy 형태를 따른다. Data_processing을 활용하면 sentences, tag2idx, labels를 뽑고 kobert도 연결을 하지 않는다. 구글 리서치에서 주는 BERT base multilingual cased에서처럼 한글도 활용할 수 있도록 한 것이다. 한글을 tokenization하고 data_processing해서 태그 정보, 아이디 정보 등을 태그하고 문장 정보로 활용한다. 코드의 data_loading을 보면 batch size를 64로 하였다. Input_id는 token ID를 tensor로 만들어 padding을 시킨 것이고, tag는 해당하는 NER 태그로 동일한 길이로 padding을 시켰다. Post-padding은 뒤쪽을 padding하는 것을 뜻하고 attention mask가 없는 단어는 제외하고 활용된다. 학습 데이터는 validation과 train으로 나눈다. 그리고 list는 torch_tensor로 바꿨다. 지난 document_testset은 pybert 데이터셋을 활용하였는데 이번에는 pytorch에서 제공하는 데이터를 passing해서 만들고 data load를 시켰다. 그 후 BERT의 데이터에 마지막 layer만 추가하자. 코드의 load_token_classifier(전처리하고 train data, sequence data를 만들어 masking하고 tokenization해서 로딩시킨 후에)는 BERT 모델을 불러 아랫단에 12개를 쌓고, sequence classification이 아니라 token classification을 활용하는 것이다. 이는 many to many를 위한 classification인데 BERT의 token classification을 이용한다. 이후 optimizer를 얻고 epoch 사이즈를 정해 train하는 것이다(Epoch 사이즈가 끝날 때마다 checkpoints가 쌓인다).

BERT보다 성능이 좋은 LSTM을 할 때 forward, backward 등을 활용해서 token classification 모델을 이용한다. Bert_ner_train.py의 대부분도 이와 같은 코드 형식을 이용하는데, BERT를 사용했기에 BERT tokenizer 과정을 거친 것이고 이를 다시 붙여 NER 태깅을 하는 것이 필요하다. 즉, loss 등은 같지만 실전에서 사용하기 위해서는 또 다른 작업이 필요할 것이다. 이를 추가로 만들기 위해서는 token을 정렬하고 ID를 추적하여 원래의 token으로 만들어야 한다. 가령 대통령을 직위로 인식하는 것을 생각할 수 있다. Pytorch의

bertfortokenclassification에는 이와 같은 함수가 없다는 것에 유의하자.

Bert_crf_ner_trainer.py는 이에 CRF를 얹어 문제를 보완한 코드이니 살펴보자. Bert_crf_ner_prediction.py는 예측해서 NER 태깅을 해서 반환해주는 것이다. 이제 코드를 보자.

Trainer 부분을 보면 raw데이터를 가지고 실전에서 태깅할 수 있도록 prediction한다. Data는 pyner로 개체명 말뭉치 인식을 활용한다(89line의 말뭉치~형태소_개체명). 앞과 다른 점은 CRF를 얹은 코드인데 py_ner에 있는 model 중 net.py에 있는 클래스를 활용하는 것을 볼 수 있다. KoBERTCRF는 KoBERT에 CRF를 얹은 식인데 pytorchCRF를 설치해서 사용한다.

한 epoch이 끝날 때마다 모델이 생기는데 가장 마지막에 생기는 모델이 사용된다. 다시 trainer.py를 보면 Base_model_with_crf에 대한 디렉토리가 생기고 모델 파일이 문제없이 돌아갈 것이다. Data loader와 KoBERT crf, KoBERT LSTM 등 필요에 따라 활용하고자 하는 것을 사용한다. Bert_crf_ner_predictor.py에서 모델명의 폴더를 주고 새로운 것들을 볼 수 있다. 모델명의 경우에는 KoBERTCRF로 볼 수 있다. KoBERTbilistm.crf, KoBERTBiGRUCRF도 활용 가능한 모델이기에 사용하고자 하는 것에 따라 모델명을 바꿔보자. 이는 다른 bert_bilist_crf_net_train.py, bert_crf_ner_prediction.py 등에서도 동일하게 적용된다.

Trainer.py부터 실행을 한 후에 predictor.py의 model_name, tokenizer_path, checkpoint_file, predictor.load_model을 바꿔서 예측에 쓸 수 있다.

LSTM+CNN+CRF for NER에 대해 자세히 알아보겠다. CRF가 나오기 전에는 Hidden Markov Model이 활용되었다(maximum entropy에 기반한 MEMM도 있다). LSTM과 CNN의 연결은 용이했지만, CRF와 연결 시 BERT의 pretrained 모델을 보면 transformers가 필수적이다.

2018년 후반부터 셀프 어텐션이나 BERT 등의 여러 기법들을 NLP에서 사용하지만 논문이 발표될 당시만 해도 셀프 어텐션에 대한 개념이 나오기 이전이다. 따라서 sequence labeling을 위해서 여러 가지 기법이 사용되었다.

T5(Text to text transfer transformers)는 구글에서 제안한 개념이다. BERT의 단점이 sequence2sequence에 적용하기 어렵다는 점인데, 몇 개의 단어를 가려 masking시켜 prediction을 하기에 BERT의 사용이 어려운 것이다. 이를 보완하기 위한 연구가 있는데, BERT를 써서 중국어에서 영어로 자동번역을 하는 것이다. 다만 이는 복잡하고 성능이 그렇게 좋지도 않아서 BERT가 기계 번역에 어려운 한계점을 드러냈다. T5는 이런 류의 텍스트를 transfer시켜

만든 것이다. Transformers는 sequence2sequence에 특화된 것이다.

LSTM과 CRF를 기반으로 성능이 어떻게 되는지도 볼 수 있다(keras, pytorch, tensorflow를 활용한다; keras, tensorflow, pytorch의 순으로 high level → low level로 간다). Sequence labeling을 위해서 여러 가지 기법이 사용되었는데, 대표적인 알고리즘 중 하나인 CRF(Conditional Random Field)를 통해 현재의 state뿐 아니라 바로 이전의 state도 고려하는 모델이 활용되었다. 하지만 CRF와 방법을 도입하기 위해서는 수작업을 통한 feature engineering(혹은 feature generation, feature selection)이 필요하다. 이는 시간과 노력이 매우 많이 소요되는 작업이다. 어떤 set이 가장 optimal한 조합인지를 보아야 하고, 따라서 이러한 작업을 쉽게 적용하기 위해 CNN을 활용해 character-level embedding으로 뽑은 feature와 워드 임베딩을 결합하는 과정을 도입한다.

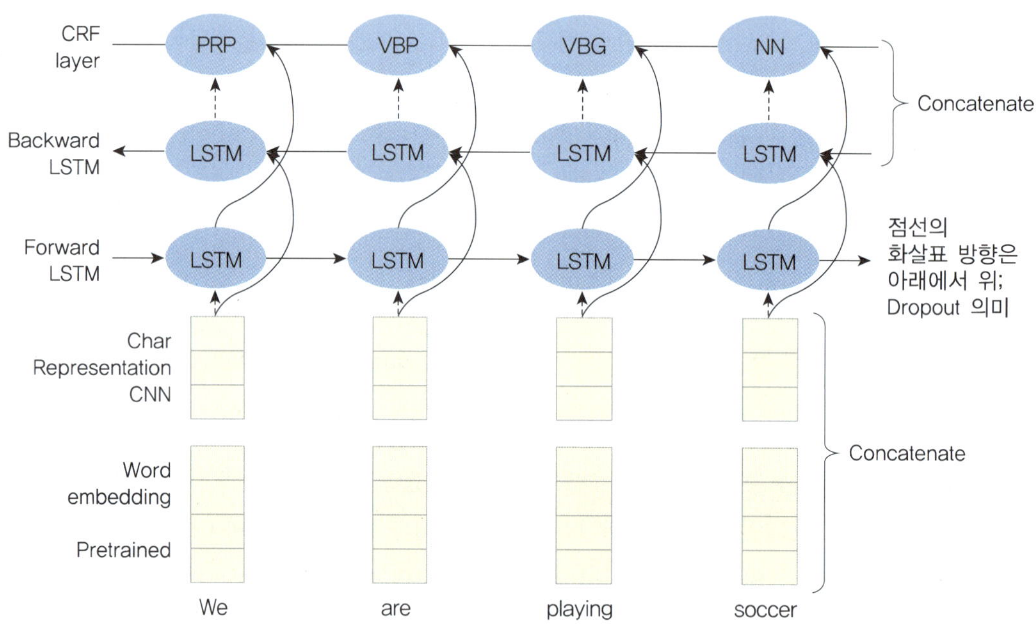


맨 아래에 input 데이터를 넣어 텍스트가 입력되어 들어오면 sentence와 문헌별로 Word2Vec이나 FastText로 매핑하고 해당하는 단어의 hidden embedding을 붙인다. Dimension의 개수에 따라 활용은 다르겠지만 character embedding을 시킨 후에 OOV나 UNK로 된 태깅은 후에 mask 처리를 한다. Input text가 maximum length보다 작으면 나머지를 padding시킨다. 가령 input이 50, maximum이 100이라면 남은 50을 padding시킨다. Padding시 앞쪽(왼쪽)에 padding을 시키면 pre-padding이고 뒤쪽(오른쪽)에 패딩을 시키면 post-padding이 된다. Padding의 옵션에 따라 다른데 단어가 100개가 아니라 150개라면 truncate시켜서 활용할 수 있다. BERT는 subtoken으로 자른 것이 512자인데 이때까지 truncate한다. 같은 단어를

character representation시켜서 character별로 CNN이 embedding을 시키기도 한다. OOV의 경우와 W의 차이를 둔다. 그리고 특정 character가 어떤 character 정보를 두는지 character embedding과 워드 임베딩을 concatenate시키고 그 다음 단계로 올라가는 것이 LSTM이다. Feedforward되고 backpropagation하여 동시에 합쳐져서 오른쪽에서 왼쪽으로 CRF layer에 들어간다. Dropout은 이때 CNN의 output에서 활용되고, LSTM의 input과 output에서 활용된다. CRF는 워드 임베딩된 것을 feature로 학습하고, 수작업으로 feature selection하지 않는 기계 학습적인 방법으로 볼 수 있다. 이것이 end to end 모델이다.

워드 임베딩이 character-level representation으로 변환된 것이 아니며 [그림 13-1] 에서 bidirectional LSTM에 들어가는 input은 character-level representation과 워드 임베딩이 concatenate된 결과물이다. 여기서 character-level embedding은 각 단어를 character-level로 쪼개서 만들어진 embedding이다. 그 이후 bidirectional LSTM(BiLSTM)을 거친 output이 CRF layer의 입력으로 들어가는 방식이다.

특징을 잡아가기 위해 max pooling을 한다. Max pooling과 어텐션의 차이는 'playing'이 맨 위에서 input으로 들어오면 이를 단어로 보지 않고 character로 보는 것이다. 각각의 낱글자가 하나씩 들어오는데 p,l,a,y,i,n,g로 들어오는 것이 예시이다(한글은 초·중·종성, 혹은 낱글자로 자르는 level에 따라 다르다). 단어 character의 maximum length를 넘지 않는 부분에 padding을 시킨다. Convolution layer(CNN)가 있고, dropout이 character embedding 부분에서 CNN의 input으로 들어가 embedding된다. 이를 받아서 LSTM의 input과 output 부분에 적용되는데 왼쪽에서

그림 13-1 | CNN(Character Encoding)

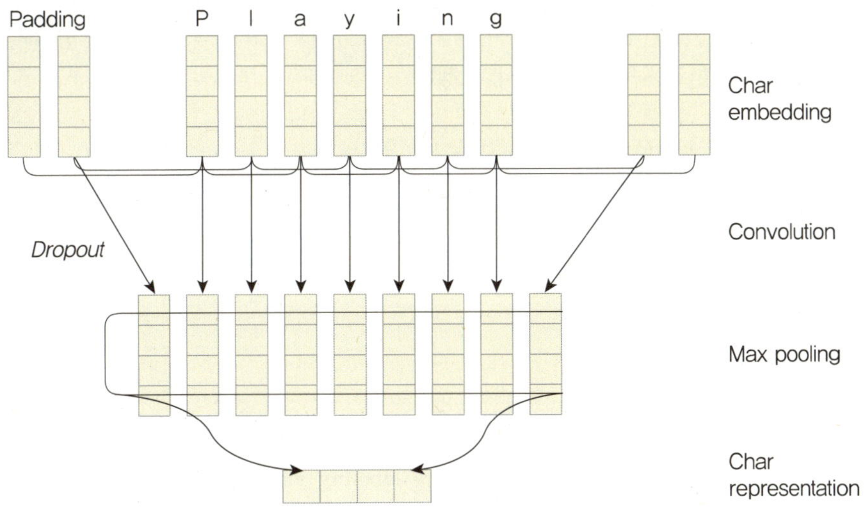

오른쪽, 오른쪽에서 왼쪽으로 character representation으로 활용된다. CNN 중 character level에 관한 것이다.

[그림 13-1]을 통해 character-level representation이 어떻게 이루어지는지를 상세하게 알 수 있다. 여기서는 kernel size 3을 사용했으며 dropout이 적용되면서 랜덤한 확률로 size 3의 kernel 중 몇 가지가 랜덤하게 빠지는 방식으로 이해할 수 있다.

BiLSTM의 경우에는 LSTM 자체가 sequence를 표현해서 연속된 state의 합을 보여줄 때 previous, feature state를 보여준다. Hidden state을 Ht라고 하면 이전 단계에서의 정보를 보고 feature state을 prediction할 수 있는 것이다. 다만 미래에 대한 정보는 없다. Forward와 backward의 두 이전 잠재 상태를 concatenate하였다. 이 그림을 CRF로 하여 선행연구를 살펴보자. 선행연구들에서는 character-level embedding이 어떻게 작동하는가, BiLSTM 방식이 어떤 방식으로 동작하는가에 대해 설명하였다. 아래 표는 Hyper-parameter와 layer에 대해 본 것이다.

| Layer | Hyper-parameter | POS | NER |
|---|---|---|---|
| CNN | Window size<br>Number of filters | 3<br>30 | 3<br>30 |
| LSTM | State size<br>Initial state<br>Peepholes | 200<br>0.0<br>no | 200<br>0.0<br>no |
| Dropout | Dropout rate | 0.5 | 0.5 |
| | Batch size<br>Initial learning rate<br>Decay rate<br>Gradient clipping | 10<br>0.01<br>0.05<br>5.0 | 10<br>0.015<br>0.05<br>5.0 |

13)

Hidden Markov Model에 대해서 보겠다. CRF에 대해 알기 위해 필요한 몇 가지 개념에 관련된 것이다. 첫 번째로는 베이즈 규칙에 대해서 보겠다.

$P(y|x) = P(x,y)/p(x)*P(x,y)=P(x|y)P(y)$로 바꿀 수 있다.

여기서 output이 continuous하지 않고 discriminative하다고 가정한다면 다음과 같은 공식으로 나타낼 수 있다.

13) Ma, X., & Hovy, E. (2016). End-to-end sequence labeling via bidirectional lstm-cnrs-crf, *arxiv preprint arxiv:1603.01354.*

$$\hat{y} = \underset{y}{argmax}\ p(y|x)$$

Level을 가정하면 조건부 확률의 결과값을 argument of maximum으로 구하는 것이다. 이를 구하는 방법은 원하는 prediction이 generative한지, discriminative한지에 따라, 즉 어떤 모델을 사용하는지에 따라 다르다. 일반적으로는 직접적인 방식을 통한다.

Prediction을 하는 경우 $argmax\ y\ p(y|x)$ 부분을 다음과 같이 베이즈 규칙에 따라 $P(y|x)$를 변환할 수 있다.

$$\begin{aligned}\hat{y} &= \underset{y}{argmax}\ p(y|x) \\ &= \underset{y}{argmax}\ \frac{p(x|y)\cdot p(y)}{p(x)} \\ &= \underset{y}{argmax}\ p(x|y)\cdot p(y)\end{aligned}$$

베이즈 규칙을 활용해서 공식을 풀면 위와 같은 방식으로 표현할 수 있는데, $p(x)$ 부분은 같은 조건 내에서 다른 요소에 대한 확률을 계산하더라도 동일하게 계산되는 부분이므로 편의성을 위해 생략할 수 있다.

이를 기반으로 한 Hidden Markov Model은 transition probability(왼쪽→오른쪽) emission probability(hidden state에서 위→아래로)가 있다. Transition은 같은 state에서 emission은 hidden state에서 observation을 예측하는 것이다. 우리가 원하는 것은 emission probability인데(NNP는 명사형, VBZ는 단수형 동사 등의 품사 태그를 뜻하며 PENN을 참조할 수 있다) 왼쪽에서 오른쪽으로 옮겨가며 다음 것이 올 확률을 볼 수 있다. Emission probability는 어떤 단어가 나올지 예측하는데, Markov probability의 모델 중 emission probability에 집중하자. 가령 NER이라면 품사 NER 태그명이 hidden state가 될 것이고 품사라면 품사명이 hidden state가 될 것이다. 이런 학습 데이터가 많다면 sentence가 늘어나고 probability가 늘어날 것인데 새로운 데이터가 들어오면 hidden state의 probability를 통해서 알 수 있다.

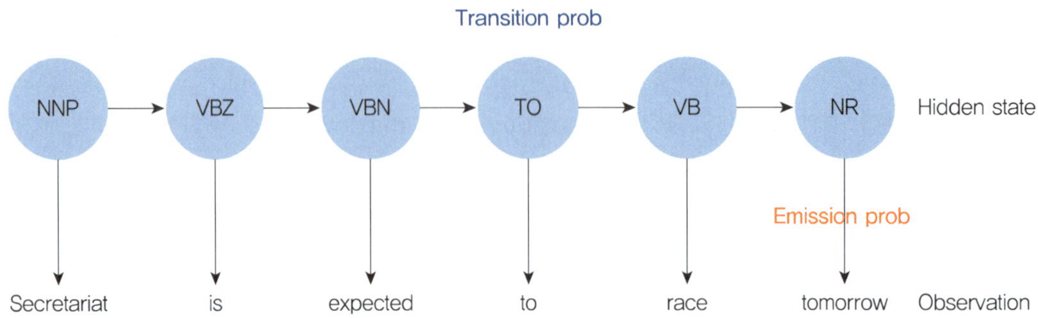


위 그림에서 race라는 단어를 예측한다고 가정하였을 때, HMM에서는 다음 확률을 모두 곱하는 것 중 가장 큰 값을 찾는 방식으로 계산을 한다. 시작 토큰에서 NNP로 넘어갈 확률(transition), NNP에서 secretariat이라는 단어가 나올 확률(emission), BBP에서 VBZ라는 POS로 넘어갈 확률(transition), VBZ에서 expected라는 단어가 나올 확률(emission), VBZ에서 TO라는 POS로 넘어갈 확률(transition), TO에서 to라는 단어가 나올 확률(emission), TO에서 VB라는 POS로 넘어갈 확률(transition)이 그 예시이다. 이 방식은 Time t의 POS에서 t+1의 특정 POS로 넘어가는 확률인 transition probability와 특정 POS에서 단어가 나올 확률인 emission probability를 통해 sequence 내에서 recursive하게 prediction을 하고자 하는 방법이다.

이 확률들을 모두 고려한 후 race라는 단어가 가장 높은 확률을 가진다면 올바른 prediction이 나온다는 의미이다. 이 확률을 계산하는 수식은 아래와 같다. Y는 hidden state, X는 단어가 될 것이다.

$$\hat{Y} = \underset{Y}{argmax}\ p(Y|X)$$

$$= \underset{Y}{argmax}\ p(Y|X) \cdot p(Y)$$

$$= \underset{Y}{argmax}\ \Pi p(X_i|Y_i) \cdot p(Y) \Pi p(Y_i|Y_{i-1})$$

이 방식이 가능한 이유는 Markov property 때문인데 현재 hidden state는 이전의 hidden state에만 의존한다는 정의에 근거한다. 예시로 전치사 뒤에 명사가 나오고 명사 뒤의 전치사는 잘 나오지 않는다는 가정으로 볼 수 있겠다. 공식의 측면에서 보면 형태의 POS(여기서는 $Y_i$, $Y_{i-1}$)가 주어지고 다음 단어를 예측하는 방식이다(POS to Word). 하지만 learning이라는 방식의 특성상 처음부터 모든 예측이 올바르게 진행될 수는 없다. 따라서 학습을 위해서는 EM(Expectation

Maximization) 알고리즘이 사용되고(함수가 있고 값이 정확하게 예측이 안될 때 가장 적정값의 최대값으로 예측할 것; 유사도의 반대 개념인 difference를 줄이는 반복된 학습의 절차가 EM 알고리즘이다), 이 때문에 statistical하다는 특징을 가지게 되며 매트릭스 형태의 output 역시 가지게 된다.

HMM은 현재의 POS 정보를 기반으로 해서 word를 예측하는 방법이지만 NER과 같은 sequence labeling을 위해서는 word 정보를 기반으로 POS를 예측하는 방식이 필요하다. 이와 같은 점을 해결하기 위해서 나온 방식이 MEMM(Maximum Entropy Markov Model)이다. HMM에 비해 좀 더 relax되어 있으며 일종의 train 구조 그래프이다. Node2Vec에서 단방향도 그래프의 일종이라고 하였는데, 이 관점에서 HMM도 그래프겠지만 좀 더 일반적인 그래프는 MEMM부터 시작이다.

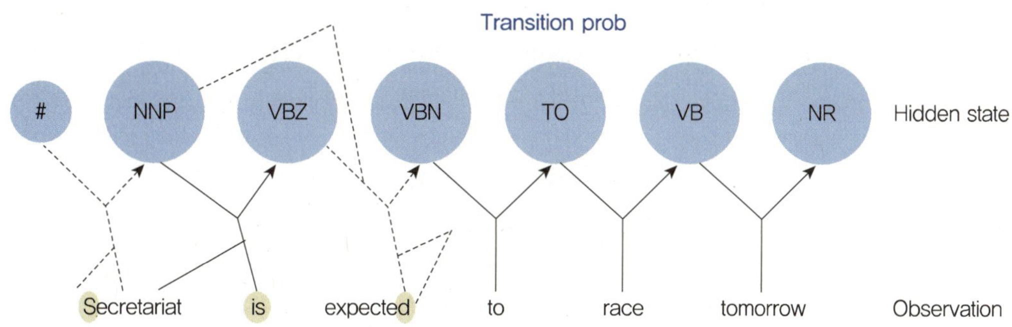


현재의 POS를 계산하기 위해 이전 Time step(t)의 hidden state와 현재의 feature(단어의 feature를 말하며 여기서는 단어만이 아닌 단어의 대소문자, 글자수, 단어의 마지막 알파벳 등과 같은 여러 가지 feature를 모두 고려)를 정보로 주고 현재의 POS를 계산하는 방식이다. 여기서 Word Feature은 Observation으로 POS 정보는 hidden state로 정의된다. 다음은 관련 수식이다. Exp 안에 feature set, 즉 단어가 가지고 있는 특징이 있는 것을 볼 수 있는데 첫자가 숫자로 되어 있는지, 길이는 몇 개인지, 그 전 단어는 몇 개로 구성되었는지 등을 볼 수 있다.

$$\hat{Y} = \underset{Y}{argmax}\ p(Y \mid X)$$

$$= \underset{Y}{argmax}\ \Pi_i\, p(Y_i \mid X_i, Y_{i-1})$$

$$= \underset{Y}{argmax}\ \Pi_i \frac{\exp(\overrightarrow{w_y}^T \overrightarrow{f(X_i, Y_{i-1})})}{\sum_{y' \in Label} \exp(\overrightarrow{w_{y'}}^T \overrightarrow{f(X_i, Y_{i-1})})}$$

즉 HMM 공식에서 달라진 부분은 exponential에 들어가는 부분인 $X_i$(현재 단어에 대한 모든 feature), 그리고 $Y_{i-1}$(t-1의 hidden state)이다. 이 방식은 CRF가 작동하는 방식의 베이스가 된다. 여기에 들어갈 word feature에 대한 데이터는 수작업이 필요하다.

HMM은 현재 state만 고려하는 반면 maximum entropy는 현재 state만 고려하지 않는다. Sequence의 길이에 따라 단어가 여러 가지로 이루어졌기에 전체 sequence에서 어떤 combination이 최적의 combination인지를 고려해야 하는데, 이 점이 고려되지 않는 것이 maximum entropy의 문제이다. 이는 label-bias의 문제로도 불린다. 이를 해결하기 위해서 conditional random field가 나왔다. State를 5개로 보았을 때 local minimum으로 빠지는 것은 observation 1에서 observation 2로 갈 때 state 1로 가면 0.4, state 2는 0.6이 되는 것처럼 어디로 가는지 probability에 따라 다르다. Observation 1에서 state 1을 기준으로 가장 높은 확률은 state 1 → state 2이다. Observation 2에서 가장 높은 확률인 state 2를 기준으로 가장 높은 확률은 state 2 → state 2(0.3)이다. 동일한 방법으로 observation 3도 state 3(0.3)이 선택된다.

그림 13-2 | label bias

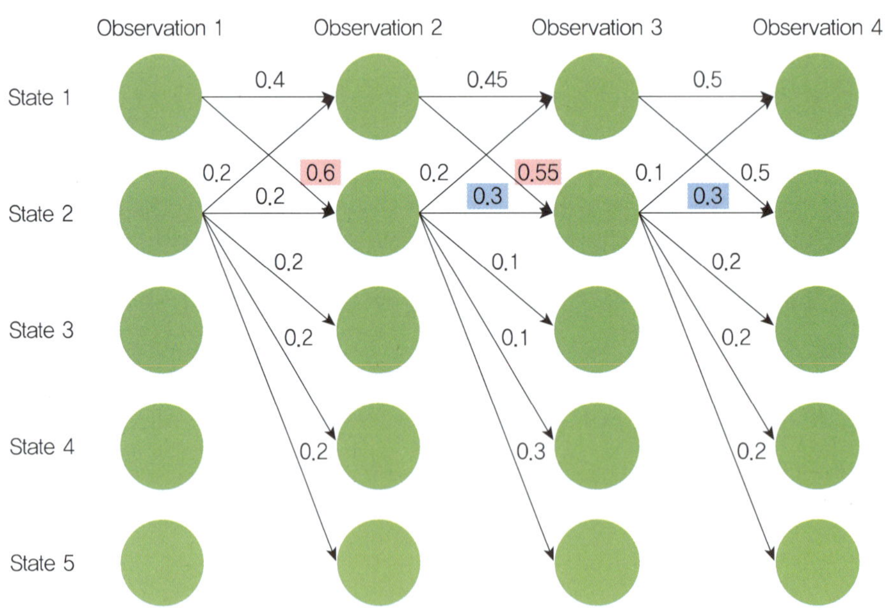


하지만 정작 확률을 계산해보면 state 1 – state 1 – state 1이 가장 높은 확률을 보인다 (0.4*0.45*0.5). 가장 높은 확률만을 골랐지만 정작 sequence 전체를 볼 때에는 최적의 확률이 다른

label bias 문제가 생기는 것이다.

Observation 이전 state에서 다음 state로 가는 것으로는 구조적 문제이므로 해결이 불가능하다. 이에 대한 해결 방법이 global normalize이다. CRF sequence를 계산할 때 global normalize를 포함한 전체적인 optimal sequence는 state 2~3으로 가는 등 전체적으로 optimal한 방법을 활용해야 한다. Label bias를 계산하는 것에서도 활용된다.

분자는 observation 1~4의 state sequence가 1>2>2>3인 스코어, 분모는 observation 1~4가 가질 수 있는 state sequence로 경우의 수는 5*5*5*5가지이며 각각의 스코어의 합이다. CRF는 $P(Y_{1-n} | X_{1-N})$를 계산한다.

CRF는 local, global한 것 모두를 볼 수 있다. Sequence에 대한 확률을 구함으로써 label bias가 일어날 경우를 방지할 수 있는 것이다. 다만 시간이 많이 들기에 observation의 처음부터 끝까지 연결되는 경우만 고려하는 방식인 Viterbi 알고리즘을 활용해 계산량을 조금이라도 줄여야 한다. 연결된 sequence에 대해서 적용하는 것이다. 이는 HMM 계통의 알고리즘에는 모두 활용된다. Viterbi 함수는 완전한 sequence가 되는 경우만 고려해서 계산량을 줄인다. HMM뿐 아니라 sequence 전체에 대해서도 고려할 수 있다.

다만 이때 각 경우당 feature가 많고, 메모리에 담아야 할 정보가 많아진다. 따라서 이런 단점을 해결하기 위해서 나온 것이 RNN(LSTM)을 이용하여 feature generation하고, CRF를 계산하는 방식이다. Concatenate시켜서 CRF의 input으로 쓰는 것이 가장 큰 기여점이다.

성능평가를 보면 품사 태깅, 개체명 인식으로 활용하였다. 대부분은 개선된 성능을 보였는데 bidirectional RNN, LSTM, LSTM+CNN이 있는데 아래의 표를 참조해보자.

| Model | POS | | NER | | | | | |
|---|---|---|---|---|---|---|---|---|
| | Dev | Test | Dev | | | Test | | |
| | Acc. | Acc. | Prec. | Recall | F1 | Prec. | Recall | F1 |
| BRNN | 96.56 | 96.76 | 92.04 | 89.13 | 90.56 | 87.05 | 83.88 | 85.44 |
| BLSTM | 96.88 | 96.93 | 92.31 | 90.85 | 91.57 | 87.77 | 86.23 | 87.00 |
| BLSTM-CNN | 97.34 | 97.33 | 92.52 | 93.64 | 93.07 | 88.53 | 90.21 | 89.36 |
| BRNN-CNN-CRF | 97.46 | 97.55 | 94.85 | 94.63 | 94.74 | 91.35 | 91.06 | 91.21 |

성능평가 결과를 보면 task가 더 중요한 것을 볼 수 있다. NER 같은 경우에 F1을 보면 90%부터 볼 수 있고, LSTM+CNN을 쓰는 경우 CRF를 포함시켜도 증가의 폭이 크지 않은 것을 볼 수 있다. BLSTM, CRF를 쓰지 않고 BRNN, CRF를 사용한 것도 볼 수 있다. NER은 90%까지로 성

능이 많이 올랐지만 LSTM, bidirectional의 성능이 큰 차이를 보이지 않는다. 즉, RNN과 LSTM은 NER에서 큰 차이를 보이지 않고, CRF를 CNN에 함께 얹어 sequential deep learning에 넣었는지의 여부가 큰 영향을 미친다(CNN은 character embedding에 활용되고 CRF는 BERT 쓸 때, 태깅을 할 때 label transition을 쓴다. B-가 I-보다 먼저 출현할 것이다). RNN 자체는 sequential하기 때문에 성능이 크게 개선되지 않았을 가능성을 예측한다. CRF는 label bias를 줄이는데 도움을 주어서 RNN+CNN만 쓰는 것보다 해결이 편하다. BERT는 이와 다른데 pretrained된 모델이 아니기에 CRF로 일단 잡아주어야 한다.

Character-level embedding에 concatenate되는 워드 임베딩의 데이터셋이 어디에 기반하느냐에 따른 성능 차이를 보인다. 논문(Ma & Hovy, 2016)**14)**에서는 기존 방식 중 Senna가 제일 성능이 잘 나왔었다고 언급한다(Global과 Word2Vec의 차이는 GloVe는 전체 co-occurrence로, Word2Vec은 skipgram이나 CBOW를 사용하는 차이이다).

| Embedding | Dimension | POS | NER |
|---|---|---|---|
| Random | 100 | 97.13 | 80.76 |
| Senna | 50 | 97.44 | 90.28 |
| Word2Vec | 300 | 97.4 | 84.91 |
| GloVe | 100 | **97.55** | **91.21** |

Lstm_cnn_crf_trainer.py는 다음과 같다.

```
# coding=utf-8
from __future__ import print_function

import os
import codecs
import optparse
import itertools
from collections import OrderedDict
import py_ner.ner_data_loader as loader
import torch
import time
import pickle
from torch.autograd import Variable
import matplotlib.pyplot as plt
import sys
```

**14)** Ma, X., & Hovy, E. (2016). End-to-end sequence labeling via bidirectional lstm-cnrs-crf, *arxiv preprint arxiv:1603.01354.*

```
import numpy as np

import py_ner.lstm_cnn_crf_utils as utils
import py_ner.ner_data_loader as loader
import py_ner.lstm_cnn_crf_model as model

t=time.time()
models_path="models/"   #model 폴더 위치 지정

optparser = optparse.OptionParser()   #여기서 123line까지 default값의 설정이 중요
optparser.add_option(
    "-T", "--train", default="./eng.train",   #data폴더의 이름, 영어로 되어있음
    help="Train set location"
)
optparser.add_option(
    "-d", "--dev", default="./eng.testa",
    help="Dev set location"
)
optparser.add_option(
    "-t", "--test", default="./eng.testb",
    help="Test set location"
)
optparser.add_option(
    '--test_train', default='./eng.train54019',
    help='test train'
)
optparser.add_option(
    '--score', default='./temp/score.txt',
    help='score file location'
)
optparser.add_option(
    "-s", "--tag_scheme", default="iobes",
    help="Tagging scheme (IOB or IOBES)"
)
optparser.add_option(
    "-l", "--lower", default="1",
    type='int', help="Lowercase words (this will not affect character inputs)"
)
optparser.add_option(
    "-z", "--zeros", default="0",
    type='int', help="Replace digits with 0"
)
optparser.add_option(
    "-c", "--char_dim", default="25",
    type='int', help="Char embedding dimension"
)
optparser.add_option(
    "-C", "--char_lstm_dim", default="25",   #주로 paper에 나온 방법대로 default값을 정함
    type='int', help="Char LSTM hidden layer size"
```

```
)
optparser.add_option(
    "-b", "--char_bidirect", default="1",
    type='int', help="Use a bidirectional LSTM for chars"
)
optparser.add_option(
    "-w", "--word_dim", default="100",   #word_dim 사이즈
    type='int', help="Token embedding dimension"
)
optparser.add_option(
    "-W", "--word_lstm_dim", default="200",   #lstm_dim 사이즈
    type='int', help="Token LSTM hidden layer size"
)
optparser.add_option(
    "-B", "--word_bidirect", default="1",   #bidirection활용 여부 - 1이면 한다
    type='int', help="Use a bidirectional LSTM for words"
)
optparser.add_option(
    "-p", "--pre_emb", default="../embeddings/glove.6B.100d.txt",   #embedding을 어떤 것으로 할지
(ex.100 dimension)
    help="Location of pretrained embeddings"
)
optparser.add_option(
    "-A", "--all_emb", default="1",
    type='int', help="Load all embeddings"
)
optparser.add_option(
    "-a", "--cap_dim", default="0",
    type='int', help="Capitalization feature dimension (0 to disable)"
)
optparser.add_option(
    "-f", "--crf", default="1",   #crf를 쓰지 않으면 0, 쓰면 1(맨 마지막 layer에서 활용)
    type='int', help="Use CRF (0 to disable)"
)
optparser.add_option(
    "-D", "--dropout", default="0.5",   #DROPOUT 까빼쓰이 0.5
    type='float', help="Droupout on the input (0 = no dropout)"
)
optparser.add_option(
    "-r", "--reload", default="0",
    type='int', help="Reload the last saved model"
)
optparser.add_option(
    "-g", '--use_gpu', default='0',   #0이면 gpu쓰지 않을 것
    type='int', help='whether or not to ues gpu'
)
optparser.add_option(
    '--loss', default='loss.txt',
    help='loss file location'
```

```
)
optparser.add_option(
    '--name', default='lstm_cnn_crf.model',    #확장자명을 model로
    help='model name'
)
optparser.add_option(
    '--char_mode', choices=['CNN', 'LSTM'], default='CNN',    #CNN을 서야 character embedding기반으로 활용
    help='char_CNN or char_LSTM'
)
opts=optparser.parse_args()[0]

parameters=OrderedDict()
parameters['tag_scheme'] = opts.tag_scheme
parameters['lower'] = opts.lower == 1
parameters['zeros'] = opts.zeros == 1
parameters['char_dim'] = opts.char_dim
parameters['char_lstm_dim'] = opts.char_lstm_dim
parameters['char_bidirect'] = opts.char_bidirect == 1
parameters['word_dim'] = opts.word_dim
parameters['word_lstm_dim'] = opts.word_lstm_dim
parameters['word_bidirect'] = opts.word_bidirect == 1
parameters['pre_emb'] = opts.pre_emb
parameters['all_emb'] = opts.all_emb == 1
parameters['cap_dim'] = opts.cap_dim
parameters['crf'] = opts.crf == 1
parameters['dropout'] = opts.dropout
parameters['reload'] = opts.reload == 1
parameters['name'] = opts.name
parameters['char_mode'] = opts.char_mode

parameters['use_gpu'] = opts.use_gpu == 1 and torch.cuda.is_available()
use_gpu=parameters['use_gpu']

mapping_file='models/mapping.pkl'

name = parameters['name']
model_name=models_path+name #get_name(parameters)
tmp_model = model_name + '.tmp'


assert os.path.isfile(opts.train)
assert os.path.isfile(opts.dev)
assert os.path.isfile(opts.test)
assert parameters['char_dim'] > 0 or parameters['word_dim'] > 0
assert 0. <= parameters['dropout'] < 1.0
assert parameters['tag_scheme'] in ['iob', 'iobes']
assert not parameters['all_emb'] or parameters['pre_emb']
assert not parameters['pre_emb'] or parameters['word_dim'] > 0
#assert not parameters['pre_emb'] or os.path.isfile(parameters['pre_emb'])
```

```
if not os.path.isfile(utils.eval_script):
    raise Exception('CoNLL evaluation script not found at "%s"' % utils.eval_script)
if not os.path.exists(model.eval_temp):
    os.makedirs(utils.eval_temp)
if not os.path.exists(models_path):
    os.makedirs(models_path)

lower=parameters['lower']
zeros=parameters['zeros']
tag_scheme=parameters['tag_scheme']

train_sentences=loader.load_sentences(opts.train,lower,zeros)
dev_sentences=loader.load_sentences(opts.dev,lower,zeros)
test_sentences=loader.load_sentences(opts.test,lower,zeros)
test_train_sentences=loader.load_sentences(opts.test_train,lower,zeros)

loader.update_tag_scheme(train_sentences,tag_scheme)
loader.update_tag_scheme(dev_sentences,tag_scheme)
loader.update_tag_scheme(test_sentences,tag_scheme)
loader.update_tag_scheme(test_train_sentences,tag_scheme)

dico_words_train=loader.word_mapping(train_sentences,lower)[0]

dico_words,word_to_id,id_to_word=loader.augment_with_pretrained(
        dico_words_train.copy(),
        parameters['pre_emb'],
        list(itertools.chain.from_iterable(
            [[w[0] for w in s] for s in dev_sentences + test_sentences])
        ) if not parameters['all_emb'] else None
    )

dico_chars,char_to_id,id_to_char=loader.char_mapping(train_sentences)
dico_tags,tag_to_id,id_to_tag=loader.tag_mapping(train_sentences)

train_data=loader.prepare_dataset(
    train_sentences, word_to_id, char_to_id, tag_to_id, lower
)
dev_data=loader.prepare_dataset(
    dev_sentences, word_to_id, char_to_id, tag_to_id, lower
)
test_data=loader.prepare_dataset(
    test_sentences, word_to_id, char_to_id, tag_to_id, lower
)
test_train_data=loader.prepare_dataset(
    test_train_sentences, word_to_id, char_to_id, tag_to_id, lower
)

print("%i / %i / %i sentences in train / dev / test." % (
    len(train_data), len(dev_data), len(test_data)))
```

```
all_word_embeds={}
for i, line in enumerate(codecs.open(opts.pre_emb, 'r', 'utf-8')):
    s = line.strip().split()
    if len(s) == parameters['word_dim'] + 1:
        all_word_embeds[s[0]] = np.array([float(i) for i in s[1:]])

word_embeds=np.random.uniform(-np.sqrt(0.06), np.sqrt(0.06), (len(word_to_id), opts.word_dim))

for w in word_to_id:
    if w in all_word_embeds:
        word_embeds[word_to_id[w]] = all_word_embeds[w]
    elif w.lower() in all_word_embeds:
        word_embeds[word_to_id[w]] = all_word_embeds[w.lower()]

print('Loaded %i pretrained embeddings.' % len(all_word_embeds))

with open(mapping_file, 'wb') as f:
    mappings = {
        'word_to_id': word_to_id,
        'tag_to_id': tag_to_id,
        'char_to_id': char_to_id,
        'parameters': parameters,
        'word_embeds': word_embeds
    }
    pickle.dump(mappings, f)

print('word_to_id: ', len(word_to_id))
model=model.BiLSTM_CRF(vocab_size=len(word_to_id),
                    tag_to_ix=tag_to_id,
                    embedding_dim=parameters['word_dim'],
                    hidden_dim=parameters['word_lstm_dim'],
                    use_gpu=use_gpu,
                    char_to_ix=char_to_id,
                    pre_word_embeds=word_embeds,
                    use_crf=parameters['crf'],
                    char_mode=parameters['char_mode'])
                    # n_cap=4,
                    # cap_embedding_dim=10)
if parameters['reload']:
    model.load_state_dict(torch.load(model_name))

if use_gpu:
    model.cuda()

learning_rate=0.015

optimizer = torch.optim.SGD(model.parameters(), lr=learning_rate, momentum=0.9)
losses=[]
loss=0.0
```

```
best_dev_F = -1.0
best_test_F = -1.0
best_train_F = -1.0
all_F = [[0, 0, 0]]
plot_every=10
eval_every = 20
count = 0

def evaluating(model, datas, best_F):
    prediction = []
    save = False
    new_F = 0.0
    confusion_matrix = torch.zeros((len(tag_to_id) - 2, len(tag_to_id) - 2))
    for data in datas:
        ground_truth_id = data['tags']
        words = data['str_words']
        chars2 = data['chars']
        caps = data['caps']

        if parameters['char_mode'] == 'LSTM':
            chars2_sorted = sorted(chars2, key=lambda p: len(p), reverse=True)
            d = {}
            for i, ci in enumerate(chars2):
                for j, cj in enumerate(chars2_sorted):
                    if ci == cj and not j in d and not i in d.values():
                        d[j] = i
                        continue
            chars2_length = [len(c) for c in chars2_sorted]
            char_maxl = max(chars2_length)
            chars2_mask = np.zeros((len(chars2_sorted), char_maxl), dtype='int')
            for i, c in enumerate(chars2_sorted):
                chars2_mask[i, :chars2_length[i]] = c
            chars2_mask = Variable(torch.LongTensor(chars2_mask))

        if parameters['char_mode'] == 'CNN':
            d = {}
            chars2_length = [len(c) for c in chars2]
            char_maxl = max(chars2_length)
            chars2_mask = np.zeros((len(chars2_length), char_maxl), dtype='int')
            for i, c in enumerate(chars2):
                chars2_mask[i, :chars2_length[i]] = c
            chars2_mask = Variable(torch.LongTensor(chars2_mask))

        dwords = Variable(torch.LongTensor(data['words']))
        dcaps = Variable(torch.LongTensor(caps))
        if use_gpu:
            val, out = model(dwords.cuda(), chars2_mask.cuda(), dcaps.cuda(), chars2_length, d)
        else:
            val, out = model(dwords, chars2_mask, dcaps, chars2_length, d)
```

```
        predicted_id = out
        for (word, true_id, pred_id) in zip(words, ground_truth_id, predicted_id):
            line = ' '.join([word, id_to_tag[true_id], id_to_tag[pred_id]])
            prediction.append(line)
            confusion_matrix[true_id, pred_id] += 1
        prediction.append('')

    predf = utils.eval_temp + '/pred.' + name
    scoref = utils.eval_temp + '/score.' + name

    with open(predf, 'w') as f:
        f.write('\n'.join(prediction))

    os.system('%s < %s > %s' % (utils.eval_script, predf, scoref))
    eval_lines = [l.rstrip() for l in codecs.open(scoref, 'r', 'utf8')]

    for i, line in enumerate(eval_lines):
        if i == 1:
            new_F = float(line.strip().split()[-1])
            if new_F > best_F:
                best_F = new_F
                save = True
                print('the best F is ', new_F)

    print(("{: >2}{: >7}{: >7}%s{: >9}" % ("{: >7}" * confusion_matrix.size(0))).format(
        "ID", "NE", "Total", *([id_to_tag[i] for i in range(confusion_matrix.size(0))] + ["Percent"])
    ))
    for i in range(confusion_matrix.size(0)):
        print(("{: >2}{: >7}{: >7}%s{: >9}" % ("{: >7}" * confusion_matrix.size(0))).format(
            str(i), id_to_tag[i], str(confusion_matrix[i].sum()),
            *([confusion_matrix[i][j] for j in range(confusion_matrix.size(0))] +
              ["%.3f" % (confusion_matrix[i][i] * 100. / max(1, confusion_matrix[i].sum()))])
        ))
    return best_F, new_F, save

saved=False
model.train(True)
#for epoch in range(1, 10001):
for epoch in range(1, 2):    #실제적으로는 epoch값을 좀 더 타당하게 바꿔야함
    for i, index in enumerate(np.random.permutation(len(train_data))):
        tr = time.time()
        count += 1
        data = train_data[index]
        model.zero_grad()

        sentence_in = data['words']
        sentence_in = Variable(torch.LongTensor(sentence_in))
        tags = data['tags']
        chars2 = data['chars']
```

```
        ######### char lstm
        if parameters['char_mode'] == 'LSTM':
            chars2_sorted = sorted(chars2, key=lambda p: len(p), reverse=True)
            d = {}
            for i, ci in enumerate(chars2):
                for j, cj in enumerate(chars2_sorted):
                    if ci == cj and not j in d and not i in d.values():
                        d[j] = i
                        continue
            chars2_length = [len(c) for c in chars2_sorted]
            char_maxl = max(chars2_length)
            chars2_mask = np.zeros((len(chars2_sorted), char_maxl), dtype='int')
            for i, c in enumerate(chars2_sorted):
                chars2_mask[i, :chars2_length[i]] = c
            chars2_mask = Variable(torch.LongTensor(chars2_mask))

        # ######## char cnn
        if parameters['char_mode'] == 'CNN':
            d = {}
            chars2_length = [len(c) for c in chars2]
            char_maxl = max(chars2_length)
            chars2_mask = np.zeros((len(chars2_length), char_maxl), dtype='int')
            for i, c in enumerate(chars2):
                chars2_mask[i, :chars2_length[i]] = c
            chars2_mask = Variable(torch.LongTensor(chars2_mask))


        targets = torch.LongTensor(tags)
        caps = Variable(torch.LongTensor(data['caps']))
        if use_gpu:
            neg_log_likelihood = model.neg_log_likelihood(sentence_in.cuda(), targets.cuda(),
chars2_mask.cuda(), caps.cuda(), chars2_length, d)
        else:
            neg_log_likelihood = model.neg_log_likelihood(sentence_in, targets, chars2_mask, caps,
chars2_length, d)
        loss += neg_log_likelihood.data / len(data['words'])

        neg_log_likelihood.backward()

        torch.nn.utils.clip_grad_norm(model.parameters(), 5.0)
        optimizer.step()

        if count % plot_every == 0:
            loss /= plot_every
            print(count, ': ', loss)
            if losses == []:
                losses.append(loss)
            losses.append(loss)
            text = '<p>' + '</p><p>'.join([str(l) for l in losses[-9:]]) + '</p>'
```

```
            losswin = 'loss_' + name
            textwin = 'loss_text_' + name

            loss = 0.0

        if count % (eval_every) == 0 and count > (eval_every * 20) or \
                count % (eval_every*4) == 0 and count < (eval_every * 20):
            model.train(False)
            best_train_F, new_train_F, _ = evaluating(model, test_train_data, best_train_F)
            best_dev_F, new_dev_F, save = evaluating(model, dev_data, best_dev_F)
            if save:
                saved = True
                print('saving the model....')
                torch.save(model, model_name)

            best_test_F, new_test_F, _ = evaluating(model, test_data, best_test_F)
            all_F.append([new_train_F, new_dev_F, new_test_F])
            Fwin = 'F-score of {train, dev, test}_' + name

            model.train(True)

        if count % len(train_data) == 0:
            utils.adjust_learning_rate(optimizer, lr=learning_rate / (1 + 0.05 * count / len(train_data)))

if saved == False:
    print('saving the model....')
    torch.save(model, model_name)

print(time.time() - t)

plt.plot(losses)
plt.show()
```

이를 활용하면 models가 만들어진다. 데이터 중에 eng.train을 보면 EU(단어), NNP(품사), I-NP(Noun phrase; 거의 모든 알고리즘은 pass) 등으로 구성된 모습을 볼 수 있다.

CHAPTER 14

# 기계 번역

1. 기계 번역 개요
2. 시퀀스(sequence) 기반 방법론
3. 어텐션(attention) 기반 방법론

CHAPTER 14

# 기계 번역

기계 번역은 베이즈 규칙과 같은 확률, 혹은 신경망을 활용하여 한 언어 문장 x에 잘 대응하는 다른 언어 문장 y를 찾는 과정이다. 전통적인 확률 기반 방법뿐 아니라 RNN 기반, attention 기반의 신경망 네트워크에 대해서도 배워보겠다. 아래는 단적인 예시이다.

"X: Things we already have are more valuable than what we hope to get.
→ Y: 우리가 이미 가지고 있는 것은 우리가 얻고자 하는 것보다 더 가치가 있다."

## 1 기계 번역 개요

기계 번역 연구는 1950년대 초부터 시작되었다. 시초는 제2차 세계대전 이후 냉전 시대인 1947년까지 거슬러 올라가지만 본격적인 연구는 1951년이 되어서야 진행되었다고 할 수 있다. 하지만 그 당시 기계 번역은 문장을 사전에 기반하여 바꿔주는 것에 불과하였기에 수준이 매우 낮은 편이었다. 냉전 시대의 영향으로 러시아어와 영어 단어로 구성된 이중 언어 사전을 이용한 규칙 기반 방법론을 활용하였다.1)

1990년대 들어 통계적 기계 번역 연구가 시작되었는데 핵심은 데이터로부터 확률 모델을 학습하는 것이다. 가령 한글에서 영어로 번역을 할 때 한글 문장 x에 가장 잘 대응하는 영어 문장 y를 찾는다고 하면 아래의 수식처럼 표현된다.

$$argmax_y P(y|x)$$

베이즈 규칙을 사용하여 위의 확률 공식을 번역 모델(단어가 어떻게 번역되어야 하는지에 대한 모델링(fidelity)으로 병렬 데이터로부터 학습)과 언어 모델(영문법에 맞는 글에 대한 모델링(fluency)으로 단일 언어 데이터로부터 학습)로 나누어서 각각을 학습시키는 것이다. 여기서 핵심은 어떻게 번역 모델을 학습할 것인가이다.

이를 위해서는 우선, 사람이 번역하여 쌍으로 구성된 한글과 영어 문장 같은 대량의 병렬 데이터가 필요하다.

1) https://youtu.be/K-HfpsHPmvw6

어떻게 병렬로 된 말뭉치로부터 번역모델 $P(x|y)$를 학습해야 하는지 살펴보기 위해서는 번역 모델을 세분화하여 볼 필요가 있다. 잠재 변수 a(alignment)를 모델에 도입하면 $P(x, a|y)$가 되는데 a는 아래의 그림에서 확인할 수 있는 것처럼 원문장 ($x$)와 타깃문장 ($y$) 사이의 단어 수준의 대응을 의미하며 잠재 변수이기 때문에 데이터에서 특정되지는 않는다.

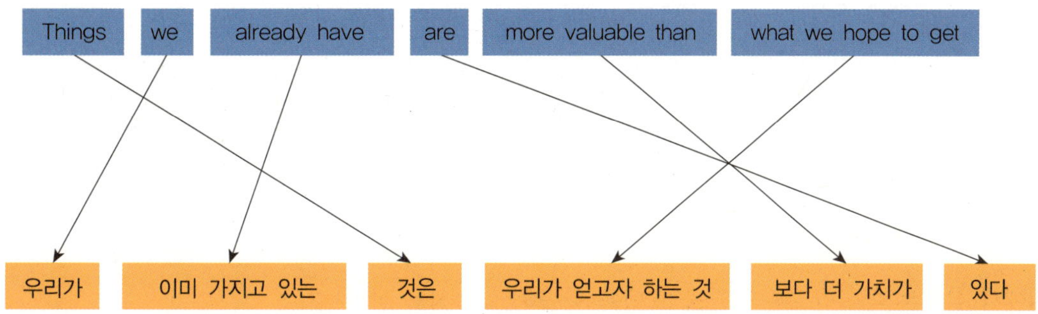


통계적 기계 번역을 위한 alignment란 두 언어의 문장 쌍에서 특정 단어들 사이의 상응이다. 문화권마다 어순 차이는 다양하기 때문에 한 alignment를 야기할 수 있다. 하나의 단어에 여러 단어가 대응되는 일대다 혹은 다대일 관계가 형성될 수도 있고 어떤 단어들은 상대 문장에 존재하지 않을 수도 있기 때문이다. 아래 그림과 같은 예가 alignment가 복잡한 사례에 해당된다(Brown et al., 1993).[2] 아래 그림에서 Many to one alignments의 예시를 확인해보자.

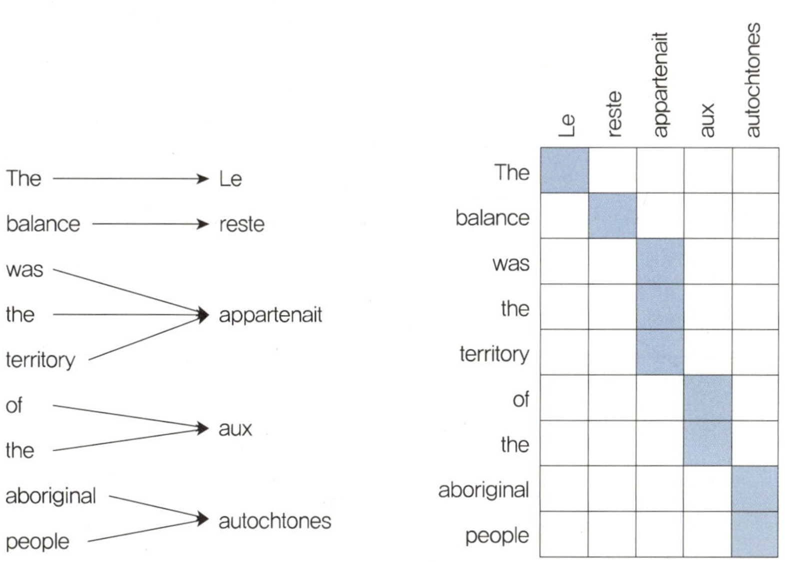


2) Brown et al. (1993). "The Mathematics of Statistical Machine Translation: Parameter Estimation."

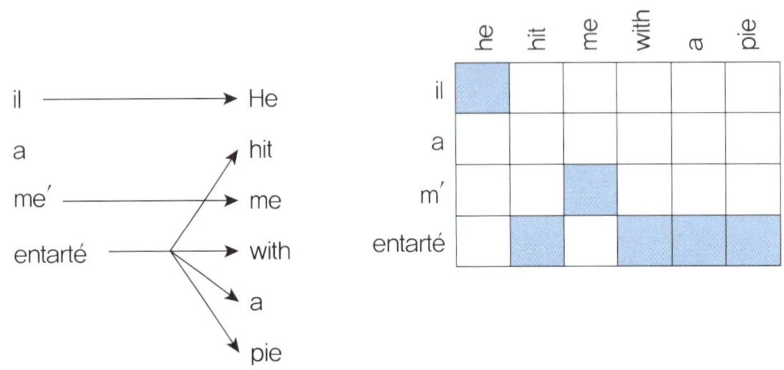


마지막 entarté 단어는 영어에서 동등한 의미의 한 단어로 표현되지 못하여 일대다 관계가 형성되었음을 알 수 있다.

위에서 살펴본 데이터로부터 확률 모델을 학습하는 수식을 살펴보자.

$$argmax_y P(x|y)P(y)$$

이때 특정 단어들의 aligning 확률(이는 문장에서 위치에 의존함), 특정 단어들이 번역되는 언어에 대응하는 단어 개수의 확률 등 다양한 잠재 변수를 통합하여 $P(x, a|y)$를 학습함으로써 통계적 기계 번역을 위한 디코딩을 수행한다. 하지만 모든 가능한 y를 나열하여 각각의 확률을 계산하는 방식이므로 시간이 너무 오래 걸리기 때문에 모델에 각 변수들이 독립적이라는 가정을 부여하여 최상의 솔루션을 도출하기 위한 동적 프로그래밍(dynamic programming)을 사용할 수 있다. 이 과정에서 Viterbi 알고리즘을 사용한다.

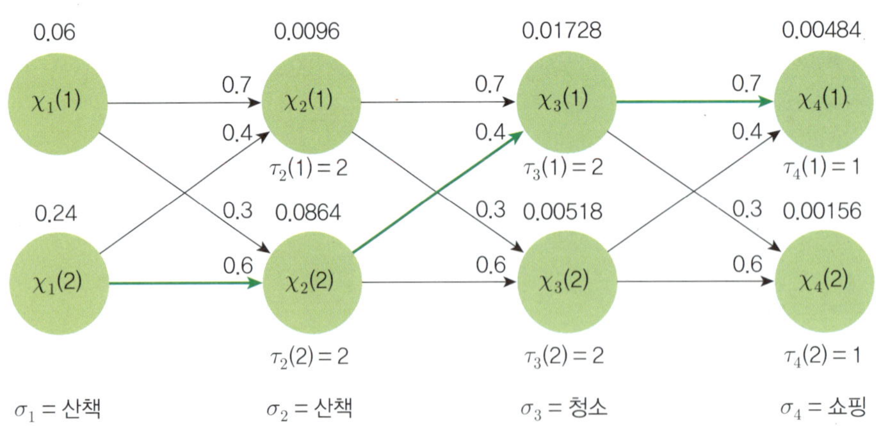


종합하여 보면 1990년대에서 2010년대의 통계적 기계 번역은 방대한 분야에 걸쳐 연구되었으나 시스템들이 독립적으로 디자인된 하부 모듈로 구성되어 있어 매우 복잡하다. 이로 인해 특정 언어

현상을 담아내기 위한 자질을 디자인하는 feature engineering 작업을 요구하며 추가 자원에 대한 인간의 유지 관리 노력이 필요하다고 할 수 있다.

## 2 시퀀스(sequence) 기반 방법론

이제 Neural Machine Translation(NMT)에 대해 살펴보자.

NMT는 단일 신경망을 통해서 기계 번역을 수행하는 방법이다. 기계 번역을 위한 신경망 아키텍처는 보통 sequence-to-sequence(seq2seq)이라고 부르고 두 개의 RNN이 관여한다.

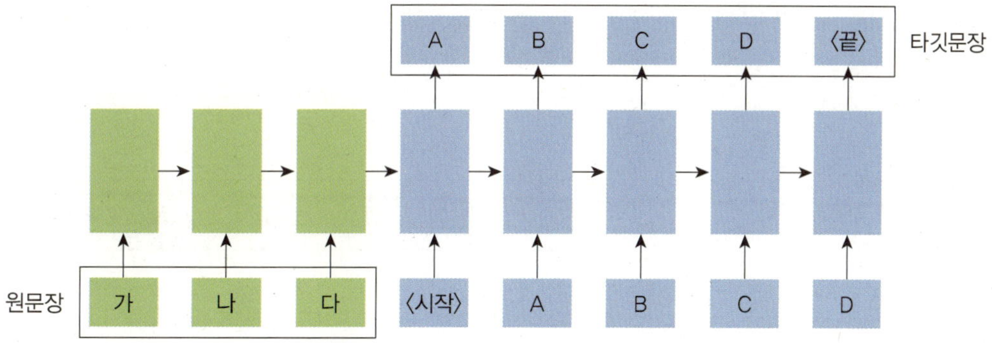


Sequence-to-sequence(Seq2seq)은 기계 번역에만 유용한 것은 아니다. 다양한 자연어 처리 task들은 seq2seq 문제로 해석되는데, 긴글에서 짧은 글로의 자동 요약, 이전 발화에서 다음 발화로의 대화, 자연어를 파이썬 코드로 만드는 자동 코딩 등이 이에 해당된다.

NMT는 통계적 기계 학습에 비해 다양한 장점이 있는데, 더 자연스러운 번역, 효과적인 문맥 사용, 더 좋은 단어절 유사도 사용 등 보다 향상된 성능과 개별적으로 하부 모듈을 최적화할 필요 없이 단일 신경망으로 최적화가 가능한 점, feature engineering이 필요 없고 모든 언어 쌍에 대해 동일한 방법이 적용되는 등 훨씬 적은 인간의 노력을 요구하는 점이 그 예이다.

하지만 통계적 기계 번역에 비해 해석력이 부족하고, 번역을 위한 가이드라인이나 규칙을 정하기 어려운 단점이 있다.

NMT는 자연어 처리 관련 딥러닝 중 대표적 성공 사례이기도 한데, 2014년에 처음으로 seq2seq 페이퍼가 발표된 후에 2016년에 구글 번역이 통계적 기계 번역에서 NMT로 전환되었다. 수백 명의 엔지니어들이 수년 동안 구축한 통계적 기계 번역은 몇 개월 동안 적은 인원의 엔지니어가 구축한 NMT에 비해 성능이 많이 떨어진다.

그렇다고 기계 번역의 문제가 끝난 것은 아닌데, out-of-vocabulary 단어들, 학습 데이터와 테스트 데이터 사이의 도메인 미스매치, 긴 텍스트에서 문맥을 유지하는 것, 상식을 유지하는 것, 격언을 번역하는 것 등에 주의를 기울여야 한다.

## 3 어텐션(attention) 기반 방법론

2019년에는 NMT와 관련하여 획기적인 개념이 등장하였는데, 바로 어텐션이다. 기존 NMT가 seq2seq bottleneck의 문제를 가지고 있는 것을 해결하였다. 아래는 bottleneck에 대한 설명이다.

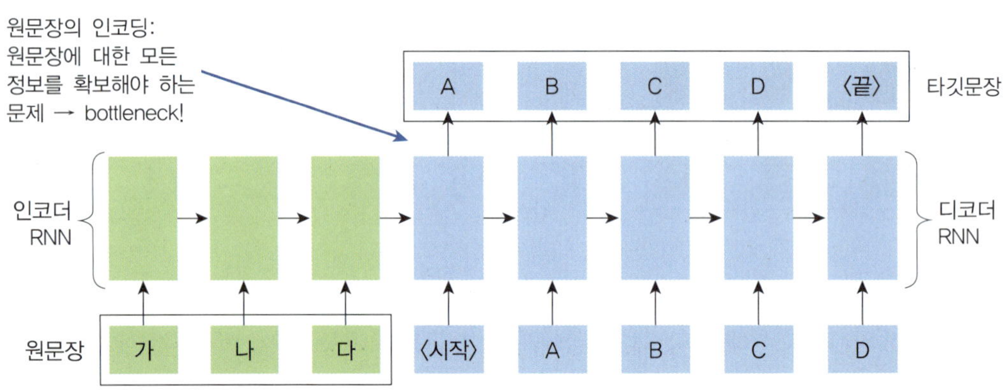


어텐션은 bottleneck 문제에 대한 해결책을 제공하는데, 디코더의 각각 스텝에서 인코더와의 직접적인 연결을 이용해서 원문장의 순열 중 특정 부분에 중점을 주도록 하는 아이디어를 사용하였다. 이를 통해 어텐션 알고리즘은 NMT 성능을 크게 개선하였다. 디코더가 직접적으로 원문장에 접근하게 함으로써 NMT의 bottleneck 문제를 해결하였고, 출력값과 멀리 떨어져 있는 layer에 접근 가능하도록 하여 기울기 소실(vanishing gradient) 문제를 해결하였다. 또한 어텐션 분포를 시각화함으로써 디코더가 어디에 초점을 두는지를 알 수 있다. 즉, 신경망이 alignment를 스스로 학습하는 것이다. 아래는 이와 관련된 예시 그림이다.

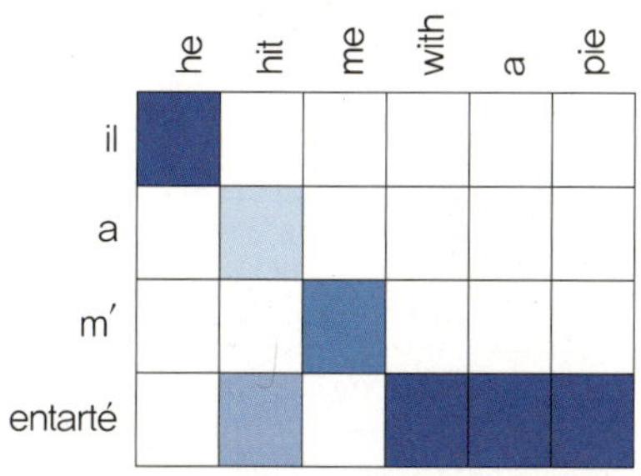


신경망 네트워크는 attention net와 normalization, feedforward net의 반복적인 구조로 이루어진 단순한 형태이다. RNN과 CNN이 필요하지 않은 구조로, 어텐션이 기존 디코더의 시퀀스와 인코더의 시퀀스 간 align을 맞춰주는 용도로 사용된다. Transformer에서는 추가로 인코더/디코더가 각 레이어의 입력 정보를 함축하는 데 사용되는 방식으로 확장된다. 이때 추가로 적용된 어텐션 방식을 셀프 어텐션이라고 부른다. RNN, CNN 기반 모델에 비해 압도적인 성능을 보여준 것이 transformer 모델이다.

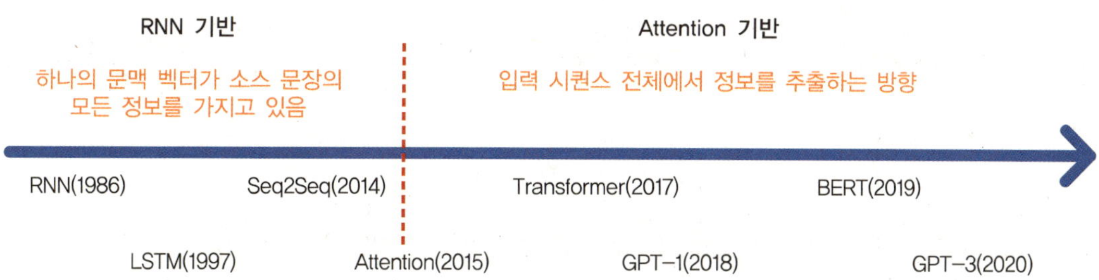


Transformer의 구조를 설명하면 다음과 같다. 인코더는 input 정보를 vector representation으로 함축하고, 디코더에서 이 정보를 바탕으로 최종 output을 생성한다. Input 정보를 함축하기 위해 transformer에서는 단위 정보 각각의 상관관계를 attention net 구조로 풀어내면서 정보를 함축한다(기존 모델들은 RNN이나 CNN을 사용한다).

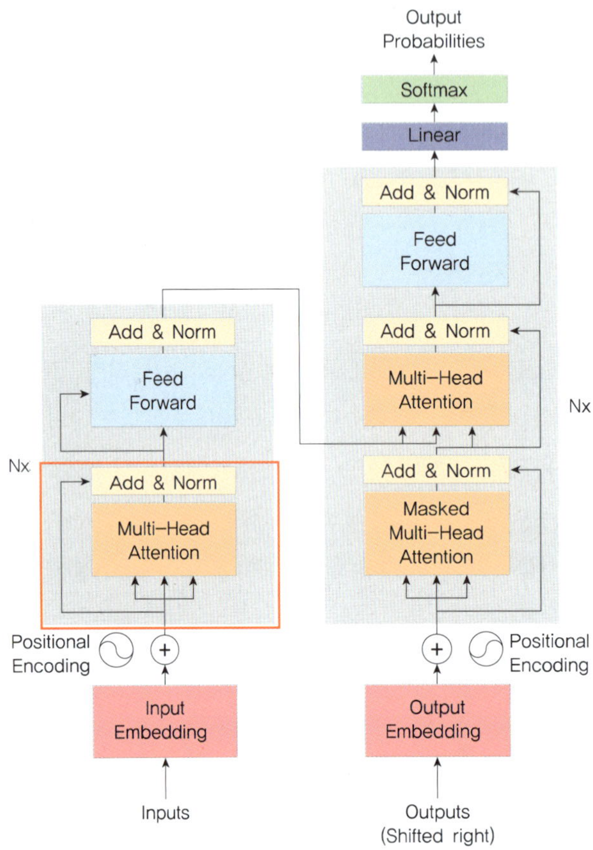


Transformer는 input값이 positional encoding이라는 단어의 위치를 고려하는 벡터랑 더해진 후 N개 인코딩 레이어를 통해서 연산을 수행한다. 최종 인코더 레이어의 출력값 중 키와 값를 받아 디코더의 두 번째 어텐션 입력값으로 넣는 것인데, 디코더는 계속 쿼리를 상위 레이어로 전달시켜 쿼리를 갱신시킨 후 최종 linear 레이어와 softmax 레이어를 거친 후 확률을 출력한다.

Transformer는 RNN을 사용하지 않고 어텐션만 사용하기 때문에 앞뒤 단어를 통한 상대적인 단어의 위치를 고려하지 못한다는 단점이 있다. 이 문제점을 해결하기 위한 방법이 positional encoding인데, 이는 sin, cos 함수를 활용하여 position을 정의한 후 기존 임베딩과 더하여 위치를 고려한 임베딩을 만든다.

Transformer 인코딩 부분을 살펴보자. 멀티 헤드 어텐션은 셀프 어텐션의 구조를 가지고 있다. 문장에 있는 단어들이 다른 모든 단어들의 영향을 받는데, 이 어텐션은 Query, key, value로 구성된다. Query는 현재 구하고자 하는 단어, key는 모든 문장의 단어, value는 값을 나타낸다.

쿼리와 key transpose를 곱하고 dimension 개수의 루트만큼 나누어 정규화를 수행한다. 그 후

softmax를 통해 확률의 형태로 바꾸고 다시 값 벡터를 곱해 모두 더해준다. 이때 최종적으로 나온 벡터가 최종 출력이다. 이런 어텐션을 scaled dot-product attention이라고 한다. 단어들끼리 모두 연관시켜 연산을 수행했기 때문에 셀프 어텐션의 형태인 것이다.

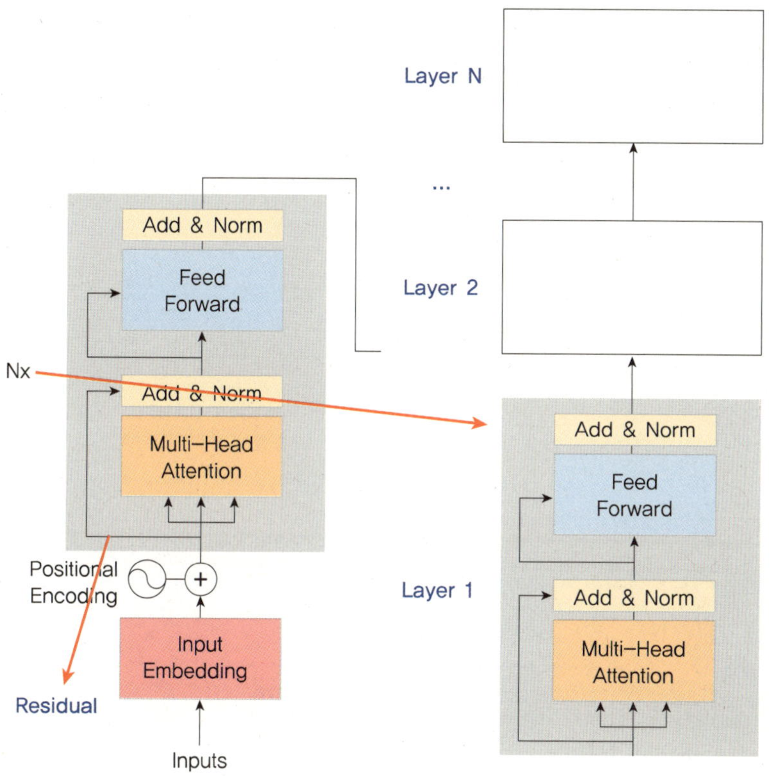


셀프 어텐션을 병렬적으로 반복한 것이 멀티 헤드 어텐션이다. 입력 vector를 서로 다른 linear layer에 있는 다른 가중치를 곱해 여러 개의 값으로 구성한 후 각 헤드별로 셀프 어텐션 과정을 동일하게 진행한다. 이후 그 결과값들을 concatenate한다.

멀티 헤드 어텐션을 하면서 값이 손실될 수 있기 때문에 그 전의 residual을 그대로 어텐션의 출력 레이어에 넘긴다. 이 넘겨받은 residual과 멀티 헤드 어텐션을 통해 나온 값을 더한 후에 정규화를 수행한다. 그후 다시 residual learning, feed forward, normalization을 반복하면 인코딩 레이어 과정이 끝난다. 이렇게 레이어 과정을 반복하면서 n개의 레이어를 순차적으로 진행한 후 최종의 출력값을 생성한다. 이 과정에서 레이어는 같은 파라미터를 공유하지 않고 서로 다른 파라미터를 가져 성능 향상에 도움을 준다.

Transformer에서 출력된 인코더의 값은 디코더의 두 번째 멀티 헤드 어텐션의 입력값으로 들어

간다. 여기서 입력값으로 들어갈 때는 key와 value만 넘어가게 되고, query는 이전 디코더 레이어의 값을 받아와 갱신하게 된다.

인코더의 어텐션은 모든 값들이 서로 영향을 주면서 학습하기 때문에 서로의 값을 어텐션하는데, 디코더에서는 output 데이터의 앞에 있는 단어로 뒤에 있는 단어를 예측해야 한다. 앞에 있는 단어들로만 어텐션을 수행해서 뒤에 오는 단어를 알지 못하게 해야 하기에 디코더의 첫 번째 멀티 헤드 어텐션에 mask가 추가된다.

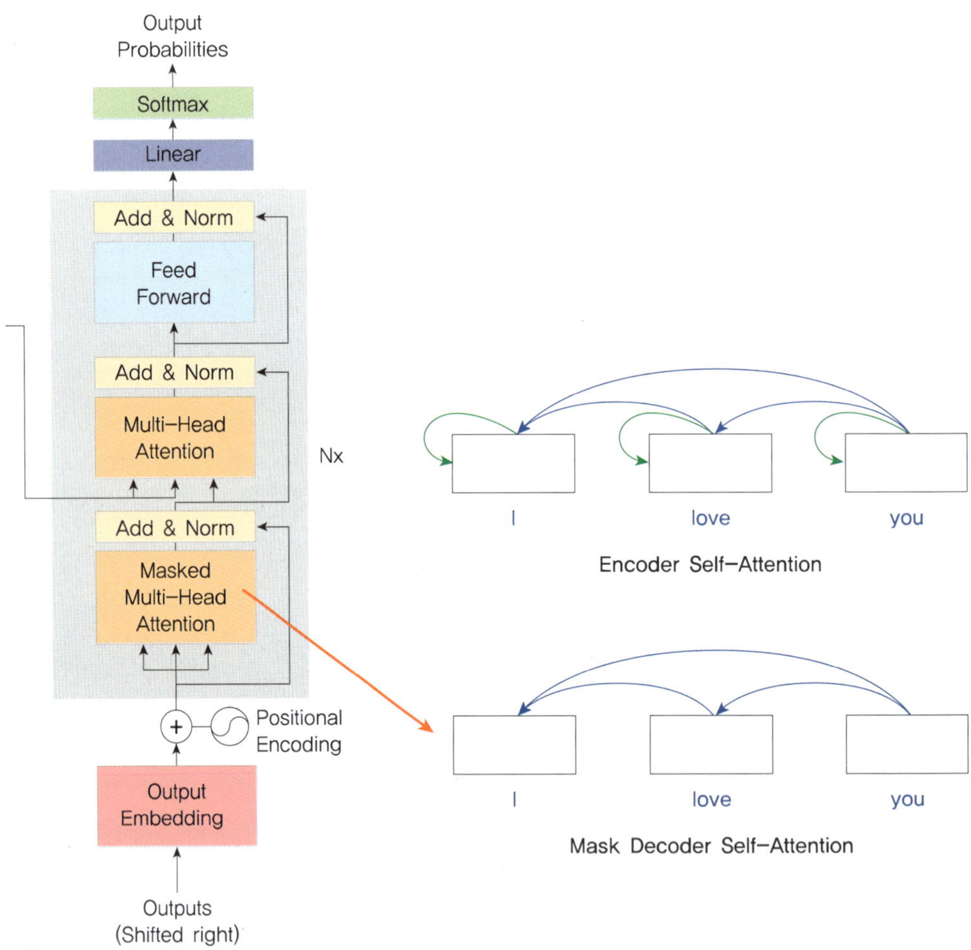


디코딩 시 디코더는 N개의 레이어를 반복 수행한 후 linear를 통해 숫자로 변환하고 softmax를 통해 확률로 변환한다. 최종적인 출력값은 one-hot encoding이 아니라 label smoothing을 처리한 값이다. Label smoothing을 적용하면 아주 작은 값이라도 적용하여 인코딩 input과 디코딩 output 결과를 조금이라도 가깝게 하기 때문이다.

해당 챕터의 코드들을 살펴보도록 하겠다.

Transformer.py의 코드는 아래와 같다.

```
import math
import torch
import torch.nn as nn
from torch.autograd import Variable
import torch.nn.functional as F
from torch.nn import CrossEntropyLoss
from yonlu.data_utils.utils import clones
from transformers.activations import get_activation

"""
self-Attention의 경우 Query Q, Key K, Value V를 입력으로 받아
MatMul(Q,K)->Scale->Masking(opt.Decoder)->Softmax->MatMul(result,V)

"""

def self_attention(query, key, value, mask=None):
  key_transpose = torch.transpose(key,-2,-1)                  # (bath, head_num, d_k, token_)
  matmul_result = torch.matmul(query,key_transpose)           # MatMul(Q,K)
  d_k = query.size()[-1]
  attention_score = matmul_result/math.sqrt(d_k)              # Scale

  if mask is not None:
    attention_score = attention_score.masked_fill(mask == 0, -1e20)

  softmax_attention_score = F.softmax(attention_score,dim=-1)  # 어텐션 값
  result = torch.matmul(softmax_attention_score,value)

  return result, softmax_attention_score


"""
멀티헤드 어텐션
MultiHead(Q,K,V)=Concat(head_1,head_2,...head_n)W^O
head_i=Attention(QW^Q_i,KW^K_i,VW^V_i)
W^Q는 모델의 dimension x d_k
W^K는 모델의 dimension x d_k
W^V는 모델의 dimension x d_v
W^O는 d_v * head 갯수 x 모델 dimension
논문에서는 헤더의 갯수를 8개 사용
"""

class MultiHeadAttention(nn.Module):
  def __init__(self, head_num =8 , d_model = 512,dropout = 0.1):
    super(MultiHeadAttention,self).__init__()
```

```
    # print(d_model % head_num)
    # assert d_model % head_num != 0 # d_model % head_num == 0 이 아닌경우 에러메세지 발생

    self.head_num = head_num
    self.d_model = d_model
    self.d_k = self.d_v = d_model // head_num

    self.w_q = nn.Linear(d_model,d_model)
    self.w_k = nn.Linear(d_model,d_model)
    self.w_v = nn.Linear(d_model,d_model)
    self.w_o = nn.Linear(d_model,d_model)

    self.self_attention = self_attention
    self.dropout = nn.Dropout(p=dropout)

  def forward(self, query, key, value, mask = None):
    if mask is not None:
      # Same mask applied to all h heads.
      mask = mask.unsqueeze(1)

    batche_num = query.size(0)

    query = self.w_q(query).view(batche_num, -1, self.head_num, self.d_k).transpose(1, 2)
    key = self.w_k(key).view(batche_num, -1, self.head_num, self.d_k).transpose(1, 2)
    value = self.w_v(value).view(batche_num, -1, self.head_num, self.d_k).transpose(1, 2)

    attention_result, attention_score = self.self_attention(query, key, value, mask)

    # 원래의 모양으로 다시 변형해준다.
    # torch.continuos는 다음행과 열로 이동하기 위한 stride가 변형되어
    # 메모리 연속적으로 바꿔야 한다!
    # 참고 문서: https://discuss.pytorch.org/t/contigious-vs-non-contigious-tensor/30107/2
    attention_result = attention_result.transpose(1,2).contiguous().view(batche_num, -1,
self.head_num * self.d_k)


    return self.w_o(attention_result)

"""
Position-wiseFeed-ForwardNetworks
FFN(x)=max(0,xW_1+b_1)W_2+b2
입력과 출력은 모두 d_model의 dimension을 가지고
내부의 레이어는 d_model * 4의 dimension을 가진다.
"""
class FeedForward(nn.Module):
  def __init__(self,d_model, dropout = 0.1):
    super(FeedForward,self).__init__()
    self.w_1 = nn.Linear(d_model, d_model*4)
    self.w_2 = nn.Linear(d_model*4, d_model)
```

```
    self.dropout = nn.Dropout(p=dropout)

  def forward(self, x):
    return self.w_2(self.dropout(F.relu(self.w_1(x))))


"""
LayerNormalization
:layer의 hidden unit들에 대해서 mean과 variance를 구한다.
nn.Parameter는 모듈 파라미터로 여겨지는 텐서
"""
class LayerNorm(nn.Module):
  def __init__(self, features, eps=1e-6):
    super(LayerNorm,self).__init__()
    self.a_2 = nn.Parameter(torch.ones(features))
    self.b_2 = nn.Parameter(torch.zeros(features))
    self.eps = eps

  def forward(self, x):
    mean = x.mean(-1, keepdim =True) # 평균
    std = x.std(-1, keepdim=True)    # 표준편차

    return self.a_2 * (x-mean)/ (std + self.eps) + self.b_2

class ResidualConnection(nn.Module):
  def __init__(self, size, dropout):
    super(ResidualConnection,self).__init__()
    self.norm = LayerNorm(size)
    self.dropout = nn.Dropout(dropout)

  def forward(self, x, sublayer):
    return x + self.dropout((sublayer(self.norm(x))))


"""
Encoder블록은 FeedForward 레이어와 MultiHead 어텐션 레이어를 가진다.
"""
class Encoder(nn.Module):
  def __init__(self, d_model, head_num, dropout):
    super(Encoder,self).__init__()
    self.multi_head_attention = MultiHeadAttention(d_model= d_model, head_num= head_num)
    self.residual_1 = ResidualConnection(d_model,dropout=dropout)

    self.feed_forward = FeedForward(d_model)
    self.residual_2 = ResidualConnection(d_model,dropout=dropout)

  def forward(self, input, mask):
    x = self.residual_1(input, lambda x: self.multi_head_attention(x, x, x, mask))
    x = self.residual_2(x, lambda x: self.feed_forward(x))
```

```
    return x


"""
Decoder블록은 FeedForward 레이어와 MultiHead 어텐션, Masked Multihead 어텐션 레이어를 가진다.
MaskedMultiHeadAttention->MultiHeadAttention(encoder-decoderattention)->FeedForward
"""
class Decoder(nn.Module):
  def __init__(self, d_model,head_num, dropout):
    super(Decoder,self).__init__()
    self.masked_multi_head_attention = MultiHeadAttention(d_model= d_model, head_num= head_num)
    self.residual_1 = ResidualConnection(d_model,dropout=dropout)

    self.encoder_decoder_attention = MultiHeadAttention(d_model= d_model, head_num= head_num)
    self.residual_2 = ResidualConnection(d_model,dropout=dropout)

    self.feed_forward= FeedForward(d_model)
    self.residual_3 = ResidualConnection(d_model,dropout=dropout)


  def forward(self, target, encoder_output, target_mask, encoder_mask):
    # target, x, target_mask, input_mask
    x = self.residual_1(target, lambda x: self.masked_multi_head_attention(x, x, x, target_mask))
    x = self.residual_2(x, lambda x: self.encoder_decoder_attention(x, encoder_output,
encoder_output, encoder_mask))
    x = self.residual_3(x, self.feed_forward)

    return x


class Embeddings(nn.Module):
  def __init__(self, vocab_num, d_model):
    super(Embeddings,self).__init__()
    self.emb = nn.Embedding(vocab_num,d_model)
    self.d_model = d_model
  def forward(self, x):
    """
    1) 임베딩 값에 math.sqrt(self.d_model)을 곱해주는 이유는 무엇인지 찾아볼것
    2) nn.Embedding에 다시 한번 찾아볼것
    """
    return self.emb(x) * math.sqrt(self.d_model)


"""
PositionalEncoding
트랜스포머는 RNN이나 CNN을 사용하지 않기 때문에 입력에 순서 값을 반영해줘야 한다.
예) 나는 어제의 오늘
PE(pos,2i)=sin(pos/10000^(2i/d_model))
PE(pos,2i+1)=cos(pos/10000^(2i/d_model))
```

```
"""
class PositionalEncoding(nn.Module):
  def __init__(self, max_seq_len, d_model,dropout=0.1):
    super(PositionalEncoding,self).__init__()
    self.dropout = nn.Dropout(p=dropout)

    pe = torch.zeros(max_seq_len, d_model)

    position = torch.arange(0,max_seq_len).unsqueeze(1)
    base = torch.ones(d_model//2).fill_(10000)
    pow_term = torch.arange(0, d_model, 2) / torch.tensor(d_model,dtype=torch.float32)
    div_term = torch.pow(base,pow_term)

    pe[:, 0::2] = torch.sin(position / div_term)
    pe[:, 1::2] = torch.cos(position / div_term)

    pe = pe.unsqueeze(0)

    # pe를 학습되지 않는 변수로 등록
    self.register_buffer('positional_encoding', pe)

  def forward(self, x):
    x = x + Variable(self.positional_encoding[:, :x.size(1)], requires_grad=False)
    return self.dropout(x)


class PositionalEmbedding(nn.Module):
  def __init__(self, dim, max_seq_len):
    super().__init__()
    self.embedding = nn.Embedding(max_seq_len, dim)

  def forward(self, x):
    t = torch.arange(x.shape[1], device=x.device)
    return self.embedding(t)


class Generator(nn.Module):
  def __init__(self, d_model, vocab_num):
    super(Generator, self).__init__()
    self.proj_1 = nn.Linear(d_model, d_model*4)
    self.proj_2 = nn.Linear(d_model*4, vocab_num)

  def forward(self, x):
    x = self.proj_1(x)
    x = self.proj_2(x)
    return x


class Transformer(nn.Module):
```

```
def __init__(self,vocab_num, d_model, max_seq_len, head_num, dropout, N):
  super(Transformer,self).__init__()
  self.embedding = Embeddings(vocab_num, d_model)
  self.positional_encoding = PositionalEncoding(max_seq_len,d_model)

  self.encoders = clones(Encoder(d_model=d_model, head_num=head_num, dropout=dropout), N)
  self.decoders = clones(Decoder(d_model=d_model, head_num=head_num, dropout=dropout), N)

  self.generator = Generator(d_model, vocab_num)


def forward(self, input, target, input_mask, target_mask, labels=None):
    x = self.positional_encoding(self.embedding(input))
    for encoder in self.encoders:
      x = encoder(x, input_mask)

    target = self.positional_encoding(self.embedding(target))
    for decoder in self.decoders:
      # target, encoder_output, target_mask, encoder_mask)
      target = decoder(target, x, target_mask, input_mask)

    lm_logits = self.generator(target)
    loss = None
    if labels is not None:
      # Shift so that tokens < n predict n
      shift_logits = lm_logits[..., :-1, :].contiguous()
      shift_labels = labels[..., 1:].contiguous()
      # Flatten the tokens
      loss_fct = CrossEntropyLoss(ignore_index=0)
      loss = loss_fct(shift_logits.view(-1, shift_logits.size(-1)), shift_labels.view(-1))

    return lm_logits, loss


def encode(self,input, input_mask):
  x = self.positional_encoding(self.embedding(input))
  for encoder in self.encoders:
    x = encoder(x, input_mask)
  return x

def decode(self, encode_output, encoder_mask, target, target_mask):
  target = self.positional_encoding(self.embedding(target))
  for decoder in self.decoders:
    #target, encoder_output, target_mask, encoder_mask
    target = decoder(target, encode_output, target_mask, encoder_mask)

  lm_logits = self.generator(target)

  return lm_logits
```

```
class TransformerMRCHead(nn.Module):
  def __init__(self, dim, num_labels,hidden_dropout_prob=0.3):
    super().__init__()
    self.dense = nn.Linear(dim, 1*dim)
    self.dropout = nn.Dropout(hidden_dropout_prob)
    self.out_proj = nn.Linear(1*dim,num_labels)

  def forward(self, x, **kwargs):
    # x = features[:, 0, :]  # take <s> token (equiv. to [CLS])
    x = self.dropout(x)
    x = self.dense(x)
    x = get_activation("gelu")(x)  # although BERT uses tanh here, it seems Electra authors used gelu here
    x = self.dropout(x)
    x = self.out_proj(x)
    return x

class TransformerMRCModel(nn.Module):
  def __init__(self, vocab_size, dim, depth, max_seq_len, head_num, num_labels=2, causal=False,
dropout_prob=0.2):
    super().__init__()
    self.transformer = TransformerLM(
      vocab_size=vocab_size,
      dim=dim,
      depth=depth,
      max_seq_len=max_seq_len,
      head_num=head_num,
    )
    self.mrc_head = TransformerMRCHead(dim, num_labels)

  def forward(self,
          input_ids=None,
          input_mask=None,
          start_positions=None,
          end_positions=None,
          **kwargs):
    # 1. transformer의 출력
    _, outputs = self.transformer(input_ids, input_mask)

    # 2. mrc를 위한
    logits = self.mrc_head(outputs)

    start_logits, end_logits = logits.split(1, dim=-1)
    start_logits = start_logits.squeeze(-1)
    end_logits = end_logits.squeeze(-1)

    if start_positions is not None and end_positions is not None:
      # If we are on multi-GPU, split add a dimension
      if len(start_positions.size()) > 1:
        start_positions = start_positions.squeeze(-1)
```

```
      if len(end_positions.size()) > 1:
        end_positions = end_positions.squeeze(-1)
      # sometimes the start/end positions are outside our model inputs, we ignore these terms
      ignored_index = start_logits.size(1)
      start_positions.clamp_(0, ignored_index)
      end_positions.clamp_(0, ignored_index)

      loss_fct = CrossEntropyLoss(ignore_index=ignored_index)
      start_loss = loss_fct(start_logits, start_positions)
      end_loss = loss_fct(end_logits, end_positions)
      total_loss = (start_loss + end_loss) / 2
      return total_loss
    else:
      return start_logits, end_logits


class TransformerLM(nn.Module):
  def __init__(self, vocab_size, dim=512,  depth= 12, max_seq_len=512, head_num=8, dropout= 0.1):
    super(TransformerLM,self).__init__()

    self.token_emb= nn.Embedding(vocab_size, dim)
    self.position_emb = PositionalEmbedding(dim,max_seq_len)
    self.encoders = clones(Encoder(d_model=dim, head_num=head_num, dropout=dropout), depth)
    self.norm = nn.LayerNorm(dim)
    self.lm_head = nn.Sequential(
          nn.Linear(dim, dim),
          nn.Linear(dim, vocab_size)
          )

  def forward(self, input_ids, input_mask):
    x = self.token_emb(input_ids)
    x = x + self.position_emb(input_ids).type_as(x)

    for encoder in self.encoders:
      x = encoder(x, input_mask)
    x = self.norm(x)

    return self.lm_head(x), x  # lm_head, performer_embedding


if __name__=="__main__":
  pass
```

해당 코드의 실행 결과는 아래와 같다.

2021-11-26 14:18:36.769371: W tensorflow/stream_executor/platform/default/dso_loader.cc:64] Could not load dynamic library 'cudart64_110.dll'; dlerror: cudart64_110.dll not found

2021-11-26 14:18:36.769756: I tensorflow/stream_executor/cuda/cudart_stub.cc:29] Ignore above cudart dlerror if you do not have a GPU set up on your machine.

Process finished with exit code 0

Train_translation.py 코드는 아래와 같다.

```
import warnings

warnings.filterwarnings("ignore")
import sys

import torch
from yonlu.model.transformer import Transformer
from transformers import BertTokenizer
from yonlu.data_utils.translation_dataset import TranslationDataset
from torch.utils.data import DataLoader, random_split
from tqdm import tqdm
import math
import os
import time


class TranslationTrainer():
  def __init__(self,
               dataset,
               tokenizer,
               model,
               max_len,
               device,
               model_name,
               checkpoint_path,
               batch_size,
               ):
    self.dataset = dataset
    self.tokenizer = tokenizer
    self.model = model
    self.max_len = max_len
    self.model_name = model_name
    self.checkpoint_path = checkpoint_path
    self.device = device
    self.ntoken = tokenizer.vocab_size
    self.batch_size = batch_size

  def my_collate_fn(self, samples):
    input_str =[]
    target_str =[]
```

```
        input_str.append([sample['input_str'] for sample in samples])
        input = [sample['input'] for sample in samples]
        input_mask = [sample['input_mask'] for sample in samples]
        target = [sample['target'] for sample in samples]
        target_mask = [sample['target_mask'] for sample in samples]
        token_num = [sample['token_num'] for sample in samples]
        target_str.append([sample['target_str'] for sample in samples])

        return {
            "input_str":input_str,
            "input":torch.stack(input).contiguous(),                    # input
            "input_mask": torch.stack(input_mask).contiguous(),     # input_mask
            "target": torch.stack(target).contiguous(),                  # target,
            "target_mask": torch.stack(target_mask).contiguous(),   # target_mask
            "token_num": torch.stack(token_num).contiguous(),   # token_num
            "target_str": target_str
        }

    def build_dataloaders(self, train_test_split=0.1, train_shuffle=True, eval_shuffle=True):
        dataset_len = len(self.dataset)
        eval_len = int(dataset_len * train_test_split)
        train_len = dataset_len - eval_len
        train_dataset, eval_dataset = random_split(self.dataset, (train_len, eval_len))
        train_loader = DataLoader(train_dataset, batch_size=self.batch_size, shuffle=train_shuffle,
collate_fn=self.my_collate_fn)
        eval_loader = DataLoader(eval_dataset, batch_size=self.batch_size, shuffle=eval_shuffle ,
collate_fn=self.my_collate_fn)

        return train_loader, eval_loader

    def train(self, epochs, train_dataset, eval_dataset, optimizer, scheduler):
        self.model.train()
        total_loss = 0.
        global_steps = 0
        start_time = time.time()
        losses = {}
        best_val_loss = float("inf")
        best_model = None
        start_epoch = 0
        start_step = 0
        train_dataset_length = len(train_dataset)

        self.model.to(self.device)
        if os.path.isfile(f'{self.checkpoint_path}/{self.model_name}.pth'):
          checkpoint = torch.load(f'{self.checkpoint_path}/{self.model_name}.pth', map_location=self.device)
          start_epoch = checkpoint['epoch']
          losses = checkpoint['losses']
          global_steps = checkpoint['train_step']
          start_step = global_steps if start_epoch == 0 else (global_steps % train_dataset_length) + 1
```

```
    self.model.load_state_dict(checkpoint['model_state_dict'])
    optimizer.load_state_dict(checkpoint['optimizer_state_dict'])

  for epoch in range(start_epoch, epochs):
    epoch_start_time = time.time()

    pb = tqdm(enumerate(train_dataset),
              desc=f'Epoch-{epoch} Iterator',
              total=train_dataset_length,
              bar_format='{l_bar}{bar:10}{r_bar}'
              )
    pb.update(start_step)
    for i,data in pb:
      if i < start_step:
        continue
      """
      doc={
      "input":input,                                          # input
      "input_mask": (input != pad_token_idx).unsqueeze(-2),   # input_mask
      "target": target,                                       # target,
      "target_mask": self.make_std_mask(target, pad_token_idx),  # target_mask
      "token_num": (target[...,1:] != pad_token_idx).data.sum()  # token_num
    }
      """
      input = data['input'].to(self.device)
      target = data['target'].to(self.device)
      input_mask = data['input_mask'].to(self.device)
      target_mask = data['target_mask'].to(self.device)

      optimizer.zero_grad()
      generator_logit, loss = self.model.forward(input, target, input_mask, target_mask, labels=target)

      loss.backward()
      torch.nn.utils.clip_grad_norm_(self.model.parameters(), 0.5)
      optimizer.step()

      losses[global_steps] = loss.item()
      total_loss += loss.item()
      log_interval = 1
      save_interval = 3

      global_steps += 1

      if i % log_interval == 0 and i > 0:
        cur_loss = total_loss / log_interval
        elapsed = time.time() - start_time
        # print('| epoch {:3d} | {:5d}/{:5d} batches | '
        #       'lr {:02.2f} | ms/batch {:5.2f} | '
        #       'loss {:5.2f} | ppl {:8.2f}'.format(
```

```
#           epoch, i, len(train_dataset), scheduler.get_lr()[0],
#           elapsed * 1000 / log_interval,
#           cur_loss, math.exp(cur_loss)))
          pb.set_postfix_str('| epoch {:3d} | {:5d}/{:5d} batches | '
                              'lr {:02.2f} | ms/batch {:5.2f} | '
                              'loss {:5.2f} | ppl {:8.2f}'.format(
            epoch, i, len(train_dataset), scheduler.get_lr()[0],
            elapsed * 1000 / log_interval,
            cur_loss, math.exp(cur_loss)))
          total_loss = 0
          start_time = time.time()
          if i % save_interval == 0:
            self.save(epoch, self.model, optimizer, losses, global_steps)
      val_loss = self.evaluate(eval_dataset)
      self.model.train()
      print('-' * 89)
      print('| end of epoch {:3d} | time: {:5.2f}s | valid loss {:5.2f} | '
            'valid ppl {:8.2f}'.format(epoch, (time.time() - epoch_start_time),
                                       val_loss, math.exp(val_loss)))
      print('-' * 89)
      if val_loss < best_val_loss:
        best_val_loss = val_loss
        best_model = self.model
        #self.save(epoch, self.model, optimizer, losses, global_steps)

      start_step = 0
      scheduler.step()

  def evaluate(self, dataset):
    self.model.eval()  # 평가 모드를 시작합니다.
    total_loss = 0.

    self.model.to(self.device)
    with torch.no_grad():
      for i, data in enumerate(dataset):
        input = data['input'].to(self.device)
        target = data['target'].to(self.device)
        input_mask = data['input_mask'].to(self.device)
        target_mask = data['target_mask'].to(self.device)

        generator_logit, loss = self.model.forward(input, target, input_mask, target_mask, labels=target)
        total_loss += loss.item()

    return total_loss / (len(dataset) - 1)

  def save(self, epoch, model, optimizer, losses, train_step):

    print(str(f'{self.checkpoint_path}/{self.model_name}.pth'))
```

```
    torch.save({
      'epoch': epoch,  # 현재 학습 epoch
      'model_state_dict': model.state_dict(),  # 모델 저장
      'optimizer_state_dict': optimizer.state_dict(),  # 옵티마이저 저장
      'losses': losses,  # Loss 저장
      'train_step': train_step,  # 현재 진행한 학습
    }, f'{self.checkpoint_path}/{self.model_name}.pth')
```

해당 코드의 실행 결과는 아래와 같다.

2021-11-26 14:20:51.978602: W tensorflow/stream_executor/platform/default/dso_loader.cc:64] Could not load dynamic library 'cudart64_110.dll'; dlerror: cudart64_110.dll not found

2021-11-26 14:20:51.978772: I tensorflow/stream_executor/cuda/cudart_stub.cc:29] Ignore above cudart dlerror if you do not have a GPU set up on your machine.

Process finished with exit code 0

Run_translation.py

```
import warnings
warnings.filterwarnings("ignore")

import os
import torch
from torch.autograd import Variable
from yonlu.data_utils.utils import subsequent_mask
from yonlu.model.transformer import Transformer
from transformers import BertTokenizer

if __name__=="__main__":

  project_dir = '..'
  vocab_path = f'{project_dir}/data/wiki-vocab.txt'
  data_path = f'{project_dir}/data/test.csv'
  checkpoint_path = './checkpoints'

  # model setting
  model_name = 'transformer-translation'
  vocab_num = 22000
  max_length = 64
  d_model = 512
  head_num = 8
  dropout = 0.1
  N = 6
  device = 'cuda:0' if torch.cuda.is_available() else 'cpu'
```

```
tokenizer = BertTokenizer(vocab_file=vocab_path, do_lower_case=False)
model = Transformer(vocab_num=vocab_num,
                    d_model=d_model,
                    max_seq_len=max_length,
                    head_num=head_num,
                    dropout=dropout,
                    N=N)
if os.path.isfile(f'{checkpoint_path}/{model_name}.pth'):
  checkpoint = torch.load(f'{checkpoint_path}/{model_name}.pth', map_location=device)
  start_epoch = checkpoint['epoch']
  losses = checkpoint['losses']
  global_steps = checkpoint['train_step']

  model.load_state_dict(checkpoint['model_state_dict'])
  print(f'{checkpoint_path}/{model_name}-.pth loaded')
  model.eval()

# input_str = 'c는 결혼은 자신의 삶을 경제적으로 안정되게 할 수단이라고 생각해요.'#
input_str = input('입력: ')
str = tokenizer.encode(input_str)
pad_len = (max_length - len(str))
str_len = len(str)
encoder_input = torch.tensor(str + [tokenizer.pad_token_id]* pad_len)
encoder_mask = (encoder_input != tokenizer.pad_token_id).unsqueeze(0)

target = torch.ones(1, 1).fill_(tokenizer.cls_token_id).type_as(encoder_input)
encoder_output = model.encode(encoder_input,encoder_mask)
for i in range(max_length - 1):
  lm_logits = model.decode(encoder_output,encoder_mask,target,
Variable(subsequent_mask(target.size(1)).type_as(encoder_input.data)))
  prob = lm_logits[:, -1]
  _, next_word = torch.max(prob, dim=1)
  # print(f'ko: {input_str} en: {tokenizer.decode(target.squeeze().tolist(), skip_special_tokens=True)}')

  target = torch.cat((target[0], next_word))
  target = target.unsqueeze(0)

print(f'ko: {input_str} en: {tokenizer.decode(target.squeeze().tolist(),skip_special_tokens=True)}')
```

해당 코드의 실행 결과는 아래와 같다.

2021-11-26 14:27:34.628780: W tensorflow/stream_executor/platform/default/dso_loader.cc:64] Could not load dynamic library 'cudart64_110.dll'; dlerror: cudart64_110.dll not found

2021-11-26 14:27:34.628959: I tensorflow/stream_executor/cuda/cudart_stub.cc:29] Ignore above cudart dlerror if you do not have a GPU set up on your machine.

입력:

위의 입력창에 input을 입력하면 번역 결과를 얻을 수 있다.

# CHAPTER 15

# Question Answering

1. Question Answering 개요
2. 정보 검색 기반 방법론
3. 딥러닝 기반 방법론

CHAPTER 15

# Question Answering

Question Ansering은 가장 오래된 자연어 처리 task 중 하나이다. QA의 접근 방법은 정보 검색 기반 방법과 딥러닝을 기반한 Machine Comprehension 등을 볼 수 있다.

## 1 Question Answering 개요

Question Ansering(QA)의 역사부터 살펴보자. 1961년에 Punched Card System에서 QA가 시작하였는데, Simmons et al.(1964)의 논문에서는 Question Answering을 다음의 그림을 사용하여 설명한다.1)

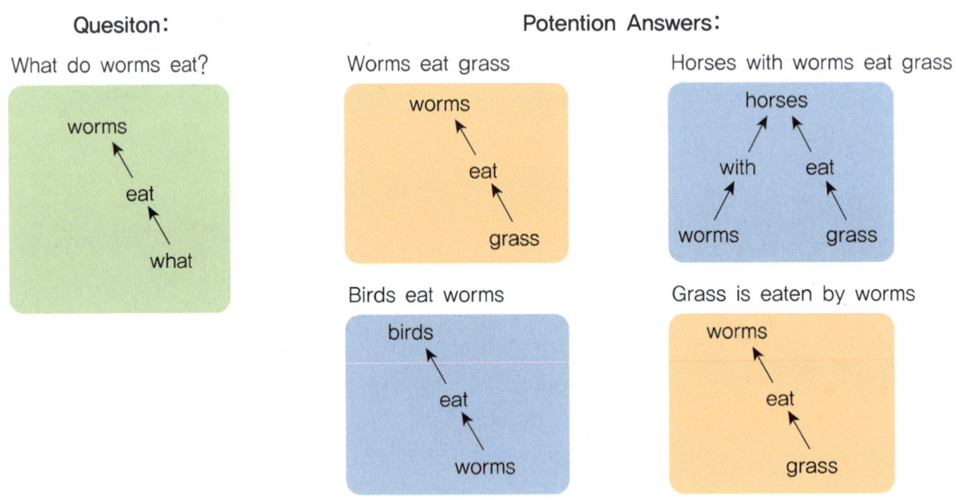


Quesiton Answering에 대해서 모든 단어를 사용하지 않고 어느 단어를 사용하여 대답할지, 능동형으로 볼지 수동으로 볼지 등을 고려하는 것이 위의 Potention Answers의 예시이다.

1) Simmons, Klein, McConlogue (1964). Indexing and Dependency Logic for Answering English Questions. *American Documentation*, 15:30, 196-204.

Question Answering은 초기에 TREC라는 매년 열리는 대회를 통해 많이 발전하였다. 점점 사실적이고 복잡한 질문들을 사용하는 식으로 발전되어 오다가 딥러닝의 발전과 더불어 Jeopardy라는 미국의 퀴즈쇼에서 IBM Watson이 우승을 하게 되었다.

이를 통해서 Question Answering이 지식의 질의 응답 측면에서 주목을 받게 되었다.

Apple의 Siri도 STT(Speech To Text)로 정보 검색과 매칭시켜서 활용한다. 음성을 텍스트로 변환시킨 다음에 문헌을 검색하고, 답을 찾는 식이다. Google now도 마찬가지 원리를 활용한다.

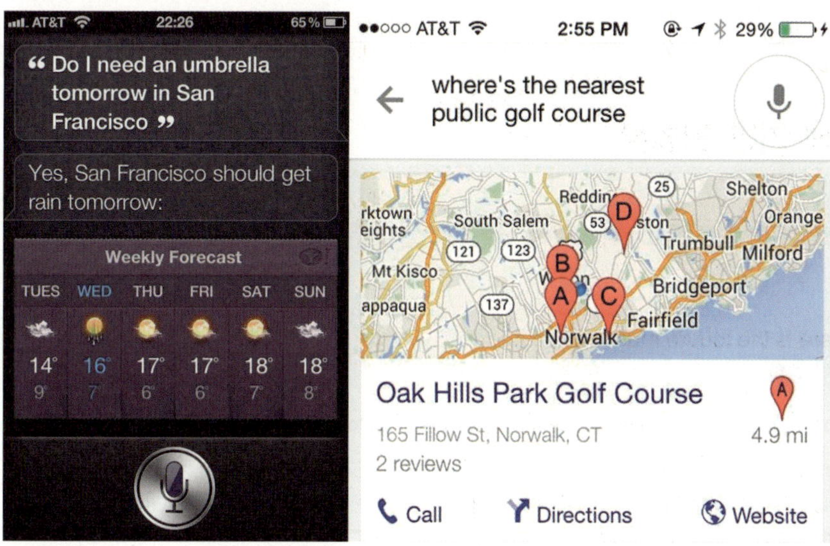


QA에서 질문의 종류는 사실적 질문(factoid)과 복합적 질문(complex)을 볼 수 있다.

사실적 질문(factoid question)의 예시는 다음과 같다.

- Who wrote "The Universal Declaration of Human Right"?
- How many calories are there in two slices of apple pie?
- What is the average age of the onset of autism?

• Where is Apple Computer based?

복합적 질문(complex or narrative)은 다음과 같다.

• In children with an acute febrile illness, what is the efficacy of acetaminophen in reducing fever?
• What do scholars think about Jefferson's position on dealing with pirates?

상업용 시스템의 대부분은 사실적인 질문이다. 가령 Louvre 박물관이 어디 위치해 있는지를 물어본다면 프랑스 파리로 대답할 수 있을 것이고, limited partnership의 축약자를 물으면 L.P로 답할 수 있다. 중국의 화폐 단위를 물으면 위안으로 답할 수 있고, Max Roach가 연주하는 악기를 물으면 드럼으로 답할 수 있다.

QA의 패러다임은 정보 검색 기반 접근 방법(TREC, IBM Watson, Google)과 지식 기반 및 hybrid 접근 방법(IBM Watson, Apple Siri, Wolfram Alpha, True Knowledge Evi)이 있다. 실제로 많은 질문들은 웹 검색을 통해 대답되어지고 있다.

## 2 정보 검색 기반 방법론

정보 검색 기반 Question Answering의 예시는 다음과 같다.

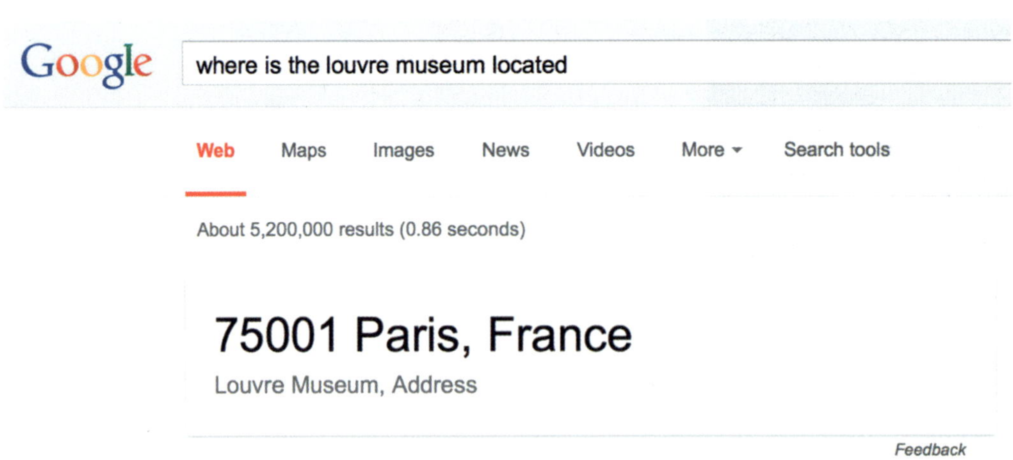


정보 검색 기반 factoid QA는 다음의 아키텍처를 가지고 있다.

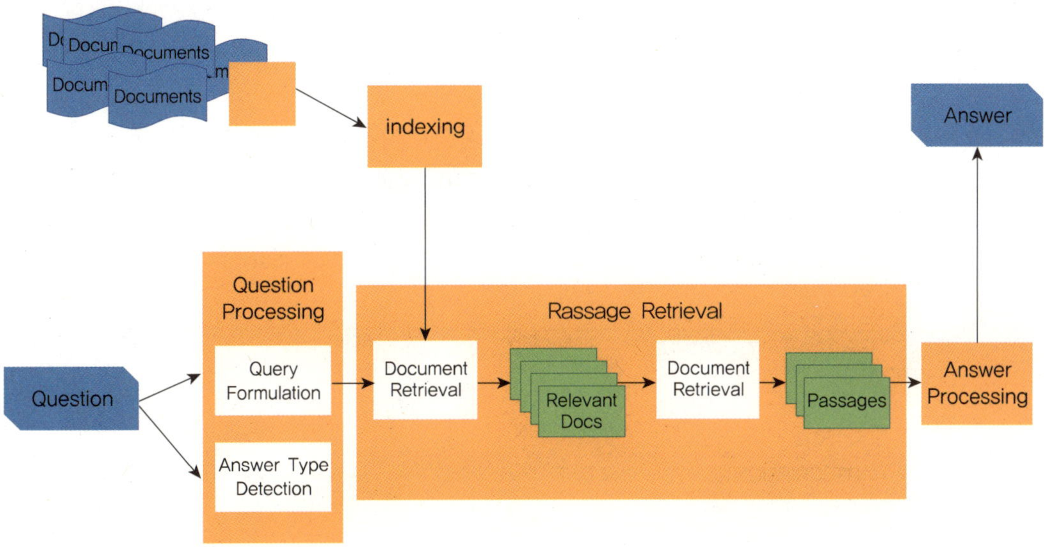


Question이 들어오면 question processing 과정(이용자의 질의어를 재구성하고, answer type을 detection)을 거친다. 크롤링한 문서들은 indexing되고, 앞의 question과 document를 document retrieval을 거쳐 passage retrieval로 간다.

이때 question processing은 질문 유형, 답변 유형, 초점, 관계 감지를 거치고 검색 엔진에 보낼 쿼리를 공식화한다. Passage retrieval로 순위화된 문헌을 검색하고, 적절한 글 단위로 나눈 후 순위를 재조정한다. Answer processing시에는 후보 정답들을 추출하고 랭킹한다. 랭킹 시에는 본문 및 외부 리소스로부터 정답이라는 증거를 사용한다. Answer type detection으로 정답의 개체명 타입을 결정하고, query formulation으로 정보검색 시스템에 사용하기 위한 질의어를 선택한다. 그리고 이것이 정의 질문인지, 수학 질문인지, 목록 질문인지 question type을 분류한다. 그리고 focus detection으로 답변에 대체되는 질문 단어를 찾고, relation extraction으로 질문에서 엔티티 간의 관계를 찾는다.

Question processing의 예시는 다음과 같다. 플로리다 북부 국경을 넘을 경우 재입국할 수 있는 두 주를 물어본다고 하자. 이때 answer type은 US state, Query는 two states, border, Florida, north, Focus는 the two states, Relations는 borders(Florida, north)가 될 것이다.

Answer type detection에는 개체명 인식을 사용할 수 있다. 가령 누가 Virgin Airlines을 설립하였는지를 묻는다면 PERSON을 찾는다고 볼 수 있고, 어떤 캐나다의 도시가 가장 인구가 많은지를 묻는다면 CITY를 찾는다고 볼 수 있다.

Answer type taxonomy[2]는 6 coarse class가 있다: ABBEVIATION, ENTITY, DESCRIPTION, HUMAN, LOCATION, NUMERIC

이는 50 finer class로 세분화된다: LOCATION - city, country, mountain… / HUMAN - group, individual, title / ENTITY - animal, body, color, currency…

다음은 일부를 시각화한 그림이다.

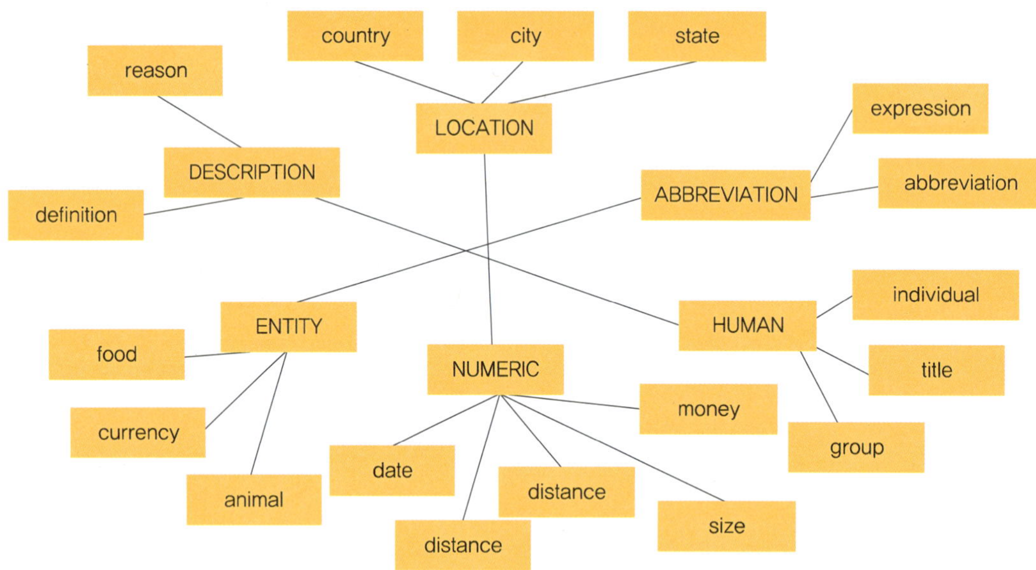


Answer type detection은 hand-written(굉장히 정교하고 답을 잘 내지만 에러가 날 수 있음), machine translation(퀄리티가 많이 떨어질 수 있음), hybrid(hand-written + machine translation)의 방법이 있다.

정규식 기반 규칙은 몇 가지 경우를 얻을 수 있다. 가령 Who{is/was/are/were}의 경우는 PERSON임을 알 수 있다. 다른 규칙들은 질문 표제어 사용을 포함한다. What is the state flower of California?

Answer type detection은 대부분의 경우 문제를 기계 학습 분류로 처리한다. 질문 유형의 분류를 정의하고, 각 질문 유형에 대한 학습 데이터에 주석을 달고, 풍부한 자질 세트를 사용하여 각 질문 클래스에 대한 분류기를 훈련한다. 이 자질들은 수작업으로 작성된 규칙을 포함한다.

그 자질들은 question words and phrases, part-of-speech tags, parse features, named

---

2) Xin Li, Dan Roth (2002). *Learning Question Classifiers*. COLING'02.

entities 등으로 뽑아낼 수 있다.

Answer type detection은 Li et al.(2002)의 논문에 따르면 질문을 잠재적인 답변에 제약을 가하는 다양한 의미론적 클래스로 분류한다. "Who was the first woman killed in Vietnam war?"이라고 하면 PERSON으로 된다. 기존 접근 방식은 대략적인 분류 20개 클래스 등을 사용하는데, Li와 Roth는 답변 유형의 더 정밀한 분류를 정의한다. 이에 따르면 하나의 질문에 여러 클래스 레이블이 허용되기도 한다. Building a classifier에 대해 coarse classifier과 fine classifier와 같다.

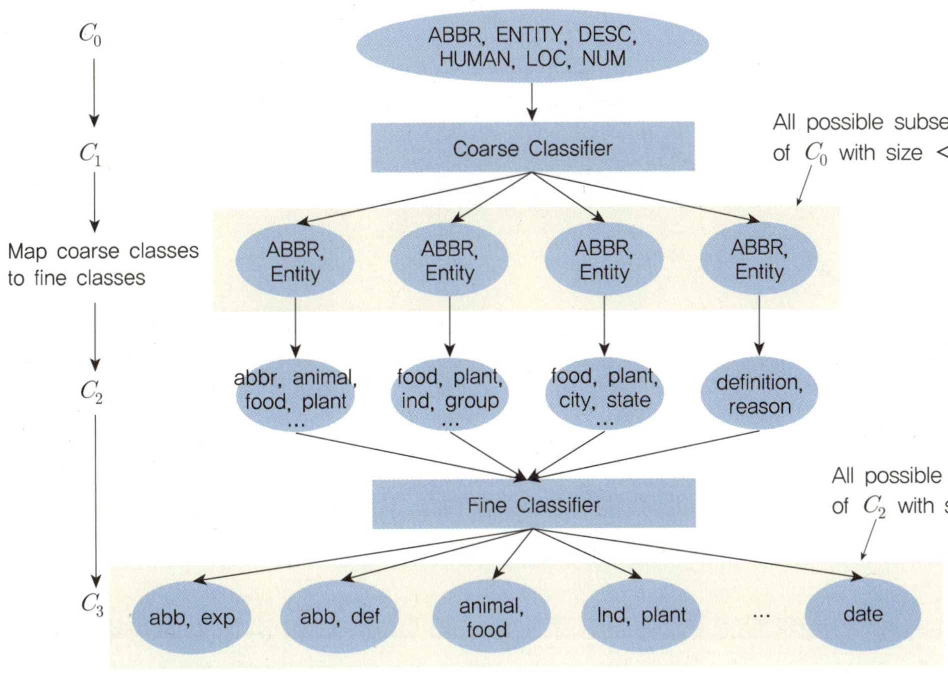


Primitive feature에는 words, pos tags, chunks, named entities, head chunks, semantically relate works의 6가지 feature set으로 들어간다.

평가는 study#1: classification with different feature sets와 study#2: hierarchical classification vs. flat classification으로 이루어진다. Training data는 4500 English question published by University of Southern California, 500 manually constructed questions for rare cases, 894 questions from TREC8 and TREC9이다. Test data는 500 questions from TREC10이다. 평가 시는 아래의 수식이 사용된다.

$$I_{ij} = \begin{cases} 1, & if\ the\ correct\ label\ of\ the\ ith\ question\ is\ output\ IN\ rank\ j; \\ 0, & otherwise. \end{cases}$$

$$P_1 = \sum_{i=1}^{m} I_{i1}/m$$

$$P_{\leq 5} = \sum_{i=1}^{m} \sum_{j=1}^{k_i} I_{ij}/m$$

아래 그림은 Li et al.(2002)의 일부를 발췌한 것이다.

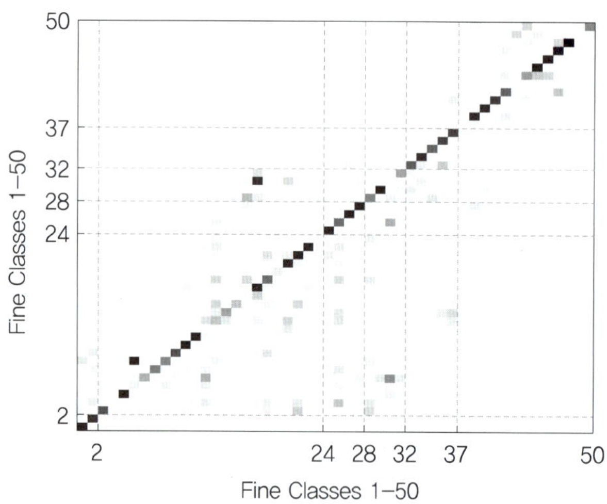


수작업으로 feature extraction하고 상위의 범주를 보아 1번 question에 속하는 것이 1에 잘 적용되어 있는지 공식을 적용하여 매트릭스 형식으로 만든 예시(Li et al., 2002)이다.

Question Answering의 한 분류로는 답만 주는 factoid QA를 볼 수 있다. 예를 들어, 아브라함 링컨의 사망연도를 알고 싶어하면 그 연도만 답을 줄 것이다. 문장 전체를 검색하는 것이 아니라 문장의 특정한 부분에서 답을 찾아주는 것이다.

키워드 선택 알고리즘은 정답을 찾기 위해 다음과 같이 작용한다.

① Quotation 내의 불용어가 아닌 단어들을 찾는다.
② 개체명 중에 NNP(명사)인 단어들을 찾는다.
③ 형용사적인 수식어를 가지고 있는 복잡한 명사들을 찾는다.
④ 다른 복잡한 명사들을 찾는다.
⑤ 다른 형용사를 찾는다.
⑥ 다른 명사를 찾는다.

⑦ 다른 동사를 찾는다.

⑧ 다른 부사를 찾는다.

⑨ QFW 단어를 찾는다.

⑩ 모든 단어를 찾는다.

이 우선 순위 작동을 시각화하면 아래와 같다.

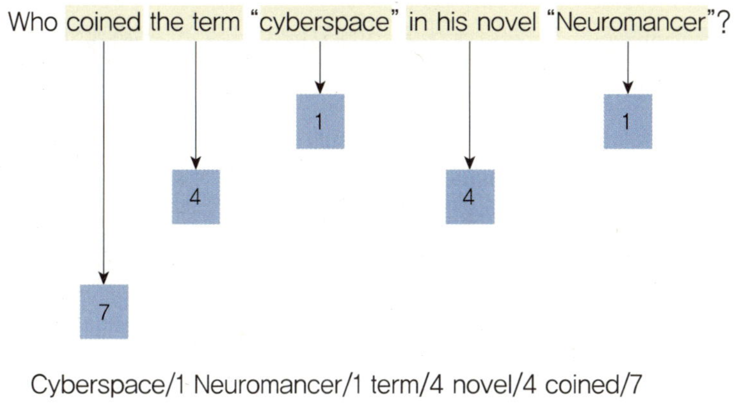


Passage retrieval의 단계는 아래와 같다.

① IR 엔진은 검색어를 사용하여 문서를 검색

② 문서를 더 짧은 단위로 분할

③ 구절 랭킹(답변 유형을 사용하여 구절의 순위 재지정)

그리고 passage ranking에 사용되는 feature를 찾기 위해서 주로 규칙 기반 분류기 또는 머신러닝 기반 분류기를 사용한다. Passage 내에 올바른 개체명의 수를 세고, passage에 있는 쿼리 단어의 수를 세고, passage에 있는 ngram 질문의 수를 보는 것이다.

Answer extraction을 위해서 구절에 대한 응답 유형의 명명된 entity tagger를 실행하는데, 각 응답 유형에는 이를 감지하는 명명된 entity tagger가 필요하다. 답변 유형이 CITY인 경우 태그 지정자는 CITY에 태그를 지정해야 한다.

올바른 유형의 문자열 반환은 아래와 같이 이루어져야 한다.

Who is the prime minister of India (PERSON)

**Manmohan Singh**, Prime Minister of India, had told left leaders that the deal would not be renegotiated.

How tall is Mt. Everest? (LENGTH)

The official height of Mount Everest is **29035 feet**

만약에 후보 답변이 여러 개라면 어떨까?

Q: Who was Queen Victoria's second son?

- Answer Type: **Person**
- Passage: The Marie biscuit is named after Marie Alexandrovna, the daughter of Czar Alexander II of Russia and wife of Alfred, the second son of Queen Victoria and Prince Albert

이 경우 머신러닝을 사용하여 후보정답들의 랭킹을 매긴다. 이때 사용되는 자질은 아래와 같다. Answer type match, Pattern match, Question keywords, keyword distance, Novelty factor, Apposition features, Punctuation location, sequences of question terms

Machine Comprehension 또는 Machine Reading Comprehension(MRC)은 주어진 context 단락 내에서 쿼리에 답하는 것이다. 즉, 쿼리에 대한 답변이 passage의 어느 범위에 해당하는지를 예측하게 된다.

인간의 언어를 이해하도록 기계를 가르치는 것이 AI의 오랜 과제였는데, 이때 텍스트 이해의 다양한 측면이 필요하다. Part-of-speech tagging, Named Entity Recognition, Syntactic Parsing, Conference resolution(대명사 추적) 등이 있다. 이러한 문제를 풀기 위해 Machine Comprehension이 대두한 것이다.

2015년 이전에는 데이터셋이 MC Test(Richardson et al., 2013)[3]: 2600questions(Berantetal, 2014)로 적었다면 2015년 이후에는 CNN/Daily Mail, Children Book Test, WikiReading, LAMBADA, SQUAD 등 다양한 데이터셋이 활용된다.

독해는 본질적으로 텍스트의 짧은 구절에 대한 질문 답변 문제로, 하나의 질문 답변 예시로 볼 수 있다. 질문 답변은 다양한 출처에서 인간이 제기한 질문에 자동으로 답변할 수 있는 컴퓨터 시스템을 구축하는 것이고, 기계 이해는 언어 이해를 측정하는 방법으로 간주되는 질문에 답함으로써 텍스트 이해에 더 중점을 둔다.

---

**3)** Richardson, M., Burges, C. J., & Renshaw, E. (2013, October). Mctest: A challenge dataset for the open-domain machine comprehension of text. In *Proceedings of the 2013 conference on empirical methods in natural language processing* (pp. 193-203).

## 3 딥러닝 기반 방법론

Machine Comprehension을 위해서는 크게 머신러닝 접근법과 딥러닝 기반 방법론을 볼 수 있다.

머신러닝 접근법으로는 sliding window(Richardson et al. AI, 2013),4) 즉 후보 답변을 포함하는 문장과 질문 사이의 unigram/bigram overlap을 구하는 방법과 TF*IDF 기반 유사성을 사용하여 최상의 후보를 선택하는 방법이 있다. Logistic Regression(Rajpurkar et al. AI, 2013)5)으로 각 후보 답변에 대해 여러 유형의 자질을 추출하는 방법도 볼 수 있다. 자질의 예시로는 matching word frequencies, matching bigram frequencies, Lengths, Span, POS Tags 등이 있다.

딥러닝 접근론으로는 CNN/Daily Mail Datasets을 쓴 Stanford Attentive Reader(Chen et al., 2016)6)을 볼 수 있다. 다음 예시는 Chen et al.(2016)의 일부를 재구성한 것이다.

(@entity4) if you feel a ripple in the force today, it may be the news that the official @entity6 is getting its first gay character. According to the sci-fi website @entity9, the upcoming novel "@entity11" will feature a capable but flawed @entity13 official named @entity14 who "also happens to be a lesbian." the character is the first gay figure in the official @entity6 -the movies, television shows, comics and books approved by @entity6 franchise owner @entity22 -according to @entity24, editor of "@entity6"

위와 같은 정보가 주어졌을 때, characters in "@placeholder" movie have gradually become more diverse라는 질의에 대해 @entity6이라는 answer가 return될 것이다.

Entity number가 candidate answer이 되고, character는 점점 다양해지는 모습을 보인다.

Standford Attentive Reader 논문은 질의에 대한 응답을 찾는 모델을 구축하는데 BiLSTM with attention을 적용한다.

---

4) Ai, Amy L. et al. (2013). "Character strengths and deep connections following Hurricanes Katrina and Rita: Spiritual and secular pathways to resistance among volunteers." *Journal for the Scientific Study of Religion* 52.3: 537-556.

5) Rajpurkar, Pranav et al. (2016). "SQUAD: 100,000+ questions for machine comprehension of text." *arXiv preprint arXiv:1606.05250.*

6) Xiong, Caiming, Victor Zhong, and Richard Socher (2016). "Dynamic coattention networks for question answering." *arXiv preprint arXiv:1611.01604.*

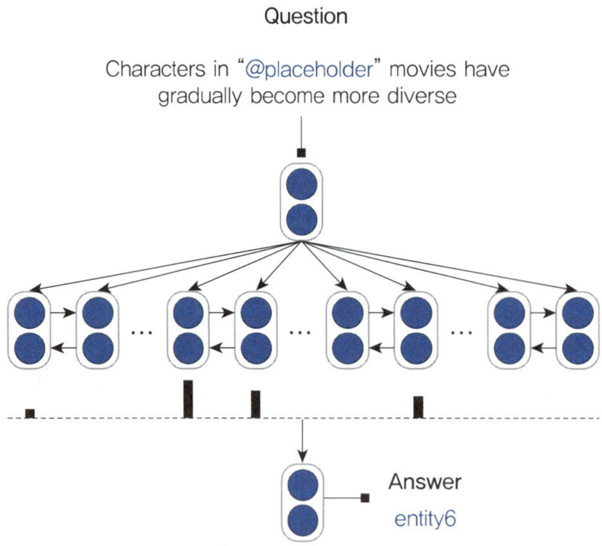


크게 question vector 생성, passage vector 생성, 어텐션의 세 부분으로 이루어져 있는 것이다.

먼저 question에 대한 vector를 생성한다. 주어진 문장에 있는 단어들의 임베딩을 사전에 학습된 GloVe에서 가져와 one-layer BiLSTM에 feeding한다. BiLSTM의 각 방향 마지막 hidden state을 concat하여 문장 내 단어 개수만큼의 question vector를 얻게 된다.

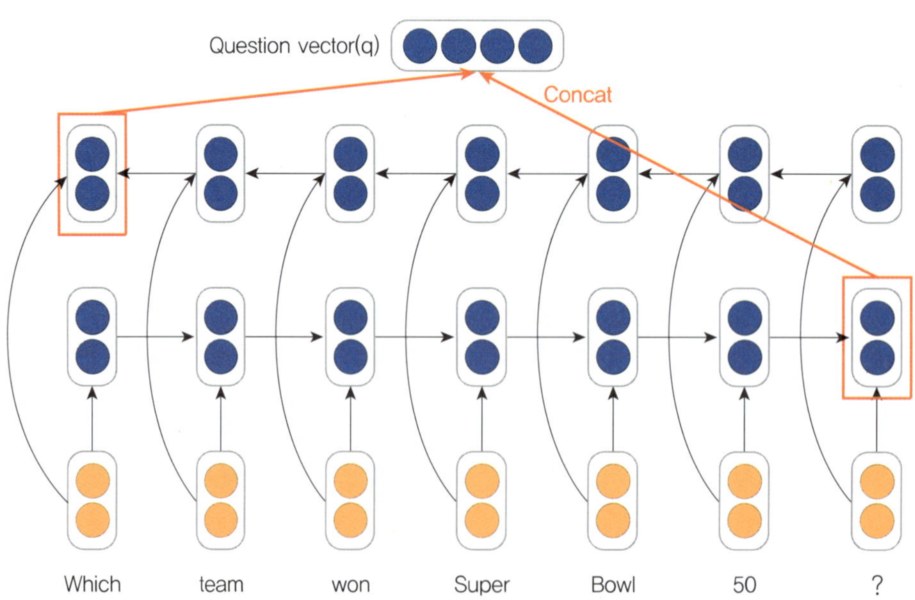

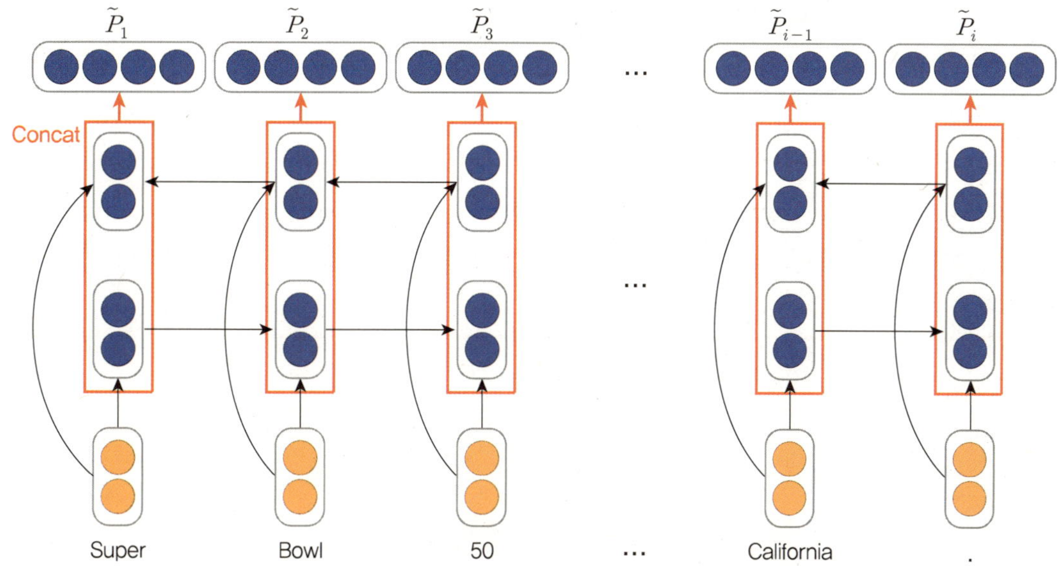


어텐션의 경우에는 ai, os, as를 활용한다. ai는 i개의 p벡터와 한 개의 p벡터를 이용하여 어텐션을 적용한 후 softmax를 취한다. os는 ai와 pi벡터를 곱하여 모두 더한다. as는 os에 linear transform을 취한다. 이렇게 start token과 end token을 구하는 것이다. 여기서 start token과 end token은 answer를 의미한다. 아래 그림에서 녹색 막대 그래프는 start token 에 대한 어텐션을, 주황색 막대 그래프는 end token에 대한 어텐션을 의미한다.

Starnford Question Answering Dataset(SQUAD)는 Passage+Question을 답할 때 위키피디아에서 선택한 passage, crowdsourced한 question, passage에 span이 있는 answer로 이루어져 있다.

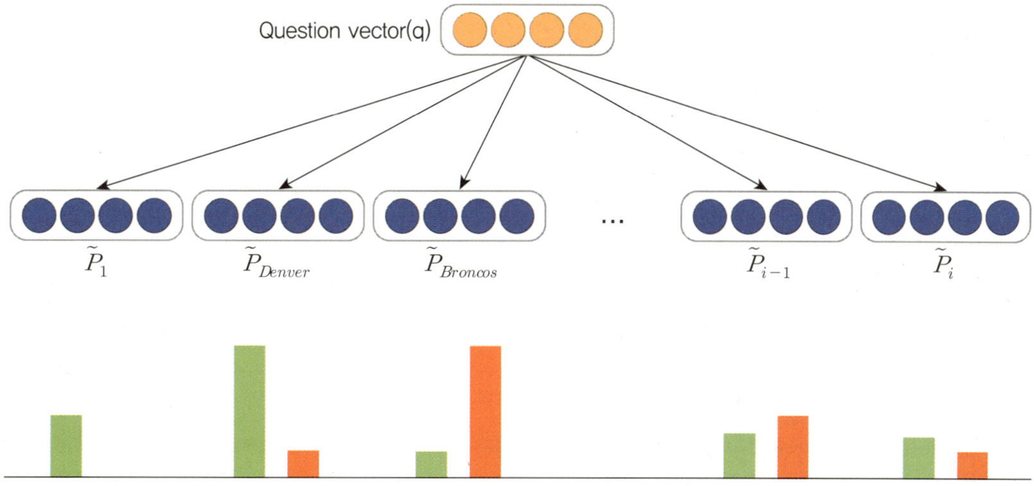

SQUAD 2.0에서는 답이 없는 질문들이 추가되었는데, 현존하는 reading comprehension 데이터셋들은 주로 'answerable(대답 가능한)' 질문들에 초점을 맞추거나 쉽게 판별이 가능한 가짜 'unanswerable(대답 불가능한)' 질문들을 자동 생성해 왔다. SQUAD 2.0은 이 약점을 보완한 것인데 기존 데이터셋(SQUAD 1.1)에 새로운 5만 개 이상의 unanswerable questions(응답 불가능한 질문)을 병합하였다. Unanswerable question은 온라인의 crowd worker들이 직접 생성하였고 worker들에 의해 생성된 unanswerable question은 응답 가능한 질문들과 유사하여 기계적으로 판별이 어렵다.

(Bidirectional) Attention Flow(Seo et al., 2018)를 보자.

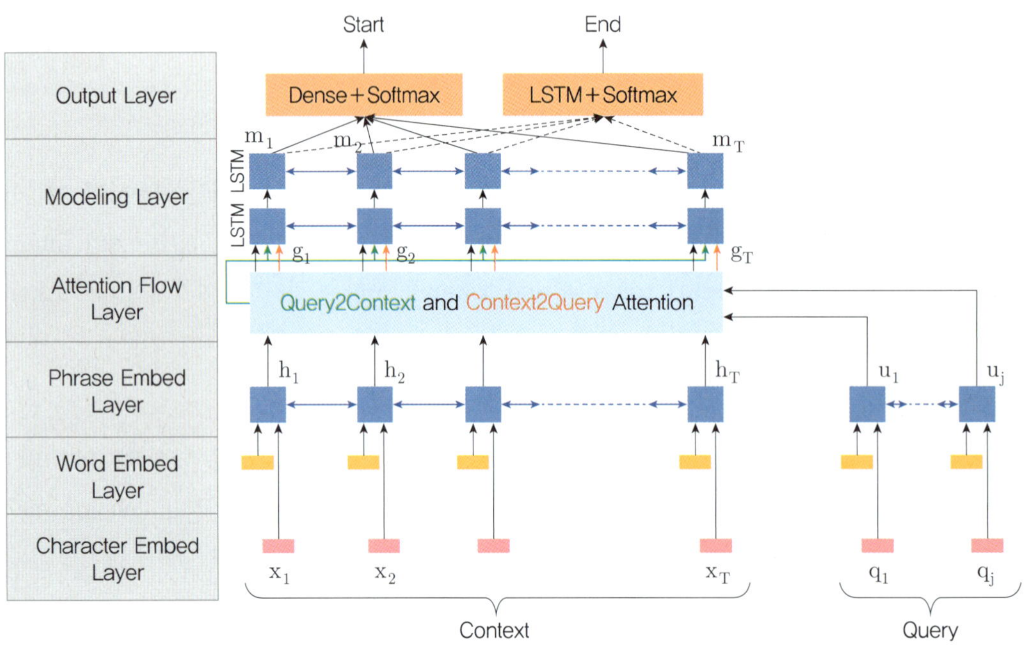


주요 개념으로는 MC(Machine Comprehension)를 뽑을 수 있다. 문장(context)의 흐름을 이해하고 주어진 문장에서 질문에 대답하는 것인데, query와 context의 복잡한 상호관계를 이해해야 한다. 예를 다음과 같이 들 수 있다.

문맥: 현우는 동영이에게 1,000원을 주고, 동영이는 우정이에게 다시 1,000원을 주었다.
쿼리: 동영이가 가진 돈은?

최근에는 어텐션 모델이 MC에 사용되기 시작하였는데, 문맥의 작은 부분에 집중 가능하며 그 정보를 fixed-size vector로 변환 가능하기 때문이다. BIDAF(BiDirectional Attention Flow)는

multi-stage hierarchical process로 context를 요약하지 않고 query-aware context vector를 찾아내는 방식이다. 쿼리에서 사용되는 중요한 단어를 골라내 context를 세분화시키고, query-aware context vector로 context summarization을 대체한다. Context가 query와 연관지어져 쿼리에 필요한 특성을 반영한 것이다. 이는 어텐션 레이어가 문맥을 fixed-size vector로 요약하는 것으로 사용되지 않는다. 즉, 이전 레이어에서 계산된 attended vector를 subsequent model로 flow하게 해준다. 이 방법을 통해 요약으로 인한 정보손실이 줄어들게 되는 것이다. 또한 time step마다 어텐션을 계산하며 이전 어텐션 레이어들을 사용하지 않아 현재 step에서의 query와 context의 어텐션을 학습하는 것에 집중하고, 이전의 잘못된 어텐션의 영향을 받지 않도록 memory-less attention을 사용한다. Bidirectional 구조로 context와 query가 충분히 정보를 교환하는 장점도 있다.

아래 그림은 bidirectional attention flow model이다.

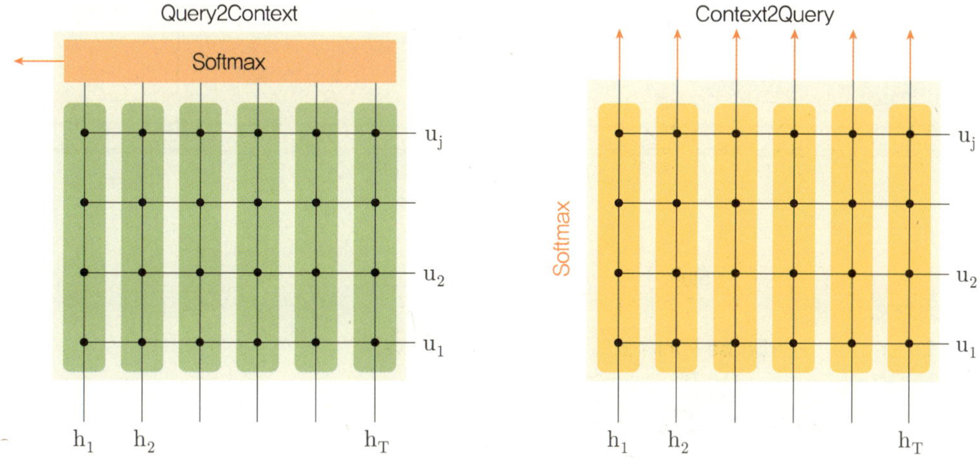


이때 Character embedding layer로 CharCNN을 사용하여 각 단어를 vector space에 매핑한다. 워드 임베딩 레이어는 pre-trained word embedding 모델을 사용하여 각 단어를 vector space에 매핑한다. Contextual embedding layer는 target word 주변 단어들을 통해 embedding을 정제한다. 처음 3개의 layer에 대해서는 query와 context에 모두 적용된다. 그리고 attention flow layer를 통해 context에 대해 query-aware feature vector를 만들기 위해 query와 context를 쌍으로 묶어 어텐션을 학습한다. Modeling layer는 RNN을 통해 context를 탐색하고, output layer는 query에 대해 답을 생성한다. Character embedding layer는 charCNN을 이용하여 word를 벡터로 만들어주고, character에 ID vector를 부여하고 CNN에 넣어서 word를 예측하는 방식으로 학습한다. CNN output을 pooling으로 차원을 줄여

embedding으로 사용하는 것이다. 워드 임베딩 레이어는 pre-trained word embedding model로 word를 벡터로 만든다. 논문에서는 GloVe를 사용하였다.

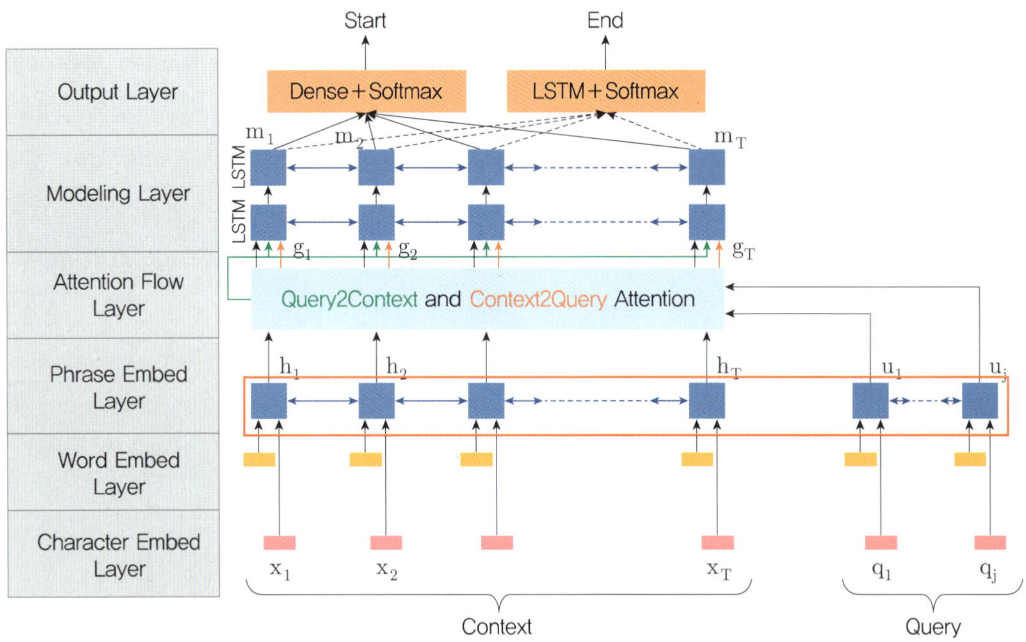


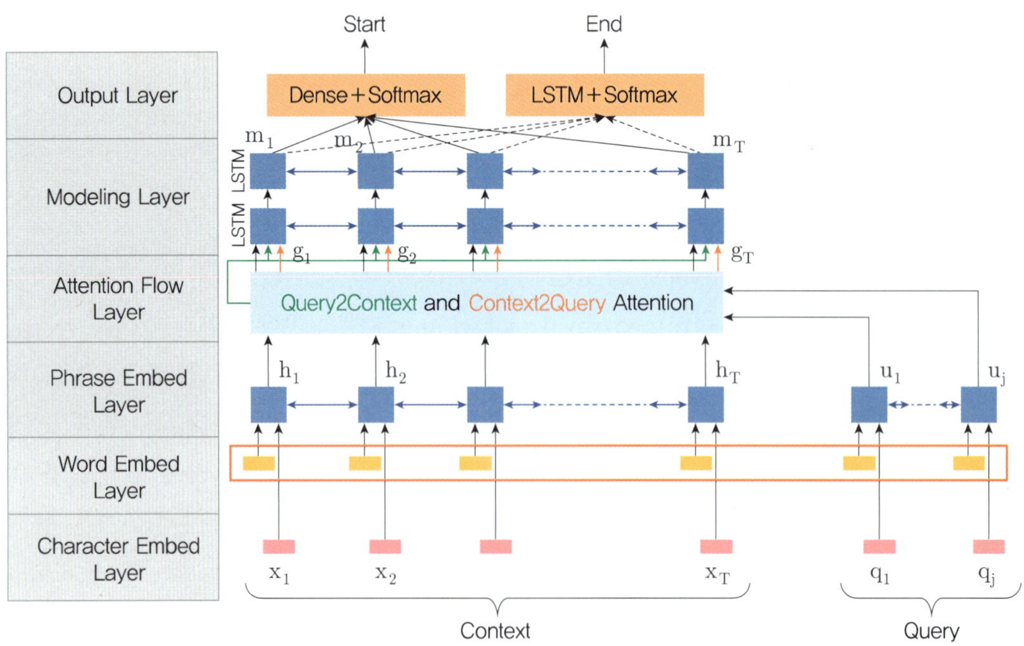

Context embedding layer는 BiLSTM을 통해 주변 문맥을 파악하는 과정으로 볼 수 있다. Character embedding layer에서의 output과 워드 임베딩 레이어에서의 output을 받아서 concatenate한 후, 이를 그대로 highway network의 input으로 사용한다. BiLSTM의 특성상 d차원의 output이 forward에서 한 번, backward에서 한 번 나오므로 2d 차원의 output을 가지는 것이다. Concatenate될 때 방향은 column-wise하다.

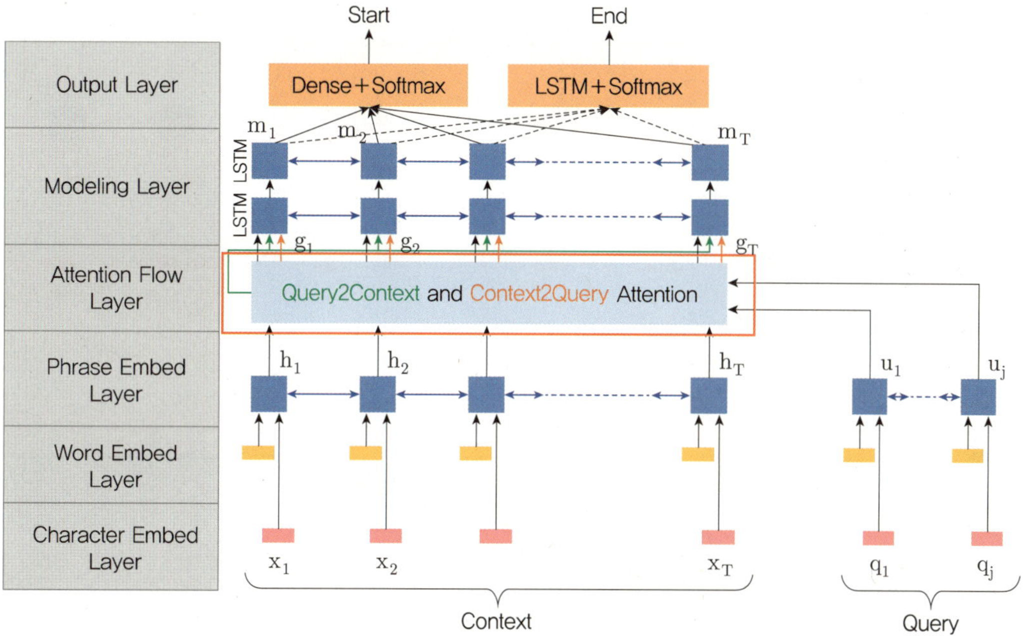


Attention flow layer는 query와 context를 연결시켜주는 작업이 일어나는 layer이다. 크게 두 가지 방향으로 진행되는데, context의 어느 정보가 query와 관련이 있는가를 학습하기 위한 과정인 query2context와 query의 어느 정보가 context와 관련이 있는가를 학습하기 위한 context2query이다. 이렇게 query와 context에 대한 어텐션이 양방향으로 일어나기 때문에 bidirectional attention flow라는 이름이 붙여진 것이다. Query와 context 간의 유사도를 파악하기 위해 similarity matrix도 사용된다. 이때 context는 전체 document가 들어가는 형식인데, t-th context word와 j-th query word 간의 similarity를 학습하게 된다. 여기서는 이전에 사용하는 어텐션 방법들과는 다르게 어텐션을 single vector로 요약하는 용도로 사용하지 않으므로, 요약을 하면서 생기는 정보 손실 문제가 일어나지 않는다.

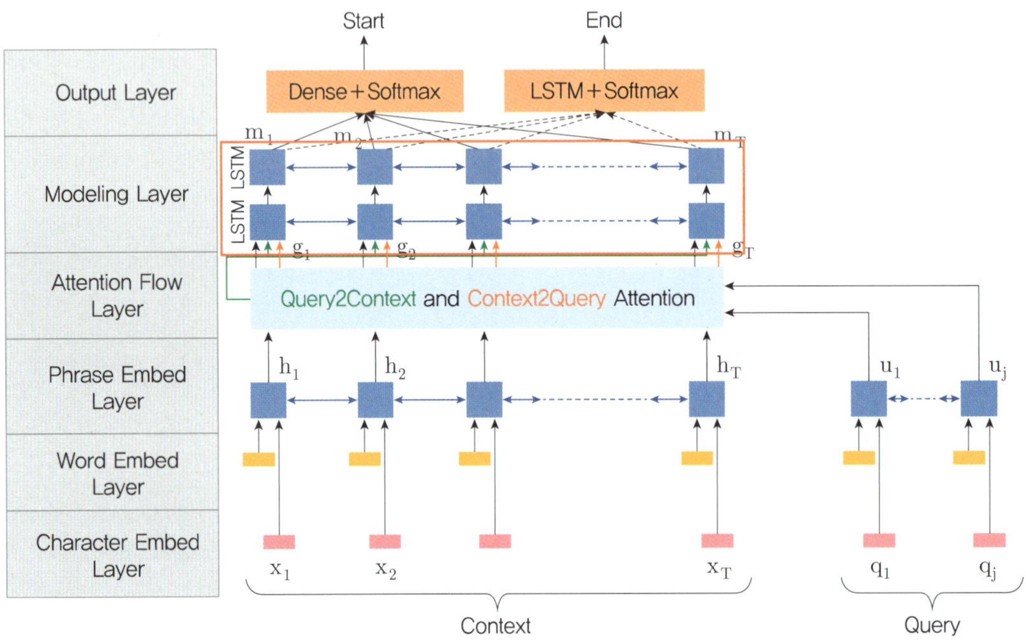


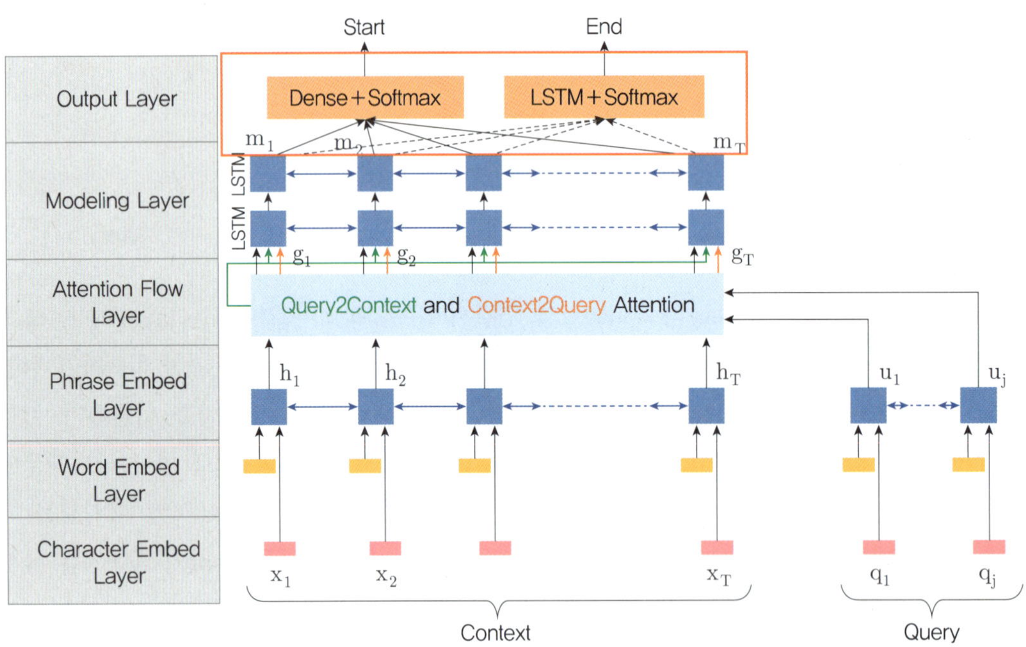


Output layer는 output을 예측하는 과정이다. 데이터셋은 주어진 query에 대해 어느 문장이 정답인가 답을 하는 task인 SQUAD인데, context 내 어느 구간이 정답이 포함된 구간인지를 찾아야 한다. 이 정답을 표기하기 위해 start(정답 문장 시작의 단어)와 end(정답 문장의 마지막 단어)를 찾는

task이다. Output에서는 modeling layer에서의 forward output과 backward output을 input으로 받아 start 토큰과 end 토큰을 찾게 된다.

이제 BERT로 QA를 하는 방법에 대해 간단히 살펴보자.

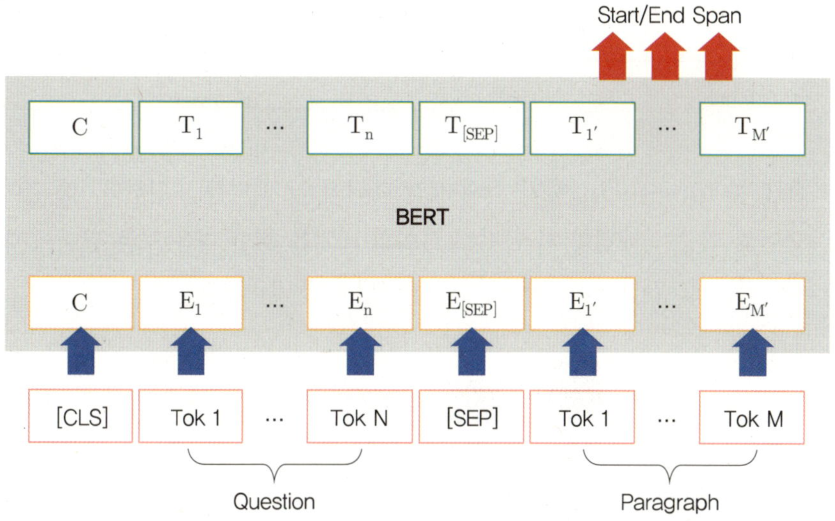


QA 작업의 경우에 BERT는 입력 질문과 구절을 단일 packed sequence로 사용한다. 입력 임베딩은 토큰 임베딩과 세그먼트 임베딩의 합이다. 입력은 모델을 입력하기 전에 다음의 방식으로 처리한다.

- Token embeddings: [CLS] 토큰은 질문 시작 부분의 입력 단어 토큰에 추가되고 [SEP] 토큰은 질문과 단락의 사이에 삽입된다.
- Segment embeddings: 문장 A 또는 문장 B를 나타내는 마커가 각 토큰에 추가된다. 이를 통해 모델은 질문과 구절을 구별할 수 있다.

Segment token은 아래 예에서 A로 표시된 모든 토큰은 질문에 속하고 B로 표시된 토큰은 구절에 속하는 것으로 볼 수 있다.

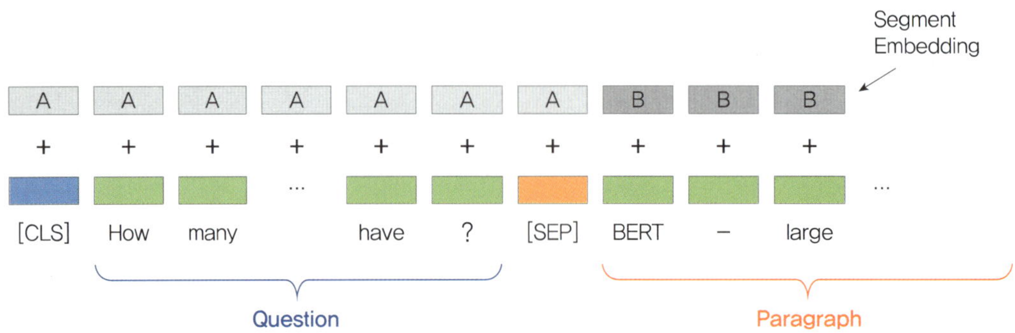


QA 시스템에 대한 BERT를 fine-tuning하기 위해 시작 벡터와 끝 벡터를 도입한다. 각 단어가 시작 단어일 확률은 단어의 최종 임베딩과 시작 벡터 사이의 내적을 취한 다음 모든 단어에 대한 softmax를 취해서 계산되는데, 가장 높은 확률값을 가진 단어가 고려된다.

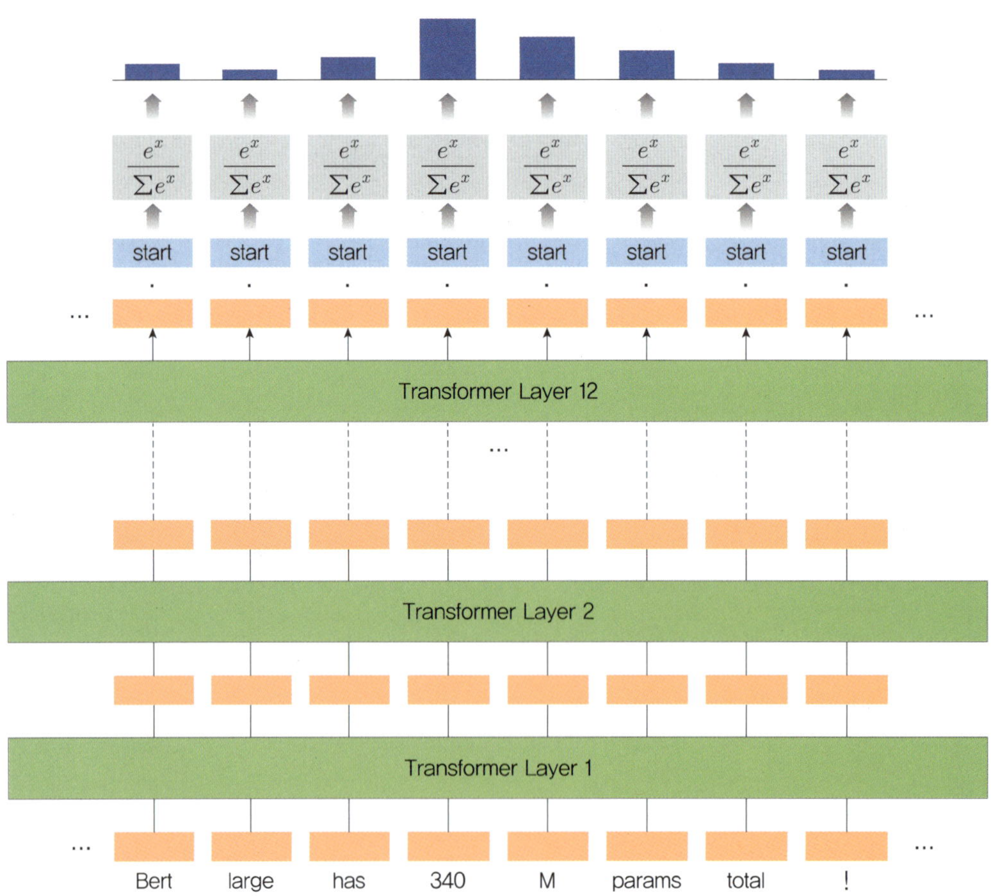

실습 시 hugging face transformers 라이브러리에서 SQUAD 데이터셋을 찾고 이미 fine-tuning된 BertForQuestionAnswering 모델을 활용하자.

qa_trainer.py 코드는 아래와 같다.

```
# coding=utf-8
#Copyright2018TheGoogleAILanguageTeamAuthorsandTheHuggingFaceInc.team.
#Copyright(c)2018,NVIDIACORPORATION.  All rights reserved.
#
#LicensedundertheApacheLicense,Version2.0(the"License");
#youmaynotusethisfileexceptincompliancewiththeLicense.
#YoumayobtainacopyoftheLicenseat
#
#       http://www.apache.org/licenses/LICENSE-2.0
#
#Unlessrequiredbyapplicablelaworagreedtoinwriting,software
#distributedundertheLicenseisdistributedonan"ASIS"BASIS,
#WITHOUTWARRANTIESORCONDITIONSOFANYKIND,eitherexpressorimplied.
#SeetheLicenseforthespecificlanguagegoverningpermissionsand
#limitationsundertheLicense.
"""FinetuningthelibrarymodelsforquestionansweringonSQuAD(DistilBERT,Bert,XLM,XLNet)."""

import argparse
import glob
import logging
import os
import random
import timeit

import numpy as np
import torch
from torch.utils.data import DataLoader, RandomSampler, SequentialSampler
from torch.utils.data.distributed import DistributedSampler
from tqdm import tqdm, trange

from yonlu.question_answering.korquad_evaluation import eval_during_train

from transformers import (
    WEIGHTS_NAME,
    AdamW,
    AlbertConfig,
    AlbertForQuestionAnswering,
    AlbertTokenizer,
    BertConfig,
    BertForQuestionAnswering,
    BertTokenizer,
    DistilBertConfig,
    DistilBertForQuestionAnswering,
```

```
    DistilBertTokenizer,
    RobertaConfig,
    RobertaForQuestionAnswering,
    RobertaTokenizer,
    XLMConfig,
    XLMForQuestionAnswering,
    XLMTokenizer,
    XLNetConfig,
    XLNetForQuestionAnswering,
    XLNetTokenizer,
    get_linear_schedule_with_warmup,
    squad_convert_examples_to_features
)
from transformers.data.metrics.squad_metrics import (
    compute_predictions_log_probs,
    compute_predictions_logits,
    squad_evaluate,
)
from transformers.data.processors.squad import SquadResult, SquadV1Processor, SquadV2Processor
from yonlu.bert.tokenization_kobert import KoBertTokenizer
from torch.utils.tensorboard import SummaryWriter

logger=logging.getLogger(__name__)

def set_seed(args):
    random.seed(args.seed)
    np.random.seed(args.seed)
    torch.manual_seed(args.seed)
    if args.n_gpu > 0:
        torch.cuda.manual_seed_all(args.seed)


def to_list(tensor):
    return tensor.detach().cpu().tolist()

class QuestionAnsweringTrainer(object):

    def __init__(self):
        print()

    def data_load(self, args, train_dataset):
        args.train_batch_size = args.per_gpu_train_batch_size * max(1, args.n_gpu)
        train_sampler = RandomSampler(train_dataset) if args.local_rank == -1 else
DistributedSampler(train_dataset)
        train_dataloader = DataLoader(train_dataset, sampler=train_sampler,
batch_size=args.train_batch_size)
        return train_dataloader

    def train(self, args, train_dataset, model, tokenizer):
```

```
        """ Train the model """
        if args.local_rank in [-1, 0]:
            tb_writer = SummaryWriter()

        train_dataloader = self.data_load(args,train_dataset)

        if args.max_steps > 0:
            t_total = args.max_steps
            args.num_train_epochs = args.max_steps // (len(train_dataloader) //
args.gradient_accumulation_steps) + 1
        else:
            t_total = len(train_dataloader) // args.gradient_accumulation_steps *
args.num_train_epochs

        # Prepare optimizer and schedule (linear warmup and decay)
        no_decay = ["bias", "LayerNorm.weight"]
        optimizer_grouped_parameters = [
            {
                "params": [p for n, p in model.named_parameters() if not any(nd in n for nd in no_decay)],
                "weight_decay": args.weight_decay,
            },
            {"params": [p for n, p in model.named_parameters() if any(nd in n for nd in no_decay)],
"weight_decay": 0.0},
        ]
        optimizer = AdamW(optimizer_grouped_parameters, lr=args.learning_rate, eps=args.adam_epsilon)
        scheduler = get_linear_schedule_with_warmup(
            optimizer, num_warmup_steps=args.warmup_steps, num_training_steps=t_total
        )

        # Check if saved optimizer or scheduler states exist
        if os.path.isfile(os.path.join(args.model_name_or_path, "optimizer.pt")) and os.path.isfile(
                os.path.join(args.model_name_or_path, "scheduler.pt")
        ):
            # Load in optimizer and scheduler states
            optimizer.load_state_dict(torch.load(os.path.join(args.model_name_or_path, "optimizer.pt")))
            scheduler.load_state_dict(torch.load(os.path.join(args.model_name_or_path, "scheduler.pt")))

        if args.fp16:
            try:
                from apex import amp
            except ImportError:
                raise ImportError("Please install apex from https://www.github.com/nvidia/apex to
use fp16 training.")

            model, optimizer = amp.initialize(model, optimizer, opt_level=args.fp16_opt_level)

        # multi-gpu training (should be after apex fp16 initialization)
        if args.n_gpu > 1:
            model = torch.nn.DataParallel(model)
```

```
    # Distributed training (should be after apex fp16 initialization)
    if args.local_rank != -1:
        model = torch.nn.parallel.DistributedDataParallel(
            model, device_ids=[args.local_rank], output_device=args.local_rank,
find_unused_parameters=True
        )

    # Train!
    logger.info("***** Running training *****")
    logger.info("  Num examples = %d", len(train_dataset))
    logger.info("  Num Epochs = %d", args.num_train_epochs)
    logger.info("  Instantaneous batch size per GPU = %d", args.per_gpu_train_batch_size)
    logger.info(
        "  Total train batch size (w. parallel, distributed & accumulation) = %d",
        args.train_batch_size
        * args.gradient_accumulation_steps
        * (torch.distributed.get_world_size() if args.local_rank != -1 else 1),
    )
    logger.info("  Gradient Accumulation steps = %d", args.gradient_accumulation_steps)
    logger.info("  Total optimization steps = %d", t_total)

    global_step = 1
    epochs_trained = 0
    steps_trained_in_current_epoch = 0
    # Check if continuing training from a checkpoint
    if os.path.exists(args.model_name_or_path):
        try:
            # set global_step to gobal_step of last saved checkpoint from model path
            checkpoint_suffix = args.model_name_or_path.split("-")[-1].split("/")[0]
            global_step = int(checkpoint_suffix)
            epochs_trained = global_step // (len(train_dataloader) //
args.gradient_accumulation_steps)
            steps_trained_in_current_epoch = global_step % (len(train_dataloader) //
args.gradient_accumulation_steps)

            logger.info("  Continuing training from checkpoint, will skip to saved global_step")
            logger.info("  Continuing training from epoch %d", epochs_trained)
            logger.info("  Continuing training from global step %d", global_step)
            logger.info("  Will skip the first %d steps in the first epoch",
steps_trained_in_current_epoch)
        except ValueError:
            logger.info("  Starting fine-tuning.")

    tr_loss, logging_loss = 0.0, 0.0
    model.zero_grad()
    train_iterator = trange(
        epochs_trained, int(args.num_train_epochs), desc="Epoch", disable=args.local_rank
not in [-1, 0]
    )
```

```
        # Added here for reproductibility
        set_seed(args)

        for _ in train_iterator:
            epoch_iterator = tqdm(train_dataloader, desc="Iteration", disable=args.local_rank
not in [-1, 0])
            for step, batch in enumerate(epoch_iterator):

                # Skip past any already trained steps if resuming training
                if steps_trained_in_current_epoch > 0:
                    steps_trained_in_current_epoch -= 1
                    continue

                model.train()
                batch = tuple(t.to(args.device) for t in batch)

                inputs = {
                    "input_ids": batch[0],
                    "attention_mask": batch[1],
                    "token_type_ids": batch[2],
                    "start_positions": batch[3],
                    "end_positions": batch[4],
                }

                if args.model_type in ["xlm", "roberta", "distilbert", "distilkobert"]:
                    del inputs["token_type_ids"]

                if args.model_type in ["xlnet", "xlm"]:
                    inputs.update({"cls_index": batch[5], "p_mask": batch[6]})
                    if args.version_2_with_negative:
                        inputs.update({"is_impossible": batch[7]})
                    if hasattr(model, "config") and hasattr(model.config, "lang2id"):
                        inputs.update(
                            {"langs": (torch.ones(batch[0].shape, dtype=torch.int64) *
args.lang_id).to(args.device)}
                        )

                outputs = model(**inputs)
                # model outputs are always tuple in transformers (see doc)
                loss = outputs[0]

                if args.n_gpu > 1:
                    loss = loss.mean()  # mean() to average on multi-gpu parallel (not distributed) training
                if args.gradient_accumulation_steps > 1:
                    loss = loss / args.gradient_accumulation_steps

                if args.fp16:
                    with amp.scale_loss(loss, optimizer) as scaled_loss:
                        scaled_loss.backward()
```

```
            else:
                loss.backward()

            tr_loss += loss.item()
            if (step + 1) % args.gradient_accumulation_steps == 0:
                if args.fp16:
                    torch.nn.utils.clip_grad_norm_(amp.master_params(optimizer),
args.max_grad_norm)
                else:
                    torch.nn.utils.clip_grad_norm_(model.parameters(), args.max_grad_norm)

                optimizer.step()
                scheduler.step()  # Update learning rate schedule
                model.zero_grad()
                global_step += 1

                # Log metrics
                if args.local_rank in [-1, 0] and args.logging_steps > 0 and global_step %
args.logging_steps == 0:
                    # Only evaluate when single GPU otherwise metrics may not average well
                    if args.local_rank == -1 and args.evaluate_during_training:
                        logger.info("***** Eval results *****")
                        results = self.evaluate(args, model, tokenizer)
                        for key in sorted(results.keys()):
                            logger.info("  %s = %s", key, str(results[key]))

                        # Write the evaluation result on file
                        logger.info("***** Official Eval results *****")
                        with open("eval_result_{}_{}.txt".format(list(filter(None,
args.model_name_or_path.split("/"))).pop(),
str(args.max_seq_length)), "a", encoding='utf-8') as f:
                            official_eval_results = eval_during_train(args)
                            f.write("Step: {}\n".format(global_step))
                            for key in sorted(official_eval_results.keys()):
                                logger.info("  %s = %s", key, str(official_eval_results[key]))
                                f.write(" {} = {}\n".format(key, str(official_eval_results[key])))

                        for key, value in results.items():
                            tb_writer.add_scalar("eval_{}".format(key), value, global_step)

                        for key, value in official_eval_results.items():
                            tb_writer.add_scalar("eval_{}".format(key), value, global_step)

                    tb_writer.add_scalar("lr", scheduler.get_lr()[0], global_step)
                    tb_writer.add_scalar("loss", (tr_loss - logging_loss) / args.logging_steps,
global_step)
                    logging_loss = tr_loss

                # Save model checkpoint
```

```
                if args.local_rank in [-1, 0] and args.save_steps > 0 and global_step %
args.save_steps == 0:
                    output_dir = os.path.join(args.output_dir,
"checkpoint-{}".format(global_step))
                    if not os.path.exists(output_dir):
                        os.makedirs(output_dir)
                    # Take care of distributed/parallel training
                    model_to_save = model.module if hasattr(model, "module") else model
                    model_to_save.save_pretrained(output_dir)
                    tokenizer.save_pretrained(output_dir)

                    torch.save(args, os.path.join(output_dir, "training_args.bin"))
                    logger.info("Saving model checkpoint to %s", output_dir)

                    torch.save(optimizer.state_dict(), os.path.join(output_dir, "optimizer.pt"))
                    torch.save(scheduler.state_dict(), os.path.join(output_dir, "scheduler.pt"))
                    logger.info("Saving optimizer and scheduler states to %s", output_dir)

            if args.max_steps > 0 and global_step > args.max_steps:
                epoch_iterator.close()
                break
        if args.max_steps > 0 and global_step > args.max_steps:
            train_iterator.close()
            break

    if args.local_rank in [-1, 0]:
        tb_writer.close()

    return global_step, tr_loss / global_step


def evaluate(self, args, model, tokenizer, prefix=""):
    dataset, examples, features = load_and_cache_examples(args, tokenizer, evaluate=True,
output_examples=True)

    if not os.path.exists(args.output_dir) and args.local_rank in [-1, 0]:
        os.makedirs(args.output_dir)

    args.eval_batch_size = args.per_gpu_eval_batch_size * max(1, args.n_gpu)

    # Note that DistributedSampler samples randomly
    eval_sampler = SequentialSampler(dataset)
    eval_dataloader = DataLoader(dataset, sampler=eval_sampler,
batch_size=args.eval_batch_size)

    # multi-gpu evaluate
    if args.n_gpu > 1 and not isinstance(model, torch.nn.DataParallel):
        model = torch.nn.DataParallel(model)
```

```
# Eval!
logger.info("***** Running evaluation {} *****".format(prefix))
logger.info("  Num examples = %d", len(dataset))
logger.info("  Batch size = %d", args.eval_batch_size)

all_results = []
start_time = timeit.default_timer()

for batch in tqdm(eval_dataloader, desc="Evaluating"):
    model.eval()
    batch = tuple(t.to(args.device) for t in batch)

    with torch.no_grad():
        inputs = {
            "input_ids": batch[0],
            "attention_mask": batch[1],
            "token_type_ids": batch[2],
        }

        if args.model_type in ["xlm", "roberta", "distilbert", "distilkobert"]:
            del inputs["token_type_ids"]

        example_indices = batch[3]

        # XLNet and XLM use more arguments for their predictions
        if args.model_type in ["xlnet", "xlm"]:
            inputs.update({"cls_index": batch[4], "p_mask": batch[5]})
            # for lang_id-sensitive xlm models
            if hasattr(model, "config") and hasattr(model.config, "lang2id"):
                inputs.update(
                    {"langs": (torch.ones(batch[0].shape, dtype=torch.int64) *
args.lang_id).to(args.device)}
                )

        outputs = model(**inputs)

    for i, example_index in enumerate(example_indices):
        eval_feature = features[example_index.item()]
        unique_id = int(eval_feature.unique_id)

        output = [to_list(output[i]) for output in outputs]

        # Some models (XLNet, XLM) use 5 arguments for their predictions, while the other "simpler"
        # models only use two.
        if len(output) >= 5:
            start_logits = output[0]
            start_top_index = output[1]
            end_logits = output[2]
            end_top_index = output[3]
```

```
                cls_logits = output[4]

                result = SquadResult(
                    unique_id,
                    start_logits,
                    end_logits,
                    start_top_index=start_top_index,
                    end_top_index=end_top_index,
                    cls_logits=cls_logits,
                )

            else:
                start_logits, end_logits = output
                result = SquadResult(unique_id, start_logits, end_logits)

            all_results.append(result)

    evalTime = timeit.default_timer() - start_time
    logger.info("  Evaluation done in total %f secs (%f sec per example)", evalTime, evalTime
/ len(dataset))

    # Compute predictions
    output_prediction_file = os.path.join(args.output_dir, "predictions_{}.json".format(prefix))
    output_nbest_file = os.path.join(args.output_dir, "nbest_predictions_{}.json".format(prefix))

    if args.version_2_with_negative:
        output_null_log_odds_file = os.path.join(args.output_dir,
"null_odds_{}.json".format(prefix))
    else:
        output_null_log_odds_file = None

    # XLNet and XLM use a more complex post-processing procedure
    if args.model_type in ["xlnet", "xlm"]:
        start_n_top = model.config.start_n_top if hasattr(model, "config") else
model.module.config.start_n_top
        end_n_top = model.config.end_n_top if hasattr(model, "config") else
model.module.config.end_n_top

        predictions = compute_predictions_log_probs(
            examples,
            features,
            all_results,
            args.n_best_size,
            args.max_answer_length,
            output_prediction_file,
            output_nbest_file,
            output_null_log_odds_file,
            start_n_top,
            end_n_top,
```

```
                args.version_2_with_negative,
                tokenizer,
                args.verbose_logging,
            )
        else:
            predictions = compute_predictions_logits(
                examples,
                features,
                all_results,
                args.n_best_size,
                args.max_answer_length,
                args.do_lower_case,
                output_prediction_file,
                output_nbest_file,
                output_null_log_odds_file,
                args.verbose_logging,
                args.version_2_with_negative,
                args.null_score_diff_threshold,
                tokenizer,
            )

        # Compute the F1 and exact scores.
        results = squad_evaluate(examples, predictions)
        return results


def load_and_cache_examples(args, tokenizer, evaluate=False, output_examples=False):
    if args.local_rank not in [-1, 0] and not evaluate:
        # Make sure only the first process in distributed training process the dataset, and the others will use the cache
        torch.distributed.barrier()

    # Load data features from cache or dataset file
    input_dir = args.data_dir if args.data_dir else "."
    cached_features_file = os.path.join(
        input_dir,
        "cached_{}_{}_{}".format(
            "dev" if evaluate else "train",
            list(filter(None, args.model_name_or_path.split("/"))).pop(),
            str(args.max_seq_length),
        ),
    )

    # Init features and dataset from cache if it exists
    if os.path.exists(cached_features_file) and not args.overwrite_cache:
        logger.info("Loading features from cached file %s", cached_features_file)
        features_and_dataset = torch.load(cached_features_file)
        features, dataset, examples = (
            features_and_dataset["features"],
            features_and_dataset["dataset"],
```

```
            features_and_dataset["examples"],
        )
    else:
        logger.info("Creating features from dataset file at %s", input_dir)

        if not args.data_dir and ((evaluate and not args.predict_file) or (not evaluate and not
args.train_file)):
            try:
                import tensorflow_datasets as tfds
            except ImportError:
                raise ImportError("If not data_dir is specified, tensorflow_datasets needs to be
installed.")

            if args.version_2_with_negative:
                logger.warn("tensorflow_datasets does not handle version 2 of SQuAD.")

            tfds_examples = tfds.load("squad")
            examples = SquadV1Processor().get_examples_from_dataset(tfds_examples,
evaluate=evaluate)
        else:
            processor = SquadV2Processor() if args.version_2_with_negative else
SquadV1Processor()
            if evaluate:
                examples = processor.get_dev_examples(args.data_dir, filename=args.predict_file)
            else:
                examples = processor.get_train_examples(args.data_dir, filename=args.train_file)

        features, dataset = squad_convert_examples_to_features(
            examples=examples,
            tokenizer=tokenizer,
            max_seq_length=args.max_seq_length,
            doc_stride=args.doc_stride,
            max_query_length=args.max_query_length,
            is_training=not evaluate,
            return_dataset="pt",
            threads=args.threads,
        )

        if args.local_rank in [-1, 0]:
            logger.info("Saving features into cached file %s", cached_features_file)
            torch.save({"features": features, "dataset": dataset, "examples": examples},
cached_features_file)

    if args.local_rank == 0 and not evaluate:
        # Make sure only the first process in distributed training process the dataset, and the others will use the cache
        torch.distributed.barrier()

    if output_examples:
        return dataset, examples, features
```

```
    return dataset
```

이를 다 훈련하면 Process finished with exit code 0이 나온다.

BERT for Question answering을 사용한 transformer_qa_trainer.py를 살펴보자.

Yonlu의 setup.py를 보면 pytorch_ignite, fire, pytorch_lightning가 있다. 이 중 pytorch_lightning은 복잡할 수 있는 pytorch를 손쉽게 사용하게 한다.

qa_trainer.py의 경우 hugging face에서 example로 fine-tuning한 코드를 개량한 코드이다.

Yonlu의 transformer_qa_trainer.py는 parser = argparse.ArgumentParser()를 활용한다. Model class의 dictionary에 따라 어느 것을 활용할지 정할 수 있는데, BERT, Roberta, xlnet, …, albert, KoBERT, distilkobert가 그 예시이다. Config에 epoch size, batch size 등 하이퍼파라미터를 입력한다.

```
MODEL_CLASSES = {
    "bert": (BertConfig, BertForQuestionAnswering, BertTokenizer),
    "roberta": (RobertaConfig, RobertaForQuestionAnswering, RobertaTokenizer),
    "xlnet": (XLNetConfig, XLNetForQuestionAnswering, XLNetTokenizer),
    "xlm": (XLMConfig, XLMForQuestionAnswering, XLMTokenizer),
    "distilbert": (DistilBertConfig, DistilBertForQuestionAnswering, DistilBertTokenizer),
    "albert": (AlbertConfig, AlbertForQuestionAnswering, AlbertTokenizer),
    "kobert": (BertConfig, BertForQuestionAnswering, KoBertTokenizer),
    "distilkobert": (DistilBertConfig, DistilBertForQuestionAnswering, KoBertTokenizer),
}
```

Parser로 argument를 passing한다.

Command line에서 parsing argument를 처리하고, 각각의 -로 되어 있는 것을 key로 value 값을 더해서 활용한다.

```
def main():
    parser = argparse.ArgumentParser()

    # Required parameters
    parser.add_argument(
        "--model_type",
        default="kobert",
        type=str,
        required=False,
        help="Model type selected in the list: " + ", ".join(MODEL_CLASSES.keys()),
    )
```

```
    parser.add_argument(
        "--model_name_or_path",
        default="monologg/kobert",
        type=str,
        required=False,
        help="Path to pre-trained model or shortcut name selected in the list:"
    )
    parser.add_argument(
        "--output_dir",
        default="./models",
        type=str,
        required=False,
        help="The output directory where the model checkpoints and predictions will be written.",
    )

    # Other parameters
    parser.add_argument(
        "--data_dir",
        default="../data",
        type=str,
        help="The input data dir. Should contain the .json files for the task."
            + "If no data dir or train/predict files are specified, will run with tensorflow_datasets.",
    )
    parser.add_argument(
        "--train_file",
        default="KorQuAD_v1.0_train.json",
        type=str,
        help="The input training file. If a data dir is specified, will look for the file there"
            + "If no data dir or train/predict files are specified, will run with tensorflow_datasets.",
    )
    parser.add_argument(
        "--predict_file",
        default="KorQuAD_v1.0_dev.json",
        type=str,
        help="The input evaluation file. If a data dir is specified, will look for the file there"
            + "If no data dir or train/predict files are specified, will run with tensorflow_datasets.",
    )
    parser.add_argument(
        "--config_name", default="", type=str, help="Pretrained config name or path if not the same
as model_name"
    )
    parser.add_argument(
        "--tokenizer_name",
        default="",
        type=str,
        help="Pretrained tokenizer name or path if not the same as model_name",
    )
    parser.add_argument(
        "--cache_dir",
```

```
        default="",
        type=str,
        help="Where do you want to store the pre-trained models downloaded from s3",
    )

    parser.add_argument(
        "--version_2_with_negative",
        action="store_true",
        help="If true, the SQuAD examples contain some that do not have an answer.",
    )
    parser.add_argument(
        "--null_score_diff_threshold",
        type=float,
        default=0.0,
        help="If null_score - best_non_null is greater than the threshold predict null.",
    )

    parser.add_argument(
        "--max_seq_length",
        default=512,
        type=int,
        help="The maximum total input sequence length after WordPiece tokenization. Sequences "
            "longer than this will be truncated, and sequences shorter than this will be padded.",
    )
    parser.add_argument(
        "--doc_stride",
        default=128,
        type=int,
        help="When splitting up a long document into chunks, how much stride to take between chunks.",
    )
    parser.add_argument(
        "--max_query_length",
        default=64,
        type=int,
        help="The maximum number of tokens for the question. Questions longer than this will "
            "be truncated to this length.",
    )
    parser.add_argument("--do_train", default=True, type=bool, help="Whether to run training.")
    parser.add_argument("--do_eval", action="store_true", help="Whether to run eval on the dev set.")
    parser.add_argument(
        "--evaluate_during_training", default=True, type=bool, help="Run evaluation during
training at each logging step."
    )
    parser.add_argument(
        "--do_lower_case", action="store_true", help="Set this flag if you are using an uncased model."
    )

    parser.add_argument("--per_gpu_train_batch_size", default=8, type=int, help="Batch size per
GPU/CPU for training.")
```

```
    parser.add_argument(
        "--per_gpu_eval_batch_size", default=8, type=int, help="Batch size per GPU/CPU for evaluation."
    )
    parser.add_argument("--learning_rate", default=5e-5, type=float, help="The initial learning
rate for Adam.")
    parser.add_argument(
        "--gradient_accumulation_steps",
        type=int,
        default=1,
        help="Number of updates steps to accumulate before performing a backward/update pass.",
    )
    parser.add_argument("--weight_decay", default=0.0, type=float, help="Weight decay if we apply
some.")
    parser.add_argument("--adam_epsilon", default=1e-8, type=float, help="Epsilon for Adam
optimizer.")
    parser.add_argument("--max_grad_norm", default=1.0, type=float, help="Max gradient norm.")
    parser.add_argument(
        "--num_train_epochs", default=3.0, type=float, help="Total number of training epochs to
perform."
    )
    parser.add_argument(
        "--max_steps",
        default=-1,
        type=int,
        help="If > 0: set total number of training steps to perform. Override num_train_epochs.",
    )
    parser.add_argument("--warmup_steps", default=0, type=int, help="Linear warmup over
warmup_steps.")
    parser.add_argument(
        "--n_best_size",
        default=20,
        type=int,
        help="The total number of n-best predictions to generate in the nbest_predictions.json
output file.",
    )
    parser.add_argument(
        "--max_answer_length",
        default=30,
        type=int,
        help="The maximum length of an answer that can be generated. This is needed because the start
"
            "and end predictions are not conditioned on one another.",
    )
    parser.add_argument(
        "--verbose_logging",
        action="store_true",
        help="If true, all of the warnings related to data processing will be printed. "
            "A number of warnings are expected for a normal SQuAD evaluation.",
    )
```

```
    parser.add_argument(
        "--lang_id",
        default=0,
        type=int,
        help="language id of input for language-specific xlm models (see
tokenization_xlm.PRETRAINED_INIT_CONFIGURATION)",
    )

    parser.add_argument("--logging_steps", type=int, default=500, help="Log every X updates
steps.")
    parser.add_argument("--save_steps", type=int, default=4000, help="Save checkpoint every X
updates steps.")
    parser.add_argument(
        "--eval_all_checkpoints",
        action="store_true",
        help="Evaluate all checkpoints starting with the same prefix as model_name ending and ending
with step number",
    )
    parser.add_argument("--no_cuda", action="store_true", help="Whether not to use CUDA when
available")
    parser.add_argument(
        "--overwrite_output_dir", default=True, type=bool, help="Overwrite the content of the
output directory"
    )
    parser.add_argument(
        "--overwrite_cache", action="store_true", help="Overwrite the cached training and
evaluation sets"
    )
    parser.add_argument("--seed", type=int, default=42, help="random seed for initialization")

    parser.add_argument("--local_rank", type=int, default=-1, help="local_rank for distributed
training on gpus")
    parser.add_argument(
        "--fp16",
        action="store_true",
        help="Whether to use 16-bit (mixed) precision (through NVIDIA apex) instead of 32-bit",
    )
    parser.add_argument(
        "--fp16_opt_level",
        type=str,
        default="O1",
        help="For fp16: Apex AMP optimization level selected in ['O0', 'O1', 'O2', and 'O3']."
            "See details at https://nvidia.github.io/apex/amp.html",
    )
    parser.add_argument("--server_ip", type=str, default="", help="Can be used for distant
debugging.")
    parser.add_argument("--server_port", type=str, default="", help="Can be used for distant
debugging.")
```

```
    parser.add_argument("--threads", type=int, default=1, help="multiple threads for converting
example to features")
    args = parser.parse_args()

    if args.doc_stride >= args.max_seq_length - args.max_query_length:
        logger.warning(
            "WARNING - You've set a doc stride which may be superior to the document length in some "
            "examples. This could result in errors when building features from the examples. Please
reduce the doc "
            "stride or increase the maximum length to ensure the features are correctly built."
        )

    if (
            os.path.exists(args.output_dir)
            and os.listdir(args.output_dir)
            and args.do_train
            and not args.overwrite_output_dir
    ):
        raise ValueError(
            "Output directory ({}) already exists and is not empty. Use --overwrite_output_dir to
overcome.".format(
                args.output_dir
            )
        )

    # Setup distant debugging if needed
    if args.server_ip and args.server_port:
        # Distant debugging - see https://code.visualstudio.com/docs/python/debugging#_attach-to-a-local-script
        import ptvsd

        print("Waiting for debugger attach")
        ptvsd.enable_attach(address=(args.server_ip, args.server_port), redirect_output=True)
        ptvsd.wait_for_attach()

    # Setup CUDA, GPU & distributed training
    if args.local_rank == -1 or args.no_cuda:
        device = torch.device("cuda" if torch.cuda.is_available() and not args.no_cuda else "cpu")
        args.n_gpu = torch.cuda.device_count()
    else:  # Initializes the distributed backend which will take care of sychronizing nodes/GPUs
        torch.cuda.set_device(args.local_rank)
        device = torch.device("cuda", args.local_rank)
        torch.distributed.init_process_group(backend="nccl")
        args.n_gpu = 1
    args.device = device

    # Setup logging
    logging.basicConfig(
        format="%(asctime)s - %(levelname)s - %(name)s -   %(message)s",
        datefmt="%m/%d/%Y %H:%M:%S",
```

```
    level=logging.INFO if args.local_rank in [-1, 0] else logging.WARN,
)
logger.warning(
    "Process rank: %s, device: %s, n_gpu: %s, distributed training: %s, 16-bits training: %s",
    args.local_rank,
    args.device,
    args.n_gpu,
    bool(args.local_rank != -1),
    args.fp16,
)

# Set seed
set_seed(args)

# Load pretrained model and tokenizer
if args.local_rank not in [-1, 0]:
    # Make sure only the first process in distributed training will download model & vocab
    torch.distributed.barrier()

args.model_type = args.model_type.lower()
config_class, model_class, tokenizer_class = MODEL_CLASSES[args.model_type]
config = config_class.from_pretrained(
    args.config_name if args.config_name else args.model_name_or_path,
    cache_dir=args.cache_dir if args.cache_dir else None,
)
tokenizer = tokenizer_class.from_pretrained(
    args.tokenizer_name if args.tokenizer_name else args.model_name_or_path,
    do_lower_case=args.do_lower_case,
    cache_dir=args.cache_dir if args.cache_dir else None,
)
model = model_class.from_pretrained(
    args.model_name_or_path,
    from_tf=bool(".ckpt" in args.model_name_or_path),
    config=config,
    cache_dir=args.cache_dir if args.cache_dir else None,
)

if args.local_rank == 0:
    # Make sure only the first process in distributed training will download model & vocab
    torch.distributed.barrier()

model.to(args.device)

logger.info("Training/evaluation parameters %s", args)

# Before we do anything with models, we want to ensure that we get fp16 execution of torch.einsum if args.fp16 is set.
# Otherwise it'll default to "promote" mode, and we'll get fp32 operations. Note that running '--fp16_opt_level="O2"' will
# remove the need for this code, but it is still valid.
if args.fp16:
```

```
        try:
            import apex

            apex.amp.register_half_function(torch, "einsum")
        except ImportError:
            raise ImportError("Please install apex from https://www.github.com/nvidia/apex to use
fp16 training.")


    qa_trainer = QuestionAnsweringTrainer()

    # Training
    if args.do_train:
        train_dataset = load_and_cache_examples(args, tokenizer, evaluate=False, output_examples=False)
        global_step, tr_loss = qa_trainer.train(args, train_dataset, model, tokenizer)
        logger.info(" global_step = %s, average loss = %s", global_step, tr_loss)

    # Save the trained model and the tokenizer
    if args.do_train and (args.local_rank == -1 or torch.distributed.get_rank() == 0):
        # Create output directory if needed
        if not os.path.exists(args.output_dir) and args.local_rank in [-1, 0]:
            os.makedirs(args.output_dir)

        logger.info("Saving model checkpoint to %s", args.output_dir)
        # Save a trained model, configuration and tokenizer using 'save_pretrained()'.
        # They can then be reloaded using 'from_pretrained()'
        # Take care of distributed/parallel training
        model_to_save = model.module if hasattr(model, "module") else model
        model_to_save.save_pretrained(args.output_dir)
        tokenizer.save_pretrained(args.output_dir)

        # Good practice: save your training arguments together with the trained model
        torch.save(args, os.path.join(args.output_dir, "training_args.bin"))

        # Load a trained model and vocabulary that you have fine-tuned
        model = model_class.from_pretrained(args.output_dir)  # , force_download=True)
        tokenizer = tokenizer_class.from_pretrained(args.output_dir, do_lower_case=args.do_lower_case)
        model.to(args.device)
```

중간에 #set seed를 하는 이유는 중간에 performance number가 나올 때 랜덤하게 seed값을 주는 것과 다르게 동일한 seed값을 사용하여 일정값을 갖기 위함이다.

303line에서부터는 config, tokenizer, model object를 만든다.

coqa_predictor.py의 34line에는 모델 파일을 불러오고, 아래에 tokenizer를 불러오는데, 이때는 이미 훈련된 모델을 불러오는 것이다.

```
#Building the QA engine
model =
BertForQuestionAnswering.from_pretrained('bert-large-uncased-whole-word-masking-finetuned-squad')
tokenizer=BertTokenizer.from_pretrained('bert-large-uncased-whole-word-masking-finetuned-squad')
```

transformer_qa_predictor.py는 아래와 같다.

```
import timeit

import torch
import logging

from torch.utils.data import SequentialSampler, DataLoader
from transformers.data.metrics.squad_metrics import compute_predictions_log_probs,
compute_predictions_logits, \
    squad_evaluate
from transformers.data.processors.squad import SquadResult,
squad_convert_examples_to_features, SquadV1Processor, \
    SquadV2Processor

from yonlu.examples.transformer_qa_trainer import MODEL_CLASSES
from yonlu.question_answering.qa_trainer import QuestionAnsweringTrainer, to_list

import os

logger=logging.getLogger(__name__)

def predict(model, tokenizer, n_best_size, max_answer_length, version_2_with_negative,
          data_dir, predict_file,max_seq_length, doc_stride, max_query_length):
    #tokenizer, version_2_with_negative, data_dir, predict_file,max_seq_length, doc_stride, max_query_length

    dataset, examples, features = load_examples(tokenizer, version_2_with_negative,
                                        data_dir, predict_file,max_seq_length, doc_stride,
max_query_length)

    pred_batch_size = 8

    # Note that DistributedSampler samples randomly
    pred_sampler = SequentialSampler(dataset)
    pred_dataloader = DataLoader(dataset, sampler=pred_sampler, batch_size=pred_batch_size)

    # Prediction!
    logger.info("***** Running prediction {} *****".format('pred'))
    logger.info("  Num examples = %d", len(dataset))
    logger.info("  Batch size = %d", pred_batch_size)

    all_results = []
    start_time = timeit.default_timer()
```

```
for batch in pred_dataloader:
    model.eval()
    batch = tuple(t.to('cpu') for t in batch)

    with torch.no_grad():
        inputs = {
            "input_ids": batch[0],
            "attention_mask": batch[1],
            "token_type_ids": batch[2],
        }

        example_indices = batch[3]
        outputs = model(**inputs)

    for i, example_index in enumerate(example_indices):
        eval_feature = features[example_index.item()]
        unique_id = int(eval_feature.unique_id)

        start_logits = to_list(outputs[0][i])
        end_logits = to_list(outputs[1][i])
        result = SquadResult(unique_id, start_logits, end_logits)

        all_results.append(result)

evalTime = timeit.default_timer() - start_time
logger.info("  Evaluation done in total %f secs (%f sec per example)", evalTime, evalTime /
len(dataset))

# Compute predictions
output_prediction_file = os.path.join('./', "predictions_{}.json".format('pred'))
output_nbest_file = os.path.join('./', "nbest_predictions_{}.json".format('pred'))

output_null_log_odds_file = None

predictions = compute_predictions_logits(
    examples,
    features,
    all_results,
    n_best_size,
    max_answer_length,
    False,
    output_prediction_file,
    output_nbest_file,
    output_null_log_odds_file,
    False,
    False,
    False,
    tokenizer,
)
```

```
    # Compute the F1 and exact scores.
    results = squad_evaluate(examples, predictions)
    return results


def load_examples(tokenizer, version_2_with_negative, data_dir, predict_file,
                  max_seq_length, doc_stride, max_query_length):

    # Load data features from cache or dataset file
    input_dir = "."

    logger.info("Creating features from dataset file at %s", input_dir)

    processor = SquadV2Processor() if version_2_with_negative else SquadV1Processor()

    examples = processor.get_dev_examples(data_dir, filename=predict_file)

    features, dataset = squad_convert_examples_to_features(
        examples=examples,
        tokenizer=tokenizer,
        max_seq_length=max_seq_length,
        doc_stride=doc_stride,
        max_query_length=max_query_length,
        is_training=False,
        return_dataset="pt",
        threads=1,
    )

    return dataset, examples, features



if __name__ == "__main__":
    # Evaluation - we can ask to evaluate all the checkpoints (sub-directories) in a directory
    results = {}

    logger.info("Loading checkpoint %s for evaluation", 'monologg/kobert')

    config_class, model_class, tokenizer_class = MODEL_CLASSES['kobert']
    config = config_class.from_pretrained(
        './models/checkpoint-4000/',
        cache_dir=None,
    )
    tokenizer = tokenizer_class.from_pretrained(
        'monologg/kobert',
        do_lower_case=False,
        cache_dir=None,
    )
    model = model_class.from_pretrained(
```

```
        './models/checkpoint-4000/',
        from_tf=bool(".ckpt" in 'monologg/kobert'),
        config=config,
        cache_dir=None,
    )

    qa_trainer = QuestionAnsweringTrainer()

    n_best_size = 20
    max_answer_length = 30
    version_2_with_negative = False
    data_dir = 'D:\\python_workspace\\yonlu\\yonlu\\data'
    predict_file = 'dev-evaluate-in1.json'
    max_seq_length = 512
    doc_stride = 128
    max_query_length = 64

    model.to('cpu')

    # Evaluate
    result = predict(model, tokenizer, n_best_size, max_answer_length, version_2_with_negative,
                     data_dir, predict_file,max_seq_length, doc_stride, max_query_length)

    result = dict((k + ("_1"), v) for k, v in result.items())
    results.update(result)

    logger.info("Results: {}".format(results))
```

실행 결과 각 text별 probability.strat.logit, end.logit 정보를 담은 2개의 json 파일이 형성되는 것을 확인할 수 있다.

# CHAPTER 16

# Conversational AI

CHAPTER 16

# Conversational AI

Conversational AI는 질문에 대한 답을 내리거나 결정을 돕는 등 여러 방면에서 사용될 수 있다. 어떠한 원리로 활용되는지 살펴보자.

## 1 Conversational AI 개요

챗봇은 몇 년전까지만 해도 제한적인 영역이었다. 규칙을 설계하는 것부터 대화 주제 중 일부를 다루기 위해 실제로 수천 개의 답변을 작성하는 데까지 몇 달이 걸리기도 하는데, NLP를 위한 딥러닝의 최근 발전으로 훨씬 더 강력한 대화형 AI를 단 몇 시간만에 구축할 수 있다.

Conversational AI는 1990년대 초기에 키워드를 잡는 것에서 시작하여 2000년대의 의도 결정, TV 목소리 검색, 애플의 Siri, 구글의 Assistant, 아마존의 Echo 등으로 발전하였다. 질문에 대한 답을 내리는 information consumption, booking 등 task completion, 결정을 돕는 decision support, 그리고 turing test 등과 관련하여 conversational 시스템은 다방면으로 기능한다.

Task-Oriented Dialogue System은 사용자가 미리 정의된 목표 또는 작업을 달성할 수 있도록 설계되었다. 최소한의 turn으로 사용자 요청을 충족하는 것을 목표로 한다. 예시로 레스토랑 예약, 호텔 예약, 비행기 예약, 주위 관광지 검색, 날씨 예측 등이 있다.

모듈화된 Task-Oriented Dialogue System의 예시는 아래와 같다.

가령 "일요일에 5성급 호텔을 예약해줄 수 있어?"라는 말을 하면 NLU(Natural Language Understanding), DST(Dialogue State Tracking), DP(Dialogue Policy Learning), NLG(Natural Language Generation)의 작업을 거칠 수 있다.

Modularized Task-Oriented Dialogue System에 대해 알아보자. 가령 다음 그림과 같이 일요일에 5성급 호텔에 예약이 가능한지 화자가 물어보았다고 생각하자. 그러면 NLU, DST, DP NLG를 거쳐서 그에 맞는 응답이 생성된다.

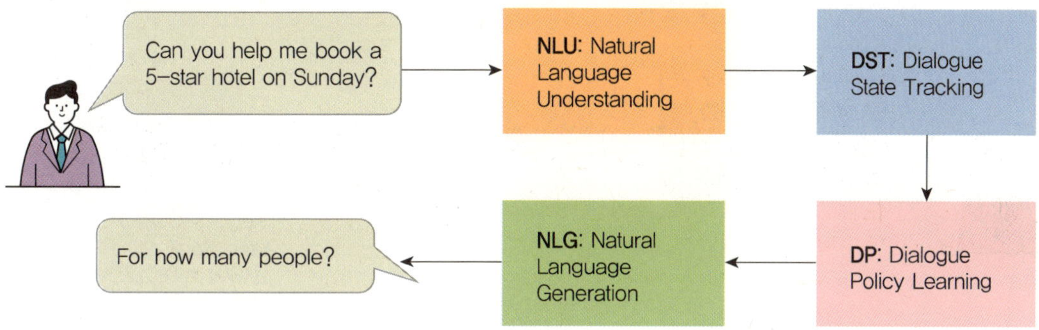


Natural Language Understanding(NLU)는 발화를 의미하며 대화를 프레임에 매핑하는 대화 레벨 작업이다. Input에 raw user utterance를 넣으면, output에 semantic frame(예 speech-act, intent, slots) 등이 도출되는 것이다.

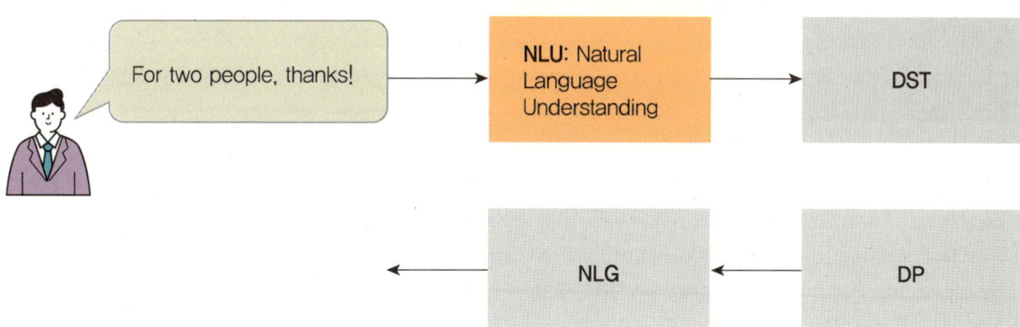


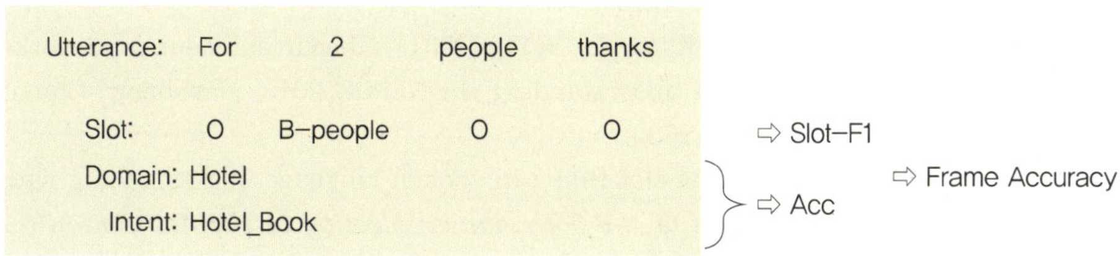

이를 활용하여 domain/intent detection을 분류하는 task에 이용하기도 하며 CNN 관련 연구(Kim, 2014),1) LSTM 관련 연구(Ravuri & Stolcke, 2015),2) 어텐션 모델 관련 연구(Zhao & Wu, 2016)3)에 이용되기도 한다.

Slot tagging은 sequence labelling(IOB 포맷)을 사용하기도 한다. 관련하여 CNN 위주(Vu, 2016),4) LSTM 위주(Yao et al., 2014),5) RNNEM 위주(Peng et al., 2015),6) jointpointer 위주(Zhao & Feng, 2018)7)의 선행연구를 확인할 수 있다.

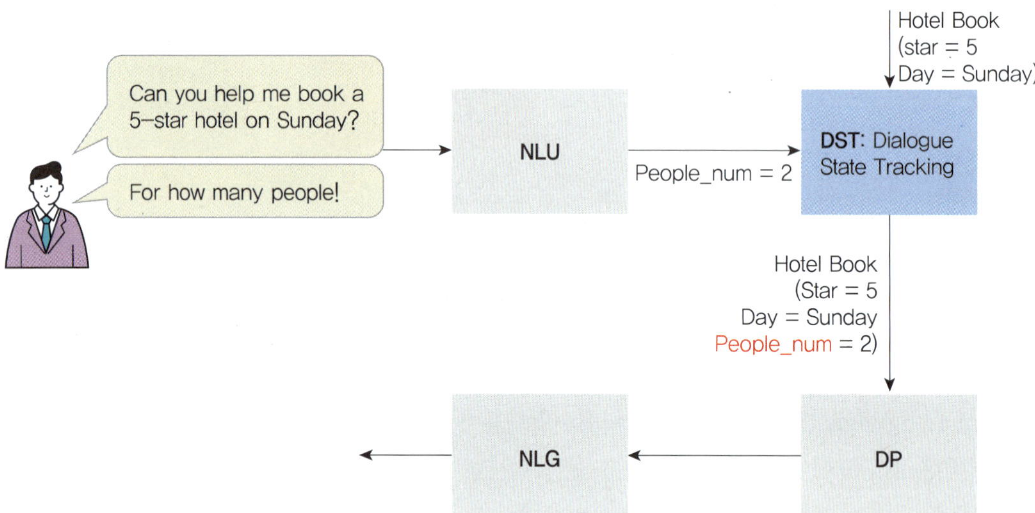


1) Yoon. Kim (2014). Convolutional neural network for sentence classification. *arXiv preprint arXiv:1905.01969.*

2) Ravuri, S., & Stolcke, A. (2015). Recurrent neural network and LSTM models for lexical utterance classification. In *Sixteenth Annual Conference of the International Speech Communication Association.*

3) Zhao, Z., & Wu, Y. (2016, September). Attention-Based Convolutional Neural Networks for Sentence Classification. In *Interspeech* (pp. 705-709).

4) Vu, N.T. (2016). Sequential Convolutional Neural Networks for Slot Filling in Spoken Language Understanding. Proc. Interspeech 2016, 3250-3254, doi: 10.21437/Interspeech.2016-395.

5) Yao, K., Peng, B., Zhang, Y., Yu, D., Zweig, G., & Shi, Y. (2014, December). Spoken language understanding using long short-term memory neural networks. In *2014 IEEE Spoken Language Technology Workshop* (SLT) (pp. 189-194). IEEE.

6) Baolin Peng, Kaisheng Yao, Li Jing, and Kam-Fai Wong. (2015). Recurrent neural networks with external memory for spoken language understanding. In NLPCC 2015, Nanchang, China, October 9-13, 2015, Proceedings, pages 25-35.

7) Zhao, L., & Feng, Z. (2018, July). Improving slot filling in spoken language understanding with joint pointer and attention. In *Proceedings of the 56th Annual Meeting of the Association for Computational Linguistics (Volume 2: Short Papers)* (pp. 426-431).

## 2 Conversation AI 방법론

DST, Dialogue State Tracking에 대해서 알아보자. 이는 부분 대화를 대화 상태로 매핑하는 대화수준의 작업이다. Input으로는 dialogue/a turn with its previous state가 들어가고, output으로 dialogue state(예 slot-value pairs)가 나온다.

| Input Dialogue: | | Output Dialogue State: | |
|---|---|---|---|
| USER: Can you help me book a 5-star hotel on Sunday?<br>SYSTEM: For how many people?<br>USER: For two people, thanks! | ➡ | Hotel_Book (star=5, day=sunday)<br>Hotel_Book (star=5, day=sunday, people_num=2) | ⇨ Slot Acc / Joint Acc |

DST의 접근법으로는 rule-based와 classification DST로 나누어 볼 수 있다.

Rule-based로는 전문가가 디자인한 규칙(예 NLU로부터의 slot value를 추가하여 상태를 업데이트하는 것)과 RNN based(Liao et al., 2020)8)로 볼 수 있다.

Classification DST는 one classifier per slot이므로, 즉 값이 미리 정의된 온톨로지가 필요하다. Generation DST는 상태를 시퀀스로 생성(Lei et al., 2018)9)하거나 대화 상태를 업데이트(Lin et al., 2020)10)한다. 대화와 슬롯이 주어지면 슬롯의 값을 생성(Wu et al., 2019)11)하기도 하는데, 이때 multiple forwards가 필요하다. 이를 확장한 경우는 멀티 도메인을 활용하거나(Mosig et al., 2020),12) zero-shot을 활용한 cross-domain, 영어로 학습하고 다른 언어로 제로샷 학습을 하는 cross lingual 등을 볼 수 있다. 다른 DST의 트렌드로는 그래프를 사용하여 대화 내 엔티티들 사이의 관계성을 보는 연구(Moon et al., 2019),13) 쿼리를 사용하여 SQL 쿼리를 대화 상태로 사용하

**8)** Liao, L., Ma, Y., Lei, W., & Chua, T. S. (2020). Rethinking Dialogue State Tracking with Reasoning. *arXiv preprint arXiv:2005.13129.*

**9)** Lei, W., Jin, X., Kan, M. Y., Ren, Z., He, X., & Yin, D. (2018, July). Sequicity: Simplifying task-oriented dialogue systems with single sequence-to-sequence architectures. In *Proceedings of the 56th Annual Meeting of the Association for Computational Linguistics (Volume 1: Long Papers)* (pp. 1437-1447).

**10)** Lin, Z., Madotto, A., Winata, G. I., & Fung, P. (2020). Mintl: Minimalist transfer learning for task-oriented dialogue systems. *arXiv preprint arXiv:2009.12005.*

**11)** Wu, C. S., Madotto, A., Hosseini-Asl, E., Xiong, C., Socher, R., & Fung, P. (2019). Transferable multi-domain state generator for task-oriented dialogue systems. *arXiv preprint arXiv:1905.08743.*

**12)** Mosig, J. E., Vlasov, V., & Nichol, A. (2020). Where is the context?-A critique of recent dialogue datasets. *arXiv preprint arXiv:2004.10473.*

는 연구(Yu et al., 2019), **14)** 프로그램을 상태로 활용하는 데이터 플로우 연구(Andreas et al., 2020)**15)**가 있다.

DP(Dialogue Policy Learning)에 대해서도 알아보자. 이는 대화 상태를 기반으로 사용자와 상호작용하기 위한 시스템 액션을 결정한다. Input으로 대화 상태와 KB 결과를 넣으면 output으로 speech-act+slot-value 쌍을 포함한 시스템 액션을 내보낸다.

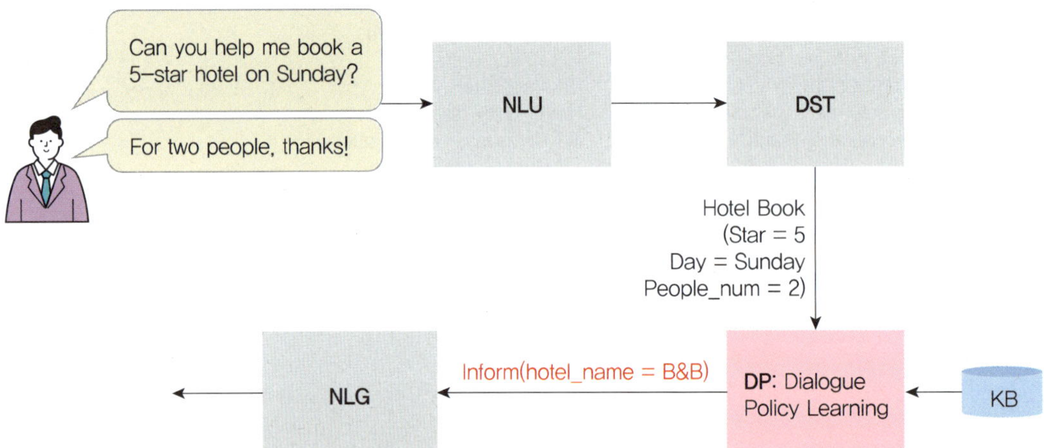


Dialogue Policy Learning의 접근법으로는 쌍을 이루는 코퍼스 데이터에서 학습하는 지도 학습 방식과 사용자와의 상호 학습에서 학습하는 강화 학습 방식이 있다. 강화 학습 방식을 그림으로 표현하면 아래와 같다.

**13)** Moon, S., Shah, P., Kumar, A., & Subba, R. (2019, July). Opendialkg: Explainable conversational reasoning with attention-based walks over knowledge graphs. In *Proceedings of the 57th Annual Meeting of the Association for Computational Linguistics* (pp. 845-854).

**14)** Yu, T., Zhang, R., Er, H. Y., Li, S., Xue, E., Pang, B., & Radev, D. (2019). CoSQL: A conversational text-to-SQL challenge towards cross-domain natural language interfaces to databases. *arXiv preprint arXiv:1909.05378.*

**15)** Andreas, J., Bufe, J., Burkett, D., Chen, C., Clausman, J., Crawford, J., & Zotov, A. (2020). Task-oriented dialogue as dataflow synthesis. *Transactions of the Association for Computational Linguistics, 8,* 556-571.

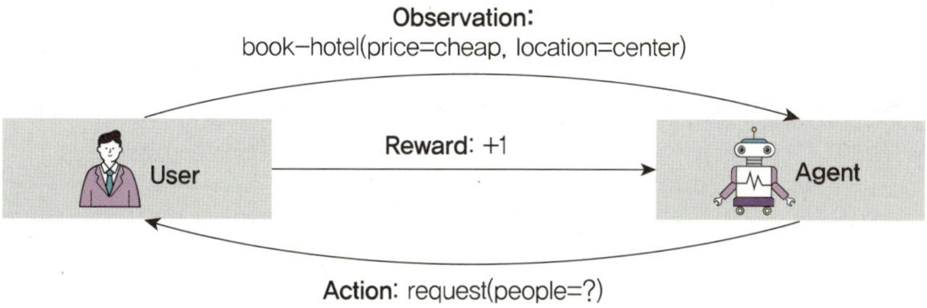


NLG(Natural Language Generation)에 대해서 살펴보자. NLG는 시스템 작업을 자연어 응답에 매핑하는 것이다. Input으로 system speech-act+slot-value(optional)를 넣고, output으로 natural language response를 내보낸다.

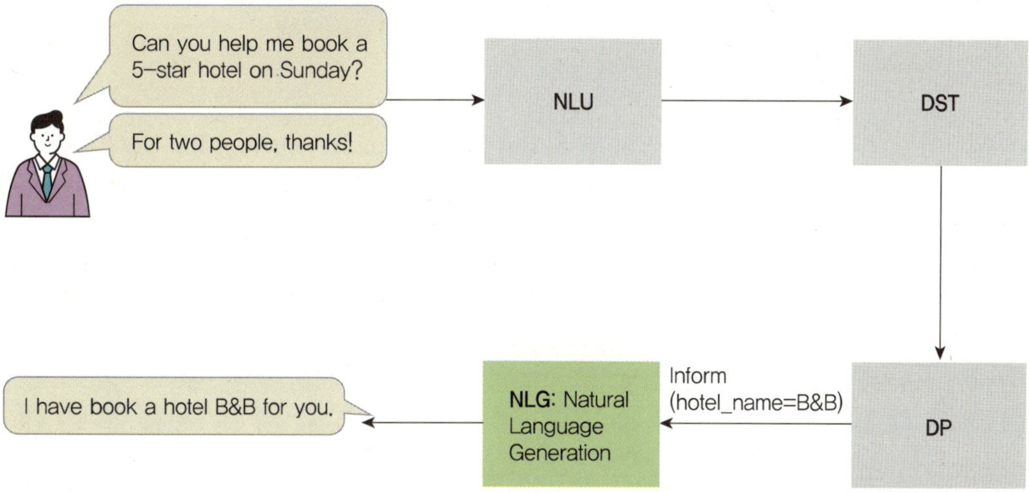


NLG의 접근법으로는 템플릿 기반 접근, 생성 기반 접근, 혼합식 접근을 볼 수 있다. 템플릿 기반 접근법은 다음과 같다: inform(name=$A, phone=$B) ⇒ I found $A and their phone number is $B

생성 기반 접근에는 많은 연구들이 있었는데, SC-LSTM을 사용한 연구(Wen et al., 2015),**16)** seq2seq을 활용한 연구(Tran et al., 2017),**17)** structural NLG를 활용한 연구(Sharma et al., 2017)**18)**

**16)** Andreas, J., Bufe, J., Burkett, D., Chen, C., Clausman, J., Crawford, J., & Zotov, A. (2020). Task-oriented dialogue as dataflow synthesis. *Transactions of the Association for Computational Linguistics, 8*, 556-571.

**17)** Tran, V. K., & Nguyen, L. M. (2017). Neural-based natural language generation in dialogue using rnn encoder-decoder with semantic aggregation. *arXiv preprint arXiv:1706.06714*.

등이 있다.

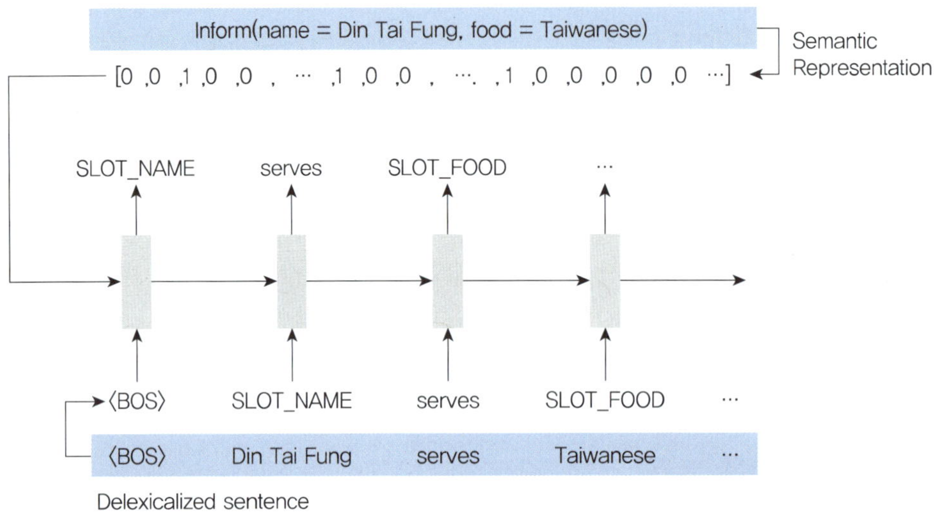


이의 확장성을 고려한 연구로는 Peng et al.의 few-shot domain learning for NLG(2020),19) Suetal의 Unsupervised NLG(2019)20)가 있다.

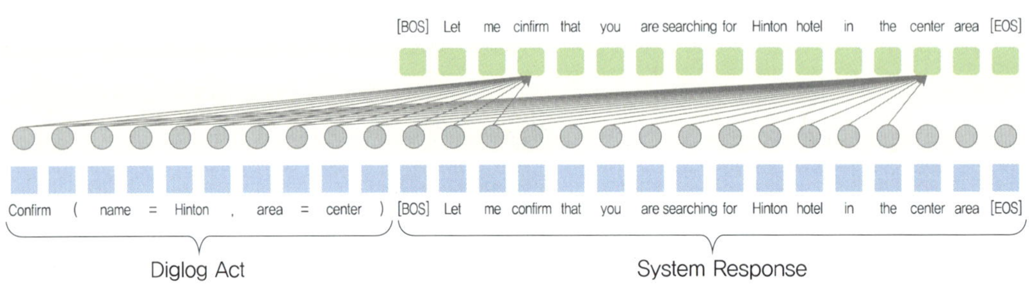


18) Sharma, S., He, J., Suleman, K., Schulz, H., & Bachman, P. (2016). Natural language generation in dialogue using lexicalized and delexicalized data. *arXiv preprint arXiv:1606.03632.*

19) Peng, B., Zhu, C., Li, C., Li, X., Li, J., Zeng, M., & Gao, J. (2020). Few-shot natural language generation for task-oriented dialog. *arXiv preprint arXiv:2002.12328.*

20) Su, S. Y., Huang, C. W., & Chen, Y. N. (2019). Dual supervised learning for natural language understanding and generation. *arXiv preprint arXiv:1905.06196.*

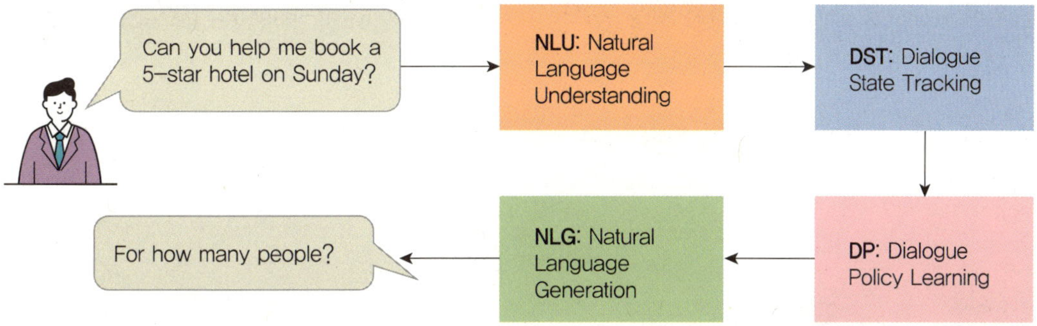


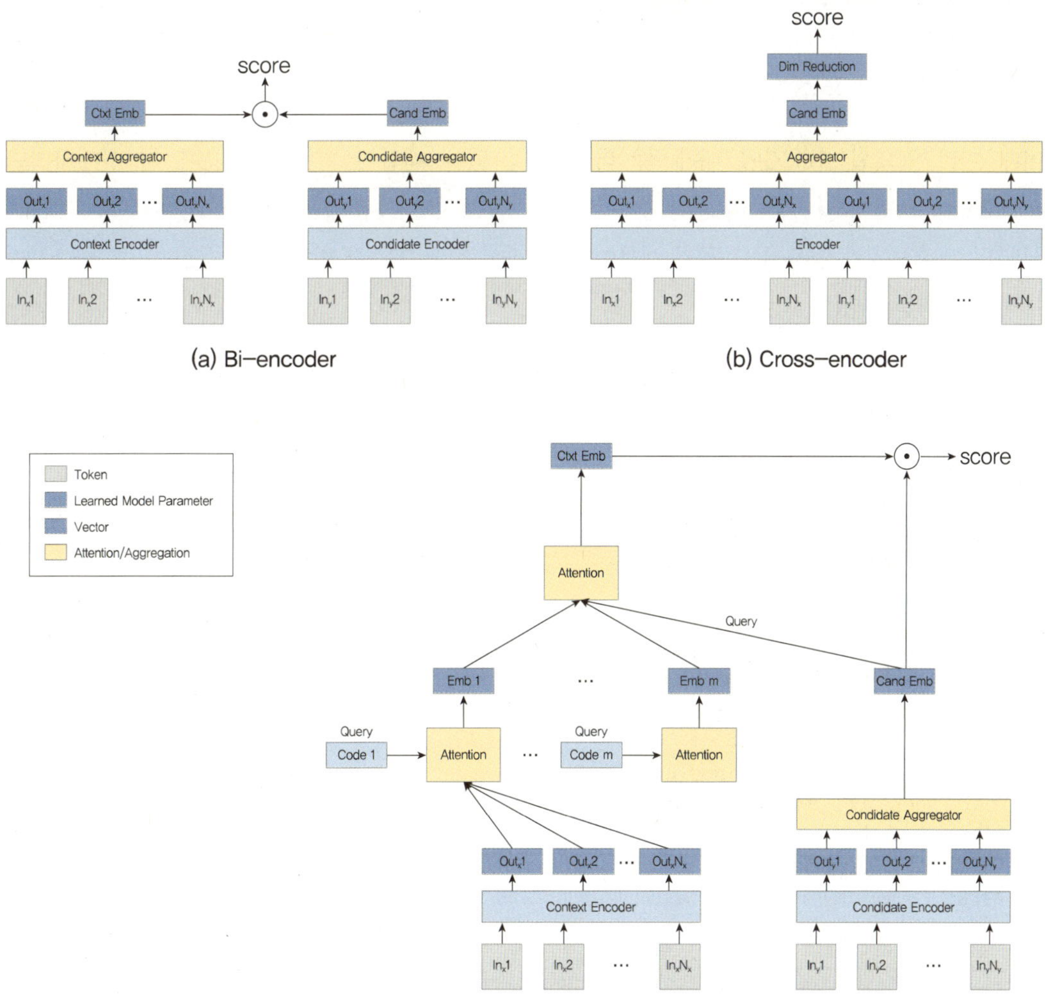


(a) Bi-encoder (b) Cross-encoder

(c) Poly-encoder

앞선 네 과정을 활용하면 총체적으로 아래와 같은 대화 시스템이 갖추어지는 것이다.

Chit-chat dialogue system은 자유 형식 및 개방형 도메인 대화를 위해 설계된다. 이는 긴 대화를 위해 사용자의 참여를 유도하는 것을 목표로 한다. 크게 retrieval-based와 generation-based로 나뉜다.

Task가 대화 이력과 응답 후보 간의 채점 기능 학습이라 가정하고(Humeau S. et al., 2019)21) 다음 수식을 보자.

$$Score = f(v, u)$$

v는 dialogue history vector, u는 response candidate vector이다. Polyencoder는 우분투+reddit+persona-chat을 활용한 사전 훈련된 인코더이다. 그리고 Blended-Skill-Talk는 어느 것을 회수할지 보는 대화 매니저이다.

이때 미리 정의된 후보지에 대해 좀 더 융통성 있는 대답이 가능해 반응이 더 안전하지만, scalability 측면에서는 성능이 좋지 않을 수 있다. 후보지가 너무 많을 수도 있고, 새로운 도메인에서 적절한 후보지가 없을 수도 있기 때문이다. 따라서 실행 가능한 방법으로는 generation-based 모델이 각광받고 있다.

Yonlu의 conversational AI 관련 코드는 다음과 같다.

export_question_embeddings.py

```
from tqdm import tqdm
import pandas as pd
import numpy as np
import fire
from transformers import AutoModel, AutoTokenizer
from .bert_mini_chatbot import Config
import torch

def export_question_embeddings(config=None, save_path: str =
"../data/questions_embeddings.npy"):
    if torch.cuda.is_available():
        model = AutoModel.from_pretrained(config.BERTMultiLingual).cuda()
    else:
        model = AutoModel.from_pretrained(config.BERTMultiLingual)

    tokenizer = AutoTokenizer.from_pretrained(config.BERTMultiLingual)
```

21) Humeau, S., Shuster, K., Lachaux, M. A., & Weston, J. (2019). Poly-encoders: Transformer architectures and pre-training strategies for fast and accurate multi-sentence scoring. *arXiv preprint arXiv:1905.01969*.

```
    questions = pd.read_csv(config.ChatbotData)["Q"].tolist()
    if torch.cuda.is_available():
        questions = list(
            map(lambda x: tokenize_cuda(x, tokenizer), questions)
        ) # tokenize & allocate cuda
    else:
        questions = list(
            map(lambda x: tokenize(x, tokenizer), questions)
        )
    question_embeddings = []
    for q in tqdm(questions, desc="Getting embedding outputs"):
        question_embeddings.append(model(**q).pooler_output.cpu().detach().numpy())

    question_embeddings_agg = np.vstack(question_embeddings)

    # save phase
    with open(save_path, "wb") as f:
        np.save(f, question_embeddings_agg)

    print(f"Question embedding vectors saved in {save_path}")

    return


deftokenize_cuda(x, tokenizer):
    x = tokenizer(x, return_tensors="pt")
    x["input_ids"] = x["input_ids"].cuda()
    x["token_type_ids"] = x["token_type_ids"].cuda()
    x["attention_mask"] = x["attention_mask"].cuda()
    return x


def tokenize(x, tokenizer):
    x = tokenizer(x, return_tensors="pt")
    return x

if __name__ == "__main__":
    fire.Fire({"run": export_question_embeddings})
```

결과는 다음과 같다.

```
NAME
    export_question_embeddings.py

SYNOPSIS
    export_question_embeddings.py COMMAND
```

```
COMMANDS
    COMMAND is one of the following:

     run

Process finished with exit code 0
```

chitchat.py

```python
from yonlu.convAI import bert_mini_chatbot
import fire

from yonlu.convAI.bert_mini_chatbot import Config
from yonlu.convAI.export_question_embeddings import export_question_embeddings

EXIT="대화종료"

if __name__ == "__main__":
    chatbotData = "../data/ChatbotData.csv"
    paraKQCData = "../data/paraKQC_v1.txt"
    questions = "../data/questions_embeddings.npy"
    BERTMultiLingual = "bert-base-multilingual-cased"
    config = Config(chatbot_data=chatbotData, para_kqc_data=paraKQCData,
                    questions=questions, bert_multilingual=BERTMultiLingual)

    fire.Fire({"run": export_question_embeddings(config)})

    print('*' * 150)
    print('환영합니다! 간단한 챗봇을 사용해보세요')
    print('*' * 150)


    bot = bert_mini_chatbot.VanillaChatbot(config)
    while True:
        text = input("할 말을 입력해주세요(종료시 '대화종료' 입력): ")
        if text == EXIT:
            break
        bot.query(text)
    print('*' * 150)
    print('챗봇을 종료합니다. 다음에 또 만나요!')
    print('*' * 150)
```

이를 실행하면 아래의 결과가 나온다.

```
Getting embedding outputs: 100%|██████████| 11823/11823 [12:58<00:00, 15.18it/s]
```

Question embedding vectors saved in ../data/questions_embeddings.npy 😎

run: null

**********************************************************************************************************************************************************************

환영합니다! 간단한 챗봇을 사용해보세요

**********************************************************************************************************************************************************************

bert-base-multilingual-cased

Similarity

할 말을 입력해주세요(종료시 '대화종료' 입력):

이때 관련하여 대화를 입력하고, 혹은 대화종료를 입력하여 챗봇을 정리할 수 있다.

bert_mini_chatbot.py

```
import pandas as pd
import numpy as np
import torch
from transformers import AutoModel, AutoTokenizer
import os
from dataclasses import dataclass
import torch
from torch import nn

class Config:
    def __init__(self, chatbot_data=None, para_kqc_data = None,
                 questions = None, bert_multilingual = None):
        if chatbot_data is None:
            self.ChatbotData = "../data/chatbot_data.txt"
        else:
            self.ChatbotData = chatbot_data

        if para_kqc_data is None:
            self.ParaKQCData = para_kqc_data
        else:
            self.ParaKQCData = "../data/paraKQC_v1.txt"

        if questions is None:
            self.Questions = questions
        else:
            self.Questions = "../data/questions_embeddings.npy"

        if bert_multilingual is None:
            self.BERTMultiLingual = bert_multilingual
```

```
        else:
            self.BERTMultiLingual = "bert-base-multilingual-cased"

        self.Device = torch.device('cuda:0' if torch.cuda.is_available() else 'cpu')

class Similarity:
    def __init__(self):
        print("Similarity")

    def get_l2_distance(self, x1, x2, dim: int = 1):
        return ((x1 - x2) ** 2).sum(dim=dim) ** .5

    def get_l1_distance(self, x1, x2, dim: int = 1):
        return ((x1 - x2).abs()).sum(dim=dim)

    def get_cosine_similarity(self, x1, x2, dim: int = 1):
        cos = nn.CosineSimilarity(dim=1, eps=1e-6)
        return cos(x1, x2)


class VanillaChatbot:
    def __init__(self, config=None, sim_type: str = 'cos'):
        self.config = config
        print(self.config.BERTMultiLingual)
        self.model = AutoModel.from_pretrained(self.config.BERTMultiLingual)
        self.tokenizer = AutoTokenizer.from_pretrained(self.config.BERTMultiLingual)
        self.questions = self.load_questions(self.config.Questions)
        self.answers = pd.read_csv(self.config.ChatbotData)["A"].tolist()
        self.measure = self.get_similarity_measure(sim_type=sim_type)  # 유사도 측정 객체

    def query(self, question: str, return_answer=False):
        question_tokenized = self.tokenizer(question, return_tensors="pt")
        question_embedded = self.model(**question_tokenized).pooler_output
        similar_question_id = self.get_similar_question_id(question_embedded)
        answer = self.answers[similar_question_id]
        print('챗봇:', answer)
        if return_answer:
            return answer

    def get_similar_question_id(self, q_emb):
        similarities = self.measure(self.questions, q_emb)
        similar_question_id = torch.argmax(similarities).item()
        return similar_question_id

    @staticmethod
    def load_questions(root):
        questions = torch.tensor(np.load(root))
        return questions
```

```
    @staticmethod
    def get_similarity_measure(sim_type: str):
        if sim_type == 'cos':
            measure = Similarity().get_cosine_similarity
        elif sim_type == 'l1':
            measure = Similarity().get_l1_distance
        elif sim_type == 'l2':
            measure = Similarity().get_l2_distance

        return measure
```

여기서 self.question은 이미 임베딩된 것을 말하고, 이를 활용하여 유사성을 구한다.

self.get_similarity는 코사인 함수를 써서 활용한다.

최근에는 입력한 데이터셋을 기반하여 챗봇을 활용하기보다 text generation에 기반한 챗봇이 더 각광받고 있다. 단, 이는 검색에 기반한 챗봇의 성능보다 더 좋다는 것을 의미하는 것은 아니다.

기본적인 바닐라 seq2seq을 활용하는 챗봇은 streamlit[22] 등을 활용하여 사용할 수 있다. 바닐라 seq2seq를 사용하는 방법은 다음과 같다.

① 학습 데이터 선택: Human to human conversations

② 모델 선택: Large pre-trained language models are preferable

③ 학습 데이터를 이용하여 모델 학습: Supervised learning

④ 모델 평가: Automatic of human evolution

데이터셋은 주로 2명의 화자를 갖도록 사전 처리한다.

- Human1: Ok, I'll try that.
- Human2: Is there anything else bothering you?
- Human1: Just one more thing. A school called me this morning to see if I could teach a few classes this weekend and I don't know what to do.
- Human2: Do you have any other plan this weekend?
- Human1: I'm supposed to work on a paper that's due on Monday.

VanilaSeq2Seq ConvAI의 모델은 다음과 같다.

22) https://streamlit.io/

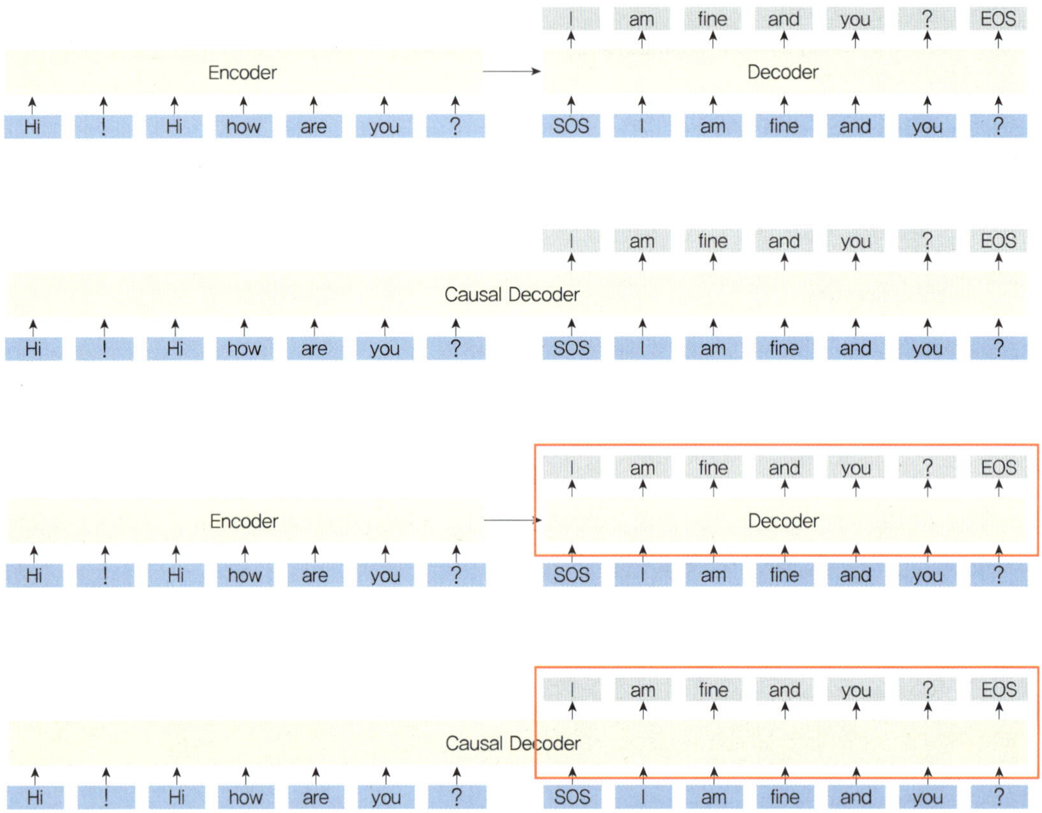


VanilaSeq2Seq ConvAI는 Maximum Likelihood Estimation(MLE)을 통해 지도 학습한다. 대화 내역이 주어지면 응답의 조건부 확률을 최대화하는 것이다. 대화형 모델의 출력은 어휘에 대한 확률 분포이다.

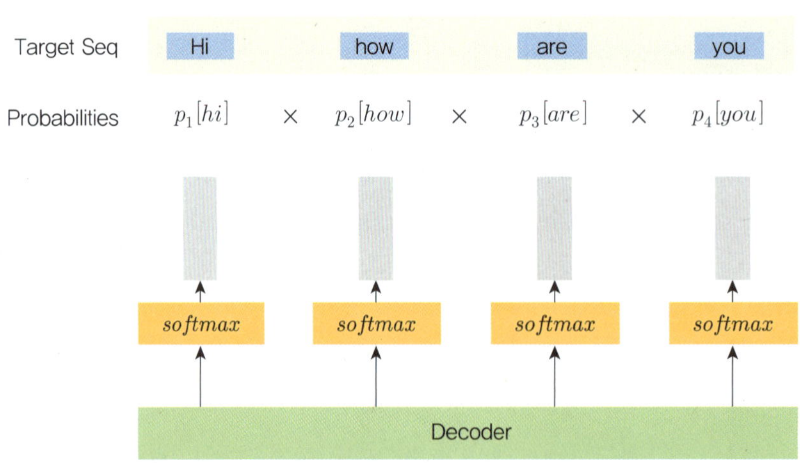

수식으로 표현하면 아래와 같이 표현 가능하다.

$$P(y_1, \cdots, y_m) = \prod_{i=1}^{m} p_i - \log P(y_1, \cdots, y_m) = -\log \prod_{i=1}^{m} p_i[y_i] = -\sum_{i=1}^{n} \log p_i[y_i]$$

해당 모델에서는 Greedy 디코딩을 활용하는데, 문장의 시작을 의미하는 토큰 SOS로 시작한다. 모델에 feed하여 어휘에 대한 확률분포를 생성(Argmax to generate a token)하고 가장 높은 확률을 갖는 토큰을 최종 선택한다. 다시 모델에 feed하고 모델이 문장의 끝을 의미하는 EOS 토큰을 생성할 때까지 반복한다.

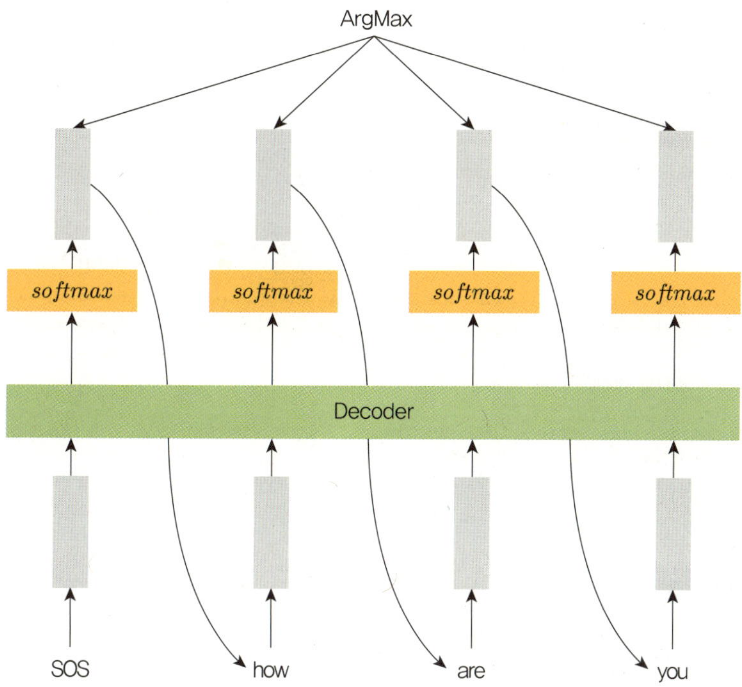


이후에는 automatic evaluation을 수행한다. Gold reference 응답을 사용하여 점수를 계산하는 것이다. 여기서 주로 사용되는 평가 지표로 모델이 골드 응답을 생성할 가능성인 perplexity, BLEU 등을 사용한 ngram overlapping, 반응 다양성을 고려한 distinct ngrams를 활용한다.

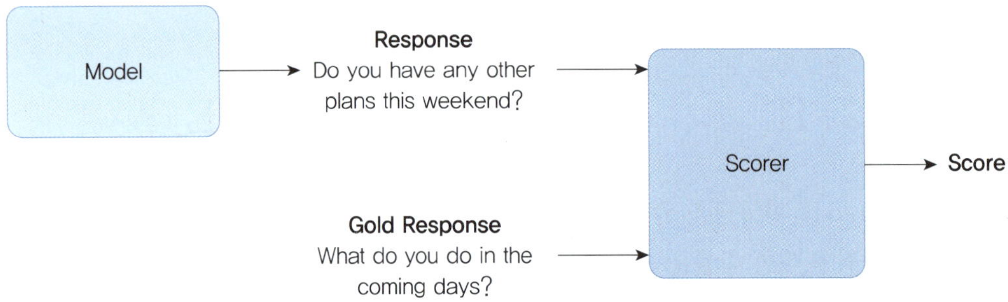


이때 human judge에게 대화 기록, 골드 응답 및 생성된 응답을 표시하고 judge에게 '인간성, 유창성 및 일관성'에 따라 0~5등급을 부여하도록 요청할 수도 있다. 아래 그림이 직관적인 예시이다.

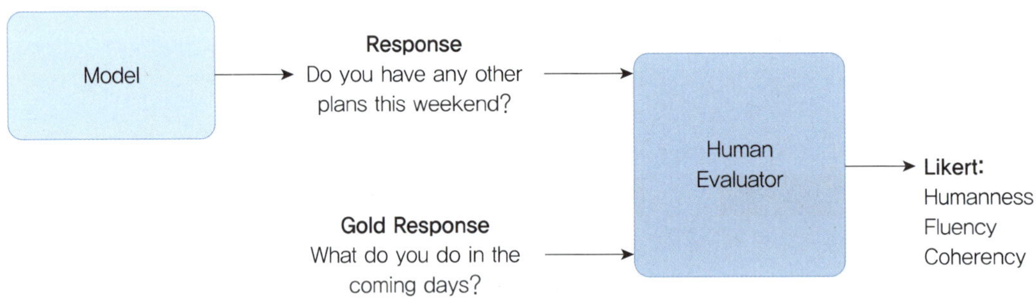


아래는 ACUTE-EVAL(Liet al., 2019)23)의 그림을 재구성한 그림이다.

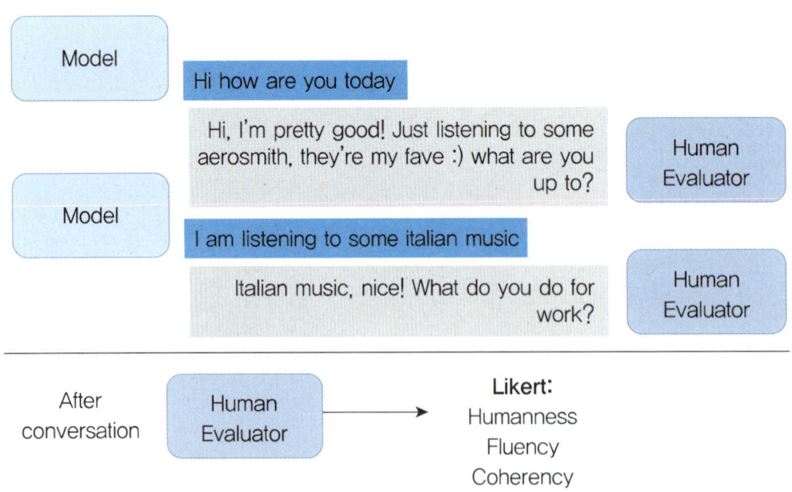


23) Li, M., Weston, J., & Roller, S. (2019). Acute-eval: Improved dialogue evaluation with optimized questions and multi-turn comparisons. *arXiv preprint arXiv:1909.03087.*

Human evaluation은 A/B Testing으로도 활용 가능하다.

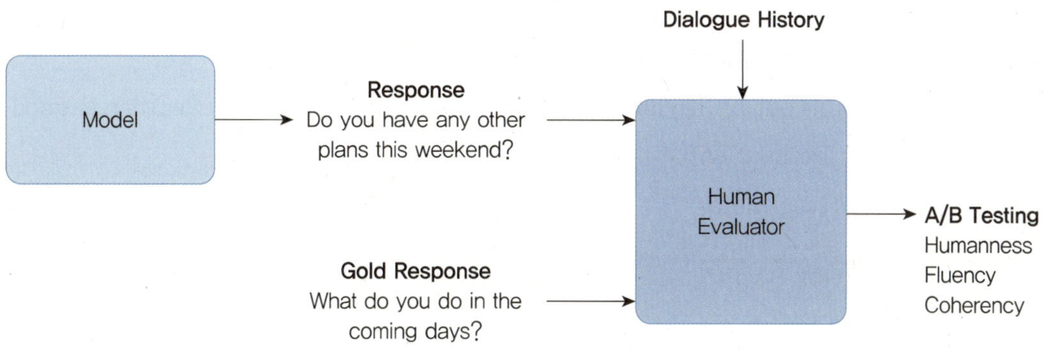


인간에게 두 시스템과 상호작용하도록 요청하고, judge에게 '인간성, 유창성 및 일관성'에 따라 응답 중 어느 것이 더 나은지 선택하도록 요청하는 것이다. 이것이 바로 대화수준 평가이다.

이것의 제한점은 diversity의 부족으로 볼 수 있다. 아래 예시를 보자.

- Human: What are you doing today?
- System: I don't know
- Human: What is your name?
- System: I don't know
- Human: What is your favourite food?
- System: I don't know

이처럼 MLE 손실이 있는 제한된 데이터셋에서 훈련된 바닐라 seq2seq은 반복적인 응답을 생성할 수 있다.

일관성 역시 부족할 수 있는데, 아래의 예시를 보면 2,500만 개의 트위터 대화 스니펫으로 훈련된 4계층 seq2seq 모델에서 생성된 응답들이 일관되지 않음을 확인할 수 있다.

- Human: Where were you born?
- System: I was born in Canada. Human: Where are you from? System: England, you?
- Human: Where did you grow up?
- System: I grew up in Texas.

또한 외부 지식이 없는 대화형 모델은 종종 매력적인 대화를 수행해내는데 실패하기도 한다.

- Human: What is the weather like today?
- System: I don't know, maybe sunny?
- Human: I am going out to Taylor Swift's concert today, I hope the weather is good.
- System: Who is Taylor Swift?
- Human: Okay, never mind.

가령 이 대화는 Taylor Swift가 미국의 싱어송라이터라는 것을 알아야 진행될 것이다.

공감이 없는 대화형 모델은 사용자에게 나쁜 경험을 줄 수 있다.

- Human: I messed up my project today.
- System: What is your project?
- Human: I think I might get fired...
- System: Then you need to find another job!
- Human: 😫

바닐라 모델에는 response style, topic, engagement들을 제어할 수 있는 메커니즘이 없다. 좀 더 중요한 것은 해악적이고 부적절한 반응을 할 수도 있다는 점이다.

- Human: Hi, how are you?
- Model1: I am good thanks
- Model2: I had really a bad day
- Model3: I am okay, how was your day?
- Model4: I am okay, I just finished my training session in the swimming pool.

범용성(versatility)이 부족할 수도 있는데, seq2seq 모델 및 모듈화된 작업 지향 대화 시스템은 별도의 세계에 존재한다. 바닐라 데이터로 훈련된 seq2seq은 처리될 수 없고 API 생성이 필요하다.

요약하면 바닐라 seq2seq의 다양성, 일관성, 지식, 공감, 제어성, 범용성 부족은 인간-기계 대화를 지루하고 얕게 만든다. 이러한 한계를 극복하고 더 깊은 대화형 AI를 시도하기 위한 많은 노력들이 있었다.

다양성 있는 반응을 위해서는 MMI(Maximum Mutual Information)를 이용하여 training하고 디코딩 전

략을 사용한다.

$$\hat{T} = \underset{T}{Argmax}\{\log p(T|S)\}$$
$$= \underset{T}{Argmax}\{(1-\lambda)\log p(T|S) + \lambda \log p(S|T)\}$$

그 이후에는 모델 아키텍처로 CVAE(Conditional Variational AutoEncoder)를 사용한다.

$$p(T|S) \Rightarrow p(T|z, S)p(z|S)$$

더 많은 데이터와 더 큰 모델들을 통해서 더 큰 사이즈의 사전 훈련이 가능하다.

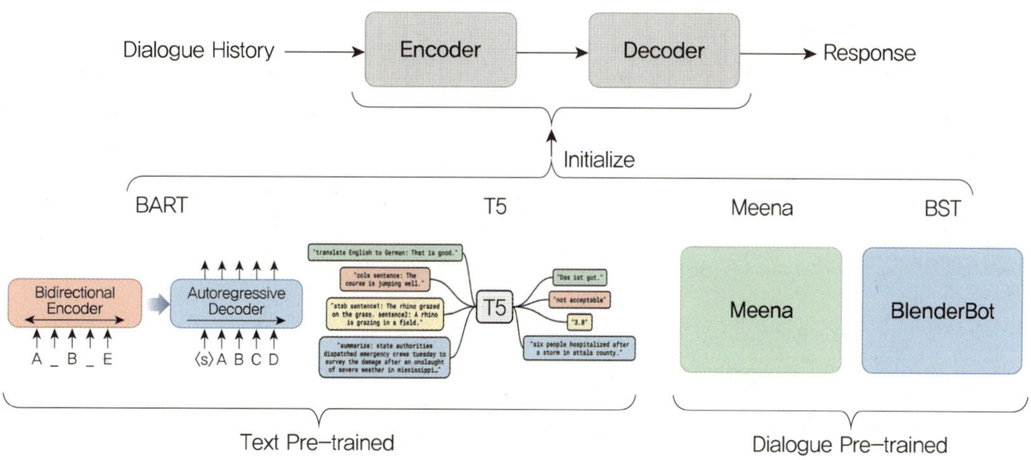


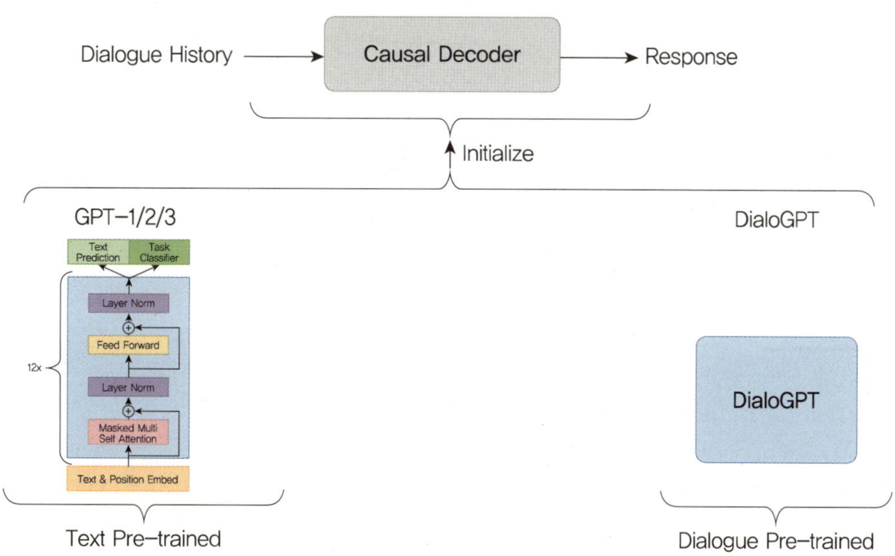

그리고 디코딩 전략을 통해 top-k sampling과 nucleus sampling이 가능하다.

Nucleus sampling에 대해 알아보자.

Holtzman et al.(2019)[24]의 논문에서는 아래와 같은 그래프를 보여준다.

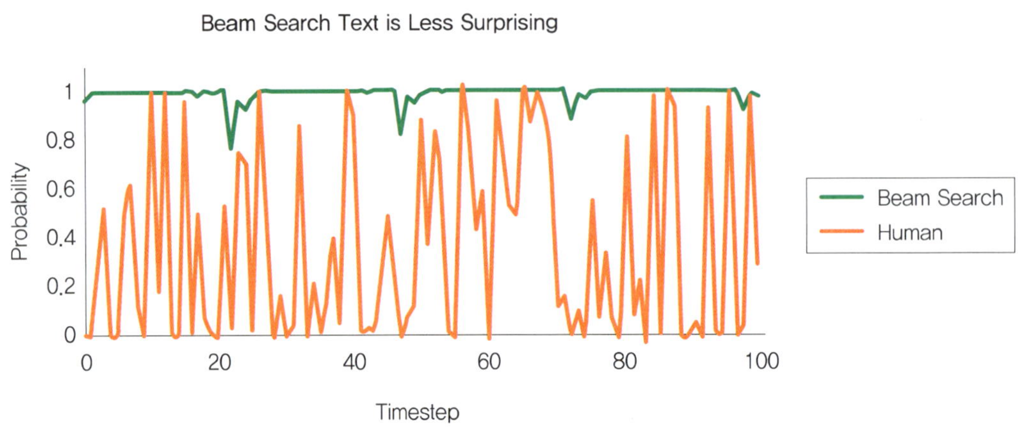


Beam search에 비해 인간은 '낮은 확률' 토큰을 샘플링할 가능성이 크다.

일상대화용 conversational AI에 접목시키는 것이 중요함을 알아보았다. 이때 활용되는 것이 DialoGPT(Zhang et al., 2019)[25]이다. 이 논문에서 제시한 DialoGPT는 하나의 pre-trained model로 대화 데이터를 학습한다. DialoGPT는 open domain 대화 모델인데 일반 GPT를 사용하는 것보다 효과적이다.

트랜스포머 기반을 사용한 large-scale pre-training의 최근 연구는 많은 성공을 달성했다. 예시로 OpenAI의 GPT2는 많은 데이터로 학습된 transformer 모델로 textual data에서 장기 의존성을 잡아내고 텍스트가 유창하며 어휘적으로 다양하고 콘텐츠가 풍부하게 제작된다. 이러한 모델들은 세분화된 텍스트 데이터를 캡처하는 것과 인간이 쓴 real-word를 모방한 것과 비슷한 출력을 할 수 있는 능력을 가진다.

---

24) Holtzman, A., Buys, J., Du, L., Forbes, M., & Choi, Y. (2019). The curious case of neural text degeneration. *arXiv preprint arXiv:1904.09751.*

25) Zhang, Y., Sun, S., Galley, M., Chen, Y. C., Brockett, C., Gao, X., & Dolan, B. (2019). Dialogpt: Large-scale generative pre-training for conversational response generation. *arXiv preprint arXiv:1911.00536.*
https://huggingface.co/transformers/model_doc/dialogpt.html

Beam search에 비해 인간은 '낮은 확률' 토큰을 샘플링할 가능성이 더 크다. Nucleus sampling은 상위 N개 어휘에서 샘플링하여 사람의 샘플링 프로세스를 복구하려는 경향이 있다.

수식으로 표현하면 아래와 같다.

$$\sum_{x \in V^{(p)}} P(x \mid x_{1:i-1}) \geq p$$

How to generate text: using different decoding methods for language generation with Transformers(huggingface.co)를 참조하여 모델을 만들어보자.

더 나은 ConvAI를 위한 방법으로는 personalization을 볼 수 있다. Learning speaker embedding을 위해 speaker model을 사용하고 persona description의 컨디셔닝을 위하여 personachat dataset과 transfer transfo model을 사용한다.

Personalization 데이터셋을 자세히 알아보자.

Persona Info Human2:

- I like to ski.
- I am 25 years old

- Human1: Hi, what do you do in your free  time?
- Human2: I enjoy going to the mountain  and skiing
- Human1: That' s cool, you should be  young and strong for this activity!
- Human2: oh yeah, I am 25

이처럼 human-to-human conversation과 persona feature을 하는 경우에는 persona chat,[26] tweetpersonalized,[27] learningpersonalizedend-to-endgoal-orienteddialog[28]를 볼 수 있다.

Personalization via TransfrerTransfo Model을 시각화한 것을 보자. Conversational data

---

**26)** Zhang, S., Dinan, E., Urbanek, J., Szlam, A., Kiela, D., & Weston, J. (2018). Personalizing dialogue agents: I have a dog, do you have pets too?. *arXiv preprint arXiv:1801.07243.*

**27)** Li, J., Galley, M., Brockett, C., Spithourakis, G. P., Gao, J., & Dolan, B. (2016). A persona-based neural conversation model. *arXiv preprint arXiv:1603.06155.*

**28)** Luo, L., Huang, W., Zeng, Q., Nie, Z., & Sun, X. (2019, July). Learning personalized end-to-end goal-oriented dialog. In *Proceedings of the AAAI Conference on Artificial Intelligence* (Vol. 33, No. 01, pp. 6794-6801).

로 GPT를 파인튜닝하고(persona-chat), persona를 정형화하고 과거를 참조하여 대답하는 것이다.

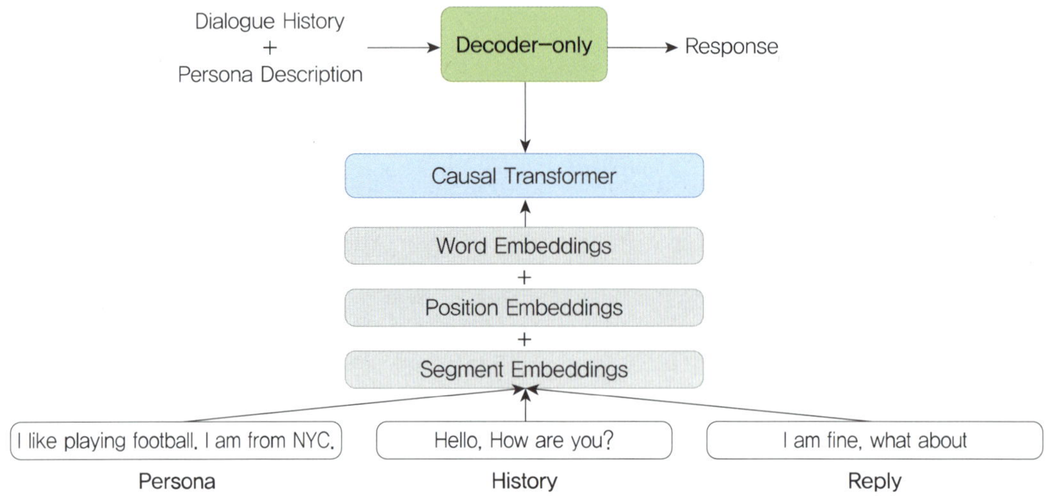


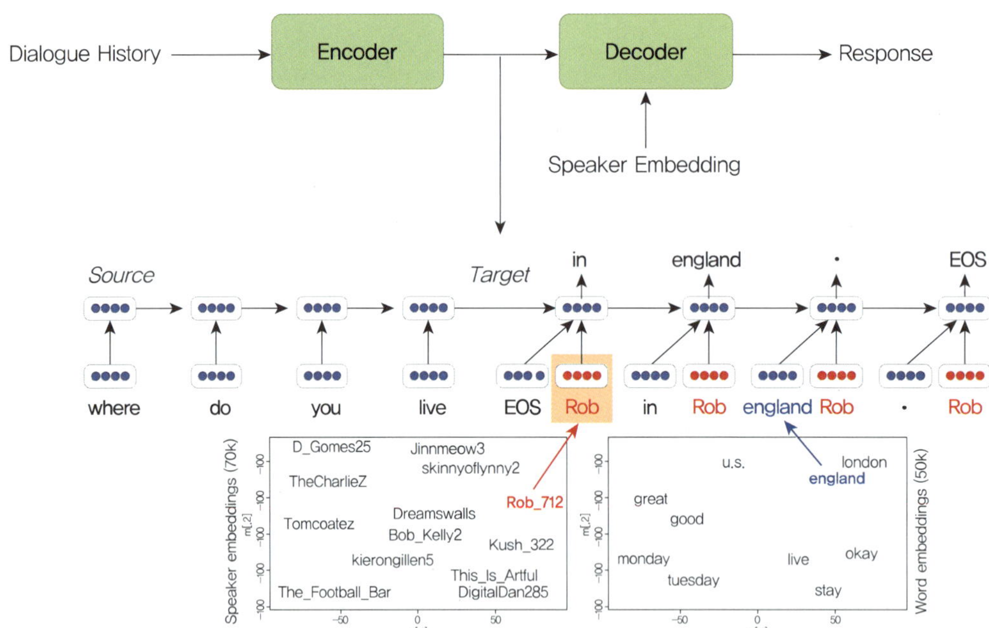


지식을 활용하여 더 좋은 ConvAI를 만드는 방법은 위키피디아, 뉴스 등에서 지식을 검색하는 textual knowledge, 지식 그래프에서 하위 그래프를 검색하는 graph knowledge, 표 형식의 정보를 통합하는 tabular knowledge, API 쿼리를 생성하고 API 반환을 응답에 통합하는 service API Interaction이 있다.

Textual Knowledge는 human-to-human conversation에 textual knowledge를 더한 것이다.

- Human: My favorite color is blue.
  Wizard: Same! Blue is one of the three primary colours.
- Human: I am trying to recall, where does blue fall on the spectrum of visible light?
- Textual Knowledge: Blue is one of the three primary colours in the RGB colour model. It lies between violet and green on the spectrum of visible light.
- Wizard: It is right between violet and green.

관련하여 wizard of Wikipedia,[29] CoQA,[30] TopicChat,[31] CMUDoG,[32] HollE,[33] ConversingByReading[34]이 있다.

Textual Knowledge를 사용하는 모델 구조는 다음과 같다.

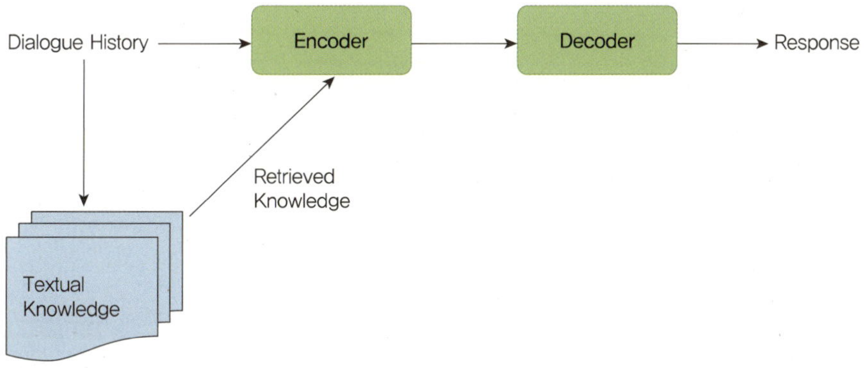


29) Dinan, E., Roller, S., Shuster, K., Fan, A., Auli, M., & Weston, J. (2018). Wizard of wikipedia: Knowledge-powered conversational agents. *arXiv preprint arXiv:1811.01241.*

30) CoQA: AConversationalQuestionAnsweringChallenge(stanfordnlp.github.io)

31) Gopalakrishnan, K., Hedayatnia, B., Chen, Q., Gottardi, A., Kwatra, S., Venkatesh, A., & AI, A. A. (2019, January). Topical-Chat: Towards Knowledge-Grounded Open-Domain Conversations. In *INTERSPEECH* (pp. 1891-1895).

32) Zhou, K., Prabhumoye, S., & Black, A. W. (2018). A dataset for document grounded conversations. *arXiv preprint arXiv:1809.07358.*

33) Moghe, N., Arora, S., Banerjee, S., & Khapra, M. M. (2018). Towards exploiting background knowledge for building conversation systems. *arXiv preprint arXiv:1809.08205.*

34) Qin, L., Galley, M., Brockett, C., Liu, X., Gao, X., Dolan, B., & Gao, J. (2019). Conversing by reading: Contentful neural conversation with on-demand machine reading. *arXiv preprint arXiv:1906.02738.*

이때 retrieval 방법으로는 TF*IDF, BM25 등 IR 시스템과 DPR[35)]의 neural retriever 방법이 있다.

IR 시스템과 모델을 활용한 과정[36)]을 좀 더 자세히 살펴보자.

① TF*IDF를 사용하여 대화 컨텍스트와 관련된 문서를 검색한다.
② 검색된 문서를 독립적으로 인코딩한다.
③ 대화 기록을 쿼리로 사용하여 문서에 다른 가중치를 할당한다.
④ 디코더가 응답을 생성한다.

그래프 지식을 사용한 모델에 대해 알아보자.

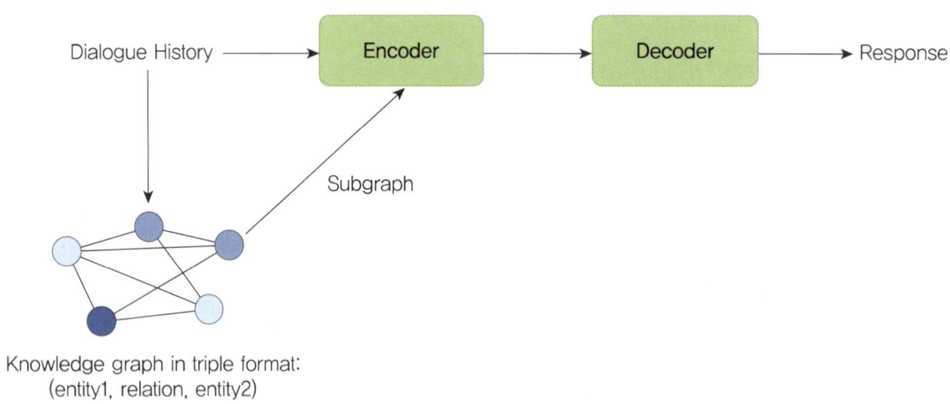


Subgraph(부분 그래프)의 retriever 과정은 다음과 같다. 첫째로, 대화에서 언급된 모든 트리플렛들을 대상으로 1 hop reasoning을 수행한다. 또한, 신경망 retriever를 통해 multihop reasoning을 수행한다. Dialog history를 knowledge graph로 보내는 보다 쉬운 방법을 확인하는 것이다.

이 방법 중 하나로 Subgraph Retrieval(OpenDialKG Walker)을 보자.

35) Karpukhin, V., Oğuz, B., Min, S., Lewis, P., Wu, L., Edunov, S., & Yih, W. T. (2020). Dense passage retrieval for open-domain question answering. *arXiv preprint arXiv:2004.04906.*

36) Dinan, E., Roller, S., Shuster, K., Fan, A., Auli, M., & Weston, J. (2018). Wizard of wikipedia: Knowledge-powered conversational agents. *arXiv preprint arXiv:1811.01241.*

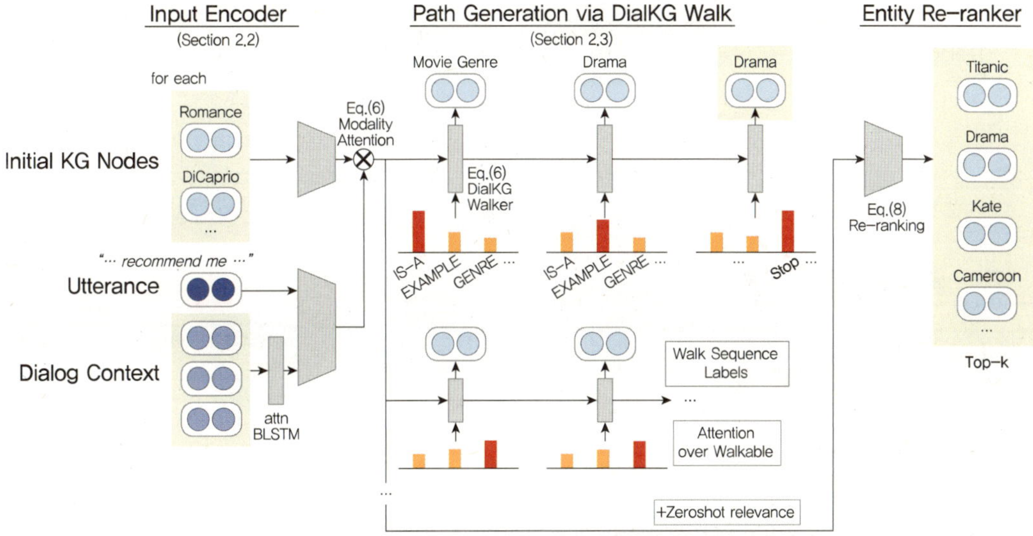


Input 인코더가 있고, 여기에 dialog context나 history가 입력된 후 해당하는 triplet을 함께 검색해서 추출하고, 두 개를 concat시켜서 pass generation을 수행하고 entity를 reranking하는 것이다. 이는 대화에서 언급된 모든 엔티티를 시작 노드로 사용한다. 그리고 그래프 어텐션을 통해 그래프에 대한 추론 경로를 지도 학습하는 것이다.

또 다른 경우는 테이블 형태의 tabular knowledge를 사용하는 것이다. 관련하여 SMD,[37] Camrest,[38] bAbI-Dialogues[39]가 있다. 이런 방법은 보통 아래 그림처럼 인코더 사이즈로 들어와서, 인코더에서 디코더로 전달되고, 응답으로 나가는 3가지 단계로 나누어진다.

**37)** Eric, M., & Manning, C. D. (2017). Key-value retrieval networks for task-oriented dialogue. *arXiv preprint arXiv:1705.05414.*

**38)** Wen, T. H., Vandyke, D., Mrksic, N., Gasic, M., Rojas-Barahona, L. M., Su, P. H., & Young, S. (2016). A network-based end-to-end trainable task-oriented dialogue system. *arXiv preprint arXiv:1604.04562.*

**39)** https://research.facebook.com/downloads/babi/

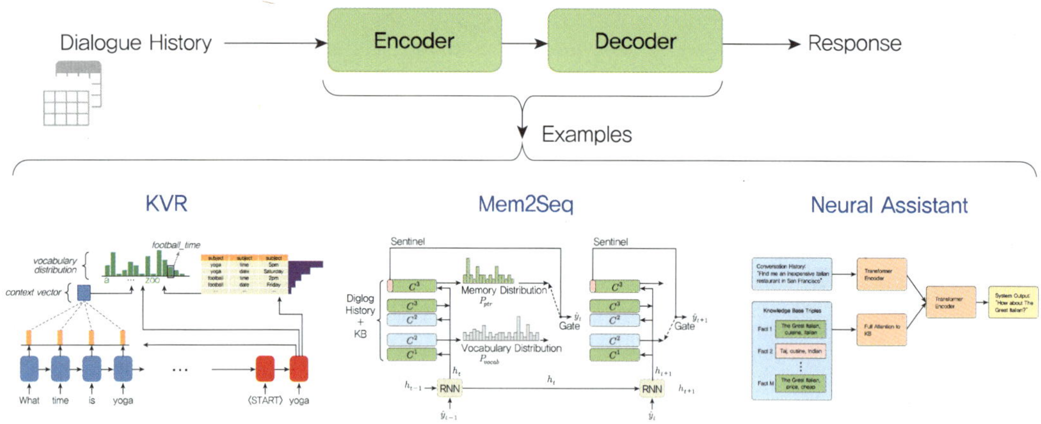


이러한 human-to-human conversations+table knowledge는 대부분 아래와 같이 상용화 되었다. 서비스 API를 사용하는 모델은 dialogue history가 들어오면 언어모델로 들어오고, API 쿼리를 받아 서비스 API로 이용되고, 화답하는 형식이다. 아래는 그 예시를 그림으로 표현한 것이다.

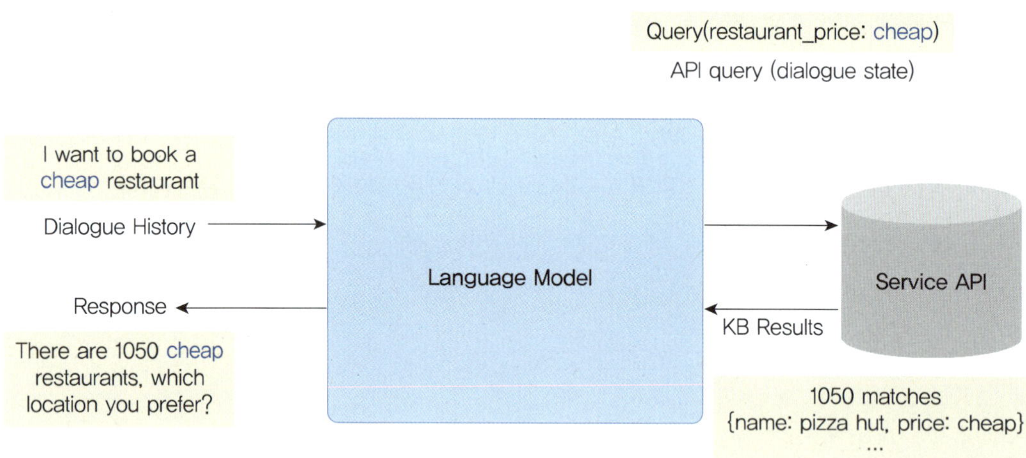

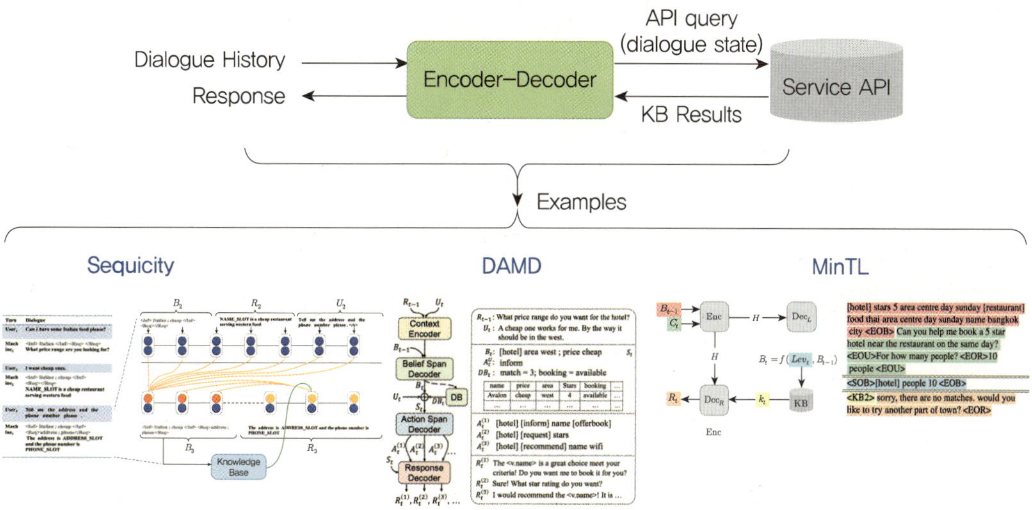


그렇다면 empathy를 더 잘 담아내는 AI에는 무엇이 있을까? 감정적 반응을 생성하는 MojiTalk,[40] EmotionalChattingMachine[41]과 사용자의 감정을 이해하고 그에 따른 대응을 내보내는 Empathetic Dialogues,[42] MoEL,[43] CaireBot[44]이 있다.

Empathy 데이터셋은 대화 상대의 감정을 이해하고 그에 따라 대답하는 것이 중요하다. Empathy를 사용한 모델 구조는 아래와 같다.

40) Zhou, Xianda, and William Yang Wang. (2017). "Mojitalk: Generating emotional responses at scale." *arXiv preprint arXiv:1711.04090.*

41) Zhou, H., Huang, M., Zhang, T., Zhu, X., & Liu, B. (2018, April). Emotional chatting machine: Emotional conversation generation with internal and external memory. In *Thirty-Second AAAI Conference on Artificial Intelligence.*

42) Rashkin, H., Smith, E. M., Li, M., & Boureau, Y. L. (2018). Towards empathetic open-domain conversation models: A new benchmark and dataset. *arXiv preprint arXiv:1811.00207.*

43) Lin, Z., Madotto, A., Shin, J., Xu, P., & Fung, P. (2019). Moel: Mixture of empathetic listeners. *arXiv preprint arXiv:1908.07687.*

44) Lin, Z., Xu, P., Winata, G. I., Siddique, F. B., Liu, Z., Shin, J., & Fung, P. (2019). CAiRE: An Empathetic Neural Chatbot. *arXiv preprint arXiv:1907.12108.*

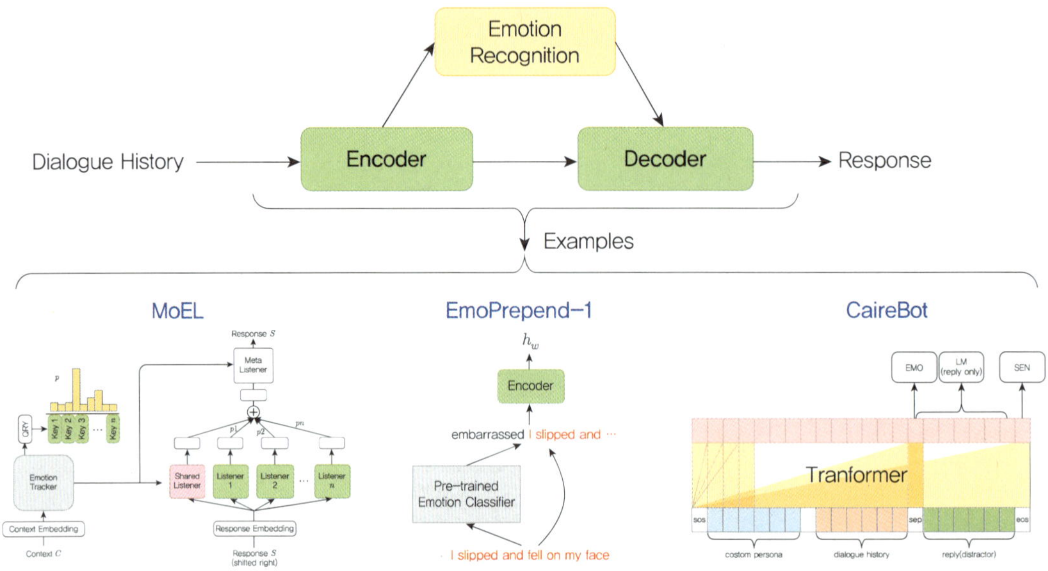


다음은 제어성에 대해 알아보겠다. 기존의 대규모 사전 학습 모델은 response style, topics, repetition and specificity, response-relatedness, engagement by proactively asking question 등을 제어할 수 없는 문제점을 보인다. 이를 해결하기 위해 low-level attribute를 사용하거나, fine-tuning을 사용하거나 perturbation, 혹은 conditioned generation을 사용하여 controllability에 접근하고자 하였다.

첫 번째로 controlling with low-level attribute[45]를 살펴보자.

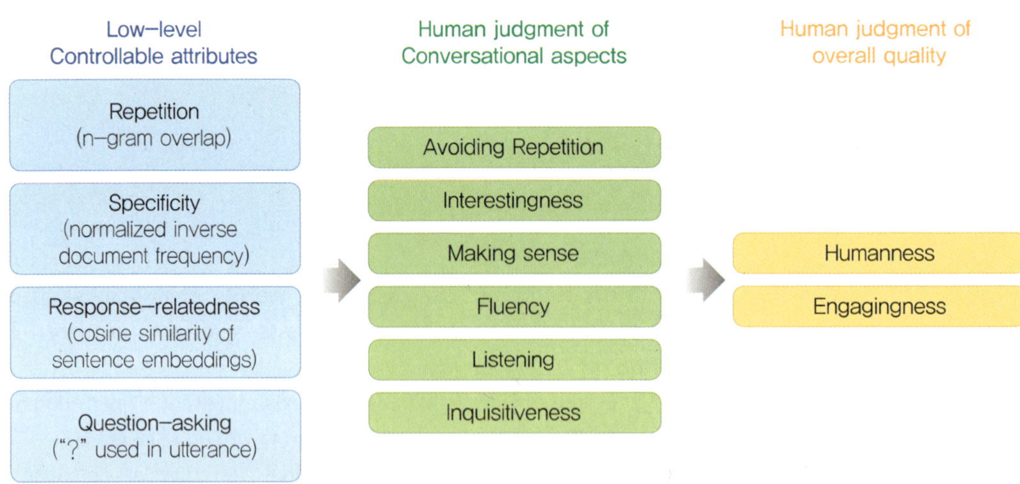


45) See, Abigail et al. (2019). "What makes a good conversation? how controllable attributes affect human judgments." *arXiv preprint arXiv:1902.08654*.

각각의 detection을 어떻게 하는지에 집중하며 사람이 무엇을 고려해야 하는지를 살펴본다. 그리고 사람이 판단할 만한 전체적인 퀄리티가 인간적이고 몰입이 되는지로 평가한다. 주로 conditional training과 weight decoding을 통해 보다 깊게 학습한다.

Fine-tuning으로는 dialogGPT[46]를 활용한 경우가 있다.

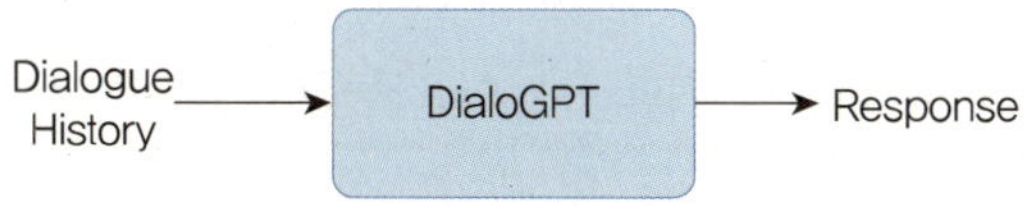


Plug and Play Conversational Model은 PPLM으로 생성된 스타일을 제어하고, PPLM에서 생성된 응답을 잔여 어댑터로 정제한 것이다.

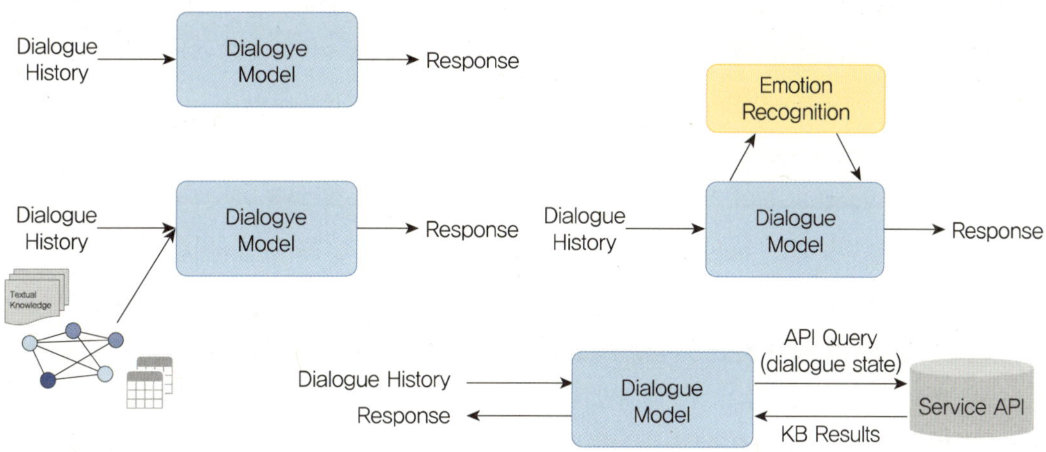


GPT-2 모델은 일반적인 transformer 기반 language model로 masked multi-head self-attention layers의 stack을 활용하여 매우 큰 web-text로 학습한 것이다. GPT-2의 성공은 transformer LM이 미세한 레벨에서의 사람의 언어 데이터 분포를 특정지을 수 있음을 증명한다. 이는 아마 매우 큰 모델 능력과 효율성 때문일 것이다. OpenAI GPT-2로 긴 텍스트를 multiturn 대화 생성에 모델링할 수 있고, LM을 생성 테스트로 구성한다. 대화 세션 안에서 모든 대화 turn를 concat시켜 긴 text x_1, …, x_N(N은 시퀀스 길이)을 만들고 끝에 end_of_text token을 넣는다.

---

**46)** Yang, Ze et al. (2020). "StyleDGPT: stylized response generation with pre-trained language models." *arXiv preprint arXiv:2010.02569*.

DialoGPT에 대해 알아보자. GPT-2와 같이 DialoGPT는 autoregressive(AR) language model 형식이고 multi-layer transformer의 모델 구조를 가진다. 하지만 GPT-2와 달리 DialoGPT는 Reddit discussion chains에서 추출된 매우 큰 대화 pairs/sessions로 학습이 된다. 가정은 DialoGPT의 세밀한 대화 흐름에서 joint distribution of P(target, source)를 캡처할 수 있다는 것이다. 실제로 DialoGPT로 생성된 문장은 다양하고 source에 구체적인 정보를 포함하며, 이는 GPT-2가 연속적인 text를 생성하는 것과 유사하다. 데이터를 reddit에서 크롤링하여 수집한다. 즉, reddit data로 학습된 대화 response 생성을 위한 튜닝이 가능하고 많은 word를 가지는 뉴럴 네트워크 모델 DialoGPT를 소개한다고 볼 수 있다. 이 데이터 필터링에 많은 시간을 소요한다. URL을 제거하고, 3번 이상 중복되는 단어를 포함하는 데이터를 제거하고, 문장에 a, the, of 등의 빈번한 단어가 없으면 제거하고, special markers가 있으면 제거한다. 200 단어가 넘어가는 문장 제거와 공격적인 언어 제거를 하는 것이 필요하다. 그러나 이러한 필터링에도 불구하고 모델이 비속어를 내뱉거나 정치적이거나 성차별적인 대화를 할 수 있는 위험이 있다. 학습에는 일반적인 LM 외에도 MMI(Maximum Mutual Information) 기반 강화 학습으로 mutual information의 성능을 증가시켰다. MMI는 Pre-trained backword model로 주어진 response로부터 source sentence들을 예측하도록 적용한다(=P(source|target)). 우선 top-K 샘플링을 사용하여 hypotheses의 셋을 생성하고, P(Source|hypothesis)의 확률로 모든 hypotheses를 rerank한다. 직관적으로, backward 모델이 likelihood를 최대화하면 빈번하고 반복적인 hypotheses들이 가능한 많은 query와 연관될 수 있기 때문에 bland hypotheses를 처벌할 수 있으며 특정 query에 대한 낮은 확률을 산출할 수 있다. 이 개념은 self-play 모드로 판단되는데, 논문에서는 자세히 언급이 안 되지만 backward likelihood를 이용한 강화 학습을 통해 bland 답변을 방지하려는 시도로도 볼 수 있다.

단, DialoGPT는 모델로만 출시되며 디코더 실행의 책임은 사용자에게 있고, 따라서 공격적인 출력 혹은 데이터에 있는 성별과 역사적인 편견을 반영할 수 있다. 이 모델을 사용하여 생성된 response는 비윤리적이거나 공격적인 제안에 동의할 수 있다. 또한 SoTA로 알려져 있는 end-to-end 대화 모델로 자연스럽게 발생한 많은 데이터로 학습되었다. DialoGPT는 완전히 오픈소스이기에 쉽게 적용이 가능하고 이용자들이 pre-trained 대화 시스템으로 확장하여 다양한 데이터셋을 사용하여 학습할 수 있다. 이때 편견이 있는 출력의 detection과 control이 향후 연구의 초점이 될 것이다.

방대한 real-world reddit 데이터셋을 DialoGPT로 학습하였다. 이는 Distributed training 파이프라인과 여러 개의 pre-trained 모델로 구성되어 있다.

dialogpt_example.py를 먼저 실행해서 gpt_chitchat_trainer.py를 돌릴 epoch checkpoint를 만들어보자.

```
import transformers
from transformers import AutoModelForCausalLM, AutoTokenizer
import torch
import streamlit as st
import torch


def load_tokenizer_and_model(model="microsoft/DialoGPT-large"):
    """
     Load tokenizer and model instance for some specific DialoGPT model.
    """
    # Initialize tokenizer and model
    print("Loading model...")
    tokenizer = AutoTokenizer.from_pretrained(model)
    model = AutoModelForCausalLM.from_pretrained(model)

    # Return tokenizer and model
    return tokenizer, model

@st.cache(hash_funcs={transformers.models.gpt2.tokenization_gpt2_fast.GPT2TokenizerFast:
hash}, suppress_st_warning=True)
def load_data():
    #DialoGPT-medium
    tokenizer = AutoTokenizer.from_pretrained("microsoft/DialoGPT-large")
    model = AutoModelForCausalLM.from_pretrained("microsoft/DialoGPT-large")
    return tokenizer, model

tokenizer,model=load_data()

#Set up the streamlit
st.write("Welcome to the Chatbot. I am still learning, please be patient")
input=st.text_input('User:')
if 'count' not in st.session_state or st.session_state.count == 6:
    st.session_state.count = 0
    st.session_state.chat_history_ids = None
    st.session_state.old_response = ''
else:
    st.session_state.count += 1

#Tokenizing the user input and returning the tensor output
new_user_input_ids = tokenizer.encode(input + tokenizer.eos_token, return_tensors='pt')

#Appending the user input ids to the chat history ids
bot_input_ids = torch.cat([st.session_state.chat_history_ids, new_user_input_ids], dim=-1) if
st.session_state.count > 1 else new_user_input_ids
```

```
#Generating a response while limiting the total chat history to 5000 tokens
st.session_state.chat_history_ids = model.generate(bot_input_ids, max_length=5000,
pad_token_id=tokenizer.eos_token_id)

#Decoding the response
response = tokenizer.decode(st.session_state.chat_history_ids[:, bot_input_ids.shape[-1]:][0],
skip_special_tokens=True)

#Regenerating the response if the old response from the model is the same as the current response.
if st.session_state.old_response == response:
   bot_input_ids = new_user_input_ids

   st.session_state.chat_history_ids = model.generate(bot_input_ids, max_length=5000,
                                                      pad_token_id=tokenizer.eos_token_id)
   response = tokenizer.decode(st.session_state.chat_history_ids[:, bot_input_ids.shape[-1]:][0],
                               skip_special_tokens=True)

#Displaying the response on the UI
st.write(f"Chatbot: {response}")

#Updating the old_response variable
st.session_state.old_response = response
```

```
2021-11-24 13:19:14.598
  Warning: to view this Streamlit app on a browser, run it with the following
  command:

    streamlit run C:/Users/juhee/pycharmproject/yonlu-main/examples/dialogpt_example.py [ARGUMENTS]
```

새로운 창이 생성되는데 그를 통해 챗봇을 직접 실행해볼 수 있다.

gpt2_chitchat_trainer.py는 아래와 같다.

```
# -*- coding: utf-8 -*-
import argparse
import logging

import numpy as np
import pandas as pd
import torch
from pytorch_lightning import Trainer
from pytorch_lightning.callbacks import ModelCheckpoint
from pytorch_lightning.core.lightning import LightningModule

from torch.utils.data import DataLoader, Dataset
```

```
from transformers.optimization import AdamW, get_cosine_schedule_with_warmup
from transformers import PreTrainedTokenizerFast, GPT2LMHeadModel

logger=logging.getLogger()
logger.setLevel(logging.INFO)

U_TKN='<usr>'
S_TKN = '<sys>'
BOS = '</s>'
EOS = '</s>'
MASK = '<unused0>'
SENT = '<unused1>'
PAD = '<pad>'



class CharDataset(Dataset):
    def __init__(self, chats, tokenizer, max_len=32):
        self._data = chats
        self.first = True
        self.q_token = U_TKN
        self.a_token = S_TKN
        self.sent_token = SENT
        self.bos = BOS
        self.eos = EOS
        self.mask = MASK
        self.pad = PAD
        self.max_len = max_len
        self.tokenizer = tokenizer

    def __len__(self):
        return len(self._data)

    def __getitem__(self, idx):
        turn = self._data.iloc[idx]
        q = turn['Q']
        a = turn['A']
        sentiment = str(turn['label'])
        q_toked = self.tokenizer.tokenize(self.q_token + q + \
                                          self.sent_token + sentiment)
        q_len = len(q_toked)
        a_toked = self.tokenizer.tokenize(self.a_token + a + self.eos)
        a_len = len(a_toked)
        if q_len + a_len > self.max_len:
            a_len = self.max_len - q_len
            if a_len <= 0:
                q_toked = q_toked[-(int(self.max_len/2)):]
                q_len = len(q_toked)
                a_len = self.max_len - q_len
```

```
            assert a_len > 0
        a_toked = a_toked[:a_len]
        a_len = len(a_toked)
        assert a_len == len(a_toked), f'{a_len} ==? {len(a_toked)}'
    # [mask, mask, ...., mask, ...., <bos>,..A.. <eos>, <pad>....]
    labels = [
        self.mask,
    ] * q_len + a_toked[1:]
    if self.first:
        logging.info("contexts : {}".format(q))
        logging.info("toked ctx: {}".format(q_toked))
        logging.info("response : {}".format(a))
        logging.info("toked response : {}".format(a_toked))
        logging.info('labels {}'.format(labels))
        self.first = False
    mask = [0] * q_len + [1] * a_len + [0] * (self.max_len - q_len - a_len)

    labels_ids = self.tokenizer.convert_tokens_to_ids(labels)
    while len(labels_ids) < self.max_len:
        labels_ids += [self.tokenizer.pad_token_id]
    token_ids = self.tokenizer.convert_tokens_to_ids(q_toked + a_toked)
    while len(token_ids) < self.max_len:
        token_ids += [self.tokenizer.pad_token_id]
    return(token_ids, np.array(mask),
           labels_ids)


class KoGPT2Chat(LightningModule):
    def __init__(self, hparams, **kwargs):
        super(KoGPT2Chat, self).__init__()
        self.save_hyperparameters()
        self.neg = -1e18
        self.kogpt2 = GPT2LMHeadModel.from_pretrained('skt/kogpt2-base-v2')
        self.loss_function = torch.nn.CrossEntropyLoss(reduction='none')

        self.tokenizer = PreTrainedTokenizerFast.from_pretrained("skt/kogpt2-base-v2",
                                                  bos_token=BOS, eos_token=EOS, unk_token='<unk>',
                                                  pad_token=PAD, mask_token=MASK)

        self.train_file = hparams.train_file
        self.max_len = hparams.max_len
        self.batch_size = hparams.batch_size
        self.max_epochs = hparams.max_epochs
        self.warmup_ratio = hparams.warmup_ratio
        #self.num_worker = hparams.num_worker
        self.num_worker = 0

    @staticmethod
    def add_model_specific_args(parent_parser):
```

```
        # add model specific args
        parser = argparse.ArgumentParser(parents=[parent_parser], add_help=False)
        parser.add_argument('--max-len',
                            type=int,
                            default=32,
                            help='max sentence length on input (default: 32)')

        parser.add_argument('--max-epochs',
                            type=int,
                            default=3,
                            help='max epochs (default: 3)')

        parser.add_argument('--batch-size',
                            type=int,
                            default=96,
                            help='batch size for training (default: 96)')

        parser.add_argument('--lr',
                            type=float,
                            default=5e-5,
                            help='The initial learning rate')

        parser.add_argument('--warmup_ratio',
                            type=float,
                            default=0.1,
                            help='warmup ratio')
        return parser

    def forward(self, inputs):
        # (batch, seq_len, hiddens)
        output = self.kogpt2(inputs, return_dict=True)
        return output.logits

    def training_step(self, batch, batch_idx):
        token_ids, mask, label = batch
        out = self(token_ids)
        mask_3d = mask.unsqueeze(dim=2).repeat_interleave(repeats=out.shape[2], dim=2)
        mask_out = torch.where(mask_3d == 1, out, self.neg * torch.ones_like(out))
        loss = self.loss_function(mask_out.transpose(2, 1), label)
        loss_avg = loss.sum() / mask.sum()
        self.log('train_loss', loss_avg)
        return loss_avg

    def configure_optimizers(self):
        # Prepare optimizer
        param_optimizer = list(self.named_parameters())
        no_decay = ['bias', 'LayerNorm.bias', 'LayerNorm.weight']
        optimizer_grouped_parameters = [
            {'params': [p for n, p in param_optimizer if not any(nd in n for nd in no_decay)],
```

```
'weight_decay': 0.01},
            {'params': [p for n, p in param_optimizer if any(nd in n for nd in no_decay)],
'weight_decay': 0.0}
        ]
        optimizer = AdamW(optimizer_grouped_parameters,
                          lr=5e-5, correct_bias=False)
        # warm up lr
        num_train_steps = len(self.train_dataloader()) * self.max_epochs
        num_warmup_steps = int(num_train_steps * self.warmup_ratio)
        scheduler = get_cosine_schedule_with_warmup(
            optimizer,
            num_warmup_steps=num_warmup_steps, num_training_steps=num_train_steps)
        lr_scheduler = {'scheduler': scheduler, 'name': 'cosine_schedule_with_warmup',
                        'monitor': 'loss', 'interval': 'step',
                        'frequency': 1}
        return [optimizer], [lr_scheduler]

    def _collate_fn(self, batch):
        data = [item[0] for item in batch]
        mask = [item[1] for item in batch]
        label = [item[2] for item in batch]
        return torch.LongTensor(data), torch.LongTensor(mask), torch.LongTensor(label)

    def train_dataloader(self):
        data = pd.read_csv(self.train_file)
        self.train_set = CharDataset(data, self.tokenizer, max_len=self.max_len)

        train_dataloader = DataLoader(
            self.train_set, batch_size=self.batch_size, num_workers=self.num_worker,
            shuffle=True, collate_fn=self._collate_fn)

        return train_dataloader

    def chat(self, sent='0'):
        tok = self.tokenizer
        #sent_tokens = tok.tokenize(sent)
        with torch.no_grad():
            while 1:
                q = input('user > ').strip()
                if q == 'quit':
                    break
                a = ''
                while 1:
                    input_ids = torch.LongTensor(tok.encode(U_TKN + q + SENT + sent + S_TKN +
a)).unsqueeze(dim=0)
                    pred = self(input_ids)
                    gen = tok.convert_ids_to_tokens(
                        torch.argmax(
                            pred,
```

```
                    dim=-1).squeeze().numpy().tolist())[-1]
                if gen == EOS:
                    break
                a += gen.replace('_', ' ')
            print("Chitchat > {}".format(a.strip()))


if __name__ == "__main__":
    parser = argparse.ArgumentParser(description='Chitchat based on KoGPT-2')
    parser.add_argument('--chat',
                        action='store_true',
                        default=True,
                        help='response generation on given user input')

    parser.add_argument('--sentiment',
                        type=str,
                        default='0',
                        help='sentiment for system. 0 is neutral, 1 is negative, 2 is positive.')

    parser.add_argument('--model_params',
                        type=str,
                        default='checkpoints/epoch=2-step=371.ckpt',
                        help='model binary for starting chat')

    parser.add_argument('--train',
                        action='store_true',
                        default=False,
                        help='for training')

    parser.add_argument('--num_worker',
                        type=int,
                        default=0,
                        help='number of workers: in CPU, there might an issue across processes in
parallelization. For that case, set num-worker to 0')

    parser.add_argument('--train_file',
                        type=str,
                        default='../data/ChatbotData.csv',
                        help='train file')

    parser = KoGPT2Chat.add_model_specific_args(parser)
    parser = Trainer.add_argparse_args(parser)
    args = parser.parse_args()
    logging.info(args)

    if args.train:
        checkpoint_callback = ModelCheckpoint(
            dirpath='model_chp',
            filename='{epoch:02d}-{train_loss:.2f}',
```

```
            verbose=True,
            save_last=True,
            monitor='train_loss',
            mode='min'
        )
        # python train_torch.py --train --gpus 1 --max_epochs 3
        model = KoGPT2Chat(args)
        model.train()
        trainer = Trainer(accelerator="cpu", gpus=0).from_argparse_args(
            args,
            checkpoint_callback=checkpoint_callback, gradient_clip_val=1.0, logger=False)
        trainer.fit(model)
        logging.info('best model path {}'.format(checkpoint_callback.best_model_path))
    if args.chat:
        model = KoGPT2Chat.load_from_checkpoint(args.model_params)
        model.chat()
```

213line을 보자. 훈련 시 첫 번째 '—chat'을 False로 하고, 네 번째 '—train'은 True로 하여야 훈련이 된다.

```
if __name__ == "__main__":
    parser = argparse.ArgumentParser(description='Chitchat based on KoGPT-2')
    parser.add_argument('--chat',
                        action='store_true',
                        default=False,
                        help='response generation on given user input')

    parser.add_argument('--sentiment',
                        type=str,
                        default='0',
                        help='sentiment for system. 0 is neutral, 1 is negative, 2 is positive.')

    parser.add_argument('--model_params',
                        type=str,
                        default='checkpoints/epoch=2-step=371.ckpt',
                        help='model binary for starting chat')

    parser.add_argument('--train',
                        action='store_true',
                        default=True,
                        help='for training')
```

실행 후 terminal에 streamlit run dialogpt_example.py를 쳐보자(streamlit의 command를 알아보기 위해서는 streamlit help를 입력). 결과는 다음과 같다.

```
INFO:root:Namespace(accelerator=None, accumulate_grad_batches=None, amp_backend='native',
amp_level=None, auto_lr_find=False, auto_scale_batch_size=False, auto_select_gpus=False, batch_size=96,
```

```
benchmark=False, chat=False, check_val_every_n_epoch=1, checkpoint_callback=None,
default_root_dir=None, detect_anomaly=False, deterministic=False, devices=None,
enable_checkpointing=True, enable_model_summary=True, enable_progress_bar=True, fast_dev_run=False,
flush_logs_every_n_steps=None, gpus=None, gradient_clip_algorithm=None, gradient_clip_val=None,
ipus=None, limit_predict_batches=1.0, limit_test_batches=1.0, limit_train_batches=1.0,
limit_val_batches=1.0, log_every_n_steps=50, log_gpu_memory=None, logger=True, lr=5e-05,
max_epochs=3, max_len=32, max_steps=-1, max_time=None, min_epochs=None, min_steps=None,
model_params='checkpoints/epoch=2-step=371.ckpt', move_metrics_to_cpu=False,
multiple_trainloader_mode='max_size_cycle', num_nodes=1, num_processes=1, num_sanity_val_steps=2,
num_worker=0, overfit_batches=0.0, plugins=None, precision=32, prepare_data_per_node=None,
process_position=0, profiler=None, progress_bar_refresh_rate=None,
reload_dataloaders_every_epoch=False, reload_dataloaders_every_n_epochs=0, replace_sampler_ddp=True,
resume_from_checkpoint=None, sentiment='0', stochastic_weight_avg=False, strategy=None,
sync_batchnorm=False, terminate_on_nan=None, tpu_cores=None, track_grad_norm=-1, train=True,
train_file='../data/ChatbotData.csv', val_check_interval=1.0, warmup_ratio=0.1, weights_save_path=None,
weights_summary='top')

GPU available: False, used: False

TPU available: False, using: 0 TPU cores

IPU available: False, using: 0 IPUs

C:\Users\juhee\pycharmproject\yonlu-main\venv\lib\site-packages\pytorch_lightning\trainer\connectors\callb
ack_connector.py:148: LightningDeprecationWarning: Setting
'Trainer(checkpoint_callback=<pytorch_lightning.callbacks.model_checkpoint.ModelCheckpoint object at
0x000002206AC33488>)' is deprecated in v1.5 and will be removed in v1.7. Please consider using
'Trainer(enable_checkpointing=<pytorch_lightning.callbacks.model_checkpoint.ModelCheckpoint object at
0x000002206AC33488>)'.

  f"Setting 'Trainer(checkpoint_callback={checkpoint_callback})' is deprecated in v1.5 and will "

GPU available: False, used: False

TPU available: False, using: 0 TPU cores

IPU available: False, using: 0 IPUs


  | Name          | Type             | Params

-----------------------------------------------------

0 | kogpt2        | GPT2LMHeadModel  | 125 M

1 | loss_function | CrossEntropyLoss | 0

-----------------------------------------------------

125 M     Trainable params

0         Non-trainable params

125 M     Total params

500.656   Total estimated model params size (MB)

C:\Users\juhee\pycharmproject\yonlu-main\venv\lib\site-packages\pytorch_lightning\trainer\data_loading.py:
111: UserWarning: The dataloader, train_dataloader, does not have many workers which may be a
bottleneck. Consider increasing the value of the 'num_workers' argument' (try 4 which is the number
of cpus on this machine) in the 'DataLoader' init to improve performance.
```

```
 f"The dataloader, {name}, does not have many workers which may be a bottleneck."
Epoch 0:   0%|          | 0/124 [00:00<?, ?it/s] INFO:root:contexts : 헬조선 떠나고 싶다
INFO:root:toked ctx: ['<usr>', '▁헬', '조선', '▁떠나', '고', '▁싶', '다', '<unused1>', '▁0']
INFO:root:response : 저도 데려가세요.
INFO:root:toked response : ['<sys>', '▁저', '도', '▁데', '려가', '세', '요.', '</s>']
INFO:root:labels ['<unused0>', '<unused0>', '<unused0>', '<unused0>', '<unused0>', '<unused0>', '<unused0>', '<unused0>', '<unused0>', '▁저', '도', '▁데', '려가', '세', '요.', '</s>']
Epoch 2: 100%|██████████| 124/124 [1:07:28<00:00, 32.65s/it, loss=27.2]
INFO:root:best model path

Process finished with exit code 0
```

## | 저자소개 |

저자 송민 교수는 연세대 문헌정보학과 정교수이고 2017년을 제외한 2014년부터 2023년 8월까지 언더우드 특훈교수를 2회 역임하였다. 송민 교수는 연세대학교 문헌정보학 학사, Indiana University 문헌정보학 석사, Drexel University의 School of Information Science and Technology에서 박사학위를 마쳤다. 연세대학교로 부임하기 전에는 필라델피아에 있는 Thomson Reuters사에 Senior Software Engineer로 1999년부터 2005년까지 근무했으며, 그 후 2006년부터 2012년 2월까지 뉴저지 공대(New Jersey Institute of Technology)에서 정보시스템학과에 부교수로 근무했다.

전공 분야는 Text Mining을 비롯해 Knowledge Graph, Biomedical Literature Mining이며 지금까지 SCI급 논문 111여 편과 국제학술지 130여 편을 게재하였다. 연구재단이 주관하는 Social Science in Korea(SSK) 대형 책임연구자를 2018년부터 2022년까지 수행하였으며 BK21+ 인공지능 구축을 위한 지식정보전문가 양성 교육연구팀의 책임연구자이다. 또한, 중견 연구자 지원 사업(미발견 생의학 지식 추론을 위한 멀티 모달리티 뉴럴서치 시스템 개발 및 지식베이스 구축)과 우수학자 지원 사업(계량개체학 기반 다학제적 지식 융복합 연구)의 책임연구자로 연구를 수행하고 있다.

## 인공지능 기반 자연어 처리

2023년 10월 20일 1판 1쇄 인쇄
2023년 10월 25일 1판 1쇄 발행

저　　자 | 송민
발 행 인 | 이수영
발 행 처 | 도서출판 청람
서울시 마포구 독막로 288(대흥동, 세양상가 109호)
전　　화 | 02) 3272－2601~2
팩　　스 | 02) 3272－2603
홈페이지 | http://www.crbooks.co.kr
이 메 일 | crbooks@daum.net
등　　록 | 2000년 8월 26일 제6－0509호

ISBN 978-89-5972-988-3 93310 [정가 35,000원]